DICTIONNAIRE DES GRANDS MUSICIENS

1

Abel/Mayr

sous la direction
de Marc Vignal

LIBRAIRIE LAROUSSE
17, rue du Montparnasse - 75298 PARIS

Conçue et entreprise
sous la responsabilité
d'Antoine Goléa († 1980),
la rédaction de cet ouvrage
a été dirigée par
Marc Vignal

Secrétariat de rédaction
Alain Melchior-Bonnet
Annie Perrier-Robert
assistés de Joëlle Narjollet

Correction-révision
Bernard Dauphin et Louis Petithory
Marie-Pierre Gachet, Jackie Ratsietison
Martine Rousseau

Maquette de
Serge Lebrun

Cet ouvrage est extrait du Larousse de la Musique
(2 vol.) 1982, 2e édition.

ISBN 2-03-511001-7

Photocomposition M.C.P.
Achevé d'imprimer le 1-3-1985 par Mohndruck Gütersloh pour la Librairie Larousse
N° d'éditeur 12474. Dépôt légal : Mars 1985. Imprimé en R.F.A.

PRÉFACE

Ce *Dictionnaire des Grands Musiciens* présente, par ordre alphabétique, des articles sur près de mille compositeurs de musique de tous les temps et de tous les pays. Il a donc fallu choisir, parmi les milliers d'artistes dont les œuvres résonnent au concert, à la radio ou au disque, ceux qui méritent de figurer dans la cohorte des « grands musiciens ». Un tel choix était-il possible ?

Il existe, des origines au monde contemporain, des noms dont la présence dans un tel ouvrage va de soi, ne se discute pas. Il y en a même beaucoup, qu'il s'agisse de ceux de compositeurs très grands, comme Josquin, Monteverdi, Bach, Beethoven, Wagner ou Debussy, ou un peu moins grands, comme Lully, Cimarosa, Grieg ou Roussel, ou encore moins grands, comme Hummel, Meyerbeer ou Louis Durey. Mais qui, ne serait-ce que parce qu'on ne les connaissait pas, aurait songé, il y a cent ans, à inclure Monteverdi ou Purcell parmi les très grands compositeurs ? Et qui aurait accepté d'exclure de cette liste un Ambroise Thomas ? Aurait-on, il y a un siècle, parlé de la même façon qu'aujourd'hui de ces très grands compositeurs que sont Rameau, Haydn ou Mozart ? Et ne s'attache-t-on pas, de nos jours, autant sinon plus aux écoles, aux courants et aux styles, voire même aux facteurs socio-économiques de la création musicale, qu'aux personnalités d'exception ou non ? En ce qui concerne ce dernier point, précisons tout de suite qu'à notre avis, en matière artistique et particulièrement en musique, rien ne remplace la création individuelle, même si celle-ci s'inscrit dans un ensemble de conditions extérieures à elle et n'allant pas sans l'influencer.

Un choix comme celui auquel nous nous sommes livrés procède d'une démarche légitime, mais comporte inévitablement une part d'injustice, et reflète nécessairement son époque ainsi que les jugements et les goûts de ceux qui en ont eu la responsabilité. Nombre d'artistes retenus parmi les contemporains seront tombés dans l'oubli dans vingt ou trente ans, et plusieurs de ceux que nous avons négligés auront alors retrouvé, ou obtenu, une place de choix dans la conscience historique ou esthétique du public et de la critique. Même la vision de Beethoven, valeur sûre et permanente s'il en est, varie selon les époques. Et parmi les contemporains, il en est dont on peut prédire, sans grand risque de se tromper, qu'ils sont appelés à durer. L'objectivité absolue n'existe pas, mais il est nécessaire et possible de s'en approcher d'assez près.

Les quelque mille compositeurs figurant dans le *Dictionnaire des Grands Musiciens* s'inscrivent tous dans la tradition « classique ». Ne se trouvent donc pas dans l'ouvrage les compositeurs de jazz, de chansons, de variétés ou de rock, qui pourront faire l'objet de publications spéciales. D'une façon générale cependant, une place relativement vaste a été réservée aux compositeurs contemporains, non seulement à ceux de la génération de Pierre Boulez (né en 1925), mais à ceux qui, en 1985, ont entre trente et quarante-cinq ans, comme Hugues Dufourt, Pascal Dusapin, Brian Ferneyhough ou Horatiu Radulescu, inconnus ou presque une décennie plus tôt : quoi que nous réserve l'avenir, ils font indéniablement partie du paysage sonore actuel. Il est normal d'insister sur l'époque dans laquelle on vit, mais qu'on se rassure : il n'a pas été question de sacrifier pour autant les compositeurs du passé.

Les compositeurs d'aujourd'hui, tout comme ceux du passé, sont abordés d'un point de vue largement international, et les articles reprennent, à quelques modifications ou mises à jour près, ceux du *Larousse de la Musique.* De tous les compositeurs retenus, les œuvres principales sont évoquées en cours d'article, et pour les plus importants, ces œuvres font l'objet de commentaires assez détaillés. Les articles fournissent des informations sur la carrière du compositeur, sur son style et sur sa production, et précisent sa place dans l'histoire de la musique.

Une abondante iconographie apporte à l'ouvrage, outre sa valeur d'agrément, des informations complémentaires, et pour permettre une meilleure utilisation, figure en fin de publication une liste alphabétique d'œuvres, avec chaque fois l'indication du compositeur.

Collaborateurs

Pierre **Balascheff**
musicographe.

Pierre-Émile **Barbier**
musicographe, directeur des A. M. C., critique musical, producteur à Radio-France.

Philippe **Beaussant**
directeur de l'Institut de musique et de danse anciennes d'Ile-de-France, producteur à France-Musique.

Marie-Claire **Beltrando-Patier**
docteur ès lettres, maître-assistant à l'université de Paris-Sorbonne.

Jean-Yves **Bosseur**
compositeur, chargé de recherches au C. N. R. S., cofondateur du groupe Intervalles.

André **Boucourechliev**
compositeur, maître de conférences à l'université d'Aix-en-Provence, producteur à Radio-France.

Camille **Bourniquel**

Jacques **Bourgeois**
musicologue, conférencier, critique musical, producteur à Radio-France.

Gilles **Cantagrel**
musicologue.

Michel **Chion**
compositeur, chercheur, musicographe, professeur à l'I. D. H. E. C., réalisateur de films.

Gérard **Condé**
compositeur, musicographe, critique musical au journal « le Monde ».

Roger **Delage**
professeur au conservatoire de Strasbourg,
chef d'orchestre du Collegium musicum de Strasbourg.

Jean **Dupart**

Henri-Claude **Fantapié**
chef d'orchestre des Solistes de Paris.

Alain **Féron**
critique musical, musicographe, compositeur,
producteur à France-Musique et à France-Culture.

Madeleine **Gagnard**
musicologue, docteur ès lettres.

Jean **Gallois**
musicologue.

André **Gauthier**
musicologue.

Philippe **Godefroid**
critique musical.

† Antoine **Goléa**

Dominique **Hausfater**
musicologue.

Colette **Herzog**
de l'Opéra.

Gustave **Kars**
docteur de l'université de Vienne, chargé de cours de civilisation germanique à l'université de Paris-VIII.

René **Koering**
compositeur, chef du programme de France-Musique,
vice-président de la Société internationale pour la musique contemporaine (S. I. M. C.).

Jean-François **Labie**

Jérôme de **La Gorce**
attaché de recherches au C. N. R. S.

Henry-Louis de **La Grange**
musicologue.

Paul-Gilbert **Langevin**
docteur ès lettres, assistant à l'université de Paris-VI,
secrétaire-fondateur de la Société française «Anton Bruckner».

Marie-Claire **Le Moigne-Mussat**
agrégée de l'Université, maître-assistant d'histoire de la musique à l'université de Haute-Bretagne-Rennes-II.

André **Lischke**
musicologue.

Emmanuelle **Loubet**
maître ès musicologie, diplômée de l'Institut Goethe à Berlin.

Jean-Jacques **Maltret**
conférencier, musicographe.

Roland **Mancini**
musicologue, correspondant de l'Institut des études verdiennes de Parme, professeur au Conservatoire national de région de Bordeaux.

Gérard **Mannoni**

Patrick **Marcland**
compositeur.

Harry **Margaritis**
musicologue, pianiste, agrégé de l'Université, docteur en musicologie.

Marcel **Marnat**
écrivain et journaliste, chef de programmes à Radio-France.

Christian **Meyer**
docteur en musicologie de l'université de Strasbourg, attaché de recherches au C. N. R. S.

Michel **Noiray**
agrégé de l'Université.

Anne **Penesco**
musicologue, docteur de l'université de Paris.

Mihnea **Penesco**
bibliothécaire au département de la Musique, Bibliothèque nationale, Paris.

Alain **Périer**
compositeur et musicologue, producteur délégué de Radio-France, professeur au Conservatoire national supérieur de musique de Paris.

Frédéric **Robert**
docteur en musicologie, professeur d'histoire de la musique aux conservatoires de Drancy et de Montreuil.

Jean-Jacques **Rouveroux**

Jean **Roy**
critique musical.

Marie-Louise **Sasia**

Ivanka **Stoianova**
musicologue, docteur de 3e cycle en esthétique, docteur ès lettres, enseignante au département de Musique de l'université de Paris-VIII.

Patrick **Szersnovicz**

Maurice **Tassart**
musicographe.

Roger **Tellart**
musicographe, critique musical au journal « la Croix ».

Pierre **Vidal**
conférencier, musicographe.

Marc **Vignal**
critique musical, producteur à Radio-France.

Charles **Whitfield**
chanteur, chargé de cours à l'université de Paris-Sorbonne (Paris-IV).

† Stéphane **Wolff**

A

ABEL *(Karl Friedrich),* gambiste, claveciniste et compositeur allemand *(Köthen, Saxe, 1723 - Londres 1787).* Élève de Johann Sebastian Bach à l'école Saint-Thomas à Leipzig, il entra au service de la cour de Dresde, puis partit à Londres où il fut l'associé de Johann Christian Bach pour l'organisation de concerts d'abonnement (concerts Bach-Abel). Abel fut le dernier grand virtuose de la viole de gambe. Comme compositeur, il écrivit, dans le style de l'école de Mannheim, des symphonies, des concertos, une symphonie concertante ainsi que de très nombreuses sonates, dont une trentaine pour la viole de gambe.

ABSIL *(Jean),* compositeur belge *(Peruwelz, Hainaut, 1893 - Bruxelles 1974).* Après avoir été élève au conservatoire de Bruxelles, il y devint professeur en 1931. Cofondateur de la *Revue internationale de musique* à Bruxelles, il a publié des livres didactiques. Son œuvre de compositeur, dans une écriture polytonale mais respectueuse des grandes formes traditionnelles, comprend des œuvres instrumentales (musique pour piano, musique de chambre, 5 symphonies, 1 poème symphonique, 1 symphonie concertante, 1 concerto pour piano), de la musique vocale (mélodies et chœurs), de la musique de théâtre (opéras et comédie lyrique).

ADAM *(Adolphe Charles),* compositeur français *(Paris 1803 - id. 1856).* D'origine alsacienne, il entra en 1817 au Conservatoire de Paris, où il étudia avec une cer-

Giselle *d'Adolphe* ***Adam,*** *par le ballet du théâtre Kirov de Leningrad.*

Bernand

taine désinvolture jusqu'au jour où Boieldieu, ayant remarqué sa verve mélodique, le prit dans sa classe. Il obtint bientôt le deuxième grand prix de Rome. Il écrivit d'abord des pièces pour piano, pour chant, et aborda le théâtre lyrique avec une comédie de Scribe : *le Baiser au porteur.* Il se révéla par la suite comme un compositeur fécond (53 ouvrages lyriques et des ballets), aimant plaire, écrivant avec facilité, clarté, simplicité. D'autre part, il réorchestra à la demande de Louis-Philippe, pour d'importantes reprises, des œuvres comme *Richard Cœur de Lion* de Grétry — ce qui lui valut une vive critique de Wagner — ou *le Déserteur* de Monsigny. En 1847, il fonda le Théâtre-National, dans l'intention d'y accueillir les compositeurs délaissés par les deux scènes lyriques officielles de Paris. Malgré son succès, cet organisme sombra dès février 1848, au lendemain de la révolution, pour des raisons pécuniaires. Reçu à l'Institut en 1844, Adam succéda à son père comme professeur de piano au Conservatoire en 1849.

Parmi ses œuvres lyriques, certaines ont été longtemps populaires : *le Chalet* (1834), *le Toréador ou l'Accord parfait* (1849), *le Sourd ou l'Auberge pleine* (1853). D'autres le sont encore et figurent au répertoire en France et en Allemagne : *le Postillon de Longjumeau* (1836), *Si j'étais roi* (1852). Le ballet romantique *Giselle* (1841) est régulièrement joué par toutes les grandes compagnies. Adam est également l'auteur du célèbre noël *Minuit, chrétiens.*

ADAM DE LA HALLE ou **ADAM LE BOSSU**, trouvère du groupe d'Arras *(Arras v. 1240-probablement Naples v. 1287).* Après des études à l'Université de Paris où il obtint sans doute son grade de maître ès arts, il retourna en Artois, retrouva sa femme Marie et entra au service de Robert d'Artois (1271). En 1283, il accompagna son maître à Naples. Ce fut à la cour de Charles d'Anjou, roi de Sicile, que l'on créa sa fameuse pastourelle, le *Jeu de Robin et Marion* (1285). Avec son autre drame, le *Jeu de la feuillée, Robin et Marion* est l'exemple unique d'un théâtre lyrique profane, au milieu des mystères, des miracles et des drames liturgiques du XIIIe siècle. Il s'agit de théâtre parlé avec intermèdes musicaux : sur 780 vers, 72 seulement sont notés musicalement; on compte peu de chants (6 mélodies complètes). La nouveauté du genre, fondé sur la pastourelle à refrain, consiste dans le fait que la musique fait partie intégrante de l'intrigue, même si elle y tient peu de place. Cette œuvre est souvent qualifiée

Nicollas

Rondeau en notation neumatique extrait du Jeu de Robin et Marion *d'***Adam de la Halle.** *(XIIIe s., Bibl. Méjanes, Aix-en-Provence).*

de « premier opéra-comique français » ; ses personnages sont extrêmement réalistes.

Adam de la Halle est le plus célèbre des trouvères. Il ne se contenta pas d'écrire des drames lyriques. Son œuvre comprend également quelque 35 chansons à 1 voix, 14 rondeaux à 3 voix dans le style du conduit, 1 rondeau-virelai et 1 ballade, plusieurs motets et 16 jeux partis. Parmi ses motets, quelques-uns sont *entés*, c'est-à-dire qu'ils comportent l'introduction, à la partie supérieure, d'un refrain de sa composition, tiré de ses rondeaux.

ADLGASSER ou **ADELGASSER** *(Anton Cajetan),* organiste et compositeur allemand *(Innzell, Bavière 1729 - Salzbourg 1777).* Il fut, dès son enfance, chanteur à Salzbourg, où il étudia la musique avec Eberlin, dont il devint plus tard le gendre. Il passa toute sa vie dans cette ville comme organiste à la Cour. De son vivant, il fut déclaré le meilleur de tous les organistes et clavecinistes. Étant entré en rapport avec Mozart, alors âgé de dix ans, et avec Michael Haydn, il écrivit avec eux le drame *Die Schuldigkeit des ersten und fürnehmsten Gebotes* (1767). On connaît de lui plus de vingt opéras et oratorios, des symphonies, de la musique religieuse et instrumentale.

AGRICOLA *(Martin Sore,* dit *Martin),* compositeur et théoricien allemand *(Schwiebus, Silésie, 1486 ? - Magdebourg 1556).* Fils de paysans, autodidacte en musique selon ses propres dires, Agricola se fixa à Magdebourg vers 1519-20, y fut nommé cantor de l'école municipale vers 1527 et le resta jusqu'à sa mort. Par ses compositions, il a contribué à la formation du répertoire liturgique protestant.

AICHINGER *(Gregor),* compositeur allemand *(Ratisbonne 1564 - Augsbourg 1628).* Il doit à des études universitaires à Ingolstadt ses relations avec la famille des Fugger qui lui confia dès 1584 la charge de l'orgue de leur fondation à Saint-Ulrich d'Augsbourg. Un voyage en Italie (Venise, Rome, de 1584 à 1587) lui permet de suivre l'enseignement de G. Gabrieli. Au retour d'un pèlerinage à Rome, où il revêt l'habit ecclésiastique (1600), il reprend sa charge d'organiste et de vicaire à la cathédrale d'Augsbourg. De 1603 à 1609, il publie un grand nombre de recueils de musique spirituelle, dont les *Ghirlanda di Canzonette spirituali* (Augsbourg, 1603), les *Sacrae dei laudes* (Dillingen, 1609) et les *Teutsche Gesenglein aus dem Psalter* (Dillingen, 1609). Ses *Cantiones ecclesiasticae* (Dillingen, 1607) marquent l'introduction en Allemagne de la pratique de la basse continue, tandis que son œuvre, essentiellement vocale, est dominée par une recherche d'expression influencée par le nouveau style dramatique italien.

ALAIN *(Jehan),* compositeur français *(Saint-Germain-en-Laye 1911 - Saumur 1940).* Fils du compositeur et organiste Albert Alain, frère de Marie-Claire et d'Olivier Alain, Jehan Alain appartient à une famille vouée totalement à la musique. À six ans, il improvisait déjà sur l'harmonium. À onze ans, il accompagnait les offices au grand orgue de Saint-Germain-en-Laye. Entré en 1928 au Conservatoire de Paris, Alain y fut l'élève de Ducasse, Dukas, Dupré. Il remporta en 1933 les premiers prix d'harmonie et de fugue, et, en 1939, d'orgue. Avant de quitter le Conservatoire, il était déjà connu comme compositeur. Ses *Litanies* furent créées le 17 février 1938 à l'église de la Trinité, en même temps que *la Nativité du Seigneur* de Messiaen. Mobilisé en 1939, Alain prit part à la bataille des Flandres, puis à la défense de Saumur où il mourut héroïquement.

Son œuvre se compose essentiellement de musique orchestrale, de musique instrumentale (pièces pour piano et, surtout, nombreuses pièces pour orgue), d'un *Requiem* (1938), d'une *Messe brève* (1938) et de la *Prière pour nous autres charnels* (1939), partition composée sur un texte de Péguy et orchestrée par Dutilleux.

ALBÉNIZ *(Isaac),* pianiste et compositeur espagnol *(Camprodón, Catalogne, 1860 - Cambo-les-Bains, Pyrénées-Atlantiques, 1909).* Exceptionnellement précoce, il commence l'étude du piano à trois ans et joue en public l'année suivante. Au cours de plusieurs tournées de concerts en Espagne, il s'impose à la fois comme virtuose et comme improvisateur. Une fugue d'un an (1872-73) le conduit en Amérique du Sud et aux États-Unis, où il retourne en 1874. Sa vie y est difficile ; Albéniz est victime d'une crise de fièvre jaune. Grâce à une bourse, il se rend à Bruxelles où il est l'élève de Brassin. Il rencontre Liszt en 1880, puis donne des concerts en Amé-

Mas

Isaac ***Albéniz*** *au piano et sa fille.*

rique du Sud, à Cuba et en Espagne, où il écrit des zarzuelas (1882) avant de se marier et de se fixer à Barcelone, puis à Madrid (1885).

Ses premières œuvres, très influencées par Schumann, Mendelssohn et Liszt, s'effacent alors derrière les différentes pièces de la *Suite espagnole,* par lesquelles il fonde l'école espagnole en s'inspirant des rythmes et des thèmes populaires. Installé à Londres (1890-1893), Albéniz tente sa chance dans l'art lyrique, où il connaît un certain succès. Il se fixe en 1894 à Paris, où il rencontre les franckistes ainsi que Dukas, Debussy et Fauré, et devient professeur de piano à la Schola cantorum. Sa véritable carrière commence avec *La Vega* (1897) et les *Chants d'Espagne.* Déçu par l'accueil de son pays natal, il se considère désormais comme un exilé, et, en 1905-1908, les quatre cahiers d'*Iberia* pour piano, son chef-d'œuvre, sont l'écho de cette déception. Il meurt au Pays basque du mal de Bright à l'âge de 49 ans.

Une fois dégagé de l'académisme de salon et de l'hispanisme de zarzuela qui ont marqué ses premières œuvres, Albéniz fait figure de pionnier dans la renaissance

Algar

Rhapsodie espagnole, *d'Isaac* ***Albéniz.***

de la musique espagnole au début du siècle. Tempérament généreux et d'une inspiration inépuisable, il a trouvé sa suprême expression dans la musique de clavier et il en a porté l'écriture à un degré de perfection insurpassé, synthèse de la virtuosité transcendante et d'une fidélité rigoureuse aux formes traditionnelles. C'est cependant dans la couleur et la sonorité que cette œuvre, d'esprit rhapsodique, révèle ses traits les plus originaux : à ses lignes mélodiques généralement simples s'oppose une harmonie profuse et complexe, souvent inspirée des modes antiques empruntés au flamenco et systématiquement pimentée par des *acciacatures* savoureuses. Par ailleurs, le souci des sonorités a suggéré des innovations dans la technique pianistique (doigtés inhabituels, position des mains, attaque du clavier) dont se réclament la plupart des compositeurs contemporains, de Messiaen à Stockhausen. Les théories de Pedrell (*Pour notre musique,* 1891), suivant lesquelles la musique d'une nation doit être fondée sur les éléments populaires, ont trouvé en Albéniz leur plus parfaite illustration. C'est assez curieusement vers l'Andalousie mauresque que le Catalan Albéniz a, du reste, préféré tourner ses regards, révélant ainsi le génie de sa province natale à l'Andalou Manuel de Falla.

ALBERTI *(Domenico),* compositeur italien *(Venise v. 1710 - Rome v. 1740).* Élève de Lotti, il fut claveciniste et chanteur. En 1737, il fit partie de l'ambassade de Venise à Rome et donna des concerts dans cette ville. Il a laissé son nom au procédé « basse d'Alberti », consistant à jouer décomposé en arpèges l'accord destiné à la main gauche au clavier. Alberti a composé des opéras *(Endimione, Galatea, Olimpiade),* des motets, des cantates et des sonates pour le clavecin qui parurent à Londres chez J. Walsh.

ALBINONI *(Tomaso),* compositeur italien *(Venise 1671* - id. *1751).* Peut-être élève de Legrenzi, il étudia le chant, le violon et le contrepoint. Appartenant à une famille aisée, il resta toute sa vie, comme son compatriote Benedetto Marcello, un « amateur » *(Il dilettante veneto),* ce qui signifie qu'il n'eut jamais besoin de composer pour vivre. À part quelques brefs voyages, il passa toute son existence à Venise. Son premier opéra, *Zenobia,* fut représenté en 1694, et, en 1703, il se rendit probablement à Florence, où l'on donnait *La Griselda.* En 1722, il organisa les fêtes musicales en l'honneur du mariage du prince électeur Albert de Bavière avec la fille de l'empereur Joseph Ier, et, en 1724, il rencontra Métastase, dont il mit en musique, l'année suivante, la *Didone abbandonata.* Mais, de ses quelque 50 opéras, dont le dernier date de 1741, n'ont survécu entièrement que *Zenobia* (1694), *Engelberta* (1709) et *la Ŝtatiza* (1726), ainsi que l'intermède bouffe *Vespetta e Pimpinone* (1708). Ses œuvres instrumentales le placent en revanche au premier rang des compositeurs vénitiens de son temps, à côté d'Antonio Vivaldi et de Benedetto Marcello. Tout au long de cette production, dont une partie seulement fut éditée de son vivant, sonates et concertos alternent, parfois au sein d'un même opus, et il en va de même des ouvrages adoptant la coupe de l'ancienne sonate d'église (lent-vif-lent-vif) ou du concerto moderne (vif-lent-vif). De même, des pages d'écriture polyphonique alternent avec d'autres où se manifeste une nette volonté novatrice (rythmes originaux, harmonies audacieuses). Bach, qui appréciait fort Albinoni, édifia deux fugues pour orgue à partir de thèmes de lui. Quant au célèbre *Adagio d'Albinoni,* c'est un pastiche réalisé au XXe siècle mais qui fut néanmoins pour beaucoup dans la redécouverte du compositeur depuis 1950.

ALBRECHTSBERGER *(Johann Georg),* compositeur, organiste et théoricien autrichien *(Klosterneuburg 1736 - Vienne 1809).* Organiste dans sa jeunesse à Melk, Raab (Györ, en Hongrie) et Maria Taferl, organiste de la Cour en 1772 et maître de chapelle à la cathédrale Saint-Étienne de Vienne en 1793, il fut ami de Mozart et de Haydn et donna, en 1794-95, des leçons de contrepoint à Beethoven, un de ses nombreux élèves. En 1798, il devint, avec Haydn et Salieri, membre honoraire de l'Académie royale de musique de Suède. Il a laissé une importante production de musique religieuse (dont 26 messes), d'orgue (fugues) et de musique instrumentale profane (quatuors, musique de chambre, fugues, concertos, 4 symphonies), ainsi que des ouvrages théoriques, très célèbres en leur temps, dont surtout *Anweisung zur Komposition* (1790 ; trad. fr. *Méthode élémentaire de composition,* Paris, 1814) et

Kurzgefasste Methode, den Generalbass zu erlernen (méthode rapide de basse continue, 1792).

ALFVÉN *(Hugo),* compositeur suédois *(Stockholm 1872 - Falun 1960).* Il étudia le violon au conservatoire de Stockholm (1887-1891) avant de se tourner vers la composition et de travailler avec Johan Lindegren. Ses œuvres, que l'on peut considérer comme postromantiques, sont souvent inspirées par le folklore suédois. Citons 5 symphonies et *Midsommarvaka* (*la Nuit de la Saint-Jean,* 1904), qui, sous le titre de *Rhapsodie suédoise,* connut naguère une certaine popularité.

ALKAN (*Charles Valentin Morhange,* dit), compositeur et pianiste français *(Paris 1813 - id. 1888).* Premier prix de piano au Conservatoire de Paris à onze ans, prix de Rome en 1834, il acquit dans les années 1820 une réputation enviable de virtuose, mais Liszt et surtout Chopin détournèrent l'attention du public. Il se produisit alors dans de la musique de chambre tout en se consacrant à l'enseignement, et, vers 1848, se retira de la vie musicale parisienne pour n'y réapparaître sporadiquement qu'à partir de 1873. On l'a appelé le « Berlioz du piano », mais son style est plus retenu que celui de son aîné de dix ans. Sa musique est parfois aussi difficile que celle de Liszt, mais moins avancée sur le plan harmonique. Il a consacré à son instrument, outre quelques pages de musique de chambre et des transcriptions, une centaine de pièces, parmi lesquelles des caprices, fantaisies, impromptus, menuets et autres préludes, ainsi que la grande sonate op. 33 dite *les Quatre Âges de la vie,* parue en 1847. Des douze *Études dans les tons mineurs* op. 39, les n° 4 à 7 forment une sorte de *Symphonie* pour piano seul.

ALLEGRI *(Gregorio),* compositeur italien *(Rome 1582 - id. 1652).* Chantre à Saint-Louis-des-Français à Rome, il devint prêtre et fut maître de chapelle à la cathédrale de Fermo (1607-1621), où il commença sa carrière de compositeur d'œuvres sacrées, puis il fut nommé chantre de la chapelle pontificale (1629). Son nom est surtout attaché au célèbre *Miserere* pour neuf voix en deux chœurs, longtemps chanté pendant la semaine sainte à la chapelle Sixtine. L'œuvre suscita un tel engouement que le pape menaça d'excommunication quiconque sortirait une partition de la chapelle ou la copierait. Mais Mozart, ayant assisté à l'office, transcrivit l'œuvre de mémoire, après l'avoir entendue, semble-t-il, une seule fois.

ALPHONSE X LE SAGE *(Alfonso el Sabio),* roi de Castille et de León, empereur germanique, législateur, guerrier, mathématicien, astronome, historien, poète et compositeur espagnol *(Tolède 1221 - Séville 1284).* Imprégné de culture islamique, il redonna de l'éclat à l'université de Salamanque, où fut introduit l'enseignement de la polyphonie. Il s'y entoura des poètes et des musiciens les plus brillants de son temps — chrétiens, arabes, juifs —, ainsi que de baladins mauresques. En collaboration avec ceux-ci, il écrivit plus de 400 *cantigas,* presque toutes consacrées à la louange de la Vierge. Il mourut, dit-on, du chagrin d'avoir à lutter contre son fils Sanche, qui s'était emparé du trône en 1282.

Pièces destinées au répertoire des fêtes liturgiques et des célébrations populaires, *Las Cantigas de Santa María* réalisent une synthèse magistrale de l'art des troubadours et des trouvères, s'inspirant notamment des *Miracles* de Gautier de Coincy, des liturgies et des déchants populaires de l'époque wisigothique, des hymnes d'origine orientale et de certaines danses médiévales. Écrites en dialecte galicien, elles reprennent le schéma des virelais, des rondeaux et des laudes. Elles ont une importance capitale pour l'histoire de la musique, car elles sont conservées avec une notation.

ALSINA *(Carlos Roqué),* compositeur argentin *(Buenos Aires 1941).* Il a débuté comme pianiste avant de se tourner vers la composition. Artist-in-Residence de la Fondation Ford à Berlin (1964-1966), il a travaillé avec Luciano Berio en 1965, passé deux ans à l'université de Buffalo, et s'est fixé ensuite à Berlin (1968), puis à Paris (1973). Cofondateur, en 1969, du New Phonic Art, groupe spécialisé dans l'improvisation et le « libre jeu d'ensemble », il s'est souvent orienté vers le théâtre musical, par exemple dans *Oratorio 1964* pour 3 solistes, 4 acteurs et 3 groupes instrumentaux (1963-64, inachevé), la scène musicale *Text* (1965-66, inachevé), *Text II* pour soprano et 5 instruments (1966), *Consecuenza* pour trombone solo (1966). Sa première œuvre,

Trois Pièces pour chant et piano sur des textes de Shakespeare, date de 1956. Dans les années 70, il s'est imposé avec *Überwindung* pour 4 solistes et orchestre (Donaueschingen, 1970), *Schichten* pour orchestre de chambre (Royan, 1971), *Omnipotenz* pour orchestre de chambre (Royan, 1972), *Approach* pour 2 solistes et grand orchestre (Berlin, 1973). Ont suivi notamment *Étude* pour zarb (1973), le ballet *Fusion* pour 2 pianos, 2 percussionnistes et instruments annexes joués par les danseurs (Royan, 1974), le spectacle musical *Encore* (1976), *Stücke* pour grand orchestre (Royan, 1977), *Harmonies* pour solistes, récitant, chœur de femmes et orchestre (Paris, 1979), le spectacle musical *La Muraille* (Avignon, 1981), *Hinterland* (1982), *Prima Sinfonia* (1983). Il se produit toujours comme pianiste, tant dans le répertoire classique que dans le répertoire contemporain.

AMY *(Gilbert),* compositeur français et chef d'orchestre français *(Paris 1936).* Né d'un père anglais pour moitié et d'une mère bourguignonne, il fut, dans son enfance, attiré par l'architecture (il s'y intéresse toujours). Ses premiers contacts avec la musique furent décevants : il apprit le piano sans entrain. Vint l'année 1948 : « J'ai eu alors ma nuit de Noël claudélienne, mon père m'emmena au concert à Paris. C'est alors que la musique m'a vraiment impressionné. » Il copia Berlioz, Schubert, Schumann, et se mit à composer. Plus tard, il fut fasciné par Bartók, Stravinski, le groupe des Six, la polytonalité, les dissonances. À dix-huit ans, il découvrit la philosophie et approfondit ses choix. Il entra au Conservatoire de Paris et fut orienté par Michel Fano vers Olivier Messiaen, avec lequel il travailla deux ans. Il compta aussi parmi ses professeurs Darius Milhaud. Les cours d'analyse de Messiaen l'aidèrent à « rencontrer » Mozart, Chopin, Debussy. En 1957, sa *Cantate brève* pour soprano, flûte, marimba et vibraphone fut créée à Donaueschingen. La même année, Amy montra sa *Sonate* pour piano à Boulez et étudia avec celui-ci la direction d'orchestre. C'était l'époque brûlante du Domaine musical. Après s'être « senti dans un climat de solitude totale au Conservatoire », il fut « soudain jeté dans la vie ». Il écrivit alors *Mouvements* pour 17 instruments (1958). À Darmstadt (1959-1961), il découvrit Stockhausen et rencon-

Lipnitzki

Gilbert **Amy.**

tra Maderna, Nono, Pousseur. Il composa *Inventions* (1959-1961) et développa un style personnel fait de rigueur et de raffinement, de lyrisme contenu et d'abstraction avec *Épigrammes* (1961), *Cahiers d'épigrammes* (1964) pour piano et *Diaphonies* pour orchestre de chambre (1962). À ces partitions relativement austères en succédèrent d'autres où s'épanouit plus librement son tempérament de poète : *Triade* pour orchestre (1963-64 ; création, Royan, 1966), la première version de *Strophe* pour soprano dramatique et orchestre (1964-1966), *Trajectoires* pour violon et orchestre (1966 ; création, Royan, 1968) et *Chant* pour orchestre (1967-1969). De cette époque date aussi *Cycle* pour percussions (1966). En 1967, succédant à Pierre Boulez, il prit la direction des concerts du Domaine musical, qu'il devait conserver jusqu'à leur disparition en 1973. En 1970 fut créé à Royan *Cette étoile enseigne à s'incliner* (le titre est celui d'un tableau de Klee) pour chœur d'hommes, 2 pianos, bande magnétique et divers instruments, œuvre incantatoire comptant parmi ses plus significatives. Lui succédèrent notam-

Hendrick **Andriessen** *à l'orgue de la cathédrale d'Utrecht.*

ment *Récitatif, air et variation* pour 12 voix mixtes (Royan, 1971), *Refrains* pour orchestre (Paris, 1972), *D'un désastre obscur* pour voix et clarinette (1971), à la mémoire de Jean-Pierre Guézec, *D'un espace déployé* pour orchestre et 2 chefs (1972 ; création à l'Orchestre de Paris, 1973), grande réussite s'il en fut, *Sonata pian'e forte* pour 2 voix et ensemble de chambre (1974), *Seven Sites* pour 14 solistes (Metz, 1975), *Après... d'un désastre obscur* (Châteauvallon, 1976), *Échos XIII* pour 13 instruments (1976), *Stretto* pour orchestre (Metz, 1977), une version réorchestrée de *Strophe* (1977 ; création, Paris, 1978), *Trois Études* pour flûte seule (Grenoble, 1979), *Chin'anim Cha'ananim* pour voix et petit ensemble (1979) et *Une saison en enfer* d'après Rimbaud pour piano, percussions, chant et bande magnétique réalisée autour du texte parlé à trois voix (enfant, femme, homme). Cette partition, une de ses plus ambitieuses, résulta d'une commande du groupe de recherche musicale de l'I. N. A. et fut créée à Paris en 1980. Elle fut suivie de *Quasi una toccata* pour orgue (1981) et de *Quasi Scherzando* pour violoncelle (1981).

Après avoir été conseiller musical pour la radio, à l'O. R. T. F. (1973), Amy a assumé, de 1976 à 1981, les fonctions de directeur du Nouvel Orchestre philharmonique de Radio-France. Il a obtenu le grand prix musical de la S. A. C. E. M. en 1972 et le grand prix national de la musique en 1979. En 1984, il a succédé à Pierre Cochereau à la tête du Conservatoire national supérieur de musique de Lyon.

ANDRIESSEN, famille de musiciens néerlandais. — 1. **Willem,** compositeur et organiste *(Haarlem 1887 - Amsterdam 1964).* Il dirigea le conservatoire d'Amsterdam de 1937 à 1953 et fut organiste à la cathédrale d'Utrecht.

— 2. **Hendrik,** frère du précédent, compositeur, organiste et pédagogue *(Haarlem 1892 -* id. *1981).* Il a été directeur du conservatoire d'Utrecht, puis de La Haye (1949), et a enseigné l'histoire de la musique à Nimègue, de 1952 à 1962. Sa production religieuse, à partir de la *Missa in honorem Ss. Cordis* (1917), a tenté de retrouver la simplicité médiévale, et les références sérielles ont été fréquentes chez lui à partir de 1950. On lui doit beaucoup de musique religieuse et de nombreuses pièces d'orgue, *Variations et fugue sur un thème de Johann Kuhnau* pour orchestre (1935), un concerto pour orgue (1950), cinq symphonies (1930, 1937, 1946, 1954 et 1962) et les opéras *Philomela,* d'après Ovide (1948, créé au festival de Hollande 1950), et *De Spiegel Van Venetie* (1964).

— 3. **Jurriaan,** fils du précédent, compositeur, pianiste et chef d'orchestre *(Haarlem 1925).* Élève de son père à Utrecht, il a étudié aussi à Paris (1947) et aux États-Unis (1949-1951), écrivant là sa *Berkshire Symphonies* (1949), dont le mouvement lent est une série de variations sur un thème de la *Suite lyrique* d'Alban Berg. De tempérament éclectique, il s'est intéressé au jazz (*Concerto Rotterdam,* 1967) et a écrit beaucoup de musiques de film et de scène. Sa 8e symphonie, *La Celebrazione,* date de 1977. Citons encore le monodrame radiophonique *Calchas* (1959), d'après Tchekhov, et les ballets *Das Goldfischglas* (1952), *De Canapé* (1953) et *Time Spirit* (1970).

— 4. **Louis,** frère du précédent, compositeur *(Utrecht 1939).* Élève de son père et de K. Van Baaren, puis de Luciano Berio à Milan et à Berlin (1964-65), il a subi également les influences de Stockhausen et de Cage. Il a été en 1969 l'un des auteurs de l'opéra collectif *Reconstruction,* donné au festival de Hollande 1970, et enseigne depuis 1974 au conservatoire de La Haye. Parmi ses œuvres, *Hoketus* pour 2 groupes d'instruments (1976-77), le « triptyque politique » sur des textes controversés comprenant *Il Duce,* d'après Mussolini (1973), *Il Principe,* d'après Machiavel (1973-74) et *De Staat* pour quatre voix de femmes et ensemble instrumental d'après *la République* de Platon (1973-1976), *Symfonie voor losse snaren* (symphonie pour cordes à vide) pour 5 violons, 2 altos, 3 violoncelles et 2 contrebasses solistes (1978), *Mausoleum* pour orchestre (1979), *De Tijd* pour ensemble (1981), et les opéras *Passion selon saint Matthieu, Orpheus* et *George Sand,* créés respectivement en 1976, 1978 et 1980.

ANDRIEU *(Jean-François d'),* compositeur et organiste français *(Paris 1682* - id. *1738).* Neveu de Pierre d'Andrieu, virtuose précoce, il est nommé organiste à Saint-Merri dès 1704, poste auquel s'ajouteront ceux d'organiste de la Chapelle royale (1721) et de Saint-Barthélemy (1733). On lui doit un *Livre de sonates à violon seul,* trois *Livres de pièces de clavecin,* un *Livre de sonates en trio,* quelques *Airs sérieux ou à boire* et un recueil instrumental, *les Caractères de la guerre, ou suite de symphonies ajoutées à l'opéra.* Pour l'orgue, il écrivit un *Premier Livre de pièces d'orgue* (1739), où se maintenait la grande tradition liturgique de Lebègue, et un *Livre de noëls,* dans lequel il reprenait les œuvres de son oncle en ajoutant quelques noëls de sa composition, pages brillantes, aimables et pittoresques. Comme pédagogue, enfin, d'Andrieu a laissé un précieux volume de *Principes de l'accompagnement du clavecin* (Paris, 1718).

ANFOSSI *(Pasquale),* compositeur italien *(Taggia, près de Naples, 1727 - Rome 1797).* Il étudia d'abord le violon, puis la composition et l'harmonie avec N. Piccinni. Ses premiers opéras ne connurent pas un très grand succès, mais avec *L'Incognita perseguitata* (Rome, 1773) vint la célébrité. Bientôt, cependant, il éprouva l'inconstance du public et partit à travers l'Europe. En 1792, il fut nommé maître de chapelle à Saint-Jean-de-Latran et se consacra à la musique d'église.

ANGLEBERT *(Jean Henri d'),* compositeur, claveciniste et organiste français *(Paris 1628* - id. *1691).* Élève et successeur de Champion de Chambonnières, il occupa quelques postes d'organiste avant d'être nommé en 1662 dans l'ordinaire de la chambre du Roy pour le clavecin, charge plus tard confiée à François Couperin. Il abandonna ce poste à son tout jeune fils Jean-Baptiste Henri en 1674, date après laquelle on ne lui connaît plus d'activité. En 1689, il fit paraître un livre de *Pièces de clavecin,* regroupant 60 pièces en quatre ordres ; le livre est complété par un tableau des agréments, des *Principes de l'accompagnement, Cinq Fugues pour l'orgue sur un même sujet* et un *Quatuor sur le Kyrie.* À côté de quelques transcriptions de Lully, on y trouve le témoignage de l'un des maîtres du premier âge de l'école française de clavecin. Ses deux fils, Jean Baptiste Henri *(Paris 1661* - id. *1735)* et Jean Henri *(Paris 1667* - id. *1747),* furent tous deux clavecinistes.

APERGHIS *(Georges),* compositeur grec *(Athènes 1945).* Venu à Paris en 1963, il y entreprend des études musicales et y suit des cours de direction d'orchestre (avec Pierre Dervaux) et de percussion. En 1967, sont créés *Antistixis* pour trois quatuors à cordes et *Anakroussis I.* Suivent notamment *Symplexis* pour orchestre symphonique et vingt-deux solistes de jazz et *Kryptogramma* pour percussions (1970). Frappé par *Sur scène* de Kagel, il s'oriente de plus en plus vers le théâtre musical : « Ce que je veux? Répartir des scènes dans l'espace, accomplir un travail critique : il ne faut donc pas une pièce déjà existante ou des situations déjà imaginées par quelqu'un. »

Le festival d'Avignon révèle en 1971 l'originalité d'Aperghis avec *la Tragique Histoire du nécromancier Hieronimo et de son miroir* pour voix de femme chantée, voix de femme parlée, luth et violoncelle. Puis sont créés *Oraison funèbre* (pour 2 barytons, une actrice et 10 instruments, Paris, 1972), *Hommage à Jules Verne* (Royan, 1972), *Concerto grosso* (pour chanteurs-acteurs, instruments et bande, Paris, 1972), les opéras *Pandemonium* (pour 4 voix de femmes, 4 barytons, 4 acteurs et 7 instrumentistes, Avignon, 1973), *Jacques le Fataliste* d'après Diderot (Lyon 1974) et *Histoires de Loups* (pour 5 voix de femmes, voix d'hommes et 9 musiciens, Avignon 1976), *Je vous dis que je suis mort* (Paris, 1979), œuvres nourries d'autres disciplines artistiques. Les préoccupations sociales d'Aperghis apparaissent notamment dans *la Bouteille à la mer* (1976). En 1982 fut créé à Metz l'opéra *Liebestod*.

Depuis 1976, le compositeur est animateur de l'A. T. E. M. (Atelier théâtre et musique) de Bagnolet. De l'action menée par l'A. T. E. M. avec les habitants de Bagnolet, sont nés divers spectacles, dont *la Pièce perdue* (1979). Le festival de La Rochelle de 1980 a vu la création de *Quatre Récitations* pour violoncelle seul.

AQUIN *(Louis-Claude d'),* organiste et compositeur français *(Paris 1694-id. 1772).* Enfant précocement doué, issu d'une modeste famille d'intellectuels et d'artistes — dont François Rabelais en personne —, il est le filleul d'Élisabeth Jacquet de la Guerre, claveciniste et compositeur, à qui il devra peut-être son initiation musicale. Dès l'âge de six ans, il joue du clavecin devant Louis XIV et la Cour. Devançant l'enseignement de ses maîtres, il s'impose très tôt comme organiste et comme compositeur. En 1727, il triomphe devant Rameau dans le concours pour le poste d'organiste à Saint-Paul, puis, quatre ans plus tard, il succède à Marchand aux Cordeliers.

En 1739, c'est la consécration officielle, avec sa nomination, sans concours, au poste d'organiste de la chapelle royale, où il remplace d'Andrieu. Fêté par le public, il demeure simple et bon, farouchement indépendant et passablement bohème. Improvisateur stupéfiant, il répond au goût du jour sans y sacrifier. Au contraire, il s'efforce de maintenir l'orgue dans la grande tradition, en train de se perdre. Rameau lui-même le reconnaîtra : « On change de goût à tout moment. Il n'y a que M. d'Aquin qui ait eu le courage de résister à ce torrent; il a toujours conservé à l'orgue les majestés et les grâces qui lui conviennent. » Les documents sont hélas! trop peu nombreux pour étayer ce jugement : négligent et imprévoyant, il n'a que très peu publié de ses multiples compositions, en grande partie perdues ou restées manuscrites (*Te Deum, Leçons de Ténèbres, Messes, Miserere, Cantates,* etc.), tout comme ont été perdues les œuvres manuscrites de Calvière, que sa veuve lui avait confiées pour les faire éditer. À part une cantatille, *la Rose* (1762), son œuvre connue se résume à deux livres : *Premier Livre de pièces de clavecin* (1735) et *Nouveau Livre de noëls pour l'orgue et le clavecin, dont la plupart peuvent s'exécuter sur les violons, flûtes, hautbois, etc.* Les pièces descriptives pour le clavecin *(le Coucou)* s'inscrivent dans la lignée de celles de Couperin et de Rameau. Quant aux noëls pour orgue, ce sont de brillantes variations sur de populaires thèmes de chants traditionnels de Noël, genre très prisé à l'époque et dont d'Aquin fut incontestablement le maître.

ARCADELT ou **ARCHADELT**, **ARCADET**, **HARCHADELT** *(Jacques),* compositeur franco-flamand *(v. 1514-1568).* Parti vraisemblablement très jeune en Italie, il est signalé à Florence vers 1530, puis en 1532, à l'issue d'un séjour lyonnais. Nommé en 1540 maître de la chapelle Sixtine, il se voit également attribuer le titre de chanoine de Liège. En 1546-47, il passe une année en France, puis rentre à Rome jusqu'en 1551, date à laquelle il devient maître de chapelle du cardinal de Lorraine; il appartient à la chapelle royale de 1554 à 1562. La publication de son *Premier Livre de madrigaux* (Gardane, Venise, 1539), réédité quarante fois jusqu'en 1654, le

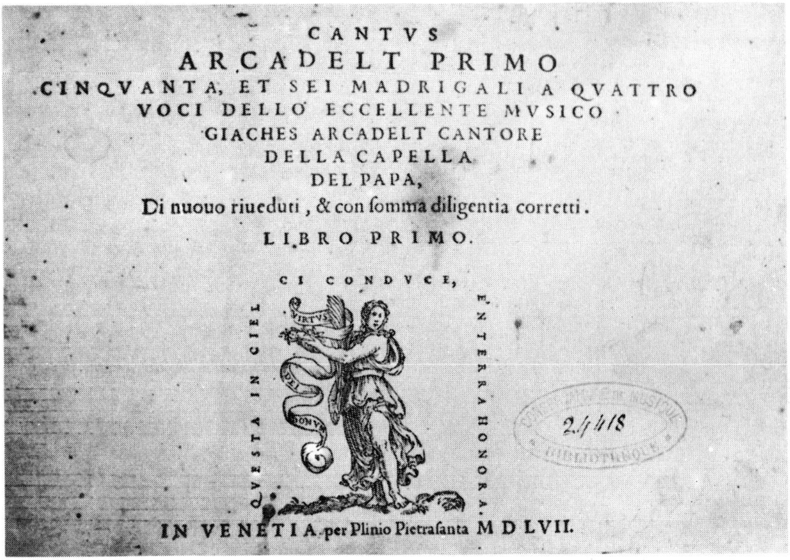
CANTVS
ARCADELT PRIMO
CINQVANTA, ET SEI MADRIGALI A QVATTRO
VOCI DELLO ECCELLENTE MVSICO
GIACHES ARCADELT CANTORE
DELLA CAPELLA
DEL PAPA,
Di nuouo riueduti, & con somma diligentia corretti.
LIBRO PRIMO.
CI CONDVCE,
QVESTA IN CIEL
E'N TERRA HONORA.
IN VENETIA per Plinio Pietrasanta M D LVII.

Une des très nombreuses éditions du Premier livre de madrigaux à 4 voix d'***Arcadelt.*** *(Venise, 1557.)*

place d'emblée parmi les grands madrigalistes de la première époque. Il est un de ceux qui donnent au genre sa forme définitive, dégagée de la *frottola*, et publie, entre 1539 et 1544, 250 madrigaux à 3 et à 4 voix, dont le célèbre *Il Bianco e Dolce Cigno.* Lorsque les luthistes mettent en tablature les premiers madrigaux, ils s'adressent aux musiciens ultramontains : un recueil entier, celui des Vindella, est alors consacré à Arcadelt, qui assumera bien souvent par la suite des paternités douteuses.

S'il sait trouver le ton juste, fait de charme, de douceur et de mélancolie, qui convient au madrigal, Arcadelt ne renie pas pour autant ses origines, tantôt employant le style de la chanson française, tantôt cultivant celle-ci pour elle-même ; il joue même un rôle de précurseur en publiant à Paris, dès 1547, ce qui peut être considéré comme les premières chansons en forme d'air.

ARNE *(Thomas Augustine),* compositeur anglais *(Londres 1710* - id. *1778).* Avec W. Boyce, il est le plus important compositeur anglais de son époque, et son œuvre fait date dans l'histoire de l'opéra de son pays. Travaillant le jour chez un notaire, il s'exerçait la nuit sur une épinette introduite en cachette dans sa chambre, car son père ne voulait pas qu'il devînt musicien. Il triompha de la volonté paternelle et, pour son premier opéra, choisit un texte d'Addison pour écrire une *Rosamond.* Il composa ensuite des opéras, des masques et de la musique d'église. Pour les représentations des pièces de Shakespeare au Dury Lane, il composa de nouvelles mélodies pleines de charme, par exemple, pour *As you like it, Under the Greenwood Tree* et *Blow, blow thou Winter Wind.* Sa chanson la plus célèbre reste *Where the Bee sucks* (dans *The Tempest*) ; réunis, ses airs remplissent 20 recueils.

T. A. Arne naquit au moment où Haendel s'établissait en Angleterre. Jusqu'à nos jours, sa musique, fraîche, spontanée et originale, a souffert du voisinage écrasant de son aîné. Pourtant, c'est lui, et non Haendel (à l'exception de *Semele,* 1743),

National portrait gallery

Thomas **Arne.** *Dessin d'après une gravure de Francesco Bartolozzi.*

qui continua la tradition de l'opéra anglais après Purcell. Citons *Thomas and Sally* (1733) et *Alfred* (1740) dont un passage du final, le *Rule, Britannia!*, est resté l'une des mélodies patriotiques les mieux connues en Angleterre. T. A. Arne ne négligea pas la musique instrumentale, écrivant des sonates pour le clavecin, des ouvertures et des concertos pour orgue. Il faut mentionner également ses deux oratorios, *Abel* (1744) et *Judith* (1761).

ARNOLD DE LANTINS, compositeur belge, originaire de Liège *(XVe s.)*, peut-être apparenté à Hugo de Lantins. Ce musicien, qui se rattache à l'école franco-flamande, séjourna vraisemblablement à Venise (deux chansons, *Se ne prenez de moi pitié* et *Quand je mire vo doulce portraiture*, sont datées de cette ville, mars 1428) avant de devenir chantre à la chapelle pontificale d'Eugène IV en 1431. Ses audaces comme ses hésitations caractérisent cette époque de transition. Il fut un des premiers à écrire une messe unitaire *(Missa verbum incarnatum)* et affectionna la chanson à 2 voix avec contratenor instrumental, manifestant dans ce genre une facilité d'improvisateur et une sensibilité nouvelle.

ARNOLD VON BRUCK, compositeur flamand, d'origine suisse *(Bruges 1490 - Linz, Autriche, 1554)*. Ce musicien, qui devint premier maître de chapelle de l'empereur Ferdinand I, est l'un des compositeurs les plus importants du XVIe siècle par la manière de déclamer un texte en musique et par le style harmonique, proches de Josquin Des Prés. On connaît de lui 22 motets (de 2 à 6 voix), des hymnes et des lieder (de 3 à 6 voix), ainsi que des pièces écrites sur des chorals luthériens et des chansons profanes. Son œuvre a été rééditée *in* O. Kade, *Auserwählte Tonwerke ... des 15. und 16. Jahrhunderts* (Leipzig, 1882).

ARRIAGA Y BALZOLA *(Juan Crisóstomo de)*, compositeur espagnol *(Bilbao 1806-Paris 1826)*. Exceptionnellement précoce, il composa à onze ans un *Octuor* et, un an plus tard, une *Ouverture* pour orchestre. À treize ans, il écrivit un opéra, *les Esclaves heureux*, qui obtint un succès considérable à Bilbao. En 1822, il vint à Paris travailler avec Baillot (violon) et Fétis (harmonie et contrepoint), et fut répétiteur au Conservatoire à dix-huit ans. C'est alors qu'il écrivit ses œuvres les plus importantes. Le surmenage qu'il s'imposait eut raison de sa santé fragile, et il mourut de tuberculose dix jours avant son vingtième anniversaire.

En dépit des influences — notamment celle de Mozart — que son écriture révèle, l'expression d'Arriaga est parfaitement originale par sa couleur espagnole et par la vie intense qu'il sut conférer à des partitions de musique pure (3 quatuors, 1 symphonie). Son aptitude à vaincre toutes les difficultés techniques lui permit de réaliser, au cours de sa brève existence, une œuvre à la fois solide et inspirée.

ATTERBERG *(Kurt)*, compositeur suédois *(Göteborg 1887 - Stockholm 1974)*. Tout comme Alfvén, Atterberg peut être considéré comme un national-romantique tardif, mais à ce titre il est l'un des plus remarquables symphonistes suédois de ce siècle. En témoignent notamment, parmi ses neuf symphonies (composées de 1909 à 1956), les nos 2 (1913), 4 (*Sinfonia piccola*, 1918) et 6 (1928), mais aussi *De* *fävitska junfrurna* (commande des Ballets suédois de Paris en 1920) et *Fanal* (1932), l'un de ses cinq opéras.

AUBER (Daniel François *Esprit*), compositeur français *(Caen 1782 - Paris 1871).* Son père recevait chez lui musiciens et artistes ; cette atmosphère eut une influence sur l'enfant. Celui-ci composa très tôt des romances qui enchantèrent les salons du Directoire. Envoyé en Angleterre pour s'initier au négoce, il revint en France en 1804 sans avoir oublié sa vocation musicale. Un concerto pour violon et un ouvrage lyrique, *l'Erreur d'un moment,* furent joués en 1806. Sous la férule de Cherubini, qui s'intéressait à lui, il écrivit des œuvres religieuses et un opéra-comique, *Jean de Couvin* (1812). Mais ses premiers succès à Paris ne vinrent qu'avec *la Bergère châtelaine* (1820) et *Emma* (1821), joués à l'Opéra-Comique.

Avec *Leicester* (1823) commença la collaboration d'Auber avec Scribe. Tous deux devinrent les meilleurs fournisseurs de l'Opéra et de l'Opéra-Comique. Près de cinquante partitions lyriques d'Auber y furent créées. Le compositeur toucha à tous les sujets, tous les genres, mais non à tous les styles de musique. *La Neige* (1823) reste une exception dans son œuvre par son caractère rossinien et ses abondantes vocalises. Le compositeur demeura dans l'ensemble fermé aux influences italienne et allemande. *Le Maçon* (1825) illustre parfaitement son inspiration dans le domaine de l'opéra-comique, élégante, pétulante, nuancée, recourant à des thèmes très caractéristiques, qui se gravent dans la mémoire, et à une écriture extrêmement sûre. Avec *la Muette de Portici* (1828), qui précède d'un an *Guillaume Tell* de Rossini et de trois ans *Robert le Diable* de Meyerbeer, il ouvrit l'ère du grand opéra historique, à mise en scène spectaculaire. Cette œuvre est d'une puissance et d'une passion surprenantes et convaincantes : lors de son exécution à Bruxelles en 1830, le duo « Amour sacré de la patrie » donna le signal des troubles révolutionnaires qui entraînèrent la séparation de la Belgique et de la Hollande. *La Fiancée* (1829), *le Philtre* (1831), *le Cheval de bronze* (1835), *le Domino noir* (1837), *les Diamants de la Couronne* (1841) connurent une faveur durable. Quant au succès de *Fra Diavolo* (1830), il s'est prolongé jusqu'à nos jours. Ajoutons qu'Auber écrivit une *Manon Lescaut* (1856) et un *Gustave III* (1833), dont le sujet est le même que celui d'*Un bal masqué* de Verdi.

Auber entra à l'Institut en 1829, fut nommé l'année suivante directeur des concerts de la Cour, succéda à Cherubini comme directeur du Conservatoire en 1842 et fut maître de Chapelle de la Cour impériale à partir de 1857.

AUBERT *(Jacques),* dit le Vieux, violoniste et compositeur français ([*?*] *1689-Belleville, Paris, 1753*). Élève de J.-B. Senallié, il fut nommé musicien du prince de Condé, en 1719, et devint intendant de la musique à Chantilly, probablement en 1722. Son opéra *la Reine des Péris,* représenté en 1725, déconcerta le public, habitué aux sujets mythologiques. Aubert a introduit en France le concerto pour violon en trois mouvements (1735), emprunté aux Italiens, ainsi que leur instrumentation (deux parties de violon et basse continue). Il a composé 5 livres de sonates pour son instrument.

AUDRAN *(Edmond),* compositeur français *(Lyon 1842 - Tierceville, Seine-et-Oise, 1901).* Fils d'un ténor connu, Marius Audran, il envisagea une carrière de maître de chapelle et entra à l'école Niedermeyer, où il fut le condisciple de Messager et de Saint-Saëns. Ses parents s'étant fixés à Marseille, il y devint en 1861 organiste, puis maître de chapelle. Il écrivit des motets, mais aussi des romances et des partitions lyriques, parmi lesquelles *le Grand Mogol,* dont la création à Marseille en 1877 fit sensation. Il regagna alors Paris et s'y imposa sans coup férir avec *les Noces d'Olivette* (1879) et surtout *la Mascotte* (1880). Dès lors célèbre, il alimenta les théâtres d'opérette avec une trentaine de partitions souriantes, à l'écriture claire, parmi lesquelles *Gilette de Narbonne* (1882), *Miss Helyett* (1890) et *la Poupée* (1896), qui, sans atteindre la popularité de *la Mascotte,* demeurent parfois représentées de nos jours.

AURIC *(Georges),* compositeur français *(Lodève 1899 - Paris 1983).* Il commence ses études au conservatoire de Montpellier et les poursuit à celui de Paris, où il est l'élève de G. Caussade pour le contrepoint et la fugue, et se lie avec Honegger et Milhaud ; à la Schola cantorum, il suit les cours de composition de V. d'Indy. Il

Mayer

Caricature de Michel Larionov représentant Georges **Auric** *en séminariste.*

admire Satie, Stravinski et Chabrier. Ce n'est pas par hasard que Cocteau lui dédie, en 1919, *le Coq et l'Arlequin,* véritable manifeste de l'esprit nouveau placé sous la houlette de Satie : membre du groupe des Six, Auric est sans nul doute le plus authentique représentant de l'esprit contestataire, voire provocateur, qui anime ces musiciens. Plus tard, il accède à de hautes fonctions officielles : président de la S. A. C. E. M. (1954), administrateur général de la réunion des théâtres lyriques nationaux (1962-1968) ; il devient aussi membre de l'Institut, en 1962. Mais il ne se coupe jamais de la création vivante et, avec une inlassable curiosité, sait se tenir au courant des tendances les plus avant-gardistes.

La peur de se prendre au sérieux engendre le ton désinvolte d'Auric, sa verve, son ironie, qui s'expriment à travers un langage clair, concis. Le compositeur aime travailler en étroite relation avec les autres arts, d'où un goût marqué pour la musique de scène (*Malbrough s'en va-t-en guerre* de Marcel Achard, 1924 ; *le Mariage de M. Le Trouhadec* de Jules Romains, 1925 ; *les Oiseaux* d'Aristophane, 1927 ; *Volpone* de Ben Jonson, 1927, etc.), les ballets et la musique de film. Étroitement mêlé au second souffle des Ballets russes, il compose pour Diaghilev *les Fâcheux* (1924), *les Matelots* (1925), *la Pastorale* (1926). Plus tard, *le Peintre et son modèle* (1949), *Phèdre* (1950), *Chemin de lumière* (1952) révèlent la seconde manière d'Auric, puissamment vivante et tragique ; ce sont presque des œuvres de théâtre, « car Auric considère et traite les ballets comme des opéras où la danse tient le rôle du chant » (A. Goléa). Dans la musique de film, il voit une occasion de rapprochement avec le grand public, une expérience novatrice, peut-être un moyen de renouer avec l'idée de « musique d'ameublement » chère à Satie. Dans ce domaine, *le Sang du poète* (1931), écrit pour Cocteau, précède une quarantaine de partitions, dont *À nous la liberté* (René Clair, 1932), *l'Éternel Retour* (Cocteau, 1943), *la Symphonie pastorale* (Delannoy, 1946), *la Belle et la Bête* (Cocteau, 1946), *les Parents terribles* (Cocteau, 1946), *Orphée* (Cocteau, 1950), *Moulin-Rouge* (Huston, 1953). Parallèlement, dans sa musique instrumentale, il sait retrouver les ressources du contrepoint et manifeste son sens aigu de la construction, en particulier dans la *Sonate pour piano* en *fa* majeur (1931) et la *Partita pour 2 pianos* (1955), conjonction de Satie et de Schönberg, méditation sur l'écriture sérielle. Plus récemment, la série des *Imaginées* (1965-1973) témoigne d'une réflexion sur les possibilités et la signification de la musique pure.

B

BABBITT *(Milton),* compositeur et théoricien américain *(Philadelphie 1916).* Mathématicien, il ne vint à la musique qu'à la suite de ses rencontres avec Marion Bauer, Philip James et surtout Roger Sessions, qui l'incita à mettre rapidement un terme à une carrière de compositeur de chansons et de comédies musicales. Subtil théoricien de la technique sérielle, reprenant et étendant la dernière manière de Schönberg dans l'utilisation des douze sons, il a créé un système personnel reposant sur une plus grande complexité et un plus grand raffinement des intervalles, liés à l'idée structurale qui sert de point de départ à l'œuvre. Cette reformulation de la base empirique de la tradition musicale s'accompagne d'une exploration logique de la matière sonore dans ce qu'elle a de plus abstrait, qu'il s'agisse des possibilités des instruments ou de l'électronique. Professeur à l'université de Princeton, puis à la Julliard School, directeur du Centre de musique électronique de Columbia-Princeton et directeur de la musique à l'université de New York, il exerce une très grande influence sur les jeunes compositeurs, et, s'il n'est pas absolument reconnu comme le chef de file de l'école américaine (notamment par le groupe de John Cage), il en demeure l'une des personnalités les plus importantes. Son rayonnement s'est également exercé à travers ses ouvrages théoriques.

L'œuvre de Babbitt comprend de la musique de piano, de la musique de chambre, de la musique pour voix et piano ou bande magnétique et des compositions pour instruments électroniques.

BACH *(Carl Philip Emanuel),* compositeur allemand *(Weimar 1714 - Hambourg 1788).* Deuxième fils de J. S. Bach et de sa première femme Maria Barbara, et deuxième de ses quatre fils musiciens, le « Bach de Berlin et de Hambourg » fut l'élève de son père à Saint-Thomas, grava lui-même à 17 ans son premier menuet, et, après de solides études de droit, devint en 1738 claveciniste dans l'orchestre du prince héritier de Prusse. Lorsque celui-ci accéda au trône sous le nom de Frédéric II, il le suivit à Potsdam. Il se révéla rapidement un maître de la musique instrumentale, en particulier du clavier, et, à ce titre, marqua profondément son époque, aussi bien par ses *Sonates prussiennes* (1742), ses *Sonates wurtembergeoises* (1744) ou ses *Sonates avec reprises variées* (1760) que par son *Essai sur la véritable manière de jouer des instruments à clavier* (*Versuch über die wahre Art, das Clavier zu spielen,* 1753 et 1762, traduction française, Paris, 1979). Ce traité est fondamental pour la connaissance du style du XVIIIe siècle. À la mort de son parrain, Telemann (1767), il lui succéda comme directeur de la musique à Hambourg et occupa ce poste de 1768 à sa mort. Là, il fit entendre *le Messie* de Haendel, le credo de la *Messe en « si »* de son père, le *Stabat Mater* de Haydn et composa lui-même une assez grande quantité de musique religieuse dont les oratorios *Die Israeliten in der Wüste* (« Les Israélites dans le désert », 1775) et *Die Auferstehung und Himmelfahrt Jesu* (« La résurrection et l'ascension de Jésus », 1777-78), de nouveaux ouvrages pour clavier (6 recueils de *Sonates, rondos et fantaisies pour connaisseurs et amateurs* parurent de 1779 à 1787), de la musique de chambre et 10 symphonies (la moitié de sa production en ce domaine) : 6 pour cordes à l'intention du baron Van Swieten (1773) et 4 pour grand orchestre, parues en 1780. Dans son héritage se trouvaient la plupart des documents originaux de la famille Bach. Contrairement à celle de son frère, Wilhelm Friedemann, sa musique fut largement éditée de son vivant et sa renommée fut grande. Haydn (qui travailla ses sonates dans sa jeunesse) et Mozart l'admirèrent profondément, et le premier surtout, par certains côtés, fut son continuateur. Pionnier du concerto pour clavier (une cinquantaine), il fut, par ses brusques modulations dramatiques, ses rythmes imprévus, sa démarche parfois velléitaire, le plus grand représentant en musique de l'*Empfindsamkeit.* « Un musicien ne peut émouvoir que s'il est ému lui-même », disait-il volontiers, et, sous les notes d'une de ses pièces pour clavier à caractère de récitatif, un poète contemporain put inscrire les paroles du monologue d'*Hamlet.* Son instrument préféré était le clavicorde. Parmi les domaines injustement méconnus de sa production, une vaste série d'*Odes et lieder* pour voix avec accompagnement de clavier. De la galanterie il sut éviter les écueils et il occupa en son siècle, pas seulement comme adepte de la nouvelle « forme sonate », une position unique. Il fut d'ailleurs le seul musicien de son rang à avoir couvert, par une production abondante, tout le deuxième tiers et une bonne partie du troisième tiers du XVIIIe siècle.

BACH *(Georg Christoph),* compositeur allemand *(Erfurt, Saxe, 1642 - Schweinfurt, Basse-Franconie, 1697).* Fils de Christoph Bach (1613-1661), Georg Christoph occupa, vingt ans durant, le poste de cantor à Themar (Saxe), avant d'obtenir la même charge à Schweinfurt. Là, il reçut la visite de ses frères Johann Christoph et Johann Ambrosius et, pour cette occasion, il composa une cantate sur le psaume 133 : *Siehe wie fein und lieblich...* (Oh ! qu'il est agréable et doux pour des frères de demeurer ensemble !).

BACH *(Heinrich),* compositeur allemand *(Wechmar 1615 - Arnstadt 1692).* Fils de Johannes Bach, il fut d'abord musicien de la ville d'Erfurt, puis organiste à la Liebfrauenkirche et à l'Oberkirche d'Arnstadt. Il composa des concertos, des préludes de choral, des chorals, des motets et des cantates. Comme organiste, il jouit d'une assez grande réputation à son époque.

BACH *(Johann Bernhard),* compositeur allemand *(Erfurt, Saxe, 1676 - Eisenach, Saxe, 1749).* Fils de Johann Aegidius, il étudia à Erfurt avec Pachelbel avant de débuter comme organiste à la Kaufmannskirche (1695). Il fut ensuite nommé à Magdebourg, puis à Eisenach où il resta jusqu'à sa mort. Une partie seulement de ses compositions a été conservée (œuvres pour orgue, chorals, fugues et 4 suites pour orchestre).

BACH *(Johann Christian),* compositeur allemand *(Leipzig 1735 - Londres 1782).* Dernier enfant de J. S. Bach et de sa seconde femme Anna Magdalena, et dernier de ses quatre fils musiciens, le « Bach de Milan et de Londres » — appelé aussi Jean Chrétien — n'avait que quinze ans à la mort de son père et profita moins que ses deux demi-frères et que son frère de son influence et de ses conseils. Après 1750, il poursuivit sa formation à Berlin auprès de son demi-frère Carl Philip Emanuel, et, vers 1755, alla en Italie, voyage qu'auparavant aucun Bach n'avait effectué. Là, il devint l'élève du padre Martini, composa de la musique sacrée *(Dies irae)* et des opéras (genre qu'avant lui aucun Bach n'avait pratiqué), se lia avec Sammartini, et, pour devenir organiste à la cathédrale de Milan, se convertit au catholicisme. Il donna à Turin *Artaserse* (1761) et à Naples *Catone in Utica* (1761) et *Alessandro nell' Indie* (1762). En 1762, il arriva à Londres comme compositeur attitré du King's Theatre, et pendant vingt ans, premier Bach cosmopolite, premier Bach mondain, il participa activement à la vie musicale et théâtrale intense de la capitale britannique (où il accueillit en 1764 l'enfant Mozart et sa famille). Il organisa et dirigea à partir de 1764 avec le gambiste Carl Friedrich Abel les concerts par abonnements Bach-Abel (tenus à partir de 1775 à Hanover Square Rooms), fit chaque mercredi de la musique chez la reine, devint professeur des enfants royaux, introduisit en Angleterre le pianoforte. Dès 1763, il donna à Londres les opéras *Orione* et *Zenaida,* et en 1778 encore *La Clemenza di Scipione.* On le vit à Mannheim en 1772 et en 1776 pour les créations respectives de *Temistocle* et de *Lucio Silla,* et en 1778 à Paris (où il retrouva Mozart) afin de signer un contrat pour un opéra français (*Amadis de Gaule,* 1779). Sa mort prématurée émut surtout ses créanciers, mais provoqua chez Mozart

Villani et Figli

Portrait de J. Ch. ***Bach*** *par Th. Gainsborough (Liceo Musicale, Bologne).*

cette réaction rare : « Bach n'est plus, quelle perte pour la musique ! » Ivresse mélodique, élégance, sensualité, facilité apparente caractérisent son style (il fut l'un des créateurs de l'allegro chantant repris par Mozart), mais n'en cachent pas moins le métier le plus sûr. D'une production très abondante, mais dont seule une partie fut éditée de son vivant, citons les douze sonates pour clavier op. 5 et op. 17, les six quintettes op. 11, les dix-huit concertos pour clavier op. 1 (le finale du sixième et dernier est une série de variations sur le *God Save the King*), op. 7 et op. 13, les vingt-quatre symphonies op. 3, op. 6, op. 8, op. 9 et op. 18. Certaines de ces symphonies sont en fait des ouvertures d'opéra, comme par exemple le célèbre op. 18 n° 2 (ouverture de *Lucio Silla*). On lui doit aussi de très nombreuses symphonies concertantes et des airs de concert dont l'un *(Ebben si vada)* avec piano obligé. Il sacrifia largement au style galant, mais des œuvres comme la sonate en *ut* mineur op. 5 n° 6 ou la symphonie en *sol* mineur op. 6 n° 6 nous montrent (comme ses improvisations au clavier montraient à ses contemporains) que lui aussi savait explorer profondeur et passion. Une des clés du personnage réside sans doute dans cette confidence à un ami : « Mon frère Carl Philip Emanuel vit pour composer, et, moi, je compose pour vivre. »

BACH *(Johann Christoph),* compositeur allemand *(Arnstadt, Saxe, 1642 - Eisenach, Saxe, 1703)*: Fils de Heinrich et petit-fils de Johannes, il fut organiste à Arnstadt, puis à Eisenach où il joua dans les trois églises, notamment à la Georgenkirche. Excellent musicien, il composa beaucoup. J. S. Bach joua quelques-unes de ses œuvres à Leipzig et C. Ph. E. Bach le tenait en estime. Johann Christoph laissa des œuvres pour le clavier (orgue ou clavecin), dont 44 chorals pour le service divin, des cantates et des motets. Ses quatre fils furent également musiciens. On le considère généralement comme le plus grand musicien de la famille Bach, antérieur à Jean-Sébastien.

BACH *(Johann Christoph Friedrich),* compositeur allemand *(Leipzig 1732-Bückeburg 1795).* Fils aîné de J. S. Bach et de sa seconde femme Anna Magdalena et troisième de ses quatre fils musiciens, le « Bach de Bückeburg » fut éduqué par son père et mena, contrairement à ses frères, une carrière modeste et peu agitée. Engagé au début de 1750, juste avant la mort de son père, à la cour du comte de Schaumburg-Lippe à Bückeburg (Westphalie), il devait y rester jusqu'à sa mort, au service des comtes Wilhelm (jusqu'en 1777) et Friedrich Ernst (1777-1787), puis de la régente Wilhelmine. Il dut d'abord se consacrer à la musique italienne, mais, après le départ du maître de concerts Angelo Colonna et du compositeur G. B. Serini, il put mettre à ses programmes des œuvres allemandes de Gluck, Haydn (son contemporain), Holzbauer ou Mozart. L'écrivain Johann Gottfried Herder, qui séjourna à Bückeburg de 1771 à 1776, écrivit pour lui les textes des oratorios *Die Kindheit Jesu* (« l'Enfance de Jésus », 1773) et *Die Auferweckung des Lazarus* (« la Résurrection de Lazare », 1773) et de diverses cantates. En 1778, il rendit visite, à Londres, à son frère Johann Christian. La plupart de ses œuvres ne franchirent jamais les limites de Bückeburg. De ses symphonies, dont beaucoup ont disparu, la dernière, en *si* bémol majeur (1794), est un chef-d'œuvre durable de l'époque classique. Dans les quinze dernières années de sa vie, surtout dans le domaine instrumental (sonates, musique de chambre, concertos), il fut moins influencé qu'auparavant par son demi-frère Carl Philip Emanuel et par les maîtres de l'Allemagne du Nord et se rapprocha du style de son frère Johann Christian et de l'équilibre classique. Avec son fils Wilhelm Friedrich Ernst (1759-1845), également musicien, devait s'éteindre la descendance mâle de Jean-Sébastien.

BACH *(Johann Ernst),* compositeur allemand *(Eisenach, Saxe, 1722-*id. *1777).* Il étudia avec son père, Johann Bernhard Bach, et avec son petit cousin, Johann Sebastian. D'abord élève à l'école Saint-Thomas de Leipzig, il entreprit ensuite son droit à l'université de la même ville. En 1749, il fut nommé organiste à la Georgenkirche d'Eisenach. La même année, il dédia au prince de Weimar une série de fables mises en musique. Lorsque le prince accéda au pouvoir (1756), Johann Ernst devint chef d'orchestre de la cour tout en conservant ses fonctions d'organiste à Eisenach.

Johann Ernst Bach a laissé des sonates pour clavier ou pour violon et clavier, des cantates d'église, des cantates profanes, une messe, un *Magnificat,* des psaumes. Outre ses compositions, il écrivit la préface d'un ouvrage du théoricien Jakob Adlung, *Anleitung zu der musikalischen Gelahrtheit* (méthode d'éducation musicale).

BACH *(Johann Ludwig),* compositeur allemand *(Steinbach 1677-Meiningen, Saxe, 1741).* Surnommé le « Bach de Meiningen », il étudia la théologie avant d'être musicien à Salzungen. En 1708, il fut nommé cantor et maître des pages de Bernhard Ier à Meiningen, puis, en 1711, directeur de l'orchestre de la cour. Johann Sebastian a recopié de sa main les 18 cantates allemandes de Johann Ludwig Bach. Celui-ci est également l'auteur d'une *Suite* pour orchestre.

BACH *(Johann Michael),* compositeur allemand *(Arnstadt, Saxe, 1648-Gehren, Saxe, 1694).* Fils de Heinrich Bach et frère de Johann Christoph, il était le père de Maria Barbara, première femme de Johann Sebastian. Il étudia avec son père et fut, jusqu'en 1673, organiste à la cour d'Arnstadt, puis organiste à Gehren. Il fut également facteur d'instruments, expert en instruments à clavier et en violons. Ses œuvres, essentiellement destinées à l'orgue, comptent aussi des motets et des cantates.

BACH *(Johann Nicolaus),* compositeur allemand *(Eisenach, Saxe, 1669-Iéna, Saxe, 1753).* Fils de Johann Christoph, il commença ses études à Eisenach, puis, en 1689, entra à l'université d'Iéna. En 1695, il obtint un poste d'organiste dans deux églises d'Iéna ; il en conserva un jusqu'à l'âge de 80 ans. Il construisit des clavecins et inventa le *Lautenwerk,* sorte de luth muni d'un clavier. L'organiste Jakob Adlung fut l'un de ses élèves. De ses œuvres, il reste une messe brève, un *Bicinium* pour orgue et une cantate burlesque *(le Crieur de vin et de bière d'Iéna).*

BACH *(Johann Sebastian),* compositeur allemand *(Eisenach, Saxe, 1685-Leipzig 1750).* Issu d'une lignée de musiciens-ménétriers — organistes et cantors fixés en Thuringe depuis le XVIe siècle, dont l'un au moins, Johann Christoph (1642-1703), cousin germain de son père, avait été un compositeur d'une importance particulière —, il naquit le 23 mars 1685, la même année que Haendel et D. Scarlatti. Il était le dernier des huit enfants de Johann Ambrosius Bach (1645-1695), musicien des villes d'Erfurt et d'Eisenach, et d'Elisabeth Lämmerhirt (1644-1694). Johann Sebastian Bach fit des études générales, brillantes, au gymnasium d'Eisenach et eut l'occasion d'entendre son cousin Johann Christoph au clavecin et à l'orgue. Une œuvre de ce dernier — le motet à 8 voix *Ich lass dich nicht* — devait lui être plus tard attribuée.

Études et apprentissage. Recueilli, à la mort de son père, par son frère aîné Johann Christoph (1671-1721), élève de Pachelbel et organiste à Ohrdruf, Bach poursuivit son instruction générale au lyceum d'Ohrdruf et fit ses études musicales avec son frère. À 15 ans, grâce à sa belle voix, il fut admis dans la manécanterie de la Michaeliskirche de Lüneburg : d'après les statuts, les choristes devaient être « nés de pauvres gens, sans aucune ressource, mais possédant une bonne voix ». Là, il lut et copia beaucoup de

De Biasi

*Portrait de J.-S. **Bach** par E. G. Haussmann (Museum der Geschichte der Stadt, Leipzig).*

musique, fit la connaissance des organistes J. J. Löwe, ancien élève de Schütz, et de G. Böhm. Il effectua plusieurs voyages à Hambourg pour y écouter J. A. Reinken, entendit la chapelle française du duc de Celle et découvrit ainsi, entre autres, les œuvres instrumentales de François Couperin. Avec le facteur d'orgues J. B. Held, il apprit à construire, à expertiser et à réparer les orgues, domaine où sa réputation dépassa bientôt celle de ses contemporains.

Les débuts d'organiste. Quelque temps violoniste dans l'orchestre privé du duc Johann Ernst de Weimar, Bach fut nommé, en août 1703, organiste à la Neue Kirche d'Arnstadt, où il composa ses premières œuvres religieuses — la cantate *Denn du wirst meine Seele nicht in der Hölle lassen* (« Car tu ne laisserais pas mon âme en enfer ») BWV 15 — et ses premières pages pour clavier, dont le *Capriccio sopra la lontananza del suo fratello dilettissimo* (« Caprice sur l'éloignement de son frère bien-aimé »). Il s'essaya à la toccata, au prélude et fugue, au prélude de choral. En octobre 1705, il fit à pied le voyage d'Arnstadt à Lübeck pour y entendre le célèbre organiste Buxtehude, qui lui offrit sa succession : mais Bach, comme d'autres avant et après lui, recula à la perspective de devoir épouser la fille du vieux maître.

De retour à Arnstadt, il attira sur lui les foudres de ses supérieurs à la fois en raison de son absence prolongée et de par sa façon « inhabituelle » de jouer de l'orgue. Ces incidents et d'autres — comme l'indiscipline et le manque de dons pour la musique des choristes dont il avait la charge — le décidèrent à accepter, au cours de l'été 1707, la succession de Johann Georg Ahle à la Blasiuskirche de Mühlhausen. Le 17 octobre de la même année, il épousa sa cousine Maria Barbara (1684-1720), fille de Johann Michael Bach (1648-1694), organiste à Gehren. Celle-ci devait lui donner sept enfants, dont deux grands musiciens, Wilhelm Friedemann (1710-1784) et Carl Philip Emanuel (1714-1788). À Mühlhausen, il composa trois cantates d'église : *Aus der Tiefe rufe ich, Herr, zu dir* (« Des profondeurs, je t'appelle, Seigneur ») BWV 131, *Gott ist mein König* (« Dieu est mon roi ») BWV 71, et *Der Herr denket an uns* (« Le Seigneur pense à nous ») BWV 196.

D'une cour à l'autre. En 1708, Bach devint musicien de chambre et organiste à la cour de Weimar, où en Thuringe, depuis 1707, son cousin Johann Gottfried Walther était organiste et enseignait la musique aux jeunes princes. Plus tard, sous le règne de Charles Auguste (1775-1828), cette cour devait devenir « l'Athènes de l'Allemagne », devenir le lieu de résidence de Goethe et de Schiller, et attirer des hommes célèbres dans tous les domaines de la culture. Du temps de Bach, elle se distinguait déjà des autres cours allemandes, en particulier par une atmosphère d'austérité qui contrastait avec le faste et la frivolité de mise ailleurs. Tout tournait autour de la religion, et Bach eut la chance de trouver là un patron dont les idées musicales allaient en gros dans le même sens que les siennes. Plusieurs voyages le menèrent à Cassel (1714), à la cour du duc Christian de Saxe-Weissenfels (1716) et à Dresde (1717), où il devait rencontrer Louis Marchand pour une sorte de joute musicale, mais l'organiste français, craignant sans doute une défaillance, se déroba. À Weimar, Bach composa ses premières grandes œuvres pour orgue (en particulier, le début de l'*Orgelbüchlein*, recueil de 46 chorals, et des pièces très célèbres comme la *Toccata et fugue en « ré » mineur* et la *Passacaille et fugue en « ut » mineur*) et pour clavier (toccatas, concertos d'après Vivaldi, Telemann, A. Marcello et le duc Johann Ernst de Weimar). La cour était luthérienne et fort pieuse : d'où, chaque mois, de la part de Bach, une nouvelle cantate pour l'excellent ensemble de chanteurs et d'instrumentistes dont il disposait.

Toutefois, à la mort du maître de chapelle J. S. Drese (décembre 1716), Bach n'obtint pas sa succession, et, pour exprimer son mécontentement, il fit une sorte de « grève sur le tas » tout en cherchant un autre poste ailleurs. Une offre lui était justement parvenue du prince Léopold d'Anhalt-Köthen, mais, quand il fit part de ses intentions au duc régnant de Weimar, celui-ci le mit aux arrêts « pour avoir sollicité son congé avec trop d'obstination ». En 1717, Bach arriva néanmoins à Köthen, où ses tâches allaient être bien différentes de celles qu'il avait connues à Weimar.

La cour de Köthen était réformée (calviniste) : Bach ne devait donc ni jouer de l'orgue ni composer de la musique d'église. En revanche, le prince Léopold, passionné de musique instrumentale, attendait beaucoup en ce genre de son nouveau maître de chapelle. Il en obtint plus qu'il n'avait jamais espéré : *Concerts brandebourgeois*, dédiés, au printemps 1721, à Christian Ludwig, margrave de Brandebourg ; suites, partitas et sonates pour orchestre, violon seul, violoncelle seul, viole de gambe, flûte ou violon avec clavecin obligé ou continuo ; concertos pour violon ; et pour clavier (clavecin), le livre I du *Clavier bien tempéré* (1722), les 30 inventions et *sinfonie*, la *Fantaisie chromatique et fugue*

(1720), le *Petit Livre de clavier* de Wilhelm Friedemann Bach (1720) et celui d'Anna Magdalena (1722), les suites anglaises et françaises. Ayant perdu Maria Barbara (juin 1720), Bach se remaria, en décembre 1721, avec la cantatrice Anna Magdalena Wilcken (1701-1760), qui allait lui donner treize enfants, parmi lesquels deux autres grands musiciens, Johann Christoph Friedrich (1732-1795) et Johann Christian (1735-1782).

Le cantorat à Saint-Thomas. À l'automne 1720, Bach se rendit à Hambourg et improvisa devant le vieux Reinken sur le choral *An Wasserflüssen Babylon* (c'est ce choral qui, dans l'éblouissante exécution de Reinken, l'avait tenu lui-même sous le charme quelque vingt ans auparavant). À la fin, Reinken, d'ordinaire avare de louanges, s'écria : « Je pensais que cet art était mort, mais je vois qu'il vit encore en vous. »

En 1722, le prince Léopold, au service duquel Bach pensait passer le reste de ses jours, se maria. Or sa femme n'aimait ni la musique — Bach la traita d'*amusa* — ni l'art en général, et les conditions à la cour de Köthen changèrent totalement. Mais il se trouva qu'après la mort de Johann Kuhnau, cantor à l'école Saint-Thomas de Leipzig, le conseil de la ville avait proposé le poste à Telemann et à Johann Christoph Graupner, qui, tous deux, l'avaient refusé, puis à Bach. Celui-ci, ayant accepté, fut nommé en mai 1723 ; il devait rester à Leipzig jusqu'à sa mort.

À Saint-Thomas, Bach assurait l'enseignement musical aussi bien que les cours de latin. La chorale de l'école était formée de musiciens médiocres ; sur 55 élèves, 17 seulement étaient capables de remplir correctement leur tâche. Outre ces fonctions, il était chargé de la musique des églises Saint-Thomas et Saint-Nicolas, ainsi que de celles de la ville et de l'université pour les cérémonies officielles. Ses relations avec l'université, le recteur Ernesti et le conseil de la ville allaient être marquées par d'incessantes disputes. Le conseil se plaignait des fréquentes absences de Bach, qui se rendait à Weimar, à Cassel — où il joua sur l'orgue de la Martinuskirche (1732) —, à Dresde, où vivaient Johann Adolf Hasse et son épouse, la célèbre cantatrice Faustina Bordoni. Dans cette dernière ville, il jouissait de l'estime du comte Hermann Carl Keyserling, pour qui il composa les *Variations Goldberg* (publiées en 1742), et joua sur l'orgue Silbermann de la Sophienkirche.

En 1741, Bach visita Berlin, et, au printemps 1747, il se rendit à Potsdam sur l'invitation de Frédéric II de Prusse, au service duquel se trouvait son fils Carl Philip Emanuel. Bach improvisa une fugue sur un sujet donné par le roi, et, à son retour à Leipzig, en tira l'*Offrande musicale.* Mais une maladie des yeux, s'aggravant durant les dernières années, devait lui ôter presque entièrement la vue à la fin de 1749. Son élève — et gendre — Johann Christoph Altnikol allait écrire, sous sa dictée, ses dernières œuvres.

Dans les premières années de son cantorat à Leipzig, Bach composa surtout des cantates d'église, ainsi que l'*Oratorio de Pâques* et le *Magnificat.* Cette période fut couronnée par la *Passion selon saint Matthieu,* exécutée en 1729, le jour du vendredi saint. Bach écrivit ensuite des cantates profanes pour les fêtes en l'honneur de la famille régnante de Saxe, duché dont la capitale était Dresde, mais sur le territoire duquel se trouvait Leipzig (de 1697 à 1763, les princes-électeurs de Saxe furent en même temps rois de Pologne). L'année 1733, qui vit Frédéric Auguste II succéder à son père, fut marquée par de nombreuses festivités, auxquelles Bach contribua par trois cantates différentes pour la fête du nouveau monarque et les anniversaires de son fils le prince héritier et de son épouse. À cette époque appartiennent aussi les deux premières parties de la *Klavierübung :* d'une part, les 6 partitas dont la publication s'étendit jusqu'en 1731 et, d'autre part, l'*Ouverture dans le style français* et le *Concerto italien,* publiés en 1735 (la troisième partie de la *Klavierübung* devait être constituée d'œuvres pour orgue et la quatrième des *Variations Goldberg*). L'*Oratorio de Noël,* en réalité succession de 6 cantates, date de 1734, l'*Oratorio pour le jour de l'Ascension* de 1735 et le livre II du *Clavier bien tempéré* de 1744.

Au cours des dernières années de sa vie, Bach transcenda le passé, donnant la quintessence de l'art contrapuntique avec *l'Art de la fugue,* révisant des chorals pour orgue et complétant la *Messe en « si » mineur,* qui l'avait occupé de façon intermittente depuis 1733. Le 18 juillet 1750, il recouvra la vue, mais il eut quelques heures après une attaque, suivie d'une fièvre qui l'emporta dix jours plus tard.

Une synthèse géniale. De toutes les formes musicales, l'opéra est la seule à laquelle Bach ne se soit pas essayé (mais de nombreux épisodes des cantates s'en rapprochent fort par l'esprit). Comme de coutume à son époque, sa production comporte presque entièrement des œuvres de circonstance étroitement liées aux exigences des postes qu'il occupait. Il ne fut pas créateur de formes ni de genres, mais il reprit ceux légués par ses prédécesseurs en les élargissant considérablement tant sur le plan structural qu'expressif, en les portant à un degré de perfection et d'universalité inconnu avant lui. Du point de vue architectural, il se renouvela sans cesse : ses inventions, ses fugues, ses cantates sont toutes construites différemment. L'œuvre de Bach se distingue également par un caractère nettement polyphonique allant néanmoins de pair avec la clarté et l'abondance mélodique. On peut, à ce propos, parler de synthèse d'éléments germaniques et italiens ; cela sans oublier les influences françaises, elles aussi miraculeusement assimilées et magnifiées, en particulier dans les suites — ou ouvertures — pour orchestre, qui approfondissent un modèle jadis créé par Lully.

Si Bach fut l'héritier de la longue tradition polyphonique occidentale, il assuma parallèlement la grande révolution du XVIIe siècle (réduction de la structure sonore à une mélodie accompagnée par une basse) : son originalité essentielle est d'avoir été à la croisée de ces deux chemins, raison pour laquelle il ne devait pas avoir d'héritier musical direct. Sa synthèse ne pouvait intervenir qu'entre 1700 et 1750. L'évolution de l'esthétique musicale la rendait impossible ultérieurement, et, déjà à la fin de sa vie, Bach se trouva incompris et « dépassé » aux yeux de ses contemporains. À la tradition allemande, il reprit le choral luthérien, qui vivifia toute son œuvre, vocale et instrumentale.

Les œuvres instrumentales. Bach conçut la plupart de ses œuvres instrumentales à Weimar et à Köthen, où ses activités lui permirent d'acquérir la maîtrise des formes, du style, des combinaisons instrumentales. Il exploita les perfectionnements techniques apportés à la facture du violon, du violoncelle ou de la flûte. Le concerto à l'italienne l'intéressa particulièrement. Il transcrivit de nombreux concertos d'auteurs italiens, en écrivit lui-même pour violon et il fut aussi le premier à concevoir de véritables concertos pour clavecin et orchestre. Ceux-ci sont, presque tous, des transcriptions. Cependant, pour le *5e Brandebourgeois,* il confia au clavecin non seulement un rôle de soliste, mais une audacieuse cadence de 65 mesures : on a pu dire de cet ouvrage qu'il était le premier en date de tous les concertos pour clavier. Sur les six *Brandebourgeois,* trois (nos 1, 3 et 6) font dialoguer divers « chœurs instrumentaux » d'égale importance, alors que les trois autres opposent aux cordes un groupe d'instruments solistes, et à ceux-ci un soliste principal (trompette dans le no 2, flûte dans le no 4, clavecin dans le no 5).

Bach se passionna également pour le clavier (clavecin) seul. Là, il mena à terme les deux grandes formes léguées par ses prédécesseurs. Outre des œuvres plus ou moins isolées, mais d'une grande importance comme la *Fantaisie chromatique et fugue* ou le *Concerto italien,* il y eut, en effet, d'une part les trois recueils de six suites chacun — *françaises* (1722), revêtant encore le caractère de la danse populaire, *anglaises* (avant 1722), adoptant davantage celui de la danse de cour, et *allemandes* ou partitas (1726-1731), plus proches de la musique pure — et, d'autre part, les deux livres du *Clavier bien tempéré* (1722, 1744), comprenant l'un et l'autre 24 préludes et fugues dans toutes les tonalités majeures et mineures et démontrant l'intérêt musical — pas seulement théorique — du tempérament égal (division de l'octave en douze demi-tons strictement égaux).

Quant aux *Variations Goldberg,* elles témoignent d'une grande richesse d'invention et d'une science extrême du contrepoint, du canon en particulier : Bach y présente 9 genres différents de canons. Synthèse de formes — l'air varié s'y mêle à la passacaille —, cette œuvre est aussi une synthèse de procédés d'écriture. Dans le quodlibet final, deux mélodies populaires viennent se superposer au thème de la passacaille. Bach jeta ici les solides fondements de la grande variation moderne.

De l'écriture canonique, le sommet fut l'*Offrande musicale,* série de variations contrapuntiques sur le thème proposé par Frédéric II. Cette œuvre, construite selon une structure symétrique chère à Bach, présente le plan suivant : *ricercare*/5 canons/sonate en trio/5 canons/*ricercare.* Cinq des canons sont à deux voix avec une troisième voix utilisant le thème royal comme *cantus firmus,* les cinq autres traitent des variations du thème de façon canonique. Sauf pour la sonate en trio et pour le 9e canon (flûte, violon et basse figurée), Bach n'a laissé aucune indication d'instruments pour cet ouvrage prenant appui, par sa virtuosité et sa rigueur polyphoniques, et en particulier par son usage du canon-énigme, sur la grande école franco-flamande des XVe et XVIe siècles.

Pour le violon, Bach a écrit notamment 2 concertos, 1 concerto pour deux violons, 6 sonates avec clavecin adoptant la structure quadripartite de la « sonata da chiesa » (sonate d'église) et, surtout, 3 sonates et 3 partitas pour violon seul où il parvint à faire de cet instrument, en principe purement monodique, un instrument polyphonique. La chaconne en *ré* mineur de la 2e partita, avec ses 32 variations, est une page unique dans le répertoire du violon.

Un domaine privilégié : l'orgue. La musique pour orgue occupa Bach toute sa vie durant. Il écrivit environ 250 œuvres pour orgue, soit fondées sur le choral, soit librement inventées. La fusion d'éléments de provenances diverses, caractéristique de l'œuvre de Bach en général, est ici particulièrement évidente.

Bach composa plus de 150 chorals d'orgue, et les groupa en 4 grands recueils (*Orgelbüchlein,* chorals du cathéchisme formant la 3e partie de la *Klavierübung,* chorals de Leipzig, recueil de Schübler) tout en les traitant de manière très différente, en soumettant ces simples airs de cantiques à toutes les formes possibles de métamorphose : chorals ornés, figurés, contrapuntiques, en trio, variés, harmonisés, fugués, en canon, en fantaisie sur le choral, etc. Mais le choral se veut toujours expressif, traduction d'une idée clé s'imposant avec force, grâce, notamment, à divers procédés symboliques. Quand il mit en musique un texte — et ce fut presque toujours un texte religieux —, Bach ne laissa jamais passer une idée, une image ou un mot important sans en donner musicalement une transcription symbolique. De même, son élève Gottfried Ziegler put écrire : « Pour le jeu du choral, mon professeur, le maître de chapelle Bach, me l'enseigna de telle sorte que je ne joue pas les chorals simplement tels quels, mais d'après le sentiment indiqué par les paroles. » Le dernier choral de Bach, *Vor deinen Thron tret'ich* (« Je comparais devant ton trône »), atteste le goût du compositeur pour les symboles numériques : la première période du choral est énoncée en 14 notes et la mélodie entière en 41 notes rétrograde de 14.

Par opposition aux chorals, les fantaisies, les toccatas, les préludes et fugues sont des pages brillantes illustrant les éléments décoratifs du culte. Avec le *Clavier bien tempéré,* ce sont là les pages de Bach qui, même durant son éclipse à la fin du XVIIIe siècle et pour une bonne partie du XIXe, ne cessèrent jamais d'être jouées. Les plus anciennes de ces pièces portent la marque à la fois d'une jeunesse bouillonnante et de l'influence des maîtres de l'Allemagne du Nord, avec, à leur tête, Buxtehude : ainsi la célèbre *Toccata et fugue en « ré » mineur.* Plus tard, à partir du séjour à Weimar et sous l'influence des Italiens et des maîtres de l'Allemagne du Sud (Pachelbel), la beauté plastique de la forme s'impose, mais toujours avec de saisissants contrastes *(Toccata, adagio et fugue en « ut » majeur).*

Dernière grande œuvre instrumentale entreprise par Bach, même si ce ne fut pas la dernière à laquelle il travailla, *l'Art de la fugue* (inachevé) devait réunir 24 fugues réparties en 6 groupes comprenant chacun 2 paires de fugues *(rectus* et *inversus).* Nous ne possédons que 20 de ces fugues, dont la dernière est incomplète. L'œuvre, dont nous ignorons à quels effectifs elle était destinée — il est fort probable que Bach lui-même ne se posa jamais la question —, explore toutes les possibilités de l'écriture fuguée, et édifie à partir d'un thème court et très simple un monument grandiose — fugues simples à développement libre, fugues à conséquent obligé, fugues à plusieurs sujets — faisant un usage des plus savants de tous les procédés contrapuntiques connus. Cette partition didactique, d'une écriture transcendante, n'en est pas moins d'une grande beauté expressive, Bach n'ayant jamais été plus à l'aise, plus libre, plus inventif, que dans la fugue.

La musique vocale. La musique vocale de Bach, comme sa musique instrumentale, est dominée par le choral, grand principe de la musique luthérienne. Les chorals sont présents dans les motets, les oratorios, les Passions et surtout dans les cantates, genre qui en est le plus directement issu.

La cantate est au centre de l'œuvre

vocale de Bach, qui en écrivit cinq séries pour tous les dimanches et fêtes de l'année ecclésiastique. De ces quelque 300 cantates sacrées où se mêlent les influences du concerto profane, du concert sacré et de l'opéra italien, moins de 200 nous sont parvenues. La plupart reposent sur deux piliers extrêmes : au début, un grand chœur d'introduction presque toujours construit sur une mélodie de choral ; à la fin, le chant très simple du même choral (entonné également à l'époque, selon toute probabilité, par la foule des fidèles). Entre ces deux éléments, la liberté la plus complète dans la nature et l'enchaînement des pièces : airs à une ou plusieurs voix accompagnés par l'orchestre ou des instruments solistes, récitatifs, ariosos, autres chœurs construits ou non sur le choral. Dans ses cantates religieuses, qui musicalement ne contiennent guère de faiblesses, mais dont les textes — empruntés au pasteur Neumeister, à Salomon Franck, à Henrici (dit Picander), à Ch. M. von Ziegler ou à Christian Weiss, père et fils — sont souvent médiocres, Bach réutilisa à l'occasion, non sans parfois les métamorphoser en profondeur, des morceaux tirés de ses cantates profanes, voire de pages instrumentales.

Il en va de même pour les trois oratorios, qui proviennent essentiellement de compositions (surtout profanes) antérieures. La musique de l'*Oratorio de Pâques* est composée à partir de cantates pastorales, celle de l'*Oratorio de Noël,* suite de six cantates, provient de diverses sources dont la cantate profane *Preise dein Glücke, gesegnetes Sachsen* (« Chante bien haut ton bonheur, Saxe bénie »), composée pour l'anniversaire de l'accession d'Auguste III de Saxe au trône de Pologne, celle de l'*Oratorio de l'Ascension* correspond à la cantate BWV 11.

La pratique de la transcription fut d'ailleurs une des constantes de l'évolution de Bach, qui poursuivit ainsi l'identité du profane et du sacré, du vocal et de l'instrumental. De ses motets allemands, six nous sont parvenus, datant tous de la période de Leipzig. Il n'a pas composé de motets latins, mais a utilisé la langue latine pour le *Magnificat* et la *Messe en « si » mineur.* Du *Magnificat,* écrit à Leipzig, la première version fut composée en 1723 pour le jour de Noël : elle était en *mi* bémol majeur et comprenait, outre les douze morceaux du *Magnificat* latin, quatre interpolations en langue allemande, étroitement rattachées à la liturgie de Noël. Vers 1730, Bach révisa l'ouvrage, le transposa en *ré* majeur, permettant d'y introduire l'éclat des trompettes et des timbales et supprima les quatre interpolations (ce qui permit de le chanter également à Pâques et à la Pentecôte). La *Messe en « si » mineur,* monumental édifice, « catholique » par le texte mis en musique, mais véritablement œcuménique par sa portée spirituelle (voire par les emprunts qui y sont faits aux « cantates luthériennes » de l'auteur), fut entrepris en 1733 et comprend 25 morceaux (dont plusieurs repris de compositions antérieures) disposés en 4 sections. Bach écrivit aussi 4 messes brèves luthériennes.

Des 4 Passions qui nous sont parvenues, la *Passion selon saint Luc* n'est probablement pas de Bach. De la *Passion selon saint Marc,* seul le livret de Picander a été conservé. Mais certains de ses airs et chœurs se retrouvent notamment dans l'*Ode funèbre* de 1727, dans la cantate pour alto solo *Widerstehe doch der Sünde* (« Résiste donc au péché ») BWV 54, de 1730 environ, et dans l'*Oratorio de Noël.* Restent la *Passion selon saint Jean* et la *Passion selon saint Matthieu,* datées respectivement de 1723 et de 1729. Ce sont comme d'immenses cantates où le récitatif prend une place importante. Le texte de l'Évangile en constitue la trame essentielle. Dans ces véritables drames sacrés, Bach se révèle comme un extraordinaire homme de théâtre sans théâtre. La *Passion selon saint Jean,* qui fait des emprunts au livret de Brockes déjà utilisé par Haendel pour tout ce qui est en marge du récit évangélique, est à la fois la plus intime et la plus violente. La *Passion selon saint Matthieu,* sur un livret de Picander, fait appel aux effectifs les plus importants jamais utilisés par Bach : deux chœurs (et chœur d'enfants), deux orchestres, deux orgues se répondant de part et d'autre de l'église, solistes vocaux et instrumentaux. L'une et l'autre combinent et opposent le récit dramatique avec intervention (aux côtés de l'évangéliste) de certains personnages (Pilate, Pierre, Judas) et du chœur (la foule, les apôtres), la méditation lyrique et individuelle (ariosos, airs), et enfin la prière (le choral). Avec ses 78 morceaux regroupés en une architecture sans faille, sa synthèse unique de bonheur et de tristesse et son rayonnement de tendresse et d'amour, la *Passion selon saint Matthieu* représente le plus haut sommet de ce que Bach écrivit pour l'Église protestante et l'un des plus hauts de la musique religieuse de tous les temps.

Œuvres principales. *Musique vocale.* CANTATES : 224 cantates, la vaste majorité étant des cantates d'église, 25 sont profanes (v. tableau annexe) ; quelques cantates sont d'une authenticité douteuse. 7 MOTETS. MESSES : *Messe en « si » mineur ;* 4 messes « luthériennes » ; 5 sanctus. MAGNIFICAT : *Magnificat en « ré » majeur.*
PASSIONS : *Passion selon saint Matthieu ; Passion selon saint Jean ; Passion selon saint Luc.* ORATORIOS : *Oratorio de Noël ; Oratorio de Pâques.* CHORALS : à 4 voix et instruments ; à 4 voix, environ 185. ARIAS ET LIEDER du *Notenbuch* (« Petit livre ») d'Anna Magdalena. LIEDER SPIRITUELS.
Musique instrumentale. *Œuvres pour orgue :* 6 sonates, 24 préludes, toccatas ou fantaisies et fugues. 8 petits préludes et fugues ; environ 145 chorals, dont 46 de l'*Orgelbüchlein,* les 6 transcriptions « Schübler », chorals du livre III de la Clavier-Übung ; 6 concertos d'après Vivaldi et d'autres compositeurs ; 5 fantaisies ; 3 toccatas ; 3 préludes ; 8 fugues ; 4 trios ; aria. ***Œuvres pour clavier :*** inventions à 2 et 3 voix ; duos de la 3e partie de la Clavier-Übung ; suites anglaises ; suites françaises ; d'autres suites ; partitas ; *Das Wohltemperierte Clavier* (*le Clavier bien tempéré* I, II), 48 préludes et fugues ; 9 préludes et fugues ; 19 fugues ; fantaisie chromatique et fugue ; 5 fantaisies et fugues ; 5 fantaisies ; concerto et fugue ; 7 toccatas ; 4 préludes ; 9 petits préludes du Clavierbüchlein pour W. Friedemann ; 11 petits préludes ; 5 sonates ; *Concerto italien ;* 16 concertos d'après Vivaldi et d'autres compositeurs ; *Variations Goldberg ; Capriccio sopra la lontananza del suo fratello dilettissimo.* ***Œuvres pour luth :*** 2 suites ; 1 partita ; prélude, fugue et allegro ; prélude ; fugue. ***Œuvres pour instruments divers :*** sonates, suites et partitas pour le violon, la viole de gambe, flûte traversière, etc., avec ou sans la basse continue. *Concertos :* 2 concertos pour violon et 1 concerto pour deux violons ; concerto pour flûte traversière, violon et clavier ; 6 concertos brandebourgeois ; 7 concertos pour clavier ; 3 concertos pour 2 claviers ; 2 concertos pour 3 claviers ; 1 concerto pour 4 claviers. ***Œuvres diverses :*** 4 suites pour ensemble instrumental (ouvertures) ; sinfonia ; 7 canons ; *Offrande musicale ; l'Art de la fugue.*

BACH *(Wilhelm Friedemann),* compositeur et organiste allemand *(Weimar 1710-Berlin 1784).* Deuxième enfant et fils aîné de J. S. Bach et de sa première femme Maria Barbara, il étudia surtout auprès de son père, dont il fut le premier des quatre fils musiciens, et qui écrivit pour lui, entre

Photo du musée

*Portrait de W. F. **Bach** par W. Weitsch (Staatliche Galerie Moritzburg).*

autres, le *Clavierbüchlein.* Nommé organiste à Dresde (1733), il quitta cette ville, trop férue à son goût de musique italienne et où le prince électeur et sa femme favorisaient la religion catholique, et devint en 1746 organiste et directeur de la musique à Halle. Il conserva ces fonctions dix-huit ans en se consacrant beaucoup, comme compositeur, au domaine religieux (cantates), alors que les années de Dresde avaient été dominées par la musique instrumentale (symphonies, concertos, pièces pour clavier). Ayant eu avec les autorités de Halle de nombreux démêlés, notamment au moment de la mort de son père, il accepta, sans aller l'occuper, un poste à Darmstadt (1762) et finalement renonça à ceux dont il jouissait à Halle sans en avoir d'autres en vue (12 mai 1764) : dix-sept ans avant Mozart, il prit ainsi le risque de la liberté. Il resta à Halle jusqu'en 1770, séjourna quelque temps à Brunswick, et, en 1774, s'installa à Berlin. Il y fut bien reçu par la princesse Amélie de Prusse, à qui il dédia, en 1778, huit fugues à trois voix pour clavier; il y subsista grâce à des leçons et à des récitals d'orgue (le premier fit sensation), mais y mourut en laissant sa femme et sa fille dans la plus complète misère. Une légende entretenue au XIXe siècle par le roman pseudo-historique de Brachvogel s'édifia rapidement autour de son nom et le présenta comme un ivrogne et un malhonnête homme. On peut en faire bon marché, tout comme de l'incompréhension et de l'irrespect qu'il aurait manifestés envers l'art de son père (dont néanmoins il prit moins soin des manuscrits que son frère Carl Philip Emanuel). Il souffrit particulièrement de sa situation entre deux âges, l'attachement à son père s'opposa chez lui à la fidélité à son temps : même sa production instrumentale, particulièrement réussie (*Polonaises, Fugues, Sonates* et *Fantaisies* pour clavier), sembla à ses contemporains surannée et inutilement compliquée. Il lui manqua la concentration et la force de volonté nécessaires pour faire bon usage de sa liberté et exploiter à fond ses intuitions géniales, mais ses œuvres reflètent la personnalité sinon la plus forte, du moins la plus visionnaire, parmi les fils de Jean-Sébastien. Pionnier de la « forme sonate », il se réfugia dans un monde à lui, d'une rare intensité d'expression mais offrant peu de prises à ses successeurs immédiats. Mais, en 1782, Mozart copia les huit fugues dédiées à la princesse Amélie, arrangea la dernière pour trio à cordes et la dota d'un prélude digne d'elle. On lui doit, outre sa musique pour clavier, des pièces pour orgue, de la musique de chambre faisant souvent appel à la flûte, des symphonies et des concertos, des cantates et de la musique d'église. À sa mort, la seule notice nécrologique à laquelle il eut droit le qualifia de « plus grand organiste d'Allemagne ». Ce fut, en effet, le seul des quatre fils musiciens de Jean-Sébastien à perpétuer sur ce plan la tradition de la famille Bach.

BADINGS *(Henk),* compositeur et pédagogue néerlandais *(Bandoeng, Indonésie, 1907).* Il écrivit ses premières œuvres en autodidacte, travailla ensuite avec Wilhelm Pijper, donna sa symphonie n° 1 en 1930, la n° 2 en 1932 et devint célèbre avec la n° 3 (1934). Il fut professeur aux conservatoires de Rotterdam et d'Amsterdam, puis dirigea celui de La Haye de 1941 à 1945. Il a enseigné ensuite à Utrecht (1961) et à Stuttgart (1962-1972). Son opéra radiophonique *Oreste* (1954) lui valut le prix Italia. Parti du langage classico-romantique, il en vint à explorer toutes les découvertes de son temps (polytonalité, emploi original des modes) et fut en son pays, à partir de 1952, un des pionniers de la musique électronique (ballet *Kain,* 1956). Sa production abondante comprend notamment 14 symphonies pour diverses formations (de 1930 à 1968), dont la 6e avec chœurs (*Symphonie de Psaumes,* 1953) ; des œuvres symphoniques diverses et des ballets; des concertos dont deux pour 2 violons (1954 et 1969), un pour 2 pianos (1954) et un pour basson et contrebasson (1963); de la musique de chambre, de piano et d'orgue; de nombreuses partitions électroniques; l'oratorio *Apocalypse* (1940) et une *Passion selon saint Marc* pour solistes, chœur d'hommes, orchestre et bande magnétique (1970-71) ; des opéras dont *Martin Korda* (1960).

BAIRD *(Tadeusz),* compositeur polonais *(Grodzisk Mazowiecki 1928 - Varsovie 1981).* Il étudia la composition avec Kazimierz Sikorski, puis avec P. Rytel et P. Perkowski à l'École nationale supérieure de musique de Varsovie, où il travailla aussi le piano avec Wituski. Parallèlement, il suivit des cours de musicologie à l'université.

Tadeusz Baird appartient à cette génération de compositeurs qui s'est trouvée isolée du développement de la nouvelle musique en Europe occidentale et aux États-Unis à partir des années 50, et qui, restant ainsi à l'écart du sérialisme, a, d'une manière générale, pratiqué une approche de la musique bien plus immédiate, axée sur l'exploration de la matière sonore et l'affinement du jeu instrumental. Ses premières œuvres (symphonie n° 1, concerto pour orchestre, quatuor à cordes, etc.) témoignent de cette tendance. Comme ses contemporains, il bénéficia de la création du festival d'automne de Varsovie (1956), dont la vocation est la promotion de la jeune musique ; la confrontation avec des compositeurs venus d'autres horizons et le contact avec d'autres styles d'écriture et conceptions musicales ne peuvent qu'élargir leur propre façon d'envisager l'univers du son.

Si, pour lui, la musique continua « d'être une manière d'exprimer les émotions, les sentiments et les aventures intérieures » de sa vie, ses œuvres, « une sorte de carnet de notes », son « autobiographie écrite en sons », Baird expérimenta différentes utilisations formelles d'organisation des sonorités. À partir du moment où sa musique suit en quelque sorte l'évolution de sa propre vie intérieure, les méthodes de composition doivent suivre le même itinéraire, comme si chaque nouvelle problématique musicale devait décider de sa mise en forme ; aussi bien est-il difficile de parler d'un style spécifique à Baird, mais faut-il au contraire souligner la multiplicité de sa démarche. Cela explique sans doute son incursion dans le drame musical (*Demain,* 1966), la diversité de son travail sur la voix — des *Quatre Sonnets d'amour* pour baryton et orchestre de chambre sur des textes de Shakespeare (1956) aux *Quatre Chants* pour mezzo-soprano et orchestre de chambre (1966) ou aux *Lettres de Goethe,* cantate pour baryton, chœur et orchestre (1970) —, ou encore son exploration des possibilités de l'orchestre — du concerto pour orchestre (1953) aux *Scènes* pour violoncelle, harpe et orchestre (1977).

BALAKIREV *(Mili Alexeïevitch),* compositeur russe *(Nijni-Novgorod 1837 - Saint-Pétersbourg 1910).* Cet autodidacte naquit dans un milieu de toute petite noblesse ruinée. Oulibichev, riche gentilhomme et excellent biographe de Mozart, lui permit de se former au contact de l'orchestre qu'il entretenait et, en 1855, le présenta à Glinka. En 1877, Balakirev entreprit la réédition de l'œuvre de Glinka. La même admiration le poussa, pour tenter une réforme musicale fondée sur les principes de ce maître, à réunir autour de lui, à Saint-Pétersbourg, de jeunes dilettantes : Cui, Moussorgski, Rimski-Korsakov et Borodine ; ce fut la « puissante petite bande », plus connue sous le nom de « groupe des Cinq ». Pour divulguer et mettre en pratique les

*Portrait de **Balakirev** par Léon Bakst.*

idées du groupe, Balakirev créa, en 1862, l'École libre de musique, consacrée à la diffusion des œuvres russes. Il vivait au jour le jour : leçons de piano, prestations dans des salons ; il fut même employé de gare, mais trouva enfin une relative sécurité matérielle comme directeur de la Chapelle impériale (1883-1895), institution qu'il réorganisa profondément. Souvent souffrant, atteint d'une grave maladie, il avait un tempérament autoritaire qui fut cause de l'isolement dont il souffrit à la fin de sa vie.

Sur le plan de la composition, une soif de perfection dans sa propre musique peut sembler une fuite devant l'achèvement d'un acte : il mit seize ans pour écrire *Thamar,* œuvre de vingt-trois minutes, et trente-six ans pour sa première symphonie. Le folklore fut une source importante de son inspiration. Balakirev manqua sans doute de souffle et de spontanéité, mais, sans lui, il n'y aurait pas eu de continuateur de Glinka, et, peut-être, pas de musique nationale russe.

Œuvres principales. — Ouvertures, 2 symphonies, 2 poèmes symphoniques, 2 concertos pour piano et orchestre, œuvres pour piano seul (sonate, mazurkas, valses), nombreuses mélodies, chœurs.

BALASSA *(Sandor),* compositeur hongrois *(Budapest 1935).* Ayant abordé la musique à l'âge de dix-sept ans, il étudia d'abord la direction chorale (1952-1956), puis la composition à l'Académie de musique de Budapest avec E. Szervansky (1960-1965). Depuis 1964, il est producteur au département musical de la radio hongroise. Il écrivit la cantate *Âge d'or* pour soprano, chœur et orchestre en 1965, *Zénith* pour contralto et orchestre en 1967, et parvint à la célébrité avec son *Requiem pour Lajos Kassak* pour soprano, ténor, basse, voix mixtes et orchestre (1969). Cette œuvre obtint le premier prix de la Tribune internationale des compositeurs, à Paris, en 1972. La même année, Balassa reçut le prix Erkel. Ses œuvres suivantes, parmi lesquelles *Iris* pour orchestre (1971) ou *Lupercalia,* « concerto *in memoriam* Igor Stravinski » pour ensemble d'instruments à vent (1972), lui ont valu une audience internationale.

On lui doit aussi de la musique de chambre et des mélodies. Son esthétique, dans la tradition expressionniste d'Emil Petrovics, révèle une personnalité inquiète, parfois violente, mais aux dons mélodiques évidents. En témoigne l'opéra *Sur le seuil,* sur un livret de Gaza Fodor d'après *Draussen vor der Tür* de Wolfgang Borchert, composé de 1973 à 1977 et créé à Budapest en 1978.

BALBASTRE *(Claude),* compositeur, organiste et claveciniste français *(Dijon 1727 - Paris 1799).* Élève de Claude et de Jean-Philippe Rameau, il s'établit, en 1750, à Paris, où il fut titulaire des orgues de Saint-Roch (1756) et de Notre-Dame (1760). Il occupa plusieurs fonctions à la Cour, notamment celles de maître de clavecin de Marie-Antoinette et du duc de Chartres et d'organiste de la chapelle royale. Il survécut à la Révolution en composant des hymnes de circonstance, qu'il jouait à Notre-Dame, désaffectée. Virtuose et improvisateur acclamé, il écrivit dans le style rococo de son temps des pièces agréables, mais assez pauvres d'invention : airs et ariettes, sonates en quatuor, pièces de clavecin, 14 concertos pour orgue (perdus), et, son œuvre la plus populaire, un recueil de *Noëls formant 4 suites avec des variations pour le clavecin ou le forte-piano,* que l'on joue aussi à l'orgue, comme le faisait Balbastre lui-même.

BALLIF *(Claude),* compositeur français *(Paris 1924).* Il a fait ses études au conservatoire de Bordeaux, puis à celui de Paris (1948-1951) avec Noël Gallon, Tony Aubin et Olivier Messiaen. Il a ensuite (1951) travaillé à Berlin avec Boris Blacher et Josef Rufer, ainsi qu'à Darmstadt avec Hermann Scherchen. En 1955, il a obtenu le premier prix de composition au concours international de Genève pour son œuvre *Lovecraft,* et enseigna aux Instituts français de Berlin (1955-1957) et de Hambourg (1957-58). Rentré en France en 1959, il a travaillé au Groupe de recherches musicales de l'O. R. T. F. avant d'entreprendre une carrière de professeur. Il a enseigné l'analyse et l'histoire de la musique à l'École normale de musique de Paris (1963-64), la pédagogie, puis l'analyse au conservatoire de Reims (à partir de 1964). En 1968, il a participé à la fondation du département de musique de l'université Paris-VIII (Vincennes), qu'il a ensuite dirigé pendant un an, et il est, depuis 1971, professeur d'analyse au Conservatoire de Paris. En 1978-79, il a passé un an comme professeur à l'université McGill de Montréal, tandis que le compositeur et professeur Bruce Mather le remplaçait à Paris.

*Claude **Ballif** recevant le grand prix musical de la ville de Paris en 1980.*

Libre de toute école, Claude Ballif a adopté, dès les années 50, une position particulière, refusant l'alternative tonalité-atonalité, ne voyant dans les termes « tonal », « atonal » ou « modal » que les reflets de situations limites, et développant pour sa part le concept de métatonalité, fondé sur une échelle de onze sons et capable de prendre en compte toute écriture musicale. Son *Introduction à la métatonalité* (1953) est parue en 1956. Il a publié également une monographie sur *Berlioz* (1968) ainsi que de nombreux articles, dont certains ont été réunis en volume (*Voyage de mon oreille,* 1979).

Ce solitaire non dépourvu d'humour est, par ailleurs, un homme de culture doté d'une grande curiosité et d'une solide foi religieuse.

On lui doit à ce jour (1981) une soixantaine d'ouvrages. Citons, pour piano solo, 5 *Sonates* (1953-1960), *Airs comprimés* op. 5 (1953), *Pièces détachées* op. 6 (1952-53), *Bloc-notes* op. 37 (1961); 4 *Sonates* pour orgue op. 14 (1956); pour flûte et piano, la *Sonate* op. 23 (1958) et *Mouvements pour deux* op. 27 (1959); 3 trios à cordes, 3 quatuors à cordes (1955-1959) et de la musique de chambre diverse; 1 quatuor pour trio à cordes et percussion op. 48 (1975); la série des 6 *Solfegiettos* pour instrument soliste (de 1961 à 1975); *Imaginaire I* à *VI,* série d'ouvrages tous conçus pour 7 instruments et tous basés sur un seul intervalle; pour orchestre, *Lovecraft* op. 13 (1955), *Voyage de mon oreille* op. 20 (1957), *Fantasio* op. 21 (1957), *Fantasio grandioso* op. 21 B (création en 1977), *Ceci et cela* (1959-1965), *À cor et à cri* op. 39 (1962); comme œuvres religieuses, *Quatre Antiennes à la Vierge* (1952-1965), *les Battements du cœur de Jésus* pour trompette, trombone et double chœur (1971) et le requiem *la Vie du monde qui vient* (1953-1972, créé à Paris en mai 1974); comme ouvrages avec voix, *Phrases sur le souffle* op. 25 (1958), *Fragment d'une ode à la faim* op. 47 pour 12 voix solistes (1974), *Poème de la félicité* op. 50 pour 3 voix de femmes, guitare et 2 percussions (1977). On lui doit encore *Cendres* pour percussion (création en 1972), et, comme œuvres récentes, *Ivre-Moi-Immobile* op. 49 pour clarinette, petit orchestre et percussion (1976), une sonate pour clarinette et piano op. 52 (1978), *l'Habitant du labyrinthe* op. 54 pour 2 percussions (1980) et *Un coup de dé-Mallarmé* op. 53, contre-sujet musical pour chœur symphonique, 2 percussions, 2 timbales, 2 contrebasses et un ruban sonore (1978-1980).

Claude Ballif a reçu le prix Arthur Honegger en 1974 et le grand prix musical de la ville de Paris en 1980.

BANCHIERI *(Adriano),* compositeur italien *(Bologne 1567-* id. *1634).* Élève de Gioseffo Guami, il fut organiste à San Michele in Bosco, près de Bologne, puis à Imola. Ce bénédictin, devenu abbé du Monte Oliveto (1620), fonda l'*Accademia de' Floridi* (1614) et joua un rôle fort important dans la vie musicale à Bologne, où on l'appelait *Il Dissonante.* Monteverdi, O. Vecchi et G. Diruta étaient en relation avec lui, et ses ouvrages théoriques, tels que la *Cartella musicale* (1614) concernant les ornements vocaux, comptent autant que ses compositions sacrées et profanes. L'*Organo suonarino* (1605) précise les règles de l'accompagnement à partir d'une basse chiffrée. Banchieri composa des *canzone* et des sonates dans le style brillant de G. Gabrieli, comme le recueil *Moderna harmonia* (1612), ou des œuvres pour double chœur *(cori spezzati)* comme les *Concerti ecclesiastici* (avec un accompagnement d'orgue élémentaire pour le premier chœur seulement, ce qui justifie le titre de concerto).

Également poète (il écrivait sous le nom de Camillo Scaglieri), Banchieri fut l'auteur de comédies madrigalesques non destinées à la scène. Celles-ci contiennent des mélodies faciles, agréables, dans un style homophonique et sur des textes souvent comiques tirés de la vie de l'époque. Parmi ces œuvres, citons *La Pazzia senile* (1598), où figurent déjà, fait exceptionnel à cette époque, des indications de nuances (« forte », « piano »), la *Barca di Venezia per Padova* (1605) et *il Festino nella sera del Giovedi grasso avanti cena* (1608).

BANCQUART *(Alain),* compositeur français *(Dieppe 1934).* Il a fait ses études au Conservatoire de Paris (1952-1960), notamment avec Darius Milhaud, a été altiste à l'Orchestre national de l'O. R. T. F. (1961-1973), puis conseiller artistique de l'Orchestre national de France (1975-76), il est devenu ensuite inspecteur de la musique au ministère de la Culture et producteur pour Radio-France de *Perspectives du XXe siècle.*

Sa formation d'altiste et son expérience à l'intérieur d'un orchestre se reflètent dans sa musique, marquée par son goût des timbres et sa passion pour la poésie. Sa personnalité s'est affirmée dans une série d'œuvres instrumentales, et, plus encore peut-être, dans l'alliance musique-poésie des œuvres vocales et chorales. Citons, parmi les premières, *la Naissance du geste* pour orchestre à cordes et piano (1961), *Symphonie en trois mouvements* pour grand orchestre (1963), un concerto pour alto (1964), *Passages* pour grand orchestre (1966), *Palimpestes* pour 22 instrumentistes, où il a expérimenté l'emploi systématique des quarts de ton (1967), *Écorces I* pour violon et alto (1967), *II* pour violon, clarinette, cor et piano (1968) et *III* pour trio à cordes (1969), *Thrène I* (1967) et *II* (1976) pour trio à cordes, cette dernière pièce en deux versions, l'une scénique sur un texte de Marie-Claire Bancquart et de Pierre Dalle Nogare et l'autre instrumentale, *Simple,* 6 pièces pour orchestre (1972), *Une et désunie* pour 2 trios à cordes (1970, version pour 2 orchestres à cordes 1973). Et, parmi les secondes, *Strophes* pour chœur mixte et ensemble instrumental (1966), *Ombre éclatée* pour voix de femme et orchestre (1968), *Proche* pour voix de basse et violoncelle ou alto (1972), *À la mémoire de ma mort* pour chœur mixte a cappella (1975-76), toutes sur des textes de Marie-Claire Bancquart.

De 1977 date *Ma manière de chat* pour harpe seule. La même année, Bancquart participa à la fondation du C. R. I. S. S. (Collectif de recherche instrumentale et de synthèse sonore), centré notamment sur le traitement instrumental du son électrique : dans l'opéra-théâtre *l'Amant déserté,* sur un texte de Marie-Claire Bancquart et de Pierre Dalle Nogare (1978), l'électronique se mêle à des instruments traditionnels légèrement électrifiés et certaines scènes sont écrites en quarts de ton (il en existe aussi une version instrumentale). Bancquart a écrit ensuite une *Symphonie* pour grand orchestre que, malgré l'ouvrage de 1963, il considère comme sa première (1979), une *Symphonie de chambre* pour violoncelle en quarts de ton, flûte et 14 instruments à vent (1980), *Ma Manière de double* pour violon seul (1980), *Herbier* pour voix et violon (1980), *Voix* pour 12 chanteurs sur un texte de Marie-Claire Bancquart (1981), une *Symphonie concertante* pour harpe et 13 instruments (1981) et une *Symphonie nº 3 (Fragment d'Apocalypse)* pour solistes vocaux et instrumentaux et grand orchestre (1983).

BARBAUD *(Pierre),* compositeur français *(Alger 1911).* Après des études de lettres et de musicologie, il est bibliothécaire à la Bibliothèque nationale puis professeur d'éducation musicale à l'Institut national des Sports. Il entreprend, au cours des années 50, des travaux pour introduire la pensée mathématique et les méthodes qui en découlent dans la composition musicale. À partir de 1958, Barbaud utilise un ordinateur, devenu indispensable devant la complexité croissante des calculs, et abandonne la composition manuelle et la simulation pour la composition automatique. C'est le moment où il fonde le Groupe de musique algorithmique de Paris avec Roger Blanchard et Janine Charbonnier. On peut dire que les travaux et réalisations de Barbaud ont précédé ceux de Xenakis.

En remplacement de M. Philippot, Barbaud a enseigné au Conservatoire de Paris (1977-78) l'informatique musicale, c'est-à-dire « l'élaboration, au moyen de l'ordinateur, d'une partition qui soit cohérente au regard d'une certaine grammaire des sons ». L'informatique musicale permet l'établissement artificiel d'un discours musical, parfois fondé sur les concepts a priori de l'harmonie traditionnelle (*Lumpenmusik,* 1974-1978), et laisse souvent intervenir le hasard pur, à condition qu'aucune règle ne soit violée. Mais Barbaud préfère explorer des terres inconnues (*Maschinamentum firminiense,* 1971 ; *Terra ignota ubi sunt leones,* 1973). Son attitude intellectuelle est si rigoureuse qu'il s'oblige à prendre tels quels les résultats obtenus par l'ordinateur.

Tant qu'il n'a pas eu de convertisseur numérique-analogique à sa disposition — c'est-à-dire jusqu'en 1974 —, Pierre Barbaud a dû effectuer lui-même le décodage des résultats fournis et faire exécuter la partition obtenue par des instruments traditionnels. En 1973, il s'associe avec l'acousticien F. Brown et l'informaticienne G. Klein, et fonde le groupe B. B. K. (Barbaud, Brown, Klein). Dans *les Marteaux maîtrisés,* sa musique dépasse les possibilités des instruments, et l'ordinateur se charge de l'exécution. Le compositeur est persuadé que, à l'avenir, cette manière de procéder remplacera la production artisanale de la musique.

U.S.I.S.

Samuel **Barber.**

BARBER *(Samuel),* compositeur américain *(West Chester, Pennsylvanie, 1910-New York 1981).* D'abord chanteur, il devient élève du Curtis Institute de Philadelphie où il étudie la composition avec Rosario Scalero. Il obtient le prix Bearns de l'université Columbia, le prix de Rome américain et le prix Pulitzer (1935). Au cours d'un séjour à Rome, il écrit ses premières œuvres (quatuor, symphonie et le célèbre *Adagio* pour cordes) dans un style néoromantique. Le concerto pour violon (1939) ouvre une nouvelle période qui comprend, entre autres, la 2e symphonie, le *Capricorn Concerto* pour flûte, hautbois, trompette et cordes, le concerto pour violoncelle, le quatuor à cordes n° 2 et la suite de ballet *Medea* (1946). On y trouve pêle-mêle une rythmique plus complexe, une couleur orchestrale allant de Debussy à Webern, une tendance de plus en plus nette vers le contrepoint dissonant, voire la polytonalité. Puis, *Knoxville, summer of 1915* pour soprano et orchestre, et une sonate pour piano dédiée à V. Horowitz constituent une incursion sans lendemain dans le dodécaphonisme, dont on ne trouve plus guère de trace dans des œuvres ultérieures comme *Prayers of Kierkegaard* pour solistes, chœur et orchestre. *Vanessa* (1957), opéra sur un livret de Menotti, est une œuvre plaisante, sincère et sans prétention. *Anthony and Cleopatra* (1966), autre partition lyrique, ne manque pas de puissance, mais évite toute audace. Ainsi, difficile à enfermer dans les limites d'une seule tendance, Barber apparaît-il avant tout comme un compositeur à la sûreté technique sans faille, ayant le sens de la mélodie, capable d'un beau lyrisme, et qui se maintient avec prudence dans un juste milieu.

BARRAQUÉ *(Jean),* compositeur français *(Puteaux 1928-Paris 1973).* Issu d'une famille bourgeoise, il apprit d'abord le piano et travailla au Conservatoire de Paris l'harmonie, le contrepoint et la fugue avec Jean Langlais, puis, de 1948 à 1951, l'analyse avec Olivier Messiaen. Compositeur exclusivement et fièrement sériel, il n'a laissé que six ouvrages auxquels vient s'ajouter son *Étude* pour bande magnétique (1954), résultat de ses travaux avec Pierre Schaeffer (1951-1954). Mais ses œuvres sont de celles qui marquent une époque. Les deux premières sont la *Sonate pour piano* (1950-1952) et *Séquence* pour soprano, ensemble instrumental et percussions (1950-1955). La *Sonate,* la plus monumentale peut-être depuis la *Hammerklavier* de Beethoven, est en deux parties, de dimensions à peu près égales, mais dont la première, aux arêtes vives, est surtout rapide, et la seconde, envahie peu à peu de zones de silence, surtout lente. Elle ne fut créée — au disque ! — qu'en 1957, et on ne l'entendit en concert qu'en 1967. De *Séquence,* la version initiale date de 1950. Plus tard, Barraqué remplaça les poèmes de Rimbaud et d'Eluard par des poèmes de Nietzsche, et, en 1955 encore, ajouta deux interludes instrumentaux. L'ouvrage fut créé en 1956. La même année, Barraqué découvrit le roman de Hermann Broch *la Mort de Virgile* (achevé en 1947), et fut d'emblée captivé par cette vaste méditation, si proche de ses préoccupations propres, sur les rapports entre l'art, l'artiste et la société. « Le livre dépeint les dix-huit dernières heures de la vie de Virgile, depuis son arrivée au port de Brindisium (l'actuel Brindisi) jusqu'à sa mort dans l'après-midi du lendemain au palais d'Auguste. Bien que rédigé à la troisième personne, il s'agit d'un monologue du poète. C'est avant tout un bilan de sa vie, du bien-fondé, ou non, moral de cette vie, du bien-fondé, ou non, du travail poétique auquel cette vie fut consacrée (Virgile désirait que toute son œuvre fût détruite), mais, comme toute son existence est liée à son époque, ce bilan embrasse la totalité des courants spirituels et souvent mystiques qui parcoururent l'Empire romain en ce dernier siècle avant le Christ, et qui ont fait de Virgile un précurseur du christianisme » (Broch). Barraqué, fasciné notamment par le concept de la méditation à l'orée de la mort, conçut le projet (que sa démesure voulue condamnait d'avance à l'inachèvement) d'une vaste série de compositions, du piano solo à l'opéra, constituant un cycle de commentaires et de paraphrases des quatre parties du roman. La mort prématurée du compositeur, ainsi que la lenteur qu'il apportait à l'acte d'écrire, comme s'il s'agissait à chaque instant d'une question de vie ou de mort, ne lui permirent de mener à bien que *...au delà du hasard* pour quatre formations instrumentales et une formation vocale (1958-59, création en 1960) ; *Chant après chant* pour soprano, piano et 6 percussionnistes (1966) ; *le Temps restitué* pour soprano, soprano dramatique, chœur mixte à 12 voix et 31 instruments (1956-1968, création en 1968) ; et *Concerto* pour clarinette, vibraphone et 6 formations instrumentales (1968). De ces quatre partitions, les trois premières utilisent à des titres divers le texte de Broch, alors que la quatrième se rattache au roman de manière indirecte. Toutes unissent la rigueur intellectuelle la plus intransigeante et le romantisme le plus généreux et le plus ardent : c'est ainsi notamment que Barraqué put s'inscrire dans la descendance de Beethoven, maître qu'il révérait par-dessus tout. Tant par ses travaux sur la série — qui le conduisirent au système des séries proliférantes (permettant, à partir d'une série initiale, l'engendrement de séries dérivées toutes différentes, mais restant apparentées à l'originale) — que par ses recherches formelles, Barraqué ne ménage ni l'interprète ni l'auditeur, mais quelle récompense à l'issue de l'effort ! « La musique c'est le drame, c'est le pathétique, c'est la mort », disait-il. Cet athée solitaire, qui ne vivait que pour la musique, laissa peut-être la musique le détruire. La maladie exécuta ce que lui-même n'osa peut-être pas faire : arrêter sa vie, une vie qui avait été une fusion constante d'exaltation, de désespoir, de crises agressives, de persécution et de fureur. Conscient de sa valeur, il vécut et travailla en marge de la vie musicale. Son bagage ne représente que trois heures et demie de musique, mais peut-être faudra-t-il plusieurs générations pour en mesurer la profondeur et les résonances. Il est également l'auteur d'une importante monographie sur *Debussy* (Paris, 1962) et de *Debussy ou la naissance des formes ouvertes,* thèse pour le C. N. R. S. (1962).

BARRAUD *(Henry),* compositeur français *(Bordeaux 1900).* Après avoir été, à Paris, l'élève de Georges Caussade, Paul Dukas et Louis Aubert, il a mené parallèlement des activités de compositeur et d'organisateur, d'homme d'action. Il a été directeur des programmes musicaux à la R. T. F. de 1944 à 1948 et directeur de la chaîne nationale de 1948 à 1966. À ces deux postes, il a innové, attirant au micro Gide, Claudel, y créant dès 1944 une « intégrale Stravinski » et aidant un Boulez, un Xenakis et bien d'autres à s'imposer à une large audience. Plus récemment, son émission hebdomadaire « Regards sur la musique » est devenue l'une des plus écoutées des mélomanes. Sa curiosité pour tous les styles ne l'a pas empêché de développer une écriture très homogène et très caractéristique, avec un rythme qui lui est propre (commandé souvent par une figure de brève accentuée, obstinément suivie d'une longue appuyée), un goût pour les nombreuses subdivisions métriques produisant la vivacité du tempo, une largeur de mouvement sous-jacente et, surtout, une savante polyphonie, ne reculant pas devant la dissonance, qui le place sans aucun doute dans la descendance de Roussel. C'est une musique rigoureuse, noble, capable pourtant d'émotion immédiate, chargée d'un romantisme latent ; une musique apte à la méditation, à l'expression du spirituel et du métaphysique, mais aussi de l'humour (*Trois Lettres de Madame de Sévigné,* 1938 ; *la Farce de Maître Pathelin,* opéra-comique, 1938 ; *Huit Chantefables pour les enfants sages,* texte de R. Desnos, 1946) et même d'une fantaisie surréaliste (*le Roi Gordogane,* opéra, 1975).

Barraud a abordé des sujets ambitieux, et a su se montrer à leur hauteur, par exemple, dans l'oratorio *le Mystère des saints Innocents,* d'après Péguy (1946), dans la tragédie lyrique *Numance* (1952; Barraud en a tiré une *Symphonie de Numance*), dans *Une saison en enfer,* d'après Rimbaud (1968-69) et *la Divine Comédie,* d'après Dante (1972). Diverses œuvres lyriques et dramatiques, des symphonies et de nombreuses pièces symphoniques, de la musique vocale, de la musique de chambre et quelques pièces pour piano complètent l'abondant catalogue des œuvres du compositeur, qui s'est vu décerner en 1969 le grand prix national de la Musique. Barraud a également fait œuvre de musicographe, notamment avec un *Berlioz* (Paris, 1955).

BARTHOLOMÉE *(Pierre),* compositeur et chef d'orchestre belge *(Bruxelles 1937).* Il a étudié au conservatoire de Bruxelles de 1952 à 1957 (composition avec Henri Pousseur) et a été l'élève de Pierre Boulez pour la direction d'orchestre. Il a produit des émissions musicales à la télévision belge, à partir de 1960, et fondé en 1962 l'ensemble instrumental Musiques nouvelles. Depuis septembre 1977, il est directeur musical et chef permanent de l'Orchestre de Liège, devenu en 1980 l'Orchestre philharmonique de Liège. Ses œuvres reflètent les influences non seulement de Pousseur ou de Berio, mais des musiques des XVIe, XVIIe et XVIIIe siècles. Citons *Chanson* pour violoncelle (1964), *Cantate aux alentours* pour alto, basse, instruments et moyens électroacoustiques (1966), *la Ténèbre souveraine* pour quatuor vocal, 2 chœurs et orchestre (1967), *Tombeau de Marin Marais* pour violon baroque, 2 violes de gambe et clavecin, pièce en micro-intervalles notée sur tablature (1967), *Premier Alentour* pour flûte, alto et 2 violes de gambe (1966), *Deuxième Alentour «Cueillir»* pour voix d'alto, percussion et piano (1969-70), *Troisième Alentour «Noēit»* pour orgue (1970), *Harmonique* pour orchestre (1970), *Fancy* pour harpe (1974), *Fancy II* pour harpe et petit orchestre (1975), *Ricercar* pour 4 saxophones (1974), *Sonata quasi une fantasia* (1976) et *Fancy as a ground* pour orchestre de chambre (1980).

BARTÓK *(Béla),* compositeur hongrois *(Nagyszentmiklós, auj. en Roumanie, 1881 - New York 1945).* Initié par sa mère au piano, il étudia, dès 1893, cet instrument et la composition avec Lászó Erkel, puis, sur les conseils d'Ernó Dohnányi, entra à l'Académie royale de musique de Budapest, où il travailla le piano avec István Thomán, élève de Liszt, et la composition avec János Koessler. En 1900, il se lia avec Zoltán Kodály. En 1902, la découverte des poèmes symphoniques de Richard Strauss influença ses premières œuvres. Nationaliste convaincu, Bartók se fit connaître par *Kossuth,* poème symphonique exaltant le héros hongrois de la révolution de 1848. Il mena alors une carrière de pianiste, écrivit une sonate pour violon et piano sz 20, *Burlesque* sz 28 pour piano et orchestre, puis une rhapsodie pour piano sz 26. En 1905, il se présenta à Paris au concours Rubinstein, que remporta Wilhelm Backhaus. Mortifié, il rentra à Budapest pour se consacrer à la recherche des traditions populaires hongroises. Avec Kodály, il tenta de relier l'héritage de l'Orient à celui de l'Occident, ce dernier fondé sur les enseignements de Debussy quant au sens des accords, de Bach quant à «la transparence du contrepoint», de Beethoven quant à la forme.

Professeur à l'Académie de musique de Budapest (1907), Bartók voulut, pour améliorer l'enseignement du piano, habituer les élèves aux mélanges de tonalités et à la relativité de la barre de mesure. Aussi commença-t-il une série de pièces didactiques qui, des 10 *Pièces faciles* sz 39 de juin 1908, devaient l'amener aux *Mikrokosmos* sz 107, terminés en 1937. En 1908, il écrivit son 1er quatuor à cordes, qui révèle les influences de Wagner et de Debussy. La violoniste Stefi Geyer lui inspira son 1er concerto pour violon sz 36, dont le premier volet devint le premier des 2 *Portraits* sz 37. Les 3 *Burlesques* sz 47 utilisèrent, en leur morceau central *(Un peu gris),* une technique nouvelle consistant à faire précéder une note d'appui d'un groupe d'ornementation que l'on «écrase» sur le clavier. En 1910, Bartók semblait avoir échappé à l'influence de Strauss, dont il critiqua violemment l'*Elektra.* En 1909, il épousa Márta Ziegler, qui, l'année suivante, lui donna un fils.

La fréquentation de l'écriture modale des mélodies populaires inspira au compositeur les 4 *Nénies* sz 45, fondées sur des chants très anciens ignorant totalement «la tyrannie des systèmes modaux majeurs et mineurs». L'année 1911 fut marquée par la mobilité percutante de l'*Allegro barbaro* pour piano sz 49 et par *le Château de Barbe-Bleue* sz 48, premier opéra utilisant spécifiquement la prosodie naturelle de la langue hongroise. Cette œuvre inaugurait une collaboration particulièrement fructueuse entre Bartók et Béla Balázs, essayiste hongrois puisant ses idées politiques avancées dans les contes et ballades populaires. L'opéra de Bartók et de Balázs dépasse le cadre traditionnel et décrit la solitude de tout

Gyorgy-Lajos

Béla **Bartók.** *Peinture anonyme.*

créateur, la destruction de tout un patrimoine d'amour par la soif d'une connaissance inutile. En 1913, Kodály et Bartók recueillirent deux cents chants arabes et kabyles et se penchèrent sur les patrimoines mongols, hongrois et finnois. Les intentions pédagogiques de Bartók coïncidaient alors avec son désir de recréer les musiques populaires qu'il découvrait. Il écrivit pour le piano : *Danse orientale* sz 54, 6 *Danses populaires roumaines* sz 56, 20 *Noëls roumains* sz 57. Il tenta une recréation par la voix avec les 9 *Chansons populaires roumaines* sz 59, les 5 *Mélodies* sz 61, 63, les 8 *Chansons populaires hongroises* sz 64. Mais la guerre l'empêcha de continuer ses recherches. Il écrivit alors son 2e quatuor sz 67.

Au lendemain de la guerre, Bartók eut soudain l'espoir d'être aidé par les nouveaux gouvernants. Mais ces derniers restèrent enfermés dans un nationalisme étroit et critiquèrent son œuvre, qui osait déborder du cadre national. Le compositeur disposait désormais d'une matière musicale qu'il pouvait recréer à sa manière. Il composa alors les *Improvisations sur des chansons paysannes* pour piano sz 74, d'une grande liberté de forme, et, surtout, ses deux sonates pour violon et piano sz 75 et 76, qui ont gardé, aujourd'hui encore, toute leur âpreté et leur nouveauté. Commande lui fut faite d'une œuvre pour fêter le cinquantième anniversaire de la réunion de Buda et Pest : ce fut la *Suite de danses* (1923), formée de deux danses arabes, une danse hongroise et une roumaine, dont il réunit les identités rythmiques et modales dans un allégro final. En 1923, il se sépara de sa femme et épousa Ditta Pásztory. Il étudia alors Scarlatti, les clavecinistes de la Renaissance italienne, et composa son 1er concerto pour piano sz 83, créé en juillet 1927 avec l'auteur au clavier et Furtwängler au pupitre. Il effectua son premier voyage aux États-Unis, reçut un prix à Philadelphie pour son 3e quatuor sz 85 et écrivit deux *Rhapsodies* pour violon et piano sz 286 et 89 l'une à l'intention du virtuose Josef Szigeti et l'autre à celle de Zoltán Szekely.

En 1930, dans sa *Cantata profana,* Bartók emprunta aux « colindas » (chants de Noël roumains) un thème légendaire : les neuf fils d'un paysan, transformés en cerfs, retrouvent la liberté ; ce thème rejoint le besoin pour tout un peuple asservi de vivre, de chanter, de courir les risques d'une indépendance toujours préférable à une soumission qui ramènerait le cycle infernal de l'incompréhension et de la guerre. En 1933, Bartók créa lui-même son 2e concerto pour piano à Francfort, accompagné par le chef d'orchestre Hans Rosbaud. À la demande d'Erich Döflein, il transcrivit pour deux violons des pièces pour piano ; ces 44 duos sz 98 devaient, selon lui, « aider les élèves à trouver la simplicité naturelle de la musique des peuples et aussi ses particularités rythmiques et mélodiques ». En avril 1935, le Quatuor Kolisch créa à Washington son 5e quatuor sz 102, que sa perfection de forme, son expressionnisme tendu et la complexité de son contrepoint rythmique placent au sommet de sa production de musique de chambre. En 1936, s'inquiétant de la poussée du nazisme, Bartók demanda que ses œuvres subissent le même sort que celles des compositeurs d'origine israélite (interdiction à l'édition et à l'exécution). Il vint fréquemment se reposer en Suisse chez son ami, le chef d'orchestre Paul Sacher. Pour répondre à des commandes de ce dernier, il écrivit deux de ses chefs-d'œuvre, la *Musique pour cordes, percussion et célesta* sz 106 et le *Divertimento* pour cordes sz 113, respectivement créés, par Sacher et l'Orchestre de Bâle, en 1937 et 1940. De retour d'un voyage en Turquie, il commença une œuvre pour violon qui, par le vœu du dédicataire, le virtuose Zoltán Szekely, prit la forme d'un 2e concerto pour violon, que Szekely et le chef d'orchestre Mengelberg créèrent en avril 1939. Parallèlement à la *Musique pour cordes,* Bartók avait écrit une sonate pour 2 pianos et percussion sz 110, que sa femme et lui-même créèrent en janvier 1938 à Bâle.

Après un voyage de reconnaissance aux États-Unis avec Szigeti, en 1939, Bartók décida de s'exiler et donna son dernier concert à Budapest le 8 octobre 1940 sous la direction de Janos Ferencsik. Il séjourna à New York comme chargé de recherches à l'université Columbia, fit quelques conférences, mais sa situation matérielle était des plus modestes. Bartók donna quelques concerts avec Szigeti et le clarinettiste de jazz Benny Goodman (*Contrastes* pour clarinette, violon et piano, sz 111) et transcrivit pour orchestre son concerto sz 110. Sa santé s'altéra peu à peu ; il était atteint de leucémie. En 1943, le chef d'orchestre Koussevitski lui commanda une œuvre pour l'Orchestre symphonique de Boston, le concerto pour orchestre, créé en décembre 1944. Yehudi Menuhin lui demanda également une œuvre ; Bartók écrivit la sonate pour violon seul sz 117. Le succès revint, les commandes affluèrent : il acheva presque son 3e concerto pour piano, termina les esquisses de la partie soliste d'un concerto pour alto destiné à l'altiste William Primrose. Ce fut la fin de la guerre ; Bartók ne vécut plus que dans l'espoir de retourner à Budapest. Mais il fut transporté à l'hôpital du West Side à New York, où il s'éteignit le 26 septembre 1945.

Bartók est le premier ethnomusicologue dont la compétence s'est étendue à tout le bassin méditerranéen oriental, lieu de brassage des richesses de l'Orient et de l'Occident. Ses recherches l'ont amené à mettre en évidence les identités des musiques populaires, dont il s'est attaché à retrouver, au-delà des civilisations et des nationalismes, le langage commun. Il est ainsi remonté aux origines de la musique traditionnelle de son pays, débarrassant les mélodies recueillies des apports étrangers qui les avaient altérées. Conscient de la complexité des influences entre races, de la mouvance des mélodies transmises par tradition orale, il a créé une notation nouvelle lui permettant, non pas de reproduire ce matériau jamais figé, mais d'en consigner les schémas de base pour une éventuelle recréation savante.

Imprégné de l'esprit de ces musiques populaires, Bartók a échappé à tout système harmonique clos. Il est vain de tenter de dissocier chez lui rythme et harmonie, son art étant fait de leur parfaite association. De ce fait, sa démarche de compositeur s'oppose à la conception romantique qui a attribué une si grande importance à l'invention thématique, prétendant chercher l'individuel dans toute chose. Bartók avait compris « à quel point la musique populaire est le contraire d'un art personnel, à quel point, de par son essence même, toutes ses manifestations sont collectives ».

Progressivement, Bartók a réussi une synthèse unique entre modalité et tonalité, chromatisme et diatonisme. À l'examen attentif, on décèle une ambiguïté entre la liberté harmonique de ses œuvres et la présence de dissonances non annoncées ni résolues. Le dualisme majeur-mineur est dépassé dans la mesure où l'ordre modal de la chanson archaïque, violemment diatonique, n'est pas gommé par l'accumulation des éléments chromatiques. Les œuvres essentielles de Bartók laissent percevoir des pôles de toniques et de dominantes qui les organisent en dehors de toute rhétorique hiérarchisée, d'ordre traditionnel ou dodécaphonique. Les intervalles utilisés acquièrent une certaine autonomie, et, comme dans la chanson populaire, septième aussi bien que tierce ou quinte se présentent comme naturelles. Les proportions temporelles de ses œuvres de la maturité, s'appliquant aux harmonies comme aux rythmes, sont conformes aux propositions issues du nombre d'or. Ernö Lendvai a même démontré que les rapports entre chromatisme et diatonisme ou l'utilisation du pentatonisme lydien, dorien, etc., peuvent être considérés comme la preuve d'un travail extrêmement original et personnel lié à la section d'or.

La complexité formelle de l'art de Bartók est telle qu'il ne peut y avoir de néo- ou postbartokisme. Les nombreux compositeurs contemporains, qui ont subi l'influence de Bartók, se sont ordinairement limités à puiser dans la thématique de la chanson paysanne, sans s'astreindre au véritable travail de recréation auquel s'était soumis, puis par lequel s'était totalement exprimé leur maître à penser. L'universalisme du message bartokien montre que ce musicien a réussi à transcender l'origine même de ses sources.

BAUDRIER *(Yves),* compositeur français *(Paris 1906).* Il s'orienta d'abord vers le droit, mais il découvrit que seule la musique pouvait lui apporter une possibilité d'évasion et une satisfaction spirituelle. Il devint alors élève de G. Lath, organiste du Sacré-Cœur. En 1936, il fonda le groupe « Jeune France » auquel s'associèrent Daniel Lesur, André Jolivet et Olivier Messiaen. Ces quatre musiciens allaient tenter de retrouver, pour leur art, les forces généreuses que connut jadis le romantisme de Berlioz.

Baudrier, rejetant tout système d'écriture trop rigide, renouant en revanche avec les libertés rythmiques des anciens, se libéra de la tonalité sans s'enfermer dans un autre système. Ses compositions instrumentales ou vocales sont souvent fort sensibles, son style étant, en somme, celui de l'expression, d'une musique qui chante. Il a composé des pièces pour piano, deux quatuors à cordes (1939, 1941), de la musique symphonique (*le Musicien dans la cité,* 1936-37, rev. 1946 ; *Partition trouvée dans une bouteille,* mouvement symphonique, 1965), de la musique de films et des œuvres vocales (*Deux Poèmes de Tristan Corbière,* 1939 ; *Deux Poèmes de Jean Noir, composés au secret,* 1944 ; *Cantate de la Pentecôte,* en collaboration avec M. Rosenthal et M. Constant, pour chœur de femmes et orchestre, 1950).

BAX *(sir Arnold),* compositeur anglais *(Londres 1883-Cork, Irlande, 1953).* Il fit ses études à partir de 1900 à la Royal Academy of Music. Ses premières œuvres datent de 1903. Très doué, il transcrivait à vue n'importe quelle partition d'orchestre au piano. En 1910, il fit un court séjour en Russie et certaines de ses pièces pour piano en portent la trace. Mais, de sang à moitié irlandais, il imprégna avant tout ses œuvres de l'amour de son pays et de l'attachement à la race celte, n'hésitant pas à s'inspirer du folklore dans ses compositions. Il participa d'autre part au mouvement littéraire nationaliste irlandais. On l'a nommé le « Yeats de la musique » à cause de son penchant pour un mysticisme coloré de romantisme. En 1941, il devint Master of the King's Music. Bax a composé notamment des sonates pour piano, de la musique de chambre dont 3 quatuors à cordes, 7 symphonies, des poèmes symphoniques dont *The Garden of Fand* (1916), deux ballets, des chœurs et une cinquantaine de mélodies.

BAYLE *(François),* compositeur français *(Tamatave, Madagascar, 1932).* Abandonnant une carrière d'enseignant pour compléter une formation musicale d'autodidacte à Darmstadt et auprès d'Olivier Messiaen et de Pierre Schaeffer, il est l'un des premiers membres du Groupe de recherches musicales de l'O. R. T. F., en 1958, avant d'en devenir, en 1966, après Pierre Schaeffer, le véritable responsable. Le G. R. M., en effet, doit beaucoup à son inlassable activité d'animateur, de programmateur, de semeur d'idées et d'initiatives. Dans la personnalité très riche de ce créateur, le penseur et le théoricien tiennent une place importante, apparente jusque dans le titre de certaines œuvres. Celles-ci se nourrissent souvent des suggestions nées d'une fréquentation assidue des courants d'idées modernes (philosophie bachelardienne de la connaissance, théorie des arts plastiques chez Paul Klee, mathématiques de René Thom), assimilées et transposées par lui dans le domaine musical avec plus d'intuition que de méthode. Sa musique ne s'aventure jamais dans le rêve sans auteurs de chevet : ceux que nous avons cités, mais aussi Bataille, Lewis Carroll, les surréalistes. François Bayle se propose, armé de ces références, d'explorer par ses œuvres la « genèse des formes et des mouvements sonores, la grammaire de leur formation, leur relation avec les événements du monde plastique ou psychique ». En témoigne une somme comme l'*Expérience acoustique* (1969-1972), œuvre géante en 5 volets et 14 mouvements, qui est un des chefs-

Philippe Gras

*François **Bayle** en 1974.*

d'œuvre de la musique électroacoustique par la cohérence et l'unité de sa conception et la puissance et la diversité de son inspiration : une de ces « utopies de sons » que seuls, jusqu'ici, Pierre Henry et Stockhausen avaient su créer pour les haut-parleurs. Aussi maîtrisée, mais plus intime, est la suite en 17 mouvements *Jeïta* (1969-70), inspirée par une grotte du Liban, dont la première partie atteint une perfection, une concentration et une poésie dignes du plus grand Ravel. Remontant dans le temps, on peut saluer avec les *Espaces inhabitables* (1967), inspirés de Bataille et de Jules Verne, la première cristallisation musicale des préoccupations théoriques qui devaient l'amener à cataloguer et à manier de plus en plus systématiquement les processus sonores repérés par lui comme appartenant en propre à la musique des haut-parleurs. Ce qui n'empêche pas ces œuvres d'être foisonnantes d'images et de poésie et très séduisantes de couleurs. Mais les *Vibrations composées* (1973) et *Grande Polyphonie* (1974) semblent porter à la limite du dessèchement leur assurance de style, dans leur maîtrise un peu tendue, ce qui n'est pas le cas de *Camera Obscura* (1976), œuvre-labyrinthe, ou d'*Érosphère* (1980), merveilleuse tapisserie musicale intégrant une œuvre antérieure, *Tremblement de terre très doux* (1978), et renouant avec la poésie miroitante et scintillante de *Jeïta.* Dans cet itinéraire, une œuvre à part met au jour plus explicitement le monde symbolique de François Bayle : c'est le *Purgatoire* (1972), d'après *la Divine Comédie* de Dante, second volet d'un tryptique commandé par le chorégraphe Vittorio Biagi, dont Bernard Parmegiani signait l'*Enfer,* et les deux compositeurs, le *Paradis* (1974). Interprétant librement le texte de Dante, lu par Michel Hermon, l'auteur en dégage le sens initiatique, invente, pour le placer au centre de son labyrinthe, le personnage de l'*Ange-Feu,* séducteur dangereux incarné par des flammèches et des pétillements sonores caractéristiques de Bayle, et conclut sur une très belle exaltation mystique de la résonance musicale pure, dont l'aimée Béatrice est le symbole.

En 1983 ont été créés *les Couleurs de la nuit* pour bande et ordinateur (1982) et *Son Vitesse-Lumière,* version intégrale en 5 sections (1980-1983).

BECK *(Franz),* compositeur allemand *(Mannheim 1734 - Bordeaux 1809).* Élève de J. Stamitz, il dut quitter sa ville natale à la suite d'un duel, étudia à Venise avec Galuppi, puis se rendit à Naples et de là en France. En 1757 déjà, on entendit à Paris des symphonies de lui. Il séjourna à Marseille, et, dès 1761, se trouvait à Bordeaux, ville où il fut organiste et chef d'orchestre, et qui devait rester sa résidence principale. En 1783, il fut appelé à Paris pour diriger son *Stabat Mater,* œuvre aujourd'hui inaccessible, mais dont la partition se trouverait en possession privée en France. On lui doit notamment l'opéra *la Belle Jardinière* (Bordeaux, 1767), le mélodrame *l'Île déserte,* une musique de scène pour *Pandore* (Paris, 1789), quelques hymnes révolutionnaires, et, surtout, une trentaine de symphonies dont celles parues en quatre groupes de six, sous les numéros d'opus 1 à 4, de 1758 à 1766, date après laquelle il ne publia plus rien. Ces œuvres subjectives et très intéressantes sur le plan formel font de lui un des plus grands représentants, injustement ignoré, du style de Mannheim.

BEETHOVEN *(Ludwig van),* compositeur allemand *(Bonn 1770 - Vienne 1827).* On trouve la trace d'ancêtres de Beethoven à Malines et à Louvain (Belgique), des cultivateurs devenus citadins. Le nom signifie littéralement « jardin aux betteraves » et la particule « van » n'a point de sens nobiliaire. C'est à Malines que naquit, en 1712, le premier Beethoven musicien, « Ludwig l'Ancien ». Il s'installa à Bonn comme Hofmusikus du prince-archevêque. Johann, son seul enfant demeuré en vie, lui succéda à la chapelle princière comme ténor; ce dernier épousa, en 1767, Maria Magdalena Keverich, fille du chef cuisinier du prince électeur de Trèves, femme douce et résignée, qui devait mourir de tuberculose en 1787. De leurs sept enfants, trois seulement survécurent. Le deuxième, Ludwig, naquit le 16 ou 17 décembre 1770 dans leur pauvre logis de la Bonngasse.

Un talent précoce et hors du commun. L'enfance de Beethoven ne fut pas heureuse, quoiqu'on ait exagéré les cruautés de Johann à l'égard de son fils qu'il voulait « enfant prodige » comme Mozart. Ses premiers maîtres furent selon l'occasion : Tobias Pfeiffer, ténor dans une troupe ambulante, le violoniste Rovantini, le vieil Aegidius Van der Eeden, organiste de la Cour. Christian Gottlieb Neefe, successeur de ce dernier, doit être considéré comme le premier maître sérieux de Beethoven. L'enfant fit de tels progrès sous sa férule qu'il reçut à douze ans un titre d'organiste suppléant, rétribué et investi de responsabilités croissantes, tandis que le père s'enfonçait dans l'alcoolisme et la déchéance. C'est à cette époque que Beethoven déserta de plus en plus le domicile paternel pour celui, accueillant et chaleureux, de la famille von Breuning, qui allait être son foyer d'élection.

Très vite, le rayonnement de son talent dépassa ce cercle amical ; le comte Waldstein, favori du nouveau prince électeur libéral Max Franz, obtint que Beethoven effectuât un voyage d'études à Vienne. De ce premier séjour (1787), on ne sait pas grand-chose. La rencontre avec un Mozart malade, tout absorbé par la composition de *Don Giovanni* et méfiant à l'égard des jeunes prodiges, semble être restée sans résultat : ni enseignement ni consécration — des encouragements peut-être. Beethoven revint à Bonn pour assister à la mort de sa mère, tandis que son père sombrait tout à fait dans l'éthylisme. Johann et Kaspar, les plus jeunes frères, étaient alors à la charge de Ludwig (ils ne le lui pardonnèrent pas). De cette époque (1790) datent les cantates pour la mort de Joseph II, pour l'avènement de Léopold II, non jouées « à cause de leurs difficultés », œuvres assez conventionnelles dont les maladresses laissent cependant présager un grand musicien. Aussi, lorsque Haydn les vit, lors d'un passage à Bonn, il invita le jeune Beethoven à faire des « études suivies » avec lui. Le fidèle Waldstein intervint une nouvelle fois et Beethoven quitta définitivement Bonn pour Vienne, le 2 novembre 1792. « Recevez des mains de Haydn l'esprit de Mozart », écrit Waldstein dans son album.

Le pianiste de l'aristocratie viennoise. Vienne, capitale du monde germanique, ville de cours, de palais et de faubourgs champêtres, était une ville de mode et de plaisirs, obstinément traditionaliste, résolument superficielle. Terre de génies, elle devait les nier systématiquement, de Mozart qu'elle venait d'enterrer dans la fosse commune, à Webern qu'elle devait ignorer purement et simplement. Elle accueillit Beethoven d'abord avec grâce. D'emblée, il fut adopté par l'aristocratie mélomane : Lichnowsky, Lobkowitz, Schwarzenberg, Zmeskall von Domanovecs furent parmi les souscripteurs des 3 trios op. 1 (1794-95), œuvres déjà marquées par la personnalité, sinon le style du jeune musicien. Avec les 3 sonates op. 2 pour piano (1795-96), dédiées à Haydn, Beethoven prit congé de son maître. Car ces « études suivies » furent en fait sporadiques. Beethoven fréquenta, non moins sporadiquement, d'autres maîtres : Schenk, Albrechtsberger, Salieri ; il acquit rapidement, chez l'un ou l'autre, les connaissances techniques qui lui étaient

Scala

Ludwig ***van Beethoven.*** *Portrait anonyme, XIXe siècle (Lycée Musical, Bologne).*

nécessaires. En 1795, il était déjà en pleine possession de son métier, de sa personnalité, d'une virtuosité de pianiste hors du commun, comme en témoigne son premier grand concert viennois, en mars 1795, où il joua un concerto de Mozart, avec des cadences de sa composition, et son propre 1er concerto (publié plus tard comme 2e) terminé l'avant-veille. Mais le domaine où le génie de Beethoven s'affirma déjà conquérant, irrésistible, ce fut, au dire de tous les témoins de l'époque, celui des improvisations au piano où il déchaînait son imagination sans entraves. Beethoven habitait alors chez le prince Lichnowsky et se produisait dans tous les salons viennois, arrachant « larmes » et « sanglots » (Czerny) à ses auditeurs bouleversés.

Une pensée novatrice. Dans les sonates op. 7, op. 10 pour piano (1796-1798), dans celle notamment en *ré majeur,* Beethoven fit entendre, déjà et d'emblée, la modernité de son génie, ses audaces, ses dissymétries, sa force dramatique inouïe : le *largo e mesto* de cette sonate op. 10 n° 3 en est le surprenant témoignage. Tous les éléments du langage musical s'associent là, selon des modes nouveaux, en des structures où les anciennes hiérarchies sont bouleversées, les convergences harmoniques, rythmiques, dynamiques contestées.

Les sonates suivantes, op. 13 *Pathétique,* op. 26 et 27, font éclater la menace beethovénienne sur la forme traditionnelle : bouleversements au niveau du dualisme thématique et des développements, mise en question de l'ordonnance des mouvements (sonate op. 27 *Quasi una fantasia*). Les 6 quatuors à cordes op. 18, publiés en 1801 (notamment, le premier composé, op. 18 n° 3), attestent également cette pensée novatrice qui associe les lignes de force musicales selon des critères libres : oppositions de registres, de masses, d'intensités, contrastes brutaux, raffinements extrêmes. Le 6e quatuor (avant-dernier dans l'ordre de composition) fait entendre dans son adagio, intitulé *la Malinconia* (« la mélancolie »), l'une des pages les plus saisissantes de la musique, un développement halluciné et hallucinant d'harmonies sans polarité, de forces contradictoires, qui annonce le Beethoven des dernières années.

Ces premières années viennoises furent les plus heureuses de Beethoven : succès, faveur des princes, amitiés profondes et durables avec Wegeler, Ries, Amenda, Zmeskall, le violoniste Schuppanzigh, inlassable pionnier de sa musique. Mais voici que, en 1801, dans deux lettres du mois de juin à Wegeler et à Amenda, qui avaient quitté Vienne, l'ombre apparut : Beethoven dévoilait ce qu'il cachait à tous depuis un certain temps — sa surdité naissante, croissante, bientôt irrémédiable. Son désespoir sembla momentanément apaisé — ou plutôt différé — par l'entrée dans sa vie « d'une jeune fille bien-aimée » : Giulietta Guicciardi, dont le charme frivole, à dix-sept ans, conquit Vienne ; Beethoven lui dédia la sonate op. 27 n° 2, dite *Clair de lune.* De ce que fut cet amour réellement, des sentiments de l'un et de l'autre, nous ne savons rien, et tout le reste est légende. Toujours est-il que Giulietta épousa le comte Gallenberg et laissa Beethoven à la solitude et au désespoir, que traduisit, en 1802, un document poignant : le « testament d'Heiligenstadt ». L'idée de suicide hanta Beethoven : « C'est l'art et lui seul qui m'a retenu », écrivit-il. Lorsqu'il quitta sa retraite d'Heiligenstadt et rentra à Vienne, il avait sur sa table le manuscrit achevé de la 2e symphonie, dont la gaieté et l'entrain déjouent l'idée d'identité ponctuelle entre œuvre et vie, chère aux commentateurs ; le 1er mouvement de la 3e symphonie était aussi esquissé.

Dès la 1re symphonie, Beethoven avait manifesté l'audace de son génie. Dans la forme d'abord : le ton d'*ut* majeur n'est atteint qu'au terme d'une pérégrination harmonique de 12 longues mesures adagio, « anacrouse formelle » sans précédent que l'on retrouve dans la 2e symphonie (33 mesures adagio précèdent l'allegro initial). Dans l'orchestration ensuite : la suprématie hiérarchique des cordes y est contestée par une véritable promotion des instruments à vent (la critique reconnut ce fait en lui reprochant d'écrire « de la musique militaire »). Dans la 3e symphonie, achevée au début de 1804, la pensée orchestrale novatrice de Beethoven était à son point culminant : le timbre entre de plein droit dans l'architecture musicale, associé aux métamorphoses harmoniques, formant ce que l'on pourrait appeler des « modulations de timbre », dont voici un exemple extrait du 1er mouvement :

mi bémol majeur — *fa* majeur — *ré* bémol majeur
Violoncelles — *Cor en* fa — *Flûte-violons*
si bémol majeur — *mi* bémol majeur
2 flûtes-altos-basses — *Tout l'orchestre*

Dans le mouvement lent, marche funèbre, le timbre est associé aux rythmes en d'étranges alliages, sombres ou d'une clarté tranchante : ces associations inouïes créent le climat dramatique du morceau. Quant au mouvement final, il est bâti sur le thème de *Prométhée* op. 43 et se déroule *ostinato* en 12 variations qui mettent entre parenthèses la forme traditionnelle du rondo. Le contexte historique de ce chef-d'œuvre a fait couler beaucoup d'encre ; on sait que Beethoven, républicain convaincu dès 1798, l'avait dédié à Bonaparte, dans lequel il voyait l'égal des grands consuls romains. En apprenant que Bonaparte s'était fait sacrer empereur, il entra en grande fureur, déchira la page de dédicace et donna à son œuvre le titre définitif de *Sinfonia eroica*.

De *Fidelio* à la *Pastorale*. Pendant toute l'année 1804, Beethoven travailla à son unique opéra, *Fidelio*, d'abord intitulé *Léonore*, et dont le sujet, à la gloire de l'amour conjugal, dû au dramaturge français Bouilly, fut remanié plus tard par Treitschke. Achevé en 1805 et créé le 20 novembre dans une Vienne envahie par les troupes de Napoléon, devant un parterre clairsemé (presque tous les Viennois avaient fui), ce fut un échec complet. Sur l'insistance de ses amis, Beethoven consentit à d'importantes redistributions et coupures dans la partition, et fit représenter l'œuvre, à nouveau, le 29 mars 1806. L'accueil fut meilleur. Ce n'est que huit ans plus tard que, retravaillé de fond en comble, l'opéra reçut sa forme définitive et connut le succès. On peut considérer *Fidelio* comme la préfiguration du drame musical moderne, tant par la liberté dans l'écriture des parties vocales et la consonance immédiate de la parole et de la musique, que par le rôle capital dévolu à l'orchestre, véritable lieu théâtral d'où s'élèvent et rayonnent, en profonde unité, les voix.

De ces années extrêmement fécondes (1804-1808) datent la 4e symphonie, la sonate op. 53, dédiée à Waldstein, d'une écriture pianistique révolutionnaire dans le domaine de la couleur, la grandiose sonate op. 57 *Appassionata*, le concerto pour violon, le 4e concerto pour piano dédié à l'archiduc Rodolphe, nouvel élève et ami de Beethoven, ainsi que les 3 quatuors op. 59 commandés par le prince Razoumovski, ambassadeur de Russie à Vienne et fervent admirateur du compositeur. Les dernières œuvres ont été jugées « difficiles, compliquées, dissonantes » ; c'est dire leur modernité de conception, leurs exigences techniques d'interprétation aussi, notamment dans la fugue finale du 3e de ces quatuors, dont les « normes » conceptuelles et interprétatives, en dynamique, tessiture, vitesse et cohésion, sont absolument nouvelles, spectaculaires. « Que m'importe votre sacré violon lorsque l'esprit souffle en moi ! » Ce sont, enfin, les 5e et 6e symphonies, composées en même temps, entre 1805 et 1808, et exécutées ensemble pour la première fois le 22 décembre 1808. La Cinquième Symphonie est l'œuvre la plus célèbre de Beethoven

Federico Arborio Mella

*Cabinet de travail de **Beethoven** à Vienne en 1827.*

et celle qui, avec la Neuvième symphonie, a suscité le plus de commentaires. Elle exalte et illustre la notion de *thème*. Celui-ci, composé de trois brèves et d'une longue, cellule rythmique élémentaire, se retrouve dans toute la poésie et toute la musique du monde, et dans mainte œuvre beethovénienne, mais c'est son *développement* qui, dans la 5e symphonie, dans tous ses mouvements et de mille manières, le rend singulier, unique. Telle qu'en elle-même l'œuvre la change, cette cellule, ailleurs anonyme, devient ici le « thème du Destin ». Tout autre est la voie de la 6e symphonie, dite *Pastorale,* qui puise son inspiration dans la nature, en demi-teintes, en couleurs raffinées, en poésie contemplative. « La description est inutile, note Beethoven, s'attacher davantage à l'expression du sentiment qu'à la peinture musicale. » Ainsi Beethoven met-il en garde contre une « musique à programme », contre une interprétation exagérément pittoresque de sa musique qui pourrait interdire l'accès à ces « autres contrées » où la musique est souveraine.

Lassitude et abattement. Brouillé avec Lichnowsky, à court de moyens, aspirant à la stabilité matérielle, fatigué de Vienne et de ses intrigues, Beethoven songea à partir. Fausse sortie, qui provoqua cependant, par l'intermédiaire de Marie von Erdödy, amie tendrement dévouée, un sursaut chez les aristocrates admirateurs du musicien. Les princes Kinsky, Lobkowitz, l'archiduc Rodophe signèrent, le 1er mars 1809, un « décret » garantissant 4 000 florins de rente annuelle au compositeur, décret qui allait être dénoncé par leurs héritiers. Mais l'Autriche et la France étaient de nouveau en guerre. Dans le manuscrit du 5e concerto pour piano se glissent les mots « chant de triomphe pour le combat ! attaque ! victoire ! ». L'œuvre est une symphonie plutôt qu'un concerto virtuose, le piano étant lui-même, de facture orchestrale, grandiose. Le surnom « l'Empereur » est d'origine aussi anonyme que gratuite. L'œuvre fut créée par Czerny en soliste, en 1812, et elle était dédiée à l'archiduc Rodolphe, de même que la sonate dite *les Adieux,* qui célèbre le retour du dédicataire après sa fuite de Vienne.

Quelques figures féminines passèrent dans la vie de Beethoven, comme pour masquer celle qui, inconnue, détenait son véritable, sans doute son seul, amour. Bettina Brentano, la jeune amie de Goethe, Amalie Seebald, Teresa Malfatti ne furent que des amies, des amitiés amoureuses. Quant à l'« immortelle bien-aimée », à laquelle s'adresse la fameuse lettre trouvée après la mort de Beethoven, son identité reste secrète. On a longtemps cru qu'il s'agissait de Thérèse von Brunsvick, mais l'on pense aujourd'hui que ce fut soit Joséphine von Brunsvick, sœur de Thérèse et veuve du comte Deym, soit Antonie Brentano, cousine de Bettina. Cet été de 1812 (au cours duquel fut écrite la fameuse lettre) marqua la rencontre avec Goethe aux eaux de Teplice, l'achèvement de la Septième symphonie, la composition de la *Huitième* lors d'un séjour à Linz. Encore un « couple symphonique » antinomique : à la mélancolie énigmatique qui émane du second mouvement de la *Septième* et qui, nous semble-t-il, irradie toute l'œuvre, répond la joie explosive de la *Huitième.*

Entre 1813 et 1819, Beethoven sembla traverser une longue et profonde crise. « Rien ne peut plus désormais m'enchaîner à la vie », écrivit-il, dans l'abattement. Sa production elle-même en fut atteinte, elle se réduisit à des œuvres mineures, souvent purement alimentaires, d'où cependant émergent, comme pour défier le destin, quelques chefs-d'œuvre : la sonate pour violoncelle op. 102 (1815), le cycle de lieder *An die ferne Geliebte* (1816), et la sonate op. 101 (1816) qui attaque de front les formes traditionnelles ; enfin, en 1817-1819, la sonate op. 106 — ces deux dernières œuvres étant destinées au *Hammerklavier,* le piano à marteaux (celui-ci ne cessait de se perfectionner, et c'est aux « derniers modèles », les plus chantants, que Beethoven destina ces sonates).

H. Roger-Viollet

La sonate op. 106 est un des chefs-d'œuvre de Beethoven, et il est impossible d'approcher en quelques lignes ses pages visionnaires qui culminent en la monumentale fugue née dans le conflit de forces contradictoires où elle puise sa violence : « Ce qui, précisément, donne aux fugues de Beethoven leur caractère exceptionnel, ce qui fait d'elles des créations uniques et

Caricatures de ***Beethoven*** *par Von Boehm. Collection Kenner, Vienne.*

inégalées, c'est cette confrontation périlleuse entre des rigueurs d'ordre différent qui ne peuvent qu'entrer en conflit ; aux frontières du possible, elles témoignent de l'hiatus qui va s'accentuant entre des formes qui restent le symbole du style rigoureux et une pensée harmonique qui s'émancipe avec une virulence accrue » (P. Boulez). La forme classique de la sonate achève de se disloquer dans les dernières œuvres pour piano de Beethoven : liberté absolue avec l'opus 109 (1820) et ses variations finales, architecture visionnaire avec l'opus 110 (1821).

La sonate op. 111 (1821-22), enfin, signe dans les résonances apaisées de son admirable arietta, 2e et dernier mouvement, l'« adieu à la sonate » selon Th. Mann *(le Docteur Faustus).* Voici l'un des édifices les plus codifiés du classicisme définitivement détruit, et voici l'ère ouverte à l'invention de nouvelles formes.

Au fond de la détresse. 1817 et 1818 marquèrent le fond de la détresse beethovénienne. Aux maladies — inflammation pulmonaire, jaunisse — et à l'isolement par la surdité, aux tourments secrets dont quelques lettres se font l'écho, se joignirent les ennuis domestiques de tous ordres et la présence intermittente de son neveu Karl (que le frère de Beethoven avait confié, avant de mourir, à sa femme et au compositeur conjointement) — présence torturante, à laquelle Beethoven s'accrocha désespérément, et que les procès d'une tutelle contestée rendirent d'autant plus douloureuse. Une œuvre grandiose, qu'il garda pendant quatre ans sur le chantier, l'arracha à la détresse : ce fut la *Missa solemnis,* que l'archiduc Rodolphe, devenu archevêque d'Olmütz, lui avait commandée pour son intronisation solennelle. Voici Beethoven à nouveau dans la fureur de composer. Parallèlement aux dernières sonates, le *Kyrie,* le *Gloria,* le *Credo* virent le jour lentement, et, déjà, apparurent les esquisses d'une nouvelle symphonie : la *Neuvième.* L'une comme l'autre de ces œuvres monumentales dépassent leur cadre consacré, église ou concert. Ni la *Missa* ni la *Neuvième* ne peuvent se définir exactement par les termes de messe et de symphonie : l'une, débordant une fonction liturgique, ouvre aujourd'hui de grands festivals, l'autre est devenue symbole et hymne sur toutes les lèvres. La messe est écrite par blocs, où le volume, le poids, les ensembles dominent et assujettissent le détail. Ce n'est que dans le *Credo* que le détail semble reprendre de l'importance, dans un style presque théâtral, défi à toute idée de musique religieuse. La fugue *In vitam* arrache la pièce à cette théâtralité, la replace dans sa vraie perspective architecturale. Le *Dona nobis pacem* conclut l'œuvre dans la sérénité.

La Neuvième symphonie op. 125 semble avoir accompagné Beethoven durant toute sa vie créatrice. Dès 1792, il s'était enthousiasmé pour l'*Ode à la joie* de Schiller ; en 1817, il esquissa une œuvre orchestrale avec voix. Puis, au fur et à mesure que la composition de la symphonie avança (1822-23), il renonça à un finale vocal. Ce n'est qu'à la fin de 1823 que s'opéra la synthèse ; l'*Ode* de Schiller vint couronner l'œuvre, exécutée le 7 mai 1824. Les trois premiers mouvements sont puissamment ancrés au finale par une introduction qui les remémore un à un. Le « thème de la joie » y fait alors une entrée discrète, presque tendre, aux cordes graves, et commence son expansion. Ce thème, le plus universellement connu de toute la musique, a été l'objet de recherches inlassables du compositeur ; on en connaît plus de deux cents états. Dans mainte œuvre, Beethoven a cherché, à travers d'innombrables esquisses, l'état *générateur* le mieux approprié à l'expansion d'un thème. Ici, en revanche, il cherche son état idéal de *permanence,* inaltérable, inaltéré, qui sera porté par le chant innombrable. Aussi le « développement » du finale n'en est pas un à vrai dire, c'est l'amplification constante, la glorification d'une idée, l'incantation : par quoi ce finale porte, au-delà des salles de concert, sa destinée d'hymne.

Une dernière œuvre monumentale pour piano se glisse entre la *Messe* et la *Neuvième :* les *33 Variations sur une valse de Diabelli* op. 120 (1823), œuvre visionnaire entre toutes, où se nie la notion de thème, à la limite la notion de variation. Tout est thème, tout est métamorphose dans ce gigantesque parcours qui ne retient comme « donné » (omniprésent) qu'une formule harmonique rudimentaire qui, tout au long de l'œuvre, va être l'agent unificateur de trente-trois éclats fulgurants de l'imagination.

Apaisement et solitude. Au cours des dernières années de son existence, Beethoven sembla atteindre un étrange équilibre. Sa vie fut désormais tout intérieure, tournée vers l'œuvre ultime — les derniers quatuors. Indifférent au succès, d'un aspect extérieur négligé, sauvage, il communiquait avec son entourage uniquement par les « cahiers de conversation » (dans lesquels Schindler, son « famulus », a pratiqué coupures et destructions). On pouvait voir Beethoven, lorsque la maladie intestinale ou la faiblesse de sa vue ne le faisaient pas trop souffrir, attablé avec quelques amis à l'enseigne du Cygne d'Argent, manger des huîtres arrosées de bière et poursuivre de longs monologues philosophiques ou politiques, pessimistes, critiques, sauf à l'égard des Anglais qu'il idéalisait. Son affection exclusive, jalouse, pour Karl (dont il avait la mère en horreur) envenima complètement leurs relations, et le neveu, désaxé par ces conflits incessants, fit une tentative de suicide. Effondrement, réconciliation, séjour précipité à Gneixendorf chez Johann : des scènes éclatèrent entre les deux frères, Beethoven quitta précipitamment la propriété sous la pluie, dans une carriole, et rentra à Vienne avec une double pneumonie. Il mourut le 26 mars 1827, pendant un violent orage. Seul la veille, il fut accompagné au tombeau par un cortège de 20 000 personnes.

L'œuvre ultime. Les derniers quatuors sont les chefs-d'œuvre les plus intérieurs de Beethoven. Leur numérotation n'est pas chronologique. Au 12e quatuor op. 127 (1824) et ses jeux de miroirs succède, dans l'ordre de la composition, le 15e op. 132, dont le deuxième mouvement, *Chant de reconnaissance,* dans le mode lydien, est un des sommets de la musique. Le 13e quatuor, achevé en 1825, est en six mouvements. Dans l'avant-dernier, l'admirable *Cavatine,* les silences se font tout aussi éloquents que les sons. On sait que c'est la *Grande Fugue* qui devait terminer cette œuvre ; Beethoven l'en détacha — geste accompli à regret, dit-on, geste logique cependant, nous semble-t-il, car à quoi un tel organisme, aux proportions gigantesques, aux tensions harmoniques inouïes, pourrait-il se « rattacher » ? La *Grande Fugue* op. 133 qui fait éclater — dans la mesure même où elle semble y souscrire — un schème classique, est un chef-d'œuvre solitaire dans tous les sens du terme. Le 14e quatuor op. 131, achevé en 1826, est le plus audacieux du compositeur dans le domaine de la forme : ses sept mouvements si divers défient — et pourtant accomplissent, comme par l'effet d'une formidable pression — l'unité de l'œuvre. Le 16e quatuor op. 135 (1826), le dernier composé, a été l'objet particulier de gloses, en raison de son célèbre exergue inscrit en tête du mouvement final : « Muss es sein ? — Es muss sein » (« Cela doit-il être ? — Il faut que cela soit »). Mais il s'agit, croit-on, d'une boutade, non d'une interrogation tragique du destin. Dans le *Doux Chant de repos, chant de paix* qui précède, dans ses admirables variations, Beethoven fait entendre une voix apaisée, sereine, une voix d'adieu.

Si les derniers quatuors, les *Variations Diabelli,* les dernières sonates constituent le suprême accomplissement de la pensée visionnaire de Beethoven, ils procèdent d'un esprit novateur qui se manifeste dès les premiers chefs-d'œuvre de sa vie créatrice. C'est là que, déjà et d'emblée, les fondements du langage hérité se voient contestés dans leurs hiérarchies musicales, dans leurs structures, sinon dans leurs formes. De la sonate op. 10 nº 3 à celle de l'opus 53, de l'opus 57 à l'opus 111, du 3e quatuor op. 18 au 3e « Razoumovski » et à la *Grande Fugue,* chaque œuvre apporte à l'édifice nouveau ses matériaux inédits. Dès lors, les divisions rigides de l'œuvre beethovénienne en deux, trois ou quatre périodes (« période d'imitation-de transition-de réflexion », selon Vincent d'Indy) paraissent fallacieuses, d'autant qu'elles impliquent une notion sommaire de « progrès », notion trompeuse en art. Inclassable à l'intérieur de sa propre œuvre, Beethoven l'est aussi à l'intérieur des catégories historiques. Classique ou romantique ? Beethoven semble dépasser d'emblée cette alternative où l'on tente de l'enfermer. Aux confins de deux univers spirituels, son œuvre échappe, par sa nature, à l'histoire : infiniment singulière, perpétuellement au présent, cette œuvre est moderne, elle définit, éclaire, concrétise la notion même de modernité — notion que l'homme moderne à son tour explicite, recrée, façonne dans son langage propre. C'est dans ce dialogue, que chaque génération, chaque individu poursuivent avec l'œuvre de Beethoven, que celle-ci se révèle actuelle et novatrice à jamais.

BELLINI *(Vincenzo),* compositeur italien *(Catane 1801-Puteaux 1835).* Fils d'un maître de chapelle, il révéla un talent précoce de compositeur et fut envoyé parfaire ses études au conservatoire de Naples auprès de Zingarelli, l'adversaire de Rossini. Son inclination première pour le style d'église et la musique ancienne se retrouve dans ses compositions de jeunesse dont on retient aujourd'hui quelques mélodies et un *Concerto pour hautbois et cordes.* Encore élève, Bellini écrivit l'opéra *Adelson e Salvini* (1825), dont la perfection formelle fit voir en lui le successeur de Rossini, celui-ci ayant définitivement quitté l'Italie. Le théâtre San Carlo de Naples lui commanda aussitôt *Bianca e Fernando* (1826) et la Scala de Milan, *le Pirate* (1827), sur un poème de Felice Romani, le librettiste italien alors le plus en renom. Il donna ensuite, avec des fortunes diverses, *la Straniera* (Milan, 1829),

Scala

Vincenzo ***Bellini.*** *Peinture anonyme (Musée du théâtre de la Scala, Milan).*

Zaïra (Parme, 1829), *I Capuleti e i Montecchi* (Venise, 1830), puis, en 1831, à Milan *la Somnambule* et *Norma* au succès desquelles contribua considérablement la cantatrice Giuditta Pasta, cependant que la société féminine des salons de la capitale lombarde voyait en Bellini l'image de l'idole romantique, sorte de héros byronien consumé par le mal du temps. Après avoir donné, à Venise, *Beatrice di Tenda* (1833), Bellini quitta l'Italie, puis, au retour d'un bref voyage à Londres, s'établit à Paris, où, protégé par Rossini, il se lia notamment avec Chopin et écrivit pour le Théâtre des Italiens *les Puritains* (1835). Il mourut peu après des suites d'une infection intestinale.

La disparition prématurée de Bellini a privé l'histoire de l'opéra du seul très grand rival qu'aurait eu Verdi ; contemporain de Pacini, Mercadante et Donizetti, il occupa une position déterminante entre le retrait de Rossini, en 1829, et l'avènement véritable de Verdi en 1842. Au confluent d'un art encore aristocratique et de la poussée romantique, il réalisa dans son œuvre l'union parfaite entre la beauté classique et le thème de l'exaltation du héros — ou plus souvent de l'héroïne — condamné par le sort. Son culte des formes et des techniques du passé nous est attesté par une vingtaine de compositions religieuses écrites de 1810 à 1825 et par 7 symphonies de jeunesse, tandis que ses *Polonaises* pour piano à quatre mains (ainsi que celle de son *Concerto pour hautbois)* nous le montrent déjà sensible à l'art de Weber. N'oublions pas que son maître Zingarelli, tenant du vieil *opera seria,* n'avait pu l'empêcher de prêter une oreille favorable aux réformes novatrices de Rossini, et que Naples était en outre la ville la plus ouverte aux créations françaises et allemandes. Ayant étudié l'œuvre de Haydn et, surtout, celle de Mozart, il fut sensible aux courants nouveaux et se trouva naturellement en parfaite communion spirituelle et artistique avec Chopin : de là naquit le frémissement jusque-là inconnu qui parcourt son écriture mélodique expressive, à la respiration plus ample, plus incantatoire et moins mesurée (l'invocation *Casta diva,* dans *Norma*), qui renouait avec la liberté rythmique monteverdienne (la *sprezzatura*), mais héritait encore de la virtuosité belcantiste, exempte d'effets de puissance dans l'aigu.

On note encore, chez Bellini, soit le recours à la formule ancienne des structures par morceaux isolés, soit celle des vastes architectures « ouvertes » : dans *les Puritains,* certains actes se déroulent sans solution de continuité. Enfin, les cahiers d'esquisse de Bellini, aussi éloquents que ceux de Beethoven, révèlent que le don mélodique n'était chez lui que le fruit d'un long labeur, et que, afin de mieux laisser à la voix le contenu émotif du drame, il épurait sans cesse l'harmonie et l'orchestration pour n'en garder que le substrat, ce qui l'a fait méjuger au début du XXe siècle, époque où les paramètres esthétiques se référaient à l'harmonie wagnérienne ou debussyste. Notre époque a remis à sa vraie place ce compositeur, dont le monde sonore offre une intime parenté avec celui de Chopin.

BENDA, famille de musiciens de Bohême, établie en Allemagne. — 1. **Frantisek** *(Franz),* violoniste et compositeur *(Stare Benatzky 1709 - Neuendorf, près de Potsdam, 1786).* Enfant de chœur à Prague et à Dresde, puis de nouveau à Prague, il entra en 1733 au service du prince-héritier de Prusse, le futur Frédéric II, et fut un membre illustre de l'école de Berlin. En 1771, il succéda à J. G. Graun comme premier violon de l'orchestre de Frédéric II. Il écrivit des sonates et des concertos pour son instrument, des œuvres pour flûte, des symphonies.

Franz ***Benda****, par Joachim Martin Falbe. Portrait gravé par Johann Martin Schuster.*

— 3. **Jiri Antonin** *(Georg Anton),* violoniste et compositeur, frère des précédents *(Stare Benatzky 1722 - Köstritz 1795).* Violoniste à Berlin en 1742, il s'y familiarisa avec les opéras de Graun et de l'école napolitaine, puis devint, en 1750, maître de chapelle à la petite cour de Gotha, où il écrivit des sonates, des symphonies, de la musique d'église. Un voyage en Italie (1765-66) l'orienta vers l'opéra, mais ce n'est que quelques années après qu'il écrivit les ouvrages dont il tira l'essentiel de sa célébrité : les mélodrames *Ariane à Naxos* (Gotha, 1775) et *Médée* (Leipzig,

1775), les singspiels *Der Dorfjahrmarkt* (Gotha, 1775), *Walder* (1776), *Julie und Romeo* (Gotha, 1776), *Der Holzhauer* (1778). Citons aussi *Pygmalion.* En 1778, *Médée* fit à Mannheim une grande impression sur Mozart, qui s'en inspira l'année suivante dans les scènes en forme de mélodrame de *Zaide.* Défendant, en 1783, pour le drame musical l'expression parlée par rapport au récitatif, Benda écrivit sa maxime célèbre : « Je ne puis renoncer à la vérité de la phrase, la musique y perd quand on lui sacrifie tout. »

— 6. **Friedrich Wilhelm Heinrich,** violoniste et compositeur, fils aîné de Frantisek *(Potsdam 1745 -* id. *1814).* Il fut au service de la cour de Berlin.

— 8. **Juliana,** femme compositeur, sœur des deux précédents *(Potsdam 1752-Berlin 1783).* Elle épousa le compositeur Johann Friedrich Reichardt.

— 9. **Friedrich Ludwig,** violoniste et compositeur, fils de Jiri Antonin *(Gotha 1746-Königsberg 1792).*

— 10. **Ernst Friedrich,** fils aîné de Joseph, violoniste et claveciniste *(Berlin 1747* - id. *1787).*

— 11. **Karl Franz,** violoniste, frère du précédent *(1753-1817).*

— 12. **Hans von Benda,** chef d'orchestre allemand, descendant de Frantisek *(Strasbourg 1888 - Berlin 1972).* Il fonda en 1939 l'Orchestre de chambre de Berlin.

BENEVOLI *(Orazio),* compositeur italien d'origine lorraine *(Rome 1605 -* id. *1672).* Il fit ses études musicales avec V. Ugolini, puis devint maître de chapelle à Saint-Louis-des-Français, à Rome, avant de partir pour l'Autriche ; il séjourna à Vienne, à la cour de Léopold-Guillaume, de 1644 à 1646, et il y composa nombre de motets et autres pièces religieuses. De retour à Rome, il obtint le poste de maître de chapelle à Sainte-Marie-Majeure. Benevoli est connu surtout pour sa messe polyphonique à 53 voix, la *Salzburger Festmesse,* écrite pour la consécration de la cathédrale de Salzbourg (1628). Il existe aujourd'hui une édition des œuvres complètes de Benevoli, où nous trouvons d'autres messes à plusieurs chœurs et à multiples parties réelles, maniées avec habileté dans la tradition palestrinienne.

BENOIT *(Peter),* compositeur belge *(Harelbeke, près de Courtrai, 1834 - Anvers 1901).* Après des études au conservatoire de Bruxelles avec Bosselet et Fétis, puis avec Louis Hanssens, directeur du théâtre de la Monnaie, il débuta dans la carrière de compositeur par des mélodrames flamands et un petit opéra, et remporta le prix de Rome belge, en 1857, avec *le Meurtre d'Abel.* Il voyagea en Allemagne et en France, et fut chef d'orchestre au théâtre des Bouffes-Parisiens. De retour en Belgique, il connut le succès avec une *Messe solennelle* et fonda à Anvers, en 1867, l'École flamande de musique, imposant le flamand comme langue unique et encourageant une musique qui reflétât l'esprit de la race. Son rôle fut, à la fois, culturel et politique. Benoit exerça une grande influence sur des compositeurs comme Mortelmans, Blockx, Wambach, etc. Sa musique, d'un lyrisme coloré, parcourue d'élans postromantiques et épiques, est une référence à laquelle le public est demeuré fidèle comme à celle d'un barde national. Outre ses œuvres pour orchestre et ses opéras flamands, Benoit est surtout connu pour de vastes partitions avec chœurs : *De Schelde (l'Escaut), De Oorlog (la Guerre), Antwerpen (Anvers),* etc.

BERG *(Alban),* compositeur autrichien *(Vienne 1885 -*id. *1935).* Avec Schönberg et Webern, Berg forme l'école de Vienne*. Un moment tenté par la poésie, passionné de littérature, il devint, de 1904 à 1910, le disciple de Schönberg, à qui il dut toute sa formation musicale. Un héritage lui permit, en 1906, de quitter la fonction publique pour se consacrer à la musique ; cependant, il assura, aux éditions Universal, un travail de réduction d'œuvres pour le piano et ne fut délivré de tout souci matériel qu'en 1920. Dès 1907-1908, ses œuvres furent exécutées dans les milieux d'avant-garde viennois, provoquant parfois un scandale comme, par exemple, deux des *5 Lieder* avec orchestre d'après des textes de cartes postales illustrées d'Altenberg (1913).

Rappelé sous les drapeaux en 1914, mais maintenu à Vienne en raison de sa santé précaire, Berg entreprit la composition de *Wozzeck,* d'après la pièce de Büchner qu'il venait de voir à la scène ; c'est à la suite de la création de cet opéra à Berlin (1925), sous la direction d'Erich Kleiber, qu'il fut reconnu. Cette même année, il termina le *Concerto de chambre,* en hommage à Schönberg, et entreprit la

Suite lyrique. Parallèlement, son activité pédagogique était intense. La montée du nazisme, l'exil de Schönberg (1933) l'amenèrent à se retirer dans sa propriété des bords du Wörthersee, non loin de Klagenfurt. Ses efforts se concentrèrent, dès lors, sur la poursuite de la composition de *Lulu*, son second opéra, d'après Wedekind, composition entreprise en 1928. Mais la mort l'empêcha d'achever l'orchestration du dernier acte. La création des *5 Fragments symphoniques de Lulu* en concert, sous la direction de Kleiber à Berlin (1934), constitua l'une des dernières manifestations publiques antinazies. Une septicémie emporta Berg en décembre 1935, quelques mois après la composition du concerto pour violon *À la mémoire d'un ange,* dont le titre évoque la mort de la jeune Manon, fille de l'architecte Gropius et d'Alma Mahler.

Les adversaires de la méthode dodécaphonique et de la pensée sérielle en général ont toujours admis Berg en raison du caractère postromantique, sinon expressionniste, de certaines de ses pages. Il est de fait que ce compositeur n'a jamais refusé l'influence de Brahms, de Wagner ou de Schumann, sollicitant d'autre part l'amitié de Mahler, dont il est proche par la pensée, le souci formel et la recherche d'une sonorité orchestrale nouvelle. Il y a chez lui une obsession de la citation qui est une manière de s'enraciner dans la tradition (choral de Bach du concerto pour violon, etc.) ; cet enracinement est renforcé par le refus des formes brèves, chères à un Webern, exception faite des *4 Pièces* pour clarinette et piano, au profit des schémas traditionnels. Ainsi, dans *Wozzeck,* chaque scène est-elle conçue au moyen d'une forme établie (suite, rhapsodie, passacaille, rondo) ; l'acte II se présente comme une vaste symphonie en cinq mouvements. Cet aspect constitue un élément d'approche pour un public désorienté par une apparente rupture, rupture, qui, d'ailleurs, n'existe pas, même chez Schönberg.

Certes, la spécificité de Berg est bien de « rattacher au passé chaque nouvelle étape du devenir de l'univers schönbergien » (Leibowitz), pour nier l'existence d'une rupture et pour affirmer une évolution du mode de pensée et d'écriture : si déjà on peut parler, dans son quatuor op. 3, de suspension de la tonalité et, dans la passacaille de *Wozzeck,* de l'emploi d'une série de douze sons différents, c'est dans la *Suite lyrique* qu'il réussit la gageure de faire coexister la composition libre et le système dodécaphonique ; seule une moitié de l'œuvre est dodécaphonique, le reste relevant de l'écriture atonale libre sans que ne soient nullement affectées l'unité de style et la cohérence de l'œuvre. Dans le concerto pour violon, œuvre strictement dodécaphonique comme *le Vin* et *Lulu,* Berg tente la synthèse de la sérialité et de la tonalité par l'intermédiaire d'une série de base déterminant quatre accords parfaits majeurs et mineurs et s'achevant par quatre tons entiers. L'analyse qu'il en a fait ne laisse planer aucun doute sur le caractère rationnel de sa démarche et l'organisation de son langage. Il va encore plus loin dans *Lulu,* où il découvre les premières méthodes de permutation de la série de douze sons, qui lui permettent d'engendrer de nouvelles séries — un procédé qui va être perfectionné plus tard par Boulez, puis par Barraqué.

Erich Lessing-Magnum

*Alban **Berg** par Arnold Schoenberg (Historisches Museum der Stadt, Vienne).*

Mais Berg est aussi, et surtout, un homme de théâtre, qui s'est orienté vers la « geste dramatique », même dans son écriture instrumentale. *Wozzeck* peut, d'une certaine manière, être considéré comme l'aboutissement d'une conception romantique et même wagnérienne de l'opéra. Le thème de l'œuvre — un fait divers — se transforme en un mythe : l'exploitation de l'homme et ses conséquences. Obsédé par l'idée de pallier l'absence de l'unité que peut engendrer la tonalité et ses possibilités harmoniques, Berg a recours à l'organisation des formes anciennes de la musique pure, à douze musiques d'enchaînement et à une sorte de leitmotiv pour assurer la continuité du discours musical. De plus, l'acte III est entièrement construit sur des inventions : sur une note *(si)*, un accord, un rythme, un intervalle. La grande leçon de Berg réside dans la prééminence de l'expression, mais aussi, dans de nouvelles propositions architectoniques et un nouveau mode de développement des cellules thématiques. Toutefois, cette élaboration formelle très poussée ne vise qu'à un seul but : l'efficacité dramatique. Enfin, on doit signaler, dans *Wozzeck* et dans *Lulu,* la manière d'user de la voix : Berg y fait appel à différentes techniques d'émission, du bel canto à la voix parlée et au chœur à bouche fermée.

Œuvres. — *Musique instrumentale et orchestrale :* *12 Variations* pour piano (1908) ; sonate pour piano op. 1 (1908) ; quatuor à cordes op. 3 (1910) ; 4 pièces pour clarinette et piano op. 5, (1913) ; 3 pièces pour orchestre op. 6 (1913-14) ; *Concerto de chambre (Kammerkonzert)* pour piano, violon et 13 instruments à vent (1923-1925) ; *Suite lyrique* pour quatuor à cordes (1925-26) ; *5 Fragments symphoniques de Lulu* (1934) ; concerto pour violon (1935). ***Musique vocale :*** 87 *Lieder* de jeunesse (1900-1908), inéd. ; *Schliesse mir die Augen beide* (1900, 2e version dodécaphonique : 1925) ; *7 frühe Lieder* [mélodies de jeunesse] (1905-1908, version avec orchestre : 1928) ; *4 Lieder,* op. 2 (1908-1909) ; *5 Lieder* avec orchestre sur des textes d'Altenberg op. 4 (1912) ; *3 Fragments de Wozzeck* pour soprano et orchestre (1924) ; *Der Wein* (le Vin), poèmes de S. George d'après Baudelaire (1929). ***Musique théâtrale :*** *Wozzeck,* opéra op. 7 (1914-1921 ; créé en 1925 à Berlin) ; *Lulu,* opéra, inachevé (1928-1935 ; créé en 1937 à Zürich ; orchestration de l'acte III terminée par Friedrich Cerha — création de cet acte III à l'Opéra de Paris, 1979).

Écrits. — Divers articles réunis et publiés en français par H. Pousseur (Monaco, 1957).

BERIO *(Luciano),* compositeur italien *(Oneglia, Ligurie, 1925).* Issu d'une famille musicienne, il a eu son père pour premier professeur. Au conservatoire Verdi de Milan, il a étudié la composition avec Paribene et Ghedini, la direction d'orchestre avec Votto et Giulini. Il a subi l'influence de Dallapiccolla, son maître à Tanglewood (États-Unis). Certaines de ses premières œuvres comme *Nones* (1954) sont d'inspiration sérielle.

En 1955, Luciano Berio fonde avec son ami Bruno Maderna le studio de phonologie de la R.A.I. à Milan. Luigi Nono se joint à eux. C'est l'époque vive des premières découvertes électroacoustiques ; il écrit *Thema (Omaggio a Joyce)* [1958]. Dans ce lieu ouvert viennent travailler de jeunes compositeurs de tous pays, comme André Boucourechliev. Berio s'affirme comme un pionnier, un explorateur. À partir de 1960, il donne des cours à Darmstadt (mais là, on l'entend le soir improviser du jazz au piano, avec Maderna), à Darlington, à Mill's College (Californie), à Harvard, à l'université Columbia. Il s'intéresse au rock, au folk, leur consacrant des essais et les mêlant dans le creuset de sa musique, laquelle est une musique libre, sans frontières. Berio a sondé, d'abord dans la clarté de l'intuition, puis prudemment, lucidement, des domaines originaux et longtemps oubliés de notre culture occidentale, en particulier celui de la voix, qu'il a littéralement libérée. La figure étrange et passionnée de Cathy Berberian apparaît dans sa vie et devient l'âme de sa création en même temps que l'« instrument » adapté à ses recherches : C. Berberian va créer nombre de ses œuvres.

Tout en enseignant la composition à la Juilliard School of Music de New York, Berio fait de nombreux voyages. Fulgurant, éclatant, limpide, baroque, fou de théâtre et de littérature, il dévore les poètes (Joyce, Cummings, Sanguineti). La mort de Martin Luther King l'émeut profondément, *O King* (1965, créé en 1967). Proustien, Berio retouche sans cesse ses œuvres, élabore de nouvelles versions. Tout en aimant l'Amérique, il ne tranche pas ses racines italiennes. Il ne se laisse, de toute façon, enfermer dans aucun clan. On ne trouve chez lui aucune trace de parti pris théorique, aucune gratuité abstraite. Son intelligence prend appui sur la vie, sur une imagination généreuse, sur un esprit d'invention, une chaleur méditerranéenne qui garde le contact entre les hommes et l'art. Il libère une expression verbale souvent affective, spontanée, immédiatement descriptive : murmures, cris, souffles, pleurs, bruissements, onomatopées attachés à la vie corporelle. Il libère la respiration. Sa musique semble couler de source ; l'élégance de l'écriture en cache les complexités.

Circles (1960), ou encore la série des *Séquences* (*Sequenza I* à *IX,* 1958-1980) pour instruments solistes, inventent, dans un jeu de manipulations et de métamorphoses, des formes nouvelles, et il en va de même de la série parallèle des *Chemins.* Voix ou instruments sont poussés à l'extrême limite de leur virtuosité, arrachés à leur tradition, élargis. *Epifanie* (1961) suit la même évolution : textes de poètes, écartelés, au bord du tragique. Harmoniste raffiné dans *Folk Songs,* Berio se montre un maître de la technique de la variation dans la série *Chemins* (1965-1975), où des commentaires variés à l'infini laissent apparaître des « collages ». *Passagio* (1962, créé en 1963), *Laborintus II* (1965), *Recital I* (1972) sont des approches très personnelles du théâtre musical. L. Berio semble être imprégné de tout ce qui vit, pour le laisser réapparaître tôt ou tard. On rencontre dans *Sinfonia* (1968) l'amour de Mahler, dans *Sequenza VII* (1969) un goût de la lumière, et, un peu partout, les jeux de la mémoire de ce qui fut aimé, entendu, rencontré. Chez Berio se côtoient des inflexions vocales ou instrumentales proches du jazz, la tension du nô japonais, l'esprit contemplatif de la musique indienne. Partout, le compositeur recrée des situations déchirantes ou paisibles. *Coro* (1976) est sans doute l'un des sommets de son œuvre, une anthologie de l'homme, de son aventure et de son paysage intérieurs. Les langues, les folklores, les styles y sont brassés avec violence et tendresse.

À l'heure où Berio, après avoir dirigé jusqu'en 1980 le département électroacoustique de l'I. R. C. A. M. à Paris, devient responsable de l'antenne de cet organisme à Milan, il serait présomptueux de clore un chapitre sur lui. Après *Opera* (1969-70), des œuvres comme *Linea* (1974), *Points on the curve to find* (1974), *Coro* (1976) ont montré que Berio avait encore le pouvoir d'éblouir et de surprendre. Le compositeur, qui continue à enseigner et à écrire abondamment, s'explique : « Je crois qu'il faut vivre dans l'esprit de la fin de la Renaissance et des débuts du baroque, dans l'esprit de Monteverdi qui inventait la musique pour trois siècles à venir... »

Principales œuvres. — *Œuvres vocales :* *El mar la mar* pour 2 voix de femmes et 7 instruments (1950) ; *Chamber Music* pour 1 voix de femme, clarinette, violoncelle et harpe (1953) ; *Allez hop* pour

Ph. Gras.

*Luciano **Berio.***

orchestre et 1 voix de femme (1953-1959) ; *Circles* pour 1 voix de femme, harpe et 2 percussionnistes, texte de E. E. Cummings (1960) ; *Epifanie* pour 1 voix de femme et orchestre, textes de Proust, Joyce, Machado, Simon, Brecht et Sanguineti (1961, rév. 1965) ; *Passaggio* pour soprano, 2 chœurs et instruments (1962) ; *Folk Songs* pour soprano, flûte, clarinette, 2 percussionnistes, alto et violoncelle (1964, rév. 1973) ; *Laborintus II* pour 17 instrumentistes, 3 chanteuses, 8 acteurs-mimes, récitant et bande magnétique, texte de E. Sanguineti, hommage à Dante pour son 700e anniversaire (1965) ;

O King pour 1 voix et 5 instrumentistes (1967); *Questo vuol dire che* pour voix et bande magnétique; *Sequenza III* pour voix seule (1965); *Sinfonia* pour 8 voix et orchestre (1968); *Opera,* opéra en 3 actes (1969-70); *Agnus* pour 2 voix et 3 clarinettes (1971); *Récital* pour soprano et 17 instrumentistes (1971); *Bewegung II* pour baryton et orchestre (1971); *E vo* pour 1 voix et instruments (1972); *A-Ronne* pour 8 voix (1974-75); *Cries of London* pour 6 voix (1973-74, rév. 8 voix 1975); *Coro* pour voix et orchestre (1976); *La vera storia,* opéra en 2 actes (1977-78); *Falla Songs* (1978). *Un Re in Ascolto,* opéra (1979-1983)

Œuvres instrumentales : *Concertino* pour clarinette, violon, harpe, célesta et cordes (1949); *2 Pièces* pour violon et piano (1951); *5 Variations* pour piano (1952); *Nones* pour orchestre (1954); *Serenata* pour flûte et 14 instruments (1957); *Allelujah II* pour 5 groupes instrumentaux (1957); *Tempi concertati* pour flûte, violon, 2 pianos et instruments (1958); *Sequenza I* pour flûte (1958); *Quaderni I* (1959), *II* (1961) et *III* (1962) pour orchestre; *Sequenza II* pour harpe (1963); *Sincronie* pour quatuor à cordes (1964); *Rounds* pour clavecin (1966); *Rounds* pour piano (1967); *Sequenza IV* pour piano (1966); *Sequenza V* pour trombone (1966); *Sequenza VI* pour alto (1967); *Chemins I su Sequenza II* pour harpe et orchestre (1965); *Chemins II su Sequenza VI* pour alto et 9 instruments (1967); *Chemins III su Chemins II* pour alto et orchestre (1968); *Chemins II B* pour orchestre (1969); *Chemins II C* pour clarinette basse et orchestre (1972); *Sequenza VII* pour hautbois (1969); *Chemins IV su Sequenza VII* pour hautbois et cordes (1975); *Bewegung* pour orchestre (1971); *Concerto* pour 2 pianos et orchestre (1973); *Still* pour orchestre (1973); *Eindrücke* pour orchestre (1974); *Points on the curve to find* pour piano et 22 instrumentistes (1973-74); *Linea* pour 2 pianos, marimba et vibraphone (1974); *Sequenza VIII* pour percussions (1975); *Il ritorno degli snovidenia* pour violoncelle et 30 instruments (1976-77); *Scene* pour orchestre (1978); *Sequenza IX b* pour clarinette et filtre digital programmé (1980); *Entrata* pour orchestre (1980); *Accords* (créé à Lille en 1981).

Musique électroacoustique : *Thema (Omaggio a Joyce)* (1958); *Différences* pour bande magnétique, flûte, harpe, clarinette, alto et violoncelle (1958-59); *Momenti* (1957); *Visage* pour bande magnétique avec voix (1961); *Chants parallèles* (1975); *Diario immaginario* (1975).

BERLIOZ *(Hector),* compositeur français *(La Côte-Saint-André, Isère, 1803 - Paris 1869).* C'est à La Côte-Saint-André, où son père était médecin, qu'Hector Berlioz reçut sa première éducation musicale. Il apprit à jouer du flageolet, de la flûte et de la guitare. À seize ans, muni de quelques rudiments théoriques puisés dans les traités d'harmonie de Rameau et de Catel, ainsi que dans les *Éléments de musique* de d'Alembert, il écrivit un quintette pour flûte et quatuor. Bachelier, en 1821, il partit pour Paris afin d'y suivre les études de médecine, selon le vœu de son père. Mais il y fréquenta plus volontiers l'Opéra que l'amphithéâtre de la Pitié et il voua à Gluck une admiration passionnée. Dès 1823, il travailla la composition avec Lesueur et, à l'automne de la même année, entreprit d'écrire une *Messe solennelle,* qui devait être exécutée, à ses frais, à l'église Saint-Roch, en 1825. Si cette messe fut très remarquée, elle laissa son auteur endetté. Et Berlioz vécut pauvrement.

Vocation : musicien. À cette époque, le jeune homme découvrit Weber; ce fut une nouvelle flambée d'enthousiasme. Éliminé au concours de Rome (1826), il vit ses parents s'opposer à sa vocation artistique. Sa mère le maudit, mais son père finit par céder. Berlioz s'inscrivit alors au Conservatoire, où il étudia la composition avec Lesueur, le contrepoint et la fugue avec Reicha. En 1827, il se présenta à nouveau, sans succès, au concours de Rome. Peu après, il fut subjugué par Shakespeare, dont on joua *Hamlet* et *Roméo et Juliette* à l'Odéon; en même temps, il tomba amoureux, et amoureux fou, de l'actrice irlandaise qui interprétait les rôles d'Ophélie et de Juliette, Harriet Smithson. Bientôt, il reçut un nouveau choc avec le *Faust* de Goethe. Son destin musical était déjà tracé.

Une troisième fois, en 1828, Berlioz se présenta au concours de Rome et obtint le second grand prix. Il composa *Huit Scènes de Faust.* Après un nouvel échec au concours de Rome, pour lequel il écrivit *la Mort de Cléopâtre* (1829), l'année 1830 fut marquée par la *Symphonie fantastique* et par le premier grand prix de Rome avec la cantate *la Dernière Nuit de Sardanapale.*

Le 5 décembre, dans la salle du Conservatoire, eut lieu la première audition de la symphonie. Liszt fut enthousiaste.

Une période agitée. Berlioz se croyait alors guéri de sa passion pour Harriet Smithson et se fiança avec une jeune pianiste, Camille Moke. En mars 1831, il arriva à Rome, à la Villa Médicis. Il ne s'y plut guère et, ayant appris que Camille Moke avait rompu ses fiançailles, possédé par un désir de vengeance, il voulut regagner Paris. Mais il s'arrêta à Nice, où il écrivit les ouvertures du *Roi Lear* et de *Rob Roy*. De retour à Rome, en juin, il composa *Lélio ou le Retour à la vie,* présenté comme une suite à la *Symphonie fantastique*. En novembre 1832, Berlioz, redevenu parisien, fit exécuter, sous la direction d'Habeneck, la *Symphonie fantastique* et *Lélio;* ces œuvres remportèrent un grand succès. Harriet Smithson assistait au concert et, s'enflammant de nouveau, le compositeur lui déclara sa passion; il devait l'épouser en octobre 1833.

À la demande de Paganini, le musicien composa une œuvre pour alto et orchestre, *Harold en Italie,* dont la première audition fut donnée l'année suivante. Critique musical au *Journal des débats* à partir de 1835, il obtint, en 1837, la commande d'un *Requiem,* qui devait être joué aux Invalides, le 5 décembre. Cette partition fut très bien accueillie. Mais il n'en fut pas de même pour son opéra *Benvenuto* Cellini,* qui, en 1838, ne fut représenté que quatre fois.

Toutefois, en décembre de cette même année, un concert au cours duquel Berlioz dirigea *Harold en Italie* et la *Symphonie fantastique* apporta au compositeur une revanche : Paganini proclama son génie et lui fit don d'une somme de vingt mille francs. Bientôt ce devait être un nouveau succès avec *Roméo et Juliette,* dont la composition fut entreprise en janvier 1839 et la première exécution donnée en novembre. Wagner assista à cette première et ne cacha pas son enthousiasme. L'année suivante, pour le dixième anniversaire des Trois Glorieuses, le compositeur dirigea sa *Symphonie funèbre et triomphale*.

Au cours de cette période, ponctuée de succès musicaux, la vie conjugale de Berlioz devenait insupportable; le ménage se désagrégeait de jour en jour. Et, en 1841, le musicien s'éprit d'une cantatrice sans talent, Marie Recio.

P. Berenger-Top

*Portrait d'Hector **Berlioz** par G. Courbet (musée du Louvre, Paris).*

Des triomphes à l'étranger. Commença alors l'ère des tournées de concerts à l'étranger, d'abord en Belgique, puis en Allemagne, où Marie Recio l'accompagna. Revenu à Paris, en 1843, Berlioz se sépara d'Harriet. En 1846, des concerts triomphaux à Prague et à Budapest le dédommagèrent des déceptions que lui avaient apportées les « festivals » qu'il avait organisés à grands frais à Paris. Il acheva *la Damnation de Faust,* qui fut créée sous sa direction en décembre, à l'Opéra-Comique; ce fut un demi-échec. Criblé de dettes, le compositeur partit, en 1847, pour diriger des concerts en Russie; il y remporta un très grand succès, à Saint-Pétersbourg comme à Moscou. En 1849, il écrivit son *Te Deum.* Liszt fit représenter *Benvenuto Cellini* à Weimar, en 1852, et, cette fois-ci, l'ouvrage fut fort bien accueilli. Mais la vie familiale de Berlioz demeurait difficile. En 1854, Harriet Smithson, malade depuis plusieurs années, paralysée, mourut. Le musicien épousa Marie Recio.

La première exécution de *l'Enfance du Christ,* en 1854, fut un triomphe. Le *Te Deum* fut joué à Saint-Eustache en 1855. Élu à l'Institut l'année suivante, Berlioz se tourna de nouveau vers l'opéra : en 1859, il acheva *les Troyens* et, en 1862, *Béatrice et Bénédict,* dont la première eut lieu à Baden-Baden, tandis que *les Troyens* ne furent représentés qu'en 1863, à Paris. 1862 fut aussi l'année de la mort de Marie Recio, qui laissa le compositeur en proie au découragement et à la solitude. En 1864, il démissionna du *Journal des débats.* Trois ans plus tard, son fils Louis (né en 1834) mourut de la fièvre jaune à La Havane. Berlioz était lui-même malade. Pourtant, il effectua un nouveau voyage en Russie. La fin de l'année 1868 fut particulièrement sombre : en décembre, la maladie le cloua au lit. Il mourut le 8 mars 1869 et fut enterré au cimetière de Montmartre.

Le sens de l'universel. Hector Berlioz est une des grandes figures de la musique romantique européenne. Il fut mieux compris en Allemagne, en Bohême, en Hongrie et en Russie que dans son propre pays. Ses meilleurs défenseurs furent Paganini, Liszt et Schumann. Il est vrai que ses sources littéraires d'inspiration, puisées dans Shakespeare et Goethe, lui ont donné le sens de l'universel, dépassant le cadre étroit des frontières nationales. Mais, parmi ces sources, il y a aussi Virgile, et l'on ne peut nier, à côté du « fantastique » et des débordements de la passion, la clarté méditerranéenne d'*Harold en Italie,* de *l'Enfance du Christ* et des *Troyens.*

Berlioz est un passionné lucide. Il conçoit froidement, puis exécute avec enthousiasme. Ce romantique est exactement le contraire d'un improvisateur. Il faut que sa vision poétique soit rendue avec évidence, il faut que la projection dans la musique de son « moi » omniprésent soit parfaitement perceptible. Même le rêve, même le délire cèdent chez lui au besoin d'énoncer clairement et d'enchaîner logiquement. Dès la *Symphonie fantastique* (1830), il rejette le schéma traditionnel de la symphonie, pour lui substituer une progression dramatique en cinq épisodes *(Rêveries et Passions; Un bal; Scène aux champs; Marche au supplice; Songe d'une nuit de sabbat),* qui évolue de la tendresse la plus pure au délire et au sarcasme, unifiée par la présence d'un thème obsessionnel, l'« idée fixe ». Avec le concours d'un alto solo « combiné avec l'orchestre de manière à ne rien enlever de son action à la masse orchestrale », *Harold en Italie* (1834) met de nouveau en vedette un personnage mélodique (analogue à l'« idée fixe »), qui se mêle à des paysages et à des scènes tout en poursuivant sa méditation solitaire. *Roméo et Juliette* (1839) se libère des contraintes de la structure symphonique, au bénéfice d'une approche poétique, mais toujours logique, qui cerne l'action dramatique de diverses manières, la survolant, la commentant, s'y incorporant pour la vivre intensément.

Lauros-Giraudon

Caricature d'Hector ***Berlioz*** *par É. Carjat (1857).*

La *Symphonie fantastique* a pour sous-titre « Épisode de la vie d'une artiste ». *Roméo et Juliette* est une « symphonie dramatique ». *La Damnation de Faust* (1846) est une « légende dramatique » ; ici, la symphonie évolue vers l'opéra. Tout est drame chez Berlioz. Les thèmes sont des personnages ; l'orchestre est un décor, un lieu scénique. La

Grande Messe des morts ou *Requiem* (1837) n'échappe pas à cette loi, et même la confirme avec éclat.

La modernité de Berlioz. Berlioz est essentiellement un musicien de rupture. Il y a dans son œuvre des moments où sa fougue créatrice anticipe étrangement sur les audaces de la musique du XXe siècle. Berlioz annexe des territoires encore vierges, ne s'embarrasse pas de contraintes, ne redoute pas la démesure. Peu lui importent les moyens, seul compte ce qu'il a à dire, et cette volonté d'aller jusqu'au bout de ce qu'il doit exprimer entraîne la découverte de moyens nouveaux qui élargissent le domaine du compositeur. Une orchestration « moderne », où le timbre, la couleur, la dynamique jouent un rôle prépondérant dans l'expression musicale, le sens du modal qui enrichit l'harmonie et affine la mélodie, une conception toute personnelle du contrepoint qui lui permet de superposer des éléments très différenciés, créant une sorte de simultanéité qui lui appartient en propre, le recours à la stéréophonie, telles sont quelques-unes des conquêtes de Berlioz, mais elles n'ont force d'évidence que parce qu'elles sont apparues dans des chefs-d'œuvre *(Symphonie fantastique, Requiem, Harold en Italie, Roméo et Juliette, la Damnation de Faust).*

On n'oubliera pas enfin que Berlioz fut un remarquable écrivain et un excellent critique musical. Ses passionnants *Mémoires* et ses livres sur la musique en témoignent.

BERNIER *(Nicolas),* compositeur français *(Mantes-la-Jolie 1664 - Paris 1734).* Après avoir été enfant de chœur à la collégiale de Mantes, il aurait travaillé à Rome avec Caldara. En 1692, il enseigna le clavecin à Paris, puis fut, entre 1694 et 1698, maître de chapelle à la cathédrale de Chartres. De retour à Paris, il se fit connaître par un *Te Deum,* aujourd'hui perdu, qui fut joué dans plusieurs églises et à la Cour à Fontainebleau. En 1703, il publia son premier livre de motets et succéda, l'année suivante, à Marc-Antoine Charpentier à la Sainte-Chapelle. Il épousa, en 1712, l'une des filles de Marin Marais, collabora aux fêtes données à Sceaux par la duchesse du Maine et obtint, en 1723, l'un des quatre postes de sous-maître de chapelle à Versailles, vacants depuis la démission de Delalande.

Outre une œuvre religieuse comprenant

Larousse.

Nicolas **Bernier.** *Gravure d'Étienne Ficquet.*

des leçons de ténèbres et des motets, Nicolas Bernier a laissé de nombreuses pièces profanes ; airs sérieux et à boire et, surtout, 8 livres de cantates, genre qu'il fut l'un des premiers à illustrer, par exemple avec sa cantate *le Café.* Ses compositions, essentiellement vocales, allient avec bonheur les goûts français et italien.

BERNSTEIN *(Leonard),* compositeur, pianiste et chef d'orchestre américain *(Lawrence, Massachusetts, 1918).* Il a étudié à l'université Harvard avec Walter Piston, Tillman Merritt et Edward Burlingame Hill jusqu'en 1939, puis au Curtis Institute de Philadelphie avec Fritz Reiner et Randall Thomson jusqu'en 1941. Élève de Koussevitski à Tanglewood, à partir de 1940, il y est devenu son assistant (1942), avant d'être celui d'Arthur Rodzinski à New York (1943). C'est là qu'ayant eu l'occasion de remplacer Bruno Walter au pied levé, il a commencé sa carrière de chef d'orchestre. Il a fait des tournées en Europe et a été le premier Américain d'origine à diriger l'orchestre de la Scala de Milan (*Médée* de Cherubini avec Maria Callas, 1953). Aux États-Unis, il a animé, à partir de 1954, des émissions de télévision. Après l'énorme succès de sa comédie musicale *West Side Story* (1957), succès prolongé par un film, il est nommé directeur musical de l'Orchestre philharmonique de New York (1958). Il a abandonné ce poste (1968) pour se consacrer à la composition, à ses émissions de télévision, à ses cours à l'université Harvard et à diverses charges officielles, mais poursuit sa carrière de chef sur le plan international.

Pianiste de talent, chef d'orchestre fougueux, animateur et organisateur, compositeur populaire, Bernstein est l'un des personnages les plus en vue de la musique américaine et même mondiale. Dans son œuvre, qui vise souvent au spectaculaire et hésite devant les véritables audaces, se sont succédé, ou parfois mélangées pêle-mêle, les influences de Stravinski, de Copland, de Hindemith, de Mahler, du jazz, du folklore, de l'opéra italien, de la *pop music.* Dans un langage universel et accessible, il parvient à traiter certains grands thèmes, celui de la foi perdue et reconquise, celui de la condition humaine. Il a rêvé de nouvelles formes de théâtre musical, mais ses tentatives, quoique convaincantes, demeurent un peu artificielles.

Bernstein a composé notamment 3 symphonies (*Jeremiah* 1942, *The Age of Anxiety* 1948-49, *Kaddish* 1957) ; des ballets (*Fancy Free* 1944, *Facsimile* 1946) ; des musiques de scène et des musiques de film, dont celle pour *On the Waterfront* (*Sur les quais,* 1954) ; des œuvres pour piano et des mélodies ; pour le théâtre, les comédies musicales *On the Town* (1944), *Wonderful Town* (1953), *West Side Story* (1957), les opéras *Trouble in Tahiti* (1952) et *Tahiti Two* (1982), l'opérette *Candide* (1956), *Chichester Psalms* (1965) ; *Mass,* oratorio scénique pour chanteurs, danseurs, comédiens (1971) ; *Songfest* (1977) ; *Slava,* ouverture politique (1977) ; *Meditation from Mass* pour violoncelle et orchestre (1977) ; *Divertimento* pour orchestre (1980) ; *A Musical Toast,* à la mémoire d'André Kostelanetz (1980) ; *Halil* pour flûte, cordes et percussion (1981). Il travaille à un nouvel opéra, *Lolita.*

BERTHEAUME *(Julien* ou *Isidore),* violoniste et compositeur français *(Paris v. 1751 - Saint-Pétersbourg 1802).* Il étudia avec Giardini et fit ses débuts à Paris au Concert spirituel, en 1761, avec une sonate de son maître. Il se produisit ensuite régulièrement au Concert spirituel, dont il fut directeur de l'orchestre à partir de 1783, y faisant entendre notamment les concertos de Gaviniès. En 1767, il entra à l'orchestre de l'Académie royale de musique. Grâce à un privilège obtenu en 1769, il commença à publier ses œuvres. Parmi celles-ci, des-

*Leonard **Bernstein** au cours d'une répétition en 1979.*

Bernand.

tinées essentiellement à son instrument (sonates, concertos, symphonies concertantes...), citons tout particulièrement sa *Sonate dans le style de Lolli* pour violon, qui utilise la *scordatura** de la 4e corde, permettant ainsi des contrastes entre les registres.

BERTRAN DE BORN, troubadour périgourdin *(château de Hautefort, Dordogne, v. 1140 - abbaye de Dalon, Dordogne, v. 1215).* Seigneur de Hautefort, qualifié de « semeur de discorde » par Dante dans son *Enfer,* Bertran de Born se mêla souvent aux affaires politiques. Il fut l'ami, puis l'ennemi, de Richard Cœur de Lion. Son œuvre comprend une quarantaine de pièces, surtout des *sirventès** (d'inspiration politique et satirique), mais aussi des *planh* (plaintes) et des chansons d'amour. Une seule de ces pièces est notée ; il s'agit de *Rassa, tan creis e mont' e poja* (Paris, B. N.). Bertran de Born connut vraisemblablement le troubadour Bernard de Ventadour à l'abbaye cistercienne de Dalon. Son fils, Bertran, mourut à la bataille de Bouvines (1214) ; on a conservé de lui deux sirventès.

BERTRAND *(Antoine de),* compositeur français *(Fontanges, Auvergne, v. 1530-Toulouse 1581).* À Toulouse, il se lia d'amitié avec le dramaturge Robert Garnier et appartint au cercle humaniste gravitant autour du cardinal Georges d'Armagnac, un milieu constitué de magistrats et de nobles. Vers 1570, il reçut la protection de Charles de Bourbon, mais, malgré la défense de cette puissante famille, son catholicisme militant lui valut d'être assassiné par les huguenots en 1581. Son œuvre maîtresse reste les *Amours de Ronsard* (*Premier Livre,* 1576 ; *Second Livre,* 1578 ; *Tiers Livre,* qui ne comporte que trois pièces de Ronsard, 1578). Avec celle de Claude Le Jeune (*Chansons* de Ronsard), la réussiste d'Antoine de Bertrand illumine la tentative d'union de la poésie et de la musique, inaugurée par le supplément musical à l'édition des *Amours* de Ronsard en 1552.

Remarquable polyphoniste, Bertrand se réfère parfois à Lassus ou même à Josquin Des Prés par des voix groupées en duos, par des imitations *(Ce ris plus doux ; le Cœur loyal) ;* il tente les audaces harmoniques les plus grandes : quarts de ton *(Je suis tellement amoureux),* chromatismes chers aux madrigalistes italiens, mais adaptés pour ne pas choquer l'oreille française, modulations surprenantes *(Ces deux yeux bruns ; Nature ornant la dame) ;* comme Le Jeune, il hésite souvent entre le climat modal et tonal. Mais toute son inspiration est mise au service des vers de Ronsard. Il a pris la peine de préciser en préface que la musique ne doit pas « être enclose dans la subtilité des démonstrations mathémathiques », mais au contraire « recevoir le jugement du vulgaire » et « contenter l'oreille ».

B. N.

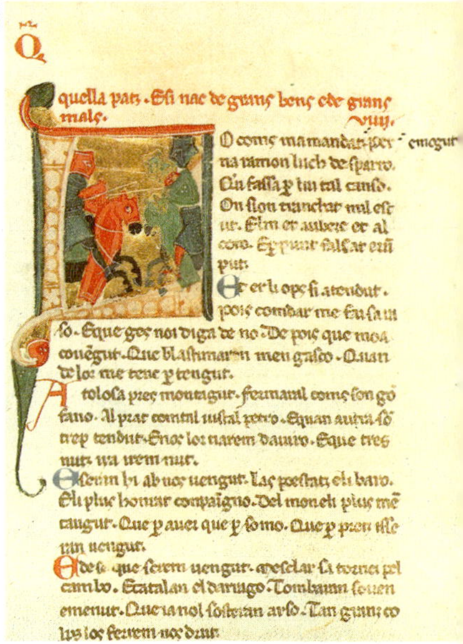

Recueil de poésies des troubadours par **Bertran de Born.** *Manuscrit du XIIIe siècle.*

BERWALD *(Franz Adolf),* compositeur suédois *(Stockholm 1796* - id. *1868).* Il apprit le violon avec son père, d'origine allemande, qui était violoniste de l'orchestre de la cour. Mais son éducation musicale fut par ailleurs assez négligée et il ne reçut aucune instruction pour la composition et l'harmonie. Il commença cependant très tôt à donner des concerts et à composer et, en 1812, il devint violoniste de la chapelle royale. Il conserva cette fonction jusqu'à son départ pour Berlin (1829). Dans cette ville, il se lia d'amitié avec Mendelssohn et Zelter. En 1841, il se rendit à Vienne, où plusieurs de ses compositions furent données avec succès. Il y composa un opéra, *Estrella de Soria,* créé plus tard à Stockholm en 1862. Après d'autres voyages au cours desquels il visita Paris, Salzbourg, Vienne, Berwald rentra définitivement en Suède (1849). Quelques années plus tard, il devint membre de l'Académie royale de musique (1864) et professeur de composition au conservatoire de Stockholm (1867).

L'œuvre de Berwald, quoique peu abondante et peu estimée en Suède de son vivant, est d'une originalité certaine. Né un an avant Schubert, mort un an avant Berlioz, le compositeur rappelle tantôt ce dernier, tantôt Schumann, avec une écriture d'un grand pouvoir évocateur, mais aussi avec une concision, voire un côté abrupt qui lui sont très particuliers. Il s'y mêle enfin un certain classicisme et des traits sinon nationaux, du moins scandinaves. Berwald a écrit 6 symphonies (dont une *Symphonie sérieuse,* une *Symphonie capricieuse* et une *Symphonie singulière,* etc.), 5 poèmes symphoniques (*Jeu d'elfes, Souvenir des Alpes norvégiennes,* etc.) tous composés en 1841 et 1842, avant ceux de Liszt, des ouvertures, de la musique de chambre (trios avec piano, quatuors à cordes, quintettes), quelques concertos (piano, violon) et deux opéras : *Estrella de Soria* (1841) et *la Reine de Golconde,* représenté seulement en 1968 pour le centenaire de sa mort.

BIBER ou **VON BIBERN** *(Heinrich Ignaz Franz),* violoniste et compositeur autrichien *(Wartenberg, Bohême, 1644-Salzbourg 1704).* Il est possible que Biber ait étudié avec le célèbre violoniste viennois Johann Schmelzer avant de devenir musicien à la cour d'Olmütz et de Kremsier. Puis il entra au service du prince-archevêque de Salzbourg et, à partir de 1677, dirigea le chœur d'enfants de la cathédrale de cette ville. Il fut nommé vice-maître de chapelle en 1679. Événement rare pour un musicien à l'époque, l'empereur Léopold Ier l'anoblit en 1690. Biber effectua divers voyages dans les cours d'Europe, notamment à celle de Munich.

Avec Schmelzer, Biber fut le premier compositeur d'Europe centrale à écrire des œuvres pour violon d'une réelle valeur artistique. Ses sonates révèlent à la fois des influences italiennes et allemandes, alliées parfois à un style d'improvisation qui lui est particulier. Il fit progresser la technique du violon, notamment dans l'utilisation des doubles cordes (héritage de la tradition polyphonique allemande) et dans l'emploi des positions élevées. Il était lui-même un véritable virtuose. Dans ses 16 sonates *Sur les mystères du Rosaire* (v. 1674), il utilise quatorze *scordature** différentes — en relation avec la tonalité de chaque pièce — qui permettent toutes sortes d'effets et de sonorités et facilitent le jeu des octaves, des dixièmes et même des onzièmes et douzièmes. C'est un exemple sans précédent dans l'histoire de la scordatura. Ses 8 sonates pour violon et basse continue (1681) révèlent sa connaissance des styles français (danses ornées), italien (technique de la variation) et allemand. Sa *Passacaille* pour violon seul sur une basse contrainte est une œuvre exceptionnelle. On conserve un seul opéra de Biber, *Chi la dura la vince* (1687), qui témoigne d'une pensée originale, mais dont l'écriture vocale se fonde sur le bel canto italien. Sa musique religieuse est dominée par une messe concertante *(Missa S. Henrici),* mais il a également composé deux *Requiem,* des *Vesperae longiores ac breviores* pour 4 voix et instruments, des offertoires à 4 et un *Stabat Mater.*

BINCHOIS, DE BINS ou **DE BINCHE** *(Gilles),* compositeur franco-flamand *(Mons v. 1400-probablement Soignies, près de Mons, 1460).* Une célèbre miniature du *Champion des dames* de Martin Le Franc représente d'un côté Dufay vêtu d'une robe bleue d'allure cléricale, près d'un orgue portatif, et de l'autre Binchois en tunique rouge, portant une harpe. Fils de Jean de Binche, bourgeois de Mons, Binchois fut ordonné prêtre. Fut-il soldat auparavant, comme l'indique le texte de la *Déploration sur la mort de Binchois* (« Et sa jeunesse fut soudart »), mis en musique par Ockeghem ? On ignore les circonstances de sa formation musicale. Binchois est mentionné pour la première fois en 1424. Il fut, à Paris, au service de William de la Pole, comte, puis duc de Suffolk. Il suivit son maître en Hainaut et, peut-être, en Angleterre. Mais c'est au service du duc de Bourgogne, Philippe le Bon, qu'il fit l'essentiel de sa carrière.

Bien que sa musique religieuse soit souvent mentionnée dans les archives, ce qui nous en est parvenu est beaucoup moins abondant que sa musique profane. Fortement influencées par le style des chansons, ces compositions religieuses sont généralement à 3 voix. On a conservé des motets, des hymnes, des magnificats et des fragments de messes. Dans ces derniers, la technique du *cantus firmus* n'apparaît pas et, si Binchois puise parfois sa matière mélodique dans les chants grégoriens en les paraphrasant, l'esprit de ces fragments reste proche de celui des chansons. Les compositions psalmodiques ou hymniques demeurent extrêmement simples et contrastent avec la variété d'écriture que l'on rencontre dans les motets : isorythmie dans *Nove cantum melodie,* paraphrase dans *Ave Regina coelorum.*

Binchois excella dans la musique profane. Plusieurs copies de certaines de ses chansons existent dans différents manuscrits, témoignant de la popularité qu'elles connurent. Les 55 chansons authentifiées, presque toutes à 3 voix et empruntant les structures poétiques à forme fixe du Moyen Âge, comprennent 47 rondeaux, 7 ballades et une chanson de forme libre *(Filles à marier,* exceptionnellement à 4 voix). Les poètes y chantent l'amour courtois ; la majeure partie d'entre eux reste inconnue, bien qu'on puisse citer Christine de Pisan (*Dueil angoisseux,* ballade), Alain Chartier (*Triste Plaisir,* rondeau) ou Charles d'Orléans (*Mon cuer chante joyeusement,* rondeau). Les chansons de Binchois ont une beauté mélodique certaine et leur sonorité est rendue plus chaleureuse par la présence de tierces et de sixtes (emploi du faux-bourdon et influence anglaise). La mélancolie, qui en est souvent le caractère dominant, rend surprenante l'appellation de « père de joyeuseté » donnée à Binchois par Ockeghem.

Sans avoir la même liberté, le même esprit d'invention que son contemporain Guillaume Dufay, Binchois fut l'admirable serviteur d'un art de cour raffiné.

Ackermanns Kunstverlag, Munich

*Georges **Bizet** par Mitterfellner.*

BIZET *(Georges),* compositeur français *(Paris 1838 - Bougival 1875).* Fils d'un professeur de chant, il eut pour premiers maîtres ses parents, jusqu'à l'âge de neuf ans. Entré au Conservatoire de Paris, il y fut l'élève de Marmontel (piano), Benoist (orgue), Zimmermann (harmonie) et Halévy (composition). Il travailla également avec Gounod, qui éprouva pour lui une vive sympathie. Après avoir obtenu de nombreuses récompenses, il remporta en 1857 le premier grand prix de Rome et partit pour la Villa Médicis. Il avait alors déjà composé un chef-d'œuvre, la symphonie en *ut* (1855, créée en 1935 seulement), et s'était essayé à l'opérette, notamment en 1857 avec *le Docteur Miracle,* partition couronnée ex aequo avec l'œuvre homonyme de Charles Lecocq, à l'issue d'un concours organisé par Offenbach, et représentée en alternance avec celle-ci aux Bouffes-Parisiens.

À Rome, où il resta trois ans, Bizet fit beaucoup d'excursions, lut énormément et composa un peu : une opérette, *Don Procopio,* une symphonie descriptive avec chœurs, *Vasco de Gama,* une ouverture, *la Chasse d'Ossian,* une marche funèbre et un scherzo. Revenu à Paris, il connut une situation matérielle précaire, ce qui l'amena à entreprendre la transcription pour le piano de quantité de morceaux célèbres, voire d'opéras entiers. Il était d'ailleurs excellent pianiste, et émerveilla Berlioz et Liszt par la facilité de sa lecture et la sûreté de son jeu. En 1863, le Théâtre-Lyrique créa, sans grand succès, *les Pêcheurs de perles,* commande de son directeur Léon Carvalho, qui demanda trois ans plus tard à Bizet un deuxième ouvrage, *la Jolie Fille de Perth.* Entre-temps, Bizet apporta sa contribution à un ouvrage collectif, *Malborough s'en va-t-en-guerre,* fit jouer sa suite symphonique *Roma* et acheva un opéra, *Ivan le Terrible ou Ivan IV,* qui ne devait être représenté qu'en 1946. Il se maria en juin 1869 avec Geneviève Halévy, fille de son ancien maître, au château de Nühringen (Wurtemberg), et termina l'opéra *Noé,* laissé inachevé par ce dernier.

Après la guerre de 1870, Bizet fut nommé chef des chœurs à l'Opéra, mais préféra un an plus tard le poste de chef de chant à l'Opéra-Comique. Ce théâtre monta *Djamileh* (1872) et lui commanda *Carmen*. C'est en novembre 1872 que Bizet connut son premier véritable succès avec l'exécution, aux Concerts Pasdeloup, de la première suite qu'il tira de sa musique de scène pour la pièce de Daudet *l'Arlésienne,* qui avait subi un échec six semaines auparavant. L'ouverture *Patrie* triompha en 1874 et, l'année suivante, ce fut la consécration, trop tardive et trop brève, avec la création de *Carmen* (mars 1875), qui souleva la fureur d'une partie de la critique, mais suscita de nombreux témoignages d'admiration, de celui de Théodore de Banville à celui de Saint-Saëns. Trois mois plus tard, le 3 juin, Bizet mourut subitement.

Affiche pour Carmen, *de Georges* **Bizet** *(1875).*

Lauros

La popularité de *l'Arlésienne,* de la symphonie en *ut,* de *Jeux d'enfants,* des *Pêcheurs de perles* et surtout de *Carmen,* un des opéras les plus joués au monde actuellement, font de Bizet, à juste titre, un des plus célèbres musiciens français. Les reproches qui lui furent adressés de son vivant, par exemple celui de wagnérisme, nous paraissent aujourd'hui fort singuliers. Une pensée élégante et forte, un vocabulaire précis, une harmonie savoureuse, un grand pouvoir de suggestion et, dans *Carmen,* un souci de profonde vérité, voire de réalisme, qui ne consent cependant pas à la moindre vulgarité d'écriture, tels sont les traits essentiels d'un compositeur en qui Nietzsche voyait l'incarnation d'une musique « méditerranéisée ». Bizet, qui, en dehors de son voyage à Rome, ne quitta jamais Paris, évoqua à merveille l'atmosphère des différents pays où se déroulent ses ouvrages lyriques (surtout l'Espagne dans *Carmen* ou la Provence dans sa musique de scène pour *l'Arlésienne*). Il composait ses partitions comme un peintre ses toiles, créant et dosant savamment des couleurs personnelles. La limpidité et le caractère savant de son écriture sont particulièrement frappants dans des passages à plusieurs voix, comme le quintette de l'acte II de *Carmen.*

BLACHER *(Boris),* compositeur allemand *(Nou-tchouang, Chine, 1903-Berlin 1975).* Il suivit sa famille à Reval (actuellement Tallin, Estonie), à Irkoutsk (Sibérie) et à Charbin (Mandchourie), puis, en 1922, se fixa à Berlin. Il y étudia l'architecture et les mathématiques à la Technische Hochschule, puis, à partir de 1924, la composition avec Friedrich Ernst Koch à la Musikhochschule et la musicologie avec A. Schering, F. Blume et E. M. von Hornbostel à l'université. Il enseigna, en 1938-39, la composition au conservatoire de Dresde et, à partir de 1948, à la Musikhochschule de Berlin-Ouest, dont il fut directeur de 1953 à 1970. Il a eu notamment pour élèves Gottfried von Einem, Giselher Klebe, Heimo Erbse et Isang Yun. Blacher est l'une des figures les plus importantes de la musique allemande contemporaine. Son langage est parfois polytonal, parfois dodécaphonique comme dans le ballet *Lysistrata* (1950) et l'opéra *Rosamunde Floris* (1960). L'élément prédominant est le rythme. Ses œuvres sont généralement construites à partir de courts motifs rythmiques, associés parfois à certaines combinaisons de timbres qui reviennent de manière organisée tout au long de l'ouvrage (*Concertante Musik,* 1937). Les « mètres variables », système rythmique fondé sur des séries mathématiques préétablies et consistant en changements systématiques de mesure, sont utilisés pour la première fois dans les *Ornamente* pour piano (1950) qui portent le sous-titre *Sieben Studien über variable Metren (7 Études sur les mètres variables);* ils sont en accord avec la théorie de Joseph Schillinger qui tente de rationaliser la relation entre mathématiques et musique. L'influence du jazz apparaît notamment dans *Jazzkoloraturen* (1929), *Concertante Musik* (1937), *2 Poems for Jazz Quartet* pour vibraphone, contrebasse, percussion et piano (1957) et *Rosamunde Floris* (1960). À partir de 1962, Blacher s'intéresse également aux techniques électroniques (*Multiple Raumperspektiven* et *Elektronische Studie,* 1962 ; *Elektronische Impulse,* 1965 ; *Musik für Osaka,* 1969, etc.). Il a constamment recherché la clarté, l'objectivité, l'économie des moyens, et son refus de l'expression, qui se traduit par une certaine sécheresse, évoque parfois Satie ou Stravinski dans la *Symphonie de psaumes.* Son *Abstrakte Oper Nr 1* (*Opéra abstrait nº 1,* 1953) ne comporte pas d'action et est chanté sur des combinaisons abstraites, sans aucune signification, de voyelles et de consonnes.

D'une production abondante, citons encore les ballets *Hamlet* (1949), *Der Mohr von Venedig* (1955), *Demeter* (1963), *Tristan* (1965), l'opéra de chambre *Roméo et Juliette* (1943), l'opéra-ballet *Preussisches Märchen* (« Conte de Prusse », 1949), l'opéra avec bande magnétique *Zwischenfälle bei einer Notlandung* (« Incidents au cours d'un atterrissage forcé », 1964), les opéras *Yvonne, Prinzessin von Burgund* (1972) et *Das Geheimnis des entwendeten Briefes,* d'après Poe (1975).

BLANCHARD *(Esprit Antoine),* compositeur français *(Pernes-les-Fontaines, Vaucluse, 1696 - Versailles 1770).* Formé par Guillaume Poitevin à la cathédrale d'Aix-en-Provence, il fut nommé maître de chapelle successivement à l'abbatiale Saint-Victor de Marseille (1717), à Toulon (1727), à Besançon (v. 1733) et à Amiens (1734). En 1738, succédant à Bernier, il obtint l'un des quatre postes de sous-maître de la chapelle royale de Versailles (les trois autres étant occupés par Campra, Gervais et Madin). Compositeur d'œuvres sacrées, Blanchard s'inscrit, avec son *Te Deum,* qui servit en 1745 à la célébration de la victoire de Fontenoy, et une trentaine de motets, dans la tradition de Delalande. Il soigna particulièrement l'instrumentation de ses ouvrages et introduisit la clarinette, vers 1761, dans l'orchestre de la chapelle royale.

BLAVET *(Michel),* flûtiste et compositeur français *(Besançon 1700 - Paris 1768).* Après avoir étudié dans sa ville natale, il se rendit, à l'âge de vingt-trois ans, à Paris, où s'établit d'emblée sa réputation de flûtiste, qui gagna vite l'Europe. Quantz l'admira et Frédéric II lui proposa d'entrer à son service à la cour de Prusse. Blavet fit toutefois carrière en France, où il bénéficia de la protection du prince de Carignan et du comte de Clermont. En 1738, il entra dans la Musique du roi, et fut nommé deux ans plus tard au poste de premier flûtiste de l'Opéra. Il perfectionna la technique de la flûte traversière et composa plusieurs recueils de sonates pour une ou deux flûtes, parus entre 1728 et 1740. Il laisse également un concerto et plusieurs ouvrages lyriques, dont son « opéra bouffon » *le Jaloux corrigé,* qui date de 1752, année du début de la querelle des bouffons, et qui, ainsi que d'autres partitions de Blavet, classe celui-ci parmi les artistes français les plus italianisants de sa génération.

BLOCH *(Ernest),* compositeur suisse naturalisé américain *(Genève 1880 - Agate Beach, Oregon, 1959).* Élève de Jaques-Dalcroze à Genève, il se destinait initialement à une carrière de violoniste et travailla avec Ysaye à Bruxelles avant d'étudier la composition à Francfort et à Munich, avec Ludwig Thuille. Il s'affirma en 1902 avec une gigantesque *Symphonie.* Après un bref séjour à Paris, il vécut en Suisse à partir de 1904.

Sa première période créatrice, nettement postromantique, culmina avec son unique opéra, *Macbeth* (1910). De 1912 à 1916 s'édifièrent les diverses parties de son « Cycle juif », dont les *3 Poèmes juifs* pour orchestre (1913), la rhapsodie hébraïque pour violoncelle et orchestre *Schelomo* (1915-16), son œuvre la plus connue, et la *Symphonie n° 2 « Israël »* pour 5 voix solistes et orchestre (1912-1916). Suivirent *Baal Schem* pour violon et orchestre ou violon et piano (1923) et *Voix dans le désert* pour orchestre avec violoncelle obligé (1936). De 1916 à 1930, puis de 1938 à sa mort, il vécut aux États-Unis, où il dirigea les conservatoires de Cleveland (1920-1925) et de San Francisco, et enseigna jusqu'en 1952 à l'université de Californie (Berkeley).

Marn, Francfort.

Ernest Bloch.

D'une production abondante se détachent encore le *Service sacré* (1930-1933), deux *Concertos grossos* (1925 et 1952), dont le premier a acquis une certaine célébrité, un monumental *Concerto pour violon* (1938) et de la musique de chambre dominée par deux quintettes avec piano (1921-1923 et 1957) et, surtout, par cinq admirables quatuors à cordes (1916, 1945, 1952, 1953, 1956) formant en ce genre un des ensembles les plus importants du XXe siècle. Le premier quintette utilise les quarts de ton, les 2e et 3e quatuors la technique sérielle. Dans sa quête d'une musique hébraïque, Bloch ne s'est pas fondé sur des éléments superficiels et folkloriques, mais a tenté de retrouver l'esprit profond du peuple juif.

BLONDEL DE NESLE, trouvère français *(Nesle, Somme, v. 1150 - v. 1200).* Ami du grand trouvère Gace Brulé, son nom est souvent confondu avec celui de Blondel, ménestrel au service de Richard Cœur-de-Lion. Les 24 chansons conservées de Blondel de Nesle sont toutes pourvues de mélodies notées ; elles sont réunies dans l'ouvrage de U. Arrburg, *Die Singweisen des Blondel de Nesle* (Francfort, 1946).

BLOW *(John),* compositeur et organiste anglais *(Newark, Nottinghamshire, 1649-Londres 1708).* Enfant, il fit partie du chœur de la chapelle royale, dirigé par Henry Cooke à partir de 1660, année du rétablissement de la chapelle, et commença, dès 1663, à composer des anthems*. C'est à cette époque également qu'il travailla avec John Hingeston et avec Christopher Gibbons, le fils du grand Orlando. En 1668, il succéda à Albertus Bryne comme organiste à Westminster Abbey. Il participa à la musique de la Chambre, à la cour de Charles VII *(Private Musick for Lutes and Voyces, Theorboes and Virginalls)* et en devint le virginaliste attitré. Gentilhomme de la chapelle royale (1674), il prit la suite de Pelham Humphrey comme maître des enfants de cette chapelle et comme compositeur de la musique vocale. L'archevêque de Canterbury l'honora du titre de *Doctor of Music* (1677). Deux ans plus tard, il renonça à son poste d'organiste à Westminster en faveur de son élève Henry Purcell. En 1687, on lui confia la charge des choristes de Saint-Paul, poste qu'il abandonna en faveur d'un autre élève, J. Clarke. Entre-temps, il était devenu organiste à la chapelle royale. Enfin, en 1699, il reçut le titre de *Composer of the Chapel Royal.* Blow fut enterré à Westminster ; sa tombe porte à sa mémoire le *Gloria* en canon de son Service en *sol.*

John Blow a laissé un catalogue important d'œuvres variées et souvent d'une grande qualité. Professeur illustre, son enseignement lui a mérité l'estime de ses contemporains. Parmi ses élèves se trouvèrent Clarke, Croft, Daniel Purcell et,

Larousse.

Page de titre originale
pour les Vingt-quatre nouveaux quintettes pour deux violons, deux violoncelles et alto, *de Luigi* ***Boccherini.*** *(Gravure par Richomme, coll. A. Arthaud.)*

surtout, Henry Purcell. Auteur d'une belle et touchante ode sur la mort de ce dernier, Blow a signé avec le masque *Vénus et Adonis* ce qui est en fait l'un des premiers opéras anglais ; les styles français (ouverture, prologue) et italien (récitatif, audaces harmoniques) s'y mêlent harmonieusement.

BOCCHERINI *(Luigi),* compositeur et violoncelliste italien *(Lucques 1743 - Madrid 1805).* Il apprit le violoncelle, tout enfant, avec son père et devint un virtuose célèbre dès l'âge de quatorze ans, après s'être produit à Rome. Il fut ensuite engagé par le Théâtre impérial de Vienne, où il fit trois séjours de 1757 à 1764 ; de cette période date sa première œuvre connue, un recueil de six trios à cordes (1760), suivi en 1761 d'un recueil de six quatuors à cordes. En 1764, Luigi et son père rentrèrent à Lucques, où furent écrits une cantate et les deux oratorios *Giuseppe riconosciuto* et *Gioa, re di Giuda.* Après la mort de son père (1766), Boccherini s'associa avec le violoniste Filippo Manfredini et entreprit avec lui des tournées qui le menèrent, notamment, à Paris (1767). Il se produisit au Concert spirituel, mais ne fut pas invité à Versailles. Admirant autant sa virtuosité d'instrumentiste que son talent de compositeur, l'ambassadeur d'Espagne à Paris le pressa d'aller à Madrid. Boccherini accepta, mais, à son arrivée dans la capitale espagnole (1769), il fut mal reçu, dit-on, par Brunetti, responsable de la musique à la Cour. En revanche, il trouva un soutien décisif auprès du frère du roi Charles III, l'infant Don Luis, qui lui conserva sa protection jusqu'à sa mort (1785) et avec lequel il s'installa en 1776 à Las Arenas, près de Madrid.

Au cours de ces années, Boccherini composa une très grande quantité de musique de chambre pour des formations diverses, dont une série de quintettes à cordes s'inspirant parfois de motifs espagnols. L'étonnant *Quintettino* op. 30 n° 6 dit *La Musica notturna delle strade di Madrid* reflète parfaitement cette période d'expérimentation euphorique. Ayant sans doute subi l'influence des idées de Jean-Jacques Rousseau lors de son séjour à Paris, Boccherini, italien lui-même, s'intéressait à une musique « locale » au moment même où la musique italienne régnait toute-puissante ! Après avoir entendu à Madrid les quatuors op. 33, l'ambassadeur de Prusse n'eut de cesse que Boccherini ne fût attaché à son souverain. Le compositeur, à partir de 1786, envoya à Frédéric-Guillaume II, excellent violoncelliste, une quantité considérable de musique, dont 28 quintettes et 16 quatuors. Dans la famille Benavente-Osuna, avec laquelle il s'était lié, Boccherini eut l'occasion d'entendre nombre d'œuvres de Joseph Haydn et côtoya notamment Goya, le poète et dramaturge Moratin et l'écrivain anglais Beckford. Pour cette société éclairée, il composa son unique opéra, *la Clementina,* retrouvé en 1960.

La vie de Boccherini de 1787 à 1796 est mal connue. On crut longtemps qu'il s'était rendu en Prusse, à la cour de Potsdam ; il semble en fait qu'il soit resté à Madrid, végétant dans une relative obscurité. À la mort de Frédéric-Guillaume II en 1797, il proposa en vain d'envoyer de la musique à son successeur. Sous le Consulat, le poste de directeur du conservatoire de Paris lui fut offert, mais Boccherini préféra demeurer dans cette Espagne qu'il considérait presque comme sa patrie. Lucien Bonaparte, ambassadeur du Consulat à Madrid à la fin de 1800, attira sa sympathie et reçut la dédicace de deux groupes de six quintettes op. 60 et 62. Après le retour de L. Bonaparte en France, Boccherini ne vécut plus que de la vente de ses œuvres, confiées depuis 1796 à Ignace Pleyel, un éditeur qui payait fort mal. Une suite de deuils précipita la mort du musicien à Madrid. Ses cendres furent ramenées en Italie en 1927 et ensevelies en la basilique Saint-François de Lucques.

Boccherini fut un des plus grands compositeurs de musique de chambre pour cordes et le plus grand compositeur italien de musique instrumentale de la seconde moitié du XVIIIe siècle. La maîtrise d'écriture et l'aisance formelle de ses très nombreux quatuors et quintettes passèrent pour « inexplicables » chez un héritier du baroque italien, jusqu'au jour où Hugo Riemann soutint que Boccherini avait récolté à Paris les fruits de l'école de Mannheim*. Cette hypothèse confirme l'importance du musicien créateur, avec Joseph Haydn, du quatuor à cordes et initiateur du quintette, où il préfère, comme plus tard Schubert, la formule à 2 violoncelles — entre le rococo italien et les grands classiques viennois. À la pureté relativement abstraite de ces derniers, Boccherini, pourtant spontanément mélancolique et même dramatique comme Mozart, oppose un souci des couleurs, des trouvailles instrumentales (archet utilisé *col legno,* etc.) et une exceptionnelle sensibilité aux atmosphères qui font de lui l'héritier de certains traits les plus remarquables de Vivaldi. Le quintette *del Fandango* fait ouvertement appel au folklore. *La Musique nocturne de Madrid* résume un art extraordinairement en avance sur son temps : elle naît des bruits incohérents d'instruments en train de s'accorder, évolue vers des fredons populaires et des souvenirs de musiques sacrées et aboutit à une intense péroraison relevant de la plus pure tradition des danses de cour.

Longtemps, un ravissant menuet extrait du quintette op. 13 n° 5 (1771) est resté l'œuvre la plus célèbre de Boccherini, offrant de lui une image gracieuse et fragile. On découvre aujourd'hui qu'il fut un compositeur hardi, engagé, précurseur de ce qu'il devait y avoir de meilleur dans les musiques « nationales » du siècle romantique.

BOËLY, famille de musiciens français. — 1. **Jean-François** (Saint-Léger-de-Crossy, Aisne, 1739 - Chaillot 1814). Il fut haute-contre à la Sainte-Chapelle, à Paris, compositeur (il est l'auteur d'un motet *Beatus vir*) et professeur de harpe à la cour de Versailles. Il a, en outre, écrit un *Traité d'harmonie,* d'après Rameau, resté inédit (1808).

— 2. **Alexandre Pierre François,** organiste et compositeur, fils du précédent *(Versailles 1785 - Paris 1858).* Élève de l'Autrichien Ladurner, qui l'initia à la musique de Bach, de Haydn et de Beethoven, alors inconnus en France, il fut nommé, en 1840, organiste à Saint-Germain-l'Auxerrois et y demeura jusqu'en 1851, date à laquelle on le congédia en raison de l'« austérité » de la musique qu'il y jouait : Bach, Frescobaldi, Couperin, Walther, Kirnberger, les maîtres français ; à cette époque, c'était plutôt les transcriptions d'opéras-comiques qui faisaient fureur. Pour exécuter les œuvres de Bach, réputées injouables, il fit installer à son orgue un pédalier à l'allemande, dont l'usage ne se généralisa, dans la facture française, que durant la seconde moitié du siècle. Ses rares auditeurs — Gigout, Franck, et surtout Saint-Saëns — furent émerveillés d'entendre ces œuvres ressuscitées, ainsi que le contrepoint sévère par lequel il traitait les thèmes du plain-chant, que l'on commençait à redécouvrir. Il finit ses jours comme humble professeur de piano. Il laisse une œuvre abondante : musique de chambre, nombreuses pages pour le piano (caprices, suites, études), œuvres souvent concises, très soigneusement composées et d'une réelle couleur romantique, où il se montre l'héritier de Scarlatti, de Cramer, de Haydn et de Beethoven. Pour l'orgue, il a écrit douze *Cahiers de pièces de différents caractères* et quatre *Livres pour orgue à pédales ou piano à trois mains,* en plus de publications d'œuvres anciennes et de transcriptions diverses. Il y renoue avec le style des maîtres français classiques (versets, duos, dialogues, tierces en taille) et s'inspire des Allemands (fantaisies et fugues, chorals ornés). Inconnu du grand public, il n'en a pas moins joué un rôle déterminant dans la renaissance de la musique française au XIXe siècle.

BOESMANS *(Philippe),* compositeur belge *(Tongres 1936).* Au conservatoire de Liège, il étudia d'abord le piano avec Stefan Askenase et Robert Leuridan et s'orienta vers la composition après avoir rencontré Pierre Froidebise, puis Henri Pousseur. Programmateur musical au 3e Programme de la R. T. B. (1962), il est pianiste de l'ensemble Musiques nouvelles et attaché, depuis 1971, au Centre de recherches musicales en Wallonie dirigé par Pousseur. La même année, il a pris des fonctions à la station de Liège de la R. T. B. et obtenu le prix Italia pour *Upon La Mi* pour voix et cor solo, 11 instrumentistes et amplification (1969). Sa production, issue du courant sériel postwebernien, tente de s'en dégager en réintégrant certaines fonctions harmoniques, des rythmes périodiques, des éléments mélodiques ou des mouvements conjoints. L'intuition y fait bon ménage avec la rigueur. Boesmans est, assurément, une des principales figures de la jeune musique belge. On lui doit notamment *Cassation* pour 5 instruments (1962), *Sonance* pour 2 pianos (1963), *Verticales* pour grand orchestre (1969), *Fanfare I* pour 2 pianos à 2 mains (1970) et *II* pour orgue (1972), *Intervalles I* (1972) et *II* (1973) pour grand orchestre et *III* pour voix solo et grand orchestre (1975-76), *Sur mi* pour 2 pianos, orgue électrique, crotales et tam-tam (1974), *Multiples* pour 2 pianos et orchestre (1974-75), *Ring* pour orgue électronique, harpe, piano, 2 percussionnistes et ensemble instrumental (1975). *Attitudes,* qui relève du théâtre musical, a été créé à Bruxelles en 1979 et repris à Avignon en 1980. Citons encore un *Concerto pour violon* (1979), *Conversions* pour orchestre (1980), l'opéra *la Passion de Gilles* (1982, créé en 1983), et *Chamber Music* pour violon et piano (1983).

BÖHM *(Georg),* compositeur et organiste allemand *(Ohenkirchen, près d'Ohrdruf, 1661 - Lüneburg 1733).* Après des études à l'université d'Iéna, il séjourna à Hambourg avant d'occuper, de 1698 jusqu'à sa mort, le poste d'organiste à l'église Saint-Jean de Lüneburg, église où le jeune Johann Sebastian Bach fut choriste en 1700. Il composa 11 suites pour clavecin, une vingtaine d'œuvres pour orgue, 23 lieder spirituels ; 9 cantates et 2 motets lui sont attribués. Influencé par les maîtres de l'Allemagne du Nord, Buxtehude en particulier, il marqua à son tour les organistes allemands du XVIIIe s., dont Johann Sebastian Bach qui l'imita dans ses premières œuvres et lui emprunta un menuet dans le *Petit Livre d'Anna Magdalena Bach.*

BOIELDIEU *(François Adrien),* compositeur français *(Rouen 1775 - Jarcy, Essonne,*

Larousse.

*Portrait de **Boieldieu** par Boilly. (Coll. André Meyer.)*

1834). Fils du secrétaire de l'archevêque de Rouen, il devint enfant de chœur à la cathédrale et reçut de l'organiste Broche des notions de composition musicale, qui furent ses seules études. En effet, si, après ses premières œuvres où l'instinct et le bon goût remplaçaient la science, il comprit qu'il lui faudrait apprendre son métier, c'est en autodidacte qu'il fit cet apprentissage. Étonnamment doué, Boieldieu écrivit à dix-huit ans son premier opéra-comique, *la Fille coupable* (1793), sur un livret de son père. L'accueil fait à un second ouvrage, *Rosalie et Myrza* (1795), l'incita à se fixer à Paris pour y poursuivre une carrière de compositeur. Reçu dans la maison Érard, il y rencontra Méhul et Cherubini, qui devinrent ses amis et le conseillèrent utilement. Les chanteurs Pierre-Jean Garat et Cornélie Falcon, en interprétant ses romances dans les salons, le rendirent célèbre. Le théâtre Feydeau lui ouvrit bientôt ses portes (1796), puis l'Opéra-Comique, où s'imposa en 1798 *la Dot de Suzette,* dont les gracieuses mélodies restèrent longtemps populaires. *Le Calife de Bagdad* (1800) et *Ma tante Aurore* (1803) furent chaleureusement accueillis.

Les querelles de Boieldieu avec sa femme, la danseuse Clotilde Malfleuroy, décidèrent le compositeur à s'éloigner de Paris. Il partit pour Saint-Pétersbourg, où il obtint le poste de compositeur de la Cour. Il y resta sept ans et y composa six ouvrages, dont deux (*la Jeune Femme colère,* 1805; *les Voitures versées,* 1808) furent repris à Paris. Les triomphes de *Jean de Paris* (1812) et du *Nouveau Seigneur du village* (1813) marquèrent le retour de Boieldieu dans la capitale française. Déjà professeur de piano au Conservatoire, il y devint professeur de composition en 1817, succédant à Méhul. Il présenta l'année suivante *le Petit Chaperon rouge,* dont il avait particulièrement soigné l'écriture et qu'il déclara plaisamment être son discours de réception à l'Académie des beaux-arts, où il fut élu à cette époque. Après un silence de plusieurs années fut représenté son chef-d'œuvre, *la Dame blanche* (1825), dont le succès s'est prolongé jusqu'à nos jours. Devenu veuf la même année, Boieldieu épousa la cantatrice Phillis. Atteint d'une laryngite tuberculeuse, il résilia ses fonctions au Conservatoire et se retira dans sa propriété de Jarcy, où il s'éteignit comblé d'honneurs, mais dans une situation matérielle difficile. Son service funèbre eut lieu en grande pompe aux Invalides et on y joua le *Requiem* de Cherubini.

Outre une quarantaine d'ouvrages lyriques, Boieldieu a écrit de la musique de piano, dont plusieurs sonates, de la musique de chambre, un concerto pour piano (1792) et un concerto pour harpe (1795).

BOISMORTIER *(Joseph Bodin de),* compositeur français *(Thionville 1689 - Roissy-en-Brie 1755).* Après avoir passé les vingt-cinq premières années de sa vie en Lorraine, où il rencontra H. Desmarest, alors surintendant de la musique du duc Léopold, il effectua plusieurs séjours à Perpignan. Quatre ans plus tard, il commença à éditer ses œuvres à Paris, où il poursuivit sa carrière de compositeur.

Ses compositions s'inscrivirent parfois dans la tradition de la musique française lorsqu'il écrivit des opéras comme *Daphnis et Chloé* (1747), sa sonate pour 2 flûtes et sans basse ou ses cantates, genre auquel il s'efforça toutefois d'apporter un renouveau, notamment dans *Actéon* (1732). Il fut aussi l'un des premiers musiciens français à adopter la forme tripartite du concerto italien, quand parurent, en 1727, ses 6 concertos pour 5 flûtes traversières. À cet instrument, il consacra bon nombre de sonates, tout en étant aussi inspiré par la vielle et la musette, pour lesquelles il composa plusieurs pièces qui témoignent du goût, alors très en vogue, pour la bergerie. Il céda aussi à la mode lorsqu'il intercala des noëls populaires dans son motet le plus célèbre, *Fugit nox,* qui eut le privilège de rester pendant vingt ans au répertoire de la chapelle royale. Par son inspiration, mais aussi par son style gracieux et élégant, Boismortier peut être considéré comme l'un des artistes les plus représentatifs de son temps.

BOITO *(Enrico,* dit *Arrigo),* compositeur, poète et librettiste italien *(Padoue 1842-Milan 1918).* Fils d'un sculpteur italien et d'une comtesse polonaise, il mena de pair des études musicales et littéraires dans des conditions difficiles, son père ayant abandonné le domicile familial. Il publia des poésies de caractère libertaire et entama une carrière de chroniqueur, puis, encouragé par Emilio Praga, l'un des pères de la « scapigliatura » (v. VÉRISME), il se rendit à Paris, où il découvrit une musique instrumentale inconnue en Italie, rencontra Baudelaire, Rossini, Verdi (auquel il fournit les vers de l'*Hymne des nations*) et Gounod, dont il fit représenter le *Faust* à Milan. Conscient des faiblesses du livret de cet opéra, il rédigea un poème d'après les deux *Faust* de Goethe, en écrivit la partition et présenta l'œuvre à la Scala en 1868, sans aucun succès. Révisé, notablement raccourci, ce *Mefistofele* triompha à Bologne en 1875, mais ne trouva sa forme définitive qu'après de nouvelles modifications pour sa nouvelle présentation à la Scala, en 1881, avec une éclatante distribution. Entre-temps, Boito s'était enflammé pour les courants nouveaux de l'art ; il milita en faveur de Wagner (on lui doit les versions italiennes de *Rienzi* et de *Tristan,* mais aussi celle du *Freischütz* de Weber) et prit position contre Verdi. L'éditeur Ricordi ayant réconcilié les deux artistes, Boito aida Verdi à la refonte de son *Simon Boccanegra* (1881), puis écrivit pour lui les livrets d'*Otello* et de *Falstaff.* Il fournit également des livrets à d'autres musiciens : son ami Franco Faccio *(Hamlet),* Ponchielli *(La Gioconda),* Catalani *(La Falce)* et Mancinelli *(Ero e Leandre).* Directeur du conservatoire de Parme, de 1889 à 1897, élu sénateur en 1912, il travailla longtemps à un *Néron,* dont il publia le livret en 1901, mais qu'il laissa inachevé ; complétée par Antonio Smareglia et Vincenzo Tommasini, l'œuvre fut créée à la Scala de Milan en 1924, sous la direction de Toscanini.

Esprit ambitieux et tourmenté, toujours insatisfait, à l'image de son héros Faust, Boito, auteur de recueils de vers, de romans, de drames, ne sut pas toujours mettre son talent musical à la hauteur de son inspiration littéraire ; son *Mefistofele,* œuvre d'extrême jeunesse, n'en contient pas moins des pages prophétiques, cependant que *Néron* souligne la prodigieuse évolution de son style vers un modernisme affirmé.

BONONCINI *(Giovanni),* compositeur italien *(Modène 1670-Vienne v. 1755).* Il fut l'élève de son père, de G. P. Colonna, à Bologne, et étudia le violoncelle avec G. Buoni. Il publia à Bologne, dès l'âge de quinze ans, *Trattenimenti da camera* op. 1. En 1687, il entra à la chapelle San Petronio de Bologne comme violoncelliste, puis à l'Accademia Filarmonica, avant de devenir maître de chapelle de San Giovanni in Monte. De 1689 à 1696, il se trouva à Rome au service du cardinal Pamphili. Après un bref séjour à Venise, il se rendit à Vienne où il fut nommé, en 1700, compositeur de la cour de Léopold Ier. Il séjourna ensuite à Berlin, à Milan, à Londres (1716), à Rome (1719) et, en 1720, de nouveau à Londres où il devint le rival de Haendel en tant que compositeur d'opéras italiens (*l'Odio e l'Amore,* 1721 ; *Crispo* et *Griselda,* 1722 ; *Erminia* et *Farnace,* 1723 ; *Calfurnia,* 1724 et *Astianatte,* 1727). Accusé de plagiat, mêlé aux querelles entre *prime donne* (la Bordoni et la Cuzzoni), il dut quitter la capitale anglaise malgré la protection du duc de Marlborough. Après des séjours à Paris et à Lisbonne, il mourut dans la misère à Vienne.

BONPORTI *(Francesco Antonio),* compositeur italien *(Trente 1672-Padoue 1749).* Il étudia à Innsbruck et à Rome, peut-être auprès de Corelli, obtint un bénéfice à la cathédrale de sa ville natale, puis vécut à Padoue, à partir de 1740. « Gentiluomo di Trento », il fut ordonné prêtre et montra, mais en vain, encore plus d'ambition dans sa carrière ecclésiastique que dans sa carrière musicale. De ses douze recueils publiés (l'opus 1 en 1696 et l'opus 12 après 1745), tous sont profanes sauf l'opus 3. Les opus 8 et 9 ont disparu. Ces recueils ne regroupent pas six ou douze ouvrages chacun, comme d'usage à l'époque, mais dix. Bonporti a surtout cultivé le style *da camera* (sonates en trio). De ses *Invenzioni a violine solo* op. 10 (1712), quatre (nos 2 et 5 à 7) ont été copiées par J.-S. Bach et publiées sous son nom.

BORDES *(Charles),* compositeur français *(Rochecorbon 1863 - Toulon 1909).* Élève d'Antoine François Marmontel (piano) et de César Franck (composition), il devint maître de chapelle à Nogent-sur-Marne (1887), puis à Paris, à l'église Saint-Gervais (1890). Il mit sur pied une chorale, les chanteurs de Saint-Gervais, qui se spécialisa dans le répertoire polyphonique sacré et profane des XVe, XVIe et XVIIe s., et se produisit dans toute la France. Chargé d'une mission officielle au Pays basque (1889-90), il recueillit et publia une centaine de chansons populaires *(Archives de la tradition basque).* Fondateur, avec Vincent d'Indy et Alexandre Guilmant, de la Schola cantorum (1894), il en créa une filiale à Montpellier. Son intense activité d'animateur et de pionnier de la décentralisation artistique eut raison de ses forces, et il disparut brutalement, au cours d'une tournée, à quarante-six ans.

Ses œuvres, comprenant notamment des mélodies, sont peu nombreuses, mais son influence fut importante dans la connaissance de la musique de la Renaissance, dont il édita des anthologies, et de musiciens de l'époque classique comme Rameau ou Clérambault.

BORODINE *(Aleksandr Porfirievitch),* compositeur russe *(Saint-Pétersbourg 1833* - id. *1887).* « Je suis un musicien du dimanche », affirma Borodine lui-même. De fait, la musique resta toujours une occupation secondaire pour ce fils naturel du prince Louka Guedeanov, qui fit sa carrière comme professeur de chimie à l'Académie militaire de médecine. Peut-être cela explique-t-il le caractère restreint de sa production et la lenteur de son rythme de travail. Borodine reçut des leçons de flûte, violoncelle, hautbois et, surtout, des leçons de piano de sa mère. S'étant lié d'amitié avec Moussorgski et Balakirev, en 1862, il participa à la constitution du groupe des Cinq. Tout en partageant les idées fondamentales du groupe, il se montra moins hostile que ses condisciples à l'emprise germanique sur la musique russe.

Aleksandr **Borodine.**

« Je suis moi-même, de nature, un lyrique et un symphoniste. Je suis attiré par les formes symphoniques. » Balakirev l'encouragea, d'ailleurs, dans cette voie de la musique pure (1re symphonie, 1862-1867). Liszt, qui considérait la musique russe comme le seul courant de vitalité depuis le *Parsifal* de Wagner, en fit l'éloge. La 2e symphonie (1869-1876), menée de pair avec *le Prince Igor,* reflète l'influence de cet opéra. Vraie symphonie héroïque russe, elle symbolise le rôle historique que Borodine a joué : une synthèse entre la Russie et l'Occident par un mélange des sources populaires et des formes classiques ou romantiques européennes. Malgré la lenteur avec laquelle cette œuvre a été élaborée, l'inspiration en est d'une richesse et d'une aisance étonnantes et les mélodies naissent spontanément. N'a-t-on pas dit qu'il y a dans *le Prince Igor* la matière d'au moins cinq opéras ? Commencée en 1869, l'œuvre demeura inachevée à sa mort et fut terminée par Rimski-Korsakov et Glazounov.

Le compositeur crée deux univers différents, l'un russe — celui d'Igor —, avec ses thèmes francs et diatoniques, l'autre oriental — celui de Kontchak —, avec son chromatisme, par exemple les *Danses polovtsiennes* ou la cavatine de Kontchakovna. Il préfère les formes italiennes traditionnelles (revues par Glinka) au style récitatif de Moussorgski. Le souci de la ligne générale l'emporte sur les détails. La voix occupe la première place, l'orchestre la seconde.

En 1880, Borodine contribua à fêter les vingt-cinq ans de règne d'Alexandre III avec *Dans les steppes de l'Asie centrale,* mais ses sentiments politiques étaient ambigus. Son libéralisme donna la clé d'un certain nombre de ses mélodies, telles que *la Princesse endormie, Chanson dans la forêt sombre, la Mer,* dont la vraie lecture est parabolique. L'écriture de Borodine souligne son attachement à la simplicité de la ligne mélodique, à la légèreté et à l'agilité du contrepoint, à la clarté d'une harmonie riche en modulations. Le 2e quatuor, la 2e symphonie, à l'orchestration singulièrement audacieuse, connaissent une juste célébrité.

BOTTESINI *(Giovanni),* contrebassiste, compositeur et chef d'orchestre italien *(Crema 1821 - Parme 1889).* Il apprit d'abord le violon, puis entra au conservatoire de Milan, où la seule place vacante fut dans la classe de contrebasse. Ce Paganini de la contrebasse dut donc sa carrière de virtuose au hasard. Il débuta dans des orchestres italiens, mais Verdi lui conseilla de tenter une carrière de soliste. Bottesini voyagea beaucoup (La Havane, Londres, Paris, Palerme, Barcelone). Directeur de l'orchestre du Théâtre-Italien à Paris (1855-1857), il fut nommé, en 1871, directeur du Lyceum Theatre de Londres et, à la demande de Verdi, dirigea la première d'*Aïda* au Caire. Il fut ensuite directeur du conservatoire de Parme, jusqu'à sa mort.

Bottesini a promu son instrument à un rôle de soliste et sa *Grande Méthode complète de contrebasse* a fait date. Il a composé 4 opéras, dont *Ero e Leandro* (1879), et, surtout, un concerto, un *Grand Duo concertant* et une tarentelle pour la contrebasse.

BOUCOURECHLIEV *(André),* compositeur français d'origine bulgare *(Sofia 1925).* Il a commencé ses études à l'Académie de musique de sa ville natale, puis est venu à Paris en 1949. À l'École normale de musique, il a étudié le piano avec Reine Gianoli et l'harmonie avec Georges Dandelot, avant d'enseigner lui-même le piano dans cet établissement, de 1952 à 1960. Il a aussi été l'élève de Walter Gieseking et travaillé, de 1957 à 1959, au studio de phonologie de Milan, où il rencontra Luciano Berio et Bruno Maderna et composa *Texte I* (1957-58). En 1960, il réalisa à l'O. R. T. F. une autre œuvre électroacoustique, *Texte II.* Le contact avec les jeunes musiciens italiens, les cours de Darmstadt, les réflexions sur la musique sérielle (objet d'une enquête qu'il fit pour la revue *Preuves*), les rencontres avec Boris de Schloezer et avec Pierre Boulez furent d'importantes étapes dans son développement. Ses ouvrages répondent souvent à des pulsions de vie ou de mort. « Certaines œuvres, dit-il, m'offrent le modèle de ma propre mort. Simple pressentiment peut-être, mais on ne peut nier que des pulsions s'exercent au moment de la création, qu'elles parlent à leur manière en déterminant un climat et certaines figures. L'œuvre parle parfois plutôt que l'homme corporel. »

Il écrivit *Musique à trois* pour flûte, clarinette et clavecin (1957), une *Sonate pour piano* (1959-60), *Signes* pour deux percussions, flûte et piano (1961). Son premier succès fut sans doute *Grodek* pour soprano, flûte et 3 percussions sur un texte de Georg Trakl (1963, création au Domaine musical). De 1966 date *Musiques nocturnes* pour piano, clarinette et harpe. Mais l'œuvre qui attira définitivement l'attention sur lui fut *Archipel I* pour 2 pianos et percussion, une des réussites indéniables de la musique « aléatoire » (création au festival de Royan en 1967, version 2 pianos 1968). Suivirent *Archipel II* pour quatuor à cordes (Royan, 1969), *Archipel III* pour piano et 6 percussions (Paris, 1969), *Archipel IV* pour piano (Royan, 1970), et finalement *Anarchipel* pour 6 instruments concertants (harpe amplifiée, clavecin amplifié, orgue, piano et 2 percussions). À partir de cette dernière pièce, composée en 1970-71 et créée en 1972, on peut réaliser divers *Archipels V* pour chaque instrument seul (*Archipel Vb* pour clavecin, *Archipel Vc* pour orgue...). « Les partitions de la pièce sont comme de grandes cartes marines sur lesquelles les quatre interprètes sont amenés à choisir, à orienter, à concerter, à modifier sans

Ph. Gras.

André **Boucourechliev.**

cesse le cours de leur navigation, jamais deux fois la même entre les îles d'un archipel toujours nouveau à leurs regards. Dans ces eaux incertaines, ils ne vont cependant pas à la dérive : s'ils ne se voient ni n'échangent des signes de ralliement, ils s'écoutent, parfois s'appellent. Et c'est dans cette communion étroite, proprement musicale, de tous les instants, qu'ils tracent leur route imprévisible, mais partagée. La moindre décision de l'un engage totalement celle de l'autre. C'est dire que cette dépendance, où ils exercent leur liberté de choix, exclut totalement toute idée de hasard » (Boucourechliev, à propos d'*Archipel I*).

En 1970, Boucourechliev a donné *Ombres, « Hommage à Beethoven »* pour 11 instruments à cordes, et, en 1971, *Tombeau « à la mémoire de Jean-Pierre Guézec »* pour clarinette et percussion, ou piano. Suivirent *Faces* pour 2 orchestres avec 2 chefs (1971-72), *Amers* pour 19 instruments (1972-73), *Thrène* pour chœurs, récitants et bande magnétique (1973-74), *Concerto pour piano* (1974-75), et *Six Études d'après Piranese* pour piano (1975). *Le Nom d'Œdipe,* sur un livret de Hélène Cixous, a été créé en oratorio à Radio-France le 27 mai 1978, et scéniquement à Avignon le 26 juillet 1978. En mai 1980 a été entendu *Orion,* pour orgue, et en avril 1981 *Ulysse,* pour flûte (s) et percussions. Ont suivi *Orion II* pour piano, 5 cuivres et 2 percussions (1982) et *Orion III* pour piano (1983).

Grand prix musical de la Ville de Paris en 1976, Boucourechliev enseigne depuis cette même année à l'université d'Aix-en-Provence. Il exerce également une activité de critique. Parmi ses travaux de musicographe, trois livres sur *Schumann* (1956), *Beethoven* (1963) et *Stravinsky* (1982).

BOULANGER *(Lili),* femme compositeur française *(Paris 1893 - Mézy, Yvelines, 1918).* Ayant commencé ses études musicales avec sa sœur Nadia, elle signa sa première mélodie, *la Lettre de mort,* à onze ans et entra au Conservatoire en 1909. Elle y fut l'élève de Georges Caussade pour le contrepoint et de Paul Vidal pour la composition. Particulièrement douée et précoce, Lili Boulanger révéla très vite une sensibilité aiguë, une aptitude à atteindre le plus grand pathétique. Avec sa cantate *Faust et Hélène,* elle fut la première femme à obtenir le premier grand prix de Rome (1913). Mais la guerre l'empêcha de séjourner à la Villa Médicis autant qu'elle l'eût aimé ; de plus, elle souffrait déjà de la maladie qui devait l'emporter à vingt-cinq ans. Elle rentra à Paris et poursuivit sa carrière créatrice, se penchant avec prédilection sur des textes religieux ou funèbres. Son auteur préféré semble avoir été Maeterlinck ; elle mit plusieurs de ses poèmes en musique et commença, d'après sa *Princesse Maleine,* un opéra qui demeura inachevé. Elle se retira à Mézy et y composa sa dernière œuvre, un *Pie Jesu* pour soprano, orgue, quatuor à cordes et harpe. Ainsi s'éteignit, si jeune, un talent fécond, qui semblait détenir le secret d'un langage d'une surprenante puissance.

Le catalogue de Lili Boulanger comprend surtout de la musique vocale : des mélodies avec piano, *Renouveau* pour quatuor vocal et piano, des *Psaumes* (24 pour ténor, chœur et ensemble instrumental ; 129 pour chœur et orchestre ; 130 pour contralto, chœur et orchestre), *la Vieille Prière bouddhique* (1917) pour ténor, chœur et orchestre. On y trouve également des pièces pour piano, diverses œuvres instrumentales dont une sonate pour violon et piano inachevée, de la musique symphonique (dont 2 poèmes symphoniques, *Un matin de printemps* et *Un soir triste*), la cantate *Faust et Hélène* et l'opéra *la Princesse Maleine,* demeuré inachevé.

BOULEZ *(Pierre),* compositeur et chef d'orchestre français *(Montbrison, Loire, 1925).* Ce n'est qu'après avoir suivi la classe de mathématiques spéciales à Lyon que Boulez choisit de se consacrer à la musique et s'installa à Paris (1942). Il suivit, au Conservatoire, les cours d'Olivier Messiaen (premier prix d'harmonie en 1945), travailla le contrepoint avec Andrée Vaurabourg-Honegger et la méthode dodécaphonique avec René Leibowitz. Nommé directeur de la musique de scène de la Compagnie Renaud-Barrault (1946), il fonda, en 1954, sous ce patronage, les Concerts du Petit-Marigny, devenus, l'année suivante, le Domaine* musical, dont le rôle fut capital dans la diffusion de la musique contemporaine en France — Boulez devait en céder la direction à Gilbert Amy en 1967.

En 1958, cédant à l'invitation pressante de la station de radio du Südwestfunk de Baden-Baden et de son directeur, H. Strobel, Boulez se fixa à Baden-Baden. Son audience en Allemagne était, en effet, très grande, surtout depuis la création du *Marteau sans maître* (Baden-Baden, 1955), la première œuvre à lui assurer un large public ; pendant ce temps, la France continuait de l'ignorer, du moins officiellement. Professeur d'analyse, de composition musicale et de direction d'orchestre à la Musikakademie de Bâle (1960-1966), il fut professeur invité à l'université Harvard en 1962-63, période où il rédigea son ouvrage théorique *Penser la musique aujourd'hui.* Son activité de chef d'orchestre s'intensifia et s'internationalisa : il créa *Wozzeck* à l'Opéra de Paris en 1963, donna des concerts avec l'orchestre de Cleveland, auprès duquel il exerça les fonctions de conseiller musical (1970-71), et fut chef principal de l'Orchestre symphonique de la BBC à Londres de 1971 à 1975 et directeur musical de l'Orchestre philharmonique de New York de 1971 à 1977. En 1976, dix ans après avoir dirigé *Parsifal* à Bayreuth à la demande de Wieland Wagner, il fut chargé d'y conduire, à l'occasion du centenaire du festival, *l'Anneau du Nibelung,* dans une mise en scène de Patrice Chéreau. Ce spectacle fut redonné sous sa direction jusqu'en 1980. Il a pris ses fonctions de directeur de l'I. R. C. A. M. à la fin de 1975, et a été nommé en 1976 professeur au Collège de France. En 1982, il a reçu le Grand Prix Musical de la ville de Paris.

« J'ai toujours pris Debussy pour modèle, j'ai toujours lu et analysé ses partitions. Avec Webern et Messiaen, c'est mon plus grand, mon permanent modèle. » Ainsi Pierre Boulez indique-t-il, en 1958, les références — reniées par la suite — de sa première étape créatrice. Il faudrait y ajouter, sur le plan rythmique, Stravinski (son étude *Stravinski demeure* analyse magistralement l'organisation rythmique du *Sacre du printemps*). De fait, le premier problème rencontré par le compositeur au lendemain de la guerre est celui de l'organisation rationnelle et totale de tous les paramètres du monde sonore. Ses premières œuvres sont autant d'étapes dans la fertilisation de l'héritage des trois Viennois, Schönberg, Berg et Webern : *Sonatine* pour flûte et piano (1946), *Première Sonate* pour piano (1946), *Deuxième Sonate* pour piano (1947), *Livre pour quatuor* (1949) où Boulez propose un traitement sériel, outre des hauteurs, de tous les autres paramètres, pris successivement. La généralisation sérielle ne s'accomplit que dans *Polyphonie X* pour 18 instruments solistes (1951), un symbole graphique représentant le croisement de certaines structures, et dans le premier livre des *Structures* pour 2 pianos (1952). La série devint pour Boulez « un mode de pensée polyvalent, et non plus seulement une technique de vocabulaire », et s'élargit à la structure même de l'œuvre engendrée. L'introduction de certaines possibilités de choix (réaction à un excès de contrainte)

Bernard Perrine.

Pierre **Boulez.**

est, pour lui, une autre manière de poser des problèmes de forme dans un univers relatif, en perpétuelle variation, et d'esquisser de nouveaux rapports entre l'interprète et le compositeur.

En réalité, avant les *Klavierstücke* (1956) de Stockhausen, Boulez souleva la question : choix et ordonnance des mouvements dans le *Livre pour quatuor* (1949), de certains parcours de la *Troisième Sonate* pour piano (1957) — tous néanmoins écrits, prévus et donc assumés par l'auteur (par ex., *Formant n° 3, Constellation-Miroir,* imprimé en deux couleurs pour souligner la structure : vert, les points ; rouge, les blocs) — pour atteindre, en principe, une improvisation à deux par le biais des choix successifs et de l'interaction dans le second livre des *Structures* pour piano. *Doubles* pour orchestre (1957), devenu en 1964 *Figures, Doubles, Prismes,* remet en question l'organisation fixe de l'orchestre. Outre ses marges d'initiative dans la partie centrale, *Éclat* pour 15 instruments (1964), devenu en 1970 *Éclat-Multiples,* pose des problèmes d'interprétation des signes directionnels, tandis que, dans *Domaines,* pour clarinette et 21 instruments (1968), le clarinettiste, par ses déplacements, sollicite la réponse d'un des 7 groupes disposés en cercle et détermine ainsi la forme de l'œuvre (la seconde partie étant un miroir de la première).

D'autre part, Pierre Boulez a toujours été intéressé par les rapports du texte et de la musique. Après *le Soleil des eaux* (1948) et *Visage nuptial* (1951), c'est encore à René Char, qui représente une « concentration de langage », que Boulez s'adresse pour *le Marteau sans maître* (1954). Le texte et son contenu conditionnent la structure : 3 cycles très différenciés et s'interpénétrant autour d'un noyau, le poème (doublement présent dans le troisième), dont les deux autres pièces, instrumentales, constituent le développement, le commentaire. Le compositeur poursuit sa recherche avec les *Deux Improvisations sur Mallarmé* (1957), où il tente la « transmutation » de Mallarmé en musique, *Poésie pour pouvoir* (1958), un essai de spatialisation sans lendemain sur un texte d'Henri Michaux, puis *Cummings ist der Dichter* (1970), où le texte est seulement utilisé comme élément sémantique sonore.

Le souci de la *sonoristique* est, en effet, porté à un haut degré chez Boulez. Il ne faut pas oublier son stage chez Pierre Schaeffer en 1952, où il réalisa *Deux Études de musique concrète,* même s'il n'avait alors vu dans la bande qu'un instrument de spéculation rythmique. Son goût pour le raffinement des timbres éclate dans *le Marteau sans maître :* c'est non seulement « du Webern qui sonne comme du Debussy » (H. Strobel), mais presque la création d'un univers sonore extrêmement oriental. Cette prédilection se perçoit aussi à travers les mélismes du *Livre pour cordes* (1968), recomposition de deux mouvements du *Livre pour quatuor* de 1948 ; les combinaisons de couleurs d'*Éclat,* la libération totale des sons dans *Explosante-Fixe* (1972-1974).

Depuis 1964, Boulez poursuit principalement son idée de « work in progress », d'œuvre en devenir, c'est-à-dire d'une musique pouvant être développée, transformée à l'infini : une conception de l'œuvre ouverte, mobile. Ainsi *Pli selon pli* intègre-t-il, dès 1960, les *Deux Improvisations sur Mallarmé* (1957) et ne trouve-t-il sa version définitive qu'en 1969. Ainsi *Figures-Doubles-Prismes* pour orchestre (1964) est-il un nouveau travail, très expressionniste, à partir de *Doubles* (1957), le *Livre pour cordes* (1968) un élargissement pour orchestre du *Livre pour quatuor*

(1949), *Multiples* pour orchestre (1970) un développement d'*Éclat* pour 15 instruments (1964). Boulez donne donc une série de miroirs d'un premier état.

Pour imposer la musique du XXe s. et ses conceptions personnelles, le compositeur a dû s'engager très tôt dans la polémique (*Schönberg est mort,* 1952), et bien des œuvres ont été accompagnées d'une réflexion théorique (*Son et verbe,* 1958; *Éventuellement,* 1952). *Relevés d'apprenti* (1966) réunit des articles parus avant 1962. *Penser la musique aujourd'hui* (1963), condensé des cours de Darmstadt et de Bâle, est « une investigation méthodique de l'univers musical » et de sa tentative déductive de construire un système cohérent. *Par volonté et par hasard* (1975) actualise cette réflexion et intègre une prise de position critique sur l'avant-garde des dix dernières années.

Mais, chez Boulez, tout se tient, composition, écrits, enseignement, animation, interprétation; pour lui, « la musique n'a guère d'existence, hors la communication directe ». Son activité de chef, qui est sans doute à l'origine du ralentissement de sa production de compositeur, s'inscrit dans cette perspective et correspond au désir de donner au public de nouvelles lectures ou, du moins, une lecture plus moderne des grandes œuvres de la littérature musicale.

Œuvres principales. — *Musique instrumentale :* *Première Sonate* pour piano (1946); *Deuxième Sonate* pour piano (1947); premier livre des *Structures* pour 2 pianos (1952); *Troisième Sonate* pour piano (1957); second livre des *Structures* pour 2 pianos (1961); *Sonatine* pour flûte et piano (1946); *Livre pour quatuor* (1949); *Polyphonie X* pour 18 instruments solistes (1951); *Éclat* pour 15 instruments (1964); *Domaines* pour clarinette et 21 instruments (1968); *Explosante-Fixe* pour 8 instruments et hallaphone (1972-1974); *Doubles* pour orchestre (1957); *Tombeau* pour orchestre (1959), intégré dans *Pli selon pli* (1960); *Don* pour orchestre (1960), intégré dans *Pli selon pli* (1960); *Figures-Doubles-Prismes* pour orchestre (1964); *Livre pour cordes* pour orchestre à cordes (1968); *Multiples* pour orchestre (1970); *Rituel in memoriam Maderna* pour orchestre symphonique (1975); *Messagesquisses* pour violoncelle solo et six violoncelles (1977); *Notations,* version orchestrale de quatre pièces pour piano de 1945 (1980); *Repons,* pour ensemble instrumental (1981).

Musique vocale : *Visage nuptial,* texte de R. Char, pour soprano, alto, chœur de femmes et orchestre (1re version, 1946, Heugel, et 2e version, 1951); *le Soleil des eaux* (R. Char) pour soprano, ténor, basse, chœur mixte et orchestre (1re version, 1947, Heugel, et 2e version, 1950); *le Marteau sans maître* (R. Char) pour voix d'alto et 6 instruments (1954); *Deux Improvisations sur Mallarmé* pour soprano et ensemble instrumental (1957), intégrées dans *Pli selon pli* (1960); *Pli selon pli* (*Don, Improvisations* I, II, III, *Tombeau*) pour soprano et orchestre (1960, version définitive 1969); *Cummings ist der Dichter* pour 16 voix mixtes et instruments (1970).

Musique de scène ou de film : musique de scène pour l'*Orestie* d'Eschyle (1956); musique de scène pour *Ainsi parlait Zarathoustra,* dans une mise en scène de J.-L. Barrault (1974); musique pour le film *Symphonie mécanique* (J. Mitry, 1958).

Musique avec bande : *Études I, II,* musique concrète (1952); *Poésie pour pouvoir* (Michaux), pour récitant, orchestre et bande magnétique (1958).

Écrits : *Penser la musique aujourd'hui* (Paris, 1964); *Relevés d'apprenti,* texte réuni et présenté par Paule Thévenin (Paris, 1966); *Par volonté et par hasard,* entretiens avec Célestin Deliège (Paris, 1975); *la Musique en projet* (Cahiers Renaud-Barrault, I. R. C. A. M., Paris, 1975); *Points de repère* (Paris, 1981).

BOURGEOIS *(Loys),* compositeur français *(Paris v. 1510 - 1561).* Chantre à Saint-Pierre de Genève, où son nom apparaît dans les archives à partir de 1545, il resta à Genève jusqu'à la fin de 1552. Ce séjour détermina en grande partie la nature de son œuvre. Il publia, en effet, à Lyon, en 1547, deux livres de psaumes à 4 parties; un livre de 83 autres psaumes parut en 1554 et, selon Fétis, il en aurait publié 83 encore à Paris en 1561. Loys Bourgeois fut en grande partie responsable de la mise en musique du psautier* huguenot. Il traita généralement les textes syllabiquement (une note = une syllabe). Bourgeois est également l'auteur d'un ouvrage didactique, *le Droict Chemin de musique* (Genève, 1550), et de quelques chansons profanes.

BOUZIGNAC *(Guillaume),* compositeur français, originaire du Languedoc *(fin du XVIe s.-apr. 1643).* Il devint enfant de chœur à la cathédrale de Narbonne avant de diriger, en 1609, la maîtrise de la cathédrale de Grenoble. Il fut un temps au service de G. de la Chanlonye, juge-prévôt à Angoulême. Il semble qu'il ait été maître des enfants à Rodez et à Tours. Il travailla aussi pour le duc de Montmorency, gouverneur du Languedoc. En fait, nos connaissances biographiques à son sujet sont très fragmentaires. Ajoutons à cela qu'il n'a laissé aucune œuvre imprimée ; mais les témoignages de ses compatriotes sont fort élogieux (Mersenne, *Harmonie universelle,* 1636 ; Gantez, *l'Entretien des musiciens,* 1641).

La musique de Bouzignac n'est accessible que dans deux manuscrits, conservés l'un à la bibliothèque de Tours, l'autre à la Bibliothèque nationale. Ils contiennent trois messes à 2, 3 et 7 voix, des motets, des psaumes, des hymnes (4 à 7 voix) et quatre chansons françaises. Une soixantaine de motets, des messes et les chansons françaises se trouvent dans des éditions modernes. Bien que dix œuvres seulement soient signées de la main de Bouzignac, on lui attribue généralement aujourd'hui la totalité des œuvres du manuscrit de Tours (96 pièces) et une vingtaine parmi celles du manuscrit de Paris.

À travers l'œuvre de Bouzignac, nous pouvons observer la pénétration en France de l'influence italienne, puisque le compositeur écrit dans un style proche du madrigal dramatique de Marenzio ou de Vecchi et cherche à traduire en musique tous les mots du texte, utilisant au besoin des audaces harmoniques et mélodiques. Ses motets révèlent un élément de tension de caractère quasi théâtral dans l'alternance du chœur et du soliste ou le dialogue des deux chœurs. Par exemple, des scènes sacrées tirées de la vie du Christ, comme *Unus ex vobis* ou encore *Ecce homo,* ont certainement contribué à l'avènement de l'oratorio en France. Dans ce domaine, Bouzignac se présente comme le précurseur de Marc-Antoine Charpentier.

BOYCE *(William),* compositeur et organiste anglais *(Londres 1710* - id. *1779).* Élève de Maurice Greene et de Johann Christoph Pepusch, il poursuivit ses études musicales malgré un début de surdité. Nommé, en 1736, compositeur de la chapelle royale, pour laquelle il composa de nombreux services et anthems, il reçut, l'année suivante, la charge des trois ensembles de Gloucester, Worcester et Hereford, connus sous le nom de Three Choirs. En 1755, il succéda à Greene comme maître de musique du roi. Mais, à partir de 1769, sa surdité empirant, il se retira à Kensington afin de se consacrer à son célèbre recueil de musique d'église *Cathedral Music* (3 vol., 1760-1778). Grâce à cette collection, le répertoire sacré de l'Église anglicane des XVIe, XVIIe et XVIIIe siècles put être en grande partie conservé.

Si Boyce fut l'un des meilleurs compositeurs anglais du XVIIIe siècle, son œuvre a souffert de la présence, en Angleterre, de la personnalité immense d'Haendel. Ses huit symphonies à 8 parties demeurent aujourd'hui des œuvres originales et inspirées. Boyce composa également une soixantaine d'anthems, des services, des ouvertures, 12 sonates en trio, des pièces d'orgue et de clavecin, une cinquantaine d'odes, de la musique théâtrale, des airs, cantates, duos, contenus dans un recueil intitulé la *Lyra britannica.*

BOZAY *(Attilá),* compositeur hongrois *(Balatonfüzfö 1939).* Il a fait ses études musicales à l'école de musique de Békéstarhos, puis à Budapest au Conservatoire Béla Bartók et à l'Académie Ferenc Liszt dans la classe de composition de Ferenc Farkas, d'où il est sorti en 1962. Nommé professeur de composition au conservatoire de Szeged (1962-63), il a été producteur à la radio hongroise (1963-1966), puis a séjourné à Paris grâce à une bourse de l'Unesco (1967). Depuis son retour en Hongrie, il s'est consacré exclusivement à la composition, remportant le prix Erkel en 1968.

Influencé à la fois par Webern et Bartók, Attilá Bozay use soit d'une structure très stricte d'origine sérielle, soit d'une forme très souple fondée sur la dynamique et les jeux de timbre. Il semble vouloir retrouver l'esprit du *verbunkos* tout en se servant de techniques de permutation (séries de Fibonacci et de Seiber). Il s'est imposé sur la scène internationale à côté de György Kurtág et de Zsolt Durkó, ses aînés. Son œuvre comprend essentiellement des compositions pour un instrument seul (piano, violon, violoncelle, cithare), de la musique de chambre pour différentes formations, dont 2 quatuors à cordes (1964, 1971), des pièces pour orchestre comme *Pezzo concertato n° 1* pour alto et orchestre (1965) et *n° 2* pour cithare et orchestre (1974-75),

Erich Lessing-Magnum.

*Portrait de Johannes **Brahms** par Josef Novak (Historisches Museum, Vienne).*

Pezzo sinfonico nº 1 (1967) et *nº 2* (1975-76) et *Variazioni* (1977), et l'opéra *la Reine Küngisz* (1969).

BRAHMS *(Johannes)*, compositeur allemand *(Hambourg 1833 - Vienne 1897)*. L'histoire de Johannes Brahms, c'est d'abord celle de son père. Johann Jakob Brahms, né en Basse-Saxe en 1806, reçut sa formation de contrebassiste (et, accessoirement, de flûtiste et de violoniste) dans une *Stadtpfeiferei* (orchestre municipal), institution typiquement allemande dont l'origine remontait au Moyen Âge : les membres de cette confrérie jouaient surtout des instruments à vent et se tenaient à la disposition de quiconque avait besoin de musiciens pour un bal, une cérémonie ou une fête publique ou privée. Dès qu'il eut son diplôme en poche, le jeune homme prit la route comme le voulait la tradition. La première étape de ce voyage à travers l'Allemagne fut aussi la dernière. Ayant facilement trouvé à s'employer à Hambourg, il s'y fixa pour toujours. En 1830, âgé de 24 ans, il épousa sa logeuse, Christiana Nissen, qui avait 41 ans et n'était guère plus riche que lui, mais joignait à une certaine culture toutes les vertus domestiques. De cette union naquirent trois enfants, dont Johannes en 1833.

Un enfant prodige. La gêne financière qui pesa longtemps sur la famille (Johann Jakob avait depuis longtemps élevé ses enfants quand il trouva enfin une situation stable de contrebassiste à l'orchestre philharmonique) explique en grande partie les débuts de Johannes. Si précocement doué qu'il imagina un système de notation musicale avant de savoir qu'il en existait déjà un, l'enfant n'avait qu'un défaut aux yeux de son père : sa passion de la composition et du piano. Malgré ses préventions contre cet « instrument de riche » (d'ailleurs absent du minuscule logis familial) qu'il jugeait peu rentable, Johann Jakob fit donner des leçons au jeune garçon par un maître très estimé, Otto Cossel, lui-même disciple d'Édouard Marxsen, dont la réputation était grande dans toute l'Allemagne du Nord. À 10 ans, Johannes donnait en privé son premier récital, qui lui valut d'être adopté par l'illustre Marxsen. Et celui-ci devait lui enseigner bien plus que l'art de jouer du piano. Compositeur sans génie, mais technicien de premier ordre, il forma son élève dans le culte de Bach, de Mozart et de Beethoven.

Parallèlement à ces études classiques, le jeune Brahms, tenu de contribuer au maigre budget familial, se livra bientôt à des travaux pratiques qui absorbèrent la plus grande partie de son temps. Entre 12 et 20 ans, il enseigna, accompagna des chanteurs ou des spectacles de marionnettes au théâtre municipal, publia sous divers pseudonymes quantité de morceaux de danse et de fantaisies sur des airs à la mode, donna quelques concerts, joua de l'orgue à l'église et, le soir, tint le piano dans des tavernes à matelots. C'est même dans ces lieux malfamés que l'adolescent assouvit une autre de ses passions, celle de la lecture : tout en « tapant » des valses et des polkas, il ne quittait pas des yeux un livre ouvert sur le piano. Puis il rentrait chez lui par le chemin des écoliers et se couchait à trois heures du matin, la tête pleine de musique qu'il notait à son réveil, quitte à la détruire ensuite. Très perfectionniste, il ne devait rien conserver de cette production de jeunesse qui comprend notamment d'innombrables lieder inspirés par ses lectures. Ce goût des livres et des longues promenades à pied n'allait jamais le quitter. Une nuit, s'étant trop éloigné de la ville et ayant pris le parti de dormir à la belle étoile, il contracta une angine. Survenant en pleine mue, cet accident l'affligea pour longtemps d'une « voix de fille » qui, vraisemblablement, ne surprenait guère chez ce garçon fluet, aux longs cheveux blonds. Il en paraissait simplement encore plus jeune qu'il n'était.

Des rencontres décisives. En 1849, Brahms avait fait la connaissance d'un violoniste hongrois, Eduard Reményi, ancien condisciple du déjà illustre Joseph Joachim. Ce spécialiste de la musique tzigane, qui apportait beaucoup de fantaisie à son interprétation des classiques, reparut à Hambourg en 1853 et décida Brahms, son cadet de trois ans, à l'accompagner en tournée. Cette tournée, d'ailleurs fructueuse, aboutit à Hanovre où Joachim exerçait les fonctions de Kapellmeister de la Cour. Joachim, qui ne tenait pas son compatriote en très haute estime, fut, en revanche, conquis par la personnalité et le talent de Brahms ; leur rencontre fut le point de départ d'une amitié et d'une collaboration qui allaient durer toute leur vie. Précédés d'une lettre de recommandation de Joachim pour Liszt, Brahms et Reményi se rendirent ensuite à Weimar. Il ne semble pas que le jeune pianiste ait été séduit par l'ambiance mondaine qui régnait à l'Altenburg, où son glorieux aîné faisait l'objet d'un véritable culte. Plus tard, considéré à son corps défendant comme le chef de file des adversaires de la « musique de l'avenir », Brahms devait rendre justice à Franz Liszt et à Richard Wagner. À cette époque, l'élève de Marxsen était, à l'image de son maître, rebelle à toute innovation ; même Robert Schumann le laissait indifférent.

Aussi quitta-t-il l'Altenburg sans regret, seul, Reményi ayant préféré s'attacher aux pas de Liszt. Muni par Joachim de nombreuses lettres qui lui garantissaient l'hospitalité chaleureuse des musiciens rhénans, il descendit à pied la vallée légendaire, s'attardant à Mayence, Bonn et surtout Mehlem, où un riche banquier mélomane, Deichmann, avait sa résidence d'été. Ce fut à Mehlem qu'il commença à apprécier la musique de Schumann, se préparant ainsi à la fameuse rencontre de Düsseldorf, le 30 septembre 1853. Dès le premier contact, les deux hommes sympathisèrent. Brahms, qui s'était mis au piano, joua sa sonate en *ut* majeur op. 1. Schumann l'interrompit à la fin du premier mouvement, appela sa femme Clara et pria son jeune confrère de recommencer. Clara Schumann, la première femme au monde — et longtemps la seule — à avoir fait profession de virtuose du clavier, fut à son tour conquise. Brahms, retenu à dîner, entra d'emblée dans l'intimité de la famille Schumann. Lui qui n'avait prévu qu'une brève halte à Düsseldorf y resta un mois, bientôt rejoint par Joachim. Avant le départ de Brahms, le 3 novembre 1853, Schumann décida en secret d'offrir un cadeau à Joachim, et c'est Brahms qui composa le scherzo de la sonate dite *F-A-E* (*F*rei *a*ber *e*insam, la maxime de Joachim). À Brahms Schumann réserva une autre surprise de taille : un article dithyrambique dans l'influente *Neue Zeitschrift für Musik,* qu'il avait fondée vingt ans plus tôt à Leipzig. Après dix ans de silence, le maître reprit la plume pour annoncer au monde musical allemand, d'autant plus stupéfait que les héros du jour étaient Liszt et Wagner, sa découverte d'un « nouveau messie de l'art ». C'est aussi grâce à Schumann que Breitkopf et Härtel édita quelques-unes de ses premières compositions.

Le jeune Brahms fut plus intimidé qu'encouragé par la gloire soudaine que lui valut cet article retentissant. Il ne lui échappa pas que les louanges de Schumann, exprimées en des termes qui ne ménageaient pas les susceptibilités du camp adverse, allaient l'exposer à de sévères critiques. De retour à Hanovre, il mit aussi peu d'empressement à publier ses quatre premiers opus qu'à faire le voyage à Leipzig, « cerveau » de l'Allemagne musicale, où Schumann et Joachim le pressaient de se rendre. La cité saxonne lui réserva pourtant un accueil chaleureux ; il y rencontra son premier admirateur français — Hector Berlioz — et, de nouveau, Liszt, qui lui faisait toujours bonne figure. La fin de cette année triomphale le trouva dans sa ville natale, où il passa les fêtes en famille. Puis, il regagna Hanovre avec l'intention de s'y installer pour quelque temps, mais, le 20 janvier 1854, Robert et Clara Schumann y arrivèrent à leur tour pour entendre l'oratorio de Schumann, *le Paradis et la Péri,* en présence du roi George V. Schumann, dont l'équilibre nerveux laissait à désirer depuis plusieurs années, n'avait jamais paru plus heureux de vivre. Mais, dès son retour à Düsseldorf, il allait se jeter dans le Rhin. Brahms vola à son secours : Schumann se trouvait dans une clinique de Bonn, d'où il ne devait plus sortir. Pendant les deux années de son agonie, Brahms ne quitta guère Düsseldorf, consacrant la plus grande partie de son temps à la famille nombreuse de son ami : six enfants, puis, le 11 juin 1854, un petit Félix dont il fut le parrain.

Cette situation avait naturellement favorisé entre Johannes et Clara une amitié propice à l'épanouissement d'un amour réciproque, qui ressemblait fort à l'idylle de Werther et Charlotte, au point que Brahms songea au suicide. Sans doute se faisait-il une trop haute idée de ses devoirs envers l'absent, et de l'amour en général, pour succomber jamais à la tentation. Notons aussi que la fréquentation des dames de petite vertu aidait Brahms à garder son équilibre. Par la suite, il devait lui arriver plus d'une fois d'aimer et d'être aimé, d'être tenté par le mariage et cette vie de famille qui avait pour lui tant d'attraits. Il rompit toujours au dernier moment, sous divers prétextes, non sans déchirement, redoutant en fait de perdre l'indépendance qu'il jugeait indispensable à lui-même et à l'accomplissement de son œuvre. Mais la tendre amitié qui le liait à Clara Schumann, son aînée de quatorze ans, dura toute leur vie ; Brahms l'accompagna dans ses tournées, et l'on ne saurait sous-estimer la part que prit la grande pianiste à la diffusion de sa musique.

De Hambourg à Vienne. Cette douloureuse épreuve n'avait pas empêché Brahms d'approfondir ses connaissances musicales et littéraires, ni de donner des concerts en Allemagne du Nord, seul ou avec Joachim. En 1857, il sollicita et obtint le poste de chef des chœurs à la cour du prince de Lippe, à Detmold, poste qu'il devait occuper jusqu'en 1859, non sans poursuivre son activité de compositeur et de concertiste. En janvier 1859 eut lieu à Hanovre la première audition du concerto nº 1 op. 15 en *ré* mineur pour piano. Ce fut un succès d'estime, que suivit, cinq jours plus tard, un fiasco complet à Leipzig. Une troisième audition à Hambourg, en mars, fut accueillie de manière à le consoler de cet échec, mais il allait délaisser la musique orchestrale au profit du lied et de la musique de chambre pendant les deux années suivantes, après avoir démissionné de ses fonctions de musicien de cour, décidément incompatibles avec son caractère extrêmement timide. Ces deux années, Brahms les passa à Hambourg, dans l'espoir toujours déçu que ses concitoyens lui offriraient un poste officiel. Ou, plus exactement, il fit de Hambourg son port d'attache, d'où il s'éloigna fréquemment pour des séjours plus ou moins longs à Hamm (un village des environs), dans le Harz, à Oldenbourg, à Cologne, etc. En fait, depuis qu'il ne vivait plus chez ses parents,

Brahms n'avait jamais passé et ne devait jamais passer six mois au même endroit, pas même à Vienne où il allait bientôt trouver son point de chute définitif.

À la fin de 1862, las d'attendre, Brahms se rendit à Vienne, où il bénéficia d'un accueil qui passa ses espérances, notamment de la part du célèbre critique Hanslick. Il avait 30 ans. En pleine possession de ses moyens pianistiques, il multiplia les concerts et en profita pour imposer ses propres compositions, dont les *Variations et fugue sur un thème de G. Fr. Haendel* pour piano, que Clara avait créées en 1861. Le 6 février 1864, il eut une cordiale entrevue avec R. Wagner aux environs de Vienne. Un peu plus tard, il rencontrait le « roi de la valse », Johann Strauss, près de Baden-Baden. De 1866 à 1868, ses tournées le conduisirent jusqu'en Hollande, à Presbourg, Budapest, Copenhague et en Suisse, où il devait souvent retourner. De cette période d'intense activité datent le *Requiem allemand* et la *Rhapsodie* pour alto, chœur d'hommes et orchestre. En 1870, Brahms fit la connaissance de l'éminent pianiste et chef d'orchestre Hans von Bülow, que Wagner venait de trahir en lui prenant sa femme Cosima, la fille de Liszt. Hans von Bülow allait bientôt se faire l'un des plus actifs propagandistes de son nouvel ami.

1872, un tournant dans la carrière de Brahms. Nommé directeur de la Société des amis de la musique à Vienne, le compositeur décida de louer un véritable appartement, son premier et dernier domicile fixe puisqu'il devait y mourir. Il exerça avec conscience et succès ses fonctions à la tête des grands concerts viennois, et, s'il démissionna en 1875, c'est qu'il estimait avoir encore mieux à faire dans le domaine de la composition. D'ailleurs, l'indépendance matérielle lui était désormais acquise. Les droits d'auteur gonflaient son compte en banque d'autant plus qu'il y touchait à peine, ses cachets de concertiste suffisant à son modeste train de vie de célibataire que le luxe ne tentait pas. Cependant, le rythme de son existence allait être toujours à peu près le même, partagé entre les concerts pendant la saison d'hiver et, l'été, quelque retraite en pleine nature où rien ne venait le distraire de la composition. C'est au bord du lac de Starnberg, en Bavière, qu'il acheva les *Variations sur un thème de J. Haydn ;* à Rügen, village de pêcheurs sur la mer du Nord, il termina la symphonie n° 1 en *ut* mineur ; à Pörtschach, en Carinthie, il composa la symphonie n° 2 en *ré* majeur, le concerto pour violon, créé, naturellement, par Joachim, la première sonate pour violon et piano et les deux *Rhapsodies* pour piano. Au fil des années, la part du concertiste se réduisit. Brahms, qui n'avait jamais aimé le métier de virtuose (de l'avis de tous les témoins, y compris Clara Schumann, il jouait beaucoup mieux en petit comité qu'en public), délaissa le piano au profit de la direction d'orchestre. En 1874, le roi Louis II de Bavière lui décerna l'ordre de Maximilien en même temps qu'à Richard Wagner, son aîné de vingt ans. Si l'on songe à ce que représentait Wagner pour le jeune souverain, cette distinction donne la mesure de la réputation que Brahms avait acquise. En 1877, il fut aussi nommé *doctor honoris causa* de l'université de Cambridge, mais refusa obstinément de franchir le détroit pour revêtir la toge.

Au printemps de 1878, Brahms visita l'Italie, pays qu'il aimait beaucoup, jusqu'en Sicile, escorté de son ami Billroth, un éminent chirurgien suisse qui le connaissait bien. Brahms se rendit souvent au-delà des Alpes. En 1879, c'est l'université de Breslau qui, à son tour, le nommait *doctor honoris causa ;* il la remercia en lui dédicaçant l'*Ouverture académique,* composée l'année suivante, ainsi que l'*Ouverture tragique,* non pas à Pörtschach, mais à Ischl, où il était plus tranquille. Entre-temps, le triomphe de sa symphonie n° 2, à Hambourg, lui avait donné la satisfaction d'être enfin apprécié dans sa ville natale. Les années suivantes, jusqu'en 1885, furent dominées par son intense collaboration avec Bülow, qui venait de réorganiser l'orchestre du duc de Saxe-Meiningen et en avait fait l'un des meilleurs d'Allemagne. C'est Bülow qui lança le slogan flatteur des « trois B » (Bach-Beethoven-Brahms) ; il établit ses programmes en conséquence et partagea la baguette avec Brahms dans de brillantes tournées. Les troisième (*fa* majeur) et quatrième (*mi* mineur) symphonies, le deuxième concerto pour piano en *si* bémol majeur (achevé à Florence) datent de cette époque. Puis Bülow, surmené, peut-être agacé par la tranquille assurance de son collaborateur, se fâcha avec lui et donna sa démission. La brouille devait durer jusqu'en 1887.

Le Brahms légendaire. Aux approches de

la cinquantaine, Brahms s'était laissé pousser la barbe et apparaissait désormais tel que le représente l'iconographie classique. L'embonpoint aidant, son côté « gros ours » s'en trouvait accentué. La physionomie ouverte était bien celle d'un bon vivant, gros mangeur, franc buveur et grand amateur de cigares et de café, doué d'une santé de fer et d'une résistance peu commune. Sportif à sa manière, il plongeait au petit matin dans les eaux glacées du lac de Starnberg et couvrait à pied des distances invraisemblables. En société, c'était un boute-en-train d'une bonne humeur inaltérable, partout accueilli à bras ouverts, bien que son franc-parler eût parfois la dent dure. Ses tourments intimes, il les gardait pour lui et les exorcisait par la musique, avec la pudeur qui caractérisait toutes ses actions et principalement les bonnes. Antón Dvořák, qui végétait misérablement à Prague, n'a jamais caché ce que sa carrière ultérieure devait à la générosité de Brahms. Mais bien d'autres personnes — on ne le sut qu'après sa mort — avaient bénéficié d'une pareille munificence.

C'est sous son aspect le plus débraillé que Brahms passa les étés de 1886, 1887 et 1888, en vue du lac de Thoune et de la Jungfrau ; dans ce site qui l'enchantait, il composa le double concerto pour violon, violoncelle et orchestre, les sonates pour violon en *la* majeur et *ré* mineur, la sonate n° 2 pour violoncelle, son quatrième trio, bon nombre de chœurs et de lieder, et les *Onze Chants tziganes*. Il y reçut la visite de la jeune cantatrice Hermine Spies, pour qui il éprouva un tendre sentiment et qui contribua à l'inspirer. Mais cette idylle tardive ne devait pas plus aboutir que les autres ; et Brahms n'écrivit plus de lieder avant les *Quatre Chants sérieux* (1896), son chant du cygne.

Le séjour d'Ischl, son ancienne résidence d'été, où il allait séjourner chaque année à partir de 1889, ne fut pas aussi fécond sur le plan musical : on ne peut y rattacher que les *Intermezzi* et *Caprices* op. 116 et 117. Qu'il fût là ou ailleurs, et bien qu'il continuât de manifester une prodigieuse vitalité quand il s'agissait de faire bombance entre amis ou de participer à des excursions périlleuses en Suisse ou en Sicile, quelque chose s'était brisé en lui. Une série de deuils et autres chagrins n'y furent sans doute pas étrangers.

Douleurs et solitude. En 1891, année du merveilleux quintette en *si* mineur op. 115 et du trio op. 114 pour clarinette et cordes, se produisit une brouille avec Clara Schumann, vieillie, malade et aigrie. L'année suivante, il perdit sa sœur Élise et se fâcha avec son ami Billroth à propos de Massenet, dont il détestait la musique. En 1893, réconcilié avec Clara, il se réfugia en Italie pour se soustraire aux festivités organisées pour son 60e anniversaire. Mais au lieu de le célébrer le 7 mai à Venise, comme il en avait l'intention, il le passa à Messine au chevet d'un de ses compagnons, le poète Widmann, qui s'était brisé la cheville. En 1894 disparaissaient successivement Billroth, Bülow et le musicologue Alfred Spitta, dont la mort l'affecta profondément. Brahms, comme Mozart, avait heureusement rencontré « son » clarinettiste, et c'est ainsi que sa musique de chambre, un des domaines les plus riches et inspirés de son œuvre (sonates ; trios, quatuors, quintettes souvent avec piano ; sextuors à cordes), se trouve enrichie d'un trio en *la* mineur, du quintette et de deux sonates, qui devaient être pratiquement ses dernières œuvres avant les tragiques et prémonitoires *Chants sérieux* op. 121. Ce clarinettiste, nommé Richard von Mühlfeld, Brahms l'avait remarqué parmi les musiciens du duc de Saxe-Meiningen.

En mai 1896, Brahms arriva à Bonn après quarante heures de chemin de fer pour enterrer Clara Schumann. Dès le mois suivant, sa magnifique santé l'abandonna. Il perdit l'appétit, maigrit et s'affaiblit jusqu'au 3 avril de l'année 1897, où il succomba à un cancer du foie et rejoignit au cimetière de Vienne ses confrères Mozart, Beethoven et Schubert.

Brahms, « nouveau messie de l'art ». Deux séries de faits ont longtemps empêché une juste appréciation de la grandeur et du caractère « avant-gardiste » de la musique de Brahms : d'une part, les controverses qui, dans la seconde moitié du XIXe s., opposèrent les tenants de la « musique de l'avenir » (Wagner et Liszt) à ceux pour qui les grandes formes instrumentales héritées du passé n'étaient pas épuisées, et, qui, plus d'une fois, tentèrent d'enrôler Brahms sous leur bannière ; d'autre part, les liens évidents de Brahms avec le passé, reflétés tant dans ses œuvres que dans l'admiration qu'il porta à des maîtres anciens, alors inconnus ou tenus pour négligeables. Paradoxalement, ce second facteur est le principal fondement de la grandeur de Brahms et de son importance pour la musique du XXᵉ siècle. Schönberg le vit bien, il fut le premier à se réclamer à la fois de Wagner et de Brahms.

À la différence de ses prédécesseurs immédiats, Brahms s'intéressa au passé de façon vitale, un passé qui, pour lui, ne s'arrêtait pas à Bach, mais remontait jusqu'aux polyphonistes de la Renaissance, voire jusqu'aux origines du lied allemand. À son époque, il fut à peu près le seul à vouer un culte à Haydn, et ses séries de variations sur des thèmes de Haendel (pour piano) ou de Bach (finale de la symphonie nº 4) furent les premières œuvres importantes depuis la Renaissance à puiser leurs thèmes chez des compositeurs disparus depuis des lustres. Cela n'empêcha pas l'ombre de Beethoven d'avoir sur lui des effets parfois inhibants, qui le poussèrent à détruire de nombreuses partitions d'une qualité comparable à celle d'autres qu'il jugea dignes de survivre, ou à attendre la quarantaine pour se faire connaître comme auteur de quatuors à cordes, puis de symphonies.

Mais, de cette attitude fondamentale, plus intense et plus vivifiante chez lui que chez n'importe quel autre compositeur avant le XXᵉ siècle, de cette attitude qui explique largement (tout en les réduisant à l'état de péchés véniels) les citations ou quasi-citations que contient sa musique, Brahms tira un sens de l'ordre et de l'architecture. Cette rigueur est d'autant moins réactionnaire qu'elle alla de pair avec une liberté et une invention linéaire et rythmique toutes novatrices, même révolutionnaires — son écriture harmonique n'est pas exempte d'audaces, mais, contrairement à celle de Wagner, elle apparaît toujours fonctionnelle, génératrice de formes au sens classique. Les superpositions et les oblitérations rythmiques existent chez Brahms, au point de parfois annihiler le sens de la barre de mesure, mais présentent en soi un haut degré d'organisation, où d'aucuns ont vu l'annonce du principe de la modulation métrique cher à Elliott Carter, ou, plus généralement, « la source de la structure polyrythmique de bien des partitions contemporaines » (Schönberg). Tout aussi important est le fait que, par-delà sa complexité rythmique (ou plutôt de pulsation), la densité de sa polyphonie linéaire et la richesse de ses relations motiviques, la musique ne perd jamais le sens de la direction, en particu-

Roger-Viollet.

Johannes **Brahms.**

lier à cause du soin que le compositeur prit à conserver à ses lignes de basse agilité et mobilité. Brahms fut un admirable coloriste, en particulier dans la demi-teinte, mais il préféra toujours la substance au brillant extérieur et, après Bach et Haydn, il s'imposa comme le troisième grand artisan (au sens le plus noble du terme) de l'ère classico-romantique en Allemagne. D'où, malgré la splendeur de ses symphonies ou de ses concertos, ses trois domaines d'élection, tous synonymes d'intimité : le piano, la musique de chambre et le lied (il n'aborda ni le poème symphonique ni l'opéra). Le sextuor à cordes *la Nuit transfigurée* de Schönberg (1899) provient de Brahms autant que de Wagner, et c'est avec pertinence qu'Adorno a fait remarquer que Schönberg ne se serait jamais détourné de la pompe de son temps s'il n'avait puisé dans l'écriture « obligée » des quatuors à cordes de Brahms.

Tout cela étant admis, il faut se garder de qualifier Brahms, ce Nordique attiré par Vienne, par les Tziganes et par l'Italie, de conservateur sur le plan esthétique (par opposition à son langage). Chez lui, esthétique et langage ne font qu'un. Comme nul autre à son époque, il réussit d'une part à mettre en rapport la science musicale la plus élaborée et les origines populaires de son art, d'autre part à « énoncer clairement cela même qui ne se conçoit qu'à peine et qui vit en nous obscurément en des régions où la raison n'a pas de prise... Il est probable que, sans sa science de l'écriture, Brahms se fût perdu, égaré dans sa propre forêt, étouffé par ses propres ombres, [alors que] la mélancolie la plus vague, les désirs les plus ambigus, les mouvements les plus flottants, les plus changeants, les plus indéfinis du cœur, s'expriment dans le langage le plus net, le contrepoint le plus clair qui soient » (Romain Goldron). Si, comme d'autres musiques postérieures (Mahler, Alban Berg), la musique de Brahms évoque globalement un paradis perdu, elle reste la première à avoir fait sienne cette démarche, et la seule à baigner dans la nostalgie avouée de ce paradis, dans le regret avoué d'être née trop tard. Le paradis perdu était encore proche : d'où la possibilité de la démarche de Brahms, qui ne pouvait qu'exclure les « feux et tonnerres » d'un Berlioz, et qui explique aussi les côtés lucidement désabusés, amers parfois, de l'homme et du musicien. Brahms ne songea jamais, comme avant lui Schumann ou après lui Mahler, à se lancer à la poursuite d'un idéal inaccessible. Cela éclaire les réserves qu'il suscita, mais aussi sa position unique dans la musique germanique du XIXe siècle.

BRIDGE *(Frank),* compositeur anglais *(Brighton 1879 - Eastbourne 1941).* Élève de Charles Villiers Stanford pour la composition, il acquit une renommée d'interprète comme violoniste (il fut membre du quatuor Grimson), comme altiste (il fut membre du quatuor Joachim) et comme chef d'orchestre. Il eut l'occasion de diriger les grands orchestres londoniens et les principales formations des États-Unis. Comme compositeur, il fut d'abord influencé par le postromantisme et par Brahms, ce dont témoignent notamment ses premières mélodies et ses premières partitions de musique de chambre, parmi lesquelles son quatuor à cordes no 1 (1906), les fantaisies pour quatuor à cordes (1901), trio avec piano (1907) et quatuor avec piano (1910), la suite symphonique *The Sea* (1910-11) et le poème symphonique *Summer* (1914). La Première Guerre mondiale, au cours de laquelle il écrivit son 2e quatuor à cordes (1915), fut pour lui un choc et orienta sa production vers un modernisme qui n'excluait ni la polytonalité ni certaines rencontres avec l'univers d'Alban Berg, et qui fit de lui, avec Vaughan Williams, le compositeur anglais le plus intéressant de sa génération. Inaugurée avec la sonate pour piano (1921-1924), cette nouvelle période créatrice fut marquée, entre autres, par les quatuors à cordes no 3 (1926) et no 4 (1937), le trio avec piano no 2 (1929), la rhapsodie symphonique *Enter Spring* (1927), le concerto élégiaque pour violoncelle et orchestre *Oration* (1930), la rhapsodie pour piano et orchestre *Phantasm* (1931), et par l'ouverture *Rebus,* sa dernière œuvre achevée (1940). Son unique élève de composition fut Benjamin Britten.

BRITTEN *(Benjamin),* compositeur anglais *(Lowestoft, Suffolk, 1913 - Aldeburgh 1976).* Naître le jour de la Sainte-Cécile ne pouvait être de mauvais augure, d'autant que Benjamin Britten garda toute sa vie une passion pour l'œuvre de son grand prédécesseur Henry Purcell, qui, souvent, dans ses propres *Odes,* rendit hommage à cette protectrice de la musique. Dès ses premières années, Britten entra en contact avec la musique ; sa mère était secrétaire de la société chorale de Lowestoft. Il reçut l'éducation traditionnelle dans la bourgeoisie anglaise et, à l'âge de douze ans, commença à travailler avec Frank Bridge dont l'enseignement devait le marquer profondément. À 16 ans, il entra au Royal College of Music de Londres et étudia sous la direction de John Ireland (composition) et de A. Benjamin (piano). C'est là qu'il composa le *Phantasy Quartet* op. 2 avec hautbois et les variations chorales *A Boy was born* op. 3. Il ne faut pas oublier que, durant toute sa vie professionnelle, Britten demeura un remarquable pianiste, dans ses propres œuvres, le plus souvent en tant qu'accompagnateur, mais aussi dans Mozart par exemple. Sa *Sinfonietta* op. 1 fut entendue lors d'un concert public en 1933.

Après le Royal College of Music vinrent des commandes de la radio, du cinéma et la rencontre avec le poète W. H. Auden pour une série de créations communes. En 1937, on joua à Salzbourg les *Variations on a theme by Frank Bridge* op. 10 pour orchestre à cordes.

Après la mort de sa mère (1938), inquiet du tour que prenait la situation politique en Europe, Britten partit pour les États-Unis (1939). Profondément antimilitariste, il trouva en Amérique la paix qui lui était nécessaire ; un désir impétueux de composer le posséda alors : *les Illuminations ; Sinfonia da Requiem ; Sonnets of Michelangelo,* etc. Il voulait s'expatrier, composer sur des textes autres qu'anglais, élargir ses horizons. Aux États-Unis, Britten atteignit sa maturité de compositeur et tenta un premier essai dans son domaine d'élection, l'opéra, avec *Paul Bunyan* op. 17, qu'il retira ensuite de son catalogue.

En 1942, Britten prit une décision difficile : il décida de repartir pour l'Angleterre, où, réformé, il lui était accordé de poursuivre sa carrière de musicien. Avant son départ, Koussevitski lui demanda pourquoi il n'avait pas encore écrit d'opéra, Britten ayant déjà envisagé comme livret un poème de George Crabbe, Koussevitski lui proposa l'argent nécessaire. Après *A Ceremony of Carols,* œuvre composée pendant son difficile voyage de retour vers l'Angleterre, il s'isola à Snape, et, à Sadlers Wells, son opéra *Peter Grimes* triompha le 7 juin 1945. Du jour au lendemain, Britten devint célèbre, inaugurant une ère nouvelle de la musique anglaise.

Aussitôt, il abandonna momentanément le grand opéra traditionnel pour aborder un genre plus intime et difficile à réussir : l'opéra de chambre avec, d'abord, *le Viol de Lucrèce* (1946), *Albert Herring* (1947) [d'après un conte de Maupassant] et, plus tard, *The Turn of the Screw* (1954). Afin de donner ces opéras, mais aussi d'autres ouvrages contemporains, il créa, en 1946, le English Opera Group, dont il fut directeur artistique, de chef et de compositeur. Deux années plus tard, il fonda le festival d'Aldeburgh, petite ville du Suffolk, où, dans une maison baptisée The Red House, il était installé depuis 1947.

Désormais, le compositeur travailla près de la nature et de la mer, chère à l'âme britannique, aimant la pêche, le tennis, les voitures de sport et les longues promenades à travers les Suffolk Downs. Britten évitait Londres, sauf pour ses engagements professionnels. Il donna des concerts dans le monde entier, comme chef d'orchestre et comme accompagnateur, le plus souvent en compagnie de son ami le ténor Peter Pears, créateur du rôle de

Lipnitzki-Viollet

Benjamin ***Britten.***

Peter Grimes et pour qui Britten composa tant d'œuvres vocales, telle la fameuse *Serenade* op. 31 (1943).

Britten fut d'ailleurs essentiellement un compositeur de musique vocale ; il affectionnait toutes les voix et honorait les plus célèbres : K. Ferrier fut la première Lucrèce, les *Songs and Proverbs of William Blake* sont dédiés à D. Fischer-Dieskau et *Phaedra* op. 93 fut écrite pour Janet Baker. Mais sa musique est marquée par un goût prononcé pour les voix d'enfants (*The Little Sweep ; A Ceremony of Carols ; Spring*

Symphony; le rôle de Miles du *Turn of the Screw; War Requiem,* etc.). Britten mit la langue anglaise en musique avec le génie d'un Purcell, musicien qu'il ne supportait pas d'entendre critiquer et dont il réalisa un nombre assez important d'œuvres, parmi lesquelles une version nouvelle de *Didon et Énée.* Britten connut mieux que quiconque la personnalité rythmique que cette langue donnait à une œuvre vocale.

L'œuvre de Britten ne peut être considérée comme révolutionnaire, mais elle est très personnelle, originale, lyrique et profondément anglaise. Homme pratique, il a déclaré que sa musique devait toujours répondre à un besoin, faire plaisir à un large public, mais il n'a pas pour autant sacrifié la qualité. Très cultivé, il connaissait la poésie et comprenait de manière pénétrante la musique des autres, en particulier celle des maîtres élisabéthains, de Bach, de Mozart et surtout de Schubert. Aujourd'hui, les œuvres de Britten sont inscrites aux programmes de tous les festivals internationaux. En 1958, son opéra *The Turn of the Screw (le Tour d'écrou),* peut-être son chef-d'œuvre lyrique, fut créé à la Fenice de Venise. Dans ses opéras, les sujets et les époques traités offrent une grande variété : la Rome de Tarquinius par exemple ou la magie de Shakespeare du *Songe d'une nuit d'été* (livret de Britten et Pears), la brutalité de la marine anglaise au XVIIIe siècle *(Billy Budd)* ou la « Venise » de Thomas Mann. Pourtant dans ces œuvres, et dans bien d'autres, un même thème réapparaît avec une certaine insistance : celui de la défense de l'humanité contre les injustices. Les cycles de mélodies sont nombreux et importants. *On this Island* (W. H. Auden, 1938) contient la parodie de Purcell bien connue « Let the florid music praise ! » et les *Songs and Proverbs of William Blake* op. 74, créés à Aldeburgh en 1965, une étonnante évocation d'une mouche à qui le poète se compare. Britten a également fait des arrangements pour voix et piano de chansons populaires, anglaises et françaises. Si sa musique de chambre est réduite, les trois quatuors à cordes révèlent des qualités considérables ; citons également la sonate en *ut* pour violoncelle et piano op. 65 et les deux *Suites* op. 72, op. 80, écrites pour Rostropovitch (comme la symphonie pour violoncelle et orchestre op. 68).

Composée avec une facilité étonnante, la musique de Britten peut atteindre parfois une certaine préciosité, mais son inspiration ne se contente jamais de banalités et son invention obéit à un sens très scrupuleux des formes traditionnelles qu'il sait renouveler (la passacaille de *Peter Grimes,* par exemple) sans les trahir. Quant à son génie des couleurs, de l'orchestration, que l'on se souvienne de l'atmosphère que le compositeur réussit à créer dès les premières notes du *Songe d'une nuit d'été,* dans une réunion pafaitement harmonieuse du monde shakespearien avec l'Angleterre de notre siècle.

BROWN *(Earle),* compositeur américain *(Lunenburg, Massachussetts, 1926).* Trompettiste amateur, il fit, à Boston, des études de mathématiques et d'ingénieur, et suivit des cours de composition, d'orchestration et d'écriture avec Roslyn Brogue Henning, à la Schillinger School (1946-1950). Parallèlement, il s'initia aux théories mathématiques (appliquées à la musique) de Joseph Schillinger, avant de les enseigner lui-même (ainsi que la composition) à Denver (1950-1952). Mais s'il fut fasciné par ces théories, il ne devait pas en reprendre à son compte l'organisation extrême. Il fut influencé au début de sa carrière par Ives et Varèse, mais davantage encore par une certaine peinture (Pollock) et une certaine sculpture (Calder) américaines ; chez Calder, il trouva la « précision de l'organisation » et surtout l'idée de la mobilité d'une œuvre.

Ses premières œuvres — 3 pièces pour piano (1951), *Perspectives* pour piano (1952), *Musique pour violon, violoncelle et piano* (1952) — rendent hommage à la fois au sérialisme et — comme, plus tard encore, *Pentathis* (1957) — aux théories de Schillinger. Mais Brown évolua rapidement vers la « forme ouverte », notion qu'il fut l'un des premiers à introduire en musique, et sa rencontre avec John Cage (1951), ainsi qu'avec Wolff et Feldman, fut à cet égard décisive. Il collabora avec Cage et David Tudor au projet de musique pour bande magnétique à New York (1952-1955), participa aux cours d'été de Darmstadt, à partir de 1955, fut directeur artistique des enregistrements de musique contemporaine chez Time Records (1955-1960), bénéficia d'une bourse Guggenheim en 1965-66 et fut nommé, en 1968, professeur de composition au conservatoire Peabody de Baltimore. Il le resta jusqu'en 1970. La forme ouverte et les techniques semi-aléatoires apparurent dans ses œuvres à partir de 1953. *Folio* (1952-53) est un groupe de trois œuvres — *November 1952, December 1952* et *1953* — pour n'importe quel nombre d'instruments. *December 1952* remplace les hauteurs écrites, et donc fixées par un exemple de notation graphique, par des lignes en diverses positions et de diverses longueurs, devant servir de support à l'improvisation d'un groupe quelconque de musiciens durant un laps de temps indéterminé. Dans *25 Pages* pour 1 à 25 pianos (1953), le ou les exécutants peuvent disposer les pages dans l'ordre de leur choix, et l'on trouve un principe que Brown devait très souvent reprendre ultérieurement : une notation proportionnelle ne divisant pas le temps en unités précises, mais en durées relatives dont la longueur, laissée à l'initiative de l'exécutant, est suggérée par l'espacement des symboles. Convaincu qu'une musique est d'autant plus intense que l'exécution participe davantage à sa création, il s'intéressa moins à l'indétermination dans l'acte de composer, comme Cage, ou à la libération des sons, qu'au problème de la forme, aux présentations différentes d'un même matériau et à ses conséquences.

À *Available Forms I* pour 18 musiciens (1961) succéda *Available Forms II* pour 98 musiciens et 2 chefs dirigeant chacun 49 exécutants (1962), la forme dépendant de la réciprocité et de la spontanéité des réactions des 2 chefs l'un par rapport à l'autre. Le procédé est semblable dans *9 Rarebits* pour 1 ou 2 clavecins (1965) ou dans *Synergy II* pour orchestre de chambre (1967-68), alors qu'inversement, *Corroboree* (1964) pour 3 pianos ou le quatuor à cordes (1965) introduisent des structures mobiles à l'intérieur de formes fermées. Dans *Calder Piece* pour 4 percussionnistes et 1 mobile de Calder (1965), le rôle du chef est tenu par le mobile. Ses ouvrages n'en contiennent pas moins des éléments d'unité au sens traditionnel : ainsi l'usage obstiné, presque canonique, des quintes dans *Available Forms I.* Auteur également d'*Octet I* (1953) et d'*Octet II* (1954) pour bande, de *Modules I* et *II* pour petit orchestre et 2 chefs (1966), de *Syntagm III* (1970), *Cross Sections* (1973) et *Color Fields* (1975) pour orchestre, de *Small Piece* pour chœur (1975), doté d'un sens raffiné des timbres, Earle Brown est l'une des personnalités les plus importantes de l'avant-garde américaine.

BRUCH *(Max),* compositeur allemand *(Cologne 1838-Friedenau, près Berlin, 1920).* Il prit ses premières leçons de musique avec sa mère, puis étudia à Bonn, à Cologne et à Leipzig. En 1858 fut représentée à Cologne sa première œuvre lyrique, le singspiel *Scherz, List und Rache,* d'après Goethe. En 1863, l'opéra *Die Lorelei* fut créé à Mannheim. Bruch occupa des postes de chef d'orchestre et de chef de chœur successivement à Mannheim, Coblence, Sondershausen, Berlin, Liverpool et Breslau. En 1872, son opéra *Hermione* fut donné à Berlin. Il épousa la chanteuse Clara Tuczek (1881) et, en 1892, fut nommé professeur de composition à la Musikhochschule de Berlin où il enseigna jusqu'en 1910.

Fortement influencée par Brahms et très appréciée à son époque, l'œuvre de Max Bruch se caractérise par une écriture d'une grande sûreté, par des mélodies généreuses qui s'inspirent parfois du folklore écossais, gallois ou allemand, par des accents postromantiques, mais aussi par un certain académisme. Il a composé trois symphonies, de la musique de chambre, de nombreuses œuvres chorales et des oratorios, de la musique théâtrale. Sa *Fantaisie écossaise* pour violon et orchestre, l'un de ses concertos pour violon, le n° 1 en *sol* mineur, et une pièce pour violoncelle et orchestre, *Kol Nidrei,* demeurent encore populaires de nos jours.

BRUCKNER *(Anton),* organiste et compositeur autrichien *(Ansfelden, Haute-Autriche, 1824-Vienne 1896).* Son grand-père fut le premier de cette ancienne famille rurale (originaire d'Oed, près d'Amstetten) à s'élever au rang de maître d'école en s'installant à Ansfelden (15 km au S. de Linz) en 1776. Il eut pour adjoint, dès 1814, son fils Anton Bruckner Sr., qui lui succéda en 1823 et épousa la même année Theresia Helm, dont il eut cinq enfants. L'aîné, *Josef Anton Jr.,* naquit un an plus tard, le 4 septembre (il fut suivi de trois sœurs et d'un frère, Ignaz, à demi simple d'esprit). Le premier éveil musical du jeune Anton lui vint de son cousin Jean-Baptiste Weiss (1812-1850), organiste à Hörsching, chez qui il séjourna en 1835 et 1836, et écrivit ses premiers essais connus, 4 *Préludes* pour orgue. De retour à Ansfelden, il aidait déjà son père à la fois à l'école et au violon pour les bals villageois ; mais dès l'année suivante il vit mourir prématurément celui-ci, et il entra à la manécanterie de la voisine abbaye de Saint-Florian, où il fut accueilli par le supérieur Michaël Arneth, qui lui tint lieu de père adoptif. Là s'effectua sa formation générale et sa première instruction musicale, notamment, à l'orgue avec Anton Kattinger, alors titulaire de la future « Bruckner-Orgel ». À l'âge de seize ans, placé devant le choix de son futur métier, Anton Bruckner répondit simplement : *« Comme mon père » ;* il poursuivit une année d'études à la Preparandie de Linz tout en prenant des leçons d'harmonie et de contrepoint auprès d'August Dürrnberger (1800-1880). Durant huit années, Anton demeura maître d'école adjoint dans de petits villages de Haute-Autriche, notamment, à Kronstorf, près de Steyr, où il prit des leçons avec l'organiste Leopold von Zenetti (1805-1892), puis à Saint-Florian même, dès 1845, avant d'y être enfin nommé, en mars 1848, organiste auxiliaire et, trois ans plus tard, titulaire. Hormis quelques pièces d'orgue et une profusion de motets sacrés, cette « première période » voit naître déjà deux œuvres très significatives : en 1849 le *Requiem* en *ré* mineur, et, cinq ans plus tard, la *Missa solemnis* en *si* bémol, déjà le quatrième essai du genre.

L'organiste du « Dom ». La *Messe,* notamment, marqua un premier tournant dans la vie et la carrière de son auteur. À la disparition de son protecteur Michaël Arneth, le jeune organiste prit conscience que son destin n'était plus à Saint-Florian ; et, dans l'année qui suivit, après diverses épreuves et nanti de certificats de capacité, il se laissa convaincre de postuler d'abord à Olmütz puis à Linz, où il fut nommé à l'ancienne cathédrale, ou « Dom » (aujourd'hui Ignatiuskirche) en novembre 1855. Il demeura près de treize années dans la capitale provinciale, qui, de nos jours, notamment par un festival qui prend d'année en année plus d'importance, vénère son souvenir comme Salzburg le fait pour Mozart. Ce séjour fut divisé en deux étapes d'égale durée. La première offrit l'exemple, unique chez un artiste de cet âge, d'une remise en cause fondamentale de toute sa formation théorique. Le savant contrapuntiste viennois Simon Sechter (1788-1867), qui fut déjà sollicité trente-huit ans plus tôt, par Schubert, admit Anton comme élève. Il se rendait chez son professeur chaque mois en empruntant le service fluvial qui lui faisait descendre le cours du Danube, au travers d'un paysage exaltant, dont son œuvre, par la suite, porta la trace. Ce cycle d'études (sanctionné en nov. 1861 par l'aptitude à enseigner en conservatoire) ne fut, toutefois, pas le dernier auquel il se soumit : durant deux années encore, il se perfectionna en technique orchestrale auprès du chef du théâtre de Linz, Otto Kitzler, de dix ans son cadet. Et celui-ci lui révéla tout le répertoire moderne, insoupçonné de l'organiste, de Weber à Wagner en passant par Spohr, Berlioz, Mendelssohn, Schumann et Liszt — le premier contact avec l'art wagnérien, notamment, eut lieu en février 1863 par la création linzoise de *Tannhäuser.*

Du musicien d'église au symphoniste. Tandis que Sechter interdisait à son élève tout travail créateur (la seule composition de cette époque, le *Psaume 146* pour solos, chœur et orchestre, entreprise en 1856, fut terminée seulement en 1861), Kitzler suscita les premiers essais dans les formes instrumentales « nobles », avec le *Quatuor à cordes* en *ut* mineur (demeuré inconnu jusqu'en 1951) et la précieuse *Ouverture* en *sol* mineur, véritable trait d'union avec Schubert. Ces œuvres remontent à 1862 ; et, l'année suivante, Bruckner signa sa toute première symphonie en *fa* mineur (dite « d'étude »), qu'il écarta plus tard de la numérotation définitive de même que celle en *ré* mineur entreprise aussitôt après et à laquelle, comme par un tardif remords, il attribua à la fin de sa vie le symbolique numéro « zéro » ! Dans ces années décisives de la « période de Linz », l'organiste édifia simultanément ses principaux monuments liturgiques. À côté d'une seconde série de motets comprenant le célèbre *Ave Maria* à sept voix (1861), allaient ainsi naître les trois principales *Messes : n° 5* (en édition n° 1) en *ré* mineur, terminée et créée en 1864 et où le commentateur Moritz von Mayfeld crut déceler l'éclosion soudaine d'un génie (pour bien intentionné qu'il fût, cet ami de Bruckner ne se doutait ni de la somme de travaux ni de l'évolution continue dont l'œuvre était en vérité l'aboutissement) ; *n° 6* (II) en *mi* mineur, avec accompagnement de quinze instruments à vent, écrite au cours de l'été 1866, mais créée seulement en 1869, en plein air, sur le chantier de la nouvelle cathédrale de Linz ; enfin *n° 7* (III), « la Grande », en *fa* mineur, la plus vaste, mais d'expression plus subjective que la précédente, entreprise en 1867 au cours d'une grave dépression nerveuse et comme pour « exorciser » le mal (créée en 1872 à Vienne, elle fut alors accueillie avec chaleur par Eduard Hanslick, qui la compara à la *Missa solemnis* de Beethoven). Mais tandis qu'il créait ces pages vibrantes d'une foi sincère, Anton devait faire abstraction de l'exigence, non moins impérieuse, d'une expression plus authentiquement personnelle, plus « engagée » aussi. Cette exigence éclata dans la symphonie, avec d'autant plus de force qu'elle avait été longtemps contenue. Les violents contrastes et le déchaînement agogique de la *Symphonie n° 1* en *ut* mineur (1865-66) n'eurent pas d'autre cause, ainsi que ses audaces formelles et harmoniques, qui firent d'elle la première pierre du renouveau moderne de la symphonie. Rien d'étonnant à ce qu'à sa première audition, le 9 mai 1868 à Linz (huit ans avant l'apparition de la *Première Symphonie* de Brahms), elle n'ait remporté qu'un succès d'estime, davantage adressé à l'organiste du Dom qu'au compositeur, qui, en vérité, dès cet instant, était incompris.

Comme pour toutes ses œuvres majeures jusqu'alors, Bruckner dirigea lui-même cette création : depuis ses débuts, soulignons-le, son activité secondaire de chef de chœur l'amena maintes fois à paraître dans la vie musicale « séculière ». Ainsi Wagner, avec qui il était entré en rapport dès 1865, lui confia-t-il, en avril 1868, l'avant-première d'un chœur extrait des *Maîtres chanteurs;* et lui-même écrivit, notamment pour sa chorale Frohsinn à Linz, maintes pièces toujours pratiquées en pays germanique, mais guère à l'étranger. Cependant Sechter, mort en septembre 1867, l'avait désigné pour lui succéder dans ses charges de professeur au conservatoire de Vienne et d'organiste de la chapelle impériale. Intimidé par la perspective de telles responsabilités, d'autant qu'il les ambitionnait, Anton hésita et il multiplia les démarches dans d'autres directions (Salzburg, Munich), pour céder enfin aux objurgations de Johann Herbeck, qui venait de découvrir la *Symphonie inachevée* de Schubert, et qui s'était fait aussi le prosélyte de notre musicien. Les décrets de nomination de Bruckner

Ackermanns Kunstverlag, Munich.

Portrait d'Anton ***Bruckner*** *par Nauer.*

intervinrent, en juillet 1868, au conservatoire, et, le 4 septembre — jour de son 44ᵉ anniversaire —, à la Hofkapelle ; la semaine suivante, il s'embarqua sans retour pour Vienne, ne se doutant pas que cette ville allait devenir aussi son Golgotha.

Un caractère ambivalent. L'homme mûr qui s'installa à Vienne, au numéro 42 de la Währingerstrasse, en compagnie de sa sœur cadette Maria-Anna (Nanni) qui tint son ménage, n'offrait pas encore l'image, aujourd'hui familière, de l'ascète chenu courbé sous le poids des ans et de l'adversité. Il conserva cependant la tendance, facile à confondre avec de l'humilité, à s'incliner devant toute autorité temporelle ou spirituelle, qu'elle lui fût imposée par les institutions ou qu'il l'eût lui-même choisie, comme ce fut le cas pour Wagner (dans la populaire silhouette dessinée par Otto Böhler, il paraissait plus petit que son confrère alors qu'en fait c'était l'inverse). Son comportement, son vêtement trop large nécessité par les mouvements qu'il exécutait aux claviers, son accent rural (l'équivalent pour la France de celui d'un paysan berrichon), tout cela prêtait à sourire, et il en était fort conscient. Mais avec une habileté qui suffisait à la démentir, il joua de cette réputation de niaiserie (*Halb Gott, halb Trottel,* « moitié Dieu, moitié benêt », disait, paraît-il, Mahler) pour endormir la méfiance de l'intelligentsia au sein de laquelle il se créa peu à peu une position que nul n'eût imaginé lui voir occuper un jour. Derrière une piété démonstrative, qui accentua encore son côté marginal, il dissimula une ambition amplement justifiée par son génie, mais que d'aucuns qualifient aujourd'hui d'« arriviste ». Après avoir, jusqu'à la trentaine passée, douté de sa vocation musicale, il prit conscience désormais de l'œuvre qu'il était destiné à accomplir, et il était prêt à endurer les pires épreuves pour la mener à bien. Il savait qu'il n'allait la faire triompher que si sa position sociale lui en donnait les moyens. Étant fils et petit-fils d'instituteurs, il eut la chance d'être un bon pédagogue, et devait mettre ce don à profit avec une admirable persévérance non seulement au conservatoire, mais aussi à l'université, terrain où il était peu prédestiné à prendre pied.

La « seconde école viennoise ». Après maintes sollicitations auprès du ministère, et sans se préoccuper de ce qu'il s'aliénait définitivement son collègue Hanslick en marchant par trop sur ses brisées, il obtint en effet en 1875 la création à son profit (mais, au début, sans émoluments) d'une chaire de théorie musicale ouverte aux étudiants du doctorat en philosophie, où se succédèrent durant vingt années les futurs grands noms de la pensée viennoise et pas seulement des musiciens. De ce maître qui entretenait avec eux des relations quasi familiales, la plupart de ses étudiants garderont un souvenir impérissable, l'honorant de multiples façons dans leurs écrits. Certains, comme Mahler, suivirent son enseignement à la fois au conservatoire et à l'université. Il eut, en outre, des élèves privés ; et un Hugo Wolf devait plaider pour lui avec acharnement dans le *Wiener Salonblatt,* et se réclamer de lui sans jamais avoir pris ses leçons. Le terme de « seconde école viennoise » doit donc s'appliquer, non pas au groupe de Schönberg (qui sera la « troisième ») mais à celui constitué par Bruckner et ses deux principaux héritiers Hugo Wolf et Gustav Mahler, avec aussi quelques autres noms, comme par exemple Franz Schmidt. Malgré de grandes divergences de pensée et de style, des affinités musicales frappantes les liaient sur le plan de l'écriture et même de certaines citations explicites ; et l'on ne saurait trop souligner l'antériorité de Bruckner dans les conquêtes de forme et de langage qui allaient marquer la fin du siècle et aboutir à l'éclatement du monde tonal.

Du désastre au triomphe. Mais reportons-nous à l'arrivée du maître à Vienne, pour le suivre brièvement dans son destin musical — qui d'ailleurs se confondait avec sa vie privée, puisque la composition allait absorber tout le temps que lui laissèrent ses triples fonctions (dans les cinq dernières années de sa vie seulement il eut le loisir de s'y consacrer totalement, et il était alors trop tard pour qu'il puisse mener à bien son œuvre ultime, la *9e Symphonie*). Quant au bonheur intime d'un foyer, on sait qu'il lui fut toujours refusé, encore qu'en deux occasions, au moins, il y eût lui-même renoncé par intransigeance religieuse (du moins était-ce là le prétexte avoué). En 1870, sa sœur mourut, et il dut engager une servante, Kathi Kachelmayer, qui lui fut dévouée jusqu'à sa mort. Chaque été, il retourna au pays natal passer de studieuses vacances ; et trois grandes diversions, trois voyages lointains seulement marquèrent les vingt-huit années du séjour viennois : deux tournées organistiques triomphales, en 1869, en France (Nancy et Paris) et, en 1871, à Londres ; et un voyage de tourisme, en 1880, en Bavière, Suisse et Haute-Savoie. Ne s'y ajoutèrent que quelques brefs déplacements en Allemagne pour assister à divers concerts de ses œuvres, qui y furent parfois jouées avant de l'être à Vienne ; ou, bien sûr, au festival de Bayreuth, dont il devint d'emblée un familier. Les autres événements saillants furent rares. Au plan matériel, deux seuls déménagements (en 1877 pour la Hessgasse, à l'angle du Ring, et en 1895 pour le pavillon de garde du Belvédère mis à sa disposition par l'empereur François-Joseph) ; au plan de l'anecdote, sa réception par l'empereur, en 1886, où le monarque s'entendit demander par le musicien s'il ne pouvait *« empêcher Hanslick de* (le) *démolir si méchamment » ;* ou son unique rendez-vous avec Brahms, au restaurant « Zum roten Igel », où ils ne se comprirent qu'en matière culinaire ! Reste l'essentiel : les premières auditions des symphonies. Et là nous passons d'un extrême à l'autre, du désastre de la *Troisième* (16 déc. 1877) au triomphe de la

Huitième (18 déc. 1892), tandis qu'en 1887 le rejet par Hermann Levi de la version primitive de cette même *Huitième* avait failli conduire Bruckner au suicide. À l'inverse, l'une des grandes joies de sa vieillesse fut, en novembre 1891, son accession au doctorat honoris causa de l'université de Vienne ; les solennités qui s'ensuivirent l'émurent jusqu'aux larmes.

Les versions multiples. Ce fut donc l'édification du monument symphonique qui occupa principalement ses pensées à Vienne. Après un hiatus de trois années environ, dû à la nécessité de s'accoutumer à la vie urbaine nouvelle à laquelle il était si mal préparé, il y revint en 1871-72 avec la *Deuxième* en *ut* mineur, et le poursuivit désormais sans désemparer, en passant parfois des années (notamment de 1876 à 1879 et de 1888 à 1891) à remodeler le travail antérieur. La plupart des symphonies connurent ainsi deux, voire trois rédactions successives ou « Fassungen », souvent très divergentes, plus diverses variantes pour des mouvements isolés : tous ces textes ont aujourd'hui paru dans l'*Édition critique intégrale* réalisée à Vienne. Sans tenir compte des retouches mineures, on s'aperçoit, en considérant cette somme, que Bruckner a produit, non pas neuf ni onze symphonies, mais bien dix-sept ! (On en donne plus loin la nomenclature.) Ces remaniements systématiques répondaient, certes, d'abord au souci de perfectionner l'ouvrage, de mieux profiler un thème ou de resserrer la forme. Mais ils eurent parfois l'inconvénient de faire disparaître des hardiesses précieuses ; d'où l'intérêt de la redécouverte des versions primitives (« Urfassungen »). En outre, certaines des révisions les plus tardives furent influencées par les exigences des élèves et interprètes du compositeur, soucieux de rendre sa musique acceptable aux oreilles des contemporains ; et dans certains cas ils rédigèrent eux-mêmes de nouveaux textes, qui furent en réalité les premiers publiés. Ceux-ci sont aujourd'hui heureusement abandonnés, mais il en demeure des traces fâcheuses, notamment dans les dernières versions des *Troisième* et *Huitième* symphonies.

L'« Art de la symphonie ». Bien qu'il s'agisse dans tous les cas de musique pure, et que l'ensemble ait pu être qualifié d'« Art de la symphonie » (A. Machabey), au sens de l'*Art de la Fugue,* chacune des symphonies — nous l'avons vu pour la *Première* — comporte en sa substance, sinon un programme précis, du moins un lien direct avec les circonstances de sa création et les sentiments qui assaillaient alors le musicien. En ce sens, Anton Bruckner s'affirma fondamentalement comme un romantique, donc un enfant de son siècle, ce qu'il fut aussi par sa situation chronologique, entre Beethoven et Schubert d'une part, Mahler et le XXe siècle de l'autre. Ces deux faits, à tout le moins, contrebattirent l'idée de son « intemporalité » ; et ce qu'on appela son « mysticisme » fut en vérité la traduction de son émerveillement devant toutes les beautés de ce monde et de sa gratitude envers Celui qu'il reconnaissait pour leur créateur. Ce terme constitua une constante de sa pensée dans toutes les symphonies et spécialement dans leurs adagios, dont les cinq derniers, au moins, comptent au nombre des pages les plus inspirées de toute la musique. Il reste que les terribles conflits qui sous-tendent cette pensée, et qui se traduisent notamment par des tensions harmoniques, dont le musicologue anglais Robert Simpson a fait une étude remarquable, justifient la conclusion de Gustave Kars : « On ne saurait imaginer qu'une œuvre d'une telle portée et d'une telle complexité ait pu être le fruit d'une vie béate, d'où la lutte et le doute auraient été absents. »

Si diverses par leur propos, les symphonies répondent toutes à une évolution sans faille, chacune s'appuyant sur les précédentes pour préparer la suivante. Leur structure formelle obéit à deux principes fondamentaux : d'une part l'*unité interne,* accomplissement et systématisation d'un processus ébauché déjà par le dernier Schubert, et qui consiste à fonder l'œuvre sur une cellule mère qui féconde tous les mouvements et triomphe en conclusion ; d'autre part le *trithématisme* des mouvements de sonate, qui, de même que la succession des temps, répond à un souci primordial de contrastes (deux données vigoureuses ou épiques encadrent un « groupe du chant » de caractère lyrique). Contrairement à une idée trop répandue, ni leurs durées (à deux exceptions près : *Cinquième* et *Huitième*) ni leur effectif instrumental n'outrepassent maints exemples antérieurs (Berlioz). Le compositeur employait rarement des instruments autres que ceux de l'orchestre du dernier Beethoven ou de Brahms, mais il tira de cet orchestre des effets bien plus somptueux grâce à une technique plus moderne et surtout à un instinct infaillible dans le choix et la répartition des couleurs. L'influence de la registration organistique est évidente, mais elle se traduit, non par l'abus de doublures, mais par l'indépendance des groupes orchestraux, qui évoluent en grands *blocs* selon une démarche que seul le XXe siècle saura retrouver. À la pratique de l'orgue on peut, de même, rattacher les fréquentes césures (pauses générales) qui émaillent le discours brucknérien et préparent souvent l'énoncé d'une idée directrice. En réalité, ce rôle philologique du *silence* est commun aux trois grands romantiques autrichiens (Schubert, Bruckner, Mahler) : c'est un des traits fondamentaux qui les distinguent de leurs collègues d'Allemagne (de Beethoven à Reger), qui, dans la symphonie tout au moins, professent plutôt l'« horreur du vide » !

Enfin, toute création liturgique majeure étant, chez Bruckner, absente du catalogue viennois à la seule exception du *Te Deum* entrepris en 1881 et terminé en 1884, la tentation est forte de considérer que les symphonies de la grande période *(2* à *9)* unissent l'expression sacrée et l'expression profane en un seul et même genre : phénomène pratiquement unique dans la littérature musicale. Grâce à cette dualité autant qu'à ses conquêtes d'écriture, Anton Bruckner s'élève très au-dessus du cadre régional et même national pour s'égaler aux deux plus grands chantres de l'humanité, Jean-Sébastien Bach et Ludwig van Beethoven. C'est donc lui, et non Brahms, qui devrait constituer, si l'on tenait à cette image, le troisième terme de la trinité proclamée par Hans von Bülow ; et la multiplicité des études qui lui sont consacrées montre d'ailleurs combien s'affirment de jour en jour l'importance et la valeur de son message au regard de la musique de notre temps.

Les chefs-d'œuvre viennois. Il reste à caractériser brièvement chacune des symphonies viennoises. La *Deuxième* a été qualifiée par August Goellerich, élève préféré et principal biographe de Bruckner, de « symphonie de Haute-Autriche », ce que justifie surtout son scherzo bondissant (la danse populaire sera d'ailleurs un terme constant dans les scherzos, au moins jusqu'à la *Cinquième* incluse). La *Troisième,* qui ambitionne pour la première fois d'allier l'inspiration épique beethovénienne et le monde des Nibelungen, fut dédiée à Richard Wagner ; et cela valut à son auteur vingt années d'ostracisme de la part de la critique traditionaliste viennoise. La *Quatrième* reçut son sous-titre de *Romantique* du compositeur lui-même, qui fournit aussi pour chaque mouvement un programme quelque peu naïf : elle est, dans l'ensemble, dominée par l'amour de la nature, mais bien moins tributaire d'intentions précises que la *Pastorale,* dont on la rapproche souvent. En revanche, sa structure cyclique est peut-être la plus parfaite. Premier point culminant de la chaîne et création éminemment typique de son auteur (qui ne l'entendit jamais !), la *Cinquième* (1875-1877) unit le climat religieux au lyrisme viennois en une formidable architecture sonore qui intègre une double fugue. La *Sixième* connaît en son adagio l'épilogue d'une des nombreuses idylles que le musicien se forgeait sans véritable espoir ; tandis que le scherzo est d'atmosphère fantomatique. La *Septième* fut celle qui valut à son auteur la gloire internationale : sa création à Leipzig, le 30 décembre 1884, par Arthur Nikisch, le tira du jour au lendemain de l'obscurité. Elle avait, il faut dire, de quoi séduire le plus vaste auditoire, tant par la noblesse de ses mélodies que par la somptuosité de sa parure orchestrale. L'adagio, où Bruckner emploie pour la première fois les tubas, fut entrepris dans le pressentiment de la mort de Wagner ; il s'achève sur la *Trauerode* qui, treize ans plus tard, devait accompagner son auteur à sa dernière demeure. La *Huitième,* la plus vaste et la plus complexe de toutes (elle occupa le compositeur de 1884 à 1890), comporte au moins trois éléments programmatiques : le glas *(Totenuhr)* qui résonne à la fin du premier mouvement dans la seconde version ; la peinture du paysan danubien dans le scherzo ; et le thème en trois vagues qui ouvre le finale et illustre une rencontre des empereurs d'Autriche, d'Allemagne et de Russie. Mais, au-delà de l'anecdote, la grandiose et cataclysmique péroraison, avec superposition de tous les thèmes de l'œuvre, manifeste l'extrême limite des potentialités de la forme symphonique elle-même.

Bruckner eût-il pu aller plus loin encore dans la *Neuvième,* qu'il dédia symboliquement « au bon Dieu » ? On pouvait l'attendre par les dimensions du premier mouvement, ou par la percée qui s'accomplit en matière harmonique (superposition de tous les degrés de la gamme diatonique) au sommet de l'adagio. Et dans les esquisses du finale, auquel le musicien travailla jusqu'à son dernier jour, les fonctions tonales semblent fréquemment suspendues. Mais ce dernier morceau ne parvint pas à son terme (il s'interrompit au seuil de la péroraison) : c'est donc sur le sublime apaisement de l'adagio, venant après la terrifiante course à l'abîme du scherzo, que le maître prit congé de son auditoire terrestre. À sa mort, le 11 octobre 1896, au terme d'un lent déclin et d'une hydropisie aggravée d'atteintes pulmonaires, il laissait parmi d'autres genres, au moins, deux œuvres majeures : le *Quintette à cordes* en *fa,* avec deux altos (1879), et *Helgoland* (1893), sur un poème d'August Silberstein, pour chœur d'hommes et grand orchestre, couronnement d'une production chorale profane ininterrompue comportant une quarantaine de pièces. Enfin en musique sacrée, outre le *Te Deum* déjà cité, un bref et éclatant *Psaume 150* (1892) et une dernière série de motets, les mieux connus et les plus neufs d'expression : quatre graduels (du *Locus iste* de 1869 au *Virga jesse* de 1885); *Ecce sacerdos,* avec cuivres (1886); *Vexilla regis* (1892).

Un auditoire d'outre-tombe. Les obsèques d'Anton Bruckner furent célébrées en grande pompe, devant le Tout-Vienne de la musique, le 14 octobre 1896, à l'église Saint-Charles. Quelques semaines auparavant, il réclamait encore de ses médecins une attestation écrite garantissant sa liberté; et cette même exigence supérieure lui avait fait demander par testament que son cercueil demeurât exposé — et non inhumé — dans la crypte de Saint-Florian, au-dessous de l'orgue qui, depuis, porte son nom. Lorsqu'on exauça ce vœu, on découvrit une nécropole remontant aux invasions turques, et d'où l'on retira plusieurs milliers de crânes devant lesquels il joue désormais pour l'éternité !

BRUHNS *(Nicolaus),* organiste et compositeur allemand *(Schwabstedt, Schleswig, 1665 - Husum, Schleswig, 1697).* Après des études de violon, de viole de gambe, d'orgue et de composition, notamment avec Buxtehude, il passa sa brève carrière comme organiste à Husum, où il fut nommé en 1689. Ses œuvres pour orgue — 4 toccatas et une fantaisie de choral sur *Nun komm der Heiden Heiland* —, qui révèlent un digne disciple de Buxtehude, par la virtuosité et le renouvellement incessant de l'imagination, furent rapidement célèbres dans toute l'Allemagne. Bruhns laissa également douze *Concerts spirituels* et *Cantates,* où son tempérament fougueux s'exprime par une écriture vocale et instrumentale recherchée et brillante.

BRUMEL *(Antoine),* compositeur français *(v. 1460 - v. 1520).* Heurier à la cathédrale de Chartres en 1483, il fut nommé maître de chant des enfants à la cathédrale Saint-Pierre de Genève (1486-1492). Membre du chœur de Laon en 1497, il devint maître des enfants à Notre-Dame de Paris (1498-1500). Il vécut ensuite, peut-être, à Lyon, avant d'occuper le poste de maître de chapelle du duc de Ferrare, Alphonse Ier (1505).

Ses treize messes utilisent le cantus firmus, profane *(l'Homme armé, Bergerette savoyenne, À l'ombre d'un buyssonnet)* ou liturgique (*Pro defunctis* sur l'introït de *Requiem æternam* et le *Dies iræ,* une nouveauté en matière de teneur). Mais si, dans ses premières messes, comme *l'Homme armé,* le superius et le ténor commandent encore les deux autres voix, la messe *De Beata Virgine,* plus tardive, semble avoir été pensée à 4 voix et s'ouvre, bien que timidement, au style nouveau (souci de l'harmonie, homorythmie). La souplesse et la variété qu'apportent ces qualités expressives contrebalancent le caractère parfois trop accusé de ses connaissances purement techniques et son attachement premier à la tradition. Le motet *Laudate Dominum* (il en a écrit environ une trentaine) est un excellent exemple de cet équilibre. En avançant dans sa carrière, Brumel accorde une attention spéciale à la déclamation *(Sicut lilium inter spinas),* à l'homorythmie *(Missa Super Dringhs)* et une place grandissante à la richesse sonore, signes d'une influence italienne directement subie.

BRUNETTI *(Gaetano),* compositeur italien *(Fano, États pontificaux, v. 1740-Madrid 1808).* Élève de Nardini, il arriva avec sa famille en Espagne en 1762 et y bénéficia de la protection du prince des Asturies et du duc d'Albe. Il écrivit pour eux de nombreuses œuvres. Il n'occupa aucune position officielle sous Charles III, mais, sous Charles IV, on le trouve mentionné comme « premier violoniste du roi ». Il fut, semble-t-il, lié d'amitié avec Boccherini. Il écrivit un opéra, *Jason,* donné à Madrid en 1768 (perdu), et quelques pièces religieuses, mais sa production est pour l'essentiel instrumentale. Elle comprend beaucoup de musique de chambre et, surtout, 37 symphonies (dont 7 perdues) qui font de lui, avec Boccherini, le principal symphoniste italien de la seconde moitié du XVIIIe siècle. Dans la plupart de ses symphonies, le menuet est écrit pour instruments à vent seuls.

BULL *(John),* compositeur anglais *(1562 ? - Anvers 1628).* D'abord enfant de chœur et élève de Blitheman à la chapelle royale de la reine Élisabeth, il fut nommé organiste à la cathédrale de Hereford en 1582. Il obtint le doctorat des universités d'Oxford et de Cambridge et devint le premier professeur de musique du Gresham College à Londres en 1596 sur la recommandation de la reine. Sa santé l'obligea à quitter l'Angleterre en 1601 et il voyagea sur le continent, en France et en Allemagne. La mort d'Élisabeth (1603) n'entama ni sa position sociale ni sa réputation. Honoré et distingué également par Jacques Ier, il conserva son rôle de musicien officiel. Il se maria en 1607, entra au service du prince Henry (1611) et, avec Byrd et Gibbons, publia le premier recueil anglais de pièces pour le virginal (*Parthenia,* 1611). En 1613, il composa un anthem* pour le mariage de l'électeur palatin avec la princesse Élisabeth. Peu après, sans doute pour des raisons en partie religieuses, il s'enfuit et obtint l'un des postes d'organiste de la chapelle royale à Bruxelles. Il se rendit ensuite à Anvers (1617), où il fut organiste de la cathédrale jusqu'à sa mort.

L'œuvre pour clavier de John Bull illustre parfaitement le génie de l'école des virginalistes anglais. L'écriture fait preuve d'un grand esprit d'invention, d'un sens remarquable des possibilités des instruments à clavier de l'époque et témoigne de la virtuosité de l'instrumentiste. Un certain nombre de ces pièces, dont un monument, les *Walsingham Variations,* figurent dans le Fitzwilliam Virginal Book. Avec Sweelinck, qu'il connaissait, Bull fut l'un des premiers musiciens à écrire de la vraie musique de clavier. Autour du cadre du portrait du musicien, un couplet pouvant se traduire ainsi : « Le taureau règne par la force dans les champs, mais Bull (= taureau) attire la bienveillance par son habileté. »

BUSNOIS (*Anthoine, ou A.* DE BUSNES, dit), compositeur et poète français († *1492*). Originaire de Busnes, bourgade des environs de Béthune, il vécut d'une manière presque constante dans le milieu bourguignon pour le divertissement duquel il composa des chansons dont une soixantaine sont parvenues jusqu'à nous. *Indignus musicus* de Charles le Téméraire, alors comte de Charolais, il est cité en 1468 parmi les chantres, et si grande était l'importance que Charles le Téméraire accordait à la musique sur le plan de la magnificence, comme de la valeur éthique, que Busnois accompagna le duc dans tous ses déplacements, entre 1471 et 1475. Passé au service de Marguerite d'York (1476), il servit sa fille Marie de Bourgogne, épouse de Maximilien (1477). Sans doute est-ce lui qui mourut à Bruges en 1492 avec le titre de *rector cantoriæ* de Saint-Sauveur.

Busnois est l'un des rares compositeurs de son époque à avoir cultivé la poésie, comme en témoigne sa correspondance avec Jean Molinet, et il s'y montre habile disciple des rhétoriqueurs. Mais la pratique littéraire l'a amené à faire des trouvailles musicales : utilisation d'une voix parfois plus proche du récit que du chant ; division des voix en deux groupes, voix aiguës et graves dans *Terrible Dame,* procédé qui sera fréquent, par exemple, chez Josquin Des Prés ; renversement de thème, par exemple, dans le motet *In hydraulis* et dans la teneur de la chanson *J'ay pris amours tout au rebours ;* alternance de strophes binaires et ternaires, notamment dans les bergerettes ; un premier exemple de marche harmonique dans *Au pauvre par nécessité.* Libérant le contraténor de la teneur, Busnois aime les imitations, sait ménager et varier les effets et se sent plus à l'aise dans l'écriture à 3 voix égales, généralement graves ; les musiciens français du début du XVIe siècle écriront ainsi par prédilection. Il est maître dans l'art du rondeau et surtout de la bergerette, où son côté brillant mais un peu superficiel fait merveille. Ses neuf motets attestent ce souci d'invention singulière (sur teneur soit grégorienne, soit inventée). Même si Molinet l'associe à Ockeghem et si Tinctoris leur dédie son *Liber de natura et pro-*

prietate tonorum, Busnois supporte malaisément la comparaison avec Ockeghem car, malgré son métier et son ingéniosité, il n'en a pas l'envergure. Outre ces œuvres, Busnois a composé 2 *Magnificat* à 3 voix, une hymne et 3 messes à 4 voix, dont *l'Homme armé.*

BUSONI *(Ferruccio Benvenuto),* pianiste et compositeur italo-allemand *(Empoli, près de Florence, 1866 - Berlin 1924).* Fils d'un clarinettiste italien et d'une pianiste allemande, il fut formé à la musique et particulièrement au piano par ses parents, donna ses premiers concerts à huit ans et dirigea à douze ans un *Stabat Mater* de sa composition. En 1888, il commença, par une fugue d'orgue, son monumental travail de transcription pour piano des œuvres de Bach. Dès 1890, sa réputation de pianiste était établie ; au clavier, son style était caractérisé par un sens des vastes architectures et de la décoration, plus que par une émotion romantique. Entre 1902 et 1909, il dirigea à Berlin douze concerts de musique contemporaine, qui comportèrent notamment la première audition en Allemagne du *Prélude à l'après-midi d'un faune* de Debussy. En 1911, il joua en six récitals la majeure partie des œuvres de Liszt, qu'il considérait comme l'oméga du clavier, Bach étant l'alpha. Un peu plus tard, il fit connaître au public les concertos pour piano de Mozart, alors très négligés, qu'il ornait d'intéressantes et aventureuses cadences. Malgré une dévorante carrière de virtuose voyageur et de professeur (il enseigna à Helsinki, Moscou, Boston, Berlin), il parvint peu à peu à faire de son activité de compositeur le centre de sa vie.

Dans la composition, Busoni mit longtemps à devenir le novateur qu'il demeure pour la postérité. Il écrivit d'abord des œuvres, certes, très élaborées, mais où dominait une virtuosité étourdissante, comme son concerto pour piano avec chœur final op. 39 (1904), et ne trouva qu'avec la *Berceuse élégiaque* op. 42 pour orchestre (1909) sa résonance personnelle. Cependant, depuis Rameau, aucun compositeur, avant de s'engager dans ses œuvres les plus importantes, n'a exposé la théorie de sa pratique avec autant de conviction et de lucidité ni aussi succinctement : car, dans l'espace d'une mince brochure, son *Projet d'une nouvelle esthétique musicale* (1907) est un traité complet d'anticonformisme en matière de musique.

A. Mella.

*Portrait de **Busoni** par Boccioni [1916]. (Galleria d'Arte Moderna, Rome.)*

Busoni y conteste le recours aux seuls modes majeur et mineur, la forme sonate, etc., et il y propose à peu près toutes les innovations qui allaient se faire jour pendant la première moitié du XXe siècle : polytonalité, emploi de modes anciens et de modes de fantaisie obtenus en distribuant les bémols et les dièses de toutes les façons sur les sept notes de la gamme diatonique, micro-intervalles, et même l'électronique, Busoni ayant déniché en Amérique le « dynamophone du docteur Cahill », capable de produire des timbres inédits. Il prôna un « jeune classicisme », un style se réclamant « de toutes les expériences du passé et de toutes les expérimentations actuelles ». En accord avec ses idées, il façonna la *Fantaisie indienne* op. 44 (1913) et *Romanza e scherzoso* op. 54 (1921) pour piano et orchestre, ainsi que 6 sonatines pour piano (1910-1920), toutes différentes, toutes marquées par des audaces diverses, y compris des dissonances sans pitié, ou des consonances enchaînées de façon insolite.

Dans le domaine des ouvrages pour le théâtre, *Projet* avait esquissé une esthétique bien peu conventionnelle, surtout à cette époque, visant à éviter les inconvénients de la convention antiréaliste du chant en surenchérissant sur cet antiréalisme pour faire des opéras à l'aide « de situations et conflits invraisemblables au-delà de toute crédibilité » et reflétant uniquement « l'artificiel, le pas naturel et le surnaturel ». C'est pourquoi, après *Die Brautwahl* (« *le Choix de la fiancée,* 1911), conte fantastique d'après Hoffmann, *Arlecchino* op. 50 (1916) et *Turandot* (d'après Gozzi, 1917) ressortissent à la commedia dell'arte, *Turandot* se référant aussi aux *Mille et Une Nuits* et au théâtre de marionnettes, et *Arlecchino,* dont le protagoniste est un rôle parlé, se compliquant d'une parodie d'opéra ; ce « caprice théâtral » s'ouvre par une fanfare dodécaphonique, plusieurs années avant que Schönberg n'ait mis en place ce système d'écriture. Quant à *Doktor Faust* (1925), on peut, dans une certaine mesure, le comparer à *la Flûte enchantée* de Mozart, en tant que spectacle pittoresque teinté de philosophie et de métaphysique.

De 1910 à sa mort, Busoni fut le seul compositeur moderniste dont les recherches ne furent redevables ni à Debussy ni à Wagner. La ligne que ses affinités lui firent suivre part du dernier Beethoven, passe par Berlioz et s'italianise avec Liszt. À cette tradition, qu'il ne partage avec aucun autre, s'ajoute tout ce que son esprit inlassablement curieux lui proposait de fantaisie et de recherche. Il est significatif que parmi ses élèves, on compte des figures aussi dissemblables que Kurt Weill et Edgar Varèse, ainsi que de remarquables musiciens marginaux comme Arthur Lourié et comme Philippe Jarnach, qui orchestra et compléta les dernières pages de *Doktor Faust* (commencé en 1916).

L'œuvre de Busoni comprend essentiellement les quatre opéras déjà cités, dont il écrivit lui-même les livrets, une douzaine de pièces pour orchestre, quelques partitions pour piano et orchestre, un concerto pour violon op. 35 (1897), un concerto pour clarinette (1919), un divertimento op. 52 (1920) pour flûte et orchestre, quelques cantates et œuvres chorales, de nombreuses pièces pour piano, dont 4 versions d'une *Fantasia contrappuntistica* (1912) d'après la fugue inachevée de *l'Art de la fugue* de Bach, de la musique de chambre (2 quatuors à cordes, œuvres pour violoncelle et piano, etc.), des mélodies. On doit y ajouter 7 volumes de transcriptions d'œuvres de Bach, des transcriptions d'œuvres de Beethoven, Brahms, Liszt, etc., et des cadences pour des concertos de Beethoven et de Brahms.

BUSSOTTI *(Sylvano),* compositeur italien *(Florence 1931).* Il commence à étudier le violon à l'âge de cinq ans, abandonne l'école très tôt, grandit dans un milieu de théâtre. Élève au conservatoire Cherubini de Florence, il travaille le piano avec Luigi Dallapiccola. Une bourse lui permet de poursuivre l'étude du violon, mais les événements de la fin de la guerre l'empêchent d'en bénéficier jusqu'à l'examen final. À partir de 1949, Bussotti travaille en autodidacte, copiant des partitions dans les bibliothèques, découvrant Stravinski, Hindemith, et composant déjà avec prodigalité. À Aix-en-Provence, à Avignon, durant des rencontres de jeunes, *le Marteau sans maître* de Boulez l'impressionne. Il travaille auprès de Max Deutsch à Paris, en 1957, et rencontre Cage à Darmstadt, en 1958. Ses œuvres commencent à être jouées. À Paris, au Domaine musical, Boulez dirige des fragments de *Torso,* lecture d'un texte de Brabanti, pour récitant, mezzo-soprano et orchestre, œuvre volontairement non achevée, qui remporte un prix de la Société internationale de musique contemporaine. Invité, en 1964, par la fondation Rockefeller, Bussotti se rend aux États-Unis. En 1965 est créée au festival de Palerme la *Passion selon Sade,* « mystère de chambre avec tableaux vivants », œuvre provocante, d'un lyrisme déchiré. Bussotti, avide d'expériences, dessine les costumes, conçoit la mise en scène, dirige, joue le rôle du récitant. Il professe une « éthique de la disponibilité » relevant selon lui d'une tradition humaniste propre à Florence, sa ville natale.

1967 est l'année de *Marbre* pour cordes, et de *5 fragments à l'Italie,* pour sextuor vocal en chœur, sorte de madrigaux modernes renouant avec Gesualdo et Monteverdi. En 1969 suit *The Rara Requiem* pour 4 voix principales, sextuor vocal de solistes, chœur mixte, guitare et violoncelle solistes, piano, harpe, orchestre d'instruments à vent et percussions. C'est en quelque sorte un requiem d'amour. « Une personne vivante et jeune demande à un ami musicien de lui composer un requiem pour l'écouter de son vivant. » Cette personne est Romano Amidei, compagnon de Bussotti, en qui s'incarne Rara, personnage allégorique, présent dans plusieurs œuvres du compositeur. *The Rara Requiem* comporte un montage de textes de vingt-quatre auteurs, d'Homère à Rilke, Mallarmé et Adorno. Mais cette œuvre, apparemment chargée de culture, offre une démarche à reculons qui a permis de parler à son sujet de « mémoires du futur ».

Dans *The Rara Requiem,* comme dans *Pièces de chair* (1958-1960), *Torso* ou *Memoria* pour baryton solo, 27 voix et orchestre, la musique est indissolublement liée à la course du sang, à la respiration retenue ou épanouie. Ces œuvres évoquent la contemplation de soi, les paysages du dedans ; elles contiennent des jeux au deuxième degré, des pièges. De 1972 à 1973 date une des plus grandes réussites de Bussotti, le ballet (symphonie chorégraphique) *Bergkristall.* L'opéra *Lorenzaccio,* « mélodrame romantique dansé », créé à Florence en 1972, est imprégné d'un étrange lyrisme où se perçoit une odeur de mort ; mais on y retrouve cette écriture vocale d'une beauté parfaite, caractéristique de Bussotti, et évidente aussi dans *Notte tempo* (1975-76), drame lyrique commandé par la Scala de Milan. La voix fait chatoyer toutes ses possibilités. Mélismes, écarts, soupirs, rires, sanglots, gémissements, râles, agonies semblent toujours remonter du fond de la mémoire. La voix est comme *dénaturée,* au centre d'épisodes instrumentaux qui dessinent autour d'elle une mise en scène et un paysage, de la même manière que chez Monteverdi. Dans les œuvres les plus récentes de Bussotti, comme la symphonie chorégraphique *Il Catalogo è questo (Opus Cygne)* pour flûte principale et orchestre (création à la biennale de Venise, 1980), l'opéra *le Racine, pianobar pour Phèdre* (Milan, 1980), ou *Academia* pour flûte et piano (1981), un climat passionné, quasi exaspéré, alterne avec une contemplation silencieuse. Le compositeur continue à se nourrir de lectures (Proust, Brabanti, Artaud, Musset). Il admire Pasolini, s'adonne au dessin et à la peinture (il expose à Paris en 1966 ; on doit signaler que la beauté graphique de ses partitions est remarquable), met en scène des œuvres de Puccini, Stravinski, etc. Il a été de 1975 à 1979 directeur artistique du théâtre de la Fenice à Venise.

BUXTEHUDE *(Dietrich,* originellement *Diderik),* compositeur et organiste allemand d'origine danoise *(Bad Oldesloe, Holstein, 1637 - Lübeck 1707).* Né dans une portion du Holstein alors danoise mais qui plus tard devait devenir et rester allemande, il passa les trente premières années de sa vie au Danemark (en n'y composant qu'une seule œuvre), et les quarante dernières, les plus glorieuses, en Allemagne. Sans doute formé par son père, lui-même organiste, il occupa au cours de sa carrière trois postes d'organistes : à Hälsinborg (ville actuellement suédoise mais alors danoise) en 1657-58, à la paroisse allemande de Sainte-Marie d'Elseneur (Danemark) en 1660, puis à Sainte-Marie de Lübeck à partir de 1668. Il y succéda à Franz Tunder, dont, selon la tradition, il épousa la fille. C'est à Lübeck que son activité se déploya : comme organiste de renommée européenne, il reçut la visite de Haendel, de Mattheson et de Bach, qui en 1705 vint à pied depuis Arnstadt et reçut du maître nordique l'un des plus grands chocs artistiques de sa vie (mais aucun de ces trois musiciens ne se résolut à épouser la fille de Buxtehude pour obtenir sa succession à un poste pourtant fort convoité) ; comme compositeur, il écrivit des pages religieuses et surtout des pièces d'orgue sans égales en leur temps. À Sainte-Marie de Lübeck, l'usage s'était développé pour l'organiste de donner chaque jeudi en dehors de tout office une sorte de récital public. Ayant décidé de conférer à ces manifestations une forme nouvelle, Buxtehude les transporta au temps de l'avent. À partir de 1673, pendant les cinq dimanches précédant Noël, eurent lieu après le prêche de l'après-midi les fameuses *Abendmusiken* (Musiques du soir) que Buxtehude devait décrire fièrement comme « ne se faisant nulle part ailleurs ». Il s'agissait chaque fois d'un ensemble cohérent pouvant s'étaler sur plusieurs dimanches et fait de musique sacrée (vocale et instrumentale) ainsi que de morceaux d'orgue. Or il ne reste malheureusement de ces *Abendmusiken* que trois livrets — *Die Hochzeit des Lamms* (1678), *Castrum doloris* (1705), *Templum doloris* (1705) — dont la musique est perdue. On sait toutefois qu'en 1705 furent utilisés comme exécutants deux chœurs de trompettes et timbales, deux de cors de chasse et de hautbois, plus de vingt violons, quatre chœurs dans les tribunes et un autre dans la nef, et évidemment les quatre orgues. D'autre part, il est vraisemblable que l'espèce d'oratorio retrouvé en 1927-28 par W. Maxton et publié par lui en 1939 avec comme titre *Das Jüngste Gericht* (« le Jugement dernier ») ait été une *Abendmusik* de Buxtehude.

Nous possédons en compensation plus de 120 compositions vocales sacrées de Buxtehude, dont certaines ont certainement retenti lors des *Abendmusiken.* Ces œuvres, qui vont du genre du concert spirituel et de ceux du choral et de l'aria (l'influence du piétisme naissant sur Buxtehude est ici particulièrement nette) à celui de la cantate en plusieurs parties, influencèrent directement J. S. Bach, surtout dans sa période de Weimar (1707-1718). C'est néanmoins dans sa production pour orgue, la plus considérable (environ 90 pièces) et la plus belle avant celle de Bach, que Buxtehude fut le plus grand, c'est d'abord grâce à elle qu'il put fêter, après deux siècles d'oubli, une éclatante résurrection. On y trouve des toccatas, des préludes et fugues, des passacailles, des chorals ornés, des chorals variés. Destinées au grandiose instrument de la Marienkirche (Sainte-Marie), ces pièces possèdent une puissance de caractère, une densité et une ampleur constamment vivifiées par l'originalité de la pensée et soulevées par la véhémence du ton. C'est cette prodigieuse liberté d'expression d'une nature ardente qui devait tant impressionner le jeune Bach : la célèbre *Toccata et fugue en « ré » mineur,* sans doute écrite par ce dernier peu après sa visite à Lübeck, en est la preuve évidente, de même que les cantates de jeunesse BWV 106 *(Actus tragicus)* ou BWV 4 *(Christ lag in Todesbanden)* révèlent l'empreinte de Buxtehude. À noter cependant que les préludes et fugues (au nombre d'environ 25) de Buxtehude ne sont pas des diptyques comme ceux de Bach, mais des pièces d'un seul tenant faisant alterner des épisodes fugués et d'autres de caractère improvisé et virtuose.

Sur le plan instrumental, Buxtehude écrivit encore des pièces pour clavecin (25 furent retrouvées en 1942 seulement) parmi lesquelles 19 suites et 6 séries de variations, et 21 sonates en trio dont 7 publiées en 1694 (op. 1), 7 en 1696 (op. 2) et 7 restées manuscrites. Il fut en ce dernier domaine, avec son compatriote Johann Rosenmüller, un pionnier en Allemagne. Les sonates en trio de Buxtehude ont d'ailleurs la particularité d'exiger une viole de gambe, et donc d'opposer expressément cet instrument « ancien » à l'instrument « moderne » qu'était alors le violon.

Buxtehude fut en son temps le premier compositeur germanique, et un des quatre ou cinq premiers à l'échelle européenne. Il exerça une influence déterminante sur le Bach de l'orgue et des cantates.

BYRD *(William),* compositeur anglais *(Lincolnshire ? 1543 - Stondon, Essex, 1623).* Il fut très probablement l'élève de Th. Tallis, mais on ne connaît pratiquement rien de ses débuts. Nommé en 1563 organiste de la cathédrale de Lincoln, il garda ce poste jusqu'en 1572. Il se maria en 1568 avec Juliana Birley et, en secondes noces, avec une femme prénommée Ellen. Cinq enfants naquirent de ces mariages. Byrd succéda à R. Parsons comme gentilhomme de la chapelle royale (1570) dont Tallis occupait le poste d'organiste. Ce dernier partagea cette situation avec son jeune confrère à partir de 1572, et les deux musiciens commencèrent une collaboration fructueuse. En 1575, ils obtinrent de la reine Élisabeth le privilège pour toute la musique imprimée en Angleterre pendant vingt et un ans. Pour célébrer cet événement, ils dédièrent à la reine un recueil de *Cantiones sacrae* (1575). Mais cette affaire d'imprimerie ne semble pas avoir été très lucrative ; dès 1577, les deux partenaires durent solliciter une aide financière. La reine l'accorda, mais sous forme de certaines terres et d'une rente. Après la mort de Tallis (1585), Byrd céda ce monopole, devenu son entière propriété, à Th. East, lequel publia les *Psalms, Sonnets and Songs* de W. Byrd (1588).

Élevé dans la foi catholique, Byrd réussit à garder sa religion et son poste à la cour malgré les difficultés que lui imposa la nouvelle liturgie anglicane. Son talent, son intelligence et l'octroi d'un compromis le préservèrent de la persécution. Ainsi composa-t-il et publia-t-il des œuvres pour

Larousse.

*Portrait de William **Byrd**, extrait du livre d'Edmund H. Fellowes. (1936).*

le rite romain (trois messes à 3, 4 et 5 voix ; environ 260 motets). Mais il écrivit aussi pour l'église anglicane 5 services, des anthems et des psaumes en anglais, une soixantaine d'œuvres en tout. De fait, sa production est considérable : par la quantité comme par la qualité et la diversité. Et William Byrd est probablement, avec Henry Purcell, le plus grand compositeur anglais et l'un des meilleurs polyphonistes de tout le XVIe siècle. On peut le comparer à Victoria, à Lassus ou à Palestrina, et, si son domaine d'élection reste indiscutablement la musique religieuse — où seul Tallis en Angleterre peut être considéré au même titre —, son génie est présent dans toutes les formes musicales, à l'exception du répertoire de luth. Il a illustré le madrigal (120) avec parfois un accompagnement de violes, écrit des « rounds » (6) et des canons (32), des fantaisies (14) et des *In nomine* (7) pour violes, ainsi que 125 pièces pour le clavier. Quelques-unes de ces pièces (8) se trouvent dans le premier recueil de musique de clavier imprimé en Angleterre (*Parthenia,* 1611) ; d'autres figurent dans le *Fitzwilliam Virginal Book* ou dans *My Ladye Nevell's Booke.*

La musique de Byrd révèle une parfaite maîtrise technique, un don certain de mélodiste, d'ailleurs caractéristique de la musique anglaise en général, et un sens aigu de l'imagerie, qui lui permet de tirer profit des mots expressifs contenus dans un texte. Il a composé des airs, souvent de dévotion, pour une voix seule avec un accompagnement polyphonique (violes ou voix) dont il est le maître absolu. Byrd est l'un des fondateurs de l'école anglaise du madrigal. Bien qu'il fasse preuve d'une certaine réserve et d'un goût pour le style traditionnel, plus sévère, il sait aussi accueillir les techniques du madrigal italien. Parmi ses réussites, citons *This sweet and merry month of May* à 6 voix ou « some strange chromatic notes » de *Come woeful Orpheus* à 5 voix. Les trois messes de Byrd font appel à la vieille technique du « motif de tête », mais elles se distinguent par l'absence de teneur*, ce qui laisse plus de liberté à chaque voix (« entrées en strette »). Dans sa musique de clavier, il se montre l'égal de ses collègues, sans les dépasser. Comme son cadet J. Bull, il a écrit des *Walsingham Variations,* des danses et des adaptations pour clavier de mélodies liturgiques. Tenu en haute estime par ses contemporains, Byrd, le « Father of Musick », mourut, selon son propre testament, « now in the eightieth year of myne age », à Stondon après avoir formé quelques-uns des musiciens les plus illustres de la génération suivante (Th. Morley, J. Bull et O. Gibbons).

C

CABANILLES *(Juan Bautista),* compositeur et organiste espagnol *(Algemesí 1644-Valence 1712).* Il fut le disciple de Vargas et de la Torre, à qui il succéda comme organiste à la cathédrale de Valence (1665), avant d'être ordonné prêtre en 1668. À la faveur de voyages en Italie et en France où il donna de nombreux concerts, il s'initia au répertoire des organistes italiens et français et sans doute subit-il l'influence de ses collègues, notamment dans l'art de la variation. Il combina ces éléments avec la tradition espagnole des vihuelistes et organistes.

Cabanilles peut être considéré comme le plus grand organiste espagnol du XVIIe siècle, qui a porté au plus haut degré le style de Cabezón tout en s'engageant résolument dans la voie de l'orgue baroque.

CABEZÓN *(Antonio de),* organiste et compositeur espagnol *(Castrojeriz, près de Burgos, 1500-Madrid 1566).* Frappé de cécité dès son enfance, il étudia avec Garcia de Breza, organiste de la cathédrale de Palencia, et, en 1526, fut nommé organiste et claveciniste de la chapelle royale de Castille, avant de devenir musicien de la chambre de Charles Quint. Il entra ensuite au service de Philippe II et l'accompagna dans ses voyages (Italie, Allemagne, Angleterre, Pays-Bas), ce qui lui permit de rencontrer les principaux musiciens des écoles étrangères. Dès lors se firent jour des influences réciproques, celle notamment de Josquin Des Prés sur son style polyphonique, la sienne sur l'école napolitaine et dans le domaine de la variation auquel il donna une ampleur considérable. Ce n'est que douze ans après sa mort (1578) que son œuvre fut publiée, par les soins de son fils Hernando, lui-même organiste et compositeur.

Cette œuvre, presque entièrement destinée au clavier, atteste l'importance de sa contribution à l'avènement d'une technique spécifiquement instrumentale, capable de rivaliser avec les plus belles polyphonies vocales. Mais elle pouvait également être exécutée sur vihuela ou harpe. La musique y reflète un mysticisme concentré qui commande un style grave, dépouillé et visant à la plénitude de l'harmonie. Cabezón a cultivé en maître les deux formes propres de la musique pour clavier en Espagne : le *tiento* et la variation.

CACCINI *(Giulio),* compositeur, luthiste et chanteur *(Rome v. 1550-Florence 1618).* Il apprit très jeune le chant à Rome avec Scipione del Palla et entra au service des Médicis à Florence, peut-être dès 1565. Il fut, avec son collègue J. Peri, l'un des membres fondateurs de la célèbre Camerata fiorentina, groupe de poètes et musiciens se réunissant chez le comte Giovanni de'Bardi, surtout pendant les années 1570. De leurs discussions et de leurs expériences naquit peut-être l'opéra, mais d'abord une nouvelle utilisation dramatique de la musique, qui mettait en valeur le texte selon la conception qu'avait l'homme du XVIe siècle de la tragédie grecque. Il en sortit ce que l'on appela le *stile rappresentativo,* en réaction contre la polyphonie vocale qui, malgré des tendances homorythmiques, ne facilitait pas la compréhension des paroles chantées.

On attribue généralement à Caccini ou à Peri l'invention du style récitatif, où la musique conserve le rythme naturel du langage parlé, avec un accompagnement instrumental destiné à fournir un simple soutien harmonique aux « passions » exprimées *(Ho sempre procurata l'imitazione dei concetti delle parole,* Caccini, *Nuove Musiche).*

Michel Lioret (Service de la Recherche de l'O. R. T. F.)

John Cage.

En 1600, Caccini composa le *Rapimento di Cefalo* à l'occasion du mariage de Marie de Médicis avec Henri IV. Seul un chœur final subsiste, publié dans le plus connu des recueils du compositeur, les *Nuove Musiche* (Florence, 1602). Renfermant des madrigaux et des airs pour voix seule, cet ouvrage constitue, tout particulièrement dans sa préface, une source précieuse pour notre connaissance de l'art du chant virtuose à l'époque de Caccini. Son opéra *Euridice* fut représenté à Florence en 1601 et, en 1614, parut un second livre de *Nuove musiche e nuove maniere di scriverle*.

CAGE *(John),* compositeur américain *(Los Angeles 1912).* Doué pour tous les arts, il songea d'abord à une carrière pianistique ou littéraire, puis hésita entre la peinture (il devait encore exposer une série de lithographies à New York en 1969) et la musique. Il choisit celle-ci sur les conseils de Henry Cowell, son professeur de composition à New York, et poursuivit ses études avec, entre autres, Arnold Schönberg à l'université de Californie du Sud (1934-1937). Une commande de musique de film l'orienta très tôt vers la percussion : il fonda un ensemble de batteurs, organisa des concerts sur la côte ouest des États-Unis et devint accompagnateur de la classe de danse de Bonnie Bird (où se forma Merce Cunningham) à la Cornish School de Seattle (1937-1939). Après avoir enseigné à la School of Design de Chicago (1941-42), il s'établit à New York, commença de collaborer avec Merce Cunningham (il devait devenir directeur musical de sa compagnie, dès sa création, en 1952), et noua d'étroites relations dans le milieu international de la peinture (Max Ernst, Peggy Guggenheim, Mondrian, plus tard Rauschenberg, Jasper Johns et Marcel Duchamp) tout en étudiant particulièrement, en musique, Anton Webern et surtout Erik Satie.

À la fin des années 1940, Cage entreprit son initiation à la philosophie orientale et au zen (avec Daisetz Suzuki). En 1950 débuta sa collaboration avec le pianiste David Tudor. Il lança, en 1952, avec Earle Brown, Christian Wolff et Morton Feldman, le *Project of Music for Magnetic Tape* (premier groupe américain à produire de la musique pour bande), et de 1948 à 1952, participa aux cours d'été de Black Mountain, où il donna avec la Compagnie Merce Cunningham *Theater Piece* (1952), probablement le premier happening à s'être jamais déroulé aux États-Unis. En 1954, une tournée en Europe (Donaueschingen lui avait commandé deux œuvres qui allaient devenir deux pièces superposables) le conduisit dans des hauts lieux de la musique contemporaine, comme Cologne, Milan et Paris (où il avait déjà séjourné en 1949 et rencontré Boulez et Schaeffer). Le groupe Cage-Feldman-Tudor-Wolff devait dès lors jouer un rôle déterminant, voire historique, dans la diffusion de l'avant-garde américaine, et Cage lui-même devait devenir sur le plan esthétique, voire philosophique, le point de mire de toute une génération de compositeurs, surtout après les cours *(la Musique comme processus)* qu'il donna à Darmstadt en 1958 : il dynamisa alors le courant européen de la musique aléatoire — terme que lui-même ne devait jamais faire sien — inauguré en 1957 par le *Klavierstück XI* de Stockhausen. Toujours en 1958, il prononça au pavillon français de l'Exposition universelle de Bruxelles sa conférence *Indeterminacy* (« Indétermination »), et séjourna quatre mois au Studio de phonologie de la R. A. I. à Milan, tandis que le scandale de la première audition du *Concerto pour piano et orchestre* (œuvre utilisant 84 systèmes de notation différents) consacrait au Town Hall de New York ses vingt-cinq années de création.

Depuis 1966, John Cage a été compositeur en résidence aux universités de l'Illinois, de Californie (Davis), de Cincinnati et à l'université wesleyenne. En 1969, il a été élu au National Institute of Arts and Letters.

Cage est un de ceux à qui l'on doit une nouvelle façon non plus de « penser en musique », mais de « penser la musique ». Il a introduit dans l'art des sons, selon une démarche tout à fait à l'opposé de celle d'un Pierre Boulez, la notion d'indétermination, l'idée de hasard et une conception neuve du silence, écrit pour des sources sonores et des exécutants non spécifiés quant à leur nombre et à leur nature, et récusé la notion traditionnelle d'œuvre musicale. Il commença en utilisant de façon quasi sérielle une échelle de 25 demi-tons *(Six Brèves Inventions, Sonate pour 2 voix, Sonate pour clarinette),* mais se détourna vite de cette méthode, la recherche d'un substitut à la tonalité défaillante ne l'ayant jamais intéressé en soi. Beaucoup de ses innovations remontent dans leurs principes à la fin des années 1930. Il s'attacha alors aux structures fondées sur le rythme et le temps, et s'interrogea sur la nature des sons écoutés pour eux-mêmes, en dehors de toute culture ou « avant la culture » : d'où *First Construction (in Metal)* pour percussions (1939), ou encore *Living Room Music* (1940), ouvrages témoignant d'une nette indifférence envers la « valeur » en soi du matériau sonore, mais reculant comme chez Varèse les frontières de l'art musical. De la même époque datent ses premiers essais de musique électroacoustique avant la lettre : ainsi *Imaginary Landscape Nº 1* pour deux électrophones à vitesse variable, enregistrements de sons sinusoïdaux, piano avec sourdine et cymbales (1939). Dans *Imaginary Landscape Nº 4* (1951), il devait faire appel à 12 radios, 24 exécutants et un chef; dans *Cartridge Music* (1960), à des micros de contact mettant en évidence des événements sonores jusqu'alors imperceptibles ou rejetés; et pour la création de *Variations II* (1961) + *III* (1963), à un micro de contact de gorge amplifiant la déglutition d'un verre d'eau.

L'invention la plus célèbre de Cage, celle du piano préparé — consistant à loger entre les cordes de l'instrument, ou ailleurs, des corps étrangers destinés à en modifier les sonorités et les propriétés acoustiques, et de façon plus fondamentale à accroître l'imprévisibilité du résultat sonore —, date de 1938 (Cage pallia ainsi l'impossibilité dans laquelle il s'était trouvé d'utiliser un orchestre de percussions pour la musique du ballet *Bacchanales,* qui lui avait été commandée par la danseuse Syvilla Fort) : de cette invention, les *Sonates et Interludes* (1946-1948), aux remarquables structures rythmiques, puis le *Concerto pour piano préparé et orchestre de chambre* (1951), tirèrent le plus large parti. Après cette exploration de l'indétermination au niveau du matériau sonore, Cage l'étendit à l'acte même de composer, par exemple en se servant de diagrammes, de jets de dés ou de pièces de monnaie. À partir de *Music of Changes* (1951), et jusqu'à *Empty Words* (1973-1976), il recourut volontiers pour ce faire à la méthode *I-Ching,* recueil d'oracles de la Chine ancienne permettant d'effectuer des opérations de consultation du sort et ainsi d'éliminer tout critère de choix subjectif tout en préservant dans le « produit fini » une structure, une forme, des matériaux à la configuration et aux rapports stricts : le hasard intervient ici au niveau de la composition, non de l'exécution.

Ce « hasard » devait prendre chez Cage (y compris et surtout au niveau de l'exécution) d'autres aspects de moins en moins compatibles avec la notion traditionnelle de structure : détermination des notes dans l'espace de la feuille-partition en fonction des imperfections du papier dans *Music for Piano* (1953-1956) ou dans le *Concerto pour piano et orchestre* (1957-58) ; calques transparents superposables ad libitum dans les *Variations I-IV* (1958-1963) et *VI* (1966) ; examen de cartes astronomiques anciennes dans *Atlas Edipticalis* (1961) ou dans *Études australes* (1976). Cette pluralisation des techniques de hasard semble bien être un abandon de toute prétention à la structure, une volonté de court-circuiter à tous les niveaux les aspects intellectuels du choix. Il ne s'agit pas pour autant de privilégier le hasard en soi, ce qui ressortirait encore à la logique, mais plutôt d'une tentative pour se rapprocher de la nature, pour libérer le son, mais aussi le silence. Dans *4'33''* pour n'importe quel(s) instrument(s) [1952], pièce la plus indéterminée et la plus « silencieuse » qui soit, aucun son ne doit être produit, et ce pour montrer que de toute façon il en existe, qui doivent être entendus. Il n'y a pas non-œuvre : c'est l'ambiance qui crée l'œuvre, la seule indication précise étant celle de durée. Le souci de ne pas se couper de la nature apparaît aussi dans le fait qu'à de rares exceptions près, comme *Fontana Mix* (1958), composé au studio de la R.A.I. à Milan, Cage répugna à utiliser la bande seule : *Bird Cage,* donné en 1972 dans un espace où les gens étaient libres de bouger et les oiseaux de voler, met en jeu douze bandes magnétiques en superposition avec *Mu**n**bird* de David Tudor, et *Lecture on the Weather* (1976) est pour douze voix, bande magnétique et film. Dans *HPSCHD* pour 1 à 7 clavecinistes et 1 à 51 magnétophones, composition à l'ordinateur entreprise avec Lejaren Hiller à l'université de l'Illinois, est généralisée la technique du collage. On a parlé à propos de Cage de néo-dadaïsme, d'anarchisme, de provocation et même d'entreprise de dégradation, alors que s'il nous propose d'oublier les relations que nous trouvions dans l'art auparavant, c'est pour ne plus limiter la musique à une activité cérébrale, abstraite et élitiste. Avec lui, l'œuvre est présentée comme une action — il parle d'acteur *(performer)* plus que de musicien ou d'interprète — et le geste comme générateur de sons. La musique est donc théâtre, « un autre mot pour désigner la vie » : en témoigne par exemple deux de ses productions les plus récentes, *Roaratorio, an Irish Circus on Finnegans Wake* (1980), et *A la surface (Trente pièces pour cinq orchestres)* [1981]. Mieux, sa démarche est un éveil à la fête par la participation que ses œuvres réclament : ainsi *33 1/3* (1969) pour une douzaine d'électrophones et 250 disques que le public doit faire passer, ou *Musiccircus* (1967, 1970 et 1973), où la déambulation d'une source sonore à l'autre est la condition minimale pour vivre l'œuvre.

Pour Cage, la musique est un fait social, et il reste profondément persuadé que dans la mesure où dans et par sa musique il remet en cause par exemple l'hégémonie du chef ou la dictature du compositeur, pour s'attacher au contraire à la créativité de l'interprète, à l'indépendance et à la dignité de chacun (qu'il soit auditeur ou exécutant), ou à l'obligation d'une écoute réciproque avant toute intervention, c'est l'ordre social qu'il remet en question.

CAIX D'HERVELOIS *(Louis de),* violiste et compositeur français *(Amiens v. 1680-Paris 1760).* Il fut l'élève du grand virtuose de la viole Marin Marais et du mystérieux Monsieur de Sainte-Colombe. Sa réputation fut grande de son vivant. Il publia six livres de *Pièces de viole* pour une ou deux violes et basse continue (Paris, 1719-1751), trois recueils de *Pièces pour la flûte traversière et basse continue* (Paris, 1726, 1731, 1736) et un livre de *Pièces pour pardessus de viole* (1751). Si plusieurs de ses œuvres ont souvent figuré dans le répertoire traditionnel des violoncellistes, elles conviennent mieux à l'instrument pour lequel elles furent conçues et dont la technique est bien différente.

CALDARA *(Antonio),* compositeur italien *(Venise 1670-Vienne 1736).* Élève de Legrenzi, il fut violoncelliste et chantre à Saint-Marc de Venise, maître de chapelle du duc de Mantoue (1700-1707), compositeur attaché au théâtre San Giovanni Crisostomo à Venise (1707-1709), maître de chapelle du prince Ruspoli à Rome (1709-

1716). Ayant, durant l'été 1708, collaboré à Barcelone aux fêtes des noces du prétendant (contre Philippe V) au trône d'Espagne, il fut appelé plus tard à Vienne par ce souverain, devenu empereur sous le nom de Charles VI. Nommé en 1716 vice-maître de chapelle impérial sous l'autorité de Johann Joseph Fux, il demeura à Vienne jusqu'à sa mort.

Sa production fut immense : quelque 87 ouvrages lyriques (dont *Don Quichotte,* 1727 ; *Mithridate,* 1728 ; *La Clemenza di Tito,* 1734, sur le livret de Métastase qui fut aussi utilisé par Mozart), plus de 30 oratorios et 30 messes, des motets et pièces sacrées diverses, une centaine de cantates profanes, des sonates, sonates en trio, quatuors, un septuor, des pièces pour clavecin. Son œuvre, qui fut connue de Haydn, de Mozart et des compositeurs de l'école de Mannheim, est à la croisée des chemins entre le baroque et le préclassicisme.

CALVISIUS *(Sethus),* compositeur, théoricien, astronome et érudit allemand *(Gorsleben, Thuringe, 1556 - Leipzig 1615).* Il fit ses études aux lycées de Frankenhausen et Magdebourg, puis aux universités de Helmstedt et Leipzig. Il fut cantor successivement à la Paulinerkirche de Leipzig (1581), à Schulpforta (1582-1594) et à Saint-Thomas de Leipzig (1594-1615). Il a laissé des hymnes, des *bicinia,* des psaumes, des motets et des traités (*Melopoeia sive Melodiae condendae,* Erfurt, 1592 ; *Compendium musicae practicae pro incipientibus,* Leipzig, 1594, etc.), qui ont contribué à l'évolution du style contrapuntique au style harmonique.

CAMBERT *(Robert),* compositeur français *(Paris v. 1628 - Londres 1677).* Élève du claveciniste Chambonnières, il succéda à Gigault en tant qu'organiste à l'église Saint-Honoré. Toutefois, c'est dans le genre profane qu'il se fit connaître. Suivant l'exemple de l'opéra italien, il fut l'un des premiers à mettre en musique une pièce destinée à être entièrement chantée en langue française. Après *la Muette ingrate,* composée en 1658 sans être représentée, ce fut *la Pastorale,* donnée à Issy en avril 1659. Lors de la reprise de l'œuvre à la cour, en mai, Cambert fut encouragé par Mazarin et devint en 1662 maître de musique d'Anne d'Autriche. Il publia en 1665 des airs à boire et collabora avec le même librettiste que celui de *la Pastorale,* Pierre Perrin, à un nouvel ouvrage lyrique, *Pomone.* L'écrivain, ayant obtenu en 1669 le privilège de l'Opéra, fit représenter l'œuvre avec faste, le 3 mars 1671, dans ce nouveau théâtre, après en avoir confié la direction musicale au compositeur, qui se chargea notamment de recruter les chanteurs. Perrin ayant été emprisonné pour dettes, Cambert dut se tourner vers un autre librettiste, Gilbert, pour écrire *les Peines et les plaisirs de l'amour,* pastorale créée en 1672. L'achat du privilège de l'Opéra par Lully allait interrompre les représentations et amener Cambert à se rendre en Angleterre. Là, au service de Charles II, il put fonder une « Royal Academy of Music » et donner au public en 1674 son dernier ouvrage lyrique, *Ariane.* On trouve dans ses œuvres les éléments variés que l'opéra français devait conserver pendant plus d'un siècle. J. de L. G.

CAMBINI *(Giuseppe Maria),* compositeur italien *(Livourne 1746 - Bicêtre, Paris, 1825).* Il fut l'élève de Manfredi, mais il n'est pas prouvé qu'il ait aussi travaillé avec le fameux Padre Martini. Il fit représenter à Naples en 1766 un opéra qui échoua complètement, et, après des aventures romanesques (il aurait été esclave en Barbarie), s'installa en 1770 à Paris, où il fut bientôt l'un des auteurs les plus écoutés, notamment dans le genre, alors très prisé, de la symphonie concertante. Il joua pour la première fois au Concert spirituel en mai 1773, et en décembre de la même année parut son opus 1 (une série de quatuors). Il devint un personnage influent, mais c'est sans doute à tort qu'il fut accusé d'avoir empêché l'exécution au Concert spirituel en 1778 de la symphonie concertante pour quatre instruments à vent de Mozart (d'autant que ce dernier parla alors de Cambini en termes assez flatteurs). Durant la période révolutionnaire, il devint directeur de théâtre et écrivit des hymnes pour les fêtes organisées par David. Il tomba ensuite dans l'oubli, bien qu'on trouve dans les premières années du XIXe siècle des articles de lui dans l'*Allgemeine Musikalische Zeitung* et les *Tablettes de Polymnie.* Il mourut dans le dénuement, selon certaines sources non pas à l'hospice de Bicêtre, mais en Hollande dès 1818. On lui doit de la musique vocale, mais c'est surtout dans le domaine instrumental qu'il triompha dans sa période de grande vogue.

Il écrivit ainsi des symphonies, plus de 80 symphonies concertantes, des duos et trios, des quatuors pour diverses formations dont près de 150 quatuors à cordes (1773-1809, plusieurs furent attribués à Boccherini), et plus de 100 quintettes à cordes.

CAMPIAN ou **CAMPION** *(Thomas)*, compositeur et poète anglais *(Witham, Essex, 1567 - Londres 1620)*. Il se rendit à Cambridge en 1581 et y étudia probablement la médecine et même la physique, sans obtenir de diplôme précis. Cependant, sa réputation dans le domaine scientifique parut, à l'époque, aussi bien établie que sa renommée comme poète et musicien. Il mourut à Londres et fut enterré à Saint Dunstan.

Campian publia ses premières œuvres dans *A Booke of Ayres* (1601), recueil d'airs pour voix soliste et luth soutenus par une basse de viole. Cet ouvrage comprend deux livres distincts, l'un de Campian, qui écrivit paroles et musique, l'autre de son ami Philip Rosseter. Quatre autres recueils devaient suivre, réunissant au total une centaine de morceaux pour voix soliste (I et II, v. 1613 [?]; III et IV, v. 1617).

Moins élaborées que celles de Dowland, les compositions de Campian sont néanmoins très caractéristiques du degré d'accomplissement auquel parvinrent les compositeurs anglais du début du XVIIe siècle. Elles révèlent un sens remarquable des rapports entre la musique et le texte, en même temps qu'une sensibilité particulièrement affinée. Campian composa aussi plusieurs masques*, dont il écrivit paroles et musique. Il est également l'auteur d'ouvrages théoriques.

CAMPRA *(André)*, compositeur français *(Aix-en-Provence 1660 - Versailles 1744)*. Fils d'un chirurgien originaire de Turin, Campra bénéficia, dès 1674, dans sa ville natale, à la cathédrale Saint-Sauveur, d'une excellente formation musicale, sous la direction de G. Poitevin. En 1681, il fut nommé maître de chapelle à Saint-Trophime d'Arles et deux ans plus tard à Saint-Étienne de Toulouse. En 1694, il obtint le poste de maître de musique à Notre-Dame de Paris, poste auquel il dut renoncer en 1700, pour se consacrer au genre profane que représentait l'opéra. Son premier ouvrage lyrique, *l'Europe galante*, avait connu en 1697 un très grand succès. Il fut suivi par une quinzaine d'opéras-ballets et de tragédies lyriques, dont certains, comme *Hésione* (1700), *Tancrède* (1702) ou *les Fêtes vénitiennes* (1710), eurent le privilège d'être repris plusieurs fois du vivant même de l'artiste. Dès les premières années du XVIIIe siècle, Campra fut chef d'orchestre à l'Académie royale de musique et devint à Paris un compositeur célèbre. Il donnait des leçons au duc de Chartres, qui réunissait dans son entourage des musiciens comme Morin, Gervais et Forqueray. Professeur également du futur Régent, il allait bénéficier de la protection de cette personnalité après la mort de Louis XIV : en 1718, il reçut une pension annuelle de 500 livres et, en 1722, il fut nommé sous-maître à la chapelle royale de Versailles. Cet emploi à la cour et celui qu'il exerçait, depuis 1721, chez les jésuites l'amenèrent à écrire davantage pour la musique religieuse : Campra lui consacra une trentaine de motets, une messe de requiem, des psaumes et de nombreuses pièces, aujourd'hui presque toutes perdues, destinées aux spectacles du collège Louis-le-Grand. Il ne laissa plus, en dehors de remaniements d'anciens ouvrages lyriques, qu'un seul opéra, *Achille et Déidamie*, créé en 1735, et ce malgré le poste d'inspecteur de l'Académie royale de musique, qu'il avait reçu en 1730, en remplacement de Destouches. Quelques circonstances lui donnèrent, toutefois, l'occasion de se tourner encore vers le genre profane : il composa en 1722 pour le prince de Conti, *la Fête de l'Isle-Adam* (musique perdue) et, en 1724, à l'occasion du mariage du duc de Chartres, *le Lis et la Rose*, œuvre qu'il inséra dans son dernier livre de cantates, paru en 1728. En dépit du renom dont il avait joui auprès des mécènes à la ville et à la cour, Campra passa les dernières années de sa vie dans un très grand dénuement et mourut en 1744 dans un modeste logement à Versailles.

L'œuvre de Campra doit être appréciée dans sa diversité. Les motets et les messes témoignent généralement d'une recherche à la fois mélodique et harmonique, caractéristique de leur époque de création, en dépit d'une réelle originalité, sensible notamment dans le *Requiem*. On y retrouve la majesté pathétique de Delalande et l'union des goûts français et italien, chère aux contemporains du musicien aixois. La sonate et la cantate, genres

TELEPHE,
TRAGEDIE.
ACTE PREMIER.
Le Théatre repréſente une Campagne agréable; Et dans l'éloignement, la Ville de PERGAME, Capitale de la MISIE.
SCENE PREMIERE.
TELEPHE.
VIOLONS.
BASSE-CONTINUE.

Première page de la tragédie Télèphe, *d'André* **Campra** *(1713). Bibl. de Versailles.*

ultramontains par excellence, exercèrent, avec l'opéra, une influence notable dans l'accompagnement instrumental et dans l'alternance des récits et des airs.

L'œuvre lyrique du compositeur est représentée par deux genres : l'opéra-ballet et la tragédie lyrique. Bien que Campra n'ait pas créé le premier, il a toutefois beaucoup contribué à son épanouissement. Il a bénéficié de la vogue dont jouissait le goût pour la couleur locale, goût que se plaisait à montrer généralement ce spectacle. Il a su avec charme et raffinement peindre des scènes vénitiennes en usant d'éléments directement empruntés au style ultramontain. C'est particulièrement sensible dans le petit opéra *Orfeo nell inferi,* écrit en 1699 sur des paroles italiennes, auquel on assiste à la fin du *Carnaval de Venise* et dans les trois cantates qui figurent dans *les Fêtes vénitiennes.* Les tragédies lyriques de Campra s'inscrivent davantage dans la tradition lullyste, que le compositeur a su toutefois renouveler : une instrumentation recherchée et une inspiration originale lui ont permis de laisser des pages délicates et poétiques, comme les célèbres plaintes des arbres de la forêt enchantée dans *Tancrède.* Par là, Campra ne doit pas être considéré comme un artiste de transition entre Lully et Rameau, mais avant tout comme l'un des meilleurs représentants de l'opéra français.

CANNABICH, famille de musiciens allemands. — 1. **Johann Christian** *(Mannheim 1731 - Francfort-sur-le-Main 1798).* Élève de son père et de J. Stamitz, il entra dans l'orchestre de Mannheim en 1744 et en prit la direction après la mort de J. Stamitz (1757). Entre-temps, il avait étudié à Rome auprès de Jomelli (1753) et séjourné à Milan. Bientôt devenu un des chefs d'orchestre les plus célèbres d'Europe, il se produisit à Paris (1764. 1766, 1772), et se lia d'amitié avec Mozart à Mannheim en 1777-78. En 1778, il suivit avec son orchestre Karl Theodor à Munich, où il donna des concerts non plus seulement pour la cour, mais aussi en public, et où, en 1790, il reçut la visite de J. Haydn en route pour Londres. Il passa quelque temps à Vienne, en 1796, et mourut durant une visite chez son fils. Essentiellement compositeur de musique instrumentale, Johann Christian laissa, notamment, de la musique de chambre et plus de 100 symphonies. À partir des années 1770, il se consacra de plus en plus au ballet, genre où il put donner libre cours à son talent de coloriste *(la Descente d'Hercule, les Meuniers provençaux, les Fêtes du sérail, la Foire de village hessoise).* Beaucoup de ces ballets sont perdus. On lui doit également les opéras *Azakia* (1778) et *les Croisés* (1788), ainsi que le mélodrame *Elektra* (1780). — 2. **Karl Konrad** ou **Karl August** *(Mannheim 1771 - Munich 1806).* Fils du précédent, élève de son père pour le violon, il devint en 1800 directeur de la musique à Munich.

CANTELOUBE *(Marie-Joseph),* compositeur français *(Malaret, près d'Annonay, Ardèche, 1879 - Paris 1957).* Élève de Vincent d'Indy à la Schola cantorum, il s'imposa comme un musicien régionaliste par excellence, tirant de l'inspiration terrienne la substance même de ses compositions. Non seulement ses nombreux recueils de chants folkloriques, qu'il harmonisa avec délicatesse et esprit (5 vol. de *Chants d'Auvergne,* 1923-1955 ; *Chants populaires de haute Auvergne et du haut Quercy ; Chants d'Angoumois, du Languedoc, de Touraine, des Pays basques,* etc. ; 400 chœurs à voix égales ou mixtes : *Chants paysans, Chants des terroirs,* etc.), mais aussi ses opéras, *le Mas* (1910-1913, première représentation à l'Opéra de Paris, 1929) et *Vercingétorix* (1930-1932, première représentation 1933), sont imprégnés de sa tendresse pour le terroir du Massif central. Il écrivit aussi des pages instrumentales et orchestrales, édita une *Anthologie des chants populaires français* (4 vol., Paris, 1939-1944) et publia des études, dont *les Chants des provinces françaises* (Paris, 1946).

CAPLET *(André),* compositeur et chef d'orchestre français *(Le Havre 1878-Neuilly-sur-Seine 1925).* Après avoir entrepris des études musicales au Havre, il entra, en 1896, au Conservatoire de Paris dans les classes de Leroux, Lenepveu et Vidal, et remporta en 1901 le premier grand prix de Rome avec sa cantate *Myrrha.* Il débuta comme timbalier dans l'orchestre des Concerts Colonne et devint rapidement l'assistant d'É. Colonne. Directeur de la musique à l'Odéon à partir de 1899, Caplet fut aussi chef d'orchestre à l'opéra de Boston de 1910 à 1914. Mais la guerre interrompit sa brillante carrière ; touché par les gaz, il vit sa santé compromise et dut peu à peu réduire son activité. Aussi renonça-t-il à la direction de l'Opéra de Paris (1919), ainsi qu'à celle des orchestres des Concerts Lamoureux (1920) et des Concerts Pasdeloup (1922).

Très lié avec Debussy — il dirigea la création du *Martyre de saint Sébastien* (Paris, 1911) et orchestra ou réduisit plusieurs de ses œuvres —, Caplet se dégagea progressivement de l'influence de ce dernier, par exemple dans *le Vieux Coffret* (1917). Il devait aussi rejeter celle de Fauré. La pratique de la scène lyrique lui fit acquérir une connaissance des possibilités de la voix humaine qu'il utilisa avec une certaine audace (*Inscriptions champêtres,* 1914). On n'hésita pas à voir dans les quinze vocalises du *Pain quotidien* les prémices de la technique moderne du chant. Comme Debussy, le compositeur fréquenta Solesmes et se familiarisa avec le plain-chant ; sa foi lui inspira des œuvres très attachantes (*le Miroir de Jésus,* 1923 ; *Prières,* 1914-1917) ; la *Messe* à 3 voix, 1919-20), caractéristiques de son souci d'un langage personnel exempt de stéréotypes. Caplet a écrit quelque trente-cinq mélodies, personnelles, difficiles à interpréter (en particulier les parties de piano). Soulignons enfin la hardiesse avec laquelle il employa la harpe dans *le Masque de la mort rouge* ou le violoncelle dans *Épiphanie,* ses deux œuvres instrumentales essentielles.

CARISSIMI *(Giacomo),* compositeur italien *(Marino, près de Rome, 1605 - Rome 1674).* Peu de renseignements nous sont parvenus sur sa vie. On sait seulement qu'il fut chantre et organiste de la cathédrale de Tivoli (1624-1627), puis maître de chapelle de la cathédrale d'Assise (1628-29). De 1630 à sa mort, il occupa le poste de maître de chapelle de Saint-Apollinaire à Rome. Si Carissimi voyagea peu au cours de sa carrière, ses œuvres, en revanche, furent estimées et jouées partout en Europe ; l'étendue de leur popularité est confirmée par le fait que des manuscrits de sa musique sont conservés dans de nombreuses bibliothèques, non seulement en Italie, mais aussi en Allemagne, en France et en Angleterre. L'excellent Dr. Burney qualifia Carissimi d'« admirable maître ». Et tout aussi élogieux furent les Français Maugars et P. Bourdelot.

Carissimi est indiscutablement l'un des premiers grands maîtres de l'oratorio. Dans cette forme, il succéda à Cavalieri et à Quagliati, prenant comme point de départ le motet latin et faisant dialoguer les chœurs avec des voix seules qui incarnent les

Larousse.

Portrait de Giacomo ***Carissimi*** *gravé par Vischer, d'après W. Vaillant.*

différents personnages du drame. En principe, le texte biblique est raconté par l'historicus ; les chœurs commentent l'action, renforçant ainsi l'expression, mais parfois aussi, ils sont utilisés à des effets spéciaux (échos) comme dans *Jephté*, le mieux connu des oratorios de Carissimi. Pour le rôle de la fille de Jephté, le plus développé de l'ouvrage, le compositeur emploie le style récitatif, le style arioso et l'air avec une grande souplesse.

Sa production de musique religieuse est considérable : elle va du petit motet en dialogue *(Tolle Sponsa)*, de l'histoire sacrée qui fait appel à trois personnages *(Historia di Job)* à l'oratorio en deux parties *(Diluvium universale)* pour lequel douze voix sont nécessaires. Quelles que soient les proportions de l'œuvre, tout repose sur la seule basse continue, sauf dans de rares exceptions où deux violons prêtent leur concours *(Historia di Ezechia)*. En revanche, les récitatifs, airs, duos, trios et chœurs (qui semblent demander un effectif réduit en raison des dimensions de l'accompagnement), parfois à huit voix en double chœur, se mêlent avec bonheur. Si l'aspect théâtral se fait sentir, il demeure discret et préserve une atmosphère de musique de chambre.

La même variété de formes et de moyens d'expression caractérise les quelque 130 cantates de Carissimi. Peut-être son génie se manifeste-t-il ici mieux qu'ailleurs. Bien que le sujet traité soit généralement celui des peines d'amour, Carissimi est l'un des rares compositeurs romains à utiliser des thèmes comiques *(Amor mio, che cosa è questo ?)* ou à évoquer le jugement dernier *(Suonerà l'ultima tromba)* avec une puissance dramatique inattendue dans un genre si intime. C'est également dans ses cantates que le musicien se montre le plus sensible aux raffinements harmoniques ; la beauté des lignes mélodiques témoigne d'une certaine réserve, typique de l'école romaine.

Au cours de sa brillante carrière, Carissimi a trouvé le temps de former au moins trois élèves illustres : le Français M.-A. Charpentier, ainsi que les deux Italiens P. Cesti et A. Scarlatti.

CARRILLO *(Julián)*, compositeur mexicain *(Ahualulco 1875 - Mexico 1965)*. Il fit ses études à Mexico et, de 1899 à 1904, à Leipzig (composition, direction d'orchestre et violon) et à Gand (violon). Il se lia alors avec Romain Rolland, Saint-Saëns et Debussy. De 1906 à 1924, il joua un rôle important dans la vie musicale de son pays — fondation de l'orchestre et du quatuor Beethoven (1909), direction du Conservatoire national de Mexico (1913, puis 1920-1924) — et à New York. Après plusieurs partitions académiques, dont la symphonie n° 1 en *ré* (1901) et la symphonie n° 2 en *ut* (1908), et tout en explorant l'atonalité (4 quatuors à cordes atonaux, 1917-1920), il orienta ses recherches vers le dépassement du système tempéré traditionnel pour aboutir à un système fondé sur les micro-intervalles, et codifié par lui aux alentours de 1920. Il fut ainsi l'un des premiers à écrire des œuvres en quarts, tiers, huitièmes et seizièmes de ton : ainsi *Preludio a Colón* pour petit orchestre (1922), *3 Columbias* pour orchestre (1926-1930), ou *Fantasía Sonido 13* pour petit orchestre (1931). *Horizontes* (1950) est un prélude pour petit orchestre en quarts, huitièmes et seizièmes de ton, accompagné par un orchestre en demi-tons traditionnels, et *Preludio 29 de Septiembre* pour piano (1949) va jusqu'à utiliser les trentièmes de ton. Pour tous ces ouvrages, il fit naturellement construire les instruments — pianos, flûtes, clarinettes, harpes, etc. — appropriés, en particulier quinze pianos qu'on put voir à l'Exposition universelle de Bruxelles en 1958. Un de ses principaux champions, à partir de 1926, fut Leopold Stokowski, et son disciple le plus éminent, actuellement, est le Français Jean-Étienne Marie.

Sa musique, extrêmement intéressante sur le plan sonore, n'en reste pas moins fidèle pour l'essentiel aux formes et à l'esthétique postromantiques, et ce avec de fortes résonances tonales (il divisa le ton en micro-intervalles, mais égaux entre eux). On lui doit également de nombreux écrits théoriques.

CARTER *(Elliott),* compositeur américain *(New York 1908).* De ses études à l'université Harvard auprès de Walter Piston, puis à Paris auprès de Nadia Boulanger, il tira une formation purement néoclassique, sous le signe de Stravinski, de Hindemith, et de Copland, ce qui lui valut dix années d'incertitudes stylistiques illustrées notamment par le ballet *Pocahontas* (1939) ou la *Première Symphonie* (1942). Avec la *Sonate pour piano* (1945-46), le ballet *le Minotaure* (1947) et surtout la *Sonate pour violoncelle* (1948), son langage gagna en complexité rythmique tout en se libérant de la tonalité. Il reprit alors à son compte le concept de « modulation métrique », déjà utilisé de façon empirique par Charles Ives, et qui devait rester une constante de son style ; il s'agit d'un changement de tempo progressif par utilisation de valeurs irrationnelles, procédé auquel la musique de Carter doit une souplesse rythmique unique rendant sa notation et son exécution particulièrement difficiles.

Aux *Huit Études et Une Fantaisie* pour quatuor à vent (1950) succéda le vaste *Premier Quatuor à cordes* (1951), premier prix du concours de quatuors de Liège et l'un des plus importants depuis Bartók et Schönberg : avec cette œuvre, il se trouva lui-même. Les *Variations pour orchestre* (1954-55) inaugurèrent un nouveau principe, celui de la caractérisation psychologique des instruments. Ce principe reçut une très nette et très remarquable consécration dans le *Deuxième Quatuor à cordes* (1959), qui, comme plus tard le *Troisième* (1971), obtint le prix Pulitzer : dans cet ouvrage presque deux fois plus court que le quatuor précédent, chaque instrumentiste mène le jeu à son tour, avec un rôle psychologique très précis au sein d'une sorte de « théâtre musical ».

Carter considère ses partitions les plus récentes comme des « scénarios », les instrumentistes comme des « acteurs ». Le *Double Concerto* pour clavecin, piano et deux orchestres de chambre (1961) poursuit dans cette voie, tout en donnant à chacun des deux ensembles instrumentaux (séparés dans l'espace comme, déjà, les quatre instrumentistes du quatuor de 1959) son propre répertoire mélodique et harmonique. En revanche, le *Concerto pour piano* (1964-65) oppose « un individu aux humeurs et aux idées changeantes et un orchestre traité de façon plus ou moins monolithique ». Le *Concerto pour orchestre* (1969-70), inspiré par le poème *Vents* de Saint-John Perse, traite pour l'essentiel de la « poésie du changement, de la transformation, de la réorientation des sentiments et des pensées », tandis que le *Troisième Quatuor à cordes* (1971), créé à New York après plusieurs révisions en janvier 1973, divise les quatre instruments en deux duos (premier violon — violoncelle et second violon — alto), dont l'un joue « quasi rubato » et l'autre « en rythme bien strict ». Suivirent un *Duo pour violon et piano* (1973-74), un *Quintette de cuivres* (1974), *A Mirror on which to Dwell* pour soprano et ensemble instrumental sur 6 poèmes d'Élisabeth Bishop (1975), première œuvre vocale du compositeur depuis près de trente ans, *Symphonie de trois orchestres* (1976), et *Syringa* pour mezzo-soprano, basse et 11 instruments (1978), *Night Phantasies* pour piano (1980), *In Sleep, in Thunder* pour ténor et 14 exécutants (1981-82), et *Triple Duo* pour 6 exécutants (1983). Directeur du Ballet Caravan, puis directeur musical du Saint John's College à Annapolis, Carter a enseigné au Peabody Institute de Baltimore, ainsi qu'à l'université Columbia et au Queens

College de New York. Produisant relativement peu, ce qui l'a fait comparer à son aîné Michael Tippett et à son cadet Henri Dutilleux, il n'a reçu la consécration qu'à plus de cinquante ans, mais il apparaît aujourd'hui comme l'un des deux ou trois plus grands compositeurs américains et, sur le plan «de la plastique et de la dialectique musicales», comme un héritier authentique d'Alban Berg.

CARULLI *(Ferdinando),* guitariste et compositeur italien *(Naples 1770 - Paris 1841).* Après avoir appris la guitare en autodidacte, il vint à Paris en 1808 et y mena une carrière de virtuose. Il publia environ 330 pièces diverses pour guitare seule, deux guitares et divers instruments, ainsi qu'un traité intitulé *l'Harmonie appliquée à la guitare* (Paris, 1825), une méthode de guitare et un manuel d'accompagnement. Si la part didactique de son œuvre n'est pas négligeable, l'esthétique de ses multiples pièces souffre souvent d'une réelle pauvreté mélodique et harmonique.

CASELLA *(Alfredo),* compositeur et pianiste italien *(Turin 1883 - Rome 1947).* Élevé à Turin à l'heure du renouveau de la musique instrumentale italienne, il étudia à Paris en 1896 avec Fauré et Xavier Leroux, connut Debussy et Ravel, participa activement à la vie musicale parisienne et fut assistant de Cortot à sa chaire de piano au Conservatoire. Son goût le portait alors aussi bien vers les descendants spirituels de Mahler que vers Stravinski, dont l'influence se fait sentir dans les œuvres de sa période française. De retour en Italie en 1915, il mena une intense activité de pianiste, de pédagogue, critique, musicologue, animateur, et participa à la renaissance des œuvres des maîtres italiens des XVIIe et XVIIIe siècles. Prenant la tête du mouvement néoclassique de l'entre-deux-guerres avec Malipiero, Pizzetti et, dans une certaine mesure, Respighi, il se forgea un langage personnel dépouillé, également éloigné du romantisme et de l'impressionnisme, à la fois austère et attachant.

Casella s'est affirmé dans tous les genres, et on lui doit notamment des concertos pour solistes (piano, violon, violoncelle, etc.) ou conçus dans la forme du concerto grosso (op. 43 pour orgue, cuivres, timbales et orchestre à cordes, op. 69 pour quatuor, piano, timbales, percussion et orchestre, etc.), des poèmes symphoniques, de la musique de chambre, de la musique instrumentale (notamment des pièces pour piano à quatre mains), des mélodies, etc. Parmi ses œuvres pour la scène, on peut mentionner ses ballets *Il Convento veneziano* (1912, 1re représentation à Milan, 1925), *La Camera dei disegni* (1940) et *La Rosa del sogno* (1943), ainsi que *La Giara* (1924), comédie chorégraphique d'après Pirandello, son œuvre la plus célèbre, et enfin ses œuvres lyriques : *La Donna serpente,* d'après C. Gozzi (1932), *La Favola d'Orfeo* (1932) et *Il Deserto tentato* (1937).

CASTELNUOVO-TEDESCO *(Mario),* compositeur italien naturalisé américain *(Florence 1895 - Beverly Hills, Californie, 1968).* Il fit ses études au conservatoire de Florence et avec I. Pizzetti, écrivit à l'âge de quinze ans *Cielo di settembre* («Ciel de septembre») pour piano, page orchestrée plus tard, et devint rapidement un des plus brillants représentants de la musique italienne. Les événements précédant la Seconde Guerre mondiale l'obligèrent à émigrer aux États-Unis, d'abord dans l'État de New York (1939) puis à Los Angeles, où il enseigna la composition à partir de 1946. Dans un style délicat et raffiné, il a composé les opéras *La Mandragola* d'après Machiavel (Venise 1926), *Bacco in Toscana* (Milan 1931), *Aucassin et Nicolette* (1938, première représentation, Florence 1952), *Il Mercante di Venezia* (Florence 1961) et *Tout est bien qui finit bien* (Florence 1959), l'un et l'autre d'après Shakespeare, *The Importance of being Earnest* d'après Wilde (1962), plusieurs ouvertures de concert pour des pièces de Shakespeare, des concertos dont deux pour guitare et un pour deux guitares, et de nombreuses pièces vocales et instrumentales dans à peu près tous les genres, parmi lesquelles des versions pour voix et piano, dans la langue originale, de toutes les chansons des pièces de Shakespeare (1921-1926).

CASTÉRÈDE *(Jacques),* compositeur français *(Paris 1926).* Il a fait ses études au Conservatoire de Paris, y travaillant notamment le piano (premier prix en 1948), la composition (avec T. Aubin) et l'analyse (avec O. Messiaen). Premier grand prix de Rome en 1953 avec la cantate *la Boîte de Pandore,* il a été nommé professeur de solfège au Conservatoire national supérieur de musique de Paris en 1960, et y est devenu conseiller aux études en 1966, puis professeur d'analyse en 1970. Sa production, de caractère néo-classique, traduit nettement son appartenance à une tradition nationale. Au sein d'un catalogue de plusieurs dizaines d'œuvres de toutes formes et utilisant volontiers des voix et des instruments peu habitués à évoluer ensemble, on peut citer une symphonie pour cordes (1952); une sonate pour piano et violon (1955), une pour piano (1967) et une pour piano et alto (1968); l'oratorio *le Livre de Job* (1959); *la Chanson du mal-aimé* d'après Apollinaire (1960); *Quatre Poèmes de Robert Desnos* pour baryton et piano (1965); deux concertos pour piano (1968, 1972); *Images pour un jour d'été,* concerto pour 2 pianos et cordes (1969); *Hymn* pour récitant, chœurs, orgue, cuivres et percussion (1973); *In Memoriam Ludwig van Beethoven* pour orchestre (1975); *Avant que l'aube ne meure* pour piano, violon, alto et violoncelle (1976); *Fanfares pour La Fayette* pour ensemble de cuivres (1976); *Pianologie* pour 3 pianos, chant et percussion (1977); *Concert on a boat* pour clarinette et orchestre à vents (1978); et un concerto pour guitare (1979).

CASTIGLIONI *(Niccolò),* compositeur italien *(Milan 1932).* Il a fait ses études au conservatoire de sa ville natale avec Desderi, F. Ghedini, Margola et Fuga, puis au Mozarteum de Salzbourg avec Friedrich Gulda et Carlo Zecchi et, enfin, à partir de 1958, aux cours d'été de Darmstadt. Il a aussi eu comme maître Boris Blacher. Il s'est d'abord fait une renommée de pianiste virtuose au toucher et au jeu raffinés et, en 1961, a obtenu le prix Italia pour son opéra radiophonique *Attraverso lo specchio* («À travers le miroir»). En 1966, il a émigré aux États-Unis, où il a d'abord été *composer in residence* au Center of Creative and Performing Arts de Buffalo. Nommé ensuite *visiting professor in composition* à l'université du Michigan à Ann Arbor, puis *regent lecturer* à l'université de Californie à San Diego, une sorte d'épuisement le força à rentrer en Europe, et, depuis le début des années 70, il a très peu produit.

Ses œuvres, de tendance postsérielle élargie, surtout instrumentales, témoignent d'un tempérament lyrique et dramatique extrêmement vif et d'une sensibilité aiguë pour laquelle la musique ne doit se justifier que d'elle-même : «Tout comme un dessin où le noir des traits n'a d'autre fonction que d'articuler le blanc du papier, les *Disegni* (1960) sont de par leur forme un continuum du silence au sein duquel les notes viennent s'insérer pour articuler le silence par les sons» (à propos de sa pièce d'orchestre *Disegni*). Ses ouvrages, volontiers très courts, ont souvent quelque chose d'éphémère, qui répugne à la durée, telles les images d'un kaléidoscope. À propos de *Gyro,* pour chœur mixte et 9 instruments (1963), il a d'autre part fait remarquer «que depuis toujours un mystère, une exigence religieuse existent dans la science, et que la religiosité de tout temps peut s'exprimer aussi à travers la science. C'est le besoin de ne rien renier — dans le meilleur sens du terme — de ce qui est profane». Il a écrit notamment *Aprèslude* pour orchestre (1959), *Gymel* pour flûte et piano (1960), *A Solemn Music I* (1963) et *II* (1965) pour soprano et orchestre de chambre sur des textes de John Milton, une symphonie en *ut* pour chœur et grand orchestre (avec 4 pianos et 4 clavecins) sur des textes de Ben Johnson, Dante, Shakespeare et J. Keats (1969-70), *Inverno In-Ver,* 11 poésies musicales pour orchestre (1972), *Quodlibet* pour piano et instruments (1976), l'oratorio *Le favole di Esopo* (1979) et *Psaume XIX* pour soli, chœur et orchestre (1980). On lui doit également un intéressant ouvrage de synthèse : *le Langage musical de la Renaissance à nos jours.*

CASTILLON DE SAINT-VICTOR *(Alexis de),* compositeur français *(Chartres 1838-Paris 1873).* Venu à la musique assez tard, après une brève carrière militaire, il fit ses études avec Delioux et Victor Massé, puis César Franck dont il fut l'un des disciples les plus doués. Il participa en 1871 à la fondation de la Société nationale de musique et en fut le secrétaire. Ses œuvres symphoniques et instrumentales, présentées notamment dans le cadre des concerts de la Société nationale, se heurtèrent plus d'une fois à l'incompréhension et à l'hostilité du public, en raison de leur nouveauté. Castillon est l'un des premiers à avoir ressuscité, en France, la musique de chambre.

CATALANI *(Alfredo),* compositeur italien *(Lucques 1854-Milan 1893).* Il étudia la composition avec Antonio Bazzini à Milan, où il se fixa et mourut prématurément. Son opéra *La Falce,* sur un livret de Boïto (1875), lui valut une immédiate renommée que ne confirmèrent qu'à demi *Elda* (1880, ébauche de sa future *Loreley*), *Dejanice* (1883), puis *Edmea* (1886), dont la création fut dirigée par Toscanini, son fervent admirateur, qui fit à cette occasion ses débuts en Italie. *Loreley* (1890) et *La Wally* (1892) donnent la pleine mesure du talent de ce romantique auquel on doit encore des romances et de la musique de chambre, de cet amoureux de la France et de l'Allemagne, attiré par le surnaturel webe-rien et wagnérien, et consumé, à l'image de ses héros, par un amour impossible.

CATEL *(Charles-Simon),* compositeur français *(L'Aigle, Orne, 1773 - Paris 1830).* Formé à Paris par Gossec, il fut nommé en 1790 accompagnateur de l'Opéra et chef adjoint de la musique de la garde nationale. Puis, lors de la création en 1795 de l'Institut national de musique, futur Conservatoire, il fut désigné comme professeur d'harmonie, avant de devenir inspecteur de cette école (1810). Il finit sa carrière membre de l'Institut, après avoir succédé à Monsigny (1815).

Il laissa une œuvre variée, qui reflète une évolution en trois temps. De 1792 à 1795, Catel composa des hymnes et des marches militaires pour les fêtes révolutionnaires. De 1795 à 1802, il se consacra à des œuvres pour piano ou pour ensembles de musique de chambre (3 quatuors, 1796 ; 6 quintettes, 1797 ; 6 sonates, 1799), et à des ouvrages pédagogiques, comme *l'Harmonie à la portée de tous* (1802). Enfin, de 1802 à 1818, il se tourna vers la scène lyrique, pour laquelle il écrivit des opéras-comiques et des opéras, dont certains, tels *Sémiramis* (1802) ou *les Bayadères* (1810), connurent le succès. Dans son ballet héroïque, *Alexandre chez Apelle* (1808), il mit en œuvre une orchestration particulièrement raffinée. Il fut le premier à introduire le cor anglais à l'Opéra.

CAVALIERI *(Emilio de'),* compositeur italien *(Rome v. 1550 - id. 1602).* Noble romain, fils de Tommaso Cavalieri — ce beau garçon pour lequel Michel-Ange quitta Florence pour Rome —, Emilio Cavalieri apporta une importante contribution à la musique de la fin de la Renaissance et du début de l'époque baroque en étant l'un des premiers musiciens à composer dans le nouveau style monodique. Il passa la majeure partie de son temps à Florence, où il fut nommé intendant de l'activité artistique à la cour de Ferdinand Ier de Médicis en 1588. Membre de la Camerata de Giovanni Bardi, il y côtoya des artistes accomplis, tels G. Caccini et J. Peri. Il put mettre en pratique ses idées et fut parmi les premiers à utiliser la basse* continue avec des signes destinés à guider les différents instruments. Sur des textes de la poétesse Laura Guidiccioni, il composa plusieurs pastorales *(La Disperazione di Fileno, Il Satiro, Il Gioco della cieca),* qui ont été perdues. Lors d'un de ses nombreux séjours à Rome, où il put sans doute voir, à la chapelle Sixtine, le portrait de son père peint par Michel-Ange, Cavalieri fit donner en 1600 la *Rappresentazione di Anima e di Corpo,* son œuvre la plus célèbre, qui, malgré une certaine similitude avec l'oratorio, n'en est pas un. L'œuvre est composée dans le nouveau *stile rappresentativo,* c'est-à-dire en récitatif, destiné à imiter le plus possible le rythme de la langue parlée. Bien qu'empreint d'une certaine sécheresse, ce récitatif ne manque pas d'expression, et la partition contient de nombreux chœurs, dans un style syllabique simple, qui introduisent un élément de contraste heureux.

CAVALLI *(Pier Francesco Caletti-Bruni, dit* Pier Francesco*),* compositeur italien *(Crema 1602 - Venise 1676).* Chantre dans sa ville natale, doté d'une belle voix de soprano, il attira l'attention du gouverneur de la cité, Federigo Cavalli, qui lui obtint un poste de chantre et d'organiste à la chapelle San Marco de Venise (1616). Dès lors, il se fit appeler P. F. Cavalli, du nom de son protecteur. La musique de cette chapelle était dirigée par Cl. Monteverdi et Cavalli devint son élève pour la composition. En 1640, il fut nommé titulaire de l'orgue de la chapelle et, à la mort de Monteverdi (1643), s'imposa comme la personnalité la plus importante de la vie musicale à Venise. À partir de 1639, le musicien commença à écrire pour le théâtre, mais il est fort possible qu'il ait, auparavant, collaboré à la production de quelques opéras de Monteverdi, composant, ici et là, une ritournelle instrumentale selon les instructions du maître.

Entre 1639 et 1669, Cavalli écrivit 42 ouvrages lyriques, dont 4 dans la seule année 1651. Il fut le compositeur le plus remarquable de l'école vénitienne de sa génération en matière d'opéras. Son grand talent de mélodiste et son sens dramatique très développé l'orientèrent vers la scène. Sa musique, plus à la portée du grand public que celle de Monteverdi, visait les théâtres payants de Venise, le premier de ces établissements (San Cassiano) ayant ouvert ses portes en 1637. Sa véritable carrière débuta avec la représentation des *Nozze di Teti e di Peleo* (1639). Dès 1641, son style atteignait une certaine maturité avec son premier chef-d'œuvre, *La Didone*. La partition contient notamment une scène d'adieu admirable, chantée par Énée, et reflète parfaitement le style de Cavalli : conçue de manière très continue, la musique part du récitatif pour se transformer en arioso et en air avec une souplesse inégalable. Suivirent d'autres opéras, dont certains sont redécouverts aujourd'hui : *L'Egisto* (1643) ; *L'Ormindo* (1644) ; *Il Giasone* (1649) ; *La Calisto* (1651) ; *Xerse* (1654) ; *L'Erismena* (1655). La réputation de Cavalli grandit au point que Mazarin refusa toute autre proposition pour fêter le mariage de Louis XIV que la commande d'un opéra à Cavalli. Les préparatifs et dépenses ainsi que diverses difficultés empêchèrent pourtant la représentation de *L'Ercole* amante,* qui ne devait avoir lieu qu'en 1662, augmentée d'importantes scènes de ballet dues à J. B. Lully. Le spectacle ne rencontra pas le succès qu'il méritait et Cavalli, dégoûté, rentra à Venise où il allait écrire de la musique religieuse, dont une *Missa pro defunctis,* œuvre concertante pour 8 voix et instruments, destinée à ses propres funérailles.

Au cours de sa carrière, Cavalli composa également quelques pièces instrumentales, parmi lesquelles des sonates et *canzoni* (de 2 à 12 voix).

De nos jours, la représentation des opéras de Cavalli est chose peu aisée. En effet, il faut tenir compte de la façon dont on notait la musique d'une œuvre de scène à l'époque. Comme le *Couronnement de Poppée* de Monteverdi, tous les opéras de Cavalli sont composés sur deux portées (chant et basse) avec seulement, de temps en temps, une ritournelle notée à plusieurs parties où il est possible de chercher des conseils stylistiques. Nul besoin donc d'insister sur les difficultés que rencontre un éditeur moderne s'il veut faire « revivre » cette musique et préparer une édition de l'œuvre (une *réalisation*). Cette tâche a été accomplie avec grand succès par des musicologues et musiciens spécialisés, notamment pour le festival de Glyndebourne. Tel est le génie dramatique de Cavalli qui n'attend, pour être redécouvert, que le talent et la fidélité du réalisateur. Les librettistes sont souvent excellents, tels Busenello ou Faustini, ce dernier étant particulièrement habile à mêler un drame essentiellement sérieux à toutes sortes de péripéties comiques pour créer un spectacle fort amusant et si typiquement italien lorsqu'il est bien réussi.

CAVOS *(Catterino),* compositeur et chef d'orchestre italien *(Venise 1776 - Saint-Pétersbourg 1840).* Fils du directeur du théâtre de la Fenice à Venise, Cavos remplit, dans ce haut lieu, les fonctions de chef de chant avant de diriger le théâtre de Padoue. Parti pour Saint-Pétersbourg à la tête d'une troupe italienne d'opéra (v. 1800), il devait y demeurer jusqu'à sa mort, exerçant une influence de plus en plus importante sur la vie musicale. Nommé chef d'orchestre du théâtre impérial en 1800, il en devint le régisseur en 1804, tout en étant professeur de chant au Collège de l'Ordre de Sainte-Catherine. Puis, chef attitré de l'orchestre de l'opéra russe (1806), il assuma, à partir de 1821, la direction générale de la musique. Il joua un rôle déterminant dans la diffusion d'œuvres alors jugées audacieuses : sous sa baguette furent créées, en Russie, le *Freischütz* (Weber), *Fra Diavolo* (Auber), *Robert le Diable* (Meyerbeer). Bien plus, alors même qu'il avait écrit un opéra sur l'épisode d'*Ivan Soussanine* (représenté en 1815), il dirigea et imposa l'œuvre de Glinka traitant le même sujet, *la Vie pour le tsar* (1836), avec une conviction et une chaleur révélatrices du regard qu'il portait sur la nouvelle musique russe. Il est vrai qu'il avait personnellement ressenti la nécessité de faire appel à des sujets historiques ou légendaires (outre *Ivan Soussanine, Ilya Bogatyr, la Jeunesse d'Ivan III, le Cosaque versificateur*) et même parfois à des thèmes musicaux populaires, sans toutefois pouvoir oublier ses origines italiennes.

CEREROLS *(Joan),* compositeur catalan *(Martorell 1618 - Montserrat 1676).* Admis comme novice au monastère de Montserrat à l'âge de dix-huit ans, il n'en sortit pratiquement plus. Ses fonctions de maître de chapelle l'amenèrent à composer de nombreuses pièces de musique religieuse, surtout chorales, dont la renommée a largement franchi les murs de la célèbre abbaye. C'est le cas de la *Missa de Batalla,* à trois chœurs.

CERHA *(Friedrich),* compositeur et chef d'orchestre autrichien *(Vienne 1926).* Élève de Vasa Prihoda pour le violon et d'Alfred Uhl pour la composition à l'école supérieure de musique de Vienne, il a également étudié, à l'université, non seulement la musicologie, mais la philosophie et la philologie germanique. Violoniste, professeur à l'école supérieure de musique de Vienne à partir de 1959, il a séjourné à Rome en 1957, et fondé en 1958 l'ensemble de musique contemporaine Die Reihe, qui a joué à Vienne un peu le même rôle que le Domaine musical à Paris. On lui doit l'achèvement, ou plutôt l'orchestration, des parties manquantes du 3e acte de l'opéra *Lulu* d'Alban Berg.

Comme compositeur, Cerha est parti des classiques du XXe siècle et des techniques sérielles issues de l'école de Vienne pour développer, à partir de 1956 surtout, un langage personnel qui privilégie la qualité du traitement des matériaux plutôt que des tendances puristes dans le choix de ces matériaux. Il a commencé à écrire dès 1942 (2 lieder pour soprano et piano sur des poèmes de Storm et Mörike), mais l'ouvrage le plus ancien qu'il retient habituellement est *Deux Éclats en réflexion* pour violon et piano (1956). On lui doit notamment : *Espressioni fondamentali* pour orchestre (1957) ; *Relazioni fragili* pour clavecin et orchestre de chambre (1957) ; *Enjambements* pour 6 interprètes (1959) ; *Spiegel I* à *VII* pour grand orchestre et bande magnétique (1960-1971), dont la première exécution d'ensemble a eu lieu au festival de la S. I. M. C. à Graz, en 1972 ; *Verzeichnis* pour 16 voix a cappella (1969) ; *Curriculum* pour vents (1972) ; *Sinfonie* pour orchestre (1975) ; *Double Concerto* pour violon, violoncelle et orchestre (1973-1976) ; *Baal,* opéra d'après B. Brecht (1974-1979, créé au festival de Salzbourg en 1981) ; *Netzwerk,* œuvre scénique (1981) ; et *Keintate* pour voix moyenne et instruments (1982).

ČERNOHORSKÝ ou **CZERNOHORSKY** *(Bohuslav Matěj),* organiste et compositeur tchèque *(Nymburk 1684 - Graz, Autriche, 1742).* Il est considéré comme le plus important représentant de la musique baroque tchèque. Fils d'un instituteur organiste, il étudia la philosophie à Prague, puis entra au noviciat. Père minorite en 1703, *regens chori* à l'église Saint-Jacques de Prague, il enseigna dans cette ville et en Italie, où il fut envoyé par son ordre. Le « Padre Boemo » eut comme élèves des musiciens tchèques tels que Zach, Seger, Tuma, Haza, mais aussi Tartini et Gluck. D'un an l'aîné de Bach, il semble avoir fortement contribué à l'évolution de l'orgue baroque. Malheureusement, sa musique d'orgue a pour l'essentiel été détruite dans l'incendie de l'église Saint-Jacques en 1754. De nombreuses copies d'œuvres de Froberger, Muffat, Roberday semblent être de sa main, parmi d'autres originales. Ses œuvres vocales le désignent comme un représentant de l'école vénitienne tardive, tout comme A. Michna d'Otradovice, et valent par leur polyphonie à la fois claire et légère (*Laudate et Magnificat, Laudetur Jesus Christus* de 1728).

CERTON *(Pierre),* compositeur français *(? v. 1510 - Paris 1572).* Clerc de matines à Notre-Dame de Paris (1529), Certon entra à la Sainte-Chapelle en 1532 et y occupa successivement les fonctions de chantre, maître des enfants de chœur (v. 1542), chapelain perpétuel (1548). Malgré des tensions avec la hiérarchie ecclésiastique, dues à son indépendance de caractère, il obtint une prébende de chanoine à Notre-Dame de Melun (1560) et devint à la fin de sa vie le protégé du seigneur de Villeroy.

Continuant d'utiliser les techniques de la messe-parodie du siècle précédent *(Sur le pont d'Avignon, Le temps qui court, Dulcis amica),* Certon ne saurait montrer, sur le plan de la musique religieuse, une originalité particulière. En revanche, dans le domaine de la chanson, malgré l'écriture traditionnelle de ses premières pièces *(Amour est bien, Jetez-les hors)* et le style parisien *(Un vert galant, Ho, le vilain),* son rôle est d'importance historique et son œuvre très estimable. Il est, en effet, l'un des quatre musiciens — avec Janequin, Goudimel et Muret — à mettre en application dès 1552 le souci tant affirmé par Ronsard de la nécessité du retour à l'union de la poésie et de la musique à l'image de l'Antiquité classique. Participant à l'appendice musical (10 morceaux à 4 parties imprimées sur deux pages en regard) du recueil des *Amours* de Ronsard publiés chez la veuve De La Porte, avec deux sonnets (*Bien qu'à grand tort...*, I, 5 et *J'espère et crains,* I, 8), il pose le problème des rapports du texte et de la musique. Il adopte les principes avancés par les théoriciens de la Pléïade : découpage strophique, traitement syllabique du texte, écriture homorythmique afin de faciliter la compréhension des paroles chantées. La même année, il publia un recueil entier, *Premier Livre de chansons* dans ce style nouveau. Adaptées pour voix et guitare, ces chansons, qui parurent sous le nom de « voix de ville », représentent une étape de transition entre la chanson parisienne du début du siècle et l'air de cour.

CESTI *(Pietro),* compositeur et chanteur italien *(Arezzo 1623 - Florence 1669).* Baptisé Pietro, il se fit frère franciscain et adopta le prénom d'Antonio, mais il est connu surtout sous le nom de Marc'Antonio, d'où la confusion qui régna à son sujet de nombreuses années durant. Bien qu'il fût l'élève de Carissimi à Rome, terre de la cantate par excellence, son style est très influencé par l'école vénitienne, notamment dans le domaine théâtral. Sa vie privée ne fut pas toujours conforme à ce qu'auraient souhaité ses supérieurs ecclésiastiques, en particulier ses relations avec le poète Salvatore Rosa, dont les lettres ont fourni nombre de détails révélateurs. Maître de chapelle à Volterra (1645), membre de la chapelle pontificale à Rome (1659), il devint vice-maître de chapelle de la cour impériale de Vienne (1665), avant de revenir à Florence en 1668. Certains prétendent que Cesti mourut empoisonné.

L'essentiel de son œuvre consiste en créations pour le théâtre. La plus célèbre est l'opéra *Il Pomo d'oro,* représenté dans des décors somptueux de Bernacini à Vienne, à l'occasion du mariage de Léopold Ier avec Marguerite d'Espagne (1666). Parmi ses autres ouvrages pour la scène, citons *Orontea* (1649) et *Cesare amante* (1651), tous deux créés à Venise, *La Dori,* son chef-d'œuvre représenté pour la première fois à Florence en 1661 et donné ensuite dans toute l'Italie, suivi, en 1662, de la *Serenata. Argia* (1655) et *La Magnanimità d'Alessandro* (1662) furent créés à Innsbruck. En 1666, Cesti donna *Il Tito* à Venise et, enfin, à Vienne, *Nettuno e la Flora festeggianti,* suivi de trois autres ouvrages en 1667, *La Disgrazie d'Amore, La Semirami* et *La Germania esultante.*

Cesti a également composé des motets, des airs profanes isolés et, surtout, des cantates pour 1 ou 2 voix qui sont importantes pour l'histoire de la forme, tout en offrant une haute valeur artistique.

CHABRIER *(Emmanuel),* compositeur français *(Ambert, Puy-de-Dôme, 1841 - Paris 1894).* Né dans une famille bourgeoise implantée en Auvergne depuis plusieurs générations, il étudia, à six ans, le piano avec Manuel Zaporta, puis Mateo Pitarch. En 1852, ses parents s'installèrent à Clermont-Ferrand, où il travailla avec le violoncelliste Tarnowski. Une de ses compositions, *Aïka,* polka mazurka arabe, fut imprimée à Riom. En 1856, il suivit ses parents à Paris, où, tout en poursuivant ses études classiques, il étudia le piano avec Édouard Wolff, tandis que Th. Semet, puis R. Hammer et A. Hignard lui enseignèrent l'écriture. Bien qu'il se sentît une vocation de compositeur, Emmanuel Chabrier sembla accepter sans révolte l'idée de suivre la tradition familiale en poursuivant des études de droit qui le menèrent au ministère de l'Intérieur, où il resta de 1861 à 1880.

Peu après, il fréquentait le milieu parnassien et s'y liait avec Verlaine, qui lui fournit le livret de deux opéras bouffes, *Fisch-Ton-Kan* et *Vaucochard et Fils Ier.* Les poètes qu'il rencontra alors lui inspirèrent, en 1862, neuf mélodies. Cette même année parurent ses *Souvenirs de Brunehaut* pour piano. Mais un projet plus ambitieux devait le retenir à partir de 1867 : la composition d'un opéra en 4 actes sur un livret de H. Fouquier : *Jean Hunyade.* À cette époque, il se lia aussi avec les impressionnistes, dont il allait être l'un des rares et des plus avertis collectionneurs. Son ami Manet fit plusieurs portraits de lui.

En 1876, Chabrier devint membre de la Société nationale de musique qui allait accueillir la plus grande partie de ses œuvres. Son *Larghetto* pour cor et orchestre y fut créé en 1877 et, l'année suivante, son *Lamento* pour orchestre. En 1877, le théâtre des Bouffes-Parisiens avait créé son opéra bouffe, *l'Étoile.* L'opérette *Une éducation manquée* fut jouée en 1879 dans un cercle privé. L'audition de *Tristan et Isolde* à Munich, en 1880, bouleversa le compositeur. L'année suivante, son ami Lamoureux créa les Nouveaux Concerts et

Emmanuel **Chabrier.** *Gravure d'E. Detaille pour la* Revue Illustrée *(1887).* [*Coll. priv.*]

l'appela pour le seconder dans l'étude des œuvres wagnériennes qui allaient former le fond de son répertoire. Le musicien venait de composer ses *Pièces pittoresques* pour piano. Un voyage à travers l'Espagne, au cours de l'automne de 1882, lui inspira *España.* Donnée en première audition par Lamoureux en 1883, cette œuvre rendit son auteur célèbre. Cette même année, il donna à la Société nationale de musique ses *Valses romantiques* pour 2 pianos.

1883 marqua un changement dans la vie de Chabrier. Désormais, il séjourna plusieurs mois, chaque année, à La Membrolle, petit village de Touraine, où il composa la majeure partie de son œuvre. Après plusieurs tentatives lyriques infructueuses (*Jean Hunyade,* 1867 ; *le Sabbat,* 1877 ; *les Muscadins,* 1878), il composa *Gwendoline,* puis *le Roi malgré lui.* Mais ces deux œuvres virent leur essor arrêté peu après leur création : le 10 avril 1886, à la Monnaie de Bruxelles pour *Gwendoline,* abandonnée après quelques représentations à la suite de la faillite du directeur ; le 18 mai 1887, pour *le Roi malgré lui,* à l'Opéra-Comique qui brûla une semaine plus tard. Quant à *Briséis,* Chabrier ne put l'achever pour raison de santé. Seul le premier acte fut joué après sa mort par Lamoureux (1897), avant d'être monté par l'opéra de Berlin, puis par celui de Paris. Sans l'amitié agissante de Félix Mottl — qui accueillit avec succès *Gwendoline,* en 1889, et *le Roi malgré lui,* en 1890, au théâtre de Karlsruhe, favorisant ainsi leurs entrées sur plusieurs grandes scènes d'outre-Rhin (Munich, Leipzig, Dresde, Cologne, Düsseldorf) —, Chabrier n'aurait connu que d'éphémères succès.

Avant d'assister, impuissant, à la perte progressive de ses facultés, le compositeur écrivit encore quelques œuvres radieuses où apparaissent les deux faces de son génie cocasse et tendre. *Prélude et Marche française* — qu'il rebaptisa *Joyeuse Marche* — fut créé en 1888 à l'Association artistique d'Angers, sous sa direction, avec *Suite pastorale* formée de quatre des *Pièces pittoresques* orchestrées, *Idylle, Danse villageoise, Sous-Bois* et *Scherzo-Valse.* En 1890, il publia une série de mélodies d'aspect tout nouveau, qu'il baptisa avec humour ses « volailleries ». Cette même année, il réorchestra *la Sulamite* vieille de six ans, et composa, pour l'inauguration de la maison d'un ami, l'*Ode à la musique.* Avec la *Bourrée fantasque* de 1891 confiée au piano — sur lequel il fut, au témoignage de tous, un remarquable virtuose —, il abandonna son papier réglé sur un chef-d'œuvre qui inaugurait une nouvelle manière de traiter cet instrument.

Chabrier déroute. Comme son ami Manet, il présente « plusieurs manières admirables d'être soi ». Ses volte-face déconcertent. À peine remis de l'audition de *Tristan et Isolde,* qui l'assombrit, et le fit douter de lui, il composa allégrement l'éblouissante *España.* Connu pour son fervent wagnérisme — Fantin-Latour le campa devant le piano au centre d'une grande toile que le public baptisa *les Wagnéristes ;* le pape du wagnérisme, Lamoureux, se l'attacha à la fondation des Nouveaux Concerts —, il aborda la composition par de désopilantes opérettes écrites en collaboration avec son ami Verlaine : *Fisch-Ton-Kan* et *Vaucochard et Fils Ier.* Il écrivit des œuvres plus ambitieuses que ces tentatives de jeunesse, mais sans abandonner pour autant sa veine comique. Parallèlement à *Gwendoline* et à *Briséis,* drames lyriques wagnériens d'intention, surtout à cause des livrets de Catulle Mendès, il composa non seulement d'autres opérettes comme *l'Étoile, Une éducation manquée, le Roi malgré lui* — opéra bouffe transformé en opéra-comique à la demande de Carvallho —, mais également des pièces orchestrales comme la *Joyeuse Marche* ou des romances telles que la cocasse suite des « volailleries », ainsi qu'il nommait plaisamment la *Villanelle des petits canards,* la *Ballade des gros dindons,* les *Cigales,* la *Pastorale des cochons roses.*

Ce ne fut pas par hasard que des musiciens des plus divers, voire les plus étrangers les uns aux autres, chérirent comme un père spirituel un compositeur si mobile dans ses expressions. Son influence se décèle dans les directions les plus opposées, chez Fauré comme chez Richard Strauss, chez Messager comme chez Satie, chez Ravel, qui le vénéra, et chez Debussy, qui pourtant était plus secret sur ses sources, mais dont le *Pelléas* rappelle *Briséis,* chez R. Hahn et chez M. de Falla, chez Milhaud, Poulenc, etc.

Mais quel que fût le genre qu'il adopta, comique ou grave, léger ou dramatique, la rupture des styles reste de surface et n'affecte pas sa manière. En toutes circonstances réapparaissent des obsessions syntaxiques qui lui confèrent un visage très particulier, où la tendresse, le chatoiement harmonique, l'imprévu rythmique, l'ardeur, la naïveté, tout un monde de sensations captées dans l'allégresse se combinent subtilement.

Il n'aborda d'ailleurs pas les grandes surfaces. Point de symphonies, de poèmes symphoniques, de sonates comme chez ses amis de la Société nationale de musique qui gravitèrent autour de Franck. Chabrier fut un musicien sérieux, mais c'était un sérieux qui se cachait. Il ne joua pas les importants. La hiérarchie des genres, il l'ignorait et, de même que ses amis impressionnistes, Manet, Monet, Renoir, Sisley, Cazin, Sargent, dont les toiles, et des plus belles, illuminèrent son appartement, il traita avec une lucide conscience de courtes pages pour le piano comme l'*Impromptu* en *ut* majeur (1873) dédié — on pourrait dire symboliquement — à Mme Manet, de petites pièces improprement appelées « pittoresques », la *Bourrée fantasque* ou des romances comme la troublante *Chanson pour Jeanne,* de même que ces peintres aimés donnèrent, par leurs vertus strictement picturales, de la noblesse à des sujets qui en principe n'en avaient guère : une serveuse de bar, une femme enfilant ses bas, une danseuse de café-concert...

Cet autodidacte « écrivit » comme personne, avec la science cachée d'un maître déduisant avec sûreté l'effet recherché. Néanmoins, un départ relativement tardif dans la carrière musicale, un emploi de fonctionnaire au ministère de l'Intérieur, un enseignement musical dispensé hors des écoles patentées lui créèrent une réputation d'amateur. Lui-même ne fut pas sans en éprouver un obscur complexe. « J'ai peut-être plus de tempérament que de talent », confia-t-il trois ans avant sa mort. « De nombreuses choses que l'on apprend dans sa jeunesse, je ne les conquerrai plus jamais. » Sans doute regrettait-il cette aisance à composer qu'il observa chez tant de ses amis et camarades, Saint-Saëns, Massenet, Messager, Lecocq. « Je n'ai pas ce que l'on appelle de la facilité ! » soupira-t-il. Il est vrai qu'il travaillait minutieusement, au petit point, dans une trame serrée, où vinrent s'entrecroiser des éléments variés.

On y trouve, et dès ses premières compositions, dès *Fisch-Ton-Kan* — avant un Fauré par exemple, plus long à se dégager de l'emprise tonale —, une utilisation très caractérisée des gammes modales. Les gammes défectives suivirent, comme par exemple dans la troisième des *Valses romantiques.* Wagner, Chopin, Schumann, qu'il a soigneusement étudiés, l'aidèrent à se libérer de contraintes d'une écriture toujours pesantes à l'esprit. Enchaînements inusités de neuvième parallèles, frottements audacieux autant que délicieux, accords incomplets sont chez lui autant de piments. Sa nature tellurique, liée à son hérédité auvergnate, lui fit, comme il le disait plaisamment, « rythmer sa musique avec ses sabots d'Auvergnat » — et pas seulement dans la *Bourrée fantasque* — et retrouver dans la polyrythmie espagnole un monde rythmique en liberté qui le confirmait dans sa voie. Et Berlioz, dont il avait réduit à quatre mains *Harold en Italie* en 1876, n'avait pu que renforcer sa tendance à rompre avec les carrures prévues. Ajoutons-y l'esprit léger, allusif, tout d'accentuation, en trompe-oreille, de la musique de nos grands clavecinistes, qui anime tant de ses œuvres, telles les *Pièces pittoresques* et la *Suite pastorale* qui en découle. Quant à son génie de l'orchestration, plus que chez certains musiciens, dont Berlioz en premier lieu, sa source pourrait en être décelée sur les toiles de ses amis impressionnistes où la couleur prélevée sur le motif irradie avec une véhémence et une pureté sans précédent. De même, sa couleur orchestrale aux timbres sans mélange, ignorant les bitumes, a pu choquer ou surprendre, jusqu'à paraître « crue, voire outrancière », même un ami et admirateur comme Vincent d'Indy, encore que le coup de soleil d'*España* lorsqu'il éclata sous la baguette de Lamoureux sous un tonnerre d'applaudissements ait, et pour longtemps, chassé plus d'une ombre, dissipé bien des brumes, éclairant vers l'avenir un radieux paysage musical français.

CHAMPAGNE *(Claude),* compositeur et pédagogue canadien *(Montréal 1891-*id. *1965).* Il étudia le violon et le piano, puis entra au conservatoire de sa ville natale. D'abord influencé par la musique russe, ainsi qu'en témoigne son poème symphonique *Hercule et Omphale* (1918), il découvrit la musique française en 1919 et vint terminer ses études musicales à Paris avec Paul Dukas, André Gédalge, Charles Kœchlin et Raoul Laparra. De retour au Canada (1928), il se consacra au développement de la vie musicale. Professeur de composition au conservatoire et à l'université de Montréal (1930), puis directeur suppléant du conservatoire (1942), il eut la plus heureuse influence sur ses nombreux élèves et révéla à des musiciens tels Vallerand, Pépin, Papineau-Couture, Mercure l'art de Debussy, Fauré, Dukas et Ravel.

Ses propres compositions, disciplinées, élégantes, pénétrées d'une lumière méditerranéenne, s'en réclament volontiers, tout en s'inspirant du folklore canadien *(Suite canadienne* [1928], *Images du Canada français, Danse villageoise, Paysanne).* À la fin de sa carrière, il se créa un langage plus personnel avec son *Quatuor à cordes* (1951) et *Altitudes* (1959) sur des thèmes d'origine huronne. Son œuvre comprend essentiellement des partitions symphoniques (*Symphonie gaspésienne,*

*Claude **Champagne** entouré de compositeurs canadiens : de gauche à droite, J. Vallerand, C. Pépin, P. Mercure, et J. Papineau-Couture.*

Jeunesses musicales du Canada, Montréal.

1945) et concertantes (*Concerto pour piano,* 1950), des pièces pour chœur et orchestre et de la musique de chambre.

CHAMPION DE CHAMBONNIÈRES *(Jacques),* compositeur et claveciniste français *(Chambonnières-en-Brie entre 1601 et 1611 - Paris 1672).* Fils et petit-fils d'organistes, il descendait, par sa mère, d'un fameux luthiste écossais. Son père, Jacques Champion, jouait de l'épinette à la cour d'Henri IV et de Louis XIII. Dès l'âge de onze ans, Chambonnières devint, lui-même, joueur d'épinette de la Chambre du roi, puis organiste de la chapelle royale. Il s'intéressa alors au clavecin, ce nouvel instrument aux sonorités plus puissantes et aux registres plus riches en contrastes que le luth, qu'il allait peu à peu éclipser. Chambonnières fut, en fait, le fondateur d'une méthode française de clavier et l'un des premiers représentants d'une authentique école de clavecinistes en France. À la mort de son père (1638), il obtint le poste de claveciniste du roi qu'il garda jusqu'à sa mort, malgré une période de disgrâce. Il semble que, vers 1654, il ait été au service de la reine Christine de Suède qui venait de renoncer à son trône. Ayant prétendu qu'il était de famille noble, il dut s'exiler aux Pays-Bas (1656-1662) et s'installa à Amsterdam.

Le jeu subtil et raffiné de Chambonnières lui a valu une réputation internationale. Ses compositions, toutes pour le clavecin, doivent encore beaucoup au style polyphonique des luthistes. Un certain nombre de ces pièces portent aussi des titres évocateurs qui vont marquer l'école française de clavecin *(la Dunquerque, Madame la Reyne, le Tambourin des Suisses, l'Affligée...).* Son œuvre se limite à deux livres de pièces de clavecin (le premier date de 1670), mais ces pièces jettent les bases que vont développer ses successeurs. Les pièces sont groupées afin de composer des suites dans une même tonalité, certaines pouvant choisir le mode mineur ou vice versa par rapport à la tonalité principale. Il s'agit de danses (allemande, courante, sarabande, gigue) de la suite classique, auxquelles pouvaient s'ajouter une gaillarde, un menuet ou encore une chaconne.

CHAPORINE *(Youri Alexandrovitch),* compositeur soviétique *(Gloukhov, province de Tchernigov, 1887 - Moscou 1966).* Venu assez tard à la musique, il fit des études d'histoire, de philologie et de droit avant de suivre les cours du conservatoire de Saint-Pétersbourg (1913-1918). Directeur de la musique du Grand Théâtre de Leningrad (1919-1928), puis du théâtre Pouchkine (1928-1934), professeur au conservatoire de Moscou à partir de 1939, il devint secrétaire de l'Union des compositeurs en 1952. De 1926 à 1930, il avait présidé, à Leningrad, l'Association de musique contemporaine, qui, jusqu'en 1932, encouragea en U. R. S. S. l'art d'avant-garde et fit connaître, par exemple, *Pierrot lunaire* de Schönberg, *Wozzeck* de Berg ou la musique de chambre moderne (concerts du quatuor Amar avec Hindemith à l'alto). Mais Chaporine s'inspira essentiellement de la musique russe du XIXe siècle — de Borodine dans sa façon de traiter les masses chorales, de Tchaïkovski et de Rachmaninov pour l'invention mélodique — ainsi que du chant populaire. Son œuvre la plus célèbre est l'opéra *les Décembristes,* d'après Tolstoï (composé entre 1930 et 1950).

CHARPENTIER *(Gustave),* compositeur français *(Dieuze, Lorraine, 1860 - Paris 1956).* Après la défaite de 1871, ses parents se fixèrent à Tourcoing et c'est dans cette ville que Gustave Charpentier prit ses premières leçons de violon et de clarinette. Employé à quinze ans dans une filature, il organisa une « société de sérénades » en collaboration avec son patron, Albert Lorthiois. Celui-ci, frappé par les qualités musicales de son jeune comptable, l'envoya au conservatoire de Lille. Un prix de violon et un prix d'harmonie lui valurent une bourse de la municipalité de Tourcoing, qui lui permit de se rendre à Paris (1881). Élève de Massard (violon), de Pessard (harmonie) et de Massenet (composition), il obtint, en 1887, le premier grand prix de Rome avec sa cantate *Didon,* qui connut un grand succès aux Concerts Colonne. Pensionnaire de la villa Médicis, il voyagea dans toute l'Italie et composa successivement *Impressions d'Italie,* qui devait triompher en 1891 aux Concerts Lamoureux, *la Vie du poète,* symphonie-drame pour solistes, chœur et orchestre, créée au Conservatoire en 1892, et le premier acte de *Louise*.

De retour à Paris, il s'installa dans une chambre à Montmartre et s'intégra dans l'atmosphère si vivante de la Butte, dont

Tréla-Ziolo.

Gustave ***Charpentier*** *par Villa (détail). Coll. Meyer.*

il subit toujours l'heureuse influence. C'est dans la rue qu'il donna ses premiers concerts publics. Cela commença par de simples défilés chantants, puis, souvenir de Tourcoing, par des sérénades. Enfin, il présenta le 24 juillet 1898, sur la place de l'Hôtel de Ville, *le Couronnement de la muse,* qui eut un grand retentissement populaire et que l'on devait en partie retrouver dans le troisième acte de *Louise.* À cette époque, il fonda le Conservatoire de Mimi Pinson, dont le but était d'offrir des places de théâtre aux jeunes ouvrières parisiennes. Mais dès 1902, il y fit donner gratuitement des cours de musique et de danse, en vue de réaliser par la suite un « théâtre du peuple », qui ne vit d'ailleurs jamais le jour.

Louise, son roman musical et son œuvre maîtresse, fut créée en février 1900 avec un rare succès, qui devait se prolonger jusqu'à nos jours. Ce succès établit sa réputation, et après avoir simplement annoncé un second ouvrage et une trilogie musicale, il fut élu à l'Institut, en 1912, au fauteuil de Massenet. La trilogie musicale ne fut jamais composée. Quant à *Julien,* créé en 1913, il se révéla n'être que le développement sur la scène de *la Vie du poète. Julien* est une œuvre hybride et un peu maladroite, mais qui n'en contient pas moins des pages d'une grande beauté. Par la suite, le compositeur voyagea beaucoup à travers l'Europe, mais ne composa pratiquement plus.

Sensible, sincère et naturellement

bohème, Gustave Charpentier se passionna pour la nature, l'existence des gens simples, les réactions populaires. Il rechercha le lyrisme caché dans les humbles destinées et n'hésita pas, en particulier dans *Louise* et dans *Julien*, à mettre en musique une mansarde, une ménagère à son fourneau, un ouvrier dans son foyer. On a voulu le classer parmi les musiciens réalistes ou naturalistes ; il le fut moins en tout cas qu'un Alfred Bruneau, et sut toujours apporter une émouvante note romantique aux scènes les plus prosaïques de la vie moderne.

CHARPENTIER *(Jacques),* compositeur français *(Paris 1933).* Après avoir commencé seul l'étude de la musique (piano, orgue, direction d'orchestre), il effectua aux Indes (1953-54) un séjour décisif pour son évolution future, s'y initiant à la musique classique traditionnelle du pays. À son retour, il travailla avec Tony Aubin (composition) et Olivier Messiaen (analyse musicale), obtenant les premiers prix de philosophie et analyse (1956), et de composition (1958). L'influence de Messiaen se manifesta notamment dans une de ses œuvres les plus originales, les *Soixante-Douze Études karnatiques* (1957-1961), recueil toujours ouvert où le piano est traité en percussions avec étagement de résonances en des sonorités s'apparentant à divers instruments indiens. Entré aux Jeunesses musicales de France en 1959, il fut nommé inspecteur principal de la musique (1966), inspecteur général (1975) et succéda à Jean Maheu au poste de directeur de la musique, de l'art lyrique et de la danse au ministère de la Culture et de la Communication (1979-1981). Fondateur du Centre d'études du grégorien et de musiques traditionnelles comparées à l'abbaye de Sénanque (1975), grand prix musical de la ville de Paris (1978), il a parfois écrit en style néoclassique, en particulier dans la *Symphonie brève* (1958), la *Sinfonia sacra* pour le jour de Pâques (1965) ou le *Prélude pour la Genèse* (1967).

Parmi ses œuvres récentes, une *5e Symphonie* (1977); *Béatrix de Planissolas,* opéra en 5 actes et en langue d'oc, sur un livret de R. Nelli d'après les minutes du procès de Béatrice de Planissolas, créé au festival d'Aix-en-Provence en 1971 ; un *Te Deum* (1978); et le *Livre d'orgue,* commande des Journées de musique contemporaine de Metz (1973). Jacques Charpentier est également l'auteur d'une thèse, *Introduction à la musique de l'Inde.* Depuis 1982, il est directeur musical de la ville de Nice.

CHARPENTIER *(Marc Antoine),* compositeur français *(Paris 1636 ? - id. 1704).* Ses origines sont mal connues. Peut-être issu d'un milieu artistique, c'est sans doute pour étudier la peinture qu'il se rendit à Rome, où sa présence est attestée en 1650 : mais c'est la musique qu'il y apprit, sous la direction ou, en tout cas, sous l'influence de Carissimi, dont l'empreinte se retrouve tout au long de son œuvre. Il y resta trois ans. De retour en France, il fut probablement mêlé aux cercles italianisants, qui, sous le règne même de Lully, pratiquaient et diffusaient la musique ultramontaine. On sait peu de chose sur cette période de sa vie, jusqu'au moment où Molière, brouillé avec Lully en 1671, fit appel à lui pour ses comédies-ballets. Il composa pour lui les intermèdes de *la Comtesse d'Escarbagnas* (1671) et du *Malade imaginaire* (1673), et refit la musique des comédies antérieurement composées par Lully *(le Sicilien).* Après la mort de Molière, il poursuivit sa collaboration avec les comédiens français, malgré les limites imposées au genre par le tout-puissant surintendant. Il devint en 1679 compositeur de la chapelle du Dauphin (que Louis XIV disait parfois préférer à la sienne), puis en 1680, de la musique de la duchesse de Guise. En 1683, une grave maladie l'empêcha de concourir pour le poste de sous-maître de la chapelle royale, au grand regret, semble-t-il, du roi, qui lui accorda une pension en dédommagement. En 1684, il devint maître de musique des jésuites (rue Saint-Antoine), pour qui il devait composer de nombreuses œuvres en tout genre : du grand *Miserere des jésuites* aux opéras sacrés du collège de Clermont. Musicien très prisé, il écrivit de nombreuses œuvres de circonstance, notamment pour Port-Royal, puis devint maître de composition de Philippe d'Orléans. Célibataire, il fut admis en 1698 comme maître de musique de la Sainte-Chapelle, poste qu'il devait occuper jusqu'à sa mort.

L'œuvre de Charpentier est immense et fort diverse. Bien qu'empêché de pratiquer la musique de théâtre autant que, peut-être, il l'aurait pu, en raison de l'ostracisme de Lully, il a laissé un nombre important d'œuvres dans ce domaine, des divertissements comme les *Arts florissants* à l'opéra sacré *David et Jonathas* (1684) [un autre, *Celse,* est perdu], et à l'opéra *Médée* (1693). Il peut être considéré, avec *Orphée descendant aux Enfers,* comme l'introducteur en France de la cantate profane, genre qui fleurit après lui avec E. Jacquet de la Guerre, Morin, Clérambault et Campra. Ses intermèdes pour les comédies de Molière, Fontenelle, Donneau de Visée, sa musique de scène pour *Polyeucte* de Corneille ne sont pas négligeables. Mais l'essentiel de son œuvre est religieuse.

Charpentier pratiqua tous les genres. À la différence de ses contemporains français, qui n'ont qu'exceptionnellement pratiqué la *messe* en musique, il a laissé 12 œuvres en ce domaine, à voix seule, à 4, 6 et 8 voix, dont une « pour les instruments au lieu des orgues », où l'on trouve une intéressante tentative de transcription orchestrale des habitudes de ses collègues organistes. Il fut pratiquement seul aussi à pratiquer le genre — héritage de Carissimi — de l'*histoire sacrée,* où l'on retrouve, avec un souci de coloriste que n'avait pas son maître et une diversité d'écriture sans doute plus grande aussi, les caractères de l'oratorio romain *(le Fils prodigue, Esther, Judith, Cécile vierge et martyre, les Larmes de saint Pierre, le Jugement de Salomon...).* Dans ces deux domaines, messe et histoire sacrée, Charpentier a suivi des chemins inhabituels en France. Il fut novateur également dans le domaine des *Leçons de ténèbres :* Michel Lambert avait montré la voie, Charpentier la pratiqua avec assiduité et amplifia le genre, écrivant jusqu'à 19 versions successives des *Leçons* du Jeudi saint. Hymnes, motets et psaumes — dans la droite ligne de la tradition française, mais dans un style bien à lui — de toutes les manières possibles : à voix seule, pour petit ensemble vocal avec ou sans « symphonie », pour chœur à 4, 5, 6, 8 voix ; s'essayant audacieusement à des formules neuves (*Laudate Dominum*

Page de titre de Motets et Symphonies, de *Marc Antoine* **Charpentier,** *dédiés au Duc d'Orléans (1709).* [*B. N., Paris.*]

Giraudon.

pour 5 sopranos et basse continue, *Magnificat* pour trois voix d'hommes et instruments sur une basse obstinée...). Quelques œuvres instrumentales enfin, des marches, ouvertures et préludes, un *Concert à quatre parties de violes* et une *Sonate à huit.*

L'ensemble de ces œuvres, dont quelques-unes seulement ont été publiées de son vivant, est réuni dans 28 volumes autographes conservés à la Bibliothèque nationale, auxquels s'ajoutent 3 traités manuscrits : *Abrégé des règles de l'accompagnement,* les *Règles de la composition* et les *Remarques sur les messes à dix voix d'Italie.*

Indépendamment de l'ampleur de son œuvre, Charpentier se signale par la richesse de son écriture. Sa science harmonique est remarquable, l'habileté de son contrepoint ne faiblit jamais. Aucun musicien français de son temps n'a son audace dans l'usage de la dissonance expressive, du chromatisme, de la modulation. Si Charpentier est peut-être moins homme de théâtre que Lully, il dispose d'une syntaxe d'une richesse expressive infiniment subtile et forte, toujours au service de l'émotion, et, en particulier, de l'émotion religieuse. Sa liberté mélodique, son sens de l'ornementation vocale sont admirables, non moins, par moments, que son invention dans le domaine de la couleur instrumentale.

CHAUSSON *(Amédée-Ernest),* compositeur français *(Paris 1855 - Limay, près de Mantes, 1899).* Évoluant dans un milieu familial aisé (son père était entrepreneur de travaux publics) mais feutré, Ernest Chausson se vit confié à un précepteur, Brethous-Lafargue, qui suscita en lui le goût de l'étude et de la culture (lecture, dessin, expositions, concerts) et le fit pénétrer dans divers salons littéraires ou musicaux (chez Mme Jobert, Mme de Rayssac). Chausson y côtoya des artistes qui devaient avoir une influence non négligeable sur son esthétique : Fantin-Latour, Odilon Redon, Vincent d'Indy, qui allait le présenter à César Franck. Son caractère grave, méditatif, voire mélancolique, s'en trouva renforcé, comme sa soif d'absolu qui le fit alors hésiter entre la littérature, le dessin, la musique.

Pour complaire à sa famille, Chausson passa sa licence (1876), puis son doctorat en droit (1897). Reçu avocat à la cour d'appel de Paris, il préféra rejoindre, au

Alinari-Giraudon.

Ernest **Chausson.**

Conservatoire, les cours de Massenet (classe d'instrumentation, 1879-1881) et de Franck (auditeur libre). À ce double enseignement qui imprègne les *Mélodies* de jeunesse, et le *Trio* — de forme franckiste « cyclique » —, Chausson ajouta l'influence de Wagner découvert à Munich (1879 : *le Vaisseau fantôme,* Tétralogie ; 1880 : *Tristan*) et Bayreuth (1882, *Parsifal*). Dès cette époque, il se montra plus sûr de son langage : *Sept Mélodies,* op. 2 ; *Viviane,* poème symphonique, dédié à sa fiancée, Jeanne Escudier qu'il emmena, après son mariage (le 20 juin 1883), en voyage de noces à Bayreuth.

Désormais, Chausson mena une existence partagée entre la famille et la musique (composition, animation de la Société nationale de musique — S. N. M.). Auprès de sa femme et de ses cinq enfants, il trouva équilibre et bonheur réel, qui s'expriment bien dans sa *Correspondance* et dans des œuvres telles que *la Nuit, le Réveil, Apaisement, Cantique à l'épouse.* Il entreprit de nombreux voyages, en Touraine, dans les Pyrénées, à Arcachon (1893-94), en Italie (Rome, Fiesole, 1894-95) ou en Suisse (Morgins, 1899), tant pour parfaire la santé de sa fille Annie que pour pouvoir créer librement. À Paris, durant la saison, il recevait, en son salon célèbre du 22 boulevard de Courcelles, toute l'intelligentsia de son temps — de Mallarmé à Régnier, de Tourgueniev à Lalo, des franckistes à Debussy et Albéniz, d'Ysaÿe à Cortot. Travailleur infatigable (« ne comprenant que l'effort, constant en toutes choses et dirigé vers le même but », écrivait-il à P. Poujaud), Chausson s'acharnait sur ses partitions, à la fois pour réduire à néant son défaitisme latent et pour ne point passer aux yeux du monde musical pour un amateur aisé. Tout ceci explique que, tard venu à la musique et mort prématurément d'un accident de bicyclette, à 44 ans, alors qu'il travaillait au 3e mouvement de son *Quatuor à cordes,* Chausson ait finalement laissé un œuvre important, en nombre comme en qualité, et où tous les genres se trouvent pratiquement représentés.

Cet œuvre s'étend sur quelque dix-sept années, de 1882 à 1899. Marquées par sa vaste culture littéraire (Chausson était familier de tous les classiques, anciens et modernes, en particulier allemands) et artistique (beau-frère du peintre Henry Lerolle, il sut réunir une collection de toiles romantiques et impressionnistes remarquables, signées Delacroix, Courbet, Corot, Renoir, Degas, Monet, Redon ou Denis), ses compositions peuvent se grouper en 3 périodes.

— 1. *1882-1887 :* formation du langage, mélodies élégantes, style sobre, mais plus sensible à la joliesse du propos qu'à la profondeur du sentiment (héritage de Massenet, qui se retrouve dans *les Papillons, le Charme, Sérénade italienne*). Mais bien vite se superposent une recherche harmonique plus poussée, une langue plus dramatique que soulignent des enchaînements hardis et un souci nouveau du timbre orchestral ; apparaît là le double héritage de Franck (mélodies comme *Nanny, la Caravane,* le *Trio*) et de Wagner (*Viviane,* op. 5).

— 2. *1886-1894 :* devenu secrétaire de la S. N. M. (1886), Chausson se trouva étroitement mêlé au milieu musical. D'où un style plus élaboré, plus dramatique aussi. À part quelques œuvres de circonstance (*Chant nuptial,* 1887 ; *Trois Motets,* 1888), cette période fut dominée par des œuvres majeures, de très haute inspiration et de nature essentiellement dramatique : *Poème de l'amour et de la mer* (commencé dès 1882, mais terminé en 1892), *la Légende de sainte Cécile* (1891), et surtout l'opéra *le Roi Arthus* auquel Chausson consacra huit longues années (1886-1895), au cours desquelles il écrivit encore sa noble *Symphonie en « si » bémol* op. 20 (1889-90) et le *Concert* op. 21 (1889-1891), qui, l'un et l'autre, soulignent son appartenance au franckisme (forme cyclique, modulations nombreuses, intensité de l'expression lyrique).

— 3. *1894-1899 :* la mort de son père, la fréquentation des poètes symbolistes, la découverte du roman russe (Tolstoï, Dostoïevski, Tourgueniev), enfin le sentiment confus de sa mort prématurée accentuèrent chez Chausson son pessimisme latent. Il en naît l'admirable cycle des *Serres chaudes* sur des poèmes de Maeterlinck (1893-1896), le désenchantement de *la Chanson perpétuelle* sur un texte de Charles Cros (1898), le fantastique et presque morbide *Poème* op. 25 pour violon et orchestre, qui trahissent un postromantisme exacerbé dont Chausson souhaitait d'ailleurs sortir. Sous l'influence de son ami Debussy, dont il admirait les œuvres — sans peut-être toujours les aimer —, Chausson, devenu pleinement maître de sa technique, éprouvant le désir d'épurer son style et de tendre vers un classicisme fait de clarté et de concision, à la fois dans l'architecture et le discours, retrouva alors les chemins de la musique de chambre : *Quatuor avec piano* op. 30 (1897), œuvre lumineuse, déridée ; *Ballata d'après Dante* (1896-97), *Quelques Danses* et *Paysage* (1895-96) pour piano, enfin l'ultime *Quatuor à cordes,* austère, dépouillé, grandiose, commencé en 1897 mais que la mort l'empêcha d'achever.

De tempérament intimiste (d'où les nombreuses mélodies), formé à l'école de Massenet, Franck et Wagner, de Beethoven et Schumann, Chausson sut se dégager assez rapidement des influences reçues pour retrouver le sens de l'architecture classique française et la règle qui corrige l'émotion. D'une grande probité, généreux autant que délicat (témoin son aide discrète à Debussy ou Albéniz), lié d'amitié avec les plus grands artistes de son époque, il apparaît ainsi comme un témoin et un acteur privilégié de la sensibilité française de son temps.

CHAVEZ *(Carlos),* compositeur mexicain *(Mexico 1899* - id. *1978).* Élève de son frère (piano) puis de Manuel Ponce, il commença à composer dès l'enfance et se forma également en Europe (où il découvrit Schönberg et Stravinski) et à New York. En 1921, une commande du minis-

Ambassade du Mexique.

*Carlos **Chavez** (à gauche) avec Igor Stravinski, à Mexico.*

tère de l'Instruction publique (le ballet *El Fuego nuevo*) lui donna l'occasion d'exploiter le « primitivisme » de la musique aztèque, ce qui devait marquer nombre de ses partitions ultérieures, en particulier les ballets *Los Cuatro soles* (1926, 1re représentation, Mexico, 1930) et *La Hija de Colquide* (1942), que dansa Martha Graham en 1946. En 1928, il fonda l'Orchestre symphonique du Mexique et prit la direction (jusqu'en 1934) du conservatoire de Mexico, et de 1947 à 1952, il fut à la tête de l'Institut national des beaux-arts. Au titre de toutes ces occupations, il mena une action considérable en faveur de la musique contemporaine. Très attaché au folklore, y compris aux instruments indigènes, il a laissé une production vaste et variée, qui reflète largement ses préoccupations sociales et politiques et comprend notamment des œuvres d'orchestre comme la *Symphonie indienne* (1935-36), la *Symphonie prolétarienne* pour chœurs et orchestre (1934) ou l'*Ouverture républicaine* (1935), des concertos pour 4 cors (1re aud. sous la direction de Chavez, Washington, 1937), pour piano (1938-1940, 1re aud., New York, 1942), pour violon (1950, 1re aud., 1952), de la musique de chambre dont trois quatuors (1921, 1932 et 1944) et quelques partitions témoignant de recherches plus abstraites comme *Exagonos, Poligonos* et *Espiral,* trois sonates pour piano (1917, 1919 et 1928), ainsi que des œuvres chorales telles que *Tierra mojada* (1932), *El Sol* (1934), *La Palma azul* (1940) ou *Canto a la tierra* (1946).

CHAYNES *(Charles),* compositeur français *(Toulouse 1925).* Né de parents musiciens et professeurs au conservatoire de Toulouse, il a très tôt suivi les cours de cet établissement, puis a complété ses études au Conservatoire de Paris, en particulier avec Darius Milhaud et Jean Rivier, et obtenu le premier grand prix de Rome en 1951. Grand prix musical de la ville de Paris en 1965, il a été, de 1964 à 1975, responsable du programme France-Musique à l'O. R. T. F., faisant preuve à ce poste d'un grand esprit d'ouverture. Depuis 1975, il est chef du service de la création musicale à Radio-France. Partisan, comme compositeur, d'un langage atonal, mais sans avoir appliqué de façon stricte le principe de la série, Charles Chaynes a manifesté d'étroites affinités avec le monde méditerranéen et avec des compositeurs italiens comme Luigi Dallapiccola ou Goffredo Petrassi. Parmi ses œuvres : *Concerto pour orchestre à cordes* (1953); *Ode pour une mort tragique* pour orchestre (1954); des *Concertos* pour trompette (1958), pour violon (1958, créé en 1961), pour orgue (1966); *Trois Études linéaires* (1963), *Expressions contrastées* (1966) et *Transmutations* (1970-71) pour orchestre; *Quatre Poèmes de Sappho* pour soprano et trio à cordes (1968); un *Quatuor à cordes* (1970), commande du ministère des Affaires culturelles; *Tarquinia* pour ondes Martenot, percussions et piano (1973); *Pour un monde noir* pour orchestre (1978), d'après des textes de la négritude; *Les caractères illisibles* pour 18 instruments (1980); et *Erzsebet,* six moments lyriques pour une femme seule (1983).

CHEBALINE *(Vissarion),* compositeur soviétique *(Omsk 1902-Moscou 1963).* Élève de M.-I. Meritov à Omsk, puis de N. Miakovski au conservatoire de Moscou (1925-1931), il y fut chargé de cours dès 1928 et nommé, en 1935, professeur titulaire, avant de se voir promu recteur du conservatoire (1942-1948). Il fut lauréat d'État (1943 et 1947).

Artiste du peuple de la république de Russie (1947), député au Soviet suprême, Chebaline a fait carrière de musicologue — on lui doit l'édition critique et l'achèvement de nombreuses partitions, telles que la *Foire de Sorotchinski* de Moussorgski ou la *Symphonie-ouverture* de Glinka —, de pédagogue et de compositeur. Il a laissé 5 *Symphonies* (1925, 1929, 1934, 1935-1949, 1962), *Lénine,* symphonie dramatique (1931), *Sinfonietta* (1949), *Concerto pour violon* (1940), *Concerto pour piano* (1960), 9 *Quatuors* à cordes (1923-1963) ainsi que de la musique vocale — la cantate *Moscou* (1946) fut écrite pour le huit centième anniversaire de la ville —, des chœurs a cappella, des mélodies, des chansons, des musiques de scène et de film, et des opéras dont *le Marié de l'ambassade* (1942), *la Mégère apprivoisée* (1946-1956).

CHEDRINE *(Rodion Constantinovitch),* compositeur soviétique *(Moscou 1932).* Il fut l'élève de A. Svechnikov à l'école Chorov (1945-1950), puis de I. Chaporine (composition) et de Y. Fliera (piano) au conservatoire de Moscou (1950-1955). Tout comme Prokofiev, il s'imposa comme pianiste et compositeur avec son *1er Concerto* (1954). Dans une veine post-tchaïkovskienne agrémentée d'humour et de rythmes hérités de Prokofiev, Chedrine accumule des succès mérités avec sa *1re Symphonie* (1956-1958), le ballet *le Petit Cheval bossu* (1958-59), une *Suite de chambre* pour harpe, accordéon, violons et 2 contrebasses (1965), dans l'esprit du *Quintette* op. 39 de Prokofiev. Sa musique de chambre est alerte et claire : 2 *Quatuors, Quintette* avec piano, *24 Préludes et Fugues, Cahier polyphonique* pour piano.

Depuis 1967, Chedrine use librement de formes sérielles : *Poèmes* avec la voix du poète A. Vosnessenski, contralto, chœur mixte et grand orchestre (1968), où transparaît l'influence du Polonais Penderecki. Avec le ballet *Anna Karénine* (1972), le compositeur revient aux procédés néoromantiques et aux « collages ». Avec ses Concertos pour piano n° 2 (*Carillon,* 1968) et n° 3 (*Variations et thème,* 1976), il tente de faire se rejoindre la Russie ancienne et des sonorités néostravinskiennes dernière manière.

CHERUBINI *(Luigi),* compositeur italien *(Florence 1760-Paris 1842).* Fils d'un claveciniste du théâtre de la Pergola à Florence, il fut d'abord initié au style religieux sévère, composa sa première messe à treize ans, puis étudia le style dramatique à Bologne, auprès du compositeur Sarti, écrivant également des sonates pour clavier dans l'esprit de Galuppi. À dix-neuf ans, il écrivit son premier opéra, *Il Quinto Fabio* (1780), encore dans l'esprit de Métastase, et donna à Milan, Florence, Venise, Rome et Mantoue une dizaine d'œuvres lyriques de genre *seria* ou *semi-seria,* conçues à partir de livrets traditionnels, mais dénotant déjà une tendance à étoffer l'orchestration, ainsi qu'à privilégier les finales aux dépens de l'aria orné, comme le faisait Mozart à Vienne, à la même époque. Après s'être produit à Londres (*La Finta Principessa,* 1785; *Il Giulio Sabino,* 1786), il fit représenter à Turin son dernier opéra italien (*Ifigenia in Aulide,* 1788) et s'établit à Paris, où il se lia avec Viotti et Marmontel. Celui-ci écrivit à son intention un livret français, tiré de Métastase, pour *Démophon* (1788) — représenté sans grand succès à l'opéra. D'autres œuvres furent créées au théâtre Feydeau, dont Cherubini devait prendre la direction artistique.

Erich Lessing-Magnum.

Portrait de Luigi ***Cherubini*** *par Ingres.*

Le compositeur s'assura très rapidement une situation de premier plan à Paris, au lendemain de la mort de Gluck et de Sacchini, entre les derniers triomphes de Grétry et les premiers opéras de Le Sueur, Méhul et Boieldieu. *Lodoiska,* comédie héroïque, créée en 1791, confirma la puissante originalité de son talent. En 1794, il fit partie, auprès de Sarrette, de la commission d'inspecteurs chargée de l'établissement qui allait devenir le Conservatoire de Paris. Ses ouvrages suivants, toujours écrits dans la forme de l'opéra-comique avec dialogues parlés, témoignent d'une évolution entre le drame larmoyant, alors en honneur à Paris, et la comédie élégiaque et sentimentale d'esprit préromantique. Mais en 1797, en restaurant la tragédie antique dans un style faisant la synthèse de Gluck et des Italiens, il signait, avec la partition de *Médée,* l'acte de naissance du drame romantique. Éclipsée dans les pays latins par le succès de l'opéra de Mayr (1813) sur le même sujet, l'œuvre, enrichie de récitatifs chantés que les lois du genre avaient interdits à Cherubini, devait entamer en Allemagne vers 1860 sa véritable carrière. En 1800 fut donné *les Deux Journées* (ou *le Porteur d'eau*), un de ses plus grands succès.

L'échec d'*Anacréon,* en 1803, décida le compositeur à renoncer à sa manière légère. Puis, son inspiration étant à l'opposé des goûts de Napoléon, il partit en 1805 pour Vienne, où il suscita l'admiration de Haydn et de Beethoven. L'Empereur l'y retrouva, et malgré leur mésentente, le réinstalla dans ses fonctions d'inspecteur à Paris. Ce fut alors pour Cherubini, dans le cadre d'une semi-retraite auprès de la princesse de Chimay, un retour vers la musique religieuse, interrompu, occasionnellement, par la composition d'ouvrages lyriques, dont *Pygmalion* (1809), écrit pour le castrat Crescentini, fort prisé de Napoléon, et *les Abencérages* (1813). Le retour des Bourbons permit à Cherubini de connaître une nouvelle ascension : il devint surintendant de la chapelle royale en 1814, membre de l'Institut en 1815 et, enfin, directeur du Conservatoire de 1822 à sa mort ; il reçut la cravate de commandeur de la Légion d'honneur en 1842.

Si l'on excepte *Ali Baba* (1833), refonte d'un ouvrage de jeunesse, ses trente dernières années furent dédiées à la musique religieuse (*Requiem* à la mémoire de Louis XVI, 1816 ; *Requiem* pour voix d'hommes, 1836) et à la musique de chambre — ses six *Quatuors* (1814-1837), dont le deuxième (1829) est la transcription de son unique *Symphonie* (1815), constituent avec son *quintette* en mi mineur (1837) le sommet de la production française du temps.

La musique de Cherubini est la parfaite expression d'un homme dont l'image a été malencontreusement déformée par les railleries de Berlioz, qui, pourtant, l'admirait et sut l'imiter, et par le mépris où l'ont tenu des générations d'historiens. Sous des dehors austères, Cherubini cachait une âme sensible, et, prisonnier d'une pensée classique, il se sentait égaré dans la période romantique dont il traduisit néanmoins à merveille les premiers émois. Il faut, en effet, noter que Cherubini est le seul compositeur de première grandeur à avoir été à la fois contemporain de Mozart et de Beethoven. Ses sonates pour clavier et son premier opéra précèdent *Idoménée* et l'installation de Mozart à Vienne, son dernier *Quatuor* est postérieur à ceux de Beethoven et son ultime *Requiem* évoque celui de Berlioz, composé à la même époque. Cherubini avait, dès sa jeunesse, mal admis le carcan du vieil *opera seria,* dont il avait su étoffer l'orchestre, libérer le récitatif et développer les finales ; *Démophon,* avec ses récitatifs chantés et sa discrète colorature, avec son impossible tentative d'unir Gluck à Mozart et l'*opera seria* au goût français, échoua, alors que la veine élégiaque de Cherubini s'adaptait soudain avec bonheur à un nouveau type de sensibilité française. Les sujets « idylliques » d'*Élisa,* des *Deux Journées,* de *l'Hôtellerie portugaise,* ainsi que les divers ouvrages écrits en collaboration avec Boieldieu, son cadet de quinze ans, semblent opérer la synthèse idéale des styles de Piccinni, de Gluck et de Grétry, mais avec un tout autre raffinement harmonique. D'autre part, *Lodoiska* et *Faniska* — qui appartiennent au genre plus ambitieux de l'« opéra héroïque », présentant une héroïne rédemptrice —, et *Anacréon,* écrit pour l'Opéra de Paris, offrent une parenté avec Méhul, alors que *les Abencérages,* ultime tentative qui emprunte encore à Gluck sa raideur et ses structures fermées, témoignent de quelque anachronisme, au lendemain de la réussite de Spontini, qui venait alors de donner à Paris *la Vestale* et *Fernand Cortez. Médée* demeure donc l'œuvre la plus marquante de Cherubini ; elle présente en filigrane les prémices des réformes wagnériennes, par l'emploi de leitmotive (principe également utilisé par le compositeur dans d'autres opéras), par le rôle de moteur donné à l'orchestre et par son écriture vocale qui se présente souvent comme un arioso tenant du récit et de l'aria et obligeant l'interprète à de grands intervalles dans la ligne vocale, avec un appui dramatique sans précédent.

Romantique malgré lui, contemporain de Rossini, mais étranger à son influence, admiré de Beethoven, Schumann, Wagner et Brahms, éduqué en Italie, Français d'adoption et honoré par l'Allemagne, Cherubini occupe un rôle éminent dans l'élaboration du romantisme musical européen.

CHEVREUILLE *(Raymond),* compositeur belge *(Bruxelles 1901 - Montignies-le-Tilleul 1976).* Autodidacte, puis auditeur au conservatoire de Bruxelles (classes de Minet et de Rasse), il a été, parallèlement à sa carrière de compositeur, ingénieur du son (1936-1959) et directeur des programmes musicaux (1956-1963) à la radio et télévision belges. D'esprit éclectique, ses œuvres — tonales, atonales ou polytonales — témoignent d'une esthétique tradi-

A. Leipens (Centre Belge de Documentation Musicale).

Raymond **Chevreuille.**

tionnelle mais étrangère à tout système, d'une grande variété de formes et d'expressions, et dont l'enthousiasme et la vitalité manquent rarement leur effet. On lui doit notamment 9 symphonies (dont une « de chambre » et une avec quatuor vocal), des concertos, des ballets dont *Cendrillon* (1946), la cantate *Évasions* (1942), le conte symphonique *Barbe-Bleue* (1949), l'opéra de chambre *Atta Troll* d'après Heine (1952), de la musique de chambre ainsi que des pièces pour piano.

CHION *(Michel),* compositeur français *(Creil 1947).* De 1971 à 1976, il a travaillé au Groupe de recherches musicales de Paris, comme responsable de diverses activités d'enseignement, de recherche, de radio et de publications. Parallèlement, il a composé plusieurs œuvres électroacoustiques, la plupart axées sur des textes, et d'un style baroque et coloré : *la Machine à passer le temps* (1972), *le Prisonnier du son* (1972), *Requiem* (1973), *On n'arrête pas le regret* (1975), album nostalgique de « scènes d'enfant », *Tu* (1977-1981), qui aborde le thème du couple impossible, à travers des textes de Desnos et des scènes de *la Flûte enchantée,* et *Melchisédech* (1980). Citons encore *La Ronde* (1982) et *la Tentation de Saint-Antoine* (1984). Travaillant, depuis 1976, indépendamment de tout groupe, Michel Chion se consacre de plus en plus à l'image, réalisant des films de court métrage, et enseignant la « mise en scène du son » au cinéma. On lui doit aussi des écrits musicologiques et théoriques, et sur la musique d'aujourd'hui dont un livre sur *Pierre Henry* (1980).

Esprit touche-à-tout, Michel Chion s'est trouvé, sans l'avoir voulu, à l'écart d'un mouvement assez général de « restauration » des valeurs musicales traditionnellement « françaises » qui sévit dans la musique électroacoustique récente, à quelques exceptions près (bon goût, discrétion, netteté et poli du matériau, haro sur la musique « dramatique », etc.). Plutôt enclin à pratiquer la musique électroacoustique comme un « cinéma pour l'oreille » à grand spectacle, il se revendique comme un héritier de Fellini, aussi bien que de la musique de Pierre Henry ou du premier Pierre Schaeffer (celui des *Orphées* et de la *Symphonie pour un homme seul*). Dans sa production, la critique a surtout remarqué jusqu'ici son *Requiem* de 1973, souvent rapproché de l'univers de Jérôme Bosch. On peut y trouver en effet un condensé de ses « tendances » : recherche de l'émotion à travers le foisonnement des situations et des voix ; contrastes appuyés et montage dramatisé ; travail de la matière sonore dans ses irrégularités, son grain, son épaisseur, plutôt que pour la rendre lisse et propre ; omniprésence de la « voix humaine », utilisée en dehors des techniques de chant ou de diction traditionnelles.

CHOPIN *(Frédéric Francis),* compositeur et pianiste polonais *(Zelazowa Wola, près de Varsovie, 1810 - Paris 1849).* Son père, Nicolas Chopin, originaire de Marainville dans les Vosges, émigré en Pologne, avait épousé une parente de la famille Skarbek dont il était précepteur : Justyna Krzyzanowska. Une fille, Louise, précéda Frédéric, qui naquit le 1er mars 1810 ; deux autres filles devaient naître par la suite.

Une enfance heureuse et prédestinée.

À Varsovie, Nicolas Chopin, professeur au lycée, prend en pension des fils de propriétaires terriens, parmi lesquels Frédéric trouvera par la suite ses amitiés les plus durables : Titus Woyciechowski, les Wodzinski, Fontana, Slowaki... Au sein de sa famille, très musicienne, l'aptitude précoce de l'enfant se révèle très tôt. Premières leçons à six ans avec sa mère. Il n'aura, en fait, qu'un seul maître : Adalberg Zwyny, d'origine tchèque, qui lui communique ses deux passions : Bach et Mozart. À sept ans, il compose une *Polonaise* et une *Marche militaire.* Son premier concert à huit ans (un concerto de Gyrowetz) lui vaut d'être salué comme un « génie musical » en tant qu'interprète. Mais sa réputation s'établit aussi comme compositeur. Même engouement qu'autour de Mozart enfant. Frédéric Chopin joue devant la tzarine mère et devant le grand-duc Constantin. La cantatrice Angelica Catalani lui offre une montre en or. À douze ans, n'ayant plus rien à apprendre de Zwyny, il lui dédie une *Polonaise.*

Cet enfant prodige est néanmoins d'un naturel très enjoué, doué pour le dessin, les imitations, le théâtre. Les vacances dans les environs lui permettent de prendre contact avec le folklore et les musiques paysannes, *mazurkas, obereks, kujaviaks,* et d'en imprégner son oreille. Il va ensuite au lycée, pour trois ans, jusqu'à son baccalauréat, tout en continuant de se développer pianistiquement ; étudie avec Josef Elsner l'harmonie et le contrepoint. De cette époque datent *Variations sur un air allemand* (1824), *Rondo op. 1* (1825), *Polonaise en « si » bémol min.* (1826), *Variations pour flûte et piano sur un thème de Rossini* (1826).

Puis Chopin entre au conservatoire, fondé par Elsner lui-même. Ce dernier, musicien appliqué et abondant, excellent pédagogue, saura reconnaître l'étonnante progression de son élève. L'année 1827 est particulièrement prometteuse, qui voit naître les *Variations op. 2 sur « Don Juan »* (publiées à Vienne trois ans plus tard, elles provoqueront chez Schumann le fameux « Chapeau bas, Messieurs, un génie ! »), la *Polonaise en « ré » mineur* op. 71 n° 1, le *Rondo à la mazurka en « la » majeur* op. 5, le *Nocturne en « mi » mineur* op. 72 n° 1 (posth.). Mais cette même année, sa jeune sœur Émilie meurt, en mars, épreuve qui le marque comme un avertissement.

Les succès de virtuose. En 1828, un voyage à Berlin lui permet d'entendre cinq opéras, dont le *Freischütz,* ainsi que l'*Ode pour sainte Cécile* de Haendel, mais surtout renforce son désir de se perfectionner et de se faire connaître à l'étranger. « Que m'importent les louanges locales ! » Vœu qui va dans le sens du conseil d'Elsner : « Le maître qui ne sait pas se laisser dépasser par son élève est un mauvais maître. » Ses succès de virtuose lui valent d'être accueilli au château d'Antonin chez le prince Radziwill, mélomane averti et violoncelliste, à qui il dédie son *Trio* op. 8. C'est en cette année 1828 qu'il compose également le *Rondo pour deux pianos* op. 73, la *Grande Fantaisie pour piano et orchestre sur des airs polonais* op. 13, le *Rondo « Krakowiak »* op. 14, la *Polonaise en « si » bémol* op. 71 n° 2, enfin, hommage à son maître, et dédiée à celui-ci, la *Sonate en « ut » mineur* op. 4. Mais la vraie nouveauté, dans cette phase brillante, se trouve du côté des deux premières *Études* qui marquent chez le jeune compositeur, non enivré de ses succès, un souci de la méthode et une exceptionnelle exigence

Lauros-Giraudon.

*Frédéric **Chopin,** par Ary Scheffer. (Château de Versailles.)*

au niveau de la technique transcendante, dont Paganini, venu jouer à Varsovie, lui a fourni un exemple qu'il n'oubliera plus.

À Vienne, où il se rend en 1829, Chopin donne deux concerts (deux « académies musicales »). Accueilli, une fois de plus, par l'aristocratie, il rencontre Gyrowetz et Czerny. Blahetka salue en lui « un artiste de premier ordre qui tient un rang honorable à côté de Moscheles, de Herz et de Kalkbrenner ». Mais il ne gagne pas un sou. Et c'est le retour par Prague, Teplitz, Dresde et Breslau.

De charmants visages de jeunes admiratrices, comme Élisa et Wanda Radziwill, éclairent ses séjours à Antonin. Premiers émois sentimentaux. Mais le sentiment qu'il éprouve pour Constance Gladkowska, jeune cantatrice, élève au conservatoire, ne trouvera d'exutoire que dans le lyrisme des deux concertos, sommets de la période varsovienne. Si cet amour, pudique et vite oublié, s'épanche librement dans le larghetto du *Concerto en « fa » mineur,* et plus tard, dans la romance du *Concerto en « mi » mineur,* seul, et par un étrange transfert, son ami préféré, Titus Woyciechowski, en reçoit la confidence.

Son premier grand concert public a lieu à Varsovie le 17 mars 1830 au Théâtre national. Chopin marque une certaine déception. Mais un deuxième concert marque le triomphe du *Concerto en « fa » mineur* et du *Rondo « Krakowiak ».*

Les adieux à la Pologne. Son départ est pourtant décidé. Varsovie est à la veille du soulèvement. Dernières vacances en famille à Zelazowa Wola. Dernier concert en Pologne, le 11 octobre 1830, avec, en première audition, le *Concerto en « mi » mineur.* Au cours du banquet de départ lui est remise une coupe d'argent contenant de la terre de Pologne. Adieux définitifs le 2 novembre, jour des morts. « J'ai l'impression que je pars pour mourir. »

Vienne de nouveau. Une semaine après son arrivée, éclate l'insurrection de Varsovie. Son père lui écrit de ne pas rentrer. Ce second séjour est un échec complet. L'Autriche n'est guère favorable aux révolutions. Chopin ne réussira même pas à se faire éditer. « Ils n'impriment que du Strauss. » Confondue avec le souvenir de sa patrie blessée, l'image de Constance l'obsède. Il l'imagine aux prises avec les cosaques. Le *Scherzo en « si » mineur* op. 20 exprime son angoisse, une nuit dans la cathédrale Saint-Étienne, son souci pour les siens, le regret de ne pas participer à la lutte.

Il quitte Vienne pour Munich où il donne un concert dans la salle de la Société philharmonique. Les compliments vont au virtuose. C'est à Stuttgart qu'il apprend la capitulation de Varsovie (18 sept.). Les pages de son *Journal de Stuttgart* expriment son désespoir et un désir d'anéantissement, qui ne sont pas sans rappeler le *Testament d'Heiligenstadt* de Beethoven muré dans sa surdité et sa souffrance. Comme le *Scherzo en « si » mineur,* l'*Étude en « ut » mineur* op. 10 n° 12, dite *la Révolutionnaire,* traduit ce climat de tension visionnaire et apocalyptique, dont la littérature pianistique n'offre alors aucun autre exemple. Sans doute est-ce la première fois que la musique et le génie d'un musicien se mettent ainsi directement au service d'une nation meurtrie par l'oppression.

La conquête de Paris. Chopin ne réussit à obtenir qu'un passeport pour Londres portant la mention « passant par Paris ». Il y arrive à l'automne 1831 et s'y installe au 27, boulevard Poissonnière. Coup de foudre pour cette ville qui a pris parti pour la Pologne. « Le plus beau des mondes », « Paris répond à tous les désirs », écrit-il à Titus. Enfin et surtout, Paris est, à ce moment, la capitale de la musique. « J'ai trouvé dans cette ville les premiers musiciens et le premier opéra du monde. » Il s'enthousiasme pour la voix de la Malibran. Paër le présente à Rossini, à Cherubini et à Kalkbrenner. Ce dernier lui dit qu'il joue « dans le style de Cramer, mais avec le toucher de Field » et lui offre de le faire travailler pendant trois ans. À Varsovie, la famille s'insurge contre ce jugement : Frédéric ne risque-t-il pas de perdre son originalité, ce qu'il doit au sol natal, au contact de ce prétentieux qui s'est permis de corriger le *Concerto en « mi »* ? Ce qu'on craint surtout de ce côté, c'est que, « au lieu de s'immortaliser par des opéras » — Elsner appelait de ses vœux la naissance d'un style national polonais dans l'opéra —, il se consacre uniquement au piano.

Par Kalkbrenner, Chopin fait la connaissance de Camille Pleyel, dont il défendra la marque et qui le fournira en instruments jusqu'à la fin de sa vie. C'est dans les salons Pleyel qu'en février 1832 il donne son premier concert parisien. Liszt, Hiller, Berlioz, le chanteur Nourrit, le violoncelliste

Franchomme (dont il écoute les conseils pour son *Grand Duo concertant* pour piano et violoncelle sur des thèmes de *Robert le Diable*), Heine, Mendelssohn sont devenus ses amis. Si ce premier concert couvre à peine les frais, Fétis discerne dans la musique du nouveau venu « une abondance d'idées originales » et prévoit d'emblée « la profonde influence » que les formes ainsi proposées sont destinées à exercer « sur les données futures des œuvres écrites pour le piano ». Rare intuition critique.

Chopin, pour lors surtout accueilli dans les salons polonais (le prince Czartoryski, chef de l'émigration, et le comte Plater), ne vit que grâce à l'aide paternelle. Le choléra (été 1832) vide Paris. Chopin songe à repartir. Peut-être l'Amérique? Valentin Radziwill, rencontré par hasard, l'emmène chez le baron James de Rothschild. Il conquiert son auditoire. Le voilà lancé. Libéré de l'obligation des concerts, il donnera des leçons, environ quatre heures par jour. Dans ce milieu qui fait les réputations, il est l'événement de la saison. Il fera plus qu'y trouver un moyen de vivre, il y trouvera de fidèles admiratrices, souvent bonnes musiciennes, et qui seront d'excellentes propagatrices de son œuvre et de sa « méthode ». Cette période mondaine fait de lui un des artistes les plus recherchés de la capitale. « Si j'étais plus sot que je ne suis, je me croirais à l'apogée de ma carrière. » Il loge au 5, rue de la Chaussée-d'Antin, dans un appartement meublé avec raffinement, s'habille chez les meilleurs faiseurs, fréquente les lieux à la mode, a un cabriolet. De Varsovie, il reçoit des conseils d'économie.

Ainsi, aux antipodes d'un Liszt, trouve-t-il un équilibre matériel compatible avec son mode de création. Si, en dix-huit années de vie parisienne, il se produit dans dix-neuf concerts, en fait, il ne jouera en soliste que quatre fois seulement. « Tu ne saurais croire, écrivait-il déjà à Titus avant de quitter la Pologne, quel martyre c'est pour moi, durant trois jours, avant de jouer en public. » Tout en lui — et sa musique même — refuse les grandes extériorisations habituelles. Berlioz écrit qu'il exécute ses *Mazurkas* « comme pour un concert de sylphes et de follets »... « au superlatif du *piano* » et l'appelle « le Trilby des pianistes ».

Nullement grisé par ces succès mondains, Chopin achève et publie, entre 1832 et 1834, les douze *Études* de l'opus 10 dédiées à Liszt, 6 *Nocturnes* de l'opus 9 et de l'opus 15 (où les *happy few* conviés à certaines soirées reconnaissent « la note bleue » qui a tant fait pour fixer une certaine image mélancolique et aristocratique de son inspiration), les *Variations* sur le thème de Ludovic Halévy, *Je vends des scapulaires* op. 12, la *Grande Fantaisie sur des airs polonais* op. 13, le *Rondo « Krakowiak »* op. 14, le *Rondo en « mi » bémol majeur* op. 16, *Quatre Mazurkas* op. 17, la *Grande Valse en « si » bémol majeur* op. 18 et le *Boléro en « do » majeur* op. 19, composé à Varsovie sur une proposition rythmique de *la Muette de Portici* d'Auber et publié cette fois sous le titre, surprenant chez Chopin, de *Souvenir d'Andalousie.*

La diffusion rapide de ces œuvres, en France et à l'étranger, est soulignée par la *Revue musicale* comme « un phénomène inexplicable ». Rarement l'histoire de la musique a retenu une accession aussi immédiate à la célébrité. Même si Chopin se défie de certaines interprétations, Liszt, Kalkbrenner, Hiller, Osborne, Stamaty, Clara Wieck contribuent largement à le faire connaître. Sept cahiers de compositions paraissent, entre 1832 et 1835. Ses éditeurs sont Schlesinger pour la France, Wessel pour l'Angleterre, Breitkopf et Härtel pour l'Allemagne.

Un pénible épisode sentimental. Le deuxième volet de sa vie sentimentale est celui de Maria Wodzinska, sœur de deux jeunes gens qui ont été autrefois en pension chez ses parents à Varsovie. Au retour d'un voyage à Aix-la-Chapelle, au printemps 1834, et d'une descente du Rhin avec Mendelssohn, Chopin est invité par la comtesse Wodzinska à se rendre à Genève. Pendant l'hiver 1834-35, il donne plusieurs concerts à Paris. L'un dirigé par Berlioz, l'autre avec Liszt. En février, Salle Érard. En mars, chez Pleyel. Aux Italiens, au profit des Polonais, avec Nourrit et Falcon. En avril, au Conservatoire où l'*Andante spianato* est vivement applaudi.

Chopin est à ce moment en excellente forme physique. « Il n'y a que le regret du pays qui le consume », note son ami Orlowski. Ce même hiver, il rencontre Bellini, lequel meurt quelques mois plus tard. À Karlsbad, pour la première fois depuis la séparation, Frédéric retrouve ses parents. « Notre joie est indescriptible... » Ceux-ci repartent pour la Pologne. Chopin ne les reverra plus.

À Dresde, il rejoint les Wodzinski et Maria. En la quittant, il recopie pour elle la *Valse* op. 69 n° 1, dite de l'*Adieu,* composée à cette époque, mais non point, contrairement à la légende, pour cette circonstance.

À Leipzig, il voit Mendelssohn et les Wieck, écoute Clara. Il est de retour à Paris en octobre 1835. Période de dépression. Le bruit court qu'il crache le sang. Le *Courrier de Varsovie* annonce même sa mort. Ce qui ne l'empêche pas de composer plusieurs *Mazurkas* de l'opus 24 et de l'opus 67, les *Polonaises* de l'opus 26, d'achever la première *Ballade,* de composer deux *Nocturnes* de l'opus 27 et trois *Valses* (op. 69 n° 1, op. 70 n° 1, op. 34 n° 1).

En avril 1836, concert Salle Érard avec Liszt qui soulève l'enthousiasme en jouant les *Études.* En juillet, Chopin rejoint les Wodzinski, à Marienbad cette fois, et demande la main de Maria. Les fiançailles doivent rester secrètes, exige la comtesse ; ce qui donnera à Frédéric le temps de se soigner. Il repasse par Leipzig et joue à Schumann sa *Ballade.*

Les Wodzinski ont regagné Sluzewo en Pologne. Vainement Chopin attendra de voir se confirmer ses espoirs. À la fin de l'automne 1836, chez Liszt et Marie d'Agoult à l'hôtel de France, première rencontre, plutôt négative des deux côtés, avec George Sand. « Qu'elle est antipathique, cette Sand ! » confie Frédéric à Hiller. « Et est-ce bien une femme ? J'arrive à en douter. »

Ils se reverront pourtant un peu plus tard, chez Chopin cette fois, rue de la Chaussée-d'Antin, lors d'une soirée pendant laquelle Liszt et Chopin joueront à quatre mains la *Sonate en « mi » bémol* de Moscheles. Sand invite Chopin à venir à Nohant avec Franz Liszt et Marie d'Agoult. Mais alors qu'il attend toujours un signe de Maria, il préfère accompagner à Londres Camille Pleyel au cours de l'été 1837. Les Wodzinski, cet été-là, restent en Pologne. Ainsi s'achève ce pénible épisode sentimental.

La période de la maturité. Revenu de Londres, Chopin retrouve ses élèves et ses leçons. En octobre 1837, paraît le second cahiers des *Études* op. 25, dédié à Marie d'Agoult. Il commence à travailler aux *Préludes,* où se retrouveront ses trois qualités essentielles : passion, lucidité, concision. C'est une fois de plus le tribut payé à Bach dont « la structure de l'œuvre, écrit-il, ressemble à ces figures géométriques parfaitement dessinées, dans lesquelles tout est à sa place, aucune ligne n'est de trop ». Compositions « d'un ordre tout à fait à part », notera Liszt, et qui, en dépit du titre, n'introduisent à rien d'autre qu'à un inventaire complet de toutes les incitations créatrices, de toutes les alternances qui construisent la personnalité de l'homme et du musicien.

En février 1838, Chopin joue devant Louis-Philippe et, le mois suivant, donne deux concerts à Rouen, le second, à l'appel d'Orlowski, au profit de ses compatriotes polonais. Ce qui lui vaut, de la part de Legouvé dans la *Gazette musicale,* des encouragements à se produire plus souvent en public. « Si, désormais, on se demande encore quel est le plus grand pianiste du monde, de Thalberg ou de Liszt, le monde répondra à ceux qui t'ont entendu : Chopin ! »

Autre signe de cette gloire « phénoménale », la visite que lui rend le virtuose qu'il a le plus admiré : Paganini.

Il ne quitte pas Paris, cet été-là. George vient le voir de Nohant. Finalement, elle brusque les choses : « Loin de moi les forts !... J'ai besoin de nourrir cette maternelle sollicitude qui s'est habituée à veiller sur un être souffrant et fatigué. » Thème constamment repris par elle au cours de ses apologies successives. Leur liaison va durer neuf ans. Leur intimité peut-être seulement quelques mois.

À la recherche d'un climat doux pour l'hiver, ils choisissent Majorque. Ils y arrivent en pleine saison des pluies et vont s'installer, à trois lieues de Palma, à la chartreuse de Valdemosa. Chopin recommence à tousser. Dans ces immenses couloirs, il se croit poursuivi par des fantômes. Sur le piano envoyé par Pleyel, il travaille sans discontinuer et achève les *Préludes* qu'il expédie le 12 janvier 1839 à son ami et ancien condisciple de Varsovie, le pianiste Julian Fontana, qui lui servait, à cette époque, de secrétaire et de copiste. Il lui annonce l'envoi prochain d'une *Ballade* (la deuxième, qui sera dédiée à Schumann pour le remercier de lui avoir dédié ses *Kreisleriana*), de deux *Polonaises* (en *la* majeur et en *do* mineur), ainsi que du troisième *Scherzo.*

La *Mazurka en « mi » mineur* op. 41 n° 2, les deux *Nocturnes* de l'opus 37 (*sol* mineur et *sol* majeur), enfin l'esquisse de la *Sonate en « si » bémol mineur,* dite *Funèbre,* appartiennent à cette période.

Cernés par l'hostilité de la population, une atmosphère quelque peu fantasmatique et surtout un climat qui ne convient guère à un malade, ils quittent les lieux le 12 février. À Palma, Chopin a une hémoptysie. À Marseille, ils assistent au service religieux pour l'enterrement du célèbre ténor Adolphe Nourrit, qui s'est suicidé à Naples. Bref séjour à Gênes. Et, le 22 mai, c'est le départ pour Nohant.

La liaison de Chopin et de Sand aura désormais un caractère conjugal : stabilité, imperméabilité réciproque, récriminations et jalousies, mais accord implicite. Entre George et ses enfants, Maurice et Solange, Chopin aura l'illusion d'un foyer. Ces huit années correspondent à celles de sa maturité et c'est à Nohant, pendant ces longs étés, qu'il composera désormais. Pendant le premier été dans le Berry, il procède à la révision de l'édition française des œuvres complètes de Bach, achève la *Sonate en « si » bémol mineur,* les *Nocturnes* de l'opus 37 et les *Mazurkas* de l'opus 41.

Revenu à Paris, Chopin s'installe rue Tronchet. L'année suivante, il rejoindra George et les enfants rue Pigalle. Avec Moscheles, qu'il vient de rencontrer chez le banquier Léo, il est invité à jouer à Saint-Cloud devant la famille royale. Le salon de George voit se mêler artistes et gens du monde. Chopin continue à enseigner et travaille. *Troisième Ballade* op. 47, deux *Nocturnes* op. 48, la *Tarentelle* op. 43 — pour ce morceau, s'est-il souvenu de Gênes ? Plutôt de Liszt et de Rossini.

Le 26 avril 1841, concert très brillant et mondain chez Pleyel. La chanteuse Pauline Viardot vient cet été-là à Nohant. Chopin se sent complètement assimilé à sa nouvelle famille. « Calme et serein, écrit-il, comme un bébé au maillot. »

Nouveau concert chez Pleyel, l'hiver suivant (février 1842), avec Pauline Viardot et Franchomme, qui bientôt remplacera Fontana, parti pour l'Amérique, dans ses fonctions de *factotum.* Le même soir que ce concert, meurt à Varsovie le vieux Zwyny. Deux mois plus tard, Jas Matuszinski, camarade d'enfance avec qui Chopin a longtemps cohabité, succombe à la suite d'hémoptysies répétées.

George se hâte d'emmener Chopin à Nohant où Delacroix fera un long séjour. Entre les deux hommes est née une profonde amitié. Mais si le musicien reste étranger au génie du peintre, fermé à toute discussion esthétique, Delacroix le situe d'emblée à la place que lui accordera la postérité. « C'est l'artiste le plus vrai que j'aie rencontré. »

Cette année 1842 voit naître la quatrième *Ballade* qui, évoluant vers la fantaisie, tendant vers le style polyphonique, est la plus dense, la plus prémonitoire : « géniale improvisation stylisée » où Cortot découvre « les accents précurseurs de l'impressionnisme ». Le quatrième *Scherzo,* également contemporain, tout de lumière et de poésie, semble faire éclater lui aussi le cadre que Chopin s'est fixé au départ.

Revenus à Paris, Sand et Chopin s'installent aux n°s 5 et 9, square d'Orléans : « petite Athènes » où logent déjà Alexandre Dumas, Pauline Viardot et la comtesse Marliani. Tous n'ont qu'une cour à traverser pour se rendre les uns chez les autres. L'année 1843 voit paraître, éditées en 1844, trois *Mazurkas* op. 56, deux *Nocturnes* op. 55.

Nicolas Chopin meurt à Varsovie le 3 mai 1844, coup terrible pour Frédéric. Sa sœur Louise et son beau-frère viennent faire un séjour à Nohant. C'est l'année de la *Sonate en « si » mineur* op. 58 et de la *Berceuse* op. 57. Au contact des siens, Chopin a retrouvé des forces. Il continue de vivre sous la protection de George, qui, pour sauvegarder les apparences, a toujours affecté de jouer les gardes-malades.

« Une mystérieuse apothéose ». Sur le plan de la création, et alors qu'il approche de la fin, Chopin est déjà entré dans cette phase où, échappant à l'anxiété et aux fantasmes morbides, il se tourne paradoxalement vers la joie et la lumière méditerranéennes. Et c'est, l'année suivante (1845), la merveilleuse *Barcarolle,* qui unit au thème ondin le chant du timonier et le balancement des eaux du Switez. La brisure de l'accord initial dans un lumineux ruissellement annonce Debussy. « Le Nocturne tristanesque ne nous révélera pas d'élans plus passionnés, d'inflexions plus tendres... », note Cortot. Et Ravel de même, après avoir salué « le thème en tierces, souple et délicat, constamment revêtu d'harmonies éblouissantes », voit là « une mystérieuse apothéose ». Beaucoup plus que le testament d'une vie et d'une expérience créatrice, c'est une ouverture vers l'avenir.

Cette même liberté formelle qui fait sortir Chopin du cadre qu'il s'est fixé pour

Lauros-Giraudon

Frédéric **Chopin**, *par Eugène Delacroix (1830).* [*Musée du Louvre, Paris.*]

la ballade ou le scherzo — en fait de toutes les formes utilisées par lui — et déboucher sur la fantaisie, apparaît de même dans l'étonnante liberté (le titre indique bien cette évolution à partir de l'incitation rythmique originale) de la *Polonaise-Fantaisie* op. 61 en *la* bémol majeur terminée l'année suivante.

Durant cette année 1846, Chopin, qui depuis des années n'a rien écrit que pour le piano, revient à la musique de chambre avec la *Sonate pour violoncelle et piano* op. 65. Il compose aussi les deux *Nocturnes* de l'opus 62.

Son œuvre n'est pas tout à fait terminée, mais il a dit l'essentiel. Et bien au-delà de la « petite note bleue ». Il y aura encore, l'année suivante (1847), et procque comme un retour du passé, les trois *Valses* de l'opus 64, fixant la perfection du modèle ; les trois *Mazurkas* de l'opus 63. Il achèvera aussi les dix-sept *Chants polonais* op. 74, publiés après sa mort par Fontana. Encore une *Valse* en 1848, et, en 1849, la dernière *Mazurka* op. 68 nº 4, œuvre ultime. Mais l'élan créateur est désormais cassé depuis sa rupture avec Sand (août 1847).

Faut-il en trouver la raison dans les démêlés autour du mariage de Solange avec le sculpteur Clésinger ? Ou bien dans des divergences de tempérament, accrues chez Sand alors qu'elle aborde sa phase militante et se tourne vers le socialisme ? Chopin a toujours fui, chez George, certains invités : Arago, Edgar Quinet, Louis Blanc. « Étranger à mes idées..., dira Sand, il ne comprenait que ce qui était identique à lui-même. »

La mésentente des enfants de George a certainement précipité la rupture. L'été 1847, pour la première fois depuis Majorque, Chopin n'est pas invité à Nohant. Se brise cette illusion familiale qui lui est devenue nécessaire pour vivre et pour travailler.

Dernier concert parisien chez Pleyel le 16 février 1848. Une dernière fois, Chopin parvient à divulguer à ce public qui s'est arraché les billets « le mystère d'une exécution qui n'a pas d'analogue dans notre région terrestre » *(Gazette musicale).* La chute de Louis-Philippe empêche le second concert d'avoir lieu, le prive de ses élèves partis en province et, donc, de ses ressources.

Un voyage en Angleterre et en Écosse n'est qu'un recours désespéré qui ne peut que hâter sa fin. Les concerts sont épuisants pour lui, malgré l'accueil qu'il reçoit en général.

Il rentre à Paris le 24 novembre 1848. D'abord installé à Chaillot pour éviter l'épidémie de choléra, il admire de loin le panorama de la capitale. Défilé incessant d'amis et d'admiratrices. Il se décide à appeler sa sœur. Louise arrive le 8 août. On le transporte en septembre, au 12, place Vendôme, côté soleil. Il meurt le 17 octobre 1849.

Un « génie musical » reconnu. Salué « génie musical » à huit ans, Chopin est né sous le signe de la précocité et d'une reconnaissance quasi immédiate de ses dons de pianiste et de compositeur, les deux étant liés. Quittant Varsovie à vingt ans, il a déjà écrit ses deux concertos et s'apprête à réinventer musicalement une Pologne qu'il vient de perdre définitivement. En fait, il invente tout : lui-même, ses sources, et, en partie, le piano. Un instrument qu'on entendait pour la première fois avec cette multiplicité de nuances et de timbres et qui se révélait à travers lui.

En même temps, dès ses premières œuvres, se révèlent une voix intérieure, une exigence méthodique, un style qui déjà lui appartiennent en propre.

D'autres se laisseront attirer par les grands développements thématiques et orchestraux, l'opéra ou le poème symphonique ; Chopin, dès le départ, sait que sa mesure exige à la fois un cadre plus limité, mais répondant aussi pour chaque morceau à une incitation immédiate et dominante. Il ne se réfère pas à des formes établies, mais cherche dans celles-ci une invitation thématique ou un support rythmique. Valses, Préludes, ou Mazurkas restent les éléments d'un vocabulaire qu'il utilise sans contrainte dans le cadre d'une invention strictement contrôlée.

C'est cette personnalisation transcendante du style, cette variété de l'inspiration, ce sens de la nuance, cette fluidité du jeu, cette liberté tonale qui ont tant frappé ses contemporains, aussi bien Schumann, Berlioz ou Liszt que la critique en général. Sous leur plume, le mot génie quand il s'applique à Chopin désigne et rend indiscernables les deux aspects de la révélation qu'il représente : une musique entièrement originale dans des formes nouvelles ou renouvelées (*scherzo, prélude, sonate,* etc.), une musique puisant idéalement aux sources d'un folklore largement réinventé, enfin, à travers celle-ci, une écoute absolument neuve de l'instrument.

Si cette admiration lui est acquise dès ses premiers contacts avec les autres musiciens, elle ne l'amène pas pour autant à se départir d'une certaine réserve. Les concerts le rebutent et les manifestations d'un vaste auditoire l'effraient plus qu'elles ne le rassurent. Chopin ne se conçoit pas comme un improvisateur sur des thèmes lancés par la salle. Là encore, il sait choisir sa mesure : un cadre assez restreint — élèves, amis, admiratrices dévouées —, cellule d'un culte appelé à toucher très vite d'autres milieux.

Ce choix initial d'une élite, d'une aristocratie ouverte à la musique, a sans doute été pour lui à l'origine d'un malentendu qui s'est maintenu par la suite, du fait d'interprètes mineurs ou débutants alanguissant à plaisir la phrase et le rythme. Chopin n'a pas à être lavé du reproche d'être un musicien de salon, ou voué au morbide et aux évanescences. L'œuvre, même quand elle paraît relativement accessible, reste d'un niveau transcendant et échappe aux apprentissages et même aux aptitudes moyennes. Trahie dès que le côté brillant ou nostalgique de certaines pages est trop souligné, elle exige de l'interprète cette suprême maîtrise, cette totale intelligence du texte, enfin ce complet équilibre entre la virtuosité et l'inspiration, seul capable, comme Chopin lui-même l'a indiqué, de réconcilier « les savants et les sensibles ». Aux antipodes de la facilité et de l'épanchement, cet extrême raffinement, ces fluctuations de la tonalité, ces dissonances, ces alternances dynamiques, ces ruptures d'accords arpégés, ces délicates parures entraînées par ce jeu coulé amènent une sorte de transparence, de luminosité impressionniste, qui font de lui un jalon essentiel et l'ancêtre direct de Claude Debussy.

Encore ne faut-il pas oublier que la véritable nature du musicien est tout entière dans ces alternances dynamiques, entre la sérénité et de soudains déchaînements de violence, entre la pudeur, le repli sur soi et de soudaines révoltes créant tout à coup une sorte de climat visionnaire, de sursaut épique. Génie multiple à la mesure d'une sensibilité riche, diverse, angoissée, mais allant au-delà de ses fantasmes, de ses drames personnels et capable d'inscrire au côté de ceux-ci le drame de son peuple luttant contre l'oppression.

Chopin est le premier compositeur de son niveau à s'être voué uniquement au piano, révélant — et d'abord aux virtuoses de son temps — une technique brimant les usages de l'époque, un jeu « en souplesse » plutôt que « en force », des attaques, des intervalles vertigineux, une mobilité de la main, une éducation du doigté qui introduit l'intelligence et la sensibilité dans le pur mécanisme, une rapidité foudroyante du trait, un usage conjugué des deux pédales, le tout concourant à la complète maîtrise du clavier et de l'instrument.

Si, compositeur, Chopin donne à tout ce qu'il produit de solides bases harmoniques, enferme l'apparente improvisation dans un réseau d'indications d'une netteté voulue, il a certainement rêvé d'une « méthode des méthodes », rassemblant l'essentiel de son enseignement. Plus exemplaire que réellement pédagogue, il s'en est tenu à une dizaine de pages, assez persuadé, on peut le penser, que l'expérience essentielle du pianiste était incluse dans sa musique, et plus valablement que dans un traité.

Au cœur de ce qu'on a souvent appelé le « secret de Chopin », l'emploi du *rubato,* cette liberté de mouvement comportant l'altération du temps dans certains passages afin de souligner l'expression. C'est une erreur à coup sûr d'affirmer comme Berlioz : « Chopin supportait mal le frein de la mesure ; il a poussé beaucoup trop loin, selon moi, l'indépendance rythmique. » L'exigence de celui-ci est toute différente. Temps dérobé, mesure souple (en général à la main droite), le *rubato* donne à la phrase mélodique dans la partie chantante un accent de terroir en soulignant l'expression. Mais lui-même, dans une formule célèbre, limite les risques d'une interprétation trop poussée d'une telle licence : « Que votre main gauche soit votre maître de chapelle et garde toujours la mesure », dit-il à son ami Georges Mathias.

Ainsi, quelle que soit la nature du sentiment qui l'amène à la création, tout s'équilibre chez Chopin autour des exigences rationnelles et dans une complexe alchimie. Son coup de génie, c'est d'avoir eu, à dix-neuf ans, la révélation de cette exigence à la fois méthodique et transcendante en composant sa première *Étude,* après avoir entendu Paganini et par référence à Bach, son musicien préféré avec Mozart. Et aussi, en opérant ce choix essentiel, en dehors de tout programme anecdotique : « La musique et la musique seule. »

Un sensible, oui, mais comme peut l'être un très grand poète : à partir d'un langage original, entièrement dominé, et aussitôt identifiable. Chopin est, en plein romantisme, tant par son caractère, ses goûts littéraires et artistiques, tourné vers le XVIIIe siècle. Par ses réticences personnelles face à certains témoins de son temps, il est, sinon un classique, du moins un être cultivant l'intériorité, étranger à tous les messianismes, à tous les déballages prophétiques. Le premier musicien, à coup sûr, à avoir exprimé de façon persuasive son identité personnelle. Ce pudique ne nous parle que de lui-même. Dans ces alternances de passion et d'exigence formelle qui forment la structure de presque chaque morceau, il dessine peu à peu, par touches successives, son paysage intérieur. S'il ne refuse pas le développement, le style rhapsodique, la variation, il ne se soumet jamais à la musique à programme. Ses plus intenses intuitions, Chopin les livre de façon concise, sans se répéter, tantôt dans une sorte de sursaut, tantôt sous le couvert du secret et de l'énigme. Beaucoup s'y sont trompés : sous le masque du sylphe, Chopin lui aussi écrivait « la musique de l'avenir », et, après lui, le piano n'a plus été ce qu'il était avant lui.

Le *cantabile* si caractéristique de sa mélodie permet-il de parler de son italianisme ? On sait qu'il recommandait à ses élèves d'utiliser le chant et que d'autre part il était passionné d'opéra et a eu des contacts avec les plus grands chanteurs de son temps. Une certaine plénitude du phrasé mélodique, l'accent direct et pathétique de certains thèmes peuvent évoquer le style vocal, mais, si l'influence n'est pas à récuser, il est évident que son « italianisme » subit lui aussi une complète métamorphose et que la version qu'il nous en donne est spécifiquement instrumentale. Même métamorphose d'ailleurs pour la *Barcarolle.* Chopin ne réussit jamais à être autre chose que lui-même.

En revanche, la « mélodie natale », ce mélange de nostalgie slave (le *zal*) et de bravoure patriotique, est chez lui constamment présente. Mais cet apport lui aussi se trouve transfiguré, « personnalisé », même dans les *mazurkas* où la référence est directe au plan de l'émotion et de l'intention poétique, exceptionnellement au plan de la citation. Chopin procède moins par réminiscence que par analogie, la « mélodie natale » n'étant jamais plus vraie chez lui que lorsqu'il l'invente. De même, jamais avant lui la *polonaise* n'a été traversée par ce souffle de révolte et n'a été, pour ceux qui la dansaient, ce poème visionnaire.

Néanmoins, ces citations, imaginaires pour la plupart, font pour la première fois entrer le folklore musical dans le cycle des nationalités et de la lutte des peuples pour leur libération. Il reste que ce choix thématique (cette réinvention plutôt) n'a aucun caractère scientifique ou documentaire. Indépendamment du besoin qu'éprouvait Chopin de se maintenir ainsi en contact avec les siens et de faire preuve de fidélité patriotique, ce choix va dans le sens de la mobilité rythmique et de la liberté tonale, et c'est là une recherche qui sera poursuivie de façon plus poussée par la suite par d'autres musiciens à la recherche soit de leur identité propre, soit d'une identité régionale.

Le phénomène Chopin. Si l'on considère maintenant l'extraordinaire postérité de Chopin en regard de la triple revendi-

L.A. Bisson.

*Frédéric **Chopin.** Unique photo datant des dernières années du musicien.*

cation de celui-ci — choix du piano contre la collectivité orchestrale, choix des *petites formes* contre l'opéra ou la symphonie, choix enfin d'un cercle restreint de fidèles et d'admirateurs —, on ne pourra que s'étonner de l'éclatement de ce cadre volontairement limité et de la diffusion toujours plus grande de l'œuvre. Pas de traversée du désert pour cette dernière, pas de retombée de cet engouement au-delà des images légendaires du musicien agonisant, qu'on peut tenir désormais pour anecdotiques et marginales.

Ce qui frappe aujourd'hui, quand on examine le phénomène Chopin dans le monde, dégagé d'un certain contexte morbide passé à l'arrière-plan, c'est son extrême vitalité. Point tant parce que la Pologne a fait de Chopin un héros national, mais parce qu'il reste, au plus haut niveau, par ses œuvres, une sorte de *test,* aussi bien pour les jeunes virtuoses au début de leur carrière et voulant se situer sur la scène internationale que pour les gloires confirmées du clavier, lesquelles, d'une génération à l'autre, se sont transmis le flambeau.

De Liszt à Anton Rubinstein et à Paderewski, de Cortot à Horowitz et à Lipatti, Chopin n'a jamais cessé d'être servi, en effet, par les plus grands interprètes. Il reste encore à travers le monde un des musiciens les plus joués en concert. Et, bien entendu, un des plus enregistrés. Au catalogue des grandes gravures historiques, un ensemble d'intégrales monumentales permet non seulement de comparer au plus haut niveau des interprétations remarquables, souvent opposées (Claudio Arrau ou Horowitz), mais également de faire apparaître la diversité, l'énorme pouvoir de renouvellement de l'œuvre.

L'attrait que cette œuvre exerce sur le public et sur les jeunes pianistes apparaît dans l'intérêt international soulevé depuis 1927 par le concours Chopin de Varsovie. Pour l'année 1980, le nombre de demandes d'admission, venant de 21 pays, a dépassé 200 candidats : 171 ont été retenues parmi ces très nombreuses demandes.

Si Bayreuth ou Salzbourg contribuent à maintenir le culte d'une œuvre donnée au niveau de la perfection en recourant pour chaque festival à des interprètes déjà mondialement reconnus et confirmés, le concours de Varsovie, en fixant la limite d'âge à 32 ans, s'emploie à unir le prestige et la défense de l'œuvre de Chopin en révélant de nouveaux talents dans une compétition largement internationale, véritable compétition olympique dans le domaine du piano.

Des noms comme celui de Chostakovitch, d'Uninski, de Malcuzinski, avant-guerre, et, plus récemment, d'Harasiewiecz, d'Ashkenazy, de Pollini, de Marta Algerich et de Zimmermann suffisent à en souligner l'importance et l'impulsion qu'il peut donner à un jeune virtuose. Longtemps la prééminence des Russes et des Polonais a semblé être la règle. La compétition est de plus en plus ouverte, et l'apparition de l'Iran et de la Chine, mais, surtout, la percée des pianistes japonais prouvent à quel point le phénomène Chopin échappe aux limites culturelles du monde occidental. L'écho de cette œuvre et de cette grande voix intérieure a trouvé sa vraie dimension au-delà des limites que peut-être l'artiste a désirées et qu'il jugeait les plus favorables à sa propre survie et à son propre épanouissement.

CHOSTAKOVITCH *(Dimitri),* compositeur russe *(Saint-Pétersbourg 1906-Moscou 1975).* Ses parents étaient d'origine sibérienne, son père ayant une ascendance polonaise. C'est à l'âge de neuf ans qu'il reçut ses premières leçons de piano de sa mère. Il entra à treize ans au conservatoire de sa ville natale pour étudier le piano et la composition (notamment avec Maximilien Steinberg). Le conservatoire était alors dirigé par Alexandre Glazounov. C'est au cours de ses études qu'il écrivit ses premières œuvres, dont les *Danses fantastiques pour piano* (1922) et surtout la *Première Symphonie* (1925), qui demeure régulièrement jouée depuis. Il fut nommé professeur d'instrumentation (1937), puis de composition (1939) à ce même conservatoire. Il s'installa en 1943 à Moscou où il enseigna au conservatoire tout en poursuivant une importante activité créatrice. Il ne sortit que rarement de la Russie soviétique et on connaît mal sa vie, son activité d'homme public n'en étant pas moins commentée sans aménité par certains observateurs occidentaux. À la suite de plusieurs attaques cardiaques, le compositeur mourut alors que ses facultés créatrices étaient encore absolument intactes. Il venait d'achever son opus 147, une *Sonate pour alto et piano.*

Dès 1927, le gouvernement de son pays lui avait commandé une symphonie, la *Deuxième,* pour commémorer l'anniversaire de la révolution d'Octobre. Ce fut le début d'une étrange carrière de compositeur « officiel », carrière marquée par une spectaculaire alternance de consécrations et de réprimandes. Après quelques années de succès, la *Pravda* dénonça violemment, le 26 janvier 1936, le « chaos au lieu de musique » qu'aurait été l'opéra *Lady Macbeth de Mtzensk,* pourtant inspiré d'un grand classique russe de même titre, de Nicolas Leskov (1865). Le compositeur rentra en grâce avec sa *Cinquième Symphonie* (1937) et obtint par la suite deux fois le prix Staline : pour son *Quintette avec piano* (1940) et pour sa *Septième Symphonie* (1941) célébrant la résistance de Leningrad contre l'invasion hitlérienne. Mais, en 1948, le rapport Jdanov, définissant l'esthétique du « réalisme socialiste », frappa de nouveau Chostakovitch et sa *Neuvième Symphonie* de 1945. Reconsacré avec le *Chant des forêts* (1949), le musicien allait être encore mis à l'index en 1962, lorsqu'il s'attaqua, par le truchement de poèmes d'Evtouchenko, dans sa *Treizième Symphonie,* aux calamités qui s'étaient abattues sur la société soviétique avec le stalinisme : l'antisémitisme, l'oppression, l'angoisse quotidienne, l'arrivisme. Après des modifications apportées aux textes, cette symphonie put être rejouée en Russie, et, dès lors, Chostakovitch semble avoir composé plus librement.

L'art de Chostakovitch s'attache à traduire l'âme russe jusque dans ses moindres replis. D'une santé précaire, de caractère visiblement pessimiste, Chostakovitch est, d'ordinaire, dramatique et solennel, mais il abonde volontiers, aussi, dans une veine satirique souvent grinçante (scherzos de nombreuses de ses œuvres, ballet *l'Âge d'or,* 1929-30). Si, lors de ses débuts, il s'intéressa à l'avant-garde occidentale, notamment à Berg, Stravinski et Hindemith, et conçut des œuvres hardies comme l'opéra *le Nez,* dès la fin des années 20, il semble s'être résolu à n'écouter que les voix de la Russie éternelle, élaborant petit à petit un langage très personnel, quoique fidèle dans l'ensemble au système tonal, un langage hors du temps quant à la « technique », et cependant très proche de la sensibilité contemporaine. Dans cette perspective, les œuvres des dernières années sont parvenues à des sommets, souffrant moins que les précédentes de certaines inégalités. Mais Chostakovitch peut être un musicien d'une exceptionnelle puissance, capable aussi bien d'évoquer d'immenses horizons ou des faits épiques que de plonger profondément dans l'âme humaine, ou encore de faire preuve d'une verve sarcastique. Bien souvent il s'élève, même si son écriture reste relativement traditionnelle, au niveau des plus grands, parvenant à marier la profondeur visionnaire d'un Moussorgski (qu'il étudia toute sa vie) et l'appareil musical d'un Mahler dont il est l'héritier direct, au moins dans le domaine symphonique (notamment *Quatrième Symphonie*). Aussi ne faut-il pas s'étonner s'il s'épanouit dans les formes consacrées du quatuor et de la symphonie et si plusieurs de ses œuvres les plus délibérément néoclassiques (*Préludes et fugues* op. 87 pour piano [1950-51]) comptent également parmi ses réussites les plus inspirées.

L'essentiel de son œuvre se compose de quinze symphonies (le projet de Chostakovitch était d'en écrire vingt-quatre) ; de quinze quatuors à cordes (vingt-quatre étaient également envisagés) ; de six concertos (deux pour violon, deux pour violoncelle, deux pour piano dont un avec trompette) ; de trois opéras (*le Nez,* d'après Gogol, 1928 ; *Lady Macbeth de Mtzensk* ou *Katerina Ismaïlova,* d'après Leskov, 1932, 1re représentation, Leningrad, 22 janvier 1934, révisé en 1962 ; *les Joueurs,* d'après Gogol, 1941, resté inachevé) ; d'une opérette (*Moscou, quartier Tcheriomouchki,* 1958) ; de trois ballets (*l'Âge d'or,* 1929-30 ; *le Boulon,* 1930-31 ; *le Clair-Ruisseau,* 1934-35) ; de nombreuses œuvres de formes et de fonctions diverses pour orchestre ou petit ensemble, de très nombreuses musiques de scène (notamment pour Maïakovski et pour *Hamlet* de Shakespeare) et de films (dont *la Montagne d'or,* 1931, et *l'Homme au fusil,* 1938) ; d'un oratorio (*le Chant des forêts,* 1949) ; de cantates (*l'Exécution de Stenka Razine,* poème d'Evtouchenko, 1964) ; de mélodies ; de nombreuses œuvres de chambre (du duo à l'octuor) et pour piano seul (deux sonates, vingt-quatre *Préludes et fugues*). Chostakovitch a, en outre, proposé (1940) une orchestration de *Boris Godounov* de Moussorgski, plus proche de l'original que celle de Rimski-Korsakov, ainsi qu'une restructuration et réorchestration de *la Khovanchtchina* (1959) du même Moussorgski.

C'est un retour à la musique vocale qui a caractérisé la production du compositeur au cours des dernières années de son existence. Loin de constituer un cas d'espèce, la *Treizième Symphonie,* qui avait été précédée par un cycle de 5 mélodies pleines d'ironie, les *Satires* (1960), sur des poèmes de Sacha Tchiorny, a été suivie par une œuvre dominant son époque par la force de son inspiration et de son caractère émotionnel, la *Quatorzième Symphonie* (1969), où, grâce à un choix judicieux de poèmes de Garcia Lorca, Apollinaire, Küchelbecker et Rilke, Chostakovitch a fait partager ses interrogations sur le sens de la vie, la solitude de l'homme et de l'artiste, la mort. L'un des thèmes fréquemment présent au sein de cet âge philosophique est celui de l'écrasement de l'artiste créateur par un pouvoir tyrannique, et la liste des cycles vocaux ne serait pas complète sans l'évocation des *Sept Romances sur des poèmes d'Alexandre Blok,* chef-d'œuvre d'élévation et de pureté (1967), des *Six Poèmes de Marina Tsvetayeva* (1974), de la *Suite sur des vers de Michel-Ange* (1974), et des *Quatre Stances du capitaine Lebiadkine* d'après Dostoïevski (1975). Purement instrumentale, l'ultime *Quinzième Symphonie* (1971), plus sereine devant le destin, semble tirer sa substance de la nature elle-même, de l'assurance de la continuité de la vie.

Mayer.

Dimitri ***Chostakovitch.*** *Dessin de Rémusat. Collection privée.*

Ce tableau ne serait pas complet sans l'évocation d'un ouvrage inattendu, publié plusieurs années après la mort du compositeur, *Témoignage, les Mémoires de Dimitri Chostakovitch,* recueillis par le musicologue soviétique Solomon Volkov (traduction française d'André Lischke, 1980). Comme une nouvelle et tumultueuse symphonie, ce recueil reflète les tourments éprouvés par le compositeur sur le chemin périlleux de son existence. Réfutant la légende du personnage officiel, il confirme de nombreux éléments que la musique de l'artiste critique qu'était Chostakovitch annonçait. Quelles qu'aient été les sollicitations d'un régime à la recherche de thèmes exemplaires, il lui était difficile de ne pas suivre son inspiration dans son aspect essentiel, cette dualité pouvant le conduire à annoncer qu'il travaillait à quelque grand sujet au titre « irrésistible », alors qu'il écoutait ses voix intérieures, pour écrire par exemple un quatuor à cordes. Bien qu'on se soit demandé si certains passages de ces *Mémoires* étaient bien de Chostakovitch lui-même, on peut y retrouver le réalisme, l'humour et l'esprit de sarcasme dont on le savait capable. D'hallucinants portraits de Staline, l'évocation de principes dictatoriaux appliqués à ses relations avec les artistes, restent dignes de figurer dans une anthologie. Par ailleurs, le caractère funèbre de nombreux morceaux musicaux du compositeur se trouve justifié dans ces écrits, où il précise qu'ils ont été conçus comme des requiem pour de nombreuses victimes, célèbres ou obscures, sacrifiées au cours des heures les plus sombres de l'histoire de la Russie soviétique. Au-delà de quelques notations de cet ordre, ce document ne contient pas d'explication globale de la musique ou de la personnalité de Chostakovitch, alors qu'il les consacre principalement aux autres, à des anecdotes sur une foule de personnages, bons et méchants, autrement voués à l'oubli dans un pays qui a réécrit son histoire.

CHOWNING *(John M.)*, compositeur américain *(1934)*. Il a fait ses études musicales (percussion, écriture, composition) à Stanford et à Paris avec Nadia Boulanger. Il révolutionna, à Stanford vers 1965, la synthèse directe des sons par ordinateur, en inventant une technique originale et pratique de synthèse des timbres complexes par modulation de fréquence (brevets américains). De ses travaux, qui ont porté également sur la simulation de trajectoires sonores dans l'espace par des sons de synthèse, l'acquis appartient désormais au « fonds commun » de la recherche internationale : il en a illustré brillamment l'efficacité sur le plan sonore par des œuvres comme *Turenas, Sabalith, Stria.*

Directeur du Stanford Computer Music Project depuis 1975, John M. Chowning collabore étroitement avec l'I.R.C.A.M. depuis la création de cet organisme.

CHRÉTIEN DE TROYES, trouvère du XIIe siècle, d'origine champenoise. Il résida longtemps à la cour de Champagne, puis eut pour protecteur Philippe d'Alsace, comte de Flandre. Avec ce poète-musicien s'instaura un véritable renouveau poétique ; Chrétien de Troyes fut en effet le premier à faire passer le lyrisme provençal dans la langue d'oïl, ceci sur les conseils d'une autre protectrice, Marie de Champagne, fille de Louis VII et d'Aliénor d'Aquitaine. Si deux de ses chansons seulement nous sont parvenues *(Amors tançon et bataille ; D'amors qui m'a tolu a moi),* il a laissé cinq « romans » écrits en octosyllabes : *Erec et Enide* (v. 1170), *Cligès* (v. 1176), *le Chevalier au lion ou Yvain, le Chevalier de la charrette ou Lancelot,* ces deux derniers ouvrages écrits entre 1177 et 1181. Tous deux s'inspirent des légendes celtiques du roi Arthur. Enfin, et surtout, il écrivit un autre « roman », empreint d'un grand mysticisme, *le Conte du Graal ou Perceval,* commandé par Ph. d'Alsace en 1180 et resté inachevé. Ce conte devait être traduit et chanté par le minnesinger Wolfram von Eschenbach, comme le fit Gottfried de Strasbourg pour *Tristan.* C'est de cette version allemande du Graal que Wagner allait s'inspirer, au XIXe siècle, pour composer son dernier drame lyrique, *Parsifal (Bühnenweihfestspiel).*

Le style de Chrétien de Troyes est à la fois novateur et fort élégant.

CHRISTINÉ *(Henri),* compositeur français *(Genève 1867 - Nice 1941).* Il fit des études à l'université de Genève et fut professeur de lycée dans cette ville. Il apprit la musique durant ses heures de loisir et jouait du piano et de l'orgue. Ayant épousé une chanteuse de café-concert, il quitta l'enseignement, s'installa à Nice et composa des chansonnettes pour sa femme, puis peu à peu pour les grandes vedettes du moment (Dranem, Mayol, Fragson, etc.) qui firent de ses œuvres de célébrissimes succès (*la Petite Tonkinoise,* etc.). S'étant fixé à Paris au début du siècle, il signa quelques opérettes en un acte, mais conquit définitivement la popularité avec *Phi-Phi,* en partie par un concours de circonstances, car cette œuvre, dont la répétition générale eut lieu aux Bouffes-Parisiens le 11 novembre 1918, bénéficia de l'euphorie de l'armistice. Christiné composa encore une douzaine d'opérettes dont seule *Dédé* s'est, aux côtés de *Phi-Phi,* maintenue au répertoire. Formées d'une suite de chansonnettes et de quelques ensembles ou finales très simples, utilisant les rythmes de danses nouvelles tel le fox-trot, les œuvres de Christiné s'écartèrent de l'opérette et fondèrent, en fait, la comédie musicale.

CHRISTOU *(Iannis),* compositeur grec *(Héliopolis, Égypte, 1926-Athènes 1970).* Il étudia à Cambridge la philosophie avec Ludwig Wittgenstein (1945-1948), la composition avec H. F. Redlich (1948-49), et l'instrumentation à Sienne avec Francesco Lavagnino. De 1960 à sa mort, dans un accident d'automobile, il vécut à Athènes et dans l'île de Chio, écrivant une musique en général sérielle, et d'inspiration mystique et magique. On lui doit notamment 3 symphonies (1951, 1954-1958, 1959-1962), le poème symphonique *la Musique de Phénix* (1948), *Psaumes de David* pour baryton, chœur et orchestre (1953), *Gilgamesh,* oratorio assyrien (1958), l'opéra *The Breakdown* (1964), *la Femme à la strychnine* pour 5 comédiens et orchestre de chambre (1967).

CICONIA *(Johannes),* compositeur liégeois *(Liège v. 1335-Padoue 1411).* Fils d'un pelletier, il reçut sa formation musicale à la cour des papes, à Avignon. Il y fut au service d'Aliénor de Comminges, vicomtesse de Turenne, nièce de Clément VI. De 1357 à 1367, il fit partie de la maison du cardinal Gilles d'Albornoz, chargé de reconquérir les États pontificaux d'Italie : ce fut l'occasion pour lui d'un contact étroit avec l'Ars nova italienne et l'art de Jacopo da Bologna et de Francesco Landini, à l'instar desquels il écrivit madrigaux, caccie et ballades. À la mort du cardinal, il regagna Liège où il devint titulaire d'une prébende à la collégiale Saint-Jean-l'Évangéliste. Il composa alors, semble-t-il, messes et motets, y effectuant la synthèse de l'Ars nova française, italienne et des usages avignonnais. Mais il adopta une notation simplifiée de l'écriture proportionnelle et unifia le Gloria et le Credo par un ténor commun, un motif initial et une construction isorythmique. On y trouve aussi l'emploi du faux-bourdon dont S. Clercx-Lejeune avance l'origine italienne et même l'appellation.

Après 1404 (?), Ciconia quitta Liège pour Padoue. Chanoine à la cathédrale de cette ville, il portait le titre de *musicus* ou de *magister* et avait pour mission d'enseigner la musique et de composer. Ce séjour favorisa une réflexion théorique sur la musique antique et médiévale, réflexion contenue dans trois traités : *De arithmetica institutione* (perdu ?), *Nova musica, De proportionibus,* outre l'esquisse d'un *De tribus generibus melorum* (« les trois genres mélodiques »). La musique y est comprise comme le reflet des nombres divins et le moyen de connaissance de l'Organisation. Toutefois, la musique spéculative prend chez lui appui sur l'ouïe.

Les œuvres complètes de Ciconia ont été publiées par S. Clercx-Lejeune : 10 fragments de messes (3 et 4 voix) ; 13 motets (2, 3 et 4 voix) ; 4 madrigaux (2 et 3 voix) qu'il ne faut pas confondre avec le madrigal du XVIe siècle ; 11 ballades italiennes (2 et 3 voix) ; 2 chansons françaises (2 et 3 voix) ; 2 canons à 3 voix.

CILEA *(Francesco),* compositeur italien *(Palmi, Calabre, 1866-Varazze, Ligurie, 1950).* Formé au conservatoire de Naples, il y présenta son opéra *Gina* (1889), puis composa *Tilda* (1892) à la demande de l'éditeur Sanzogno. Il écrivit encore *l'Arlésienne,* d'après Daudet (1897) et connut surtout la gloire avec *Adrienne* Lecouvreur* (1902) ; ces deux dernières œuvres furent créées avec Caruso, alors à l'aube de sa renommée. D'inspiration plus sévère, *Gloria* (1907) semble avoir mis un terme à la carrière de créateur de Cilea. Remarquable pianiste, celui-ci enseigna le piano, puis la composition, notamment à Naples où il fut directeur du conservatoire de 1916 à 1935. Proche de l'école vériste dans ses premiers opéras, il s'en écarta presque totalement ensuite, mettant sa nature délicate et raffinée au service d'une orchestration claire et limpide et d'une écriture vocale nuancée, utilisant toute la gamme d'expressions de la voix humaine.

CIMAROSA *(Domenico),* compositeur italien *(Aversa 1749-Venise 1801).* Né dans une famille pauvre, il reçut à Santa Maria di Loreta de Naples un enseignement musical très complet, et débuta au théâtre en 1772 avec *Le Stravaganze del Conte,* sorte de comédie musicale, et *Le Magie di Merlina e Zoroastro,* intermède burlesque. En 1778, il remporta à Rome un énorme

*Domenico **Cimarosa.** Tableau de Francesco Candido. (Musée de San Martino, Naples.)*

Scala.

succès avec *L'Italiana in Londra,* et à partir de 1780, fut unanimement considéré comme le grand rival de Paisiello en matière d'opéra bouffe italien. Durant les années suivantes, quelques opéras sérieux comme *Il Convito di pietra* (1781), sur le thème (simplement esquissé) de Don Juan, alternèrent avec les œuvres bouffes, toujours majoritaires (*I Due Baroni di rocca azzura,* 1783, *Il Fanatico burlato,* 1787). Invité en 1787 à la cour de Russie, que Paisiello avait quittée trois ans plus tôt, il s'y rendit en un voyage de six mois qui fit figure de tournée triomphale (Livourne, Parme, Vienne, Varsovie). Il fit représenter à Saint-Pétersbourg, où il prit momentanément la succession de Giuseppe Sarti, des œuvres déjà écrites, et en composa de nouvelles, dont deux opéras sérieux (*Cleopatra,* 1789; *La Vergine del sole,* 1789) et un *Requiem* pour les funérailles de l'épouse de l'ambassadeur de Naples.

En disgrâce, Cimarosa arriva à Vienne à la fin de 1791, au moment de la mort de Mozart. Son ancien protecteur, le grand-duc de Toscane, devenu l'année précédente l'empereur Léopold II, lui ayant commandé un opéra bouffe, il donna le 7 février 1792 *Il Matrimonio segreto* (« le Mariage secret »), qui devait rester son ouvrage le plus célèbre (110 représentations en 5 mois à Naples en 1793). De retour à Naples, Cimarosa composa encore quelques-unes de ses partitions les meilleures, comme *Le Astuzie femminili* (1794). Durant l'éphémère république parthénopéenne (1799), il accepta d'écrire et de diriger un hymne républicain pour une cérémonie organisée par les Français, ce qui lui valut d'être emprisonné au retour des Bourbons. Gracié, il jugea plus prudent de s'expatrier, et mourut peu après, non empoisonné comme le veut la légende, mais d'une tumeur au bas-ventre.

Sa production instrumentale est des plus réduites (un concerto pour deux flûtes et un autre pour clavecin, quelques pièces et 32 sonates en un seul mouvement pour clavecin), et sa production religieuse à peine plus importante. Quant à ses opéras, ils se comptent par dizaines. Cimarosa fut bien plus qu'un mélodiste « délicieux », pour reprendre une formule de Stendhal, qui l'idolâtrait. Avec son sens inné du théâtre, il sut également (quoique de façon typiquement italienne) donner vie à l'orchestre, et (tendant en cela la main à Mozart) se révéla un remarquable constructeur d'ensembles vocaux, dans ses finales d'actes et en d'autres endroits en cours d'action. Ce n'est pas pour rien que *Il Matrimonio segreto* réussit à survivre tout au long du XIXe siècle.

CLARKE *(Jeremiah),* organiste et compositeur anglais *(? 1673/4 - Londres 1707).* Organiste à l'université de Winchester de 1692 à 1695, puis, à partir de 1695, à la cathédrale Saint-Paul de Londres, il y succéda à John Blow en 1703 à la tête du chœur. L'année suivante, il fut nommé, avec W. Croft, organiste de la chapelle royale dont il était membre depuis 1700. Il ne conserva ce poste que trois ans, puisqu'il mit fin à ses jours en 1707.

Clarke composa essentiellement de la musique religieuse (une vingtaine d'*anthems,* deux services et des psaumes), de la musique de scène (il était compositeur du Théâtre royal), des œuvres de circonstance (odes et *anthems* à l'occasion d'un couronnement ou d'une bataille) et des pièces pour clavecin. Compositeur très apprécié en son temps, il est en grande partie oublié à l'heure actuelle, car son style s'est vite démodé. Il est surtout intéressant comme figure intermédiaire entre la vieille musique Tudor et le style galant. Il est également le premier à avoir mis en musique sous forme d'ode à sainte Cécile l'*Alexander's Feast* de John Dryden (connu dans la version de Haendel). Son œuvre la plus célèbre est sans aucun doute *The Prince of Denmark's March,* qui fut longtemps attribuée à Purcell dans une version remaniée *(Trumpet Voluntary).*

CLEMENS NON PAPA (*Jacques Clément ou Jacob Clemens,* dit), compositeur flamand *(Flandre ou île de Walcheren v. 1510 - Dixmude v. 1556).* Maître de chant et prêtre à Saint-Donatien de Bruges (1544), puis maître de chapelle du duc d'Aerschot, Philippe de Croy, à Beaumont, Clemens non Papa devint chantre et compositeur à la cathédrale de Bois-le-Duc (1550) avant d'occuper le poste de maître de chapelle à Dixmude où il mourut de mort violente au printemps 1556.

L'importance des publications dont il fit l'objet de son vivant témoigne de l'estime dans laquelle le tenaient tous les grands éditeurs, notamment Attaïngnant (Paris), Susato (Anvers), et surtout Phalèse (Louvain), qui édita ses messes (1556-1559), 8 livres de motets et 4 livres de Souterliedekens (psaumes en néerlandais sur des mélodies populaires). Mais ce n'est qu'à partir de 1546, époque de ses premières relations avec Susato, qu'il prit l'habitude de se dénommer Clemens non Papa, pour se démarquer non du pape Clément VII (mort en 1534), comme on l'a affirmé longtemps, mais d'un poète religieux vivant à Ypres et appelé le « père Clemens », en latin « Clemens papa ».

Son sens polyphonique, parfois objet de comparaison avec Palestrina, prend appui sur un style imitatif et des formules concises ; une certaine nervosité mélodique et rythmique fait oublier un langage largement fondé sur des formules préexistantes qui expliquent peut-être sa fécondité. E. Lowinsky a cru trouver chez lui des marques de l'usage d'un chromatisme secret, échappant à l'écriture parce que réprouvé par l'Église. Cette thèse a été mise en pièces par Bernet Kempers.

CLEMENTI *(Aldo),* compositeur italien *(Catania 1925).* Il découvrit la musique à treize ans grâce au piano, obtint son diplôme de pianiste en 1946, se perfectionna l'année suivante avec Pietro Scarpini à Sienne, et pour la composition, suivit les cours d'Alfredo Sangiorgi (élève de Schönberg), puis de Goffredo Petrassi à Rome (1952-1954). Il fréquenta aussi les cours d'été de Darmstadt (1955-1962), où ses œuvres furent jouées en 1956, 1957 et 1960, et après sa rencontre avec Bruno Maderna (1956), travailla au Studio di Fonoglia de Milan. *Episodi* pour orchestre (1958) et *Sette scene* pour orchestre de chambre (1961) lui valurent en 1959 et en 1963 le deuxième et le troisième prix de la S. I. M. C. (Société internationale de musique contemporaine). Il enseigne la théorie musicale à l'université de Bologne.

Aldo Clementi est l'auteur de l'action musicale en 1 acte sur un sujet et du matériau visuel d'Achille Perilli, *Collage* (1961), ainsi que d'œuvres instrumentales, vocales-instrumentales et électroniques. Il s'est imposé avec son *Concertino in forma di variazioni* pour orchestre de chambre (1956). Jusqu'en 1959, il a cherché à élaborer des structures brèves et longues à partir d'accélérations ou de ralentissements mesurés déterminant des zones sonores diversifiées par leur densité et par leur tension. Entre 1959 et 1961, il a cherché à résoudre ces mêmes problèmes avec des structures aléatoires toujours transcrites en écriture déterminée. Depuis 1961, chaque œuvre développe une seule texture contrapuntique très dense, qui réapparaît variée. Progressivement, le compositeur a réduit les variations au minimum pour « annuler toute dialectique ». Sous l'influence de la peinture informelle, il s'est alors attaché à effacer les détails de la microstructure au profit d'une sorte de matérialisme statique. La polyphonie dense des années 1964-1968 est plutôt « optique » et « illusoire » que matérielle. De ces années datent notamment les musiques électroniques *Collage 2* (1960-61) et *Collage 3* (1966-67), *Informel I* pour 12 musiciens (1961), *II* pour 15 musiciens (1962) et *III* pour grand orchestre sans percussions (1961-1963), *Variante A* pour chœur mixte et grand orchestre sur le texte latin de la messe (1963-64), *B* pour 36 musiciens (1964) et *C* pour grand orchestre (1964), *Reticolo 11* pour 11 musiciens (1966), *Reticolo 4* pour quatuor à cordes (1968), *Reticolo 12* pour 12 cordes (1970), *Concerto* pour piano et 7 instruments (1970). Les œuvres des années 1970 développent un contrepoint polydiatonique complexe. Citons *Blitz,* action musicale en hommage à Marcel Duchamp (1973), *Manualiter* pour orgue (1973), *Sinfonia da camera* pour 36 musiciens (1974), *Reticolo 3 (B.A.C.H.)* pour 3 guitares (1975), trois *Concertos* opposant respectivement un soliste à un ensemble instrumental et à un carillon un piano (1975), une contrebasse (1976) et un violon (1977), *Intermezzo* pour 14 instruments à vent et piano préparé (1977), *Otto frammenti* d'une ballade de Charles d'Orléans (1978), *Quintetto* pour cordes (1978), *Collage 4 (Nel mio sangue)* [1979], et *Es,* rondeau en 1 acte, livret du compositeur à partir de *Es* de N. Saito pour 3 sopranos, 3 mezzo-sopranos, 3 contraltos, orchestre et 9 instruments (1978-1980, création à la Fenice de Venise en 1981).

CLEMENTI *(Muzio),* compositeur, pianiste et facteur de pianos italien *(Rome 1752-Evesham, Angleterre, 1832).* Fils d'un orfèvre réputé passionné de musique, il fut, après des études dans sa ville natale, pris en charge par un mécène anglais, Peter Beckford, qui l'emmena fin 1766 ou début 1767 dans sa propriété du Dorset, où il continua à se former durant sept ans. À Londres, où il s'installa en 1773 ou 1774,

Osterreichische Nationalbibliothek.

Muzio ***Clementi.*** *Gravure de J. Neidl. (Osterreichische Nationalbibliothek, Vienne.)*

donna des récitals et dirigea l'orchestre de l'opéra italien au King's Théâtre, la renommée lui vint surtout après la publication de ses six sonates op. 2 (1779). En 1780, il partit pour la première de ses nombreuses tournées à travers l'Europe : Paris, Strasbourg, Munich, Vienne (où, à la fin de 1781, l'empereur Joseph II le mit en compétition pianistique avec Mozart, qui le jugea « une mécanique, sans un sou de sensibilité ni de goût »), Zurich, Lyon (où une affaire sentimentale sans lendemain le fixa plus d'un an), Rome peut-être. Rentré à Londres fin 1783, il en repartit pour Lyon et Berne en 1784, puis s'établit dans la capitale britannique de 1785 à 1802, s'y consacrant à la composition, à la direction d'orchestre, ainsi qu'à sa carrière de pianiste (qu'il arrêta brusquement et sans raison apparente en 1790) et de professeur. En 1798, de son association avec Longman et Broderip, qui venaient de faire faillite, naquit la firme «Longman, Clementi and Co.». Sous cette raison sociale et (après 1801) d'autres, il se livra jusqu'à sa retraite en 1830, et en montrant un sens aigu des affaires, à l'édition, à la vente et surtout à la manufacture de pianos. En 1802, il partit avec son élève préféré John Field pour une nouvelle grande tournée en Europe qui jusqu'en 1810 le mena successivement à Paris, Vienne, Saint-Pétersbourg (où se fixa Field), Berlin, Dresde, Prague, Vienne, Zurich, Leipzig, Berlin (où à 52 ans il épousa une jeune fille de 19 ans), en Italie (où sa femme mourut en donnant naissance à un fils), puis à Berlin, Riga, Saint-Pétersbourg, Vienne (où il conclut avec Beethoven d'avantageux contrats d'édition), Rome, Milan et enfin Vienne, d'où il repartit pour Londres. Le 6 juillet 1811, il y épousa Emma Gisburne, qui lui donna 2 fils et 2 filles. Partageant son temps entre la composition, sa fabrique de pianos et la direction d'orchestre, il participa en 1813 à la fondation de la Philharmonic Society, et se rendit encore sur le continent — Paris, Vienne, Allemagne, Italie — en 1817-18, 1820, 1821-22 et 1826-27. À sa mort, il eut des obsèques nationales et fut enterré à Westminster Abbey.

Il fit ses débuts au clavecin et écrivit ses premières sonates pour cet instrument, mais de son vivant déjà (dans les années 1820), on l'appela le « père du pianoforte ». Sa carrière d'interprète servit en effet de modèle aux innombrables pianistes virtuoses du début du XIXe siècle, et comme compositeur, non seulement il se consacra presque exclusivement au clavier, mais créa le style pianistique moderne à la fois sur le plan technique (octaves et tierces parallèles) et sonore, ce dont devaient largement s'inspirer ses élèves et successeurs, avec à leur tête Beethoven (qui mettait les sonates de Clementi au-dessus de celles de Mozart). Il est possible que les remarques désobligeantes de Mozart à son égard, et qui lui causèrent un véritable choc lorsqu'il en entendit parler au soir de sa vie, aient été en partie dictées par l'envie. De ses sonates, plusieurs (comme l'opus 34 n° 2 en *sol* mineur) naquirent à l'origine comme des concertos, mais une seule (l'opus 33 n° 1 en *ut* majeur) a survécu également sous cette forme. Les dernières, les trois de l'opus 50, avec notamment la célèbre *Didone abbandonata,* parurent en 1821, mais furent sans doute composées pour l'essentiel dès 1804-1805. Plusieurs, en particulier l'opus 13 n° 6 en *fa* mineur (1785), l'opus 25 n° 5 en *fa* dièse mineur ou les opus 40 n° 2 en *si* mineur et n° 3 en *ré* majeur (1802), sont des chefs-d'œuvre qui devraient apparaître fréquemment aux programmes des récitals. Clementi compositeur ne se résume en rien aux six sonatines op. 36 (1797) connues de tous les apprentis pianistes. On lui doit également un célèbre recueil didactique, le *Gradus ad Parnassum* op. 44 (3 vol. 1817, 1819 et 1826) et deux symphonies (op. 18, 1787). Plusieurs autres symphonies furent composées et exécutées dans les années 1790 et aux alentours de 1820, mais jamais éditées et laissées dans un état de désordre quasi inextricable. Quatre, dont une faisant usage du *God Save the King,* ont été reconstituées dans les années 1970 par Pietro Spada.

CLÉRAMBAULT *(Louis Nicolas),* organiste et compositeur français *(Paris 1676-id. 1749).* Formé par son père, il apprit sans doute le violon, puisqu'on le trouve plus tard recensé parmi les « musiciens symphonistes ». Il travailla également la technique des instruments à clavier, principalement l'orgue, avec André Raison. Pour la composition, enfin, il fut l'élève de Jean-François d'Andrieu. Suppléant de Nivers, puis titulaire, en 1715, des orgues de la maison royale de Saint-Cyr, où il était aussi surintendant de la musique, il assura encore la charge d'organiste à Saint-Sulpice, où ses fils devaient lui succéder jusqu'en 1773. En outre, il prit la suite d'André Raison à la tribune des Jacobins (1719).

Sa carrière de compositeur fut jalonnée par la publication de nombreux recueils qui rencontrèrent un succès considérable : un *Livre de clavecin* (1704), un *Livre d'orgue* (1710), une abondante œuvre profane — *Airs sérieux et à boire,* cinq volumes de *Cantates* à une ou deux voix *(Orphée, Médée),* des cantates isolées, des divertissements et des intermèdes pour le théâtre.

Larousse.

L.-N. **Clérambault.** *Gravure de L. L'Empereur.*

Sa musique religieuse n'est pas moins importante : *Airs spirituels et moraux,* six livres de *Motets,* deux tomes de *Chants et Motets* à l'usage des dames de Saint-Cyr, un oratorio *(Histoire de la femme adultère),* un *Te Deum.* Clérambault est le premier maître de la sonate et de la cantate françaises, inspirées des modèles italiens, mais adaptées à l'esprit national, selon les principes de la « réunion des goûts » prônée par Couperin. S'il ne possède pas le génie ardent de Couperin, il est sans doute l'un de ceux qui réussissent la plus séduisante synthèse de la noblesse polyphonique française avec la souplesse lyrique et l'art du développement des Italiens, dans la tonalité d'une sensibilité gracieuse. À l'orgue, il est l'un des derniers représentants de la grande école française et du style sérieux, avant que ne se développent les pièces de concert du siècle de Louis XV.

CLOZIER *(Christian),* compositeur français *(Paris 1945).* Venu du stage du G. R. M., il a créé en 1969 avec Alain Savouret le groupe d'improvisation Opus N, et surtout a fondé, en 1970, avec Françoise Barrière le Groupe de musique expérimentale de Bourges (G. M. E. B.), participant de près à ses nombreuses activités techniques et pédagogiques dans le domaine électroacoustique. On lui doit à ce propos la conception d'un mini-studio portatif destiné aux enfants, le *gmebogosse,* et d'un système original de diffusion en concert (par diversification et répartition des couleurs sonores, le *gmebaphone.* Ses œuvres comprennent notamment *la Discordatura,* « concrète-suite » réalisée par manipulation de sons de violon (1970), le concret-opéra *À vie* (1971), *Symphonie pour un enfant seul* (1972-1974) et *le Phlogiston* (1975), *À la prochaine, la taupe* (1978), *Aporie et Apocope* (1979), *Quasars* (1980), ainsi qu'un certain nombre de spectacles musicaux.

COLASSE ou **COLLASSE** *(Pascal),* compositeur français *(Reims 1649 - Versailles 1709).* Après des études à Paris au collège de Navarre, il entra au service de Lully qui l'engagea, en 1677, comme chef d'orchestre de l'Opéra. Auprès du musicien florentin, il apprit son métier de compositeur. Il obtint en 1683 un quartier à la chapelle royale et fut désigné en 1687 pour terminer la tragédie lyrique, *Achille et Polyxène,* que son maître avait laissée inachevée à sa mort. Outre des œuvres religieuses comme les *Cantiques spirituels* de Racine (1695), plusieurs airs publiés chez Ballard et des divertissements comme *l'Impromptu de Livry* (1688), il écrivit surtout pour la scène de l'Académie royale de musique en lui consacrant une dizaine d'ouvrages lyriques. Considéré comme le fils spirituel de Lully, il souffrit de cette réputation. Il lui fut reproché notamment d'insérer dans ses partitions des airs de son maître. En dépit de ces emprunts à un autre compositeur, Colasse apparaît comme un novateur : il développa beaucoup les possibilités expressives de l'orchestre et fut le premier à décrire par la musique une tempête dans sa tragédie lyrique, *Thétis et Pélée* (1689), ainsi qu'à mettre en musique un véritable opéra-ballet, *les Saisons* (1695).

COLIN DE BLAMONT *(François),* compositeur et écrivain français *(Versailles 1690-id. 1760).* Fils d'un musicien ordinaire de la Chambre, il collabora aux Nuits de Sceaux de la duchesse du Maine avant de devenir, en 1719, surintendant de la musique de la Chambre du roi. Son ballet héroïque, *les Fêtes grecques et romaines,* remporta un grand succès à l'Académie royale de musique (1723). Avec son librettiste Fuzelier, il fut le créateur du ballet héroïque auquel Rameau, toujours avec le même Fuzelier, devait donner ses lettres de noblesse avec *les Indes galantes* (1735). Colin de Blamont écrivit plusieurs ouvrages de ce genre (*les Caractères de l'amour,* 1736 ; *les Fêtes de Thétis,* 1750), mais aussi des motets (1732), des cantates françaises (1723, 1729) et des airs à boire (5 recueils). Il fut également l'auteur d'une pastorale héroïque *Endymion* (1731). Devenu maître de musique de la Chambre en 1726, anobli en 1750, il se consacra à la composition des spectacles de la Cour. Il écrivit, en 1728, l'éloge nécrologique de Delalande, dont il avait été l'élève et, au moment de la Querelle des bouffons*, adversaire de la musique italienne, il s'opposa à Jean-Jacques Rousseau en publiant un *Essai sur les goûts anciens et modernes de la musique française* (Paris, 1754).

COLIN MUSET, trouvère français *(1re moitié du XIIIe s.).* D'origine champenoise, aux limites de la Lorraine, il fut également jongleur, c'est-à-dire interprète. Son activité se situe entre 1220 et 1240, et il fréquenta notamment la cour des ducs de Lorraine. On conserve de lui une vingtaine de chansons (publiées en 1912 par le médiéviste Joseph Bédier), dont sept sont pourvues d'une notation musicale. Parmi ces pièces qui contiennent de nombreux détails sur sa vie errante et les cours qu'il visita, il faut citer un descort et une supplique *Sir cuens, j'ai viélé.* Son œuvre se signale par la fraîcheur de l'inspiration et par la limpidité des mélodies.

COMPÈRE *(Louis,* dit *Loyset),* compositeur français *(? v. 1450 - Saint-Quentin 1518).* Formé à la cathédrale de Saint-Quentin, il parfit son éducation musicale au contact de l'Italie en entrant comme chantre au service du duc Sforza de Milan (1474). Il y côtoya Josquin Des Prés, Agricola, Gaspard Van Weerbeke. Il fut chantre ordinaire du roi de France, Charles VIII, en 1486, puis on le trouve à Cambrai en 1498, à Douai en 1500, et enfin à Saint-Quentin où il fut chanoine.

Loyset Compère a laissé quelques témoignages de ses compositions religieuses. Ce ne fut pas un hasard s'il cita, dans son motet *Omnium bonorum plena,* Dufay comme son premier maître, puis Busnois, Tinctoris, Ockeghem, Josquin... Il avait, en effet, été formé dans l'esprit de l'école bourguignonne : ses deux messes (*l'Homme armé* et *Allez regrets* sur une chanson de Hayne Van Ghizeghem) et bien des motets s'y rattachent. D'autres pages portent la marque de son séjour en Italie ; ses préoccupations s'apparentent à celles de Weerbeke, mais son discours est souvent morcelé car le compositeur développe peu ses idées. Pour cette raison, peut-être, Compère fut avant tout un compositeur de chansons. Grâce à ces dernières, il compta parmi les musiciens les plus importants des années 1500 et figura en bonne place dans les premiers recueils d'O. Petrucci à Venise. Il reprit parfois l'écriture à 3 voix de la chanson bourguignonne sur des formes fixes et la chanson de style motet sur des teneurs liturgiques *(Male bouche, le corps).* Déjà s'y manifeste son goût pour les imitations et la progression des voix par deux (superius et ténor dans *Venez regrets* et *Royne du ciel*) ou le canon *(Un franc archer).* Il y a chez lui une simplicité générale du propos. Ses chansons à 4 voix, équilibre nouveau de l'époque de Josquin, font fréquemment usage d'une technique parlando *(Je suis amie du fourrier, l'Autre Jour)* ou de la répétition, par exemple, dans *Et dont revenez-vous* où 10 syllabes sont sur le même degré *la.* Compère ne dédaigna pas la satire *(Nous sommes tous de l'ordre de saint Babouin)* ni même la grivoiserie *(Une plaisante fillette)* et la plupart de ses pages débordent de gaieté, d'humour.

CONDÉ *(Gérard),* compositeur et critique musical français *(Nancy 1947).* Autodidacte de formation — ses premiers essais datent de 1961 —, Gérard Condé a fait ses études d'harmonie au conservatoire de sa ville natale avant d'aller suivre à Paris, entre 1969 et 1972, l'enseignement de Max Deutsch pour la composition. Soucieux de contrôler le plus étroitement possible toutes les composantes du phénomène musical, y compris l'aspect visuel de l'exécution, il s'est limité jusqu'à présent à des œuvres de musique de chambre pour soliste ou petites formations, incluant souvent une dimension théâtrale, avec ou sans support littéraire. Parmi une quinzaine de partitions, on citera *Mémorial* (1971-72) pour baryton et quintette à cordes ; *Darjeeling* (1975-76), rituel pour un chanteur ; *Wünschelrute* (1977), madrigal scénique à quatre voix ; *Dans la résonance du cri* (1978) pour piano ; *Rondo varié* (1978) pour tubiste en lecture ; *Rhapsodie*

Lipnitzki

Marius Constant.

(1979), mimodrame pour un bassoniste, et un *Trio à cordes* (1980). La plupart d'entre elles utilisent une technique d'écriture dérivée du principe de la série de douze sons. À partir de 1968, Gérard Condé a collaboré à un certain nombre de revues musicales ; en 1975, il entre au journal *le Monde,* auquel il consacre désormais l'essentiel de son activité de critique. Berlioz, Massenet, Gounod, Chausson, Schönberg, Stockhausen et Kagel comptent parmi les compositeurs sur lesquels il écrit le plus régulièrement.

CONON DE BÉTHUNE, trouvère français *(v. 1160 - 1220).* Fils de Robert V de Béthune, il apprit son art auprès de son oncle Huon d'Oisy, seigneur de Cambrai. Il participa à deux croisades (la IIIe et la IVe), et fut nommé, en 1217, sénéchal d'Empire à Constantinople, après la prise de la ville par les armées chrétiennes (1204). Le chroniqueur Villehardouin *(la Conquête de Constantinople)* le loue pour son talent poétique. On a conservé une dizaine de ses chansons, auxquelles s'ajoute un petit nombre d'attributions plus douteuses. Dix chansons en tout sont pourvues d'une notation musicale *(Oïmi ! Amore dure départie).* Aussi célèbre comme guerrier que comme trouvère, il serait mort en Orient.

CONSTANT *(Marius),* compositeur et chef d'orchestre français *(Bucarest, Roumanie, 1925).* Ses études, entreprises à Bucarest, où il obtint le prix G. Enesco (1943), furent poursuivies au Conservatoire national supérieur de musique de Paris (1945-1949), et pour la direction d'orchestre à l'École normale de musique. Marius Constant a eu pour maîtres O. Messiaen, T. Aubin, N. Boulanger, J. Fournet et A. Honegger. Prix Italia en 1952 pour le ballet *le Joueur de flûte,* il a été directeur musical de la chaîne modulation de fréquence de l'O. R. T. F. (1953), puis directeur musical des Ballets de Paris de Roland Petit (1956-1966), avant d'être de nouveau investi de responsabilités importantes à l'O. R. T. F. (1963-1967). Il fut ensuite nommé directeur de la musique du ballet de l'Opéra de Paris (1973-1978), et depuis 1978 il est professeur de la nouvelle classe d'orchestration et d'instrumentation du Conservatoire de Paris. En 1963, il a fondé l'ensemble instrumental Ars nova, une des principales formations françaises spécialisées dans la musique contemporaine, et, en 1968, a reçu le grand prix national de la musique.

Ses premières œuvres eurent pour titres *Haut-Voltage,* ballet pour Maurice Béjart (1956), *Contrepointe* (1957) et *Cyrano de Bergerac* (1959), ballets pour Roland Petit. Mais ce ne fut qu'avec les *Vingt-Quatre Préludes pour orchestre,* créés sous la direction de Leonard Bernstein en 1959, qu'il s'imposa vraiment. Contrairement à bien des compositeurs de sa génération, Constant n'a jamais adopté le système sériel. Il s'est en revanche attaché aux problèmes de timbre et de forme, dans les *Vingt-Quatre Préludes* mais aussi dans *Turner* (1961), trois essais pour orchestre mettant en jeu quarante solistes instrumentaux et visant à « interpréter l'inspiration » du grand peintre anglais. Il s'est orienté également vers l'aléatoire et l'improvisation, en particulier avec les *Chants de Maldoror,* pour récitant, chorégraphe-chef d'orchestre, 23 musiciens « improvisateurs » — choisissant le moment et le contenu de leurs interventions en fonction de ce que leur inspirent le récitant et à travers lui Lautréamont — et 10 violoncellistes (1962). La même recherche inspire *Winds,* pour 6 bois, 7 cuivres et contrebasse (1968), ouvrage de caractère plus abstrait au cours duquel les interprètes utilisent, à l'occasion, d'autres instruments à vent à fonction habituellement non musicale (flûtes à coulisse, sirènes à bouche), et *Traits (Cadavres exquis),* improvisation collective (1969) suivie plus tard de *Traits,* du genre « théâtre musical » (1975).

On doit encore à Marius Constant, pour la scène, *le Souper* et *la Serrure,* d'après J. Tardieu (1969), et *le Jeu de sainte Agnès,* cérémonial d'église parlé et chanté en provençal ancien (1974) ; *Par le feu,* pour soprano dramatique et orchestre (1968) ; comme ballets, *Rain* (1960) et *le Violon* (1962), pour Roland Petit, *Ponant 19* (1964), *Éloge de la folie* (1966), *Paradis perdu* (1966), *Candide,* pour clavecin et orchestre (1970), mimodrame d'après Voltaire créé à l'Opéra de Hambourg et faisant coexister musicalement deux discours parallèles — celui du clavecin jouant *la Triomphante* du 10e ordre de F. Couperin et celui de l'orchestre —, *Septentrion « saltavit et placuit »,* avec éléments de jazz et de free-jazz (1975), et *Nana,* pour Roland Petit (1976) ; et, parmi une abondante production instrumentale, *Chaconne et marche militaire* (1968), *Moulin à prière,* pour deux clavecins (1969), *Quatorze Stations,* pour un percussionniste solo et six instruments (1970), *Strings,* pour clavecin et douze cordes (1972), *Silete,* pour clavecin (1973), *Faciebat anno 1973,* pour 24 violons et orchestre (1973), *Psyché,* pour deux pianos et percussion (1975), *Stress,* pour trio de jazz, piano soliste, quintette de cuivres et percussion (1977), *Concerto « Gli elementi »,* pour trombone et orchestre (1977), *Symphonie,* pour instruments à vent (1978), *Concertante,* pour saxophone alto et orchestre (1978), *Neuf Pièces,* pour flûte et piano (1978), *Harpalycée,* pour harpe ou harpe et quintette à cordes (1979), *Alléluias,* pour trompette et orgue (1980), *Nana-Symphonie,* pour grand orchestre (1980), *Cent Trois Regards dans l'eau,* concerto pour violon et orchestre (1981), *D'une élégie slave,* pour guitare (1981) et *la Tragédie de Carmen* (1981).

CONTI *(Francesco Bartolomeo),* théorbiste et compositeur italien *(Florence 1682 - Vienne 1732).* Il fit une grande partie de sa carrière à Vienne, où il fut attaché à la Cour comme théorbiste (1701-1705), puis comme compositeur à partir de 1713. Il écrivit pour la scène une quarantaine d'œuvres relevant de genres divers : des tragédies lyriques, des pastorales et surtout des tragi-comédies comme *Don Chischiotte in Sierra Morena* (1719), qui remporta un grand succès à Vienne, et où se manifeste un instinct comique efficace mais plein de nuances. Conti écrivit aussi des oratorios, des pièces d'église diverses et des cantates de chambre.

COPERARIO (*Giovanni Coprario,* de son vrai nom JOHN COOPER), compositeur anglais *(? v. 1575 - Londres 1626).* On ne connaît rien des premières années de sa vie, mais il fut sans doute confié à un musicien professionnel au service d'une famille aisée selon les habitudes de l'époque. En raison de la présence, en Angleterre, de familles comme les Ferrabosco, il comprit les avantages qu'il pouvait tirer à donner une consonance italienne à son nom, ce qu'il fit pendant un séjour en Italie (v. 1604). En 1606, il publia à Londres un recueil de chansons au luth, *Funeral Teares for the Death of the... Right Honorable the Earle of Devonshire,* et, en 1613, sept chansons au luth sur des poèmes de Thomas Campion : *Songs of Mourning,* déplorant la mort du prince Henry. La même année, il fit un voyage à Heidelberg pour accompagner Élizabeth, fille de Jacques Ier, qui venait d'épouser l'Électeur palatin, le prince Frédéric. De retour à Londres, il composa trois airs pour le *Earl of Somerset's Masque,* représenté le 26 décembre 1613. Deux antiennes, *The Teares or Lamentacions of a Sorrowful Soule,* parurent chez W. Stansby (1614). Lors d'un séjour dans le Wiltshire, au service d'Edward, comte de Hertford, il donna des leçons à un élève particulièrement doué, William Lawes. Il n'obtint un poste officiel à la Cour qu'au moment de l'accession de Charles Ier au trône (1625). Celui-ci le nomma compositeur ordinaire et musicien pour les luths et les voix. À la mort du musicien, ce même poste revint à Alfonso Ferrabosco.

Mises à part les œuvres vocales citées, auxquelles s'ajoutent 21 *villanelle* italiennes, des madrigaux italiens et quelques airs, l'abondante production de Giovanni Coperario est presque exclusivement consacrée aux instruments, essentiellement aux instruments à archet. Il a écrit des *fantasia-suites (fantasia-almain-galliard),* dont 16 pour un violon et 8 pour deux violons, basse de viole et orgue. Mais la *fantasia* pour un ensemble de violes occupe une place prépondérante dans son œuvre (8 pour deux violes, 10 pour trois violes, 7 pour quatre violes, 49 pour cinq violes, 8 pour 6 violes). Ces pièces révèlent leur dette envers l'Italie, mais leur style d'écriture s'éloigne distinctement des modèles vocaux (madrigal, *canzona alla francese*) et devient plus instrumental. Les tessitures s'agrandissent en même temps que se développe un intérêt rythmique et harmonique très personnel ; leur structure est fondée sur le contrepoint imitatif et sur une grande liberté formelle. Coprario a également signé quelques pièces isolées pour la *lyra-viol* (seule ou « en *consort* ») ainsi qu'un traité, *Rules How to Compose,* conservé en manuscrit.

COPLAND *(Aaron),* compositeur américain *(Brooklyn, New York, 1900).* Issu comme Gershwin, son aîné de deux ans, d'une famille de modestes émigrés russes, il n'aborda le piano qu'à quatorze ans, avant de recevoir les leçons du très conservateur Rubin Goldmark. Après la Première Guerre mondiale, il se rendit au conservatoire américain de Fontainebleau, alors dirigé par Paul Vidal, mais, déçu, il se tourna vers Nadia Boulanger, alors débutante, ce qui lui permit de s'imprégner des œuvres de Ravel, Stravinski, Milhaud. En France, où il vécut de 1921 à 1925, il paracheva aussi sa formation de pianiste auprès de Ricardo Viñes. Il s'orienta alors vers une esthétique proche de celle officiellement accolée au groupe des Six et évoquant surtout celle de Poulenc : défiance vis-à-vis de Debussy comme de Wagner et de ses conséquences (Schönberg), souci de bien écrire, quelque peu abstraitement pourtant (*Dance Symphony,* 1re audition, Philadelphie, 1931 ; *Music for the Theater,* 1925 ; *Symphonie avec orgue,* écrite pour N. Boulanger, 1925).

De retour dans son pays et soutenu par une bourse Guggenheim, Copland étudia les diverses possibilités offertes par Stravinski, le jazz, la polytonalité, le folklore américain et sud-américain : d'où un style « cosmopolite » fortement teinté de néoclassicisme, avec des œuvres comme la *Première Symphonie,* version révisée de la *Symphonie avec orgue* (1928), la *Deuxième* (*Short Symphony,* 1933), la *Troisième* (1946), la *Sonate pour piano* (1941), le *Concerto pour clarinette,* pour orchestre à cordes, harpe et piano (1re audition, New York, 1950), destiné à Benny Goodman (1948), ou les musiques de film pour *Des souris et des hommes* de J. Ford (1939) ou *l'Héritière* de W. Wyler (1949). De ces années datent également ses quatre partitions les plus célèbres, et sans doute les plus assurées de survivre : le spirituel *El Salón México* (1936), et les grands ballets lyriques *Billy the Kid* (1938), *Rodeo* (1942) et *Appalachian Spring* (1944), hymnes à l'Ouest américain.

À partir de 1950, Copland — d'ailleurs plus attiré par Webern que par Schönberg — s'engagea quelque peu dans la voie du

U.S.I.S.

Aaron ***Copland*** *(à gauche) conversant avec Darius Milhaud (assis) et Carleiton Sprague-Smith.*

sérialisme, produisant notamment la *Fantaisie pour piano* (1955-1957), *Connotations* pour orchestre (1961-62), *Music for a great City* (Londres, 1964), *Inscape,* pour orchestre (1967), un duo pour flûte et piano (1970-71). Défenseur de la musique contemporaine, en particulier américaine, il a animé avec R. Sessions une association de concerts spécialisés (1928-1931), dirigé ensuite l'American Festival of Contemporary Music à Yaddo (New York), exercé une grande activité au sein de la Société des compositeurs américains et de la SIMC, soutenu Bartók émigré à New York, donné pendant vingt-cinq ans des cours à Tanglewood et s'est multiplié en articles, conférences et concerts. Considéré un peu comme le Grand Old Man de la musique américaine, il a publié *What to Listen for in Music* (New York, 1938), *Music and Imagination* (Cambridge, 1952), *The New Music,* etc.

CORELLI *(Arcangelo),* violoniste et compositeur italien *(Fusignano, près de Ravenne, 1653 - Rome 1713).* Issu de l'une des plus illustres familles de sa ville natale, il prit vraisemblablement ses premières leçons de musique à Faenza où se déroula la plus grande partie de son enfance. Mais ce fut à Bologne, où il séjourna de treize à dix-sept ans, qu'il reçut une formation suivie auprès de deux éminents représentants de la fameuse école bolonaise de violon : Giovanni Benvenuti et Leonardo Brugnoli. Il est probable qu'il y travailla également le contrepoint avec Giambattista Bassani. Dès 1670, il était admis à l'Accademia filarmonica. On manque de témoignages précis sur son activité dans les quelques années suivantes. Sans doute fit-il, à Rome, d'obscurs débuts de violoniste d'orchestre. Et c'est peut-être à cette époque que se situent ses rares voyages. Non pas, comme le prétend certaine légende, à Paris où Lully, jaloux de son talent, aurait pris soin de lui fermer toutes les portes, mais en Allemagne où l'on croit retrouver sa trace à Heidelberg et en Bavière, notamment à Munich. Ce qui est certain, c'est que, à l'exception d'un séjour à Naples en 1708, il ne quitta plus guère Rome à partir de 1680. Dans la Ville éternelle où l'ex-reine Christine de Suède, convertie au catholicisme, tint une véritable cour où les musiciens étaient rois, Corelli accumula, dès lors, les succès de virtuose, de chef d'orchestre et de compositeur. Nommé en 1682 maître de chapelle de l'église Saint-Louis-des-Français, il publia en 1685 ses douze premières *Sonate a tre* (deux violons et continuo). En 1687, il conduisit dans le palais de la reine Christine un mémorable concert qui réunissait 150 musiciens. Alors protégé par le cardinal Pamfili, il passa deux ans plus tard au service d'un autre prince de l'église, le cardinal Pietro Ottoboni, neveu du pape Alexandre VIII, qui devait l'héberger jusqu'à sa mort.

La gloire de Corelli ne connut pas d'éclipse avant 1708, année cruciale pendant laquelle il fit la connaissance de Haendel (dont il dirigea même un oratorio), rencontra Alessandro Scarlatti et revint ulcéré de Naples où son succès fut fort mitigé. Il semble qu'il n'ait jamais su briller dans d'autres compositions que les siennes, même écrites à son intention. On rapporte qu'à Naples, il avait raté un trait difficile dans une pièce de Scarlatti, puis s'était obstiné à jouer en *ut* majeur, par distraction, un passage en *ut* mineur. D'un naturel sensible et fort peu combatif, il se désespéra de ces échecs et renonça bientôt à se produire en public. Toutefois, il n'était nullement oublié quand il mourut à de Rome, près du tombeau de Raphaël. L'épitaphe fait mention du titre de « marquis de Ladenburg » que lui avait décerné l'Électeur palatin Philippe-Guillaume, en remerciement d'une dédicace.

Par une exception remarquable dans l'histoire de la musique italienne, Corelli n'a jamais écrit pour les voix. Musique religieuse et opéra sont donc absents de son œuvre, qui comprend six numéros d'opus de douze pièces chacun. Les quatre premiers, publiés à Rome de 1681 à 1694, sont alternativement des *Sonate da chiesa* et des *Sonate da camera* pour deux violons et continuo. L'opus 5, pour violon et continuo, date de 1700. L'opus 6, enfin, réunit les *Concertos grossos,* d'une écriture particulièrement élaborée, qu'il ne faut pas confondre avec les *Concertos grossos* publiés à Londres en 1735, qui sont des transcriptions par Geminiani des

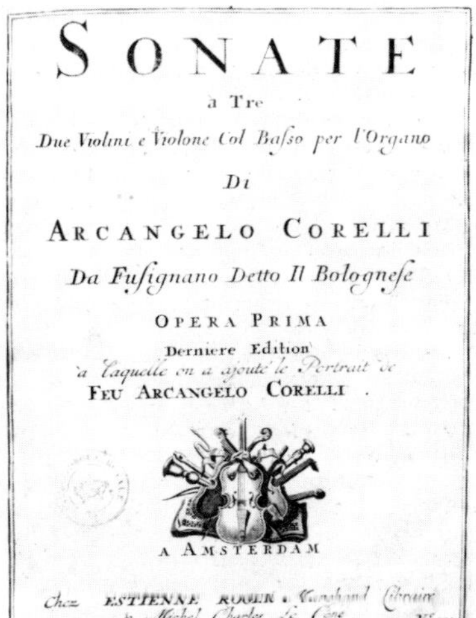

SONATE

à Tre

Due Violini e Violone Col Baſso per l'Organo

Di

ARCANGELO CORELLI

Da Fuſignano Detto Il Bologneſe

OPERA PRIMA

Derniere Edition

a laquelle on a ajouté le Portrait de

FEU ARCANGELO CORELLI

A AMSTERDAM

Chez ESTIENNE ROGER & Marchand Libraire & Michel Charles Le Cène N° 351

Frontispice et page de titre de Sonate à Trois *d'Arcangelo* **Corelli.** *Gravure de J. Folkema (école holl.) d'après Hugh Howard. B. N., Paris.*

la fin de sa soixantième année, tandis qu'on achevait de graver ses douze *Concerti grossi* op. 6. Grand amateur d'art, il avait légué son importante collection de tableaux au cardinal Ottoboni, qui lui fit élever un monument funéraire au Panthéon opus 1, 2, 3 et 5. Parmi de très nombreuses rééditions, se distingue celle des œuvres complètes par J. et F. Chrysander (Londres, 1888-1891), revues par Joseph Joachim.

Le style violonistique de Corelli, perpétué jusqu'à Viotti et Rode par l'intermédiaire de ses élèves Geminiani, Somis, Gasparini, Locatelli, etc., fut essentiellement caractérisé par l'approfondissement des ressources expressives de l'instrument, d'où une certaine réaction contre les abus de la virtuosité pure (doubles cordes par exemple). Quant à la tessiture, il ne dépasse jamais la troisième position, c'est-à-dire le *ré* au-dessus de la portée. Mais Corelli a également fait école en tant que compositeur; il peut être, en effet, considéré comme l'inventeur du concerto grosso, qui donna lieu à tant de chefs-d'œuvre de la musique baroque.

CORNELIUS *(Peter),* compositeur et poète allemand *(Mayence 1824 - id. 1874).* Violoniste dans un orchestre de théâtre, acteur, il étudia la composition avec Siegfried Wilhelm Dehn à Berlin de 1844 à 1846. En 1852, il se rendit à Weimar où il se lia d'amitié avec Liszt. Il écrivit dans la *Neue Zeitschrift für Musik,* traduisit des conférences données en français par Liszt et s'adonna à la composition. Il vécut à Vienne de 1859 à 1864. Devenu l'ami intime de Richard Wagner, il suivit ce dernier à Munich en 1865, sur l'invitation du roi Louis II, et y enseigna l'harmonie à la Königliche Musikschule (École royale de musique), dirigée par Hans von Bülow. Attiré à la fois par la littérature et par la musique, il publia en 1861 un volume de poèmes, *Lyrische Poesien,* et, sensible à l'exemple de Wagner, il écrivit les livrets de ses propres opéras ainsi que des textes pour certains de ses lieder. Créé sous la direction de Liszt au théâtre de Weimar en décembre 1858 et accueilli par des sifflets, ce qui amena Liszt à remettre sa démission au grand-duc, le gracieux opéra-comique *le Barbier de Bagdad* a gagné plus tard une juste popularité en Allemagne et demeure l'œuvre la plus connue de Cornelius. L'influence de Wagner se révèle dans les opéras *le Cid,* représenté à Weimar en 1865, et *Gunlöd,* resté inachevé. La fine personnalité de Cornelius apparaît encore mieux dans ses lieder. Il a également écrit un requiem (1863).

CORRETTE *(Michel),* organiste, compositeur et pédagogue français *(Rouen 1709-Paris 1795).* Fils de Gaspard Corrette, qui publia en 1703 une messe pour orgue, il reçut de son père une formation d'organiste qui lui permit d'occuper plusieurs tribunes à Paris : en 1726, celle de Sainte-Marie-en-la-Cité; en 1737, celle du grand prieur de France; en 1750, celle des jésuites de la rue Saint-Antoine; en 1759, celle du prince de Condé; et, en 1780, celle du duc d'Angoulême. Ces postes allaient le conduire à écrire deux livres d'orgue (1737, 1750) et de nombreuses pièces, qui tantôt s'inscrivent dans la tradition, avec des préludes ornementés ou des versets fugués, tantôt témoignent du goût de l'époque, avec les *concertos de symphonie* ou les *musettes.*

Corrette se tourna également vers la musique profane et composa, à partir de 1733, des vaudevilles pour les spectacles des foires de Saint-Laurent et Saint-Germain. Il s'intéressa aussi à des instruments divers, en leur consacrant des ouvrages pédagogiques, publiés entre 1738 et 1784, et en recherchant dans ses œuvres de nouvelles combinaisons de timbres : il mêla aux cordes, dans ses *concertos comiques* — qui comptent parmi les premiers concertos écrits pour instruments à vent — des flûtes, des hautbois, des musettes ou des vielles. Il manifesta un même souci de variété dans ses sources d'inspiration : il ne se contenta pas, comme beaucoup de ses contemporains, de puiser dans des modèles italiens, mais il sut aussi faire appel à des thèmes choisis dans des chansons populaires ou dans des noëls.

COSTELEY *(Guillaume),* compositeur français *(Pont-Audemer [?] v. 1531 - Évreux 1606).* Organiste et valet de chambre du roi Charles IX à partir de 1560, puis d'Henri III, il fit partie du cercle humaniste de la comtesse de Retz et se lia d'amitié avec J. A. de Baïf et R. Belleau. Il appartint donc au mouvement qui allait aboutir à la création de l'Académie de musique et de poésie en 1570 et s'attacher plus spécialement à faire revivre l'éthos de la musique et ses effets. Retiré dès 1570 à Évreux, Costeley y fonda en 1575 un puy, ou concours de composition, mais ses liens avec la Cour se maintinrent puisque, en 1599, il était encore qualifié de « conseiller du roi ». Curieusement, on ne possède de cet organiste qu'une fantaisie pour clavier (« Sus orgue ou espinette »). Le recueil *Musique,* qu'il publia chez Le Roy et Ballard en 1570 — contenant 103 chansons destinées surtout à mettre en valeur la rare étendue des chanteurs du roi —, témoigne de l'élégance et du charme de son style pour ne citer que la plus célèbre d'entre elles, *Mignonne, allons voir si la rose* (Ronsard). Costeley affectionna l'écriture verticale comme en témoigne l'alternance d'homophonie et de polyphonie dans *Mignonne* ou *Allez mes premiers amours,* premier pas vers la conquête du sentiment harmonique — admirablement démontré dans *Mignonne* avec l'entrée tardive de la basse sur « Las ! Voyez comme en peu d'espace » — et, qui, dans le cas, souligne le sens du texte et la progression de la pensée. Il tenta aussi, avec *Seigneur Dieu ta pitié,* une incursion dans le domaine de la musique non diatonique (il préconisa les tiers de tons non seulement pour les voix, mais aussi pour les instruments) et annonça déjà l'air de cour par une vingtaine de chansons strophiques « en forme d'air », genre qui se répandit dans la seconde moitié du XVIe siècle (P. Bonnet, J. Planson), sous l'influence des nouvelles formes poétiques.

COUPERIN (DYNASTIE DES). Elle a souvent été comparée à la dynastie Bach.

Guillaume **Costeley.** *B. N., Paris.*

Le rapprochement est d'autant plus séduisant que le plus ancien musicien connu du nom de Couperin, Mathurin, fut contemporain de Veit Bach († 1619), le meunier mélomane, arrière-arrière-grand-père de Jean-Sébastien, tandis que Céleste Couperin, organiste et professeur de piano, s'éteignit en 1860, quinze ans après la mort de Wilhelm Friedrich Ernst Bach. Les deux dynasties ont la même durée, la même ascension et culminent presque au même moment.

La musique remonte beaucoup plus loin chez les Couperin qu'on ne le croyait encore récemment. Mathurin Couperin (1569-1640), « laboureur » et « procureur » à Beauvoir, petit village de la Brie, possédait le titre de « maître joueur d'instruments », qui allait passer à son fils Charles. L'inventaire après décès de celui-ci montre, chez un simple « tailleur d'habits » à Chaumes-en-Brie, de nombreux instruments de musique : violons, violes, flûtes, hautbois, qui laissent supposer une pratique musicale de quelque importance. Des mariages attestent tout un réseau d'alliances avec des musiciens, et une vie artistique étonnamment intense dans ce milieu de paysans, artisans et hommes de loi à l'échelle d'une bourgade de province.

Trois fils de Charles I Couperin, Louis, François I et Charles II, découverts par le claveciniste de la Cour Jacques Champion de Chambonnières, opèrent la « mutation » et adoptent l'état de musiciens professionnels.

Louis Couperin *(Chaumes-en-Brie 1626 - Paris 1661).* Installé à Paris vers 1650 à la suite de Chambonnières, il est nommé violiste de la Chambre du roi et titulaire de l'orgue de Saint-Gervais en 1653 (cet instrument restera dans la famille jusqu'en 1830). Pressenti pour occuper la charge de claveciniste de la Chambre, il se récuse pour ne pas porter tort à son bienfaiteur Chambonnières, et est nommé ordinaire de la Chambre pour la viole, et comme tel accompagne les ballets de cour. À sa connaissance du style français, L. Couperin joint très vite celle de la manière italienne, qu'il a acquise, semble-t-il, au contact de Froberger (à Paris en 1652). Auteur de 130 pièces de clavecin et 70 pièces d'orgue connues à ce jour (mais partiellement inédites), de *Fantaisies pour les violes,* de 3 *Fantaisies en trio,* il a écrit une musique d'une grande audace harmonique et d'un lyrisme contenu. *Préludes* *non mesurés* à la manière des luthistes français côtoient des pièces à la manière de Frescobaldi, des pièces de danse pour le clavecin, des fugues et fantaisies pour l'orgue, qui témoignent, avant son neveu François II Couperin, du souci d'allier les « goûts » français et italien. Il meurt en 1661, à trente-cinq ans.

François I Couperin *(Chaumes-en-Brie 1630 - Paris 1701).* Frère du précédent, bon pédagogue, il ne semble pas avoir laissé de compositions, et a été écarté de la succession à l'orgue de Saint-Gervais.

Charles II Couperin *(Chaumes-en-Brie 1638 - Paris 1679).* Frère des précédents, il semble avoir rejoint son frère et avoir eu très tôt une charge à la Cour (il est violiste dans le *Ballet de la raillerie* en 1659). À la mort de Louis, il lui succède à l'orgue de Saint-Gervais (1661) et meurt en 1679 sans laisser de compositions. Il est le premier Couperin à s'être fait appeler « sieur de Crouilly », du nom d'une terre familiale près de Beauvoir, titre que reprend son fils François II.

Marc-Roger Normand *(1663-1734),* cousin des précédents, organiste à Turin.

La génération suivante est représentée, outre **François II Couperin*,** dit LE GRAND *(1668-1733),* par le fils de François I, **Nicolas Couperin** *(1680-1748).* Musicien du comte de Toulouse, il prend la succession de François II, son cousin, à l'orgue de Saint-Gervais. Sa sœur aînée, **Marguerite-Louise Couperin** *(1676-1728),* a été une chanteuse réputée, à laquelle son cousin François II dédie une partie de ses motets pour la chapelle de Versailles.

La troisième génération des Couperin musiciens comprend : **Armand-Louis Couperin** *(1727-1789),* fils du précédent, organiste de Saint-Gervais et de plusieurs autres églises de Paris, dont Notre-Dame pour un quartier. Il laisse des pièces pour clavecin avec accompagnement de violon, des sonates en trio, des motets, une cantate. Il a épousé la fille du facteur de clavecins Blanchet.

Des quatre enfants de François II, la fille aînée, **Marie-Madeleine Couperin** *(1690-1742),* a été religieuse et organiste de l'abbaye de Maubuisson, et la cadette, **Marguerite-Antoinette Couperin** *(1705-1778),* claveciniste de la Cour et maître de clavecin des Enfants de France (les filles de Louis XV en particulier). On louait beaucoup son jeu « savant et brillant ». Les deux fils, l'un mort en bas âge et l'autre ayant rompu ses attaches avec sa famille (François-Laurent, encore vivant à Montauban en 1740), joints aux deux filles célibataires, laissent s'éteindre la filiation de François Couperin le Grand.

La cinquième génération est donc constituée de la seule filiation d'*Armand-Louis Couperin :* **Pierre-Louis Couperin** *(v. 1755-1789),* organiste, qui succède à son père, et **Gervais-François Couperin** *(1759-1826),* qui tient à son tour l'orgue de Saint-Gervais. Il laisse une symphonie, des pièces pour le clavecin et le piano, des romances.

La dernière génération est représentée par **Céleste Couperin** *(1793-1860),* fille du précédent, qui tient l'orgue de ses ancêtres jusqu'en 1830 et meurt dans la misère.

COUPERIN (*François,* dit *François II,* LE GRAND), compositeur français *(Paris 1668-id. 1733).* Unique fils de Charles Couperin, orphelin à l'âge de onze ans, il fut élevé par sa mère, qui confia son éducation musicale à Jacques Thomelin, organiste de Saint-Jacques-la-Boucherie. Les minutes du conseil de fabrique de l'église Saint-Gervais nous apprennent que M. R. Delalande assura l'intérim de la charge d'organiste, que François Couperin occupa de fait dès 1685, et qu'il conserva jusqu'en 1723. En 1689, il épousa Marie-Anne Ansault, dont il eut quatre enfants : Marie-Madeleine (1690-1742), religieuse et organiste à l'abbaye de Maubuisson (sœur Marie-Cécile) ; François-Laurent (? - vivant en 1747), qui disparut et sembla avoir mené une vie errante ; Marguerite-Antoinette (1705-1778), claveciniste de la Chambre du roi et maître de clavecin des Enfants de France ; et Nicolas-Louis (1707- ?), mort sans doute en bas âge. François Couperin obtint en 1790 le privilège pour un *Livre d'orgue* consistant en deux *messes,* qui ne furent pas imprimées, mais diffusées en manuscrit. Vers 1692-93, il composa ses premières *sonates,* dans la manière italienne : *la Steinquerque* et *la Française,* qui furent diffusées sous un pseudonyme italien, dans les milieux italianisants de la capitale. En 1693, à la mort de son maître Thomelin, il obtint par concours le poste d'organiste de la chapelle royale pour le quartier de janvier, charge qu'il conserva jusqu'en 1730. Il composa divers motets pour petits ensembles destinés à la chapelle royale, dont certains furent imprimés « de l'ordre du Roy » (1703 à 1705) et quelques-uns destinés à sa cousine Marguerite-Louise, chanteuse réputée et membre de la musique de la Cour. « Professeur-maître de clavecin » du Dauphin (duc de Bourgogne), il enseigna la musique à plusieurs enfants de la famille royale, ainsi que, quelque temps, à la jeune infante passagèrement fiancée à Louis XV. Dès 1707, quelques pièces de clavecin furent publiées par Ballard dans des recueils collectifs, mais son premier livre parut en 1713 seulement, succédant à de nombreuses publications similaires, notamment au premier livre de Rameau (1706). En 1714-15, il publia les *Leçons de ténèbres pour le mercredy,* annonçant la parution de deux autres séries (pour le jeudi et le vendredi), qui ne virent jamais le jour. Vers la fin du règne de Louis XIV, sa musique de chambre, délaissant l'italianisme des premières sonates, s'orienta vers la forme de la suite française, dans les *Concerts royaux* composés pour le roi, puis dans *les Goûts réunis.* Après *l'Art de toucher le clavecin* (1716), où il donna, non sans désordre, mais avec finesse, ses conseils de pédagogue, il publia trois nouveaux livres de clavecin (1717, 1722, 1730), réédita ses sonates en les complétant d'une suite, sous le nouveau titre des *Nations :* à l'italianisme de la première partie fit place un style synthétique où le « goût italien » et le « goût français » se conjuguaient. Sa dernière œuvre dans ce domaine consistait en deux *Suites pour les violes.*

François Couperin semblait de santé délicate, voire maladive, et ne cessa de s'en plaindre. Nous savons peu de choses sur sa vie intime et sa personne, qui paraît être restée très secrète. Brillant jeune musicien, qui publia à vingt-deux ans un chef-d'œuvre (les *Messes d'orgue*), il appartint à l'avant-garde italianisante (ses sonates furent les premières composées en France à la manière de Corelli). Occupant à vingt-cinq ans d'importantes charges à la Cour, chevalier de l'ordre de Latran (1702), respecté et honoré, il fit cependant une carrière moins brillante qu'il ne paraît : modestie ou maladie, il resta en retrait. Il abandonna ses diverses charges (1723, Saint-Gervais, 1730, organiste et claveciniste du roi), et ses dernières années semblent avoir été douloureuses.

L'ensemble de son œuvre porte une double marque : d'une part, l'héritage de la tradition française, par l'intermédiaire de ses maîtres organistes (Thomelin, sans

Ziolo.

François ***Couperin.*** *Portrait anonyme au lavis. Collection A. Meyer.*

doute Delalande), de son oncle François, des clavecinistes issus, comme son père et ses oncles, de l'enseignement de Chambonnières, et aussi de l'opéra, dont sa bibliothèque contenait maints volumes ; d'autre part, la tradition italienne, qu'il connut très tôt dans les cercles italianisants de la capitale (Saint-André-des-Arcs ?). Ces deux apports, d'abord assez distincts (tradition française dans les messes, tradition italienne dans les sonates et la plupart des motets), se rejoignent dans une tentative consciente de synthèse : certaines œuvres *(les Goûts réunis, l'Apothéose de Lully)* se présentent comme des « manifestes » de l'alliance des styles, tandis que l'œuvre pour clavecin les mêle ou les juxtapose tour à tour. À la tradition française, Couperin emprunte l'élégance mélodique, le goût de la danse, l'ornementation, tandis que l'Italie lui inspire une carrure, un goût de la symétrie, l'emploi, discret mais caractéristique, du chromatisme, et maintes formules instrumentales.

Les *Messes d'orgue,* écrites à l'âge de vingt ans, manifestent des dons éclatants. Elles se plient aisément aux contraintes du règlement très strict de l'archevêché de Paris (1662) et à celles de la tradition française, issue tant du style contrepointé de Titelouze que de celui, plus léger et plus mélodique, de Lebègue ou de Nivers. Couperin fait alterner les versets polyphoniques sur thème de plain-chant à la basse ou en taille (*kyrie*, et *in terra pax, sanctus, agnus Dei*) et des pièces libres : duos, trios, basses de trompette ou de chromhorne, dialogues. L'offertoire de la *Messe des paroisses* est un grand triptyque, qui allie un mouvement lent d'ouverture, un ricercar au contrepoint hardi et un mouvement de gigue. La *Messe des paroisses* est d'un ton plus solennel et d'une écriture plus ample, la *Messe des couvents,* plus intime quoique plus mondaine de ton.

La musique vocale sacrée constitue une part non négligeable de l'œuvre de Couperin, en grande partie manuscrite. Les *Motets de l'ordre du roy* manifestent un goût très vif des effets vocaux et instrumentaux venus d'Italie et un sens quasi impressionniste du coloris instrumental. Les deux recueils manuscrits de Versailles et du comte de Toulouse comportent des pièces diverses à 1, 2 et 3 voix, moins mondaines, souvent d'une inspiration religieuse très douce, tendre, d'une émotion voilée. L'œuvre religieuse culmine avec les trois *Leçons de ténèbres* à 1 et 2 voix, où la tradition française issue de Lambert et de Charpentier (alliant le récitatif à un art vocal très orné issu de l'*air de cour*) se tempère en un remarquable équilibre.

La musique vocale profane, en l'absence des cantates perdues *(Ariane abandonnée),* se réduit à quelques vaudevilles, brunettes et canons ; seule, la brunette *Zéphire, modère en ces lieux,* avec ses 5 variations, dans le style de l'*air de cour,* a quelque ampleur.

La musique de chambre, pratiquée par Couperin tout au long de sa vie, suit une évolution très marquée. Les premières sonates en trio sont construites sur le modèle italien, et font alterner les mouvements lents et vifs de la *sonata da chiesa.* Un peu courtes d'inspiration dans les débuts, elles prennent plus d'ampleur avec *la Sultane* (à 4 parties), avec *l'Impériale* et avec *l'Apothéose de Corelli :* écriture en imitation, mouvements lents avec basse mélodique, embryons d'écriture concertante *(la Sultane),* avec par instants de brefs mouvements chantants d'inspiration française. Les *Concerts royaux* marquent une mutation : c'est la *suite* chorégraphique à la française qui apparaît, tandis que *les Goûts réunis* tentent une synthèse des deux « manières », tantôt alternées (8e concert « dans le goût théâtral », plus nettement français, 9e concert *Il Ritratto dell'amore,* reprenant la sonate italienne), tantôt fondues. Les 11e et 12e concerts, à deux violes, annoncent le recueil des *Pièces pour violes,* constitué de deux suites, l'une constituée des danses habituelles, l'autre de mouvements de sonate italienne encadrant une émouvante *Pompe funèbre. L'Apothéose de Corelli* est une ample sonate à l'italienne, dont les mouvements sont pourvus de titres, tandis que *l'Apothéose de Lully* est une véritable pièce à programme, décrivant avec humour l'arrivée du musicien au Parnasse, et qui s'achève par la *Paix du Parnasse,* sonate à 3, consacrant l'alliance des goûts français et italien.

L'œuvre de clavecin, répartie en 4 livres, groupe 240 pièces en 27 ordres : forme d'une extrême liberté, initialement inspirée de la suite, mais qui, très vite, n'a d'autre unité que celle de la tonalité et surtout d'une atmosphère particulière à chacun. L'évolution est assez nette. Le *Premier Livre* (1713), constitué sans doute de pièces plus ou moins anciennes, est plus disparate. Au *Deuxième* (1717), l'étoffe se resserre : c'est une série plus grave, parfois sévère. Le *Troisième* (1722) est plus poétique, plus léger, glissant souvent vers l'humour, qui culmine au début du *Quatrième* (1730) pour laisser place, dans les 4 derniers ordres, à un ton douloureux, parfois amer, et qui a presque complètement abandonné les anciennes formes de danse. La plus grande partie de ces pièces est pourvue de titres, parfois délicats à interpréter. Certains sont des dédicaces (à des amateurs : *la Villers ;* à des musiciens : *la Forqueray, la Garnier ;* à des élèves : *la Conti, la Méneton,* etc.) ; d'autres paraissent être des portraits, sans qu'il soit toujours possible de le déterminer avec certitude. Quelques pièces sont des « tableaux de genre » : *les Vendangeurs, les Petits Moulins à vent.* D'autres titres, au contraire, qualifient la musique elle-même : *la Séduisante, la Lugubre, la Ténébreuse,* ou en indiquent le ton : *la Petite Pince-sans-rire, les Langueurs tendres,* le style *(la Harpée, les Grâces naturelles)* ou l'écriture *(les Tours de passe-passe).* Certaines pièces, mais très peu, sont des pièces à programme *(les Fastes de la grande et ancienne ménestrandise).* Sous

Giraudon.

François ***Couperin,***
dit le Grand
peinture de l'école française du XVIIIe s.
(château de Versailles).

le titre se cache souvent une pièce de musique pure (*les Folies françaises* sont une série de variations dans le style de la *Folia*), et telle pièce n'est, malgré son « sujet » apparent, qu'une petite toccata dans le style des clavecinistes italiens *(les Tic-toc-chocs, le Réveil-Matin).* La forme des pièces affecte soit la structure binaire issue de la danse, soit le rondeau, parfois des structures plus complexes (rondeau double, ou mélange des deux formes). L'écriture est extrêmement variée, tantôt simple et harmonique, tantôt savamment contrepointée et utilisant librement l'imitation. L'ornementation brillante et notée avec précision est typiquement française (trilles, pincés, ports-de-voix, coulés, aspirations), tandis que la complexité de l'harmonie et l'usage discret du chromatisme, quelques basses obstinées ou basses d'Alberti rappellent l'écriture italienne — les deux manières étant plus savamment mêlées que dans la musique de chambre de Couperin. Il est, ici, très novateur et distance ses modèles, Chambonnières, L. Couperin, Marchand. Et, mieux qu'ailleurs, dans cette synthèse parfaitement aboutie, apparaît un musicien sensible, tendre, dont l'humour cache souvent une secrète, mais profonde, mélancolie.

COWELL *(Henry Dixon),* compositeur américain *(Menlo Park, Californie, 1897-Shady Hill, New York, 1965).* Violoniste, puis pianiste, il s'imposa dans les années 20 comme l'un des principaux représentants, avec Edgar Varèse, Charles Ives et Carl Ruggles, des tendances avant-gardistes de la musique de son pays. Dès sa première apparition en public (1912), il fit scandale avec des pièces comme *The Tides of Manaunaun,* où sont juxtaposés un matériau thématique néoromantique et des notes agglomérées *(tone-clusters),* obtenues en frappant le clavier de la paume de la main ou de tout l'avant-bras. Il poussa plus loin cette technique dans *Advertisement* (1914).

Mais son élargissement des possibilités du piano ne se limita pas aux clusters : *Aeolian Harp* (1923), *The Banshee* (1925) et *Sinister Resonance* (1925) en utilisent les cordes selon une technique plus ou moins violonistique, et annoncent par là les pièces pour instrument préparé de John Cage. Précurseur original et audacieux, il écrivit un morceau pour piano, *Fabric,* qui témoigne de l'intérêt que, dès 1914, il porta aux problèmes de rythme : convaincu que les factures polyrythmiques qu'il envisageait dépassaient les capacités humaines, il conçut et construisit, en collaboration avec Léon Theremine, un instrument à clavier-percussion pouvant produire les combinaisons rythmiques les plus complexes, le rythmicon, et l'utilisa en combinaison avec l'orchestre, en particulier dans *Rhytmicana* (1931). Il fut également, avec ce qu'il appela la « forme élastique », un pionnier de l'aléatoire : ainsi dans *Mosaic* (1934), troisième de ses cinq quatuors à cordes. Ses origines californiennes furent une des raisons de son goût pour les cultures et les musiques de l'Asie, dont il utilisa avec bonheur les rythmes, les échelles, les tournures mélodiques. Il ne négligea pas pour autant le passé musical américain, les vieilles ballades et les anciens airs fugués de la Nouvelle-Angleterre; dans *Tales of our Countryside* (1939), ou dans le cycle *Hymns and Fuguing Tunes* (1944-1964), au style coloré et direct, il chercha à étendre à une forme plus moderne certains éléments de base de cette musique. Cowell fut tantôt un musicien d'avant-garde, tantôt un musicien traditionnel, ménageant ces deux traits de sa personnalité.

Ami de Berg et de Bartók, conférencier et pédagogue, Cowell enseigna à la Stanford University, à la New School for Social Research et aux universités de Californie et Columbia : parmi ses élèves, George Gershwin et John Cage. On lui doit quelques écrits, à la tête desquels *New Musical Resources* (1930, rééd. 1969). Défenseur de la musique d'autrui, il fonda en 1927 *New Music Quarterly,* société pour la publication d'œuvres contemporaines — Ives, Ruggles, Thomson, mais aussi Webern et Schönberg —, dont le catalogue fut repris dans les années 60 par Theodor Presser.

Sa production relativement abondante comprend notamment vingt symphonies (1918-1965), des pages pour orchestre comme *Vestiges* (1924), *Synchrony* (1930) ou *Old American Country Set* (1937), des concertos (piano, harpe, percussion, harmonica, koto japonais, etc.), de la musique de chambre et vocale, et l'opéra inachevé *O'Higgins of Chile* (1947).

CRAMER, famille de musiciens allemands établis en Angleterre. — 1. **Wilhelm** *(Mannheim 1745 - Londres 1799).* Élève de J. Stamitz et de Ch. Cannabich, il fit partie de l'orchestre de Mannheim et s'installa à Londres en 1773, y menant une double carrière de violoniste et de chef d'orchestre. Dans les années 1780, alors qu'ils dirigeait le Professional Concert, il tenta sans succès de faire venir J. Haydn dans la capitale britannique.

— 2. **Franz,** fils du précédent *(Schwetzingen 1772 - Londres 1848).* Violoniste, il devint en 1837 *Masters of the King's Music* (« Maître de la musique du roi »).

— 3. **Johann Baptist,** frère du précédent *(Mannheim 1771 - Kensington, Londres, 1858).* Pianiste et compositeur, élève de Samuel Schröter et de Muzio Clementi pour le piano, et de Carl Friedrich Abel pour la théorie, il entreprit dès 1788 une carrière de pianiste international, mais sans cesser de considérer Londres comme son port d'attache. Il fit, à Vienne, la connaissance de Beethoven, qui annota ses *Études* de sa propre main, et, en 1824, fonda à Londres une maison d'édition. On lui doit 105 sonates, 7 concertos et des pièces diverses pour piano, de la musique de chambre et surtout un ensemble d'études (*Grosse praktische Pianoforteschule* [1815], « Grande École pratique du piano »), dont beaucoup, en particulier celles sélectionnées par Hans de Bülow, sont toujours utilisées actuellement.

CRÉQUILLON *(Thomas),* compositeur franco-flamand († *Béthune ? 1557*). Sa vie est mal connue. Membre de la chapelle bruxelloise de Charles Quint à partir de 1540 environ, chanoine de Termonde, puis de Béthune, il mourut peut-être victime de l'épidémie de peste qui ravagea la ville en 1557. Particulièrement à l'aise dans le genre du motet où s'épanouit son style postjosquinien (il en laissa 116), il aima les développements mesurés, un contrepoint judicieusement aéré, les longues phrases mélodiques, et se soucia du sens du texte. L'écriture de ses chansons, au nombre de 192 (ce nombre, supérieur à celui de ses motets, est un trait remarquable pour un flamand), se ressentit de cette influence. Créquillon écrivit aussi 16 messes, 5 psaumes et des lamentations.

CRUMB *(George),* compositeur américain *(Charleston, Virginie occidentale, 1929).* Il a fait ses études à l'université de l'Illinois, à l'université du Michigan avec Ross Lee Finney (1954), au Berkshire Music Center, puis à Berlin avec Boris Blacher (1955-56). Professeur à l'université du Colorado de 1959 à 1964, puis à l'université de Pennsylvanie à partir de 1965, il a reçu le prix Pulitzer 1968 pour *Echoes of Time and the River* pour orchestre (1967). Sa musique, souvent d'une concision et d'une austérité issues tout droit de Webern, marquée aussi par l'influence de Debussy et des traditions orientales, doit sa forte originalité à ses sonorités, ses aspects rituel et mystique, et témoigne d'une intense sensibilité poétique. Plusieurs des œuvres de Crumb sont basées sur des poèmes espagnols de Federico García Lorca, tels les quatre livres de *Madrigals* pour soprano, percussion, flûte, harpe et contrebasse (*I* et *II* 1965, *III* et *IV* 1969), deux des sept volets de *Night Music I* pour soprano, piano, célesta et percussion (1963), *Songs, Drones and Refrains of Death* pour baryton, guitare, contrebasse et piano électriques et deux percussionnistes (1968), *Night of the Four Moons* (1969), et *Ancient Voices of Children* pour mezzo-soprano, soprano garçon, hautbois, mandoline, harpe, piano électrique et percussion (1970).

Pour réaliser ses subtils effets de timbre, reflets de son désir de « contempler les choses éternelles », Crumb a élaboré de nouvelles techniques d'exécution et fait appel à de nombreux instruments des musiques populaires et traditionnelles. Son style de maturité s'est manifesté pour la première fois dans les *Cinq Pièces pour piano* (1962). On lui doit aussi *Night Music II* pour violon et piano (1964), *Eleven Echoes of Autumn* pour flûte alto, clarinette, piano et violon (1965), *Black Angels* pour quatuor à cordes électriques (1970, *in tempore belli*), reflet de la guerre du Viêt-nam, *Vox balaenae* pour flûte, violoncelle et piano amplifiés (1970), *Makrokosmos I* pour piano, *II* pour piano amplifié et *III* pour piano et percussion (1972-1974), *Star Child* pour soprano et orchestre (1977), œuvre dirigée par quatre chefs donnant chacun un tempo différent, et *Apparition* pour mezzo-soprano et piano (1979).

CRUSELL *(Bernhardt Henrik)*, compositeur, clarinettiste et chef d'orchestre finlandais *(Uusikaupunki 1775 - Stockholm 1838)*. Il commence sa carrière à treize ans comme musicien militaire à Viipuri (1788-1791), puis il est première clarinette dans l'orchestre de la cour de Stockholm (1793). Il fait ses études à Berlin avec F. Tausch (1798). Il voyage à Saint-Pétersbourg (1er concerto pour clarinette, dédié au tsar Alexandre Ier), puis, en 1803, à Paris, où il travaille la clarinette avec Lefèvre et la composition avec Gossec. De 1803 à 1812, il vit à Stockholm et, de 1812 à 1819, il reprend sa carrière de virtuose et de chef d'orchestre. Malade, il se consacre de nouveau à la composition à partir de 1820.

Crusell appartient à la lignée des grands virtuoses cosmopolites qui apparaît avec le XIXe siècle. Contemporain de Beethoven, aîné de Schubert, il met son talent de compositeur à la disposition des interprètes et surtout le consacre aux instruments à vent qu'il apprécie et connaît. Auteur d'une musique plaisante qui ne tombe jamais dans les défauts du genre, il est un esprit cultivé qui, à défaut de génie, maîtrise au plus haut point le langage et la forme. Il n'y a jamais chez lui de maladresse technique et il possède un sens de la mélodie qui, souvent, le rapproche de Schubert. Son unique opéra, *Lilla Slafvinnan* (*la Petite Esclave*, 1824), utilise des thèmes populaires et ses concertos pour clarinette font regretter qu'il n'ait pas consacré plus de temps à la composition.

CUI *(César)*, compositeur et critique russe *(Vilna 1835 - Petrograd 1918)*. Français par son père, un officier napoléonien demeuré en Russie après la retraite de 1812, il fit des études d'ingénieur militaire et enseigna toute sa vie à l'Académie du génie de Saint-Pétersbourg. C'était un spécialiste des fortifications *(Traité de la fortification des camps, Abrégé de l'histoire de la fortification)*. Il serait probablement resté un amateur (il composa très jeune à la manière de Chopin et reçut des leçons de Moniusko), s'il n'avait rencontré en 1856 Balakirev, puis Dargomyjski. Son talent littéraire, son goût de polémiste lui firent jouer un rôle historique de tout premier plan dans la lutte pour le triomphe des idées du groupe des Cinq. De 1864 à 1868, il écrivit, en effet, dans la *Revue et gazette musicale*, des articles parfois jugés excessifs et violents. Il y défendait avec acharnement ses amis sans, toutefois, leur ménager ses critiques. Tout en rendant justice aux maîtres du passé, il estimait que la vraie musique avait pris naissance

César Cui.

avec Beethoven, mais il critiqua vivement Wagner. Publiés en français à Paris, en 1880, ces articles constituent en quelque sorte la première histoire russe de la musique russe. Ce recueil fut adressé à la comtesse belge de Mercy-Argenteau en 1883, après que cette dernière découvrit la musique russe grâce à son compatriote le musicien Jadoul. Ainsi débuta une longue amitié qui s'employa à faire connaître les Cinq. Cui vint en personne recevoir l'accueil triomphal du public pour la représentation du *Prisonnier du Caucase* par l'opéra de Liège (Noël 1885).

Défenseur des idées du groupe des Cinq, Cui était-il un compositeur représentatif de leurs tendances musicales ? Il est très difficile de l'admettre. En effet, compositeur fécond, il ne fut jamais heureusement inspiré par les thèmes populaires de son pays. Certes, son activité musicale s'était d'abord portée sur le genre lyrique (10 opéras), mais il ne s'inspira que rarement de sujets russes, exception faite du *Prisonnier du Caucase* (1857, actes I et III ; 1881-82, acte II ; 1re représentation à Saint-Pétersbourg, 16 févr. 1883), du *Festin pendant la peste* (1900, 1re représentation 1901) où il appliquait timidement les procédés chers à Dargomyjski, de la *Fille du Capitaine* (1909, 1re représentation Saint-Pétersbourg, 1911), autant d'œuvres inspirées de Pouchkine. Ses sujets étaient plus souvent empruntés aux écrivains français, Hugo (*Angelo,* 1re représentation Saint-Pétersbourg, 1876), Richepin (*le Flibustier,* 1888-89 ; 1re représentation Paris, Opéra-Comique, 1894). De même pour ses mélodies choisissait-il plus volontiers Hugo ou Coppée.

Sur le plan musical, ses origines françaises se retrouvent aussi dans l'imitation du style d'Auber, mais les traces de son premier amour, l'opéra italien, sont sensibles dans le découpage général et les mélodies-cantilènes. Il aimait les grandes toiles lyriques sans se rendre compte qu'il manquait de souffle et de puissance pour les mener à bonne fin et que ses sujets, mélodramatiques, s'y prêtaient mal. En revanche, Cui était un miniaturiste-né. L'influence de Schumann est sensible dans ses œuvres instrumentales, celle de Dargomyjski dans ses romances, plutôt faites pour être dites que chantées ; elles se moulent sur le rythme du vers ou de la phrase ; il y a chez lui une aptitude à saisir l'union du texte et de la musique. Fidèle aux désirs de Dargomyjski, Cui acheva son *Convive de pierre* et, en 1916, révisa, puis termina *la Foire de Sorotchinski* de Moussorgski. Enfin, il collabora avec Balakirev, Moussorgski et Rimski-Korsakov à l'opéra-ballet *Mlada.*

CZERNY *(Karl),* pianiste, pédagogue et compositeur autrichien *(Vienne 1791 - id. 1857).* Élève de son père et du violoniste Wenzel Krumpholz, puis de Beethoven (1800-1803), il jouait du piano à trois ans, composait à sept, et à dix, jouait de mémoire le répertoire le plus valable et le plus important. À quinze ans, il avait lui-même des disciples, et, plus tard, il donna des leçons à Liszt. Son catalogue de compositeur compte plus de 1 000 ouvrages : symphonies, concertos, musique de chambre, variations (dont celles pour piano et orchestre sur l'*Hymne impérial* de Haydn), 24 messes, 4 requiems, environ 300 graduels et offertoires, cela sans compter d'innombrables arrangements et transcriptions — reflets d'une époque de haute virtuosité pianistique. Tous ces ouvrages sont tombés dans l'oubli, mais sa production didactique, dont *Die Schule der Gelaüfigkeit* (« l'École de la virtuosité »), *Die Schule des Virtuosen* (« l'École du virtuose ») ou *Die Kunst der Fingerfertigkeit* (« l'Art de délier les doigts »), reste aujourd'hui encore à la base de tout enseignement pianistique.

D

DALAYRAC ou **D'ALAYRAC** *(Nicolas-Marie),* compositeur français *(Muret, Haute-Garonne, 1753-Paris 1809).* Son père, qui l'avait successivement destiné aux carrières juridique et militaire, ne put l'empêcher de devenir musicien. Sous-lieutenant à Versailles dans la garde du comte d'Artois, il compléta sa formation musicale avec François Langlé et fit jouer en 1781, sous un pseudonyme italien, deux petites pièces, *le Petit Souper* et *le Chevalier à la mode,* qui furent tant applaudies que leur véritable auteur fut bientôt dévoilé. Le succès de *l'Éclipse totale,* l'année suivante, le conduisit à quitter les armes pour se consacrer davantage à l'art lyrique. Il composa plus de cinquante opéras-comiques, qui s'inscrivent dans la tradition de Monsigny et de Grétry. *Nina ou la Folle par amour* (1786) est considéré comme son meilleur ouvrage. On peut également citer : *le Corsaire* (1783), *Azemia* (1786), *Camille* (1791), *Adolphe et Clara* (1799), *Maison à vendre* (1800) et *Gulistan* (1805). Ses emprunts à Rameau ou à Méhul et surtout son instinct scénique lui assurèrent le meilleur accueil du public et Boieldieu, Auber, Adam, Franck et Berlioz admirèrent la beauté de ses mélodies et l'élégance de son style.

DALLAPICCOLA *(Luigi),* compositeur italien *(Pisino d'Istria 1904 - Florence 1975).* Il commença ses études musicales à Graz où sa famille avait été exilée pour raisons politiques pendant la Première Guerre mondiale : son père était patriote italien, et Pisino était sous la domination autrichienne. En 1923, il entra au conservatoire de Florence où il étudia le piano avec E. Consolo et la composition avec V. Frazzi. À partir de 1926, il se produisit en duo avec le violoniste Sandro Materassi, s'employant surtout à faire connaître les œuvres contemporaines. En 1934, il fut nommé professeur de piano au conservatoire de Florence. Il travailla aussi comme critique musical au journal florentin *Mondo.* Il enseigna la composition aux États-Unis : à Tanglewood (1951-1952), au Queen's College de New York (1956-1959) et à l'université de Berkeley (1961). Il était membre de l'Académie bavaroise des beaux-arts (1953) et de l'Akademie der Künste de Berlin (1958). En 1954, il édita en collaboration avec G. M. Gatti les *Scritti sulla musica* de Busoni.

Les premières impressions musicales de Dallapiccola ont été le *Don Juan* de Mozart et les opéras de Wagner, le *Pelléas et Mélisande* de Debussy, le *Pierrot lunaire* de Schönberg, les *Noces* de Stravinski,

Luigi **Dallapiccola.**

Larousse.

ainsi que les œuvres de Mahler, de Busoni et de Berg. Comme compositeur, il se fait connaître en 1932 avec sa *Partita* pour orchestre et soprano, forme redevenue à la mode à cette époque. Les œuvres importantes de sa « première manière », qui dure jusque vers la fin des années 30, sont *Deux Chants du Kalewala* (1930), la *Rapsodia* d'après *la Chanson de Roland* (1932-33) et surtout les *Six Chœurs de Michelangelo Buonarotti* (1933-1936). Le style en est un néomodalisme, qui se ressent de l'influence des XVe et XVIe siècles (Dufay, Palestrina). C'est une musique statique, abstraite, concise. La première étape de son évolution laisse apparaître un chromatisme de plus en plus serré, déjà sensible dans les *Chœurs de Michel-Ange*. En 1937-1939, Dallapiccola compose son premier opéra *Volo di notte (Vol de nuit)* d'après Saint-Exupéry, dominé par un pessimisme cherchant refuge dans la solitude et dans l'idéal. Il y utilise à la fois le chant et le sprechgesang. Presque en même temps (1938-1941), il écrit ses *Canti di Prigionia,* sur des textes de Marie Stuart, Boèce et Savonarole.

À partir de ces années, marquées par l'apogée du fascisme, les thèmes de la captivité et de la liberté vont le hanter toute sa vie durant et trouvent leur meilleure expression dans son opéra *Il Prigionero* (1944-1948), d'après *la Torture par l'espérance* de Villiers de l'Isle-Adam, et la *Légende d'Ulenspiegel et de Lamme Goedzak* de Ch. De Coster. Entre-temps, il écrit le ballet *Marsias* (1942-43 ; repr. Florence, 1948), dans lequel il fait un fréquent usage d'harmonies de quartes superposées. C'est à partir du milieu des années 1940 que le dodécaphonisme commence à s'intégrer à son écriture : *Liriche Greche* (1942-1945), *Chaconne, intermezzo et adagio* pour violoncelle seul (1945), *Rencesvals* (1946). Dans *Il Prigionero,* ce dodécaphonisme est déjà un fait accompli, et plus encore dans l'oratorio *Job* (1950). Dans la musique vocale, les intonations mélodiques continuent à refléter l'influence wagnérienne. À l'intérieur de son style dodécaphonique, Dallapiccola utilise non seulement les intervalles dissonants propres à la musique sérielle (secondes, septièmes, neuvièmes), mais aussi des intervalles consonants, ce qui le différencie des dodécaphonistes viennois. Ayant adopté le dodécaphonisme librement et naturellement, Dallapiccola s'est aussi affranchi de toute prise de position sectaire : « La tonalité existe et existera sans doute encore longtemps », déclare-t-il en 1951. À partir de 1953, il s'oriente vers des recherches rythmiques et tend vers une rigueur et un dépouillement comparables à ceux de Webern (*Cinque Canti,* 1956). Mais ses attaches avec le néoclassicisme et les traditions de la musique italienne réapparaissent parfois, notamment dans la *Tartiniana* (1951) et la *Tartiniana seconda* pour violon, piano et orchestre (1956). Parmi les œuvres les plus importantes de ses dix dernières années, il faut citer l'opéra *Ulisse,* d'après J. Joyce (1968).

Compositeur conscient de l'évolution musicale de son siècle, Dallapiccola sut garder une dimension romantique en traduisant dans sa musique des expériences vécues. Par la richesse et l'éclectisme de ses références musicales et littéraires, par l'affinement de son style technique, il fut l'une des personnalités les plus marquantes de la musique italienne du XXe siècle.

DAMASE *(Jean-Michel),* compositeur, pianiste et chef d'orchestre français *(Bordeaux 1928).* Il commence ses études de solfège au cours Samuel-Rousseau et compose, à neuf ans, une mélodie, *le Rouge-Gorge,* sur un poème de Colette. Élève de Cortot à douze ans, il entre l'année suivante au Conservatoire de Paris, dans la classe d'A. Ferté, et obtient son premier prix de piano en 1943. Il étudie l'harmonie avec M. Dupré et la composition avec H. Busser. En 1947, il reçoit le premier grand prix de Rome pour sa cantate *Et la belle se réveilla,* puis le grand prix de la Ville de Paris en 1959. Il entame, dès l'âge de dix-sept ans, une carrière de pianiste (Europe, États-Unis, Amérique latine), puis s'oriente vers celle de chef d'orchestre, notamment au bénéfice de la Compagnie chorégraphique du marquis de Cuevas. De 1961 à 1964, il enseigne le piano à l'École normale de musique de Paris.

Compositeur fécond, aimant la mélodie gracieuse, l'orchestration raffinée, Damase s'est révélé un musicien indépendant, tout en conservant l'attachement à la tonalité et en s'affirmant comme un héritier des traditions classiques de la musique française. S'il a écrit de nombreuses œuvres vocales (mélodies, chœurs) et de la musique de chambre pour divers effectifs (duos, trios, quintettes), il s'est aussi beaucoup intéressé à la musique de théâtre et en particulier au ballet (*Piège de lumière,* 1952; *le Prince du désert,* 1955; *Othello,* 1957). Son œuvre lyrique, renouant avec les traditions de l'opéra-comique, s'est aisément imposée. Sa *Colombe,* d'après Anouilh, créée au festival de Bordeaux en 1961, a révélé une poésie élégante, une écriture délicate et une instrumentation subtile. Son *Héritière,* dans un tout autre esprit, a confirmé ces qualités au Grand-Théâtre de Nancy en 1974.

DANIEL-LESUR, compositeur français *(Paris 1908).* Sa mère, musicienne accomplie, lui fait prendre ses premières leçons d'orgue et de composition avec Charles Tournemire. En 1919, il entre au Conservatoire; Olivier Messiaen est son condisciple dans les classes d'harmonie et de fugue. En 1927, il devient le suppléant de Charles Tournemire à l'orgue de Sainte-Clotilde. Sa *Suite française* est créée par Pierre Monteux à l'O.S.P. en 1935. La même année, il est nommé professeur de contrepoint à la Schola cantorum, et, l'année suivante, il fonde, avec Yves Baudrier, André Jolivet et Olivier Messiaen, le groupe «Jeune France». Entré dans les services artistiques de la Radiodiffusion nationale au début de 1939, Daniel-Lesur est mobilisé en septembre; il revient à la vie civile au mois d'août 1940 et rejoint la radio en zone libre. En 1942, il revient à Paris. De 1945 à 1957, il compose de nombreuses œuvres de musique de chambre et de musique vocale (parmi lesquelles la *Suite médiévale* [1946] et *le Cantique des cantiques* [1953]). Déjà un thème s'impose à lui, celui d'*Andrea del Sarto,* qu'il aborde en 1947 par une musique de scène, suivie, en 1949, d'un poème symphonique. La pièce d'Alfred de Musset lui inspire enfin un opéra, créé à l'opéra de Marseille en 1969. En 1982 est créé à Paris son opéra *Ondine,* d'après Giraudoux.

Parallèlement à son activité de compositeur, Daniel-Lesur a assumé des tâches importantes à la radio, à la télévision et au ministère des Affaires culturelles, où lui a été confiée, en 1971-72, la direction de l'Opéra. De 1957 à 1961, il a été directeur de la Schola cantorum. Attaché aux traditions de la musique française, mais refusant le néoclassicisme, qu'il considère comme une «commodité mécanique pire encore que celles de la musique systématique», esprit logique et sensible, épris de

Daniel-Lesur.

clarté, Daniel-Lesur a réussi d'une manière assez exceptionnelle à allier dans son œuvre rigueur et sensualisme. Il fait revivre des formes anciennes comme le ricercare et la passacaille; sa liberté de musicien est fondée sur des choix, des contraintes volontaires. Son *Cantique des colonnes,* sur le poème de Valéry, sa *Symphonie d'ombre et de lumière* témoignent autant de la hauteur de sa pensée que de la perfection de son art. Et son chef-d'œuvre, *Andrea del Sarto,* recrée avec bonheur le climat de la Renaissance italienne en même temps qu'il retrouve l'ardeur et la pureté d'un romantisme éternel.

DANZI *(Franz),* compositeur allemand *(Mannheim 1763 - Karlsruhe 1826).* Fils d'un violoncelliste de l'orchestre de Mannheim, élève de l'abbé Vogler, il resta dans sa ville natale lorsque l'orchestre partit pour Munich en 1778 et ne l'y rejoignit qu'en 1783. Il voyagea à partir de 1791 en Italie et en Allemagne, puis revint à Munich, mais la mort de sa femme (1800) et des difficultés avec son collègue Peter von Winter le poussèrent à quitter cette ville. Il fut de 1807 à 1812 maître de chapelle à

Stuttgart, où il connut Weber, puis à Karlsruhe jusqu'à sa mort. On lui doit des cantates, des opéras comme *Die Mitternachtsstunde* (Munich, 1788), *Der Kuss* (Munich, 1799), *Iphigenie in Aulis* (Munich, 1807) ou *Rübezahl* (Karlsruhe, 1813), des lieder, des quintettes à vent demeurés célèbres, des symphonies concertantes, de la musique de chambre (en particulier pour violoncelle), etc. Il a exercé sur Weber une influence assez nette.

DAO *(Nguyen Thien),* compositeur vietnamien *(Hanoi 1940).* Il a fait ses études au Conservatoire de Paris, en particulier avec Olivier Messiaen, a travaillé également avec le Groupe de recherches musicales de l'O. R. T. F., s'est fait connaître avec *Tuyen Lua* pour flûte, piano, quatuor à cordes et une percussion, dont la création au festival de Royan de 1969 suscita de violentes controverses, et a obtenu en 1974, avec *Mau Va Hoa* pour grand orchestre, le prix de composition Olivier-Messiaen.

Héritier de deux civilisations, Dao a poussé ses recherches dans la triple direction du rythme — rythme extra-humain ne découlant pas du rythme cardiaque et dont les tempos, extrêmement lents et extrêmement rapides, sont issus de la conception cosmique du rythme oriental et de la formidable technicité du XXe siècle —, de la fréquence suspensive ou du non-tempérament (la hauteur de chaque son étant en constante mobilité dans les registres très graves et très aigus) et du silence-méditation (comme articulation du discours musical, le silence permettant « de me transporter dans un autre espace, ailleurs »). Sa musique oscille souvent entre une immobilité aux limites du silence et une extrême violence. Son catalogue, d'une trentaine d'œuvres, comprend notamment : *The 19* pour 4 voix de femmes, ensemble instrumental, 5 percussions et ondes Martenot (créé au festival de Royan de 1970) ; *Bat Khuat* pour 5 percussionnistes (1969, créé en 1970) ; *Khoc To Nhu* pour 12 voix mixtes a cappella (1971) ; *Koskom* pour grand orchestre (1971) ; *May* pour 1 percussionniste (créé à Royan en 1974) ; *Ba MeViêt-nam* pour contrebasse et ensemble instrumental, œuvre fixée dans tous ses détails (1974) ; *Phu Dong* pour voix, percussion et quintettes de cuivres, œuvre ouverte inspirée d'une ancienne légende vietnamienne (1973) ; *Gio Dong* (1973) pour voix seule, sur des textes de la littérature vietnamienne du XIVe siècle à nos jours ; *Framic* pour flûte basse seule (1974) ; *Camatithu* pour 6 percussionnistes (1974) ; *Giai Phong* pour grand orchestre et dispositif électroacoustique (1974-1976) ; *Ten Do Gu,* concerto pour percussion (1980) ; *Hoang Hon,* cycle de mélodies pour soprano et orchestre (1980) ; *Blessure/Soleil,* concerto pour clarinette et orchestre de chambre (1983) ; et deux opéras, *My Chan Trong Thuy,* créé à la Salle Favart à Paris en décembre 1978 et relatant un ancien épisode des guerres entre Chine et Viêt-nam, et *Écouter-Mourir,* créé à Avignon le 24 juillet 1980 et traitant, d'après une vieille légende, de la place de la musique dans les relations humaines.

DARGOMYJSKI *(Alexandre),* compositeur russe *(Dargomyz 1813 - Saint-Pétersbourg 1869).* « Un petit homme en redingote bleu pâle, avec un gilet rouge et affligé d'une invraisemblable voix de fausset », tel apparaissait à ses contemporains Dargomyjski, fils de riches gentilshommes campagnards. Très tôt, il prit des leçons de piano, violon et alto et lorsque, en 1840, il fréquenta les salons de Saint-Pétersbourg, il brilla par sa virtuosité pianistique et par l'aimable tournure de ses premières compositions (pièces pour piano et mélodies). En 1833, Joukovski et Koukolnik le présentèrent à Glinka qui lui prodigua ses encouragements. Le succès de *la Vie pour le tsar* de Glinka décida Dargomyjski à écrire un opéra ; mais il ne s'orienta pas, comme ce dernier, vers des sujets nationaux, leur préférant des sujets romantiques français. Un premier projet, *Lucrèce Borgia* (d'après Hugo), n'ayant pas abouti, il entreprit, malgré les conseils de ses amis, un opéra *Esméralda,* dont il composa lui-même le livret d'après *Notre-Dame de Paris* de Hugo (1838-1841) ; l'œuvre ne fut acceptée qu'en 1847 et montée l'année suivante avec un médiocre succès. Entre-temps, un voyage le mena de Vienne à Paris et Bruxelles (1845) : il y rencontra Auber, Halévy, Meyerbeer et se lia d'amitié avec Fétis. À son retour, Dargomyjski, toujours à la recherche de sa voie, termina un opéra-ballet, *le Triomphe de Bacchus* (1848), qui ne fut monté que dix-neuf ans plus tard, sans succès. Désemparé par de tels délais et décidant d'être enfin lui-même, il se retira en 1853 sur ses terres, ne passant qu'une partie de l'hiver dans la capitale, où il organisait soirées et réunions musicales privées. Moussorgski, en 1856, y fut admis et par la suite y amena ses amis. Dans ce climat, Dargomyjski termina, en 1855, un projet caressé depuis longtemps, la *Roussalka,* d'après Pouchkine, puis entreprit *le Convive de pierre* (Don Juan), toujours d'après Pouchkine, mais la mort ne lui permit pas de l'achever. Selon ses instructions, Cui réalisa les dernières pages et Rimski-Korsakov orchestra l'œuvre.

Dargomyjski eut sur la musique russe une influence considérable en complétant l'action de Glinka. Tournant le dos à l'esthétique d'Auber et d'Halévy visible dans ses premiers essais de théâtre lyrique, il chercha à développer un aspect que Glinka, à ses yeux, a négligé : les éléments dramatiques (cf. scène de la folie du meunier, dans *Roussalka*). Si sa grande manière naturaliste ne se révélait pas d'une façon évidente dans la *Roussalka* (l'orchestration est empâtée, le découpage traditionnel, et l'imitation de Glinka complaisante), une innovation d'importance y apparaissait : le récitatif. « Je veux que le son exprime directement le mot. Je veux dire la vérité. » Tel était son but et, essayant de cerner les rapports étroits de la musique, du texte et de la parole, il poussa à l'extrême dans *le Convive de pierre* cette recherche de la déclamation lyrique prise aux sources même de la vie. Il fit, en effet, lire le texte de Pouchkine à des comédiens, nota leur déclamation, la compara aux inflexions de la voix parlée naturelle. La ligne mélodique vocale qu'il adopta fut ainsi une sorte de traduction juxtalinéaire du poème de Pouchkine, visant l'expression pure et juste, la vérité psychologique et dramatique. Cette quête remit en cause le découpage traditionnel : *le Convive* ne compte pas un seul chœur, seulement deux chansons ; tout le reste est récitatif. Lors de sa création, en 1872, l'œuvre connut auprès d'un public amateur de mélodies flatteuses, d'effets pittoresques, un échec encore plus grand que celui de la *Roussalka.* C'est pourtant là qu'il faut chercher les origines de *Boris Godounov* ou du *Mariage* de Moussorgski, de *Mozart et Salieri* de Rimski-Korsakov ou du *Joueur* de Prokofiev. La paternité de l'école nationale est bien partagée entre Glinka et Dargomyjski.

DAUVERGNE ou **D'AUVERGNE** *(Antoine),* violoniste et compositeur français *(Moulins 1713 - Lyon 1797).* Violoniste comme son père, il entra, en 1741, en tant qu'instrumentiste dans la musique de la Chambre du roi, puis en 1744 dans l'orchestre de l'Opéra. Dès 1739, lors de la publication de ses sonates pour un et deux violons, il s'était fait également connaître comme compositeur. En 1751 furent donnés ses *concerts de symphonies* à quatre parties et, l'année suivante, son premier opéra, *les Amours de Tempé,* dont le succès allait déterminer sa carrière dramatique. Jusqu'en 1771, il écrivit une dizaine d'ouvrages lyriques, qui firent de lui un artiste de renom. Des postes honorifiques lui furent confiés : en 1755, celui de compositeur et maître de musique de la Chambre ; en 1762, celui de codirecteur du Concert spirituel — qui lui donna l'occasion de faire exécuter des motets de sa composition ; en 1764, celui de surintendant de la musique ; et à trois reprises, entre 1769 et 1790, celui de directeur de l'Opéra. Ses œuvres théâtrales ne furent cependant pas toujours bien accueillies, notamment celles composées sur des livrets qui avaient déjà été mis en musique par ses prédécesseurs à l'Académie royale de musique, comme *Énée et Lavinie* (1758), *Canente* (1760) ou *la Vénitienne* (1768). L'opéra-comique, genre dont il fut l'un des créateurs, semblait lui convenir davantage que l'opéra. Dans son intermède à l'italienne *les Troqueurs* (1753), il sut allier les styles français et italien, mais, contrairement à ce qui devait caractériser l'opéra-comique français, les récitatifs y étaient chantés et non parlés.

DAVID *(Félicien),* compositeur français *(Cadenet, Vaucluse, 1810 - Saint-Germain-en-Laye 1876).* Initié très jeune aux rudiments de la musique par son père, mais devenu tôt orphelin, il fut placé à l'âge de huit ans dans la maîtrise de l'église Saint-Sauveur à Aix-en-Provence. Une bourse lui permit de poursuivre ses études chez les jésuites, mais il s'échappa de cette école pour travailler dans l'étude d'un avoué et jouer dans l'orchestre du théâtre d'Aix. À treize ans, il composa un quatuor à cordes. En 1829, il accéda au poste de maître de chapelle de Saint-Sauveur. L'année suivante, il se rendit à Paris. Reçu par Cherubini, il montra à ce dernier une pièce vocale, *Beatus vir,* écrite pour Saint-Sauveur, et fut immédiatement admis au Conservatoire. Gagné à la doctrine des saint-simoniens, il écrivit pour eux des hymnes et partit en 1833, avec quelques autres apôtres, comme missionnaire de leur cause à Constantinople, à Smyrne et en haute Égypte. Reculant devant le choléra, il regagna Paris en 1835, non sans rapporter des visions colorées qu'il résolut de traduire dans ses compositions. Il publia deux recueils pour piano, *Mélodies orientales* (1836) et *les Brises d'Orient* (1845), qui eurent peu de succès. Une symphonie, un *nonetto* pour instruments à vent furent plus tard accueillis avec davantage de faveur ; enfin, en 1844, l'oratorio *le Désert,* où David résumait toutes ses impressions d'Orient, obtint un triomphe extraordinaire et la carrière du musicien prit vraiment son essor, du moins en France, car quelques concerts qu'il donna en Allemagne n'obtinrent pas le succès escompté.

En 1851, avec *la Perle du Brésil,* David s'imposa comme compositeur lyrique, et le théâtre devint son domaine de prédilection. Toutes ses créations ne renouèrent certes pas avec le succès du *Désert,* et un oratorio, *l'Eden* (1848), salué avec admiration par une partie de la critique, n'emporta pas l'adhésion du public. Mais au théâtre, David obtint plusieurs nouveaux triomphes, notamment, en 1862, avec *Lalla Roukh* d'après Thomas Moore. Il succéda à Berlioz comme bibliothécaire au Conservatoire, puis à un fauteuil de l'Institut, en 1869.

DAVIES *(Peter Maxwell),* compositeur anglais *(Manchester 1934).* Après des études au Royal Manchester College of Music (1952-1956) et à l'université de Manchester (1952-1957), il fut l'élève, à Rome, de Goffredo Petrassi (1957), directeur de la musique à l'école primaire de Cirencester (1959-1962), où il se fit remarquer par ses méthodes pédagogiques destinées aux jeunes enfants, puis élève de Roger Sessions à Princeton (1962-1964). Il passa ensuite un an à l'université d'Adélaïde en Australie (1966). Sa première œuvre, une *Sonate* pour trompette et piano, date de 1955. Suivirent notamment *Cinq Pièces pour piano* (1956) et *Prolation* pour orchestre (1959). Il a souvent eu recours, en les imprégnant ou non d'esprit sériel, aux techniques médiévales, et a fréquemment « arrangé » des œuvres d'autres compositeurs. De ses activités pédagogiques à Cirencester témoignent par exemple *Five Klee Pictures* pour orchestre de jeunes (1959, rév. 1976) et *O Magnum Mysterium* pour voix, instruments et orgue (1960). Le *Quatuor à cordes* (1961), les *Frammenti di Leopardi* pour soprano, contralto et instruments (1962) et la *Sinfonia* pour orchestre de chambre (1962) tirent leur inspiration de Monteverdi. Maxwell Davies envisagea alors un opéra sur la vie du compositeur du XVIe siècle John Taverner, ce qui se traduisit tout d'abord par les deux *Fantaisies* pour orchestre sur un *in nomine* de John Taverner (1962 et 1964).

Dans les années suivantes, ses œuvres prirent un aspect parodique, au sens médiéval comme au sens moderne du terme, et un aspect théâtral : de cette double veine relèvent *Revelation and Fall* pour soprano et 16 instruments sur des textes de Georg Trakl (1965-66) — où l'on perçoit des échos de Franz Lehar ; *Antechrist* pour ensemble de chambre (1967), d'après un motet du XIIIe siècle ; *Missa super l'Homme armé* pour récitant/chanteur et ensemble de chambre (1968) ; *St. Thomas Wake,* foxtrot pour orchestre sur une pavane de John Bull (1969) ; *Eight Songs for a Mad King* pour chanteur et ensemble de chambre (1969) ; ou encore *Vesalii Icones* pour danseur, violoncelle et ensemble de chambre (1969). En 1967, Maxwell Davies fonda avec Harrison Birtwistle l'ensemble des *Pierrot Players,* dissous en 1970 et immédiatement reconstitué — avec lui-même comme seul directeur — sous le nom de *Fires of London* (1971). En cette même année 1971, il écrivit la musique des deux films de Ken Russell *The Devils* et *The Boy Friend.* En 1970, il s'installa dans l'archipel des Orcades (en anglais *Orkney*), au nord-est de l'Écosse, et, dès lors, sa musique prit un tour plus ample, plus lyrique. En 1972 fut créé à Covent Garden son opéra *Taverner,* terminé en 1970. Il a écrit depuis, entre autres, *From Stone to Thorn* pour mezzo-soprano et ensemble instrumental (1971), *Hymn to St. Magnus* pour ensemble avec mezzo-soprano, *Stone Litany* pour mezzo-soprano et orchestre (1973), *Symphonie nº 1* pour orchestre (1976), l'opéra de chambre *The Martyrdom of St. Magnus* (1977), l'opéra pour enfants *The Two Fiddlers* (1978), le masque *le Jongleur de Notre-Dame* (1978), le ballet *Salome* (1978), *Black Pentecost* pour voix et orchestre (1979), *Solstice of Light* pour ténor, chœur et orgue (1979), l'opéra de chambre *The Lighthouse* (1979, créé à Édimbourg, 1980), l'opéra pour enfants

Cinderella (1980), *A Welcome to Orkney* pour ensemble de chambre (1980), les chants de cabaret *The Yellow Cake Review* (1980), *Symphonie nº 2* pour orchestre (1980, création à Boston, févr. 1981), et une *Sonate pour piano* (1981).

Peter Maxwell Davies a fondé en 1977 le festival de Saint-Magnus dans les Orcades, et dirige depuis 1980 la Dartington Summer School of Music. Peter Maxwell Davies est, sans nul doute, un des plus grands représentants de l'école anglaise actuelle.

DEBUSSY *(Claude Achille),* compositeur français *(Saint-Germain-en-Laye 1862-Paris 1918).* Il est issu d'une famille modeste. Son père, Manuel-Achille Debussy, et sa mère, Victorine-Joséphine-Sophie Manoury, tenaient un commerce de porcelaines, 38, rue au Pain à Saint-Germain-en-Laye. Son parrain, Achille Arosa, banquier et collectionneur d'art, habitait Cannes : là, l'enfant, au cours de quelques séjours, reçut ses premières leçons de piano d'un nommé Cerrutti ; là, il vit pour la première fois la peinture de son temps (Arosa collectionnait Corot, Jongkind et les impressionnistes). Là, enfin, il connut la mer et ses couleurs changeantes.

Les parents de Debussy ne lui donnèrent point d'éducation générale sérieuse. Quant à ses dons musicaux, c'est à Mme Mauté de Fleureville, élève de Chopin, que revient le mérite de les avoir véritablement découverts et cultivés. Son enseignement du piano fut assez éclairé pour que, à la fin de 1872, Debussy soit admis au Conservatoire de Paris, dans les classes de Marmontel et de Lavignac. Il devait y passer douze années de sa vie, conflictuelles et frondeuses, mais il y acquit une formation professionnelle extrêmement solide.

En 1879, Marmontel, quoique en mésentente avec le jeune Debussy, recommanda celui-ci à Mme Nadejda von Meck, la mystérieuse et passionnée protectrice russe de Tchaïkovski, qui cherchait un « pianiste-déchiffreur » pouvant également enseigner la musique à ses enfants. Les trois séjours en Russie auprès de Mme von Meck, prolongés par des voyages en Autriche et en Italie, allaient avoir pour Debussy des conséquences importantes : enrichissement culturel, rencontres de musiciens, auditions de grandes œuvres. Entre-temps, Debussy devint l'élève de Guiraud au Conservatoire. L'enseignement de Guiraud, qui appelait le musicien à réfléchir sur son art et sa technique, convint admirablement à Debussy qui se lia de véritable amitié avec son maître. En 1883, il fut admis à concourir pour le prix de Rome, mais n'obtint qu'un deuxième prix avec la cantate *le Gladiateur* (perdue). C'est avec *l'Enfant prodigue* que, l'année suivante, Debussy remporta le grand prix. Lorsqu'on le lui annonça : « ... Que l'on me croie ou non, je puis néanmoins affirmer que toute ma joie tomba... Je vis nettement les ennuis, les tracas qu'apporte fatalement le moindre titre officiel. Au surplus, je sentis que je n'étais plus libre. » Tout Debussy est dans ces phrases.

La période de bohème. Après un séjour écourté à Rome, à la villa Médicis, dont l'atmosphère conventionnelle et guindée lui sembla irrespirable, Debussy s'installa définitivement à Paris, 42, rue de Londres, en 1887. Sa liaison amoureuse avec la belle Gabrielle Dupont, dite Gaby, qui faisait vivre le ménage de ses maigres revenus, et des rencontres artistiques importantes marquèrent ces années de vie bohème. Debussy fréquentait Mallarmé aux fameux « mardis » de la rue de Rome ; en 1888, il fit un premier voyage à Bayreuth ; il y retourna en 1889 et en revint « follement wagnérien » : c'est avec d'autant plus de violence qu'il allait plus tard renier son « idole ». En 1889 aussi, il découvrit la musique d'Extrême-Orient à l'Exposition universelle. Cette même année, il lut la partition de *Boris Godounov* que Saint-Saëns avait rapportée de Russie. Mais ces découvertes musicales semblaient répondre à des résonances intérieures propres, plutôt qu'elles n'exercèrent sur lui des « influences ».

Les vicissitudes de la vie publique. La première audition du *Prélude à l'après-midi d'un faune,* le 22 décembre 1894, triomphale (l'œuvre fut bissée), marqua la fin de la période « bohème », le début d'une vie publique tourmentée, polémique, qui culmina avec la création de *Pelléas et Mélisande*. Au cours des dix années qui séparèrent la découverte de la pièce de Maeterlinck de la première représentation tumultueuse de l'opéra, en 1902, naquirent des chefs-d'œuvre : les *Trois Chansons de Bilitis* sur les poèmes de Pierre Louÿs (1897-98), les *Nocturnes* (1897-1899), *Pour le piano* (1896-1901). Années difficiles matériellement, affectivement aussi : Lily

Portrait de Claude ***Debussy*** *par Marcel Baschet. (Château de Versailles.)*

Lauros-Giraudon. © by SPADEM 1982.

Texier, employée dans une maison de couture et meilleure amie de Gaby (qui tenta de se suicider), devint la femme de Debussy le 19 octobre 1899.

Les *Nocturnes* triomphèrent le 9 décembre 1900, aux concerts Lamoureux. Debussy commença à être recherché, admiré, fréquenta les cafés élégants, rencontra Léon Daudet, Reynaldo Hahn, Toulet, Proust. Sa situation matérielle s'améliora quelque peu grâce à sa collaboration à la *Revue blanche. Monsieur Croche antidilettante,* recueil des articles de Debussy, témoigne de son anticonformisme absolu, de sa verve, de son humour impitoyable.

Cependant *Pelléas* était inscrit au répertoire de l'Opéra-Comique pour être représenté en 1902. C'est alors qu'éclata la célèbre brouille entre le compositeur et Maeterlinck. Celui-ci réservait le rôle de Mélisande à sa femme, la cantatrice Georgette Leblanc. Mais Debussy, ayant entendu la jeune écossaise Mary Garden, lui confia aussitôt ce rôle : « C'était en effet la même voix douce que j'avais entendue au plus profond de mon âme... » Maeterlinck retira alors son autorisation, intenta une action en justice, mais Debussy obtint gain de cause. L'œuvre fut enfin représentée le 30 avril 1902, dans une atmosphère houleuse créée par une cabale orchestrée par Maeterlinck et ses amis. À l'entracte, « debussystes » et adversaires en vinrent aux mains, la police intervint. Et c'est grâce au calme froid de Messager, au pupitre de direction, que la représentation put être menée à son terme. Les critiques devaient témoigner, dans leur majorité, d'une totale incompréhension. Toutefois, la deuxième représentation fut triomphale, et *Pelléas* fut joué pendant trois mois à bureaux fermés. Désormais, Debussy était un compositeur célèbre.

Les années d'écriture. En 1903, Debussy fit la connaissance d'Emma Bardac, née

Moyse, femme belle, brillante, musicienne. Il la rejoignit à Pourville en 1904, abandonnant sa femme qui tenta, comme naguère Gaby, de se suicider. Le scandale éclata, la presse et le public prirent le parti de l'épouse délaissée. Rompant avec tout le monde, Debussy se réfugia à Jersey, puis à Dieppe où il termina *la Mer.* Après un double divorce, Debussy et Emma Moyse se marièrent en 1905. Ils s'installèrent dans un élégant hôtel particulier square du Bois-de-Boulogne où, le 30 octobre 1905, deux semaines après la création de *la Mer,* naquit leur fille Claude-Emma, dite Chouchou. Désormais, Debussy mena une vie confortable et retirée, toute vouée au travail, tandis que sa renommée se répandait dans le monde entier et que *Pelléas* triomphait à Bruxelles, Berlin, Rome, Milan, puis New York.

Entre 1902 et 1908, Debussy écrivit une part importante de son œuvre de piano (la plus vaste de la musique française après celle de Fauré) : *Estampes* (1903), *Masques* et *l'Isle joyeuse* (1904), les deux recueils des *Images* (1905-1908), *Children's Corner* (1906-1908). Des pièces maîtresses de musique vocale furent rédigées en cette même période : *Trois Chansons de France* (1904), la deuxième série des *Fêtes galantes* (1904), *le Promenoir des deux amants* (achevé en 1910). Enfin, les *Images* pour orchestre dont l'orchestration de gigues fut achevée par A. Caplet (1907-1912). Deux projets scéniques d'après Edgar Poe ne furent pas menés à terme : *le Diable dans le beffroi* et *la Chute de la maison Usher.* Les parties achevées et les esquisses de cette seconde œuvre, récemment complétées par Juan Allende Blin, attestent une intention créatrice allant encore plus loin que *Pelléas* dans la rénovation de l'opéra.

En 1910, Debussy fut invité par Diaghilev à collaborer avec D'Annunzio pour une œuvre sur le thème de saint Sébastien, avec Ida Rubinstein dans le rôle principal. *Le Martyre de saint Sébastien,* achevé en trois mois, fut représenté au Théâtre du Châtelet en mars 1911 par les Ballets russes, avec un succès incertain. Diaghilev commanda aussi à Debussy le ballet *Jeux,* représenté le 15 mai 1913 dans la chorégraphie de Nijinski, deux semaines avant la création mouvementée du *Sacre du printemps.* Ce n'est cependant ni cet événement ni le sujet « scandaleux » (un jeu discrètement érotique à trois) qui voua cette œuvre magistrale à l'indifférence et à l'oubli qu'elle devait connaître jusqu'au lendemain de la Seconde Guerre mondiale.

La guerre de 1914 éveilla en Debussy des sentiments nationalistes violents. On peut y trouver une raison à l'hostilité qu'il témoigna à Schönberg, qu'il qualifia de « dangereux ». À cette époque, le compositeur commença à signer ses œuvres « Claude Debussy, musicien français », notamment les 3 *Sonates,* pour violoncelle et piano, flûte, alto et harpe, violon et piano (1915-1917). De 1915 datent, enfin, les derniers chefs-d'œuvre, les *Douze Études* pour piano et la suite *En blanc et noir* pour deux pianos. En 1917, Debussy, déjà gravement malade, parut en public pour la dernière fois, pour jouer avec Gaston Poulet sa *Troisième Sonate.*

Modernité et audaces. Nous commençons aujourd'hui seulement à comprendre la modernité de l'œuvre de Debussy, à en mesurer la portée. Il a repensé les rapports des éléments constitutifs du phénomène musical, instauré entre eux des hiérarchies mouvantes, créé des formes inédites pour chaque nouvelle œuvre. Son langage dénonce la vétusté des méthodes d'approche analytique traditionnelles encore en cours. Irréductible à ces méthodes, comme aux catégories normatives des genres ou schèmes formels préfabriqués, ce langage est tout aussi irréductible aux catégories de l'histoire qui procèdent du principe de filiation. Debussy apparaît, en effet, sans antécédents comme sans successeurs immédiats (« Les debussystes me tuent »). Son prédécesseur n'est pas Franck, mais Monteverdi ; ses héritiers sont non ses pâles épigones, mais Varèse, Messiaen, Boulez : il anticipe d'un demi-siècle sur son temps.

Sa trajectoire est d'une remarquable unité : d'emblée Debussy est lui-même, pleinement, dans le *Faune.* Ses dernières œuvres, longtemps mal comprises en raison de leur audace, sont des œuvres visionnaires, jusqu'au seuil de la mort : les *Études, En blanc et noir.* Et sa trajectoire est solitaire, ne connaît de contemporains dignes de ce nom qu'en littérature (Mallarmé), en peinture (le Monet des *Nymphéas*).

On a beaucoup commenté les influences subies par Debussy, pour en exagérer l'importance. On ne sait si Debussy avait entendu la musique de Moussorgski lors de ses séjours en Russie, et il a peu parlé des résonances que la partition de *Boris*, lue à Paris, avait suscitées en lui. Sans doute avait-il trouvé dans cet « art de curieux sauvage », sur le plan harmonique, un principe d'indépendance, les prémices d'une notion d'accord « en soi », à fonction fugitive, instantanée, dont il allait faire l'un des traits essentiels de son langage. Sur le plan mélodique, en revanche, si le langage vocal des deux musiciens procède du « récitatif mélodique », ils divergent quant à leurs conceptions de celui-ci. Le récitatif de Moussorgski, qui s'attache avec rigueur à la prosodie slave, est beaucoup plus proche du chant que n'est celui de *Pelléas*. Quoi qu'il en soit, il s'agit, certainement, sinon d'influence, du moins d'un rôle de « révélateur » que le musicien russe aura joué sur les goûts du jeune musicien en pleine croissance. Avec Wagner, en revanche, le problème est plus ambigu. L'intérêt — plus tardif — de Debussy pour la musique wagnérienne porte sur les plans harmonique, thématique, théâtral. Dans le premier domaine, on constate un phénomène d'attirance et de rejet simultanés, spécialement dans les *Cinq Poèmes de Baudelaire,* où plane l'ombre de *Tristan.* Dans le domaine thématique, la rencontre avec Wagner n'est pas sans avoir laissé de traces, et l'agressivité même des propos debussystes sur le principe des leitmotive en témoigne. Toutefois, « il s'agit [dans *Pelléas*] plutôt d'arabesques liées aux personnages eux-mêmes, sans variations autres que décoratives, [... et qui] n'irriguent pas totalement l'œuvre » (Boulez). Le mot clé est de Debussy lui-même : « Il fallait désormais chercher *après* Wagner et non *d'après* Wagner. » Voilà qui caractérise également la situation divergente des deux musiciens dans l'histoire : l'un s'y trouve profondément inscrit, dans une lignée qui, venant de Beethoven et des romantiques, va vers Schönberg, chercheur « d'après Wagner ». L'autre est solitaire.

La rencontre de Debussy avec Satie apparaît comme beaucoup plus innocente, anecdotique presque. Quoi qu'en ait affirmé le musicien d'Arcueil, ses conséquences apparaissent aujourd'hui comme infimes, au regard de la cosmogonie musicale debussyste. La rencontre avec les musiques d'Extrême-Orient, en revanche, a été plus marquante, dans la mesure où ces musiques, entendues en 1889, ont confirmé Debussy dans ses conceptions du rythme et du timbre (richesse foisonnante de l'un, primauté structurelle de l'autre), patentes déjà dans le *Faune.*

Le temps musical chez Debussy. Sur le plan harmonique, Debussy est d'emblée un novateur. S'il n'a pas, comme Schönberg, envisagé consciemment une suspension de la tonalité, tout se passe comme s'il laissait les fonctions tonales perdre leur pouvoir d'elles-mêmes, au bénéfice d'une fonction proprement sonore des agrégats. Les accords : « D'où viennent-ils ? Où vont-ils ? Faut-il absolument le savoir ? Écoutez, cela suffit. » Si une fonction tonale existe encore, jusque dans les dernières œuvres de Debussy, c'est comme une survivance, comme référence à un lieu de plus en plus incertain, « de sorte qu'en noyant le ton, on peut toujours, sans tortuosités, aboutir où l'on veut, sortir et entrer par telle porte qu'on préfère », dit-il à Guiraud, étant encore au Conservatoire. Les harmonies « élargies » cessent, au-delà de certaines limites, d'intensifier des qualités spécifiquement tonales, pour ne plus représenter que des « blocs sonores ». La fonction de ces blocs se déplace alors vers le domaine du timbre, et c'est sous cette catégorie-là qu'on les perçoit, qu'on peut en rendre compte utilement. Comme les hauteurs, les intensités des sons contenus dans un bloc sont déterminantes de sa qualité globale. C'est la raison pour laquelle Debussy indique avec tant de précision chaque intensité et chaque nuance : il se soucie, autant que de leur rôle expressif, de leur fonction dans la constitution du timbre. Quant au timbre, il s'agit là d'une des dimensions les plus importantes du langage musical debussyste. Qu'elle soit fonction de la distribution des intensités et des rythmes au sein du phénomène sonore ou résultante d'alliages instrumentaux subtils et inédits, la couleur, infiniment riche et surtout mouvante, n'est pas un « revêtement », une qualité accessoire de la structure musicale, mais une dimension architectonique de plein droit, susceptible de prendre en charge de façon privilégiée le développement. L'inventaire et la structure des durées chez Debussy sont d'une richesse incomparable au regard de toute la musique européenne jusqu'alors. La fonction métrique de la barre de mesure tend ici à se dissoudre ; les durées, libérées de la « carrure » métrique, se développent, foisonnent librement. L'« étalon » rythmique n'est pas ici préfabriqué mais inventé, librement et diversement, il se confond avec la structure elle-même, pure de toute contrainte de symétrie : conception qui se découvre très tôt chez Debussy et culmine dans *Jeux* et les *Études*. Cette souplesse rythmique à laquelle contribuent aussi les valeurs dites irrationnelles (triolets, quintolets, etc.), ainsi que l'infinie mobilité du tempo sont des caractéristiques essentielles du temps musical chez Debussy. Les recherches rythmiques d'aujourd'hui s'en inspirent directement.

L'élaboration d'un langage propre. On peut considérer le premier cycle des *Fêtes galantes* (1881-82), sur des poèmes de Verlaine, comme inaugurant l'œuvre personnelle de Debussy. De ces mélodies, *Mandoline* est la plus connue. On y trouve sur le plan harmonique les germes du langage debussyste (parallélismes d'accords, étagement d'intervalles). *La Damoiselle élue* d'après D. G. Rossetti (1887-88) est, de la période romaine de Debussy, la meilleure œuvre. Y apparaissent certains procédés de récitatif, ou plutôt de déclamation chantée, qui préfigurent *Pelléas,* ainsi que la fine ciselure des lignes vocales, les harmonies en fondu enchaîné, les couleurs orchestrales en tons pastel. Si dans les *Ariettes oubliées* (1887-88), d'après Verlaine, la marque personnelle de Debussy s'affirme de plus en plus, dans les *Cinq Poèmes de Baudelaire,* la hantise de Wagner est contradictoirement présente. C'est dans cette lutte livrée à Wagner, dont *le Jet d'eau* constitue le point culminant, que l'œuvre puise sa tension. Avec le *Quatuor à cordes* (1893), Debussy parvient à se libérer de cette emprise ; ce seraient plutôt des réminiscences franckistes que l'on pourrait y trouver. Plus significatif et plus personnel est, ici, le ton de Debussy, volubile et changeant, qui revivifie le plan formel du quatuor. Un thème principal parcourt et unifie les quatre mouvements classiques.

Le premier chef-d'œuvre incontesté de Debussy est le *Prélude à l'après-midi d'un faune* (1892-1894). Comme Mallarmé, son inspirateur, Debussy se révèle là poète moderne de la musique, inventeur de sa rythmique, de sa syntaxe, de sa rhétorique, de sa forme propres. Les incessantes fluctuations de l'harmonie (considérée sous l'aspect horizontal ou vertical), la richesse rythmique, la souplesse et la liberté du phrasé instaurent d'emblée une nouvelle « façon de parler » en musique. L'écriture instrumentale est d'un raffinement et d'une légèreté incomparables. Quant à la forme, si l'on peut y distinguer à l'analyse un plan traditionnel (exposition-développement-reprise-coda) très libre, à l'audition, en revanche, on ne perçoit qu'une continuité en constante transformation où les retours apparaissent comme des évocations, des souvenirs modifiés, non comme des reprises. « L'idée engendre la forme », écrit Paul Dukas au lendemain de la création, résumant ainsi, en une phrase, une des caractéristiques fondamentales de l'œuvre debussyste.

Les *Chansons de Bilitis* (1897-98), sur des textes de Pierre Louÿs, comprennent 3 mélodies : *la Flûte de Pan, la Chevelure, le Tombeau des naïades.* Dans leur ligne vocale se précise ce jeu infiniment habile entre récitatif et chant pur, qui fait la respiration de *Pelléas,* oscillant entre la domination de la prosodie et le chant pur. Debussy va écrire également une musique de scène autour de ces poèmes, qu'il transcrit en 1913 pour piano à 4 mains sous le titre *Six Épigraphes antiques* (Ernest Ansermet va transcrire cette partition pour grand orchestre). Les trois *Nocturnes* (1897-1899), inspirés par la peinture de Whistler, comprennent *Nuages, Fêtes* et *Sirènes.* Au grand orchestre, cette dernière pièce ajoute un chœur de femmes, chantant uniquement sur la voyelle « a ». Forme, harmonie, couleurs constituent une totalité admirablement homogène et profondément originale, et cela, dans la mesure même où *Nuages* fait entendre, pour les interpréter sur un mode purement debussyste, des souvenirs de Moussorgski. Les titres se réfèrent-ils à un programme ? Certainement pas ; il s'agit néanmoins, ici, d'un rapprochement singulier entre musique et peinture, sur lequel Debussy lui-même nous éclaire dans un texte important (écrit vraisemblablement pour la présentation du concert) : « Le titre *Nocturnes* veut prendre ici un sens plus général et surtout plus décoratif. Il ne s'agit donc pas de la forme habituelle du nocturne mais de tout ce que ce mot contient d'impressions et de lumières spéciales. *Nuages :* c'est l'aspect immuable du ciel avec la marche lente et mélancolique des nuages finissant dans une agonie de gris, doucement teintée de blanc. *Fêtes :* c'est le mouvement, le rythme dansant de l'atmosphère, avec des éclats de lumières brusques, [...] de poussières lumineuses participant à un rythme total... » Impressions, poussières lumineuses, rythme total : autant de mots clés de la création moderne, plastique et musicale, d'une époque.

« Pelléas et Mélisande » : ni modèles, ni postérité véritable. *Pelléas et Mélisande,* de même que toute l'œuvre de Debussy est solitaire dans l'histoire musicale, est une œuvre isolée dans l'histoire de l'opéra moderne. Elle procède du récitatif mélodique. Plus proche du récitatif ancien (Renaissance, baroque) que du chant, le récitatif debussyste s'appuie sur la parole, souveraine conductrice. « Au théâtre de musique on chante trop », explique Debussy à son maître Guiraud, dès 1889. « Il faudrait chanter quand cela en vaut la peine, et réserver les accents pathétiques. Il doit y avoir des différences dans l'énergie de l'expression. Il est nécessaire par endroits de peindre en camaïeu et de se contenter d'une grisaille... Rien ne doit ralentir la marche du drame : tout développement musical que les mots n'appellent pas est une faute... » Toute l'esthétique de *Pelléas* est ici définie.

Debussy ne modifie pas le texte de Maeterlinck. Les coupures qu'il y pratique n'entraînent pas la révision d'un déroulement dramatique, somme toute, traditionnel. Il y a « mise en musique » dans le plein sens du terme d'une pièce théâtrale choisie dans ce but et bien choisie : elle répond à l'esthétique et à la thématique de Debussy jusque dans les symboles qu'elle lui offre et qui lui sont chers, celui de l'eau, omniprésente, celui de la chevelure, etc. Le drame se déroule en 5 actes. L'argument en est relativement simple. Dans un pays hors du temps et de l'espace, Golaud, petit-fils du roi Arkel, a trouvé Mélisande perdue dans une forêt : « Je ne sais ni son âge, ni qui elle est, ni d'où elle vient. » Il l'épousera : mais son jeune frère Pelléas aimera Mélisande et son amour sera partagé. Golaud, dans une scène de jalousie, tuera Pelléas et torturera Mélisande pour tenter de lui arracher la « vérité ». Mais Mélisande mourra en emportant avec elle le secret de son amour.

La caractérisation musicale s'exerce dans *Pelléas* à deux niveaux : celui de la scène ou tableau, celui du personnage. Celui-ci est caractérisé par un type thématique à la fois proche et différent des leitmotive wagnériens : ce thème est de nature infiniment labile, « volatile » — prêt à s'intégrer et à se « dissoudre » dans la trame mouvante, fugace, ailée. Au niveau de la scène ou tableau, en revanche, la caractérisation musicale apparaît beaucoup plus marquée, solide et volontaire : elle constitue un des facteurs essentiels de la force dramatique de l'œuvre. Chaque scène possède son caractère propre, grâce à une « qualité musicale intrinsèque », à sa couleur orchestrale, à l'harmonie, au tempo.

On s'est arrêté pendant longtemps au symbolisme, quelque peu exsangue, du « contenu » théâtral, et au principe du récitatif qui régit l'œuvre sur le plan musical. Aujourd'hui qu'elle est mieux comprise et interprétée sur les deux plans, nous identifions dans la musique la source véritable et exclusive de sa force théâtrale : « C'est dans la mesure où la structure musicale — aussi bien vocale qu'instrumentale — y assume la pleine responsabilité scénique qu'aujourd'hui nous trouvons en *Pelléas* un chef-d'œuvre irremplaçable » (Boulez).

D'autres chefs-d'œuvre. *La Mer,* commencé en 1903, terminé en 1905, est un des chefs-d'œuvre de Debussy. Ce poème symphonique comprend 3 parties : *De l'aube à midi sur la mer, Jeux de vagues, Dialogue du vent et de la mer,* titres qui se réfèrent une fois de plus à la vision, tout en échappant à une intention descriptive : on peut dire que c'est le titre qui illustre la musique, non le contraire. Le premier morceau énonce une progression, une augmentation progressive de l'éclairage musical à laquelle concourent tous les éléments du langage — timbres, rythmes, intensités, enchaînements harmoniques — dans des rapports changeants, de plus en plus tendus. La deuxième pièce, *Jeux de vagues,* abolit tout repère formel. Le titre est précis : il désigne un champ temporel ouvert, non orienté, pur de toute tension.

Le timbre y apparaît comme dimension primordiale : ce sont les couleurs orchestrales sans cesse changeantes, mouvantes, qui prennent en charge la structuration et l'évolution du temps musical ; il s'agit d'une des pièces les plus audacieuses du compositeur. La troisième partie est dominée par un thème ; nous sommes loin, cependant, d'un développement classique. Car le thème n'est pas ici pris comme matériau, mais plutôt comme une référence statique par rapport à laquelle s'ordonne un univers d'oppositions cons-

Lauros-Giraudon.

Esquisse de Claude Debussy par P. Rabier (Conservatoire national de musique, Paris).

tantes. *La Mer* est peut-être l'œuvre la plus visionnaire de Debussy. À certains égards, et quoi qu'on en ait dit, elle va plus loin que *Jeux*. C'est dans *la Mer* que Debussy porte à son accomplissement cette poétique de l'instant en fuite qui est la marque singulière de son génie.

Images, œuvre pour orchestre (composée entre 1906 et 1912), est consacrée dans l'esprit de Debussy à l'Écosse avec *Gigues,* avec *Rondes de printemps* à la France et avec les 3 pièces d'*Iberia* à l'Espagne. Sauf dans *Iberia,* les éléments folkloriques y sont à peu près insaisissables (la chanson *Nous n'irons plus au bois,* dans les rondes, passe sous divers déguisements). Comme dans *Jeux de vagues,* la couleur orchestrale est ici souveraine formatrice, notamment dans la seconde pièce d'*Iberia, les Parfums de la nuit,* chef-d'œuvre dans le chef-d'œuvre. Le développement par imbrication des structures de couleurs conduit, paradoxalement, à une impression de quasi-immobilité du temps musical — c'est là une des caractéristiques les plus secrètes de la musique de Debussy — et c'est comme à regret que le compositeur semble s'arracher à cette pénombre pour se laisser entraîner par la fougue rythmique du troisième morceau, tout de contrastes.

Le second recueil des *Fêtes galantes* date de 1904 et comprend, sur des poèmes de Verlaine, *les Ingénus, le Faune, Colloque sentimental. Danse sacrée et danse profane* pour harpe et orchestre à cordes date aussi de 1904. La *Rhapsodie* pour saxophone et orchestre (1901-1911), commandée à Debussy par une Américaine qui pratiquait cet instrument, est restée inachevée (Debussy travaillait mal sur commande) — nous la connaissons dans la version établie et orchestrée par R. Ducasse à partir des esquisses de Debusssy. Les *Trois Chansons de France* sont de la même époque et ont le même caractère « antiquisant » que les danses. Plus tardif (1904-1910) est le cycle pour voix *le Promenoir des deux amants,* chef-d'œuvre un peu précieux et rarement joué, sur des textes de Tristan L'Hermite. On peut le considérer comme un postlude à *Pelléas.* Tout en déployant la lecture du texte avec son sens prodigieux de la prosodie française, Debussy le transforme en chant pur d'une rare beauté.

L'univers pianistique. L'œuvre de piano de Debussy, dont la majeure partie naît à partir de 1903, est d'une conception profondément novatrice. Nous passons sur les œuvres de jeunesse d'où émergent cependant les 2 *Arabesques* (1888-1891), la *Suite bergamasque (*1890-1905) avec le célèbre *Clair de lune, Pour le piano* (*Prélude, Sarabande, Toccata,* 1896-1901). Dans *Estampes* (1903) [*Pagodes, Soirée dans Grenade, Jardins sous la pluie*], le clavier devient docile aux moindres inflexions de l'imagination. Cependant, Debussy n'accède pas encore complètement à cette écriture pianistique qui, par-delà le propos pittoresque ou évocateur, le fera entrer dans un univers sonore nouveau qu'inaugure *l'Isle joyeuse* (1904) : jeux sur les septième et onzième harmoniques, irisations, halos lumineux de matière pulvérisée. La première série des *Images* pour piano (1905), qui comprend *Reflets dans l'eau, Hommage à Rameau* et *Mouvements,* procède plus étroitement de cette conception de l'écriture avec des sons plutôt qu'avec des notes. Les timbres sont ici la matière première, et les développements thématiques, quelle que soit leur importance, ne peuvent en être dissociés. La « liquidité » des *Reflets dans l'eau* est obtenue par l'atomisation rythmique extrêmement fine des harmonies et des résonances dans le temps. Dans le deuxième livre des *Images* (1908) — *Cloches à travers les feuilles, Et la lune descend sur le temple qui fuit, Poissons d'or* —, l'écriture proprement sonore est encore plus virtuose et plus radicale. C'est le timbre qui articule, par ses transformations, des formes entières ; les harmonies complexes, les intensités, le rythme en sont les agents, dans le premier morceau notamment, où ils sont constitués en couches superposées, autant de « formants » individualisés et concomitants. Quant aux étagements d'intensités différenciées dans les agrégats verticaux, l'accord final du deuxième morceau en fournit un exemple caractéristique et laisse prévoir l'écriture d'un Stockhausen. Le troisième morceau, *Poissons d'or,* constitue une synthèse admirable de toutes ces innovations.

Children's Corner (1906-1908) comporte 6 pièces. Avec ce cycle, Debussy revient aux pièces de caractère. Détente plutôt que recherche, évocations pittoresques plutôt qu'aventure aux limites de l'abstraction picturale ; geste affectueux enfin : l'œuvre est dédiée à Chouchou. Si l'écriture pianistique n'est pas aussi poussée que dans les œuvres précédentes, elle n'est pas moins efficace, avec moins de moyens. Entre le style des *Images* où s'épure une recherche sonore audacieuse et celui de *Children's Corner,* les *Préludes* (premier livre 1909-10, second livre 1910-1912) tiennent un juste milieu. L'évocation, la pièce de caractère se donnent des moyens pianistiques extrêmement riches. Les titres sont donnés à la fin des morceaux et semblent dévoiler le propos évocateur ; on peut dire une fois de plus que c'est la musique qui crée le titre, non le contraire. La thématique de chaque prélude est très inégalement anecdotique : c'est dans ce jeu entre peinture figurative et non figurative que réside l'originalité de la conception et la variété de la réalisation. Dans le premier livre, des préludes comme *Voiles, le Vent dans la plaine* ou *Ce qu'a vu le vent d'ouest* sont de véritables essais sur la couleur, l'élément figuratif y apparaissant comme générique, tandis que *la Sérénade interrompue, la Danse de Puck* ou *Minstrels* accentuent le caractère anecdotique, l'élément thématique y étant appuyé. Le second livre tend davantage vers l'abstraction, avec notamment *Brouillards, la Terrasse des audiences au clair de lune* ou *Ondine. Feux d'artifice* est d'une audace harmonique extraordinaire et préfigure — de très loin mais très clairement — le style pianistique tardif de Boulez. Enfin, *les Tierces alternées,* pure spéculation sur l'intervalle de tierce, annonce le style des *Études.*

Le retour à la musique vocale. La *Rhapsodie* pour clarinette et orchestre (1909-10), écrite pour les concours du Conservatoire de Paris, est une pièce de circonstance d'une grande élégance d'écriture et d'un charme un peu facile. Le ballet *Khamma* (1912-13) est le résultat — inachevé — d'une commande de la danseuse anglaise Maud Allen, œuvre traitée un peu à la légère aussi bien par la commanditaire que par le commandité. L'orchestration a été achevée par Ch. Kœchlin mais l'œuvre n'a été jouée pour la première fois qu'en 1947. Après ces œuvres relativement mineures, Debussy revient à la musique vocale avec *le Martyre de saint Sébastien* (1911), à mi-chemin entre l'oratorio et la musique de scène, commandé par les Ballets russes, sur un texte de D'Annunzio. L'œuvre, qui dure environ quatre heures dans sa version scénique intégrale et qui comporte environ une heure de musique, a été composée en trois mois. Comme l'écrit Debussy, « le culte d'Adonis [y] rejoint celui de Jésus » ; voilà pourquoi l'œuvre fut mise à l'index par l'archevêque de Paris. Dansé, parlé, chanté, ce « mystère » souffre d'une conception et d'une forme hybrides. Debussy, qui aspirait à le refondre, ne s'en préoccupa plus. Dans cette œuvre, le compositeur semble revenir en arrière, se parodier lui-même sur le mode antiquisant : c'est le style de *la Damoiselle élue* avec la spontanéité en moins. Un spectaculaire malentendu avec soi-même peut advenir à tout grand artiste, sans pour autant diminuer sa stature — en l'occurrence, celle d'un géant. Les *Trois Poèmes de Mallarmé* et bientôt *Jeux* récusent avec éclat la théorie, fondée sur l'incompréhension de sa modernité, d'un Debussy en déclin. *Soupir, Placet futile, Éventail,* sur des poèmes de Mallarmé, sont peut-être les plus belles mélodies de Debussy et celles où il s'aventure au plus loin par rapport à la tonalité. Rappelons que Ravel met en musique, la même année, deux de ces mêmes poèmes, pour soprano et un ensemble instrumental presque identique à celui qu'utilise Schönberg dans *Pierrot lunaire* (1912). C'est encore pour un ensemble analogue que Stravinski écrit, également en 1912-13, ses *Trois Poésies de la lyrique japonaise.* Il est impossible de ne pas rapprocher ces quatre œuvres, si différentes certes, mais toutes écrites au moment où Schönberg prend conscience de la suspension de la tonalité. L'œuvre de Debussy ne subit pas une influence schönberguienne directe ; elle rend néanmoins compte, avec autant de force que les autres, et dans un langage qui lui est propre, de la crise de la tonalité en cette époque historique.

Un ballet pour orchestre. *Jeux* (1912-13) est contemporain du *Sacre du printemps* et sa première représentation précède celle de l'œuvre de Stravinski de deux semaines. Mais si *le Sacre* affirmait alors sa modernité sur le mode violent et scandaleux, *Jeux,* beaucoup moins agressif, mais plus insidieux et tout aussi moderne, ne put forcer le mur d'indifférence qui l'entoura dès sa création. Il est, en tout cas, édifiant de constater que les trois œuvres majeures européennes nées à la veille de la Première Guerre mondiale — *Pierrot lunaire, Jeux* et *le Sacre* — ont resurgi dans la seconde moitié du siècle, dans le même ordre chronologique, pour inspirer les recherches musicales de notre époque. *Pierrot* d'abord, qui présida à l'atonalisme, *le Sacre* ensuite, qui stimula les recherches rythmiques demeurées en sommeil aux temps du dodécaphonisme, *Jeux* enfin, qui réémergea, admirable exemple, au moment où la musique se penchait sur sa rhétorique et ses formes : « *Jeux* marque l'avènement d'une forme musicale qui, se renouvelant *instantanément,* implique un mode d'audition non moins *instantané* » (Boulez). Les témoignages fervents des compositeurs de cette génération doivent cependant être complétés aujourd'hui, un recul supplémentaire étant pris à l'égard d'une œuvre devenue familière. Les caractéristiques modernes que l'on a remarquées dans *Jeux* — la discontinuité des séquences cloisonnées, l'asymétrie totale de la forme, la dialectique complexe des timbres, les éléments prémonitoires d'une Klangfarbenmelodie (« mélodie de timbres ») — se découvrent déjà dans une œuvre exemplaire comme *Jeux de vagues,* deuxième partie de *la Mer,* structurant un discours tout aussi mobile et peut-être plus subversif encore, au regard de la rhétorique musicale classique. Paradoxalement, ces éléments semblent là plus difficiles à saisir ou à décrire, car *Jeux de vagues* ne renvoie à aucune référence, à aucune obligation formelle que celle de la perpétuelle mouvance. *Jeux,* en revanche, est un ballet, conçu et composé comme tel. Outre son inventaire thématique, qui renvoie (bien que légèrement et de façon toujours nouvelle) aux phases de l'argument, ses structures se réfèrent implicitement et explicitement à celles de la danse. Les séquences cloisonnées, si elles émerveillent par la discontinuité, l'asymétrie formelle qu'elles scandent, renvoient dans le même temps — et ce, dans l'audition, non dans l'analyse — aux numéros chorégraphiques qu'elles se proposent d'engendrer et de servir, laissant apparaître ici où là une rythmique fonctionnelle de la danse, relativement simplifiée. Ces considérations ne sauraient diminuer la signification et l'importance de *Jeux,* mais aident à replacer l'œuvre dans la trajectoire debussyste et dans l'évolution de notre entendement.

Les *Études :* une œuvre visionnaire. Les deux livres d'*Études* pour le piano (juin-sept. 1915) constituent un des sommets de la littérature pianistique. Ils sont dédiés à Chopin — au souvenir de ses 24 *Études.* Ce genre pédagogique, réputé austère, a fourni aux deux compositeurs le point de départ d'œuvres visionnaires. Le premier livre de 6 études traite des problèmes pianistiques définis par leurs titres *(Pour les cinq doigts, Pour les tierces, Pour les quartes, Pour les sixtes, Pour les octaves, Pour les huit doigts).* Le second livre, avec ses titres *(Pour les degrés chromatiques, Pour les agréments, Pour les notes répétées, Pour les sonorités opposées, Pour les arpèges composés, Pour les accords),* se réfère plus explicitement aux problèmes de sonorités et d'interprétation : rarement études ont été consacrées à ce type de problèmes étrangers à la pure virtuosité. Dans les 12 *Études,* le propos technique est situé à un très haut niveau et demande une maîtrise absolue du clavier. Mais par-delà le fait pédagogique si original et exigeant s'imposent la modernité et la beauté de chaque pièce. Au niveau du microcosme comme du macrocosme, de la cellule, de la structure et de la forme, les *Études* inventent tout; elles ignorent toute référence et refusent de se constituer en référence : que Debussy ne crée pas de doctrine ou d'école, c'est dans les *Études* que cela apparaît à l'évidence. Les formes sont étrangères à tout schéma préétabli (quelques rares dispositions tripartites font exception à ce principe). L'écriture pianistique, par-delà le contrat technique de chaque étude, incarne les spéculations musicales les plus abstraites. Les *Cinq Doigts,* les *Tierces,* les *Octaves* constituent des thèmes abstraits généralisés à la forme entière, qui libèrent le musicien de toute contrainte thématique au niveau de la figure; celle-ci peut, dès lors, se plier à toutes les inflexions de l'imagination, à tous les jeux de l'esprit — inversions, miroirs, variations asymétriques, etc. *Pour les cinq doigts* montre l'attitude désinvolte de Debussy à l'égard de la tonalité, tour à tour affirmée et détruite. *Pour les quartes* offre des exemples remarquables de structures cloisonnées. *Pour les huit doigts* est une étude de couleurs — à la limite, on peut l'entendre comme un seul son aux variations de timbre innombrables. *Pour les agréments* aborde l'exécution des blocs sonores, verticaux ou horizontaux, et la répartition interne des intensités. Enfin, avec *Pour les sonorités opposées,* Debussy se livre à une polyphonie de timbres, où registres, intensités, attaques se trouvent distribués de façon très nouvelle dans l'espace musical. On peut y voir sinon un embryon de sérialisation de paramètres, du moins une première tentative de leur distribution autonome et rationnelle dans un tissu polyphonique. On peut penser que Messiaen s'en est inspiré pour *Modes de valeurs et d'intensités.*

Les dernières grandes compositions. *En blanc et noir* (été 1915) est contemporain des *Études.* La technique des séquences cloisonnées, caractéristique du dernier Debussy, y prédomine. Dans le premier mouvement, *Avec emportement,* on remarque tout particulièrement l'alternance de structures d'attaques incisives et de groupes de valeurs très rapides. Le dernier morceau est traité dans le même esprit, mais la trame générale y est plus continue, plus fluctuante. Le deuxième morceau, le plus remarquable des trois, déploie une palette de couleurs en demi-teintes dans une harmonie presque atonale. Les couleurs sombres prédominent, sur lesquelles se détachent de courts traits aux sonorités d'acier. « Ces morceaux veulent tirer leur couleur, leur émotion du simple piano, tels les "gris" de Vélasquez », écrit Debussy. Une fois de plus, le compositeur définit une

Reutlinger.

Mary Garden, la créatrice de Mélisande dans l'opéra de ***Debussy*** Pelleas et Mélisande *(coll. M. R. cliché G. Meguerditchian).*

hiérarchie paramétrique moderne, avec le timbre au sommet, et ce, sur un instrument réputé monocolore, privé des richesses sonores de l'orchestre. De lointaines fanfares rappellent que ce deuxième morceau est dédié à J. Charlot, tué au front le 3 mars 1915.

Les 3 *Sonates* (1915-1917) sont les dernières grandes œuvres de Debussy. Le projet initial du compositeur, mû par des sentiments patriotiques, était d'écrire 6 sonates pour divers instruments, à la manière des concerts de Rameau, et qu'il signerait « Claude Debussy, musicien français ». Cette référence au XVIIIe siècle n'est pas arbitraire : elle se traduit, dans la composition elle-même, par un retour aux formes traditionnelles, jusqu'alors menacées, corrodées par Debussy. Des 3 *Sonates* composées, la première, pour violoncelle et piano, en *ré* mineur, est la moins souvent jouée, la plus libre et la plus fantasque, surtout dans le deuxième mouvement où se poursuit le discours cloisonné, fragmenté, en apparitions et disparitions brusques, du dernier Debussy. Le musicien voulait intituler cette œuvre *Pierrot fâché avec la lune :* faut-il y voir une pointe ironique à l'adresse de Schönberg, considéré comme « ennemi » à plus d'un titre ? La deuxième *Sonate,* pour flûte, alto et harpe, en *fa* majeur (1915), utilise un ensemble inusité, « variation » des formations classiques, et qui, surtout, offre des ressources sonores très raffinées. C'est, des trois, la plus accomplie dans la forme, la plus subtile dans l'expression des contraires, la plus élaborée quant aux couleurs. La troisième *Sonate,* pour violon et piano, en *sol* mineur (1916-17), est la plus populaire, la plus limpide aussi, quoiqu'elle ait coûté le plus d'efforts au compositeur déjà miné par la maladie. Dans une lettre au violoniste Hartmann, Debussy parle de l'idée « cellulaire » qu'il vient de trouver pour le troisième mouvement. « Malheureusement les deux premières parties ne veulent rien savoir. » Ces mots traduisent-ils une lutte, au sein même de la forme, entre le classicisme de la conception et une idée beaucoup plus audacieuse qui vient y faire irruption ? Quoi qu'il en soit, c'est dans un esprit classique et dans une volonté d'unité (le thème du premier mouvement revient pour ouvrir le finale) que l'œuvre sera achevée en 1917. C'est la dernière œuvre du compositeur, écrite dans la plus grande misère physique, mais toujours avec la légèreté de main et l'« invisibilité de la construction » (Strobel) qui sont propres à cet architecte du rêve et de la poésie visionnaire qu'est Debussy.

DECOUST *(Michel),* compositeur français *(Paris 1936).* Élève de Louis Fourestier, Georges Dandelot, Yvonne Desportes, Jean Rivier, Darius Milhaud et Olivier Messiaen au Conservatoire de Paris à partir de 1956, il a obtenu le grand prix de Rome (1963), puis suivi les cours de Karlheinz Stockhausen et de Henri Pousseur à Cologne (1964-65) et de Pierre Boulez (direction d'orchestre) à Bâle (1965). Il a été animateur musical régional dans les Pays de la Loire (1967-1970), responsable des activités musicales dans les maisons de la culture de Rennes et de Nevers (1970-1972), directeur-fondateur du conservatoire municipal de Pantin (1972-1976) et responsable du département pédagogique de l'I. R. C. A. M. (1976-1979). Depuis 1979, il est inspecteur principal de l'enseignement musical, chargé de la recherche au ministère de la Culture.

Paraphrasant Pierre Boulez, Michel Decoust affirma en 1973 : « Cette expérience (du sérialisme) compte parmi mes plus grands échecs... En 1966, tout compositeur qui n'avait pas compris la nécessité de sortir de l'impasse où nous avait engagés le sérialisme était en deçà des problèmes de la composition à cette époque. » Parmi ses premières œuvres, *Ellips* pour voix et piano (1964), *Horizon remarquable* pour voix et orchestre (1964) et *Distorsion* pour flûtes (1966). De ses préoccupations pour les problèmes de la perception et de la spatialisation de la musique témoigne *Polymorphie* pour orchestre, créé à Royan en 1967 avec les instrumentistes à vingt-deux mètres de haut et les auditeurs « noyés dans le son ». Suivirent *Interaction* pour trio à cordes (1967), *Instants stabiles* pour ensemble d'instruments (1967), *États* pour chœur (1968), *Sun* pour 12 cordes et alto solo (1970), *M. U. R.* pour chœur (1971), *Aentre* pour 3 cuivres et bande (1971), *Actions* pour 2 instrumentistes (1972), *Et/ou* pour 44 pianos (1972), *T'aï* pour ensemble d'instruments et voix (1972), qui « évoque à sa façon les traditions du Japon telles qu'elles ont pu être traduites dans la conscience européenne depuis Debussy, Stravinski, Messiaen », *Si et si seulement* pour orchestre (1972), *7.854.693.286* pour bandes à 8 pistes (création à Royan en 1972), *8.393.574.281* pour formation libre (1972), *Et, ée ou é ée* pour orchestre et chœur (1973), *Ion* pour voix et bande (1973), *Inférence* pour orchestre (1974), *Iambe* pour 12 instruments (1976), *Interphone* pour bande à 2 pistes avec synthèse numérique par ordinateur (1977), *l'Application des lectrices aux champs* pour orchestre et voix (1977), *Spectre* pour orchestre d'harmonie (1978) et *Traduit du silence* pour clavecin, violoncelle, clarinette, clarinette basse et voix sur un texte de Joë Bousquet (1980).

DELALANDE *(Michel Richard),* compositeur français *(Paris 1657 - Versailles 1726).* Fils d'un tailleur parisien, il reçut son éducation musicale à Saint-Germain-l'Auxerrois. Organiste et claveciniste, il occupa les tribunes des Grands-Jésuites, du Petit-Saint-Antoine et de Saint-Gervais, où il succéda en 1672 à Charles Couperin, avant de céder sa place au jeune François Couperin. En 1681, il fut chargé de donner des leçons de clavecin aux princesses légitimées, Mlles de Blois et de Nantes, et devint, l'année suivante, organiste à Saint-Jean-en-Grève. En 1683, il obtint l'un des quatre postes de sous-maître de la chapelle royale. Dès lors, il connut, dans sa carrière à la cour, une ascension plus éclatante que celle qu'avait connue Lully lui-même. Il reçut les trois autres postes de la chapelle, après les départs successifs de Goupillet, Minoret et Colasse, et recueillit toutes les charges de la Chambre : en 1689, celle de surintendant ; en 1690, celle de compositeur ; et en 1695, celle de maître de la musique. En dépit de ce cumul et de l'abandon de ses postes d'organiste à Paris, il se consacra surtout à la musique religieuse. Il fut sans doute incité à se perfectionner dans ce genre par le roi, qui subissait, pendant cette période, l'influence dévote de Mme de Maintenon. La plupart des motets du compositeur, qui constituent son œuvre maîtresse, furent écrits à cette époque et témoignent de l'atmosphère religieuse dans laquelle vivait la cour à la fin du règne de Louis XIV. Après la mort du monarque, Delalande collabora avec Destouches au ballet *les Éléments,* dansé aux Tuileries en 1721 par le jeune Louis XV. L'année suivante, il perdit sa femme, la chanteuse Anne Rebel, et demanda au souverain l'autorisation de se retirer. Il se démit de toutes ses charges et reçut du roi l'ordre de Saint-Michel. Il devait se remarier en 1723 et mourir trois ans plus tard. Une quarantaine de ses meilleurs motets furent publiés, après son décès, par les soins de Colin de Blamont et connurent une certaine vogue jusqu'à la Révolution.

Bien que la majorité des œuvres de

Michel Richard **Delalande,** *par Tournières.*

Delalande soit consacrée à la musique religieuse, plusieurs divertissements écrits pour la cour témoignent aussi de sa production dans le genre profane. Ces pièces, qui n'ont pas l'envergure des tragédies lyriques, s'inscrivent toutefois dans la tradition lullyste. Elles présentent des aspects divers : cantate profane (*les Fontaines de Versailles,* 1683), ballet (*le Palais de Flore,* 1689), pastorale (*l'Amour fléchy par la constance,* 1697) ou intermèdes écrits pour des comédies. Pour l'orchestre, Delalande composa notamment les célèbres *Symphonies pour les soupers du roy,* ainsi que quelques pages dans ses œuvres sacrées (symphonie du *Te Deum*). C'est dans le domaine de la musique religieuse que Delalande s'illustra et devint l'un des meilleurs représentants de la musique française. À côté de trois leçons de ténèbres, il laissa 71 grands motets, dont certains présentent deux versions différentes du même texte sacré. Parmi les plus connus : *De Profundis* (1689), *Beati omnes* (1698), *Regina cœli* (1698), *Quare fremuerunt gentes* (1706). Ces œuvres adoptent tantôt une écriture verticale, chère à Lully, tantôt une polyphonie mouvante, comme la pratiquait Charpentier. Elles sont conçues pour un effectif vocal important, et offrent une alternance de grands et de petits chœurs. L'orchestre ne se contente pas de soutenir les voix, mais a pour rôle d'exposer une idée dans un prélude ou de mettre en relief le timbre d'un instrument dans les passages réservés aux solistes. Des ensembles vocaux, tels les trios et les quatuors, apportent encore de la variété à ces ouvrages, qui commentent le texte sacré avec souplesse, en traitant un ou plusieurs versets dans un même moule. Delalande sut porter le motet à son apogée en lui conférant une spiritualité que seuls Bach et Haendel ont été capables d'atteindre, à cette époque, dans des œuvres religieuses monumentales.

DELERUE *(Georges),* compositeur français *(Roubaix 1925).* Élève du Conservatoire de Paris, il a été directeur musical du festival d'Avignon (1948-1950), puis chef d'orchestre du Club d'essai de la radiodiffusion française (1951-1957). Il a écrit un *Quatuor à cordes* en 1948 et un autre en 1971, l'opéra de chambre *Ariane* en 1954, a fait représenter deux grands opéras, *le Chevalier de neige* sur un livret de Boris Vian (Nancy, 1957) et *Medis et Alyssio* sur un livret de Micheline Gautron (Strasbourg, 1975). Il a donné également des pages symphoniques comme la *Symphonie concertante* pour piano et orchestre (1957) ou les *Variations libres pour un libre penseur musical (sur le nom de Ludwig van Beethoven)* pour orchestre (1975). Mais c'est surtout par ses très nombreuses musiques de scène, radiophoniques et de film que, grâce à un métier très sûr, il a acquis la célébrité. Citons celles pour *la Mort de Danton* de Büchner (Avignon, 1949) ou *les Mouches* de J.-P. Sartre (Nîmes, 1950), pour *les Rois maudits* de M. Druon (1974) et pour les films *Hiroshima mon amour* (1958), *la Peau douce* (1964), *le Conformiste* (1970), *les Deux Anglaises et le continent* (1971), *Une belle fille comme moi* (1972), *le Chacal* (1974), *Banlieue Sud-Est* (1977), *la Gifle* (1978), *le Dernier Métro* (1980). Il a aussi signé plusieurs spectacles son et lumière.

DELIBES *(Clément Philibert Léo),* compositeur français *(Saint-Germain-du-Val 1836 - Paris 1891).* Ayant montré de bonne heure des dispositions pour le chant, il fit partie de plusieurs chorales avant d'entrer à l'âge de douze ans au Conservatoire de Paris. Après y avoir obtenu en deux ans un premier prix de solfège, il y étudia le piano, l'orgue, l'harmonium et la composition (classes de Le Couppey, Benoist, Bazin et A. Adam). Il commença à travailler comme accompagnateur au Théâtre-

Lyrique et comme organiste à Saint-Pierre de Chaillot, tout en donnant des leçons particulières. En 1855, il composa une opérette sur un texte de J. Moinaux, *Deux Sous de charbon,* représentée au théâtre des Folies-Nouvelles. Il continua à pratiquer ce genre assez régulièrement jusqu'en 1869 et composa une quinzaine d'opérettes, la plupart représentées au théâtre des Bouffes-Parisiens, parmi lesquelles *Six Demoiselles à marier* (1856), *l'Omelette à la Follembuche* (1859), *les Musiciens de l'orchestre* (1861), *le Serpent à plumes* (1864), *Malbrough s'en va-t-en guerre* (1868), cette dernière œuvre écrite en collaboration avec Bizet, Jonas et Legouix. En même temps, il commença à écrire des opéras-comiques pour le Théâtre-Lyrique (*Maître Griffard,* 1857 ; *le Jardinier et son seigneur,* 1863).

Son engagement à l'opéra, en 1863, en qualité d'accompagnateur, puis de chef de chœur, lui ouvrit des possibilités nouvelles. En 1866, il écrivit, en collaboration avec le compositeur polonais Minkus, son premier ballet, *la Source,* sur un sujet oriental de Ch. Nuitter, avec une chorégraphie de A. Saint-Léon. Le succès de *la Source,* reprise à l'étranger sous divers titres (*La Sorgente,* en Italie ; *Naïla,* en Allemagne), prouva que Delibes possédait un sens naturel de l'esthétique chorégraphique. L'année suivante, il composa un divertissement, *le Pas des fleurs,* pour la reprise du *Corsaire* de son maître Adam. En 1870, *Coppélia* d'après un conte de Hoffmann, *l'Homme au sable,* lui assure l'immortalité dans le domaine du ballet. C'est, avec *Sylvia* (1876), l'une de ses rares œuvres qui continuent à tenir l'affiche de nos jours.

Dans le répertoire lyrique, les compositions les plus valables de Delibes sont *Le roi l'a dit* (Opéra-Comique, 1873), et surtout *Lakmé* (*ibid.* 1883), qui doit sa popularité au charme sentimental et exotique de son sujet hindou, autant qu'à son coloris, son invention mélodique et la souplesse de son écriture vocale. En 1882, Delibes a écrit une série de danses pour la reprise de la pièce de Victor Hugo *Le roi s'amuse* (ce même texte avait servi de base au livret de *Rigoletto* de Verdi). Son dernier opéra, *Kassya,* laissé inachevé, fut terminé et orchestré par Massenet. Delibes était également l'auteur de nombreuses œuvres vocales profanes et religieuses, aujourd'hui à peu près oubliées.

DELIUS *(Frederick),* compositeur anglais *(Bradford 1862 - Grez-sur-Loing, Seine-et-Marne, 1934).* En partie d'origine allemande, il se révéla bon violoniste dès son enfance, mais ses parents cherchèrent à le détourner de la musique. À l'âge de vingt ans, il s'installa en Floride comme planteur d'oranges, et consacra son temps libre à la musique, étudiant tout d'abord seul, à l'aide d'ouvrages théoriques. De retour en Europe, il fut, au conservatoire de Leipzig, l'élève de Reinecke. S'il ne tira pas grand profit de cet enseignement, il reçut en revanche l'influence déterminante de Grieg, alors à Leipzig. Cette influence est évidente dans *Sleigh Ride* (1888). À partir de 1890, il vécut surtout en France, d'abord à Paris, puis à Grez-sur-Loing, où il devait finir ses jours. En 1890, il avait épousé le peintre Jelka Rosen. Les partitions se succédèrent jusqu'en 1924, époque à laquelle une maladie le paralysa et le rendit aveugle. Toutes ses dernières œuvres furent écrites avec la collaboration de Eric Fenby, jeune musicien du Yorkshire, qui, plus tard, devait enregistrer ses trois sonates pour violon et piano et écrire un livre à sa mémoire (*Delius as I knew him,* 1936). Delius vécut plus de quarante ans en France, mais sa musique y demeure pratiquement inconnue. Elle est en revanche très appréciée en Angleterre, grâce aux initiatives de sir Thomas Beecham, défenseur infatigable du compositeur. En 1929, Delius fut décoré par le roi George V à l'occasion d'un festival de ses œuvres organisé par Beecham au Queen's Hall de Londres. Ce fut son dernier voyage en Angleterre.

On peut remarquer chez Delius des parentés avec Debussy dans la couleur orchestrale, mais son plus grand modèle resta Grieg. Il excelle dans les évocations de nature, soit avec le grand orchestre (*Brigg Fair,* 1907), soit avec des moyens plus réduits, comme dans les deux chefs-d'œuvre que sont *Summernight on the River* (1911) et *On hearing the first Cuckoo in Spring* (1912) : la première de ces miniatures recrée l'atmosphère d'une nuit d'été sur le Loing aux alentours de Grez. Sa mélodie, envoûtante et souvent confiée aux instruments à vent, repose sur des harmonies richement chromatiques. Sa musique est inimitable ; elle suit son propre chemin, qu'il s'agisse pour elle d'évoquer son pays natal (*Over the Hills and Far Away,* 1895) ou la capitale française (*Paris,*

Radio Times Hulton.

Frederick **Delius.**

the Song of a Great City, 1899), ou de jeter un regard en arrière sur toute une vie créatrice (*A Song of Summer,* 1930). Pour chœurs et orchestre, il a composé notamment *Appalachia* (1902), *Sea Drift* d'après W. Whitman (1903), *A Mass of Life* d'après Nietzsche (1904-05), *Songs of Sunset* (1906-07), *A Song of the High Hills* (1911-12, avec chœurs sans paroles), *Requiem* (1914-1916), *Eventyr* (1917, avec seulement quelques interjections vocales). On lui doit également des mélodies, de la musique de chambre, dont le quatuor à cordes de 1916-17, des concertos, ainsi que six opéras : *A Village Romeo and Juliet* d'après G. Keller (1900-1901, créé en 1907), le plus célèbre et le plus réussi ; *Irmelin* (1890-1892, créé par Beecham en 1953), *The Magic Fountain* (1893), *Koanga* (1895-1897, créé en 1904), *Margot-la-Rouge* (1902) et *Fennimore and Gerda* (1909-10, créé en 1919). À signaler aussi la musique de scène pour *Hassan or the Golden Journey to Samarkand* de J. E. Flecker (1920).

DELVINCOURT *(Claude),* compositeur français *(Paris 1888 - Orbetello, Toscane, 1954).* Il étudia le solfège dès l'âge de sept ans avec Boellmann et l'harmonie avec Henri Busser. En 1902, il devint élève de Falkenberg (piano) et entra au Conservatoire de Paris en 1908 dans les classes de Caussade (contrepoint et fugue) et de Widor (composition). Ses premières compositions datent de 1907-1908 : quintette pour cordes, duo pour violon et piano. En 1910, il se présenta au concours du prix de Rome, mais n'obtint un second prix que l'année suivante et, finalement, le premier grand prix en 1913 avec *Hélène et Faust,* ayant ainsi composé successivement quatre cantates officielles. Engagé volontaire en 1914, il fut gravement blessé en 1915, perdit un œil et cessa pratiquement de composer pendant plusieurs années. Mais, dès 1923, plusieurs associations de concerts parisiennes affichèrent ses œuvres, et il aborda le théâtre au Grand Cercle d'Aix-les-Bains en 1937 avec un ballet, *le Bal vénitien,* version orchestrée d'une suite pour six instruments composée en 1930. Nommé directeur du conservatoire de Versailles en 1931, il y organisa des concerts de chambre et fit représenter par ses élèves au théâtre Montansier son opéra bouffe *la Femme à barbe* (1938). Au cours des années 30, il composa plusieurs musiques de film *(la Croisière jaune, l'Appel du silence, Sœurs d'armes).* Il avait cinquante-trois ans lorsqu'il fut appelé à succéder à Henri Rabaud à la tête du Conservatoire de Paris. Esprit ouvert à tous les éléments du progrès, il y modernisa l'enseignement et aménagea les règles concernant les admissions et les concours. Afin de soustraire ses élèves au service du travail obligatoire en Allemagne, il créa pour eux et avec eux l'Orchestre des cadets du Conservatoire, qui allait devenir une jeune phalange symphonique particulièrement appréciée. Après la guerre, l'Opéra monta son mystère, *Lucifer* (1948), achevé depuis 1940, sur un texte de R. Dumesnil, et la Comédie-Française lui commanda une nouvelle musique de scène pour *le Bourgeois gentilhomme.* Musicien distingué, doublé d'un humaniste, il conserva une prédilection pour les mystères du Moyen Âge et pour la chanson française.

Claude Delvincourt trouva la mort dans un accident d'automobile, à l'âge de soixante-six ans.

DEMANTIUS *(Christoph),* compositeur allemand *(Reichenberg, Bohême, 1567-Freiberg, Saxe, 1643).* Après des études universitaires à Wittemberg et peut-être un bref séjour à Leipzig, il est nommé cantor à Zittau (1597), puis à Freiberg (1604). Son *Isagoge artis musice* lui assure dès 1602 une réputation de pédagogue. Ses recueils de chansons profanes (1595, 1614 et 1615) le situent dans la lignée de R. de Lassus et de L. Lechner. Dans son important recueil d'introïts, de proses et de messes, les *Triades sioniae* (Freiberg, 1619), il aménage la technique de la basse continue en imposant à l'organiste un *cantus generalis.* La *Corona harmonica* (Leipzig, 1610) ou la *Passion selon saint Jean* (Freiberg, 1631) sont autant de points culminants d'une œuvre où les formes et les moyens stylistiques traditionnels se chargent d'une expression nouvelle qui préfigure les recherches de l'herméneutique musicale à venir.

DENIS *(Didier),* compositeur français *(Paris 1947).* Il a été élève d'Olivier Messiaen, qui l'a influencé dans sa conception du rythme et du déroulement du temps. Pensionnaire de la villa Médicis à Rome de 1971 à 1973, il a reçu le prix de la Fondation de la vocation (1969) et celui de la S. A. C. E. M. en 1973. Passionné par la voix, il a écrit nombre d'œuvres vocales en utilisant le texte plus pour la musique des mots que pour leur signification — tantôt chantés, tantôt dits avant ou pendant l'exécution instrumentale. Dans ses œuvres, il sait allier un souci de la forme à une grande fraîcheur dans le coloris orchestral. L'éventail de sa production est large, de la musique de théâtre (*Pour « le Marchand de Venise »* [1969] pour orchestre), aux pièces instrumentales (*Lèvres, Rouge* [1974] pour alto et 30 instruments), en passant par les partitions pour voix, dont la plus réussie est peut-être *Cinq fois je t'aime* (1968, créée à Paris en 1970) pour coloratur, récitant et orchestre.

DENISOV *(Edison Vassilievitch),* compositeur soviétique *(Tomsk, Sibérie, 1929).* À l'instigation de son père, ingénieur, il fait des études scientifiques supérieures à l'université de Tomsk (1946-1951). Il vient à Moscou suivre les cours de composition de V. Chebaline et N. Peiko (1951-1956). Il est actuellement chargé de cours au conservatoire de Moscou.

Grand admirateur de Chostakovitch, Denisov semble avoir détruit ses premiers essais. Son opus n° 1 est une *Musique* pour 11 instruments à vent et timbales (1961) qui fait se rejoindre la grammaire schönberguienne du *Quintette* op. 26 et un hommage à Bartók. L'opus n° 2, des *Variations* pour piano, montre dès lors l'influence de Boulez, de Stockhausen et de Nono. Denisov se fait admettre dans le domaine réservé des grands créateurs postweberniens lors de la première de sa cantate, *le Soleil des Incas,* pour soprano, 10 instruments, 3 voix d'hommes sur des poèmes chiliens de Gabriela Mistral. Tout en jouant d'un pointillisme instrumental emprunté au *Marteau sans maître* de Boulez, il reste dans la tradition russe pour ce qui est du traitement de la voix. Pendant dix ans (1964-1974), il a poursuivi ses recherches sonores sur diverses formations instrumentales : *Crescendo-diminuendo* pour clavier et 12 cordes (1965), *Ode* pour clarinette, piano, percussions (1968), *Musique romantique* pour hautbois, harpe et trio à cordes (1968), *Silhouettes* pour flûte, 2 pianos et percussions (1969), *3 Pièces* pour violoncelle (1970), *Trio* avec piano (1971), *Sonate pour violoncelle, Sonate pour saxophone* (1971), enfin ses *Signes en blanche* pour piano seul (1974).

Tout comme Prigojine, Denisov revient aux intonations archaïsantes pour la conduite de la voix humaine : *Pleurs* pour soprano, piano et percussions sur des textes populaires (1966), *Automne* pour chœur à 13 voix solistes a cappella sur des paroles de V. Khlebnikov (1968), *Chant d'automne* pour soprano et grand orchestre (1971). Depuis 1970, il s'adonne également au style concertant, du fait de fréquentes commandes de solistes occidentaux. À retenir le *Concerto pour violoncelle* (1972), *pour piano* (1974), *pour flûte* (1975), *pour percussions* (1978). *Peinture* pour grand orchestre (1970) est son œuvre symphonique la plus réussie qui soit parvenue en Occident. L'importance des œuvres de Denisov est encore difficile à apprécier, la vie musicale soviétique les laissant à l'écart. On a pu entendre ses ouvrages à Royan, au Domaine musical, à l'Automne de Varsovie, au concert de clôture de l'exposition Paris-Moscou en 1979, mais il n'a pas l'audience qu'il mérite.

DESMAREST *(Henry),* compositeur français *(Paris 1661 - Lunéville 1741).* Page de la Musique du roi, il reçut son éducation musicale auprès de Robert et de Du Mont. Ayant été écarté d'un des postes de la chapelle royale, il se tourna vers l'art lyrique. En 1686, il donna deux opéras à la cour, puis devint, à partir de 1693, l'un des principaux compositeurs de l'Académie royale de musique. Jusqu'en 1698, il fournit en moyenne un ouvrage par an au théâtre parisien. Sa carrière dans l'opéra fut interrompue par une aventure galante : en raison de l'enlèvement d'une de ses élèves, dont il s'était épris, il dut quitter la France. En 1699, il entra à Bruxelles au service de Maximilien Emmanuel de Bavière, puis en 1701, à Madrid, à celui du roi d'Espagne, Philippe V. Enfin, en 1707, il fut surintendant à la cour de Lorraine. Entre-temps, en 1704, sa tragédie lyrique, *Iphigénie,* laissée inachevée lors de son départ de Paris, fut représentée dans cette ville, grâce à Campra qui termina l'œuvre. Pardonné par le régent en 1720, Desmarest allait avoir l'occasion de retourner en France et d'assister, en 1722, à la création de son dernier opéra, *Renaud ou la Suite d'Armide.* N'étant pas parvenu, en 1726, à succéder à Delalande à la chapelle royale, il termina sa carrière en Lorraine. En dépit de ses échecs pour entrer à la chapelle du roi, il laissa une messe à deux chœurs, deux *Te Deum* et plusieurs psaumes et motets. Son œuvre lyrique fut critiquée de son vivant : on lui reprochait de plagier Lully, ce qui est en effet sensible dans un opéra comme *Circé* (1694). Certains de ses ouvrages furent toutefois appréciés et ne manquent pas d'originalité : *Didon* (1693), *Iphigénie* (1704).

DESSAU *(Paul),* compositeur allemand *(Hambourg 1894 - Berlin 1979).* Il a occupé après la Première Guerre mondiale des postes à Hambourg, Cologne, Mayence, Berlin. En 1933, il émigra à Paris, puis aux États-Unis, et, en 1948, se fixa à Berlin-Est, où il poursuivit sa collaboration avec B. Brecht : musiques de scène pour *Mère Courage* (1946) et pour *le Cercle de craie caucasien* (1954) ; opéras *Das Verhör des Lukullus* (« le Procès de Lucullus », 1949), devenu après controverses et remaniements *Die Verurteilung des Lukullus* (« la Condamnation de Lucullus », 1951), et *Maître Puntila* (1966). Attiré dans sa jeunesse par les techniques dodécaphoniques, il s'en est assez vite éloigné, choisissant délibérément une voie plus ouverte et plus large : « Écrire une musique réaliste, c'est ce qui compte pour moi. » Il a sans doute donné le meilleur de lui-même dans des témoignages comme *In memoriam Bertolt Brecht* (1957), *Requiem pour Lumumba* (1963), ou encore *Lénine, musique pour orchestre n° 3* avec chœur final sur l'*Épitaphe pour Lénine* de B. Brecht (1970). On lui doit encore des musiques de scène pour les différents *Faust* de Goethe (1949-1953), *Variations sur un thème de Bach* pour orchestre (1964), les opéras *Lancelot* (1967-1969) et *Einstein* (1971-1973). Une œuvre scénique posthume d'après Büchner, *Leonce und Lena,* a été créée à l'opéra de Berlin-Est fin 1979.

DESTOUCHES *(André-Cardinal),* compositeur français *(Paris 1672 -* id. *1749).* Fils d'un marchand parisien, il fit ses études chez les jésuites au collège Louis-le-Grand, de 1681 à 1686. Puis il partit en 1687, avec le père Tachard, pour le Siam, comme mathématicien et géographe. À son retour (1688), il renonça aux ordres. En 1692, il entra chez les Mousquetaires noirs et participa à la guerre de la Ligue d'Augsbourg. Là, il commença à écrire des airs sérieux et à boire. Il quitta l'armée en 1694 pour se perfectionner en musique avec Campra et collabora bientôt avec ce dernier en composant trois airs pour *l'Europe galante,* opéra-ballet créé en 1697. La même année, il fit interpréter sa pastorale, *Issé,* en présence de Louis XIV. L'œuvre fut applaudie et Destouches devint l'un des artistes les plus appréciés du roi. De 1699 à 1703, ses tragédies lyriques, *Amadis de Grèce, Marthésie* et *Omphale,* ainsi que sa comédie-ballet, *le Carnaval et la Folie,* eurent le privilège d'être données en concert avant d'être représentées à l'Opéra de Paris. Cette protection lui valut également d'être nommé en 1713 inspecteur de ce théâtre. La mort de Louis XIV ne vint pas interrompre sa carrière. En 1718, il acheta à Delalande la charge de surintendant de la musique, avant de collaborer avec ce musicien au ballet *les Éléments,* qui fut dansé par le jeune Louis XV aux Tuileries en 1721. Destouches n'allait plus écrire qu'un seul ouvrage lyrique, *les Stratagèmes de l'amour,* créé en 1726, en dépit du poste de directeur artistique de l'Opéra qu'il reçut en 1728. Entre-temps, en 1727, il avait été nommé maître de la musique de la Chambre. Pour Marie Leszczyńska, il organisa les Concerts de la reine, avant de se démettre de toutes ses charges.

À côté de quelques cantates et de plusieurs airs sérieux et à boire, le reste de l'œuvre conservé de Destouches est consacré à l'art lyrique. Parmi les meilleurs opéras peuvent être cités la pastorale *Issé* (1697), qui fut augmentée de deux actes dans une nouvelle version (1708), ainsi que les tragédies lyriques *Omphale* (1700) et *Callirhoé* (1712). Sa comédie-ballet, *le Carnaval et la Folie* (1703), témoigne de l'influence italienne et pourrait être rapprochée des opéras-ballets de Campra.

DEUTSCH *(Max),* compositeur autrichien *(Vienne 1892 - Paris 1982).* C'est en 1912, alors qu'il suivait les cours de Guido Adler à Vienne, que Max Deutsch rencontra Schönberg et devint son élève en même temps que le précepteur de son fils. Il l'accompagna à Amsterdam comme assistant en 1920-21. Nommé chef titulaire du Blüthner Orchestra à Berlin, il composa la musique du film de Pabst *le Trésor,* puis vint s'établir à Paris en 1924. C'est là qu'il résida désormais et dirigea notamment la première exécution en France du *Kammerkonzert* de Berg et d'importants fragments des *Gurre Lieder* de Schönberg. Naturalisé français en 1948, après avoir fait la guerre dans la Légion étrangère, il se consacra dès lors à l'enseignement de la composition, puis fonda, en 1960, les Grands Concerts de la Sorbonne où les œuvres de ses élèves les plus marquants, données en création, voisinent avec celles des principaux compositeurs du XXe siècle, sans exclusive. En 1971, il devint professeur de composition à l'École normale de musique de Paris. Plus de trois cents compositeurs de tous les pays ont trouvé à travers lui une approche de la musique dans laquelle le *dire* occupe moins de place que le *faire :* « Mettez-vous au piano et jouez » était l'un de ses conseils les plus pressants. Loin d'être concentré exclusivement, il s'en fallait de beaucoup, sur l'étude de la méthode dodécaphonique, l'enseignement de Max Deutsch repose sur l'analyse des œuvres de Schönberg de la période 1908-1913, mais également sur toutes celles qui, de Monteverdi à Mahler en passant par Beethoven, Brahms et Wagner, ont fait la somme des acquisitions précédentes, en insistant davantage sur la permanence d'un certain nombre de principes d'écriture fondamentaux que sur les bouleversements esthétiques ou techniques qui ont jalonné l'histoire de la musique.

Quoiqu'il n'ait jamais cessé d'écrire de la musique, Max Deutsch n'a pas cherché à s'imposer comme compositeur. Parmi ses œuvres, il faut citer une *Symphonie en cinq mouvements,* une *Symphonie* pour solos, chœurs et orchestre d'après Péguy, des mélodies, des *Chœurs d'hommes* d'après Vinci, une messe, *la Fuite* (1946) d'après Tristan Tzara, et un opéra, *le Joueur.*

DEVIENNE *(François),* flûtiste et compositeur français *(Joinville 1759 - Charenton 1803).* Il s'intéressa très jeune aux instruments à vent et devint bientôt à la fois virtuose de la flûte et excellent bassoniste. En outre, il écrivit un grand nombre d'œuvres, notamment des concertos, pour ces deux instruments. Bassoniste et flûtiste à la garde des Suisses, flûtiste dans l'orchestre du Théâtre de Monsieur en 1788, puis du théâtre Feydeau en 1792, il fut, à la fondation du Conservatoire (1795), nommé professeur de flûte et publia une *Méthode de flûte théorique et pratique.* Dans le domaine de la musique vocale, il signa des airs, des romances et écrivit des opéras-comiques, dont *les Visitandines* (1792), qui connut un vif succès. Travailleur infatigable, il fut, dès 1802, atteint d'aliénation mentale et dut être interné l'année suivante.

DIABELLI *(Anton),* compositeur et éditeur autrichien *(Mattsee, près de Salzbourg, 1781 - Vienne 1858).* Il fit ses premières études musicales avec son père, fut élève au collège bénédictin de Michaelbeuren, chanta à la chapelle de Salzbourg où il rencontra Michael Haydn, avec qui il perfectionna sa formation musicale. En 1803, après avoir fréquenté quelque temps le collège cistercien de Raitenhaslach, il alla s'établir à Vienne, où il se fit rapidement apprécier comme professeur de musique (piano et guitare). En 1818, s'associant avec Peter Cappi, il fonda une maison d'éditions musicales, qui publia notamment les œuvres de Schubert, et racheta les fonds de plusieurs autres éditions, dont celle de Johann Traeg. En 1852, elle fut reprise par C. A. Spina et plus tard, après la mort de Diabelli, par F. Schreiber en 1872. Ses activités de pédagogue et d'éditeur n'empêchèrent pas Diabelli d'être un compositeur fécond, à l'inspiration spontanée et agréable, quoique imitative et sans grande envergure. Ses nombreuses pièces, sonatines, arrangements pour piano, violon ou guitare continuent à faire partie du répertoire des musiciens débutants. Il écrivit aussi beaucoup de musique religieuse (chœurs, messes, offertoires), ainsi que des singspiele. Mais s'il acquit une certaine célébrité, c'est moins grâce à ses propres œuvres que grâce à Beethoven, qui écrivit sur une de ses valses son plus important cycle de variations (*33 Variations sur une valse de Diabelli* op. 120, 1822-23), répondant ainsi à une proposition que Diabelli avait lancée à de nombreux compositeurs de son temps pour rentabiliser sa maison d'édition.

DIEPENBROCK *(Alphonse),* compositeur néerlandais *(Amsterdam 1862* - id. *1921).* Docteur de l'université d'Amsterdam, mais autodidacte en musique, il étudia seul les chorals de Bach, les quatuors de Beethoven, les œuvres de Palestrina et des maîtres du XVIe siècle, en particulier de Sweelinck. Professeur de latin et de grec à Bois-le-Duc, il commença à composer dans un style personnel où une mélodie librement issue du grégorien rejoint la solide facture de Bach (*Missa in die festo,* 1890). Peu après, la découverte du chromatisme wagnérien l'orienta vers une nouvelle syntaxe grâce à laquelle il put faire écho à ses goûts littéraires (Hölderlin, Novalis, Nietzsche) dans de nombreuses pages chorales qui ne sont pas sans grandeur. En 1910 enfin, et après qu'il eût découvert Franck et Fauré, Debussy contribua à l'éloigner de Wagner, et le contact avec la poésie française (de Baudelaire à Verlaine) fut à l'origine de mélodies marquées par l'influence impressionniste. Ses dernières partitions sont des musiques de scène, où il renouait avec son humanisme féru d'Antiquité *(les Oiseaux, Électre).*

Il est le premier compositeur d'envergure dans son pays depuis Sweelinck, et le premier Néerlandais qui ait pris une part entière aux mouvements intellectuels européens de son temps. Mahler était son ami et Schönberg le tenait en haute estime. Bien que n'ayant eu aucun disciple, il eut une influence considérable sur le développement de la musique de son pays.

DIEUPART *(Charles),* compositeur et claveciniste français *(? v. 1670 - Londres v. 1740).* Il fit ses études musicales en France et participa aux activités de quelques chapelles et maîtrises. Puis il s'installa à Londres, y devint un professeur célèbre et se fit remarquer au théâtre du Drury Lane à partir de 1704. Il prit part à la composition de plusieurs ballets ou opéras dont les partitions ont été perdues. Virtuose du clavecin, il composa de nombreuses pièces pour cet instrument ainsi que des œuvres vocales. Mais nous ne connaissons aujourd'hui que ses *Six Suittes de clavessin...* publiées à Amsterdam (rééd. 1935), cinq airs à une voix et basse continue, quelques-uns pourvus d'un accompagnement de flûte, et trois airs à une voix et basse continue. Nombre de ses œuvres furent connues en Europe et intéressèrent même J.-S. Bach.

DISTLER *(Hugo),* compositeur allemand *(Nuremberg 1908 - Berlin 1942).* Après des études d'orgue, de piano et de composition à Leipzig (1927-1931), il fut six ans organiste à Lübeck, puis devint professeur et chef de chœur à Stuttgart (1937-1940) et ensuite à Berlin. Son esprit luthérien et ses activités d'organiste orientèrent la plus grande partie de sa production vers le domaine religieux : citons les 52 motets du cycle *Der Jahreskreis* (1933), la *Choral-Passion* op. 7 (1933), la cantate *Wo Gott zum Haus nit gibt sein Gunst* (1935), ou encore la *Geistliche Chormusik* op. 12 (1934-1941). Au point de vue instrumental, il écrivit des pièces pour orgue et des œuvres diverses parmi lesquelles un *Concerto pour clavecin* op. 14 (1936) qui fut sélectionné par les nazis comme spécimen d'art « dégénéré ». Son dégoût du régime de Hitler et le sentiment que pour lui il n'y avait plus rien à faire dans ce contexte le poussèrent au suicide.

DITTERSDORF *(Carl Ditters von),* violoniste et compositeur autrichien *(Vienne 1739 - château de Rothlhotta, Bohême, 1799).* À douze ans, il entra comme page au service du prince von Sachsen-Hildburghausen, qui veilla sur son éducation et le confia, pour ses études de composition, à Giuseppe Bonno. Par l'intermédiaire du prince, Dittersdorf — qui s'appelait toujours Ditters, ne devant être anobli qu'en 1773 — obtint un poste dans l'orchestre de la cour de Vienne. En 1763, il effectua avec Gluck un voyage à Bologne, et, de 1765 à 1769, occupa comme successeur de Michael Haydn les fonctions de maître de chapelle de l'évêque de Grosswardein en Hongrie (aujourd'hui Oradea en Roumanie) : il écrivit en ce lieu des symphonies, des concertos pour violon, et son premier opéra, *Amore in musica* (1767). Il entra ensuite à Johannisberg, non seulement comme musicien mais comme titulaire de plusieurs emplois administratifs importants, au service du comte Schaffgotsch, prince-évêque de Breslau. Se trouvant à la tête d'un théâtre, il composa là plusieurs opéras parmi lesquels *Il Finto Pazzo per amore* (v. 1775). Il fit au cours de ces années plusieurs séjours à Vienne, notamment en 1773 et en 1786, et y fréquenta Haydn et Mozart, participant comme violoniste aux premières auditions privées des quatuors de Mozart dédiés à Haydn. Écrits dans un style agréable et vif, ses nombreux concertos, ses symphonies (dont un cycle sur les *Métamorphoses* d'Ovide), ses ouvrages de musique de chambre (dont six quatuors à cordes), firent de lui un des auteurs les plus prisés de l'époque. On lui doit aussi des oratorios, dont *Esther* (Vienne, 1773), et beaucoup d'opéras italiens ou allemands dont l'un, *Doktor und Apotheker* (*Docteur et Apothicaire,* Vienne, 1786), devait survivre jusqu'à nos jours après avoir éclipsé pour un temps le *Figaro* de Mozart, créé quelques semaines auparavant. Certaines de ses pages instrumentales furent attribuées à Haydn. Mais il mourut dans la misère et à peu près oublié deux jours après avoir achevé de dicter ses Mémoires.

Carl Ditters ***von Dittersdorf.*** *Gravure de Riedel.*

DITTRICH *(Paul Heinz),* compositeur allemand *(Gernsdorf, R.D.A., 1930).* Il a fait ses études de 1951 à 1956 à l'École supérieure de musique avec Fidelio Finke (composition) et Gunter Ramin (direction de chœur), puis de 1958 à 1960 à l'Académie des arts de Berlin-Est avec R. Walter Regeny (composition). Il a enseigné à l'École supérieure de musique de Berlin de 1963 à 1976, et y a repris, en 1979, un poste de professeur de composition. Il est le principal compositeur de la République démocratique allemande à s'être imposé (surtout depuis 1970) sur le plan international. Ses œuvres sont au nombre d'une trentaine. Citons *les Fleurs de Baudelaire* pour 3 sopranos aigus et 10 instruments (1969) ; *Kammermusik I* pour 4 bois, piano et bande (1970), *II* pour hautbois, violoncelle, piano et sons électroniques (1975), *III* pour quintette à vent et baryton (1974) et *IV* pour soprano, 7 instruments et synthétiseur (1977) ; *Memento vitae* sur un texte de Brecht (1971-1974) ; un *Concerto* pour hautbois (1973-74), un pour violoncelle (1974) et un pour hautbois et flûte (1978) ; *Konzert I* pour clavecin et 7 instruments (1976) et *II* pour alto, violoncelle et orchestre (1978) ; *Illuminations* pour orchestre (1975-76) ; *Cantus I* pour orchestre (1974-75) et *II* pour soprano, violoncelle et orchestre (1977-78) ; *Voix intérieure* pour deux violoncelles (1978) ; *Engführung* pour soprano, live-électronique et orchestre, d'après des textes de Paul Celan (1980-81) ; et *La Métamorphose* d'après Kafka pour acteurs, ensemble instrumental et 5 vocalistes 1983).

DOHNANYI *(Ernö),* pianiste, compositeur et chef d'orchestre hongrois *(Poszony, aujourd'hui Bratislava, en all. Pressburg, 1877-New York 1960).* Enfant doué pour la musique, il prit des leçons avec l'organiste de la cathédrale de Poszony, puis travailla à Budapest avec Thoman (piano) et Koessler (composition). Il donna son premier concert à neuf ans, reçut à dix-huit les compliments de Brahms — qui s'entremit pour faire jouer à Vienne son opus nº 1, un *Quintette avec piano* —, se rendit à Berlin auprès d'Eugen d'Albert et se lança, avec l'aide de ce dernier, puis de Hans Richter, dans une carrière internationale de pianiste. Introduit en 1905 par d'Albert au conservatoire de Berlin pour y enseigner le piano, Dohnanyi y reçut le titre de professeur en 1908. Il fut nommé en 1914 au conservatoire de Budapest et élu dans cette ville — au lendemain de la guerre — président de la Société philharmonique, où il soutint Kodály et Bartók, et, en tant que chef d'orchestre, dirigea leurs œuvres, les faisant parfois entendre pour la première fois dans la capitale hongroise. En 1934, il prit la direction du conservatoire Ferenc-Liszt. En 1948, il quitta Budapest pour des motifs politiques et s'installa tout d'abord en Argentine, puis, en 1949, en Floride, à l'université de Tallahassee où il forma de nombreux compositeurs et pianistes.

La carrière de Dohnanyi, pianiste virtuose et compositeur, l'a fait fréquemment comparer à Rachmaninov. Pur produit de la tradition germanique, son œuvre reste fidèle à l'esthétique de Brahms, tout en étant sensible, comme son modèle, à la musique de Johann Strauss ou des Tziganes. Bien que n'ayant pas suivi Bartók et Kodály dans leurs conquêtes d'une musique spécifiquement nationale, il les soutint, malgré l'opposition des officiels.

Son œuvre de piano, qu'il enregistra en 1956, et les fameuses *Variations sur une chanson enfantine* op. 25 (1914), permettent de saisir l'art d'un musicien au métier brillant, solide, mais que les problèmes de construction embarrassent. Ayant trop cherché le secret de la forme classique chez Brahms, sa propre écriture est hésitante et ne devient naturelle que dans les pièces d'allure rhapsodique où le compositeur retrouve les réflexes du Hongrois improvisateur, la couleur, la rythmique et la respiration propres à une tradition austro-hongroise alliant Schubert, Brahms et les Tziganes.

DONATONI *(Franco),* compositeur italien *(Vérone 1927).* Il a commencé le violon à sept ans, et, encouragé par son premier maître Piero Bottagisio, s'est consacré entièrement à la musique dès la fin de ses études secondaires. Il a obtenu à Bologne des diplômes de chef de chœur (1950) et de composition (1951), a suivi jusqu'en 1953 les cours d'Ildebrando Pizzetti à Rome, puis a enseigné l'harmonie et le contrepoint au conservatoire de Bologne. Il a occupé un poste analogue au conservatoire Giuseppe-Verdi de Milan (1955-1967), puis a été nommé professeur de composition au conservatoire G.-Verdi de Turin (1968) et à celui de Milan (1969). Il enseigne depuis 1970 la composition aux cours d'été de l'Académie de Sienne (Accademia musicale Chigiana) et a succédé, en 1978, à Goffredo Petrassi à la chaire de composition de l'Académie Sainte-Cécile de Rome. Il a rencontré Bruno Maderna en 1953 et participé aux cours d'été de Darmstadt en 1954, 1958 et 1961.

Donatoni est passé brusquement, vers 1957-58, d'un langage postbartokien avancé aux préoccupations alors les plus urgentes et n'a pratiquement pas connu de phase postsérielle stricte. Ses œuvres de maturité, jusqu'en 1977 exclusivement instrumentales, développent des principes d'inspiration sérielle tout en utilisant des procédés de hasard liés à un symbolisme très personnel dans le jeu des chiffres. Dans les plus anciennes, comme *For Grilly,* improvisation pour 7 musiciens (1960), ou *Sezioni* pour orchestre (1961), l'influence de Cage est assez nette, et le hasard est vécu comme une sorte de renonciation au jeu de l'écriture. Suit une période qualifiée par le compositeur de « retrouvailles avec le matériau » et inaugurée par *Puppenspiel 2* pour flûte et orchestre (1965), « acte d'émancipation des automatismes compositionnels, libération incontrôlée du matériau ». Naissent alors plusieurs ouvrages fondés sur la préexistence d'un matériau externe, voire historique : *Souvenir (Kammersymphonie opus 18),* créé au festival de Venise 1967 et dont le matériau d'origine comprend 363 fragments de *Gruppen* de Stockhausen ; *Etwas ruhiger im Ausdruck* pour flûte, clarinette, violon, violoncelle et piano (1967), dont le matériau de base est emprunté à la 8e mesure du 2e morceau de l'opus 23 de Schönberg ; le chef-d'œuvre qu'est *Solo* pour 10 cordes (1969) ; *Doubles II* pour grand orchestre (1970) ; *Secondo Estratto* pour harpe, clavecin et piano (1970) ; *Quarto Estratto* pour 8 instruments (1974).

Dans une troisième période, le hasard est vécu comme expérience directe et comme confrontation immédiate au chaos, par exemple avec *To Earle Two* pour 2 orchestres (1971-72), « composition funéraire, déprimante, dépressive, sépulcrale, exercice sur la matière inerte, abstention à l'égard de la forme » (Donatoni). On assiste enfin à un retour insolite de certaines polarisations harmoniques ou formelles : évocations du motif B. A. C. H. dans *Voci* pour grand orchestre (1972-73), alternances strophiques dans *Lied* pour 13 instruments (1972), où est élaboré un matériau sonore issu d'une œuvre de Sinopoli. Dans *Espressivo* pour hautbois, cor anglais et grand orchestre (1973-74), une seule hauteur sonore est mise en évidence.

Parmi les ouvrages les plus récents de Donatoni, il faut citer *Lumen* pour 6 instruments (1975), *Portrait* pour clavecin et orchestre (1976-77), *Spiri* pour 10 instruments (1977), *De près* pour voix de femme, 2 octavins et 3 violons (1978), *...ed insieme bussarono* pour voix de femme et piano (1978), *Arie* pour voix de femme et orchestre (1978-79), *The Heart's Eye* pour quatuor à cordes (1979-80), *le Ruisseau sur l'escalier* pour 19 instruments et violoncelle solo (1980), *L'Ultima Sera* pour voix de femme et 5 instruments (1980-81), *Tema* pour 12 instruments (1981), *Feria* pour 5 flûtes, 5 trompettes et orgue (1981), *Abyss* pour voix grave de femme, flûte basse et 10 instruments (1983).

DONIZETTI *(Gaetano),* compositeur italien *(Bergame 1797* - id. *1848).* Issu d'une famille pauvre, il fut reçu à neuf ans à la *Scuola caritatevole di musica* (« École charitable de musique »), fondée par Mayr dans sa ville natale, il y apprit le clavecin et la composition et dut à l'intérêt que lui témoigna son maître, ainsi qu'à son soutien financier, de pouvoir compléter ses études à Bologne sous la conduite du père S. Mattei. Afin de venir en aide à sa famille, il s'engagea dans l'armée, mais ses premières réussites de compositeur lui permirent bien vite de s'en libérer. Son œuvre *Enrico di Borgogna* l'avait fait connaître en 1818, mais ce fut *Zoraide di Granata* (1822) qui lui valut son premier succès réel. Mieux accueilli à Naples et dans l'Italie méridionale que dans sa Lombardie natale, Donizetti fit jouer — dans les genres bouffe, semi-*seria* et *seria* — une trentaine d'œuvres, qui, tout en révélant un talent affirmé, le laissaient néanmoins dans l'ombre de Rossini, dont Bellini, son cadet de

Marzari.

*Gaetano **Donizetti,** par Carnevali. Musée du théâtre de la Scala, Milan.*

quatre ans, semblait déjà lui ravir l'héritage. La gloire véritable ne lui vint qu'en 1830 avec *Anna Bolena,* œuvre habilement démarquée du *Pirate* de Bellini, mais qui, dans l'interprétation de la Pasta et du ténor G. B. Rubini, lui valut la faveur des Milanais. Cette faveur se confirma en 1832 avec l'accueil réservé à son *Élixir d'amour.* Donizetti donna alors ses grands chefs-d'œuvre tragiques — drames romantiques ou historiques tels que *Torquato Tasso, Lucrezia Borgia, Maria Stuarda, Lucia de Lammermoor, Roberto Devereux,* etc. La disparition prématurée de Bellini lui laissa le champ libre, mais la direction du conservatoire de Naples n'en échut pas moins à Mercadante, à une période où il connut de grands malheurs, perdant subitement sa femme après ses parents et ses trois enfants. Recommandé par Rossini, il vint à Paris en 1838 et y donna, en langue française, *la Fille du régiment, la Favorite* et *les Martyrs* en 1840, avant d'être nommé compositeur impérial à Vienne où il présenta *Linda di Chamounix* et *Maria di Rohan.* Il revint à Paris donner *Dom Sébastien* et *Don Pasquale* (1843), mais le travail incessant auquel il s'était adonné, les chagrins et une vie dissolue eurent raison de ses forces et le conduisirent à de graves désordres mentaux, puis à la paralysie nerveuse. Interné à Ivry en janvier 1846, il regagna Bergame à la fin de l'année suivante et s'y éteignit, à 51 ans.

La gloire de Donizetti, comme le mépris qui s'ensuivit, ne reposa longtemps que sur la connaissance restreinte de son œuvre. Vers 1930, mais surtout depuis 1955, la redécouverte d'un romantisme européen fondé sur d'autres valeurs que celles de la culture germanique a permis de rendre à Donizetti sa véritable place dans l'évolution de l'opéra. Sans doute l'abondance d'une production qui comprend plus de soixante-dix œuvres lyriques, de la musique sacrée, instrumentale, etc., a-t-elle nui à l'homogénéité de son œuvre, dont les pages essentielles suffisent néanmoins à mesurer la qualité d'un talent confinant au génie véritable. Sa formation extrêmement poussée, sa connaissance de Haydn, Mozart et Gluck lui permirent de se démarquer peu à peu et de laisser libre cours à sa personnalité véritable. Des livrets plus soignés, la bonne perception de situations tragiques (où l'influence de Bellini se fit longtemps sentir, *Lucia de Lammermoor* devant tout aux *Puritains,* qui la précédèrent de peu), et le conflit romantique de l'amour impossible lui inspirèrent un langage plus fort et un traitement plus énergique de la voix chantée qui jetait un pont entre l'inspiration aristocratique de Bellini et la veine sanguine et populaire de Verdi. Nous trouvons en effet chez Donizetti à la fois les effusions pathétiques de Lucie, de Maria di Rohan, d'Elisabetta dans *Roberto Devereux,* de Pauline dans *les Martyrs* et d'autre part les élans si profondément humains de cette même Elisabetta, d'Anna Bolena, ceux d'Edgardo dans *Lucie* et de Fernand dans *la Favorite.* En même temps se profilent tous les aspects du baryton naissant, tour à tour noble et amoureux *(Dom Sébastien, la Favorite),* ou d'une « méchanceté » dont les éclats eussent été parfaitement impensables avant 1830 *(Lucia de Lammermoor).* Enfin, dernier grand auteur comique de l'histoire de l'opéra italien, Donizetti parvint à renouveler le genre avec *Il Campanello* ou *Betly* et à écrire, avec *l'Élixir d'amour,* un chef-d'œuvre du genre semi-*seria* où un pathétique sincère voisine avec les meilleures inventions d'un comique purement musical.

DOWLAND *(John),* luthiste et compositeur anglais *(Londres [?] 1563 - id. 1626).* On ne sait rien de ses premières années ni de sa formation musicale. Après la mort de son père en 1577, il entra au service de sir Henry Cobham, qu'il accompagna à Paris lorsque celui-ci y fut nommé ambassadeur d'Angleterre (1580). Pendant son séjour dans la capitale française, Dowland se convertit au catholicisme. De retour en Angleterre, il se maria. L'université d'Oxford lui décerna le titre de Bachelor of Music (1588), de même que l'université de Cambridge (av. 1597). Dowland essaya d'obtenir un poste officiel à la cour, mais sa religion empêcha cette nomination *(« My religion was my hindrance »).*

Déçu, il décida de partir, d'abord pour l'Allemagne, sur l'invitation du duc de Brunswick. De là, après avoir visité les cours de Wolfenbüttel et de Hesse, il voyagea en Italie, à Venise où il rencontra Giovanni Croce qu'il admirait beaucoup, puis à Padoue, Gênes, Ferrare et Florence. Il sollicita les conseils de Luca Marenzio à Rome et publia une des lettres du maître dans la préface de son *First Booke of Songes or Ayres* (1597) ; Marenzio se montra disposé à l'accueillir, mais on ignore si cette rencontre eut lieu. En tout cas, Dowland quitta rapidement Florence où des catholiques anglais en exil voulurent le mêler à un complot contre la reine Élisabeth. Désireux de revoir sa famille, il écrivit au chancelier d'Angleterre, sir Robert Cecil, qui avait signé son permis de voyage. Passant de nouveau par l'Allemagne, il reçut une lettre de Henry Noel qui le pressait de rentrer en Angleterre, puisqu'il pouvait enfin y espérer un poste à la cour. Et, en 1598, il fut nommé luthiste du roi Christian IV de Danemark.

Outre une courte visite en Angleterre (1604-1605), Dowland demeura à l'étranger jusqu'en 1606, date à laquelle il fut renvoyé de Copenhague en raison de sa mauvaise conduite. Entre-temps, il publia ses deuxième et troisième livres d'*Ayres* (1600-1603). Installé à Londres, il devint, en 1612, l'un des King's Musicians for the Lutes et fit paraître la même année sa dernière œuvre, *A Pilgrimes Solace,* recueil d'airs contenant une pièce sur un texte italien *(Lasso vita mia)* et quelques airs de dévotion admirables. Entre 1622 et 1623, il entreprit un autre voyage à l'étranger. Sa réputation de luthiste virtuose et de chanteur, interprète de ses propres airs, répandue dans toute l'Europe, finit par gagner l'Angleterre. À partir de 1621 — il figura ainsi sur le registre de l'état civil à Sainte-Anne de Blackfriars —, il eut droit au titre de Doctor.

Dowland est, sans nul doute, le plus grand compositeur d'*ayres* au luth pendant la courte période — 1597-v. 1630 — où le genre connut une immense faveur en Angleterre. Si plusieurs courants stylistiques ont marqué son œuvre, l'*ayre* est surtout issu de l'air* de cour français que Dowland avait certainement entendu à Paris (G. Tessier, P. Guédron), dont des éditions circulaient aussi outre-Manche et dont les textes originaux étaient souvent traduits. Comme son modèle, l'*ayre* se rattache à la Renaissance et non à la monodie naissante venue d'Italie. Il peut être interprété par une voix soliste accompagnée au luth (et à la viole) ou par un ensemble de violes, ou encore par un quatuor vocal *(Ayres for Four Voices),* avec ou sans accompagnement instrumental, le choix restant libre. En revanche, dans le domaine de l'harmonie, Dowland se montre en avance sur ses collègues français, de même que dans la complexité de son écriture pour le luth.

En bon humaniste, il se révèle particulièrement sensible à l'atmosphère de chaque texte qu'il met en musique ; son génie mélodique et rythmique lui permet de traduire chaque vers à la perfection. La forme de ses *ayres* est généralement strophique (le chanteur doit introduire un choix d'ornements discrets selon les sentiments exprimés et afin de varier les autres strophes) ; parfois, il emploie une mélodie continue, comme dans *In darkness let me dwell. « Semper Dowland semper dolens »,* il excelle dans les pièces mélancoliques *(I saw my lady weep; Go crystal tears).* Parfois, il compose un air sur un rythme de danse, par exemple, la gaillarde *Awake, sweet love, thou art returned ;* il peut aussi reprendre, comme bien d'autres, les cris de la ville *(Fine Knacks for Ladies).*

Dowland a laissé une quantité de belles pièces pour luth seul (*galliards, pavanes, fantaisies,* etc.), dédiées souvent à des personnalités connues (*The Earl of Derby's Galliard ; Sir John Smith his Almaine; Mrs. Winter's Jumpe,* etc.). Enfin, de 1604 datent les célèbres *Lachrymae,* série de 21 danses à cinq parties avec luth. Mais, malgré la qualité de cette œuvre instrumentale, ce sont surtout les *Ayres* qui constituent un événement de première importance dans l'histoire de la musique vocale.

DROGOZ *(Philippe),* compositeur français *(Berck-sur-Mer 1937).* Il a étudié les mathématiques (1955-1958) et la musique aux conservatoires de Toulouse (1955-1958) et de Paris (1958-1968). Dans ce dernier établissement, ses maîtres furent notamment André Jolivet et Jean Rivier (composition) et Olivier Messiaen (analyse). Second grand prix de Rome (1967), il a enseigné dans les écoles de la Ville de Paris (1962-1964) et au conservatoire de Bobigny (1969-1975), et il est depuis 1970 professeur et responsable de l'Atelier de recherche musicale du conservatoire de Montreuil. Membre du G. E. R. M. de 1968 à 1973, il s'est signalé dès la fin de ses études comme une personnalité totalement indépendante, suivant, sans souci des modes et des écoles, un cheminement personnel, alternativement rigoureux et fantaisiste. Il a orienté ses recherches à la fois sur la forme, les combinaisons de timbres instrumentaux et électroniques, la relation compositeur-interprète et sur la musique de film et le théâtre musical, participant pour ce dernier point à la création du groupe 010. On lui doit, parmi une production abondante, *Antinomies I* pour 12 cordes (1967), *Antinomies II* pour orchestre (1969) et *Antinomies III* pour instruments (1969), la musique pour le film *Un homme qui dort* (1973), la pièce radiophonique *Au château d'Argol* (1970), et sur le plan du théâtre musical *Lady Piccolo et le Violon fantôme* (1976), *Mais où est passée lady Piccolo* (1976-77) et *Yo ou l'Opéra solitaire* (1979).

DU CAURROY *(François Eustache),* compositeur français *(Beauvais 1549 - Paris 1609).* Chantre à la chapelle royale (1569), lauréat du prix d'Évreux en 1575, il fit une brillante carrière au service de la royauté comme maître de chapelle adjoint (1578), compositeur de la Chambre du roi (1595), puis surintendant de la musique, charge qu'Henri IV créa pour lui. Parallèlement, il accumula les prébendes à Dijon, Orléans, Provins, Passy, Saint-Cyr-en-Bourg.

À lire les jugements du XVIIe siècle, il était tenu en haute estime et considéré comme un exemple « pour la grande harmonie de sa composition et de son riche contrepoint » (Mersenne). De fait, ses motets révèlent un usage savant du contrepoint traditionnel acquis, de son propre aveu, « par la lecture des bons auteurs et la pratique des anciens », bien qu'il y ait introduit le double chœur. Influencé par

Laroussse.

Allégorie de la Musique (1627). Apollon, qui tient une lyre, est entouré d'un ténor de viole, de joueurs et joueuses de cornet, harpe, trompette. (Coll. part.)

Claude Le Jeune, il accorde une place à la musique *mesurée à l'antique.* Cette tendance, qui apparut tardivement (1609), était peut-être due à la publication du *Printemps* par Cécile Le Jeune (sœur de Claude) en 1603. À vrai dire, Du Caurroy ne réussissait que médiocrement à illustrer cette tentative dans les quinze chansons mesurées qu'il inséra dans son livre de *Meslanges* (1610). Son goût du contrepoint strict éclata tout particulièrement dans les 42 *Fantaisies* pour violes en forme de *ricercar* qui ne furent publiées qu'en 1610. Lorsqu'il composa à partir d'un *cantus firmus,* chaque fragment du thème reçut un développement d'une grande ampleur. Le *cantus firmus* lui-même était souvent emprunté, parfois de sa propre inspiration. Il donna prétexte à des divertissements fugués à moins que ce *cantus firmus* ne fût devenu un élément fondamental du grand choral contrapuntique que les organistes allemands comme Pachelbel ou Buxtehude imposèrent. Du Caurroy fut l'auteur d'une cinquantaine de motets, dont un *Te Deum* à 6 voix (1609) et de psaumes. Sa *Messe pour les défunts* à 5 voix (1606) servit par la suite de messe de requiem lors d'obsèques royales (Henri IV, Louis XIII).

DUFAY *(Guillaume),* compositeur français *(Hainaut v. 1400 - Cambrai 1474).* Son lieu de naissance reste imprécis : peut-être Chimay ou Cambrai. Il reçoit sa formation musicale au diocèse de Cambrai comme *puer altaris.* Cambrai est à l'époque un important centre de musique religieuse, connu jusqu'au Vatican qui en fait venir des musiciens. Les maîtres de Dufay sont V. Bréion, N. Malin, R. de Locqueville, compositeurs intermédiaires entre l'Ars nova de G. de Machaut et l'école franco-flamande dont Dufay va être le premier grand représentant.

Sa vie peut se partager en quatre périodes : apprentissage à Cambrai (jusqu'en 1419), période italienne (jusqu'en 1437), période itinérante entre plusieurs cours (jusqu'en 1450) et retour définitif à Cambrai. Ayant fait partie, à l'âge de dix-sept ans, de la suite de l'évêque Pierre Dailly au concile de Constance, Dufay y rencontre Carlo Malatesta qui le prend en 1419 à sa cour de Rimini. Il y reste jusqu'en 1428. De cette époque datent ses premiers motets, dont *Apostolo glorioso.* En 1427, il est ordonné prêtre. Pendant cinq ans (1428-1433), il séjourne à Rome où il retrouve un autre Cambraisien, Nicolas Grenon. À la suite d'une insurrection, le pape est obligé de se réfugier à Florence où Dufay le suit. En 1433-1435, on le voit à Chambéry, à la cour de Savoie, qui est un centre d'échanges entre la France et l'Italie. Il revient à Florence et, en 1436, compose pour l'inauguration du Dôme le motet *Nuper rosarum flores.* La même année, il reçoit un canonicat pour Cambrai, mais avant de s'y fixer, il va passer douze années partagé entre plusieurs cours : celle de Ferrare, celle de Savoie, celle de Bourgogne, où est établi son illustre contemporain et ami Gilles Binchois. Il acquiert au cours de ces années une notoriété considérable et jouit de l'estime et des faveurs de plusieurs monarques (Charles VII, Louis XI). De retour à Cambrai, il s'occupe d'une maîtrise d'enfants. Cette dernière période de sa vie est musicalement la plus productive.

La musique de Dufay est la résultante de plusieurs influences complémentaires :

l'art français de Machaut, dont il a certainement connu les œuvres, la « contenance angloise » de Dunstable, importante par les innovations harmoniques qu'elle a introduites (prédominance de la tierce), enfin l'influence italienne due à ses voyages. Compositeur très éclectique, Dufay a joué un rôle également important dans la musique profane et la musique religieuse. La première plaît par son naturel, sa spontanéité mélodique, sa sensibilité. La seconde vaut par l'élaboration de son écriture, par sa solidité et par son sens de la grandeur religieuse. Les chansons de Dufay (virelais, ballades et surtout rondeaux) sont au nombre de 83, dont 8 sur des textes italiens. Le virelai, qui est une chanson à danser, est à deux voix, une voix mélodique et une teneur. Les ballades et les rondeaux sont pour la plupart à trois voix, la voix supérieure étant chantée et les deux autres souvent confiées à des instruments. Les ballades de Dufay *(Resveillez-vous et faites chière lie, C'est bien raison, J'ay mis mon cœur et ma pensée)* sont numériquement moins importantes que les rondeaux, car ce genre était en déclin à cette époque, de même que le virelai. Le rondeau, au contraire, atteint son apogée au milieu du XVᵉ siècle chez Dufay *(La plus mignonne de mon cœur, Donnez l'assaut à la forteresse, Adieu m'amours),* de même que chez Binchois.

Dans ses 76 motets, ses fragments de messes et ses messes entières, Dufay montre le désir de s'émanciper des excès d'artifices de l'Ars nova, en simplifiant l'écriture mais aussi en privilégiant l'expression. Toutefois, dans les motets écrits avant 1446, il conserve encore le principe de la teneur isorythmique. De plus en plus, la voix dominante ne va plus être le ténor mais le supérius, qui conduit la mélodie, et on remarque très nettement une tendance à l'écriture en imitation. Le madrigalisme commence à faire son apparition. Dans certains cas, Dufay indique des parties instrumentales obligées (par exemple, les trombones dans le *Gloria ad modum tubae*). La superposition de plusieurs textes, courante dans les motets de l'Ars nova, se retrouve parfois : ainsi dans le motet *Ecclesiae militantis* écrit pour l'intronisation du pape Eugène IV (1431), les cinq voix possèdent des textes différents ; ou la célèbre *Lamentation de Constantinople* (1454), dans laquelle un fragment latin des *Lamentations de Jérémie* est superposé à un texte français. Les neuf messes intégrales de Dufay sont écrites sur diverses teneurs, profanes, inventées ou liturgiques. Les teneurs profanes sont fournies par des thèmes de chansons populaires comme *Se la face aye pale* ou *l'Homme armé :* cette dernière doit, par la suite, être reprise par de nombreux compositeurs, dont Ockeghem et Josquin, et, même, au XVIIᵉ siècle par Carissimi. En 1463 et 1464, Dufay écrit ses deux dernières messes, *Ecce Ancilla Domini* et *Ave Regina caelorum,* sur des teneurs liturgiques empruntées à des antiennes à la Vierge.

Avec Dufay commence l'une des grandes époques de la musique française : l'école franco-flamande, issue de la guerre de Cent Ans et dont le rayonnement reste constant jusqu'à la fin du XVIᵉ siècle, dominant toute la musique occidentale.

DUFOURT *(Hugues),* compositeur français *(Lyon 1943).* Il a fait des études universitaires dans sa ville natale, a étudié le piano au conservatoire de Genève, et, de 1965 à 1970, a travaillé la composition avec Jacques Guyonnet et a collaboré avec ce dernier au Studio de musique contemporaine de Genève tout en participant, à Lyon, à l'organisation des concerts du groupe Musique du temps. En 1968, il eut la charge des concerts de musique contemporaine au théâtre de la Cité de Villeurbanne. Agrégé de philosophie en 1967, il a été maître-assistant à l'université Jean-Moulin de Lyon, et, depuis 1977, il est chargé de recherche au Centre national de la recherche scientifique. Il est un des responsables du groupe de l'Itinéraire, et a participé en 1977 à la fondation du Collectif de recherche instrumentale et de synthèse sonore (C. R. I. S. S.).

Attiré à la fois par les problèmes de la grande forme dynamique et de la lutherie électronique, ce qui le fait s'intéresser en particulier, parmi les maîtres de la première moitié du XXᵉ siècle, à Igor Stravinski et à Edgard Varèse mais aussi à Jean Sibelius, Hugues Dufourt est de ceux qui considèrent que la composition musicale doit aller de pair avec la réflexion théorique, et qui refusent l'incompatibilité entre le parti pris technologique et la capacité de créer et de raisonner. Entre autres tâches ambitieuses, il assigne à la musique d'aujourd'hui celle de maîtriser les nouvelles sonorités — pas seulement l'électroacoustique, mais aussi, voire surtout, les sonorités nées de l'essor prodigieux de la pratique instrumentale — par le biais de l'écriture.

Ses œuvres sont actuellement (début 1982) au nombre de dix. La plus ancienne est *Brisants* pour piano et 16 instrumentistes (1968). *Mura della città di Dite* (1969) — au titre emprunté à Dante (Dite, nom de Lucifer, désigne par extension la cité maudite enfouie au centre de la Terre, monde clos où s'abolit la raison du monde) — est une assez brève partition pour 17 instruments (quintette à cordes, vents, percussions, harpe et orgue électronique) en deux parties de caractère opposé, la première heurtée et la seconde immobile. *Down to a Sunless Sea* pour 16 cordes (1970), au titre extrait d'un poème de Coleridge, est un ouvrage à la mémoire de Carpaccio, écrit « en me remémorant les ors de Venise et l'éclat de sa lagune » (H. Dufourt). Suivit *Dusk Light* pour 4 chanteurs et 16 instrumentistes. Au festival de Royan de 1977 furent créés *Erewhon*, vaste « symphonie » pour 150 instruments à percussion (1972-1976), et *l'Orage (La Tempesta)* d'après Giorgione pour flûte contrebasse et basse, cor anglais et hautbois, clarinette contrebasse et basse, trombone, orgue électrique, vibraphone et guitare électrique (1976-77). Centrée sur des timbres insolites et graves et sur leur expansion volumétrique, cette dernière œuvre s'inspire des structures de dédoublement du tableau de Giorgione. *Antiphysis*, pour flûte principale et orchestre de chambre (1978), fut créé au festival de La Rochelle de 1978 dans le cadre du concours de flûte pour la musique contemporaine. *Sombre Journée,* pour 6 percussionnistes, créé en 1979, faisait à l'origine partie d'*Erewhon.* Dans *Saturne**, pour ensemble d'instruments électroniques, 6 percussionnistes et ensemble d'instruments à vent (1979) sont réunis les trois familles instrumentales qui pour le compositeur ont le plus contribué au renouvellement du matériau sonore. *Surgir,* pour orchestre (1981-1983), résulte d'une commande de l'Orchestre de Paris.

En Hugues Dufourt, la musique actuelle possède certainement une de ses plus fortes et de ses plus solides personnalités.

DUHAMEL *(Antoine),* compositeur français *(Paris 1925).* Il a fait ses études au Conservatoire de Paris et surtout avec René Leibowitz, et a participé aux cours d'analyse d'Olivier Messiaen (1945-1950) : de ses préoccupations d'alors, qui le firent envisager également la psychologie et la peinture, témoignent ses *Variations pour piano sur l'opus 19 n° 6 de Schönberg* (1949). Suivirent notamment *l'Ivrogne ou le Scieur de long,* opéra en 1 acte d'après Baudelaire (1951-52) et l'oratorio profane *la Maison des morts* (1953-1956). De 1957 à 1971, il s'est largement orienté vers la musique de film, avec, par exemple, *Pierrot le Fou* (1965) et *Week-End* (1967) de Jean-Luc Godard, *Baisers volés* (1968), *la Sirène du Mississippi* (1969) et *Domicile conjugal* (1970) de François Truffaut, et *M. comme Mathieu* de Jean-François Adam (1971). À partir de 1968, il s'est beaucoup intéressé à l'opéra et au théâtre musical, et a donné en ce domaine, entre autres, *Lundi Monsieur vous serez riche* (Strasbourg, 1968), *l'Opéra des oiseaux* (Lyon, 1971), *Ubu à l'Opéra* (Avignon, 1974), *Gambara,* d'après Balzac (Lyon, 1978), et *Cirque impérial* (Avignon, 1979).

DUKAS *(Paul),* compositeur français *(Paris 1865 - id. 1935).* Envers lui, l'histoire de la musique s'est conduite de façon très capricieuse. Bien qu'ayant vécu soixante-dix ans, il se limita à sept œuvres principales et à cinq partitions plus réduites, dont un *Prélude élégiaque sur le nom de Haydn,* pour le centenaire de la mort de ce maître (1909), une *Plainte au loin du faune,* à la mémoire de Debussy (1920), et un *Sonnet de Ronsard* (1924). De ses œuvres principales, une seule, *l'Apprenti sorcier,* a vraiment atteint la célébrité, alors que son opéra *Ariane et Barbe-Bleue* reste pratiquement inconnu, et que sa *Sonate* et ses *Variations* pour piano sont au répertoire de très peu de pianistes. Il aurait donc pu rester toute sa vie un musicien méconnu, admiré de quelques-uns mais ignoré des autres, comme le furent et le sont toujours Maurice Emmanuel et André Caplet.

Or il fut, à partir de sa trente-deuxième année et jusqu'au-delà de sa mort, un musicien fameux et populaire, grâce à *l'Apprenti sorcier,* mais aussi à ses activités de critique (il publia des écrits sur la musique jusqu'à la fin de sa vie) et de professeur de composition au Conservatoire de Paris (où il succéda en 1928 à Charles-Marie Widor et eut parmi ses élèves Olivier Messiaen). Auparavant, à partir

Durant-Joaillier.

Paul **Dukas.**

de 1924, il avait été inspecteur de l'enseignement musical pour les conservatoires de province. À cette époque, et depuis longtemps, il ne publiait plus rien. Durant les deux dernières décennies de son existence, il détruisit toute une série d'ouvrages, entièrement ou presque achevés : une deuxième symphonie, une sonate pour piano et violon, un poème symphonique *(le Fils de la Parque),* un drame lyrique *(le Nouveau Monde),* deux ballets *(le Sang de Méduse* et *Variations chorégraphiques).* Il fut, en effet, de ceux, bien rares, qui « ne se résignèrent qu'au chef-d'œuvre ». Condisciple de Debussy au Conservatoire de Paris, il obtint le second prix de Rome (1888), mais jamais le premier. Deux ouvertures de jeunesse (pour *le Roi Lear* de Shakespeare et pour *Götz von Berlichingen* de Goethe) ne nous sont pas parvenues. Mais une troisième, d'après *Polyeucte* de Corneille, fonda d'emblée sa réputation (1892), bien qu'elle se plaçât sous le signe du postromantisme wagnérien et franckiste. Cinq ans plus tard (1897), la *symphonie en « ut »* fut assez froidement accueillie. En mai suivant, le scherzo *l'Apprenti sorcier,* un des plus brillants et des plus réussis de tous les poèmes symphoniques, remporta, en revanche, un triomphe qui ne s'est jamais démenti depuis. À ces trois partitions d'orchestre succédèrent deux monuments pour piano dédiés au grand interprète beethovénien Édouard Risler, qui en assura la création : la *Sonate en « mi » bémol mineur* (1901) et *Variations, interlude et finale sur un thème de Rameau* (1903). Ces deux ouvrages montrent que Dukas, s'il se trouvait alors dans le camp des debussystes, ne s'en situait pas moins parmi les héritiers de Beethoven. La sonate, dont le troisième mouvement contient une fugue, est un net hommage à l'auteur de la *Hammerklavier,* et les variations à celui des *Diabelli* (d'autant que, comme la valse utilisée par Beethoven, le thème de Rameau choisi par Dukas, *le Lardon* des pièces de clavecin en *ré,* semble à première vue des plus insignifiants). Mais l'ombre de Liszt règne également dans la sonate, et les variations ne vont pas sans quelques harmonies impressionnistes. Les quatre années suivantes furent consacrées à *Ariane et Barbe-Bleue,* opéra en 3 actes sur un livret de Maurice Maeterlinck, créé à l'Opéra-Comique le 10 mai 1907. On l'a rapproché de *Pelléas,* et il est sûr que son langage harmonique

Mademoiselle N. Trouhanowa dans la Péri *de Paul* **Dukas.** *Aquarelle de Léon Bakst, 1912.*

est largement fondé sur la gamme par tons et sur d'autres procédés « debussystes ». Mais il y a des éléments tout autres dans *Ariane,* qui, contrairement à *Pelléas,* est symphonique autant que lyrique (non seulement par son traitement de l'orchestre, mais aussi par sa structure tonale rigoureuse), et dont quinze ans avant *Wozzeck* le premier acte adopte exactement la forme variations.

Quant au ballet *la Péri,* dernière partition importante de Dukas, il fut donné pour la première fois (après avoir été promis à la destruction et sauvé au dernier moment) non par Serge de Diaghilev, comme prévu, mais par N. Trukhanova au théâtre du Châtelet en avril 1912 : avant le ballet proprement dit, une éblouissante fanfare de cuivres, « chef-d'œuvre qui précède le chef-d'œuvre ».

Le silence de Dukas, comme ceux de Rossini et de Sibelius — celui-ci, son exact contemporain, donna sa dernière grande œuvre en 1926, soit trente ans avant sa mort —, a fait l'objet de nombreux commentaires. Le compositeur ne fut jamais le moins du monde névrosé, et ne souffrit jamais, jusqu'à sa dernière brève maladie, d'aucune perte de vitalité. Il avait sans doute, entre autres, le don assez rare d'être paresseux sans mauvaise conscience, aimant la lecture, la vie en général et le commerce de quelques amis, ne se sentant jamais frustré et n'ayant aucune ambition vers les honneurs (il fut néanmoins élu à l'Institut au fauteuil d'Alfred Bruneau en 1934). Il éprouvait un dédain ironique pour les exigences de son époque en matière d'expérimentation moderniste, ne permit jamais (contrairement à Ravel) à Stravinski de l'influencer, et n'éprouva de sympathie particulière ni pour la génération des Six, ni pour l'expressionnisme viennois. Pour mal avisée qu'elle ait été, rien en définitive ne suscite davantage le respect que la décision de ce grand orchestrateur et architecte de préférer un compositeur silencieux à un compositeur demeuré tant bien que mal en activité, mais dont la musique eût convergé vers le silence.

DU MONT (*Henri,* ou DE THIER), organiste et compositeur wallon *(Villers-l'Évêque, près de Liège, 1610 - Paris 1684).* Il se fixe très tôt avec sa famille à Maestricht, où il est chantre, puis organiste (1630) de la collégiale Notre-Dame. Il perfectionne vraisemblablement sa formation au cours de séjours à Liège, où il travaille sans doute avec Léonard de Hodemont. Vers 1635, il adopte le nom de Du Mont — traduction française de De Thier —, et arrive à Paris en 1638. Il devient organiste de Saint-Paul en 1640 (il conserve ce poste toute sa vie) et, peu avant 1653, claveciniste et organiste du duc d'Anjou. Il abandonne cette position en 1660 pour celle de claveciniste de la reine et, à la suite d'un concours organisé pour la succession de Jean Veillot en 1663, est nommé, avec Pierre Robert, maître de la chapelle royale (qui compte quatre musiciens). En 1672, Du Mont obtient avec Robert la charge de compositeur de la chapelle du roi, libre depuis la mort de Thomas Gobert, et, en 1673, est nommé maître de la musique de la reine. Il laisse cette position en 1681 et se retire de la cour en 1683.

À part quelques pièces de clavecin parues dans des anthologies de l'époque et de menues chansons, il a composé uniquement, mais en très grande quantité, de la musique sacrée. Il a fait paraître un recueil de *Cantica sacra* suivi de *Litanies,* puis un livre de *Meslanges* (à II, III, IV et V parties), contenant des chansons, motets, magnificat, préludes et allemandes pour orgue et pour violes et des *Litanies* à la Vierge, auquel il ajoute un recueil de *Préludes.* Il est enfin l'auteur d'un recueil d'*Airs* à 4 parties sur la paraphrase des psaumes d'Antoine Godeau, de plusieurs livres de motets, de *Cinq Messes en plain-chant* et d'un oratorio, *Dialogus de anima.* Les cinq messes, ou *Messes royales,* sont demeurées célèbres, car elles ont été chantées (surtout celle du premier ton) dans les églises françaises jusqu'au XIXe siècle. On les appelle « royales » à tort, car elles ont été composées à l'usage des couvents et paroisses et n'ont jamais été exécutées à la cour.

Les compositions les plus intéressantes de Du Mont sont ses motets : des petits motets à 1, 2 ou 3 voix accompagnées de la basse continue et parfois de quelques instruments, et des *Motets à deux chœurs.* Les premiers étaient chantés à la cour après l'élévation, aux vêpres et au salut du saint sacrement. Les *Motets à deux chœurs* sont écrits non pas pour deux chœurs égaux mais pour un petit chœur de cinq solistes et un grand chœur composé du reste des chanteurs, accompagnés d'un orchestre complet, qui devient de plus en plus indépendant des voix. On exécutait ces motets avant l'élévation et à la fin de la messe *(Domine salvam fac regem)* et lors des offices solennels.

Le rôle de Du Mont est considérable dans l'histoire de la musique sacrée en France. Il a tout d'abord importé certains traits stylistiques de la musique italienne, avec laquelle il s'était familiarisé à Liège. Sans avoir été le premier compositeur à avoir publié en France des pièces avec basse continue, il en a systématisé l'usage. Il a introduit de même le genre du petit motet à 1, 2 ou 3 voix, qui devait devenir si populaire. Mais surtout, il a, sur la base des essais de ses prédécesseurs, Nicolas Formé et Jean Veillot, édifié le grand motet français et ouvert la voie à M. A. Charpentier et Michel-Richard Delalande.

DUNI, famille de musiciens italiens, qui s'illustra par deux frères compositeurs.
— 1. **Antonio** *(Matera, Pouilles, v. 1700-Schwerin, Allemagne du Nord, apr. 1768).* Il contribua à introduire la culture italienne en Espagne et, surtout, en Europe du Nord et de l'Est, notamment à Schwerin, où il fit représenter en 1756 un intermède, *L'Amor mascherato,* et à Moscou, où, l'année suivante, il enseigna le chant. Il composa une œuvre variée comprenant des cantates (Londres, 1735), des motets et des symphonies.
— 2. **Egidio Romualdo** *(Matera 1709-Paris 1775).* Élève de Durante à Naples, il se fit connaître, comme son frère, hors de son pays : à Londres en 1737, à Leyde en 1738 et surtout à Paris où il se fixa en 1757. Son séjour à la cour de Parme, où régnait le gendre de Louis XV, l'avait accoutumé à la culture française et il sut très vite s'adapter au goût de son nouveau pays. Respectueux de la prosodie, il fut très apprécié des Parisiens, ce qui lui valut d'être nommé, en 1761, directeur de la Comédie-Italienne. Après avoir écrit en Italie une douzaine d'opéras traditionnels, il se consacra désormais à l'opéra-comique, collaborant avec les librettistes les plus célèbres, Anseaume, Vadé et Favart. Ses ouvrages les plus connus sont *le Peintre amoureux de son modèle* (1757), *la Fille mal gardée* (1758), *Nina et Lindor* (1758), *les Deux Chasseurs et la Laitière* (1763), *l'École de la jeunesse* (1765), *la Fée Urgèle* (1765) et *les Moissonneurs* (1768). Sa musique, mieux écrite pour la voix que pour l'orchestre, témoigne de l'influence de Philidor, notamment lorsqu'elle peint les sentiments tendres et pathétiques.

DUNSTABLE *(John),* compositeur, astronome et mathématicien anglais *(? entre 1380 et 1390 - Londres 1453).* On possède fort peu de renseignements sur lui. Sans doute fut-il associé à la vie musicale de l'abbaye de Saint-Alban, près de Londres. Un de ses précieux livres sur l'astronomie (manuscrit conservé à Cambridge) révèle un détail important : Dunstable fut le musicien du duc de Bedford, régent de France après la mort du roi Henry V en 1422. Cela explique que la plupart de ses œuvres sont contenues dans des manuscrits continentaux. Le mariage du duc de Bedford avec la sœur de Philippe le Bon lia les Anglais aux Bourguignons et permit à Dunstable de rencontrer Binchois et Dufay. L'influence de l'école anglaise s'exerça ainsi sur les musiciens français. La réputation de Dunstable fut considérable en son temps, et le poète Martin Le Franc écrivit, dans *le Champion des Dames,* qu'« ilz... (Dufay et Binchois)... ont prins de la contenance Angloise et ensuy Dunstable Pour quoi merveilleuse plaisance Rend leur chant joyeuse et notable ».

Une cinquantaine de compositions de Dunstable ont été conservées, dans lesquelles il est possible de discerner le mélange des styles anglais et français car, il faut le souligner, le musicien n'a pas dédaigné de son côté ce qu'un homme plus jeune comme Guillaume Dufay pouvait lui apporter. M. Bukofzer a énuméré les différentes techniques qu'on peut remarquer dans l'œuvre de Dunstable : déchant anglais, style ballade, style gymel, motet isorythmique, pièces ayant une voix supérieure très ornée, traitement libre dans toutes les voix, double structure. Cette œuvre, avec son aspect chaleureux et mélodique issu de la chanson bourguignonne, comprend des motets à 3 voix — comme l'élégant *Quam pulchra es* d'une séduisante naïveté — et à 4 voix — comme le motet isorythmique *Veni sancte Spiritus* pour lequel deux textes sont employés. Elle inclut également des fragments de messes, ainsi qu'une version polyphonique du *Magnificat.* Trois chansons à 3 voix subsistent, dont *Durez ne puis.* Des deux autres, d'authenticité douteuse, le célèbre *O rosa bella* se trouve dans dix-sept manuscrits et son texte incite à se demander si Dunstable n'aurait pas visité l'Italie.

Contemporain de Lionel Power, de Johannes Benet et de Bedingham, John Dunstable fut le plus grand compositeur anglais de sa génération. Le fameux théoricien Tinctoris devait le qualifier de *primus inter pares* estimant qu'il était un important novateur et que l'œuvre des musiciens anglais de cette époque était digne de l'expression *ars nova.*

DUPARC *(Henri),* compositeur français *(Paris 1848 - Mont-de-Marsan 1933).* Il fit ses études au collège des jésuites de Vaugirard où César Franck enseignait la musique. Ses premières œuvres demeurèrent inédites (sonate pour violoncelle, quelques mélodies), mais, dès 1870, il écrivit *l'Invitation au voyage,* chef-d'œuvre qui inaugurait l'ère parnassienne de la mélodie française. Une période de douze ans s'ouvre alors pendant laquelle il participa à la vie artistique militante. C'est chez lui notamment que Saint-Saëns et Romain Bussine fondèrent la Société nationale, dont il fut longtemps secrétaire. Jusqu'en 1884, il poursuivit régulièrement, mais très lentement, son œuvre, faite de mélodies et d'incursions dans le domaine orchestral, parmi lesquelles *Lénore* (1875), qui consacra son nom dans la vie musicale officielle. Une maladie nerveuse l'obligea alors à quitter Paris et le priva de son activité créatrice. Pendant les cinquante années qui lui restaient à vivre, il assista, en pleine lucidité, à la paralysie de son talent.

Musicien cultivé, grand admirateur de Wagner et du romantisme germanique, Duparc n'a jamais réalisé l'œuvre dont il rêvait et dont les formes idéales auraient été la grande pièce symphonique et le drame lyrique. *Aux étoiles* et *Lénore* ne se dégagent qu'imparfaitement des influences consenties et le projet d'une *Roussalka* (d'après Pouchkine), auquel il travailla pendant plus de dix ans, n'aboutit qu'à la destruction des esquisses. En revanche, son mince recueil de mélodies contient quelques-unes des plus précieuses réussites de la musique française. Synthèse de la romance et du lied, le poème lyrique qui naît ainsi, et spécialement en marge de textes de qualité (Baudelaire, Leconte de Lisle, Th. Gautier, Jean Lahor), marque un moment décisif de l'évolution du genre, entre Gounod, Fauré (contemporain de Duparc) et Debussy. Dès la *Chanson triste* (1868) et surtout *l'Invitation au voyage* (1870), la fidélité à la forme strophique va de pair avec la franchise des modulations et le raffinement qui s'exerce à prolonger les images du verbe. *Extase,* plus ou moins volontairement écrite « en style de *Tristan* », emploie en même temps des enchaînements typiquement franckistes. Pour la première fois, cette œuvre assigne à la couleur harmonique une équivalence sonore avec l'image poétique, alors que *Sérénade florentine* sollicite du mode

Alpy

Henri ***Duparc.***

hypophrygien (*mi* plagal) une fluidité que le rythme syncopé ponctue avec une extrême douceur. *Phidylé* (1882) et *la Vie antérieure* (1884), sa dernière mélodie, attestent enfin l'expression définitive et originale du poème chanté capable de traduire musicalement la pensée et le sens du texte. Les accompagnements pour piano, souvent conçus en des phrases très larges et très travaillés, présentent de grandes difficultés d'exécution. La plupart d'entre eux ont été orchestrés par le compositeur.

Si Duparc, par le climat douloureux ou violent dans lequel il se complaît, se rattache au second romantisme propre aux disciples de César Franck, il dépasse tous ceux-ci par la noblesse de sa pensée, la profondeur de son inspiration, sa puissance évocatrice. Sans qu'on puisse vraiment discerner une influence directe, il est certain que sa conception de la mélodie a été, pour Gabriel Fauré, un exemple précieux.

DURANTE *(Francesco),* compositeur italien *(Frattamaggiore, près de Naples, 1684-Naples 1755).* Il travailla la musique avec son oncle Angelo au conservatoire de Naples, puis étudia le violon avec G. Francone. Peut-être fut-il également l'élève d'un grand maître, B. Pasquini. Il est curieux de constater que, bien que napolitain, originaire d'une ville où l'opéra fleurissait tout particulièrement, Durante, à l'exception de chœurs composés pour la tragédie *Flavio Valente,* n'a pas écrit pour le théâtre. En revanche, ses duos de chambre (pour 2 voix et basse continue) sont remarquables par leur originalité et leurs audaces harmoniques. En fait, ces œuvres furent destinées à l'enseignement, comme en témoigne, dans leur titre, la mention : « ... *Per imparare a cantare* » (« Pour apprendre à chanter »).

Sa musique religieuse, importante, comprend les oratorios *La Cerva assetata* (1719), *Abigaile* (1736), *San Antonio di Padova* (1753), 13 messes dont deux *Requiem,* des psaumes, des motets, des antiennes et des litanies. Comme Alessandro Scarlatti, il a écrit des madrigaux à une date où le genre tombait quelque peu en désuétude. Pour les instruments, il a composé des sonates, des pièces pour clavecin *(Toccate),* des concertos, ainsi que 8 quatuors concertants pour cordes. Son œuvre est immense et 62 volumes manuscrits sont conservés à la Bibliothèque nationale de Paris.

Dans sa musique, Francesco Durante usa du contrepoint avec élégance, maîtrise et aisance ; l'aspect mélodique reste essentiel ; il est parfois teinté de sentimentalité, comme en témoigne par exemple le célèbre air de dévotion *Vergin tutt'amor,* que Parisotti a publié dans ses *Arie antiche.* Si Durante n'a pas été un compositeur particulièrement original, il fut généralement considéré par ses contemporains comme un excellent pédagogue. Il forma Traetta, Sacchini, Piccinni, Egidio Duni, Paisiello, Pergolèse, Jommelli. En prenant en considération ses élèves qui, paradoxalement, devaient tous consacrer la majeure partie de leur carrière au théâtre lyrique, on cite souvent aujourd'hui Durante comme le fondateur de l'école napolitaine.

DUREY *(Louis),* compositeur français *(Paris 1888-Saint-Tropez 1979).* Diplômé de l'École des hautes études commerciales, il a travaillé le solfège, l'harmonie, le contrepoint et la fugue avec Léon Saint-Requier. En 1920, avec Auric, Honegger, Milhaud, Poulenc et Germaine Tailleferre, il faisait partie du groupe des Six, rassemblé autour de Jean Cocteau, mais il s'en écarta l'année suivante pour retrouver son indépendance. Il resta fidèle à Debussy, son premier modèle, par-delà toutes les influences qu'il subit : Schönberg *(l'Offrande lyrique)* ; Stravinski *(Deux Pièces à quatre mains : Carillons et Neige)* ; Satie *(Trois Poèmes de Pétrone)* ; Ravel *(le Bestiaire).* Il atteignit à une expression plus romantique avec le *Troisième Quatuor* et la comédie lyrique d'après Mérimée *l'Occasion.* En 1936, il adhéra à la Fédération musicale populaire (dont il fut le secrétaire général à partir de 1953 et qu'il présida à partir de 1956), et, en 1948, il fut nommé vice-président de l'Association française des musiciens progressistes. Il reçut la médaille d'argent de la Ville de Paris en 1960 et le grand prix de la musique française en 1961. En 1937, Louis Durey lâcha la plume pour la reprendre sept ans plus tard, la mettant alors au service de ses convictions politiques (en 1936, il avait adhéré au parti communiste français).

Cet intimiste se mua en tribun : ses cantates, ses chants de masse et harmonisations de chansons de terroir pour chorales d'amateurs allaient exercer un impact durable et irréversible sur les nouvelles œuvres de musique pure apparues entre 1953 et 1974 (sa dernière partition porte le numéro d'opus 116), de même que ses reconstitutions de chansons polyphoniques de la Renaissance.

En 1964, la Bibliothèque nationale organisa une exposition de ses manuscrits et de ses souvenirs. La meilleure part de l'œuvre de Louis Durey apparaît dans ses mélodies, quatuors vocaux et chœurs avec petit ensemble instrumental *(Éloges, le Printemps au fond de la mer, Dix Chœurs de métiers).*

DURUFLÉ *(Maurice),* organiste et compositeur français *(Louviers, Eure, 1902).* Il a d'abord été l'élève de Haelling, à la cathédrale de Rouen, avant d'être au Conservatoire de Paris celui de Gigout (orgue), de Gallon (harmonie), de Caussade (contrepoint et fugue) et de Dukas (composition), et de travailler l'orgue avec Vierne et Tournemire. Titulaire de l'orgue de Saint-Étienne-du-Mont à Paris depuis 1930, il a été le suppléant de Vierne à Notre-Dame (1929-1931) et celui de Dupré au Conservatoire. De 1943 à 1973, il a été chargé d'une classe d'harmonie au Conservatoire. À l'exemple de son maître Dukas, Duruflé écrit peu et soigne à l'extrême l'expression de sa pensée. Ses œuvres principales sont *Prélude, adagio et choral varié sur le Veni Creator* pour orgue (1930), *Trois Danses* pour orchestre (1937), *Prélude et fugue sur le nom d'Alain* pour orgue (1943), *Requiem* pour solos, chœur, orchestre et orgue (1947), *Messe « cum jubilo »* pour baryton solo, chœur et orchestre ou orgue (1966). On lui doit aussi des textes sur la facture d'orgue en France.

DUSAPIN *(Pascal),* compositeur français *(Nancy 1955).* Après des études secondaires (baccalauréat musical), puis universitaires (musicologie, arts plastiques, science de l'Art à Paris I-Sorbonne), il travaille la composition avec Iannis Xenakis et Franco Donatoni. En 1977, il reçoit le prix de la Fondation de la vocation. En 1981, il devient boursier de la villa Médicis à Rome (période 1981-1983). Compositeur remarquablement original, Pascal Dusapin est aujourd'hui considéré comme un des plus sérieux espoirs au sein de la jeune musique française, ainsi que dans l'avant-garde internationale. Son univers sonore se situe en partie dans la descendance de Yannis Xenakis mais s'en distingue déjà très nettement. Son langage, qui utilise largement le total chromatique et les micro-intervalles, fait preuve d'une invention renouvelée, voire d'une certaine brillance expressive, et frappe par la rigueur de construction et la radicalité parfois très violente des procédés d'écriture : hauteurs en perpétuel glissement, jeu de timbres brutalement antagonistes, austérité et complexité du contrepoint rythmique, sens aigu de la polyphonie et des grandes densités dynamiques. Dusapin s'est révélé soudain, et avec beaucoup d'acuité, en 1977, par des œuvres instrumentales, telles que *Souvenir du silence* (1976) pour treize cordes solistes, ou instrumentales-vocales, telles que *Igitur* (1977) pour voix de femmes, sept cuivres et six violoncelles (sur un texte de Lucrèce), et *Lumen* (1977, rev. 1980) pour voix de femmes, trois cuivres et quatre cordes. Depuis 1977, Pascal Dusapin a composé *Timée* (1978) pour grand orchestre, *l'Homme aux liens* (1978) pour deux sopranos et trois violons (texte de Lucrèce), *le Bal* pour quinze instruments (1979), *la Rivière* (1979-80) pour grand orchestre, *Musique fugitive* (1980) pour trio à cordes, *Musique captive* (1980) pour neuf instruments à vent, *Inside* pour alto seul (1980), où se confirme son attirance pour les pièces courtes, et pour une écriture serrée conciliant de violents contrastes et de remarquables qualités expressives, *l'Aven* pour flûte et orchestre (1980-81), *Tre Scalini* pour grand orchestre (1982), *Fist* pour 8 instruments (1982), *Invisa* pour violoncelle solo (1982), *Niobé* pour voix et vents (1982-83) et un *Quatuor à cordes* (1983).

DUŠEK *(František Xaver),* pianiste et compositeur tchèque *(Choteborky 1731-Prague 1799).* Après un séjour de formation à Vienne, où il fut l'élève, pour le clavier, de Georg Christoph Wagenseil, il se fixa à Prague comme professeur de piano. C'est surtout son amitié avec Mozart qui a lié son nom et celui de sa femme **Josepha** *(Prague 1754* - id. *1824),* pianiste et chanteuse, à l'histoire de la musique. C'est dans la maison de campagne des Dušek, la villa Bertramka, que Mozart termina *Don Giovanni* en 1787 et *la Clémence de Titus* en 1791. Pour Josepha, qu'il avait déjà rencontrée à Salzbourg en 1777, Mozart écrivit l'air de concert *Bella mia fiamma* K.528 (3 nov. 1787, juste après la première de *Don Giovanni*), et ce fut elle qui, en 1796, créa à Prague *Ah ! perfido* de Beethoven. Comme compositeur, Frantisek Xaver Dušek écrivit surtout de la musique instrumentale.

DUSSEK ou **DUSIK**, famille de musiciens tchèques. — 1. **Jan Josef,** organiste et compositeur *(Mlazovice 1738 - Caslav 1818).* Professeur de musique à Chlumencz, puis cantor de la ville de Caslav, il écrivit surtout de la musique d'orgue et d'église.

— 2. **Jan Ladislav,** fils du précédent, pianiste et compositeur *(Caslav 1760 - Saint-Germain-en-Laye 1812).* Il fit ses études aux collèges de Jihlava et de Kutna Hora, et obtint un diplôme de l'université Charles-IV de Prague. Il séjourna à Malines en 1779, y fut organiste ainsi qu'à Berg-op-Zoom, et, vers 1782, entreprit une tournée à travers l'Europe, travaillant à Hambourg avec Carl Philipp Emanuel Bach, passant deux ans chez le prince Radziwill en Lituanie. Remarqué par Marie-Antoinette en 1786, il s'établit à Paris après un voyage en Italie pour voir son frère. En 1790, fuyant la Révolution, il s'installa à Londres, où il participa comme pianiste aux mêmes concerts que Haydn et où, en 1792, il épousa la chanteuse Sophia Corri (1775-1847). Il entra dans la maison d'édition de son beau-père Domenico Corri (1746-1825), mais celle-ci ayant fait faillite, Dussek dut quitter précipitamment l'Angleterre en 1800 pour échapper à la prison pour dettes, laissant derrière lui sa femme et sa fille. Il se rendit à Hambourg, fut ensuite le maître de chapelle et l'ami du prince Louis Ferdinand de Prusse (1803-1806), et termina sa vie au service de Talleyrand.

Virtuose incomparable qui arrachait des cris d'admiration à ses auditeurs, célèbre aussi par le moelleux de son toucher, il a laissé plus d'une centaine de compositions (sonates, variations, pièces d'occasion, musique de chambre, concertos) pour son instrument, ainsi que des ouvrages divers dont six sonatines pour harpe. Ses œuvres les plus connues — *la Consolation,* sonatines op. 20 (à l'origine avec flûte) — ne sont pas nécessairement les plus significatives. Mais de grandes sonates comme l'opus 35 n° 3 (C.151) en *ut* mineur (1797), *l'Adieu* op. 44 (C.178) en *mi* bémol (1800), *l'Élégie harmonique sur la mort de Louis Ferdinand de Prusse* op. 61 (C.211) en *fa* dièse mineur (1807), *le Retour à Paris* ou *Plus ultra* op. 70 (C.221) en *la* bémol (1807) ou *l'Invocation* op. 77 (C.259) en *fa* mineur (1812), comptent tant musicalement que par leur écriture pianistique parmi les plus intéressantes de l'époque, et certaines ne furent pas sans influencer Beethoven. Ces pages ouvrent en même temps la voie au romantisme d'un Chopin ou d'un Schumann. Un catalogue thématique de l'œuvre de Jan Ladislav Dussek a été dressé par Howard Allen Craw (University of Southern California, 1964).

DUTILLEUX *(Henri),* compositeur français *(Angers 1916).* Il commence ses études musicales au conservatoire de Douai, avec Victor Gallois. Il entre en 1933 au Conservatoire de Paris où il suit l'enseignement de Jean Gallon (harmonie), Noël Gallon (contrepoint et fugue), Henri Büsser (composition), Philippe Gaubert (direction d'orchestre) et Maurice Emmanuel (histoire de la musique). En 1935 et 1936, il obtient les premiers prix d'harmonie, puis de contrepoint et fugue. En 1938, il reçoit le grand prix de Rome, mais son séjour à la villa Médicis est interrompu par la guerre. Sa première œuvre, jouée à Paris (1941), est une *Sarabande* pour orchestre que dirige, aux Concerts Pasdeloup, Claude Delvincourt. Charles Panzera crée en 1943 ses quatre mélodies pour chant et piano. En 1944, Dutilleux compose, sur un poème de Jean Cassou, *la Geôle,* pour chant et orchestre. Nommé, l'année suivante, directeur du Service des illustrations musicales de la radiodiffusion française, il occupe ce poste jusqu'en 1963. De 1945 à 1953, il écrit des musiques de scène, des musiques de film, des musiques radiophoniques et se trouve en contact avec des musiciens de toutes tendances et de toutes disciplines. Son travail à la radio, absorbant, mais enrichissant, le conduit à des réflexions qui influencent sa propre évolution. En 1948, Geneviève Joy crée sa *Sonate* pour piano à la Société nationale de musique. En 1951, à la tête de l'Orchestre national, Roger Désormière dirige en première audition à la radio la *Première Symphonie.* En 1953, *le Loup,* ballet sur un argument de Jean Anouilh et Georges Neveux, est créé, dans les décors de Carzou, par la compagnie Roland-Petit.

Henri Dutilleux se rend en 1959 aux États-Unis pour assister à la création de sa *Deuxième Symphonie* à Boston, sous la direction de Charles Munch. À cette œuvre, qui était une commande de la Fondation Koussevitski, succèdent les *Métaboles,* commandées par l'orchestre de Cleveland et créées par Georges Szell en 1965, puis un concerto pour violoncelle et orchestre que Mstislav Rostropovitch a demandé à Henri Dutilleux, intitulé *Tout un monde lointain* (création au festival d'Aix-en-Provence en 1970). Le grand prix national de la musique lui est décerné en 1967 par le ministère des Affaires culturelles pour l'ensemble de son œuvre, et, en 1970, il est nommé professeur de composition au Conservatoire de Paris. En 1977, son quatuor à cordes *Ainsi la nuit* est créé à Paris par le quatuor Parrenin et, fait inhabituel pour un quatuor, est bissé par un public où les jeunes compositeurs sont nombreux. De la même année date *Timbres, Espace, Mouvement* pour orchestre.

Dutilleux

Henri **Dutilleux.**

L'unanimité qui s'établit sur le nom et l'œuvre de Henri Dutilleux n'est pas le fait d'un hasard. Parti d'une tradition classique assouplie par les acquisitions harmoniques et instrumentales de la musique impressionniste, il prend nettement conscience, dès 1944, des problèmes de langage qui se posent au musicien contemporain à qui est interdit tout retour en arrière. C'est d'abord par une purification de la pensée et de sentiment que Dutilleux accomplit la révolution nécessaire. Il rejette les faux-semblants, ne cherche pas à étonner, poursuit la quête d'une vérité intérieure. Son langage, qui oscille entre l'atonal et le modal, tend à effacer les repères trop voyants, les structures trop rigides, au bénéfice d'une souplesse rythmique et mélodique qui s'accompagne d'une instrumentation de plus en plus subtile. Tel est, de la *Sonate* pour piano et de la *Première Symphonie* à la *Deuxième Symphonie* et aux *Métaboles,* le sens d'une évolution qui trouve son accomplissement dans l'œuvre pour violoncelle et orchestre intitulée *Tout un monde lointain* et dans le quatuor à cordes *Ainsi la nuit.* Le désir de rigueur et la curiosité d'un « monde lointain », la logique et le rêve cohabitent chez le musicien qui a écrit en 1961 ces lignes significatives : « Il y a évidemment une forme particulière à chaque œuvre, selon une évolution intérieure. Ce problème de formes, de structures qui s'éloigneraient des cadres préfabriqués me préoccupe de plus en plus. »

L'œuvre de Henri Dutilleux est, aujourd'hui, exemplaire parce que, dans un temps de grande confusion, elle indique la seule ligne qui mérite d'être suivie, celle d'une vérité poétique. Dans la *Première Symphonie* qui est comme « la naissance et le déroulement d'un rêve », dans le ballet *le Loup,* où le fantastique et la passion sont indissolubles, dans la *Deuxième Symphonie* ou *le Double,* où les recherches de polyrythmie et de polytonalité se muent en un jeu de miroirs, dans les *Métaboles,* cette œuvre qui n'est qu'un enchaînement de métamorphoses, dans *Tout un monde lointain,* où le violoncelle solo s'identifie à l'idée d'évasion suggérée par l'univers baudelairien, dans le quatuor *Ainsi la nuit,* qui est une extraordinaire musique nocturne où le statisme et la mobilité concourent à maintenir un climat de mystère, Henri Dutilleux allie la rigueur de la composition aux vertiges de l'imagination. S'il médite longuement, s'il écrit peu, s'il corrige scrupuleusement, toutes ses œuvres sont importantes par leur densité, par leur apport esthétique et spirituel. Henri Dutilleux apparaît comme une des figures majeures de la musique française du XXe siècle.

DVOŘÁK *(Antonín),* compositeur tchèque *(Nelahozeves, Bohême, 1841 - Prague 1904).* Fils d'un boucher-cafetier, il commença à apprendre le métier de boucher et dut à l'organiste du bourg de Zloniče sa première formation musicale. Son père se résigna difficilement à l'envoyer à l'école d'organistes de Prague en 1857. Il acquit simultanément une solide formation classique d'organiste et de pianiste et l'expérience de la musique de danse et de brasserie comme violon dans l'orchestre de Komzak. En 1862, il obtint une place d'altiste du rang dans l'orchestre de l'Opéra national, récemment fondé par Smetana, et découvrit les œuvres de ce dernier, en particulier *la Fiancée vendue,* premier exemple convaincant d'un nationalisme musical tchèque. Profondément persuadé désormais de son rôle de musicien national, il dut son premier succès de compositeur à un hymne patriotique, *les Héritiers de la Montagne blanche.* En 1873,

Garanger-Giraudon

Antonin Dvořák.

il quitta l'Opéra, devint titulaire de l'orgue de l'église Saint-Adalbert de Prague et épousa Anna Cermakova, qui devait lui donner six enfants. Il reçut une bourse pour se rendre et travailler à Vienne, où il fit la connaissance de Brahms. Ce dernier l'aida beaucoup, le recommandant à son éditeur Simrock, qui édita, de Dvořák, notamment les *Chants moraves,* les *Danses slaves* et plusieurs *Symphonies,* et au chef d'orchestre Hans de Bülow, qui contribua de manière déterminante à propager l'œuvre du musicien et à lui faire acquérir une renommée européenne.

En 1879, Dvořák entreprit son premier voyage en Angleterre, où il devait venir neuf fois, y dirigeant maintes exécutions de ses œuvres et y créant même sa *Septième Symphonie,* commande de la Société philharmonique de Londres, en 1885. Mais ces succès à l'étranger ne satisfaisaient pas ce chantre de l'âme tchèque, qui cherchait toujours une œuvre décisive pour imposer à Prague même la tradition dont il se sentait le dépositaire. Il écrivit alors un grand oratorio national, *Sainte Ludmilla* (dont l'héroïne est un important personnage historique, prosélyte du christianisme, et grand-mère de Venceslas, premier duc chrétien de Bohême), et un opéra, *le Jacobin,* qui met en scène des types caractéristiques : l'instituteur aux idées avancées, sa fille, belle et pure, le seigneur local, noble et généreux, et son fils, malheureusement fourbe. C'était le début d'une série d'oratorios et d'opéras nationaux dont le plus populaire reste *Rusalka,* mais cette dernière œuvre est nettement plus tardive (1900).

Ne remportant pour l'heure que des succès mitigés, Dvořák continua à voyager, et créa sa *Huitième Symphonie* en 1890 à Prague. Ayant reçu un étrange télégramme d'une Américaine, Mrs. Jeanette Thurber, lui offrant la direction du conservatoire de New York, qu'elle avait fondé, il accepta et partit y enseigner de 1892 à 1895. Ses œuvres « américaines » restent parmi les plus connues, telle la *Neuvième Symphonie,* écrite entre le 1er janvier et le 23 mai 1893, et créée le 16 décembre de la même année au Carnegie Hall de New York, sous la direction du chef allemand Anton Seidl. C'est juste avant cette première exécution que Dvořák ajouta à la partition le titre « du Nouveau Monde ». À partir de son retour à Prague en mai 1895, il veilla à imposer ses œuvres et leur inspiration tchèque aux capitales musicales d'alors, Vienne et Berlin, qui lui rendirent hommage en le nommant membre de leurs académies. Devenu une véritable gloire nationale, il mourut le 1er mai 1904 à Prague.

Son héritage musical et spirituel dépasse aujourd'hui le cadre étroit où la tradition l'a un temps enfermé. Dvořák est certes l'auteur des seize *Danses slaves* pour piano à quatre mains, dont les versions orchestrales imposèrent son nom à travers le monde. Mais il serait erroné de croire que son art demeurait strictement dans le sillage du classicisme d'un Brahms, de la spontanéité intimiste d'un Schubert. Si Dvořák n'a rien apporté de majeur à l'écriture musicale, son œuvre énorme ne doit pas être considérée pour autant comme une extension provinciale et folklorisante du romantisme triomphant. Dvořák a créé la véritable tradition symphonique et de chambre de la musique tchèque moderne. Il ne puise pas seulement son authenticité mélodique et rythmique dans le folklore populaire slave, mais il donne à cette musique des titres de noblesse en l'introduisant dans le moule des grandes formes classiques, symphonies, concertos, trios, quatuors, sans en détruire l'essence. Il est à remarquer que, dès ses débuts, il s'était tourné vers la musique de chambre : son opus 1 est un quintette à deux altos, suivi peu après par son premier *Quatuor.* À travers les neuf symphonies (dont quatre symphonies de jeunesse publiées à titre posthume et longtemps ignorées du public), à travers les quatorze quatuors, ensemble monumental demeuré jusqu'à une date récente en partie inconnu, et dont l'édition même est à peine achevée, se révèle le cheminement du compositeur.

Les premières partitions sont foisonnantes de thèmes ; l'imagination du musicien y apparaît d'emblée dans sa richesse, mais la maîtrise manque encore, ce que traduit en particulier une tendance à la prolixité à laquelle Dvořák mettra longtemps à échapper. Une tentation wagnérienne se décèle dans la *Troisième Symphonie,* dans la première version de l'opéra *le Roi et le Charbonnier* (rendu plus personnel ensuite par des remaniements) et surtout dans les *Deuxième, Troisième* et *Quatrième Quatuors.* Le compositeur se laisse entraîner par une séduisante liberté rhapsodique, parsème son curieux *Quatrième Quatuor* d'intéressantes audaces d'écriture et de forme, mais se laisse trop systématiquement, et parfois maladroitement, attirer vers la « mélodie infinie » et le chromatisme ; de plus, certaines œuvres atteignent un développement presque monstrueux (le premier mouvement du *Troisième Quatuor* dure quelque vingt-cinq minutes ; l'ensemble de cette œuvre, soixante-dix).

Puis vient la maîtrise croissante de la grande architecture, mais, avec le respect évident pour Haydn, Schubert, Beethoven, apparaît une nouvelle tentation, celle d'un certain cosmopolitisme, tentation bientôt repoussée. Les symphonies, à partir de la *Cinquième* (1875), les quatuors, à partir du *Huitième* (1876), s'imposent comme des œuvres majeures au sein de la littérature vouée à ces deux grands genres, par la sûreté de la plume, mais en même temps par l'affirmation d'une personnalité qui a désormais trouvé sa voie, d'une personnalité intensément nationale, qui apparaît aussi dans des œuvres comme le *Quatrième Trio* avec piano ou *Dumky.*

Les œuvres « américaines » ne relèvent pas à proprement parler d'un style particulier, mais s'enrichissent d'éléments spécifiques et constituent une parenthèse sur laquelle il convient de s'arrêter. La *Symphonie du Nouveau Monde,* par exemple, a fait l'objet d'exégèses divergentes ou même contradictoires. Mais qu'on décide ou non d'y reconnaître, dans le troisième thème du premier mouvement, la mélodie du spiritual *Swing low, sweet chariot,* qu'on admette ou non les faits très controversés de savoir si Dvořák eut réellement l'occasion d'entendre des chants indiens originaux, ou si l'on peut trouver dans son inspiration la trace d'éléments populaires blancs, on ne peut nier que la *Neuvième Symphonie* et plusieurs autres partitions écrites sur le sol des États-Unis révèlent un goût pour la gamme pentatonique, des traits rythmiques (syncopes) et harmoniques qui permettent de parler d'une « manière américaine ».

Enfin, avec les *Treizième* et *Quatorzième Quatuors,* op. 105 et 106, Dvořák parachève la réalisation de son ambition, la fusion d'un style national et d'un classicisme universel.

Conscient peut-être de ne plus pouvoir se dépasser dans cette voie, ou désireux de se mesurer, sûr de sa maîtrise, avec son aîné Smetana sur les terrains de prédilection de ce dernier, Dvořák tourne le dos à la forme sonate et consacre ses dernières années exclusivement au poème symphonique et à l'opéra ; dans ses cinq poèmes opus 107 à 111, *l'Ondin, la Sorcière de midi, le Rouet d'or, le Pigeon des bois* et le *Chant héroïque* (ce dernier créé sous la direction de Gustav Mahler), la souplesse de la forme l'aide à oser un langage encore plus personnel et souvent plus moderne — parfois presque impressionniste — que dans ses symphonies. Ces dernières œuvres furent considérées comme un recul par le public cultivé germanophone, qui attendait une dixième symphonie. Pourtant c'est le poème symphonique et le quatuor qui forment les maillons, la structure musicale qui permettront aux héritiers de Dvořák — Josef Suk, Vitezslav Novak, Leoš Janáček (celui-ci conduisit la première exécution du *Pigeon des bois*), Bohuslav Martinů — d'atteindre, en transcendant une tradition respectée, à une profonde originalité.

Ainsi, par un lent mûrissement, Dvořák, à ses débuts artisan instinctif et besogneux, devint l'égal tchèque de Brahms. Le climat parfois nostalgique, finalement optimiste de ses œuvres en fait l'un des rares chantres de l'espérance tenace, telle la devise vivante de sa terre natale.

E

EBERLIN *(Johann Ernst),* compositeur et organiste allemand *(Jettingen 1702-Salzbourg 1762).* D'abord élève au collège des jésuites d'Augsbourg, il s'installa à Salzbourg en 1721, s'y perfectionna auprès de l'organiste de la cathédrale Matthäus Gugl, et, en 1729, devint organiste de la cathédrale et de la cour. De 1749 à sa mort, il fut maître de chapelle à la cathédrale et à la cour, postes auxquels, en 1762, Leopold Mozart espéra en vain lui succéder. Outre ses pièces d'orgue, il laissa une production essentiellement religieuse — plus de 50 messes, 12 requiem, oratorios, offertoires, etc. — et, à ce titre, en particulier par la solidité de son écriture contrapuntique et par son goût pour les tournures populaires germaniques, exerça sur le jeune Wolfgang Amadeus Mozart une influence que celui-ci reconnut toujours volontiers.

ECCARD *(Johannes),* compositeur allemand *(Mühlhausen 1553-Berlin 1611).* Il étudia probablement le chant et la composition dans sa ville natale avec Joachim à Burck. De 1567 à 1571, il fut choriste à la chapelle de la cour de Weimar et travailla avec J. Hermann. De 1571 à 1573, il fut chantre à la chapelle de Munich où il étudia avec Roland de Lassus. De 1577 à 1578, il fut au service des Fugger à Augsbourg avant d'entrer à celui de Georg-Friedrich de Prusse-Ansbach à Königsberg, où il fut successivement vice-maître de chapelle (1580), puis maître de chapelle (1604). À partir de 1608, il occupa le poste de maître de chapelle à la cour de Berlin. Ses compositions religieuses s'efforcent de rendre audible la mélodie liturgique sans sacrifier les exigences du contrepoint (*Geistliche Lieder auf dem Choral,* Königsberg, 1597). De même, dans son œuvre profane (*Neue deutsche Lieder,* Mülhausen, 1578 ; *Neue Lieder,* Königsberg, 1589), il tente de concilier les formes plus légères de la chanson avec l'écriture de la polyphonie savante.

EGK *(Werner),* compositeur allemand *(Auchsesheim, près d'Augsbourg, 1901-Inning-am-Ammersee, Bavière, 1983).* Il a fait ses études musicales à Francfort-sur-le-Main, puis à Munich avec Carl Orff. Nommé chef d'orchestre à la radio bavaroise, il s'est établi à Munich en 1929. Il a été ensuite chef à la Staatsoper de Berlin de 1937 à 1941, directeur de l'école supérieure de musique de cette ville de 1950 à 1953, et président de l'Union des compositeurs allemands et de la Société allemande des auteurs et éditeurs de musique à partir de 1950. Il s'est établi en 1953 à Lochham, près de Munich. Mêlé jeune aux mouvements d'avant-garde de la musique allemande, il a été influencé par Stravinski et par l'école française de l'entre-deux-guerres (*Suite française d'après Rameau,* 1949). D'une façon générale, sa musique est d'un « modernisme » mesuré, sans pouvoir être qualifiée de « néoclassique ». Soucieux d'un langage expressif et immédiatement assimilable, il a su se conquérir un grand public sans faire des concessions qui seraient allées contre sa nature. Son tempérament et ses dons l'ont poussé à consacrer l'essentiel de son travail de créateur au théâtre. Ses principales partitions sont des œuvres lyriques : *Columbus* (1932), *Die Zaubergeige* (*le Violon enchanté,* 1935), *Peer Gynt* (1938), *Circle* (1945, rév. 1966), *Irische Legende* (« Légende irlandaise », 1955, rév. 1970), œuvre pathétique admirable à reflets autobiographiques, *le Revizor* d'après Gogol (1957), où la musique épouse parfaitement le comique du texte et des situations, *Die Verlobung in San Domingo* d'après Kleist

Werner **Egk.**

Werner Neumeister, Munich

(1963). Il faut aussi mentionner des grands ballets : *Joan de Zarissa,* créé à Berlin en 1940 et que Lifar a présenté à Paris en 1942, *Abraxas,* que Janine Charrat a créé à Munich en 1948, *la Tentation de saint Antoine* (1947, rév. 1952), *Casanova in London* (1969).

EIMERT *(Herbert),* compositeur et théoricien allemand *(Bad Kreuznach 1897-Düsseldorf 1972).* Il fit ses études à l'École supérieure de musique (avec H. Abendroth) et à l'université de Cologne, et travailla dans cette ville, jusqu'en 1945, comme journaliste, comme critique et à la radio. En 1951, il fonda le Studio de musique électronique de la radio de Cologne, qu'il devait diriger jusqu'en 1962, et y appela bientôt à ses côtés le jeune Stockhausen (1953). En 1954, sept morceaux électroniques (dont deux de Eimert et deux de Stockhausen) réalisés dans ce studio étaient présentés pour la première fois en public. À partir de 1965, il fut professeur à l'École supérieure de musique de Cologne, dont il dirigea aussi le Studio de musique électronique nouvellement fondé. Il édita la revue *Die Reihe* (huit cahiers de 1955 à 1962). Il avait été l'un des premiers musiciens germaniques à écrire selon la technique dodécaphonique. Plus important comme théoricien, comme pédagogue et comme publiciste que comme compositeur, il a néanmoins laissé quelques « classiques » de l'électronique tels que *Etüden für Tongemische* (1954) ou *Epitaph für Aykichi Kuboyama* pour récitant et sons électroniques (1960-1962). M. V.

EINEM *(Gottfried von),* compositeur autrichien *(Berne 1918).* Fils d'attaché militaire, il étudia notamment avec Boris Blacher à Berlin, et remporta son premier succès avec le ballet *Prinzessin Turandot* op. 1 d'après C. Gozzi (1942-43, créé à Dresde en 1944). La renommée internationale lui vint avec l'opéra *la Mort de Danton* op. 6, d'après G. Büchner (1944-1946, créé à Salzbourg par Fricsay en 1947). Suivirent entre autres, comme partitions pour la scène, les ballets *Pas de cœur* op. 16 (Munich, 1952) et *Medusa* op. 24 (Vienne, 1957), et les opéras *le Procès* op. 14, d'après F. Kafka (Salzbourg, 1953), *Der Zerrissene* op. 31, d'après J. Nestroy (Hambourg, 1964), *la Visite de la vieille dame* op. 35, d'après F. Dürrenmatt (Vienne, 1971), *Kabale und Liebe* op. 44, d'après F. Schiller (Vienne, 1976), et *Die Hochzeit Jesu* (« les Noces de Jésus », Vienne, 1980). Ces œuvres, sur lesquelles repose principalement la réputation de leur auteur, doivent leur succès à de solides qualités dramatiques et théâtrales ainsi qu'à leur fidélité au système tonal. On doit aussi à G. von Einem des partitions symphoniques et de chambre — *Philadelphia Symphonie* op. 28 (1960), *Bruckner-Dialog* op. 39

(1971), *Wiener Symphonie* op. 49 (1976), *Ludi Leopoldini* (1980), quatre quators à cordes (1975 à 1981), enfin diverses œuvres vocales dont *An die Nachgeborenen,* cantate op. 42, d'après F. Hölderlin (1973-1975), *Lieder vom Anfang und Ende* pour voix moyenne et piano (création en 1981), *Gute Ratschläge,* cantate (1982), et *Prinz Chocolat,* conte musical (1982).

EISLER *(Hanns),* compositeur allemand *(Leipzig 1898 - Berlin-Est 1962).* Très tôt attiré par la musique, il se forme en autodidacte avant de suivre l'enseignement de Schönberg à Vienne (1919-1923), puis à Berlin à partir de 1925. Introduit dans les cercles d'avant-garde où il rencontre S. Wolpe et E. Krenek, il donne à ses compositions un tour à la fois critique et ironique (*Zeitungsausschnitte,* « Coupures de journaux », 1925-26 ; *Tempo der Zeit,* « Tempo du siècle », 1929) et s'engage dans des activités politiques qui le poussent à écrire de nombreux chœurs et cantates, et à propos desquelles de violentes controverses l'opposent à Schönberg. Entre 1927 et 1933, il compose beaucoup pour le théâtre et le cinéma, et sa rencontre avec l'acteur-interprète Ernst Busch en 1928 l'entraîne définitivement hors des limites de la salle de concert.

Ses ballades sont, après ses *Massenlieder* (« Lieder de masse ») comme *Der rote Wedding* ou le *Kominternlied,* l'instrument principal de sa propagande (*Anrede an den Kran « Karl », Ballade von der Krüppelgarde, Ballade von der Wohltätigkeit,* etc.). Elles sont conçues de façon assez libre, selon le schéma alternatif couplet-refrain. Leur mélodie est calquée sur le rythme déclamatoire du texte ainsi que le prescrit la technique des *Agitproptruppen* (troupes d'agitation-propagande), et leur accompagnement est confié à un petit orchestre inspiré des groupes de jazz des années 20. Elles doivent beaucoup aux *songs* de Kurt Weill, mais Eisler recherche moins les effets de distanciation que celui-ci, et pousse la simplification harmonique jusqu'à un quasi-retour à la tonalité classique, ce qui donne à son langage un caractère en même temps « naïf et constructif » : c'est ainsi du moins que le qualifie Brecht, avec lequel il entame alors une longue collaboration (*Kuhle Wampe,* 1932 ; *Die Mutter,* 1931 ; *Die Massnahme :* un *Lehrstück* — pièce pédagogique — composé en 1930).

En 1933, Eisler quitte l'Allemagne et, après avoir voyagé à travers l'Europe, s'installe en 1938 aux États-Unis. Il poursuit durant cet intervalle une production très diverse (*Deutsche Symphonie* op. 56 sur des textes de Brecht, 1937), ne négligeant pas le style dodécaphonique qui fait lui aussi partie intégrante de sa personnalité musicale (*14 Arten, den Regen zu beschreiben,* « 14 façons de décrire la pluie », 1940), et illustre son expérience cinématographique par le livre intitulé *Komposition für den Film,* réalisé en collaboration avec Adorno en 1947. La même année, il doit s'exiler à nouveau et s'établit en 1950 à Berlin-Est où, comblé d'honneurs et de charges officielles, il compose des musiques socialistes (hymne de la R. D. A.) qui ont malheureusement beaucoup perdu de la virulence de celles des années 20.

ELGAR *(sir Edward),* compositeur anglais *(Broadheath 1857 - Worcester 1934).* Né d'un père marchand de musique et organiste à l'église catholique de Worcester, il se forma en autodidacte, et, dès l'âge de quinze ans, préféra travailler comme assistant dans la boutique de son père plutôt que dans une étude d'avoué. Il donna en 1890 l'ouverture *Froissart* op. 19, acheva en 1892 la *Sérénade pour cordes* op. 20, fit entendre en 1896 et en 1898 respectivement les cantates *King Olaf* op. 30 et *Caractacus* op. 35, mais ne s'imposa vraiment (d'ailleurs du jour au lendemain) qu'à plus de quarante ans, avec les *Variations sur un thème original* (ou *Enigma Variations*) pour orchestre op. 36 : de cette œuvre, créée par Hans Richter en 1899, le thème-énigme est suivi de quatorze variations dédiées chacune à une personne de l'entourage du compositeur, « énigmatiquement » désignée par ses initiales.

En 1900 fut exécuté au festival de Birmingham, et les deux années suivantes en Allemagne, l'oratorio *The Dream of Gerontius* (« le Rêve de Gerontius ») op. 38, également un de ses ouvrages les plus célèbres, sur un poème du cardinal Newman traitant du drame du chrétien face à la mort. Ainsi se trouvaient définies les deux directions principales dans lesquelles il devait s'engager.

Suivirent en effet, pour orchestre, les ouvertures *Cockaigne* op. 40 (1900-1901) et *In the South* op. 50 (1904), la *Symphonie n° 1 en « la » bémol* op. 55, créée par Hans Richter en 1908, la *Symphonie n° 2 en « mi » bémol* op. 63 (1911), et l'étude symphonique *Falstaff* op. 68 (1913), sans doute sa partition la plus ambitieuse ; et, parmi les œuvres avec voix, les oratorios *The Apostles* (« les Apôtres ») op. 49 (1902-1903) et *The Kingdom* (« le Royaume ») op. 51 (1901-1906), qui fait usage du leitmotiv wagnérien, ainsi que les cantates profanes *The Music Makers* (« les Faiseurs de musique ») op. 69 (1912) et *The Spirit of England* (« l'Esprit de l'Angleterre ») op. 80 (1917). Ce à quoi il convient d'ajouter des pièces d'occasion comme les cinq fameuses marches op. 39 intitulées *Pump and Circumstance* (1901-1930), la grande réussite qu'est l'*Introduction et Allegro pour cordes* op. 47 (1904-1905), le cycle de mélodies *Sea Pictures* (« Tableaux marins ») op. 37 (1897-1899), le *Concerto pour violon* op. 61 (1909-10) et le *Concerto pour violoncelle* op. 85 (1919), sa dernière grande partition achevée, et, en musique de chambre, les trois ouvrages tardifs que sont la *Sonate pour piano et violon* op. 82 (1918), le *Quatuor à cordes* op. 83 (1918) et le *Quintette pour piano et cordes* op. 84 (1918-19). Fait en 1924 maître de la Musique du roi, seule fonction officielle qu'il ait acceptée à l'exception de la chaire de musique à l'université de Birmingham de 1905 à 1908, il passa ses quinze dernières années dans un silence à peu près total, ayant été très affecté par la mort de sa femme en avril 1920. Il faut dire aussi que l'Angleterre d'après la Première Guerre mondiale n'était plus celle qu'il avait connue et aimée. Considéré dans son pays comme un compositeur de premier plan, trop souvent ignoré ailleurs, il mérite davantage cet « excès d'honneur » que cette « indignité ». Ce fut un grand maître de l'orchestre, et on trouve indéniablement chez lui des pages hautement inspirées. La musique de Purcell et des compositeurs anglais des XVIe et XVIIe siècles ne signifia à peu près rien pour lui, ce qui ne devait pas être le cas de ses cadets immédiats comme Vaughan Williams, mais il contribua grandement à redonner à l'Angleterre une place de choix (et par là même confiance en soi) en matière de création musicale.

L'indication *nobilmente,* qu'on retrouve souvent dans ses partitions, le résume en quelque sorte : par-delà le pessimisme de ses dernières œuvres, écrites sous le coup de la guerre, il personnifia typiquement l'Angleterre du roi Édouard VII, à la mémoire duquel il dédia d'ailleurs sa *2e Symphonie.* À sa mort, il laissa inachevés une *3e Symphonie* et l'opéra *The Spanish Lady,* d'après *The devil is an ass* de Ben Jonson.

ÉLOY *(Jean-Claude),* compositeur français *(Mont-Saint-Aignan, Seine-Maritime, 1938).* Marqué dans sa jeunesse par la découverte de Debussy, de Messiaen, du *Marteau sans maître* de Boulez, il entra à douze ans au Conservatoire de Paris et y obtint de 1957 à 1960 les premiers prix de piano, de musique de chambre, d'ondes Martenot et de contrepoint. Il suivit également de 1957 à 1960 les cours de Henri Pousseur et de Hermann Scherchen à Darmstadt et de 1961 à 1963 ceux de Pierre Boulez à Bâle. En 1961, *Chants pour une ombre* pour soprano et 9 instruments lui valut un second prix de composition dans la classe de Darius Milhaud. De cette première phase créatrice marquée par le sérialisme et par l'influence de Boulez — mais aussi par celle de Varèse, rencontré aux États-Unis en 1964 — relèvent *Étude III* pour orchestre (1962) et surtout *Équivalences* pour 18 instrumentistes (1963). C'est moins vrai déjà de *Poly-Chromies I* et *II* pour orchestre à vent, 6 percussions et harpe (1964). En 1966, Éloy écrivit la musique du film *la Religieuse* de Jacques Rivette, dont il tira l'année suivante *Macles* pour 6 groupes d'instruments. En 1968 suivit celle de *l'Amour fou,* de Rivette également. Ce film dure quatre heures, et là se manifesta nettement, pour la première fois, l'attrait exercé sur le compositeur (qui dès 1960 avait visité l'Égypte) par l'Orient.

Deux années passées comme professeur d'analyse à Berkeley (1966-1968) lui firent prendre pleinement conscience de l'influence de certaines musiques de l'Orient et de l'Asie sur sa propre évolution. *Faisceaux-Diffractions* pour 28 instrumentistes (1970), commande de la Library of Congress, fut le reflet de cette rupture avec le sérialisme : dans cette musique violente, où les instrumentistes sont divisés en trois « orchestres », la notion de temps joue un rôle essentiel. « Après les rigueurs de Darmstadt, la musique indienne, où prime la naissance du son, la vie intrinsèque du son dans sa beauté sensuelle, avec mille détails à l'intérieur de ce son, me fascinait » (Éloy).

Mais c'est surtout dans *Kamakala* pour

trois groupes d'orchestre, trois chefs et cinq chœurs de douze voix mixtes (1971) que se manifesta ce qui, de plus en plus, avait constitué un pôle opposé à ses conceptions de départ : l'Orient. Là fut tentée la synthèse — jugée par lui indispensable et inévitable — de l'Orient et de l'Occident. Éloy rejette à ce propos le mot « intégration » (de l'Orient par l'Occident), et préfère celui d'« hybridation », opposant par exemple la musique néosérielle et postsérielle « fondée sur l'utilisation du discontinu dans tous les plans » au « sens très fort de la continuité des événements sonores » des Orientaux. Invité par Stockhausen au Studio de musique électronique de la radio de Cologne, Éloy lui dédia l'œuvre qu'il y réalisa en 1972-73 : *Shanti* (« paix » en sanscrit), musique de méditation pour sons électroniques et concrets, créée à Royan en 1974 et considérée comme un élargissement de cette démarche. Cette œuvre longue (deux heures et demie) expérimenta de nouveaux rapports entre le timbre et le temps. Au Studio électronique de la N. H. K. à Tokyo fut réalisée une nouvelle œuvre de vastes dimensions, *Gaku-No-Michi* (« les Voies de la musique »), film sans images pour sons électroniques et concrets (1977-78) s'écartant de toute évocation d'événements ou d'émotions et tendant à faire sentir la réalité de l'infini.

À propos de *Fluctuante-Immuable* pour orchestre (1977), commande de l'Orchestre de Paris, le compositeur évoqua « l'immobilité sous-jacente et permanente d'un discours toujours varié et renouvelé en dehors de toute connotation philosophique ou extramusicale ». En effet, Éloy ne cherche nullement à intégrer une quelconque théorie « orientale » à un langage européen, mais bien plutôt à enrichir la tradition d'Occident par une perception neuve des choses et du temps, précisant avoir trouvé dans la musique orientale une sorte d'improvisation transcendée qui, fait remarquable, repose sur « une base toujours perceptible sur laquelle se développe l'esprit de la variation ». Sa démarche de compositeur, il n'est pas inutile de le préciser, ne fait appel ni à l'improvisation ni au hasard, et sa musique est entièrement « écrite ». *Yo-In* (« Réverbérations »), musique pour un rituel imaginaire avec bande magnétique, un percussionniste, un modulateur et des jeux de lumière (1979), fut créé au S. I. G. M. A. de Bordeaux en 1980. Enfin fut réalisée sur l'U. P. I. C. de Yannis Xenakis *Étude IV* (1980), œuvre sous-titrée « Points-Lignes-Paysages ».

Personnalité ouverte à des activités fort diverses (il a été pendant un an directeur de la musique au Festival d'automne de Paris et a publié de nombreux articles) ainsi qu'aux autres arts, Éloy a reçu de la S. A. C. E. M. le grand prix de la musique de chambre en 1971 et le prix de la promotion de la musique symphonique en 1980. Il a reçu en outre le Prix national de la musique en 1981.

EMMANUEL *(Maurice),* compositeur et musicologue français *(Bar-sur-Aube 1862-Paris 1938).* Dès son enfance à Beaune, où ses parents se sont fixés en 1867, Maurice Emmanuel découvrit les richesses

Maurice
Emmanuel.

du folklore en écoutant les chants des vignerons. En 1880, il entra au Conservatoire de Paris et suivit les cours de la Sorbonne. Il obtint en 1886 sa licence ès lettres. Au Conservatoire, il fut l'élève, en histoire de la musique, de Bourgault-Ducoudray, qui encouragea ses recherches sur la musique modale et, en composition, de Léo Delibes, qui réprouva ses audaces. En dehors du Conservatoire, il reçut des leçons d'Ernest Guiraud, chez qui il rencontra Claude Debussy. Ses premières œuvres, *Sonate pour violoncelle et piano* (1887), *Ouverture pour un conte gai* (1890), témoignent de son indépendance vis-à-vis de l'enseignement officiel. En 1895, Maurice Emmanuel soutint en Sorbonne sa thèse de doctorat, un *Essai sur l'orchestique grecque.* Il avait entrepris cette étude, non pour faire preuve d'érudition, mais « pour y retrouver de la vie et, musicalement, des richesses en sommeil ». Après avoir enseigné l'histoire de l'art dans des lycées, Maurice Emmanuel fut, en 1907, nommé professeur d'histoire de la musique au Conservatoire de Paris. Il occupa ce poste jusqu'en 1936.

Ses œuvres, à l'exception des *Six Sonatines,* composées entre 1893 et 1925, et des *Trente Chansons bourguignonnes* (1913), furent rarement exécutées, mais la création de *Salamine,* en 1929, à l'Opéra de Paris, fit une forte impression. Ce compositeur original, dont l'art viril et sobre s'appuyait sur une connaissance approfondie de la musique antique et des sources populaires, n'est pas encore apprécié à sa juste valeur; mais l'influence qu'il a exercée en remettant en honneur les modes anciens et la rythmique grecque est unanimement reconnue. On lui doit aussi un traité fondamental, *Histoire de la langue musicale* (1911).

ENCINA *(Juan del),* compositeur et poète espagnol *(Salamanque 1468 - León 1529).* Fils d'un cordonnier, il devint l'élève de Nebrija à l'université de Salamanque, puis entra au service du duc d'Albe et eut la charge des diverses manifestations artistiques organisées par cette illustre famille. C'est ainsi qu'il composa et dirigea en 1492 un poème pastoral (églogue) ayant pour sujet la Nativité. Au cours de sa carrière, il cultiva d'ailleurs particulièrement le genre de l'églogue, dans sa forme espagnole des *autos* sacramentales,* qui annonce l'oratorio (*Auto del Repelón,* etc.). Encina lui-même précise que la plupart de ses œuvres poétiques et musicales furent composées avant l'âge de vingt-cinq ans, c'est-à-dire avant son départ pour Rome, lié au fait qu'il n'avait pas obtenu le poste de maître de chapelle qu'il convoitait à Salamanque. Il fit plusieurs séjours à Rome entre 1500 et 1516. Au cours du dernier (1514-1516), il publia sa *Farsa de Placida y Victoriano.* Lors d'un voyage en Terre sainte, il fut ordonné prêtre, et sa première messe (1519) lui inspira une description poétique (*Tribagia,* 1521). De 1523 à sa mort, il occupa les charges de chanoine de León et Málaga.

Encina fut surtout un compositeur de *villancicos** ou chansons d'amour. Une centaine environ, constituant la majeure partie de son œuvre, ont été conservées, notamment dans deux chansonniers, essentiellement le *Cancionero del Palacio* (1496, rééd. par H. Anglés : *Monumentos de la música española,* vol. V, 1947 ; X, 1951 ; XIV, 1953), mais aussi le *Cancionero de Upsala,* paru à Venise en 1556 (rééd. par J. Bal y Gay, El Colegio de México, 1944). Dans ces pièces bien équilibrées, le plus souvent à 4 voix, l'expression du lyrisme et de l'émotion se fait à travers une technique de plus en plus maîtrisée, donnant une impression de simplicité ; on y remarque la qualité de l'invention mélodique, en particulier celle du *superius,* et la correspondance exacte de la musique avec les textes. Certaines pièces laissent même prévoir de manière surprenante, dans l'importance accordée au texte, la réforme que devait connaître l'Italie à la fin du XVIe siècle.

ENESCO *(George),* compositeur, violoniste, pianiste et chef d'orchestre roumain *(Liveni-Vîrnav, près de Dorohoi, 1881-Paris 1955).* Il fit de 1888 à 1894 des études au conservatoire de la Société des amis de la musique de Vienne, notamment avec J. Hellmesberger (musique de chambre) et J. Hellmesberger Jr (violon); ce dernier lui fit rencontrer Brahms. En 1894, Enesco composa ses premières œuvres : une *Introduction* et une *Ballade* pour piano. Il se rendit à Paris et y fut au Conservatoire, de 1895 à 1899, l'élève de Marsick et White (violon), Ambroise Thomas et Théodore Dubois (harmonie), Gédalge (contrepoint), Massenet et Fauré (composition). Il trouva dans la capitale française un milieu artistique et intellectuel qui

Pic

Buste de Georges ***Enesco*** *par Anghel. Bibl. de l'Opéra, Paris.*

stimula ses facultés. La princesse Bibesco l'introduisit dans les cercles musicaux, le présenta à Saint-Saëns, ainsi qu'à Édouard Colonne qui dirigea en 1898 la première audition du *Poème roumain.* La même année, Enesco créa aux côtés de Cortot sa *1re Sonate pour violon et piano.* En 1900, il se produisit pour la première fois comme violoniste aux concerts Colonne : ce fut le début d'une grande carrière de soliste, comprenant notamment des tournées aux États-Unis à partir de 1923, carrière qui n'interrompit pas son activité de compositeur, dont une des dates essentielles est 1931 ; cette année vit l'achèvement de l'opéra *Œdipe,* œuvre qui avait préoccupé Enesco pendant trente ans et devait être créée à l'Opéra en 1936. En 1937, il épousa la princesse Cantacuzène. Après la Seconde Guerre mondiale, il participa à Bucarest à une exécution de l'intégrale des *Quatuors* de Beethoven et travailla à ses dernières œuvres : le *2e Quatuor à cordes* (1950-1953), la *Symphonie de chambre* pour 12 instruments solistes (1954) et le poème symphonique *Vox maris* (1950).

Enesco fut un musicien complet, aux dons riches et multiples, et un éminent professeur de violon, qui eut notamment pour élève Yehudi Menuhin. Son auréole d'interprète a trop souvent fait oublier la profonde originalité de ses compositions. Dans celles-ci, il s'inspira du folklore de son pays, mais son évolution tendit vers une utilisation de plus en plus sublimée de celui-ci. Le folklore assume encore un rôle pittoresque dans les deux *Rhapsodies roumaines* (1901). Mais déjà vers la même époque, il est mieux maîtrisé dans la *1re Symphonie* (1905), qui utilise le langage polyphonique de la fin du XIXe siècle, notamment celui de Brahms, avec une parfaite domination mais sans académisme, dans la *2e Sonate pour violon et piano* (1899), l'*Octuor* (1900), le *Dixtuor* (1906), qui font une synthèse originale entre une inspiration nourrie des grandes traditions classiques et romantiques et un chant puisant aux sources populaires. Mais c'est dans la *3e Sonate pour violon et piano* « dans le caractère populaire roumain » (1926) que le génie d'Enesco éclate vraiment : ici le folklore est transcendé, le chant du violon jaillit, entièrement inventé et comme improvisé librement, plus brûlant encore que chez ces « lăutari » qui ont bercé l'enfance du compositeur.

Dans cette assimilation « organique » du folklore, Enesco, tout en retrouvant le chant profond de sa race, utilise une écriture audacieuse, avec des recherches de timbres qui évoquent Schönberg et Webern et des quarts de ton que l'on retrouve dans *Œdipe.* Dans cet opéra puissant et généreux, un riche matériau musical traduit la grandeur du mythe grec et sa force tragique. La noble figure d'Œdipe acquiert ici une dimension universelle et une profonde signification humaine, symbolisant le pathétique combat de l'homme contre le Destin. C'est la clef de voûte de l'œuvre d'Enesco. Les dernières œuvres comme le *2e Quatuor à cordes* et la *Symphonie de chambre* utilisent une construction chère au compositeur : une forme cyclique où les idées musicales se perpétuent d'un mouvement à l'autre, se métamorphosent progressivement, et ne se développent complètement qu'à la fin de l'œuvre tout entière, réalisant ainsi l'intégration des mouvements dans une unité morphologique supérieure.

ENGLERT *(Giuseppe Giorgio),* organiste et compositeur suisse *(Fiesole, Italie, 1927).* Élève du conservatoire de Zurich (W. Burkhard, H. Funk) de 1945 à 1948, il s'installa en 1949 à Paris et y poursuivit ses études d'orgue avec André Marchal (1949-1956), dont il devint l'assistant à Saint-Eustache (1957-1962). Il fréquenta aussi les cours de Darmstadt. Codirecteur du Centre de musique de Paris (1964-1968), il fut appelé en 1970 à enseigner à l'université Paris VIII (Vincennes) sur le thème de l'expression musicale collective, et y fonda en 1975 le Groupe art et informatique de Vincennes (G. A. I. V.), avec, comme objectif, la production et la présentation « live » de musique électronique avec des instruments hybrides. Il a également travaillé au Groupe d'études et de recherches musicales (G. E. R. M.) de Pierre Mariétan. Comme œuvres autonomes, on lui doit notamment *les Avoines folles* pour quatuor à cordes (1962-63), *Fragment* pour orchestre (1964), *le Roman de Kapitagolei* pour orchestre (1966-67), *Cantus plumbeus non pulsando pro organo* pour orgue (1972), *Quatuor « S »* pour synthétiseur (1978-79), *Trinsin-Funpol* pour 5 instruments (1980). Viennent s'y ajouter des œuvres-contributions comme *Vagans animula* pour orgue et bande magnétique (1969), où l'instrumentiste doit répondre, d'après des indications de l'auteur, à une bande préalablement réalisée à partir des sons de l'orgue, et des productions collectives comme *Musique... Sic* (université Paris VIII, 1971) ou *Sept Heures d'activités continues autour de mini-ordinateurs* (G. A. I. V., 1978).

ERKEL *(Ferenc)*, pianiste, chef d'orchestre et compositeur hongrois *(Gyula 1810 - Budapest 1893)*. Issu d'une famille d'origine néerlandaise, il fit ses premières études à Pozsony, commença sa carrière à Kolozsvár (Cluj) et s'installa à Pest en 1834. À l'ouverture du théâtre national en 1838, il en fut nommé premier chef d'orchestre, puis en devint le directeur musical et le demeura jusqu'en 1884. En 1853, il créa les concerts de la Société philharmonique de Budapest, qu'il dirigea jusqu'en 1869. De 1875 à 1888, il enseigna le piano à l'Académie royale de musique et en fut directeur. En 1884, malgré son âge, il fut nommé directeur à vie de l'opéra national de Budapest, qui venait d'ouvrir. L'œuvre d'Erkel dans le domaine lyrique servit, par les sujets qu'elle aborda, à cristalliser une certaine forme de la résistance du peuple hongrois à la domination autrichienne. Après une œuvre de jeunesse, *Mária Báthori* (1840), il fit représenter en 1844 *László Hunyadi*, qui met en scène un héros sincère et droit, victime d'un roi félon d'origine allemande. Le librettiste de cette œuvre, Béni Egressy, lui fournit encore le texte de *Bánk bán*, terminé en 1852 et créé à Pest en 1861. Pourtant, sur le plan musical, Erkel, pas plus dans ses opéras que dans ses partitions symphoniques, n'apparaît comme un rénovateur puisant aux authentiques sources hongroises. Parti des modèles de Rossini, Bellini, Auber et Meyerbeer, il se laissa peu à peu gagner à l'influence allemande, celle de Wagner en particulier, évidente dans ses dernières œuvres, *le Roi Étienne* (1885) et *Ouverture solennelle* (1887).

La production d'Erkel comprend dix opéras, six opéras-comiques (dont *Sarolta*, 1862), l'hymne national hongrois, des musiques de scène, des ouvertures, des pièces pour piano et des œuvres de musique de chambre.

ESSYAD *(Ahmed)*, compositeur marocain *(Sale, Maroc, 1938)*. Résidant en France depuis 1962, il a travaillé cette année-là avec Max Deutsch, mais avait fait auparavant de solides études dans son pays natal, tant en ce qui concerne la musique (conservatoire de Rabat) que la civilisation arabo-islamique. Héritier de deux cultures, il s'est préoccupé de réaliser la synthèse de la musique arabo-berbère, dont le support est oral, et de la musique européenne, de tradition écrite. Parmi ses œuvres, *Yasmina* pour violon, violoncelle et baryton (1965), *Nadîm* pour piano et percussion (1970), une *Symphonie* pour grand orchestre (1971), la suite électroacoustique *Sultanes* (1972-73), la cantate pour contralto, trois groupes de cordes, percussion et récitant *Identité* (1974-75), la pièce musicale sur un texte berbère *le Collier des ruses*, donnée à Avignon en 1977, et l'ouvrage lyrique *l'Eau*, créé à Radio-France en 1982.

EVANGELISTI *(Franco)*, compositeur italien *(Rome 1926 - id. 1980)*. Après des études d'ingénieur à Rome, il décida en 1948 de se consacrer à la musique, étudia la composition avec D. Paris et le piano avec E. Arndt, et, de 1952 à 1960, suivit régulièrement les cours d'été de Darmstadt. De cette période datent ses premières œuvres, d'inspiration sérielle. Sa rencontre avec H. Meyer-Eppler en 1952 éveilla son intérêt pour la musique électronique. À l'invitation de H. Eimert, il travailla (1956) au Studio électronique de la radio de Cologne, où il rencontra G. M. Koenig, K. Stockhausen, H. Helms, H. K. Metzger et plus tard M. Kagel et G. Ligeti. Il fut également appelé par H. Scherchen au Studio d'électroacoustique expérimentale de l'Unesco à Gravesano. En 1958, avec Stockhausen et Nono, il participa à l'inauguration du Studio expérimental de la radio polonaise et du Festival d'automne de Varsovie. Il travailla ensuite activement à la diffusion de la musique contemporaine, organisant la Semaine internationale de musique nouvelle de Palerme en 1959, fondant en 1960 l'association Nuova Consonanza dans le but de promouvoir la musique contemporaine, de stimuler un plus grand public, et aussi d'affirmer le statut de la création collective par opposition à l'œuvre-objet. En 1967, il compta parmi les fondateurs du Studio électronique de Rome. Ses activités pédagogiques furent nombreuses, et il rédigea, outre plusieurs articles, le livre (inédit) *Dal silenzio a un nuovo mondo sonore. Appunti degli anni 57-77* (« Du silence à un nouveau monde sonore. Notes des années 57-77 »).

Après 1962, craignant de se répéter, Evangelisti s'est pratiquement arrêté de composer, du moins sur le plan individuel. On lui doit : *4! (4 « fattoriale »),* petites pièces pour piano et violon (1954-55) ; *Ordini,* structures variées pour 17 instruments (1955) ; *Proporzioni,* structures pour flûte solo (1958) ; *Aleatorio* pour quatuor à cordes (1959) ; *Random or not Random,* notes des années 1957-1962 pour orchestre (1962) ; *Incontri di fasce sonore,* composition électronique (1956-57) ; *Spazio a 5* pour 4 groupes de percussion, voix et moyens électroniques (1959-1961) ; *Die Schachtel,* action mimoscénique pour mimes, projections et orchestre de chambre sur un sujet de Fr. Nonnis (1962-63).

EXAUDET *(André Joseph),* violoniste et compositeur français *(Rouen 1710 - Paris 1762).* Il travailla le luth et la viole avant de se consacrer à un instrument plus au goût du jour : le violon. Il s'engagea dans l'orchestre de l'Opéra de Paris en 1749. En 1758, il entra dans la Musique de la chambre du roi et, l'année suivante, succéda à Gabriel Caperan comme directeur des 24 Violons. À partir de 1751, il se produisit au Concert spirituel. Disciple de Jean-Marie Leclair, il composa de nombreuses sonates pour son instrument (2 *Livres* pour violon et basse, Paris, 1744 et 1760 ; 6 *Sonates en trio,* Paris, 1751). André Joseph Exaudet est l'auteur d'un célèbre *Menuet* (tiré d'une des *6 Sonates en trio* op. 2, 1751) dont la popularité a duré jusqu'au XIXe siècle.

EYBLER *(Joseph Leopold),* compositeur autrichien *(Schwechat, près de Vienne, 1765 - Vienne 1846).* Il étudia à la maîtrise de la cathédrale Saint-Étienne de Vienne, puis fut élève d'Albrechtsberger (1776-1779). Protégé par Mozart et Haydn, il fut directeur de la musique à l'église des Carmélites (1792-1794) puis au cloître des Écossais (1794-1824), professeur de musique à la cour (1801), vice-maître de chapelle impérial en 1804 et maître de chapelle impérial comme successeur de Salieri de 1824 à 1833, date à laquelle une attaque l'obligea à se retirer. À la mort de Mozart, ce fut lui qui entreprit de terminer son *Requiem,* mais il abandonna cette tâche et la transmit à Süssmayer. Il écrivit beaucoup de musique religieuse, dont un *Requiem* en *ut* mineur (1803) et l'oratorio *Die vier letzten Dinge* (1810), au livret à l'origine destiné à Haydn, et des pages instrumentales dont de remarquables quintettes à cordes. Il fut anobli en 1835.

F

Falla *(Manuel de),* compositeur espagnol *(Cadix 1876 - Alta Gracia, Argentine, 1946).* Andalou par son père, mais Catalan par sa mère, Falla doit à l'audition d'une symphonie de Beethoven sa vocation de compositeur. Élève, à Madrid, de José Trago (piano) et de Pedrell (composition), il compose quelques zarzuelas avant de prendre part à un concours organisé par l'Académie des beaux-arts et pour lequel il écrit *la Vie brève* (1904-1905). En 1907, il se rend à Paris où il résidera jusqu'en 1914. Il connaît Dukas, Debussy, Ravel, Albéniz et Vinés qui joue ses *Quatre Pièces espagnoles* à la Société nationale et lui suggère *Nuits dans les jardins d'Espagne* (1911-1915). De retour en Espagne, il se fixe à Madrid où il écrit *l'Amour sorcier* (1915), inspiré par les récits fantastiques d'une gitane, puis *le Tricorne* (1919), destiné aux Ballets russes. La mort de ses parents (1919) le conduit à quitter Madrid pour Grenade où il habitera, avec sa sœur, jusqu'en 1939. C'est l'époque du *Retable de maître Pierre* (1923), commande de la princesse de Polignac, et du concerto pour clavecin écrit pour Wanda Landowska, mais aussi d'une étude passionnée du cante jondo, en compagnie de García Lorca. En 1927, il entreprend *l'Atlantide,* vaste ouvrage auquel il travaillera jusqu'à sa mort et qu'il laissera inachevé. Les 4 *Homenajes* à Arbos, Dukas, Debussy et Pedrell sont sa dernière œuvre avant le départ pour l'Argentine. Invité à diriger plusieurs concerts pour le 25e anniversaire de l'Institut culturel de Buenos Aires, il y devait succomber à une crise cardiaque consécutive à de longs mois de maladie et sans réaliser son ultime désir de finir ses jours dans un couvent des environs de Cordoue.

À la crise de vérisme qui lui a inspiré *la Vie brève,* c'est en héritier d'Albéniz que Falla écrit ses premières partitions, aboutissement de la renaissance musicale espagnole amorcée par *Iberia* et à laquelle l'école française a donné la meilleure impulsion. Venu lui-même lui demander son épanouissement, il a eu la révélation de l'univers harmonique fascinant de Debussy et de sa maîtrise à faire table rase des conventions tonales et rythmiques qui emprisonnent alors la musique. Par ailleurs, Louis Lucas, dont *l'Acoustique nouvelle* (1854) est prophétique, apporte des fondements rationnels à l'émancipation de la fantaisie. Enfin, sa manière toute personnelle d'assimiler les caractères essentiels de la musique espagnole conduit Falla à un style original, plus classique que celui de ses prédécesseurs. Sans perdre le contact avec les mélodies et les rythmes folkloriques, il en a surtout interrogé l'esprit au point de faire de *l'Amour sorcier* l'expression définitive du chant gitano-andalou.

Dès *le Tricorne,* cependant, l'évolution d'un langage qui se réclame de Scarlatti correspond à un passage du temporel au spirituel qui délaisse bientôt le « pittoresque » de l'Espagne pour une vision plus âpre et plus intérieure de son patrimoine culturel. À l'option heureuse des vingt premières années de sa vie, le laborieux effort des vingt dernières oppose le spectacle d'une tension physique et spirituelle qui n'est pas éloignée d'une sorte de stoïcisme, mais dont les opérations ne sont plus des miracles. Incantation, *carmen* et sortilèges restent liés aux étapes de l'ascension purificatrice et c'est, pour terminer, le chant d'un hidalgo sorti des tableaux du Greco. Le *Retable* et surtout le concerto de clavecin attestent l'effort vers la plénitude du dépouillement, dans

Giraudon

Manuel de **Falla** *par I. Zuloaga.*

une assimilation parallèle des musiques anciennes et de la technique de Stravinski.

À défaut de la messe qu'il désirait écrire, c'est cependant dans *l'Atlantide,* immense épopée exaltant l'alliance de l'âme ibérique et du christianisme, que Falla réalise sa conception dernière de la musique, simplifiée à l'extrême, soit dans le plus pur diatonisme, soit dans le plus archaïque modal. Partition que terminera Ernesto Halffter et qui donne de la démarche de Falla une conclusion qu'on aurait tort de considérer comme un échec ou un renoncement. Le tracé linéaire des mélodies et la transparence harmonique ne font qu'y refléter, avec la douce intensité requise par le sujet, la lumière d'une intériorité ouverte à l'infini.

FANO *(Michel),* compositeur et musicographe français *(Paris 1929).* Il fait ses études musicales au Conservatoire de Paris, se fait tout particulièrement remarquer dans les matières théoriques et obtient des premiers prix de musique de chambre (classe de Pierre Pasquier), harmonie (Jean Gallon), fugue (Noël Gallon), composition (Tony Aubin) et analyse (Olivier Messiaen). Très vite, sa *Sonate pour 2 pianos* (1952) et son *Étude pour 15 instruments* attirent l'attention sur lui au festival de Darmstadt. Parallèlement, il écrit de nombreux articles sur la musique moderne et contemporaine et collabore avec Pierre-Jean Jouve pour une étude sur *Wozzeck* d'Alban Berg (Paris, 1953). Il devient alors ingénieur du son, puis monteur de cinéma, produit et réalise plusieurs films pour le cinéma et la télévision. La composition de partitions pour des films constitue dès lors l'essentiel de son activité musicale. On peut citer notamment ses musiques pour des films de Robbe-Grillet (*l'Immortelle,* 1962 ; *Trans-Europ-Express,* 1966 ; *l'Homme qui ment,* 1968), Aurel (*la Bataille de France,* 1963), Tazieff (*Volcans interdits,* 1965). Pour la partition de *la Griffe et la Dent,* il obtient le grand prix technique du festival de Cannes en 1976. D'autre part, Michel Fano a été chargé de cours de 1967 à 1972 à l'Institut national du spectacle à Bruxelles, de 1971 à 1974 à la faculté de Vincennes et en 1973 à l'I. D. H. E. C. Il est responsable du département Recherche à l'Office de création cinématographique.

FARNABY *(Giles),* compositeur anglais *(? v. 1565 - Londres 1640).* Il exerça le métier de menuisier. Peut-être fut-il également facteur d'instruments. Il vivait à Londres lorsqu'il se maria en 1587. Il fut reçu Bachelor of Music à l'université d'Oxford en 1592. En 1598, il publia un recueil de *Canzonets to Foure Voyces,* agréables madrigaux à 4 voix pouvant honorablement se ranger aux côtés de ceux de John Bennet (1599) et de John Farmer (1599). D'une écriture très personnelle, avec des recherches harmoniques et rythmiques, ces madrigaux attestent l'originalité du compositeur. Quelques pièces spirituelles ont d'autre part été conservées dans des recueils collectifs, ainsi que des psaumes et des motets en manuscrit. Le *Fitzwilliam Virginal Book* contient plus de cinquante pièces destinées au virginal et c'est surtout sur elles que repose la réputation de Giles Farnaby. Le brio de ces compositions — toujours élégantes et d'une expression très contrôlée — témoigne d'une grande maîtrise de l'écriture pour le clavier. La brève pièce *Tell me Daphne* est un modèle de perfection avec sa modulation au relatif majeur et la symétrie de ses proportions. Parmi les virginalistes du tournant du siècle, Farnaby ne le cède sans doute qu'à William Byrd. Il faut aussi signaler que le *Fitzwilliam Virginal Book* renferme quelques pièces de Richard Farnaby, fils de Giles.

FASCH, famille de compositeurs allemands. — 1. **Johann Friedrich** *(Büttelstedt, près de Weimar, 1688 - Zerbst 1758).* Il étudia à l'école Saint-Thomas de Leipzig avec Johann Kuhnau, puis à l'université de Leipzig (1708-1711), où il fonda un Collegius Musicum. Il voyagea pendant quelques années, se perfectionna en composition avec Graupner et Grünewald à Darmstadt, vécut notamment à Bayreuth, à Gera où il occupa des fonctions de secrétaire, à Greiz où il fut organiste, et à Lukaveč en Bohême où il entra au service du comte Morzin. En 1722, il fut nommé maître de chapelle à la cour de Zerbst. Parmi ses nombreuses compositions instrumentales (concertos, sinfonie, sonates, trios, quatuors), on peut souligner l'intérêt tout particulier de ses suites d'orchestre d'une conception hardie, dont J.-S. Bach, qui en faisait grand cas, recopia quelques-unes. J. F. Fasch composa aussi en abondance de la musique sacrée : 11 messes, 2 *Credo,* une centaine de cantates, une *Passio Jesu Christi* (1723), 4 psaumes. Il écrivit encore quelques opéras.
— 2. **Christian Friedrich Carl** *(Zerbst 1736 - Berlin 1800),* fils du précédent. Il étudia la musique avec son père, puis, à partir de 1750, avec Hertel à Strelitz, et se perfectionna à Klosterberg et Magdebourg. En 1756, il fut nommé second claveciniste de la cour de Frédéric II à Berlin, puis en 1774 chef d'orchestre de l'opéra royal, et se consacra ensuite principalement à l'enseignement. En 1791, il fonda la Singakademie (Académie de chant) de Berlin, où il attira l'attention, par des exécutions, sur l'œuvre de Bach alors totalement oubliée. L'activité de la Singakademie donna le signal du chant choral en Allemagne et cette initiative de C. F. C. Fasch peut être considérée comme une étape décisive de la vie musicale. Vers la fin de sa vie, le compositeur détruisit un grand nombre de ses œuvres manuscrites.

FAURÉ *(Gabriel),* compositeur français *(Pamiers, Ariège, 1845 - Paris 1924).* Fils de T. Fauré, instituteur et directeur de l'école normale de Montgauzy-Foix, il ressentit ses premières émotions musicales à l'harmonium de la chapelle du collège paternel. Envoyé dès l'âge de neuf ans à Paris pour suivre les cours de l'école de musique classique et religieuse de Niedermeyer, il ne connut guère de vie familiale ni d'encouragements. Ses études musicales et générales médiocres le laissèrent longtemps insatisfait, jusqu'au jour où il rencontra Saint-Saëns, jeune et brillant professeur de piano, qui lui révéla Schumann, Liszt et Wagner. Il écrivit alors sa première œuvre, *le Papillon et la Fleur* (1861), mélodie d'après V. Hugo, bientôt suivie d'autres mélodies ou romances, des *3 Romances* pour piano (1863) et du *Cantique de Jean Racine* (1865). À vingt ans, Fauré sortit de l'école Niedermeyer nanti d'un 2e prix d'harmonie, d'un 1er prix de composition et d'un prix d'excellence de

Larousse

Gabriel ***Fauré****, par J. S. Sargent. (Coll. Fauré-Frémiet.)*

piano, pour rejoindre un poste d'organiste à l'église Saint-Sauveur de Rennes (1866). Si Rennes s'enorgueillit encore d'avoir accueilli Fauré, celui-ci vécut en pensum ses quelques années de vie provinciale.

Mais la guerre fut déclarée et Fauré s'engagea en juillet 1870. Cette époque troublée est marquée par l'amitié de Messager, rencontré en Suisse pendant la Commune. À son retour à Paris, Saint-Saëns aida Fauré à se faire une place parmi les organistes parisiens, d'abord comme titulaire à Saint-Honoré-d'Eylau, organiste du chœur de Saint-Sulpice, suppléant à la Madeleine, puis maître de chapelle de cette même église en remplacement de Théodore Dubois (1877). L'école Niedermeyer lui proposa aussi un poste de professeur et il commença à affronter le monde musical. Fauré était alors un jeune homme brun, au physique romantique; ses qualités de pianiste et d'accompagnateur en faisaient un invité très recherché, et il fréquenta assidûment le salon Viardot, pensant même épouser Marianne, l'une des filles de Pauline Viardot. La rupture de ce projet (1877) allait être une grande déception pour le compositeur. Parallèlement, il participa à la fondation de la Société nationale, destinée à promouvoir la musique française, et en assura le secrétariat dès 1874. Ce fut aussi une période de voyages intéressants : il accompagna Saint-Saëns à Munich et Cologne où l'on donnait la *Tétralogie*. Wagner exerça sur lui une attirance très mélangée : on retrouve dans sa musique quelques traces de wagnérisme dans l'orchestration *(Prométhée)* ou dans l'allure épique de certaines mélodies *(Larmes, Au cimetière)*. Ces années, riches d'expériences diverses, préparèrent une période de création intense : les 2 *Quatuors avec piano* (1876-1886), 6 *Nocturnes* (1875-1894), 6 *Barcarolles* (1880-1896), le *Requiem* (1887-1890), la *Ballade* (1877-1879) et de nombreuses mélodies : 1er et 2e *Recueils, la Bonne Chanson* (1892-1894). Les événements familiaux orientèrent également sa pensée créatrice : enthousiasme lors de son mariage avec Marie Fremiet (1883), fille du sculpteur E. Fremiet, et douleur à la perte de ses parents (1886 et 1888), dont nous trouvons l'expression dans le *Requiem*.

En 1892, Fauré fut nommé inspecteur des conservatoires et une nouvelle vie, plus libre, lui fut offerte. Sa notoriété enfin établie lui permit aussi d'accéder au poste de titulaire du grand orgue de la Madeleine, puis à celui de professeur de composition au Conservatoire où il succéda à Massenet (1896). Les élèves qu'il forma furent nombreux et justement célèbres — Ch. Kœchlin, Fl. Schmitt, L. Aubert, N. Boulanger, M. Ravel, etc. —, mais il n'eut jamais aucun imitateur tant son style, fait d'un emploi original d'éléments traditionnels, était insaisissable. Le couronnement de cette carrière professorale allait être son accession à la direction du Conservatoire (succession de Th. Dubois), établissement dont il n'avait pas été élève et ne

Lauros-Giraudon

*Gabriel **Fauré** par Ernest-Joseph Laurent. (Château de Versailles.)*

possédait aucune récompense. On peut lire dans les journaux du temps que sa brillante conduite aux armées joua un rôle dans cette nomination. Dès que Fauré prit son poste, il devint un vrai « tyran », ce qui signifie qu'il s'employa à rétablir la discipline et à apporter du sérieux dans un enseignement qui avait beaucoup vieilli. Cette attitude intransigeante lui fut d'ailleurs amèrement reprochée. À partir de 1903, le compositeur dut assumer une surdité presque totale, handicap qui, pourtant, n'entrava en rien sa carrière. Succès et honneurs l'accompagnèrent en ces années : accueil favorable de sa tragédie lyrique *Prométhée* aux arènes de Béziers (1900), élection à l'Académie des beaux-arts (1909) et création de son opéra *Pénélope* (1913) à Monte-Carlo. Mais son isolement physique et moral fut bientôt tel qu'il se consacra uniquement à des œuvres intimistes : musique de chambre, mélodies et pièces pour le piano. En 1920, Fauré abandonna la vie publique comblé d'honneurs (décorations, hommage national à la Sorbonne en 1922), et s'éteignit en 1924, après avoir brûlé ses œuvres inachevées.

Fauré est avant tout un homme du XIXe siècle, nourri de romantisme et militant pour une musique constamment expressive et introspective. À l'encontre de Debussy et de Ravel, auxquels son nom est parfois associé, il ne participa aucunement aux luttes musicales qui animèrent le XXe siècle. Le dernier grand choc qu'il éprouva fut celui de la création de *Pelléas et Mélisande* (1902), dont les répercussions sur l'art vocal fauréen furent grandes, puis il entra dans le domaine du silence (surdité), commençant une troisième manière, très idéalisée, que l'on qualifie parfois justement d'ascétique.

On peut en effet diviser sa production en trois manières : la première, jusqu'en 1880, est encore très romantique, liée à la mode et à la vie des salons, alors que la deuxième (1881-1902) est la plus représentative de la personnalité du compositeur. Il y développe une harmonie chatoyante *(la Bonne Chanson),* des couleurs orchestrales éclatantes *(Prométhée),* au service d'un art sensuel et chaleureux. La troisième période, liée à la surdité, abolit la précédente, et on ne peut s'empêcher de songer à ce qu'aurait été une évolution en droite ligne, sans la coupure causée par son infirmité. Fauré n'est pas par nature un musicien intimiste et l'ascète des dernières années. Il faut donc se garder de lui dénier, en se fondant sur la troisième manière, toute vigueur et tout romantisme. Il n'est pas exclusivement l'homme du charme et des musiques exquises, mais aussi un Méditerranéen et un passionné, comme en témoignent les *Quatuors* avec piano.

FAYRFAX *(Robert),* compositeur anglais *(Deeping Gate, Lincolnshire, 1464 - Saint-Albans, Hertfordshire, 1521).* On le trouve en 1496 porteur du titre de « gentleman » de la chapelle royale. Il devint ensuite, vers 1502, organiste à l'abbaye de Saint-Alban. En 1504, il fut reçu docteur de l'université de Cambridge et, en 1511, à Oxford, il fut honoré du premier doctorat de musique connu. Il fut ensuite à la tête des chantres de la chapelle qui accompagnèrent le roi Henri VIII au Camp du Drap d'or en 1520. L'œuvre de Fayrfax comprend une douzaine de motets dont *Ave Dei Patris Filia* (conservé dans plusieurs manuscrits), deux *Magnificat,* six messes à 5 voix dont *O bone Jesu* et surtout la *Missa Albanus* (sans *Kyrie*) dont chaque section exploite la technique du motif de tête chère à Dufay ; quelques chansons profanes, dont sept sont contenues dans le *Manuscrit Fayrfax,* complètent cette liste, dominée par la messe cyclique (six ont survécu). Le style contrapuntique de Fayrfax a tendance à négliger l'écriture en imitation au profit d'un contrepoint plus sévère (note contre note), caractéristique des maîtres du début de la Renaissance. Il fut considéré par ses contemporains comme le plus grand musicien anglais de sa génération.

FELDMAN *(Morton),* compositeur américain *(New York 1926).* Élève de Riegger (contrepoint) et Stefan Wolpe (composition), il étudie aussi la peinture. Sa rencontre avec Cage (1951) conforte ses idées déjà révolutionnaires. Avec David Tudor, Earle Brown et Christian Wolff, au début des années 50, il cherche les moyens de détruire la continuité musicale traditionnelle, de libérer les sons et s'intéresse aux arts plastiques, en particulier à l'école de New York. Ces jeunes musiciens comprennent que les peintres de cette école jettent les bases d'un art proprement américain, ce qui est aussi leur but. Peut-être la fréquentation du milieu pictural newyorkais explique-t-elle le désir de Feldman de vivre la composition comme une totale aventure sonore abstraite, et, par voie de conséquence, dans une première période de son évolution, l'emploi de partitions graphiques. Morton Feldman envisage cette aventure, liée pour lui à la libération des sons et à leur projection dans l'horizontalité temporelle, dans le cadre de l'indétermination et du canevas graphique. Aussi, dans *Projection I* pour violoncelle (1950-51) et *Marginal Intersection* pour orchestre (1951), exemples types, la hauteur dans chaque registre, les dynamiques, l'expression restent à préciser, la durée étant à peu près indiquée par la longueur des rectangles. Plus que de permettre l'improvisation pour elle-même, M. Feldman souhaite ainsi créer de nouveaux types de relations sonores. À noter que dans *Marginal Intersection,* l'utilisation de deux oscillateurs électriques émettant des fréquences très graves ou très aiguës à peine audibles, qui relancent les sons instrumentaux, provoque des échanges temporels sur le plan vertical et horizontal.

Un usage constant de dynamiques très faibles et l'absence d'un rythme précis contribuent parfois à donner faussement l'impression d'une musique statique. Il faudrait plutôt parler, bien avant les clusters de Ligeti, d'une sorte de nuage sonore en suspension et en mouvement perpétuel (*The Swallows of Salagan,* « les Hirondelles de Salagan », pour chœur mixte et 23 instruments, 1960). Ainsi, dans *Marginal Intersection,* les instruments de l'orchestre rentrent ou sortent selon leur libre arbitre à l'intérieur de leur intervention. Même lorsque Feldman abandonne la partition graphique (sauf pour *Atlantis* pour 17 instruments [1958] et *Out of « Last Pieces »,* « Tiré des Dernières Pièces », pour orchestre [1958]) et cherche, dans les années 1955-1958, une notation plus précise et une plus grande clarté de propos, il expérimente toujours l'indétermination d'un paramètre : dans *Piece for 4 pianos,* c'est la durée libre d'une séquence identique pour chacun des instruments ; dans *Durations* (5 pièces instrumentales, 1960-1962), le déphasage obtenu constitue une sorte de réverbération de la séquence de base.

De plus, il y a chez Morton Feldman la recherche d'une musique d'une extrême simplicité qui, dans ses emplois répétitifs, préfigure peut-être la nouvelle musique américaine des années 70 : on remarque, dans *Christian Wolff at Cambridge* (1963) pour chœur a cappella, la reprise inlassable de 16 accords *pp ;* dans *Madame Press died last week at the age of ninety* (« Mme Press est morte la semaine dernière à quatre-vingt-dix ans », 1971), pour ensemble instrumental, la répétition d'une tierce mineure. Les œuvres plus tardives comme *False Relationship and the Extended Ending* (« Fausse Relation et fin différée », pour violon, violoncelle, trombone, 3 pianos et carillon, 1968), *On Time and Instrumental Factor* (« Temps et facteur instrumental », pour orchestre, 1969) ou encore *The Viola in my life* (« l'Alto dans ma vie », 4 pièces pour alto et divers instruments, 1970) rejettent tout aspect indéterminé.

L'aventure de Feldman est bien celle du son, parfois celle du silence, jamais celle de la forme qui naît de l'instant. Sa musique se situe entre des catégories (*Between Categories,* pour 2 pianos, 2 carillons, 2 violons et 2 violoncelles, 1969), « entre temps et espace, entre peinture et musique, entre la construction de la musique et sa surface ». N'ouvre-t-il pas par là la voie à une méditation, à une perception du temps proches des conceptions orientales ? En tout cas, à l'écoute du temps et de l'événement, Feldman exige de l'auditeur une disponibilité totale.

FERNEYHOUGH *(Brian),* compositeur anglais *(Coventry 1943).* Né dans un milieu modeste, il reçoit une première formation musicale dans un contexte populaire et folklorisant — il joue dans les orchestres de fanfares ou *brass bands* — avant de s'orienter très vite vers la composition. Il obtient les diplômes d'exécutant et d'enseignant à l'École de musique de Birmingham (1961-1963), poursuit des études de composition et de direction d'orchestre à la Royal Academy of Music de Londres (1966-67). Après avoir étudié auprès du compositeur Lennox Berkeley, Brian Ferneyhough quitte la Grande-Bretagne (1968), effectue un bref stage à Amsterdam auprès de Ton de Leeuw, puis s'installe à Bâle pour y travailler avec Klaus Huber (1969-1971), dont il devient l'assistant comme professeur de composition à la Musikhochschule de Freiburg (Allemagne fédérale) — poste qu'il occupe toujours. Ferneyhough est titulaire de divers prix et bourses, dont le prix du concours Gaudeamus (Pays-Bas, 1969), celui de la fondation Heinrich Strobel (Allemagne fédérale, 1973), le premier prix au concours de composition de la S. I. M. C. (Rome, 1974). Il est invité à séjourner un an à Berlin-Ouest sous les auspices du Service allemand d'échanges académiques (DAAD, 1976-77). Ses toutes premières compositions datent de 1963. Jusqu'en 1974, date de sa révélation soudaine au festival de Royan, la complexité de pensée et l'extrême difficulté de ses œuvres empêchent leur large diffusion. Cette situation s'inverse totalement à partir de 1974 ; Ferneyhough voit son importance peu à peu reconnue grâce à de nombreuses exécutions à Royan, Donaueschingen, Venise, Londres, Paris (I. R. C. A. M.), etc.

La démarche compositionnelle de Brian Ferneyhough part d'une assimilation remarquablement complète et profonde de l'expérience de la musique sérielle généralisée telle qu'ont pu la vivre un Pierre Boulez, un Karlheinz Stockhausen ou un Luigi Nono durant les années 1950-1960. Ferneyhough adapte les impératifs de la pensée sérielle à son propre tempérament, véhément, expressionniste, et les exploite dans le sens d'une totale radicalisation. *Prometheus* pour sextuor à vent (1967), *Epicycle* pour vingt cordes solistes (1968), *Missa brevis* pour douze voix solistes a cappella (1969), *Sieben Sterne* pour orgue (1970-71) et surtout les *Sonatas* pour quatuor à cordes (1967) — immense monument polyphonique de plus de quarante minutes de durée — sont les principaux jalons d'une première période de création qui s'interrompt en 1972 par trois années de silence. Durant cette même période, le compositeur exacerbe, avec des pièces telles que *Cassandra's Dream Song* pour flûte seule (1970) ou *Firecycle bêta* pour grand orchestre et cinq chefs (1969-1971), les difficultés d'exécution et les pousse délibérément aux limites du possible. La complexité purement technique devient un élément de tension psychologique qui s'intègre de manière constitutive et particulièrement active dans le processus structurel de l'œuvre.

Transit pour six voix solistes et orchestre de chambre (1972-1975) inaugure une deuxième phase créatrice, où Ferneyhough développe en l'amplifiant et la dépassant la pensée postsérielle et la virtuosité « paroxystique ». La série des trois pièces intitulées *Time and Motion Study* (I, pour clarinette basse seule, 1971-1977 ; II, pour violoncelle solo et dispositif électroacoustique, 1973-1976 ; III, pour seize voix solistes et dispositif électroacoustique, 1974) et *Unity Capsule* pour flûte seule (1975-76) explorent toujours plus avant la personnalité d'instruments solistes en intégrant d'une manière subtile des qualités de production du son habituellement rejetées par la technique instrumentale à un discours éminemment dialectique ; instrument en perpétuelle expansion vers ses propres limites naturelles et interprète réagissent l'un vis-à-vis de l'autre à travers un processus méthodologique très spécifique. Dans *La terre est un homme* pour grand orchestre (1976-1979) et dans le *Deuxième Quatuor* pour deux violons, alto et violoncelle (1979-80), Brian Ferneyhough prolonge les structures d'articulation discursives et polysémiques des *Sonatas* pour quatuor à cordes, tandis que *Funérailles I* pour deux violons, deux altos, deux violoncelles, contrebasse et harpe (1969-1977) et *Funérailles II* pour deux violons, deux altos, deux violoncelles, contrebasse et harpe (1978-1980) illustrent un processus de recomposition à partir d'un matériau de base « souterrain ». Se définissant lui-même comme un « mystique sceptique » en quête de la « nature positive du doute », Brian Ferneyhough crée une musique foncièrement originale, aux virtualités polyphoniques évidentes, aux soubassements harmoniques très riches, qui démontre souvent un puissant souci architectonique et un sens aigu de la grande forme *(cf. Sonatas, Transit, Time and Motion Study II).* Son écriture — strictement organisée — confronte les interconnexions spécifiques et pragmatiques du matériau à la « névrose créatrice » de l'interprète. Cette musique est très exigeante pour l'auditeur car elle est toujours d'une extraordinaire densité d'informations. Elle reflète sur le double plan esthétique et dialectique une extrême rigueur et une réelle grandeur.

Parmi ses autres œuvres, retenons : *Sonatine* pour trois clarinettes et basson (1963) ; *Four Miniatures* pour flûte et piano (1965) ; *Coloratura* pour hautbois et piano (1966) ; *Epigrams* pour piano (1966) ; *Sonate* pour deux pianos (1966) ; *Trois Pièces* pour piano (1966-67) ; *Prometheus* pour flûte (aussi piccolo), hautbois, cor anglais, clarinette (aussi clarinette piccolo), basson et cor (1967) ; *Lemma-Icon-Epigram* pour piano (1980-81) ; *Superscriptio* pour flûte ottavino (1982) et *Carceri d'Invenzione I* pour 16 instruments (1982).

FERRABOSCO, famille de musiciens d'origine italienne dont la plupart des membres vécurent en Angleterre et jouèrent un rôle important dans l'évolution de la musique dans ce pays au XVIIe siècle. 1. **Domenico Maria,** compositeur italien *(Bologne 1513 - id. 1574).* Musicien dans sa ville natale, puis au Vatican, il fut chantre à la chapelle papale (1550-1555). Il a laissé des madrigaux (Venise, 1542) et des motets.
— 2. **Alfonso I,** compositeur italien, fils aîné de Domenico *(Bologne 1543 - id. 1588).* De nombreux détails de sa vie assez aventureuse et de ses voyages nous sont connus par l'abondante correspondance qu'il a laissée. Malgré une position bien établie en Angleterre, où il résida de 1562

à 1578 et où il fut musicien à la cour de la reine Élisabeth, il passa les dix dernières années de sa vie en Italie, laissant ses fils à Greenwich. Il a écrit de nombreux madrigaux, des motets, un miserere, des lamentations et quelques pièces pour luth. Son art fut très apprécié de ses contemporains qui l'ont souvent comparé à William Byrd. Plusieurs de ses madrigaux, avec des textes traduits en anglais, figurent dans le célèbre recueil intitulé *Musica transalpina* (2 vol., 1588, 1597).

— 3. **Alfonso II,** appelé LE JEUNE, compositeur anglais, fils illégitime du précédent *(Greenwich v. 1575* - id. *1628).* Il dut son éducation musicale à Gomer Van Awsterwycke, musicien émigré à la cour d'Élisabeth. Après la mort de son maître (1592), Ferrabosco entra au service de la reine. En 1604, il devint l'un des musiciens du nouveau roi Jacques Ier et eut la charge d'enseigner la musique au prince Henri. À cette époque, il commença à collaborer avec Ben Jonson et Inigo Jones à la composition des masques somptueux représentés à la cour des Stuarts. Entre 1605 et 1622, il écrivit la musique de huit masques, dont le premier fut *The Masque of Blackness* et le dernier *The Masque of Augurs,* à l'élaboration duquel participa également Nicholas Lanier. En 1609, il publia un livre de pièces exclusivement instrumentales : *Lessons for 1. 2. and 3 Viols* (Londres). À la mort du prince Henri en 1612, Ferrabosco conserva son poste à la cour et dut désormais donner des leçons au prince Charles. À partir de cette date, sa renommée de compositeur sembla avoir été éclipsée par celle de John Coprario. Cependant, après la mort de Coprario (1626), Alfonso II fut nommé compositeur ordinaire auprès du roi Charles Ier. Il mourut deux années plus tard. De son mariage avec Ellen, fille de N. Lanier, Ferrabosco eut sept enfants, dont trois fils qui devinrent musiciens : Alfonso (mort avant 1660), Henry (mort en 1658) et John (mort en 1682).

Alfonso Ferrabosco II a laissé des œuvres vocales et instrumentales. Les premières comprennent des *ayres,* 13 motets, un recueil de *Lamentations,* un motet à 4 voix, un autre à 3 voix, quelques antiennes ainsi que 23 madrigalettes à 4 voix. Les secondes se composent de fantaisies (23 à 4 violes), de danses *(almains, pavans),* de *In nomine* (3 à 5 et 2 à 6) pour violes, et de quelques pièces pour la lyra-viol ; avec Coprario, il fut le premier à écrire pour cet instrument.

FERRARI *(Luc),* compositeur français *(Paris 1929).* Après un apprentissage musical multiple et varié (École normale de musique, rencontre de Varèse, lecture de Leibowitz, etc.), il commence à composer dans un style bartokien ou sérialisant mais déjà marqué par le dynamisme bouillonnant et la vitalité qui parcourent toute sa production. Parmi ses premières œuvres instrumentales, citons *Antisonate* (1953) pour piano, et la série des *Visages I* à *IV* pour diverses formations de chambre. En 1958, il entre au Groupe de recherches musicales de la R.T.F., dirigé par Pierre Schaeffer. Pendant quelques années, Ferrari en est le jeune touche-à-tout doué et brillant, avec des œuvres électroacoustiques comme *Visage V* (1961) ou *Tautologos I* (1961) et *II* (1961). Dans ces deux dernières pièces s'annonce déjà le principe de répétition qui prendra dans son œuvre une importance croissante. Avec *Hétérozygote* (1964), qui est demeuré un classique de la musique électroacoustique, il ose réintroduire dans la « musique concrète » l'usage longtemps prohibé (sauf chez Pierre Henry) des sons naturalistes, anecdotiques. Il fera de même dans *Music Promenade* (1969) et les 2 *Presque rien* (1970, 1977).

En 1963, Ferrari quitte le G.R.M. et diversifie ses activités : cours de composition à l'étranger, notamment en Allemagne, pays qui l'accueille plusieurs années ; animation, émissions de télévision. Il se remet à l'instrumental : *Flashes* (1963) pour 14 instruments, *Symphonie inachevée* (1963-1966) pour orchestre, *Und so Weiter* (1966) pour piano et bande, etc. Dans la série des *Sociétés I* à *VI,* différentes situations de jeu explorent les relations entre chef, instrumentistes, instruments et même public (par ex. dans *Société V, Participation or not Participation,* pour différents groupes de public).

Ferrari remet en question de plus en plus nettement la musique, en tant que phénomène de communication, et en tant que catégorie esthétique vouée au « beau ». Il se veut de plus en plus fabricant de témoignages. Ses musiques sont faites avec des moyens pauvres et recherchent une nouvelle simplicité subversive. Ce sont parfois des bandes magnétiques jouant le rôle de supports, d'incitations pour des improvisations instrumentales laissées à la liberté des exécutants (*Éphémères,* 1975 ; *Et tournent les sons dans la garrigue,* 1977). D'autres travaux sont constitués de montages audiovisuels qui mettent en accusation la société moderne ou enquêtent sur des expériences de révolution : *Allo, ici la terre* (1972), *Labyrinthe de violence* (1975) ou la série des *Algéries.* D'autres enquêtes plus intimes sont réservées à la bande magnétique seule, avec des éléments musicaux simples et répétitifs : *Journal d'un journaliste amateur* (1972), *Danses organiques* (1973).

Dans ses œuvres récentes s'affirme un Ferrari épanoui, dynamique, qui joue avec bonheur et efficacité des « armes » musicales les plus simples : rythmes obsédants, procédés de développement par répétition. Deux de ses œuvres les plus populaires dans cette voie, où le rythme, en tant que force ambivalente (symbole de pouvoir, de « cadence forcée », mais aussi principe dynamique de plaisir), joue un rôle prépondérant, sont *Musique socialiste ou Programme commun* (1972) pour clavecin et bande, et *Cellule 75* (1975) pour piano, percussion et bande. Citons encore *Histoire du plaisir et de la désolation* pour orchestre (1982).

FESCH *(Willem de),* violoniste et compositeur néerlandais *(Alkmaar 1687 - Londres 1757).* On le trouve professeur de violon à Amsterdam à partir de 1710, puis maître de chapelle à la cathédrale d'Anvers de 1725 à 1731. Il se fixa à Londres en 1732, y joua et enseigna son instrument et dirigea les concerts de Marylebone Gardens. Il connut une certaine notoriété après la création de ses oratorios *Judith* (1733), *Love and Friendship* et *Joseph* (1744), malheureusement perdus. C'est surtout cependant comme compositeur de musique instrumentale qu'il attire l'attention par des œuvres très influencées par le style italien, écrites aussi bien aux Pays-Bas qu'en Angleterre : duos de violons, duos de flûtes, sonates à 2 violoncelles, sonates en trio, concertos et concerts divers.

FÉVIN *(Antoine de),* compositeur français *(Arras v. 1470 ou 1475 - Blois 1511 ou 1512).* Glaréan qualifie d'heureux disciple *(felix aemulator)* de Josquin ce fils d'un échevin d'Arras, dont on sait seulement qu'il fut chantre à la chapelle du roi Louis XII. Si l'on se fie au jugement de ses contemporains (Crétin, Mouton, Louis XII) et aux publications qui l'honorèrent (Petrucci publia en 1514 six motets, en 1515 trois messes à 4 v.), il jouissait d'une réputation et d'une estime solides. Contrairement à Divitis, Févin ne prête aucune attention au texte et à sa déclamation. La marque la plus significative de son style est l'emploi des voix groupées par deux en duo, emploi qui, si l'on y ajoute l'usage de la technique de l'imitation et un évident souci de clarté, accrédite le jugement de Glaréan. On connaît de Févin 11 messes (dont *Mente tota, Ave Maria, Sancta Trinitas*), un requiem, des fragments de messes, une vingtaine de motets, des magnificat, des lamentations et une quinzaine de chansons françaises.

FIBICH *(Zdenek),* compositeur tchèque *(Vseborice 1850 - Prague 1900).* Fils d'un maître forestier, il étudia la musique à Prague, notamment avec Smetana, et au conservatoire de Leipzig, où il travailla en particulier le piano avec Moscheles. De retour à Prague en 1871, il fut second chef et maître de chœur au Théâtre national, abandonna cette fonction en 1878 pour protester contre les tendances de la direction, fermée à Smetana et à Wagner, et, à l'instar de tous les partisans de Smetana, il eut rarement une position officielle stable. Son œuvre très vaste laisse percevoir l'évolution de son style : des pièces de chambre, des ballades et chansons, et l'opéra *Bukovin* (1870), mystérieux appel de la forêt, dénotent l'influence de Schumann. Celle de Liszt apparaît dans l'œuvre pour orchestre, notamment dans huit poèmes symphoniques. L'opéra *Blanik* (1874-1877), écrit pour le futur Théâtre national tchèque, s'engage dans la voie ouverte par Smetana. C'est ensuite d'une attirance vers Wagner que témoigne l'opéra *la Fiancée de Messine* d'après Schiller (1894). Fibich semble s'épanouir dans cette manière d'écrire et s'affirme plus encore dans la trilogie mélodramatique *Hippodamie* (1890), au langage original. Le compositeur teinte peu à peu ses élans dramatiques de sentimentalité, abandonne les grandes formes au profit de cycles pour piano (*Nalady, dojmy a upominky,* véritable journal intime, 1892-1899) ou pour petite formation (*Scènes à la Watteau* pour flûte, piano et cordes, 1897).

Sa dernière œuvre importante est l'opéra *Sarka* (1897).

FIELD *(John),* pianiste et compositeur irlandais *(Dublin 1782 - Moscou 1837).* Issu d'une famille de musiciens, il fut contraint par son père et son grand-père à une étude intensive du piano et débuta en public en 1792. En 1794, il fut conduit à Londres où il devint l'élève de Clementi. Celui-ci l'emmena en 1802 à Paris, où son interprétation des fugues de Bach et d'œuvres de Haendel suscita l'admiration et où il publia son premier recueil de sonates, puis en Allemagne et en Russie. Field se fixa à Saint-Pétersbourg en 1804 comme professeur et y acquit une grande renommée. Il s'installa en 1823 à Moscou, qu'il quitta en 1831 pour Paris, la Belgique, la Suisse et l'Italie. Tombé gravement malade à Naples, il y vécut des mois difficiles jusqu'à ce qu'une famille russe le ramenât à Moscou. Sur le chemin du retour, Vienne réserva un accueil triomphal à ses *Nocturnes :* en 1814, Field avait été le premier à donner ce titre à des pages pour piano.

Field occupe une place importante dans l'évolution de la technique du jeu de piano, et une position non négligeable comme compositeur (il écrivit de nombreuses œuvres pour piano seul, des concertos pour piano et des quintettes avec piano). Dans ses pièces brèves en particulier, qui précèdent souvent chronologiquement celles des grands romantiques (Schubert, Mendelssohn, Chopin, Schumann) qu'elles semblent annoncer, l'invention mélodique semble couler sans effort et les intentions expressives reflètent tous les courants du premier romantisme.

FILTZ *(Johann Anton),* compositeur allemand *(baptisé à Eichstätt, Bavière, 1733-Mannheim 1760).* On ne sait rien de sa jeunesse ni des contacts avec la Bohême que son œuvre semble prouver. On le retrouve en 1754 violoncelliste dans l'orchestre de Stamič à Mannheim, ville où il fit toute sa carrière jusqu'à sa mort prématurée. Sa célébrité fut grande de son vivant et d'importants éditeurs publièrent ses œuvres aussitôt après sa disparition. H. Riemann a établi un catalogue thématique de ses compositions où l'on trouve 41 *Symphonies,* 24 *Sonates en trio,* un recueil de *Sonates pour violon* (ou violoncelle), 6 *Quatuors à cordes,* 3 *Concertos pour flûte.* Filtz est un mélodiste spontané, qui recourt fréquemment à des danses tchèques dans les mouvements rapides de ses symphonies. Sa *Symphonie bohême* ou sa *Symphonie périodique* n° 4 prouvent une volonté d'expression proche de celle de Jean-Chrétien Bach et Mozart. Mort trop tôt, il demeure l'un des représentants les plus intéressants de la musique instrumentale préclassique.

FINCK *(Heinrich),* compositeur allemand *(Bamberg, 1444 ou 1445 - Vienne 1527).* Après avoir passé, semble-t-il, la plus grande partie de son existence à la cour de Cracovie où il a été enfant de chœur (1460-1470), puis maître de chapelle (1498-1505), c'est à un âge avancé (1510) qu'il est appelé à Stuttgart, à la cour du duc Ulrich de Wurtemberg. De 1514 à 1519 il est probablement au service de Maximilien. Vers 1520 il est compositeur au chapitre de Salzbourg. Peu de temps avant sa mort, il reçoit de Ferdinand Ier la direction de la chapelle impériale. Cette longue existence et son parcours expliquent les contrastes d'une œuvre dont les premiers témoignages, comme les hymnes du manuscrit de Berlin (40021), traduisent une écriture sévère aux lignes brisées. Les 29 chansons publiées en 1536 par J. Formschneider, les 22 hymnes des *Sacrorum hymnorum* (Wittemberg, 1542) ou la *Missa in summis* (à 6 v.) portent en revanche la marque du style franco-flamand de l'époque josquinienne.

FIOCCO, famille de compositeurs belges originaire d'Italie. — 1. **Pierre-Antoine** *(Venise v. 1650 - Bruxelles 1714).* Il se fixa à Bruxelles vers 1681 comme deuxième maître de chapelle de la cour. En 1694, il fonda l'Opéra du Quai-au-Foin où il fit représenter des opéras de Lully auxquels il ajouta des prologues de sa composition. Il devint premier maître de chapelle en 1703 et fut aussi maître de chant à Notre-Dame-du-Sablon. Il écrivit surtout des œuvres chorales sacrées : messes, motets, etc. — 2. **Jean-Joseph,** fils du précédent *(Bruxelles 1686 -* id. *1746).* Il succéda à son père, dont il était l'élève, dans ses fonctions à la cour et à Notre-Dame-du-Sablon. On connaît de lui des oratorios, des répons et autres œuvres chorales sacrées. — 3. **Joseph-Hector,** fils de Pierre-Antoine *(Bruxelles 1703 -* id. *1741).* Élève de son père, il fut violoniste, puis vice-maître de chapelle à la Chapelle royale et devint maître de chapelle de la cathédrale d'Anvers (1731-1737), puis de Sainte-Gudule à Bruxelles. Dans sa musique sacrée (motets, messes, leçons de ténèbres), les influences italienne et versaillaise, judicieusement équilibrées, participent à l'expression d'une sensibilité riche et audacieuse. J. H. Fiocco écrivit aussi des pièces de clavecin dans l'esprit français.

FISCHER *(Johann Caspar Ferdinand),* compositeur allemand *(? v. 1670 - Rastatt 1746).* On ignore tout de sa jeunesse. En 1692, année de la naissance de son fils, il était au service du margrave de Bade à Schlackenwerth, et resta attaché à cette famille (à partir de 1716 à Rastatt) jusqu'à sa mort. Il fut un des principaux et un des premiers compositeurs à introduire en Allemagne le style instrumental issu de la suite de ballet française, mise au point par Lully. Son opus 1, *le Journal du printemps* (Augsbourg, 1695), comprend 8 suites d'orchestre pour ensemble de cordes à 5 parties avec trompettes. Son opus 2, *les Pièces de clavessin* (Schlackenwerth, 1696, rééd. sous le titre de *Musicalisches Blumen-Büschlein,* Augsbourg, 1699), 8 suites pour clavier dont 6 ajoutent aux quatre volets (allemande-courante-sarabande-gigue) fixés par Froberger des « galanteries » (menuets, gavottes, rigaudons) à la française. Toujours pour clavier, le *Musicalischer Parnassus* (Augsbourg, 1738) est fait de 9 suites débutant parfois par une ouverture à la française, *Ariadne musica* (Schlackenwerth, 1702, puis Augsbourg, 1715), de 20 préludes et fugues dans autant de tonalités différentes, et le *Blumen-Strauss* (Augsbourg 1732), de 8 suites relevant des divers modes ecclésiastiques, et comprenant chacune 1 prélude, 6 fugues et 1 finale. Auteur également de quelques partitions pour la scène (perdues), il fut unanimement reconnu comme un des plus grands clavecinistes de son temps, et son *Ariadne musica* fut une des sources d'inspiration de J.-S. Bach pour le *Clavier bien tempéré.*

FLOTOW *(Friedrich von),* compositeur allemand *(Teutendorf, Mecklembourg, 1812 - Darmstadt 1883).* Il fit ses études musicales à Paris, notamment avec Reicha, et connut à partir de 1836, avec des opéras écrits sur des livrets français, ses premiers succès sur de petites scènes de notre capitale, où il devait vivre jusqu'en 1848, puis de 1863 à 1870. *Le Naufrage de la Méduse* (1839) le consacra définitivement. *Alessandro Stradella* (1844) le fit connaître en Allemagne. *Martha* (1847) s'imposa dans toute l'Europe comme son plus grand succès et le seul qui se fût maintenu jusqu'à une date récente. Pourtant, à Paris, *l'Ombre* (1870) fut en son temps considérée comme un chef-d'œuvre. Flotow, qui fut intendant au théâtre de la cour de Schwerin de 1856 à 1863, écrivit des musiques de scène, des ballets, des mélodies, un peu de musique instrumentale, mais l'essentiel de son œuvre est constitué par une quarantaine de partitions lyriques. Sa musique vaut plus par la qualité de son inspiration mélodique que par sa force dramatique.

FOERSTER *(Josef Bohuslav),* compositeur, pédagogue et critique musical tchèque *(Prague 1859 - Vestec, près de Stará Boleslav, 1951).* Fils de Josef Foerster, organiste, compositeur et théoricien slovène *(Osenice 1833 - Prague 1907),* et neveu d'Antonin Foerster, organiste, théoricien et chef de chœur *(Osenice 1837-Novomesto 1926),* il reçut de son père une éducation musicale poussée, se révéla aussi habile peintre que musicien et écrivain, et fut témoin de la création de nombreuses œuvres de Smetana et Dvořák en même temps que de la querelle opposant les partisans du nationalisme tchèque le plus étroit à ceux qui voulaient s'ouvrir sur l'étranger, quitte à devoir parler allemand. Foerster vécut à Hambourg, où il fut professeur au conservatoire et critique, occupa les mêmes fonctions à Vienne à partir de 1903, fréquenta Mahler et Richard Strauss. Nommé professeur au conservatoire de Prague en 1919, il en fut directeur de 1922 à 1931. Son œuvre considérable comprend essentiellement de la musique symphonique et concertante, un peu de musique de chambre et de nombreuses compositions vocales, essentiellement des chœurs. Elle émane d'un tempérament riche, à la fois lyrique, méditatif, frôlant le mysticisme, humaniste, et capable de puissance héroïque. On lui doit le rajeunissement de la musique chorale tchèque. Il a permis la transition entre le romantisme patriotique et la pureté modale de l'école tchèque moderne.

FOMINE *(Evstignei),* compositeur russe *(Saint-Pétersbourg 1761 - id. 1800).* Formé à l'Académie des beaux-arts de sa ville natale, il alla ensuite se perfectionner à Bologne auprès du padre Martini et de

Mattei (1782-1786). En Russie, il ne semble pas avoir occupé de poste officiel avant 1797, date à laquelle il devint répétiteur, accompagnateur et arrangeur au Théâtre impérial de Saint-Pétersbourg. Nourri d'influences étrangères, il se consacra pour l'essentiel au domaine lyrique. Son premier opéra, *Boyeslav, le héros de Novgorod,* sur un livret de Catherine II, fut composé et créé en 1786. *Les Américains,* composé en 1788, ne fut représenté qu'en 1800. Citons encore deux ouvrages posthumes, *Clorinde et Milon* (1800) et *la Pomme d'or* (1803). D'autres lui ont été attribués à tort. Son œuvre la plus personnelle est le mélodrame *Orphée et Eurydice* (1792), où l'on décèle l'influence de Gluck.

FORQUERAY, famille de musiciens français du XVIIIe siècle, d'origine écossaise et installée en France depuis 1548. — 1. **Antoine,** violiste et compositeur *(Paris 1672 - Mantes 1745).* Fils d'un violiste de la cour de Louis XIV, il joua à cinq ans de la viole devant le roi, dont il devint un des pages avant d'être nommé musicien ordinaire de la Chambre. Comme M. A. Charpentier, il enseigna son art au régent Philippe d'Orléans. En 1736, il se retira à Mantes où il demeura jusqu'à sa mort. La réputation d'Antoine Forqueray fut très grande. Violiste virtuose, il a laissé pour son instrument quelque 300 pièces avec basse continue. Certaines de ces pièces furent transcrites pour le clavecin par son fils Jean-Baptiste comme, par exemple, *la Rameau,* en hommage au maître de Dijon. C'est, selon toute probabilité, pour retourner le compliment que celui-ci baptisa *la Forqueray* la belle fugue des *Pièces de clavecin en concert* de la cinquième suite, qui contient une partie de basse particulièrement travaillée. — 2. **Jean-Baptiste Antoine,** violiste *(Paris 1699 - id. 1782).* Fils d'Antoine, il fut aussi un célèbre maître de la basse de viole et succéda à son père comme musicien ordinaire de la Chambre. À partir de 1761, il fut au service du prince de Conti, jusqu'en 1776. On possède de lui trois pièces de viole, ainsi que les excellentes transcriptions citées plus haut. — 3. **Michel,** organiste *(Chaumes-en-Brie 1681 - Montfort-l'Amaury 1757).* Cousin de Jean-Baptiste, il fut maître de chapelle à Paris, à l'église Saint-Martin-des-Champs, à partir de 1703. Il occupa le poste d'organiste à Saint-Séverin de 1704 à sa mort. On ne possède aucune œuvre de sa composition. — 4. **Nicolas Gilles,** organiste *(Chaumes-en-Brie 1703 - id. 1761).* Neveu de Michel Forqueray et né comme lui dans le village d'où vint la dynastie des Couperin, il fut nommé à plusieurs postes d'organiste à la chapelle du roi Louis XV (1724), à Saint-Laurent (1726), aux Innocents (1731), à Saint-Merri (1740). En 1757, il succéda à son oncle à Saint-Séverin. On ne conserve de lui que quelques airs parus dans des recueils collectifs chez Ballard.

FORTNER *(Wolfgang),* compositeur allemand *(Leipzig 1907).* Après des études de musique, de philosophie, de psychologie et de germanistique dans sa ville natale, il a enseigné à Heidelberg (1931), Detmold (1954), Fribourg-en-Brisgau (1957), et participé aux cours d'été de Darmstadt. Excellent pédagogue, il a compté parmi ses élèves H. W. Henze, et fait beaucoup pour la musique contemporaine, notamment en organisant à partir de 1947 des concerts *Musica viva.* Il a flirté, après la guerre, avec le dodécaphonisme, en particulier dans sa *Symphonie* de 1947. Parmi ses œuvres instrumentales, *Mouvements* pour piano et orchestre (1954), et *Triplum* pour trois pianos et orchestre (1966). Dans le domaine vocal, qui l'attire particulièrement, il a écrit *Chant de naissance,* sur un texte de Saint-John Perse (1958), *Immagini* pour soprano et 13 cordes (1966), et surtout des opéras comme *Noces de sang* d'après Lorca (1957), *Dans son jardin Dom Perlimpin aime Belisa* d'après Lorca (1962), *Elisabeth Tudor* (1972) et *That Time,* d'après Samuel Beckett (1977).

FOSS *(Lukas),* compositeur, chef d'orchestre et pianiste américain *(Berlin 1922).* De son vrai nom Lukas Fuchs, il émigra avec sa famille en 1933 à Paris, où il étudia jusqu'en 1937 au Conservatoire avec Lazare-Levy (piano) et Noël Gallon (contrepoint), puis aux États-Unis. Il travailla alors au Curtis Institute de Philadelphie, puis avec Hindemith à Yale. Il devint pianiste (1944), puis assistant de Koussevitski (1946-1953) à l'orchestre de Boston. Après un séjour à Rome, il fut nommé professeur de composition à l'université de Californie à Los Angeles (1953-1963), puis directeur et chef d'orchestre de la Philharmonie de Buffalo. Dans un premier temps, il cultiva comme compositeur un style traditionnel avec une grande aisance et un certain bonheur dans le lyrisme, assimilant très bien

Hindemith, Copland et Stravinski, spécialement dans ses œuvres pour la voix (*The Prairie,* 1942; *Song of Songs,* «Cantique des Cantiques», 1946; *Griffelkin,* 1955). Mais, en 1957, il fonda à l'université de Californie un ensemble de chambre consacré à l'improvisation et aux problèmes de la collaboration entre compositeur et interprètes, et ce travail transforma radicalement sa pensée. Il se rapprocha d'abord du sérialisme (*Time Cycle* pour soprano et orchestre ou clarinette, 1960), puis s'intéressa à la forme ouverte — *Élytrés* pour flûte, violon, piano, harpe et percussion (1964) et *Fragments d'Archiloque* pour contre-ténor, récitant, chœur, mandoline, guitare et percussion (1965) — et à l'aléatoire. Il propose des combinaisons précalculées d'événements toujours notés entre lesquels, dans le cas d'*Élytrés* et *d'Archiloque,* le chef choisit (comme il choisit son point de départ et d'arrêt) une version possible. Dans le *Concerto pour violoncelle* (1966), c'est le soliste qui sélectionne l'un des trois accompagnements suggérés, les deux autres se combinant alors pour former le mouvement suivant. Une grande partie des œuvres de cette période ont recours à l'électroacoustique ou à des caractéristiques électroacoustiques que Foss tente d'approcher par le biais instrumental : distorsion (*Baroque Variations,* pour orchestre, 1967), retour *(Echoi IV),* superposition de bande (*Concerto pour violoncelle* où le soliste lutte avec une partie de violoncelle préenregistrée). Sans doute Foss cherche-t-il, au-delà, des moyens d'expression artistique interchangeables (gestes, mots, notes) : *Paradigm 68,* pour percussionniste-chef, petit ensemble instrumental et bande, est presque une œuvre de théâtre musical avec son humour qui fait penser à Kagel. Depuis plus de quinze ans, Foss travaille dans le sens d'une musique anonyme, c'est-à-dire sans compositeur, d'une musique non improvisée car commandée par des règles précises, non composée car non notée comme dans *Non Improvisation* pour piano, percussion, violoncelle et clarinette (1967) où, selon ses termes, la «composition (est) devenue exécution». Cela n'exclut nullement un recours à la notation traditionnelle dans d'autres circonstances, comme dans le *Quatuor à cordes n° 3* (1974) où la seule liberté laissée aux interprètes est de répéter certains modèles musicaux (mais peut-on répéter de manière identique?). Dans tous les cas, Foss réclame de nouvelles relations non seulement entre le compositeur, sa musique et les interprètes, mais entre les interprètes eux-mêmes (*Géod,* 1969) et avec le public.

FRANÇAIX *(Jean),* pianiste et compositeur français *(Le Mans 1912).* Son père, Alfred Françaix, était directeur du conservatoire du Mans et sa mère dirigeait une chorale. Il est donc élevé dans la musique et, très précoce, signe sa première œuvre pour piano *(Pour Jacqueline)* à l'âge de neuf ans. 1921 est l'année de la mort de Saint-Saëns. Très ému, l'enfant rassure son père en affirmant qu'il remplacera le maître disparu! Il commence à travailler la composition avec Nadia Boulanger en 1922. Puis il entre au Conservatoire de Paris (1926) dans la classe de piano d'Isidore Philipp. Il obtient son premier prix en 1930 et s'engage dans la carrière d'accompagnateur à travers la France. Mais l'essentiel de son activité est la composition, où il révèle une sûreté d'écriture qu'il met au service d'un style très personnel. En 1932, âgé de vingt ans, il présente une *Symphonie* qui provoque une tempête de protestations (Françaix la retirera de son catalogue). Puis, avec une facilité déconcertante, avec beaucoup de grâce, d'élégance, souvent de l'humour et toujours une grande maîtrise technique, il écrit des pages de musique instrumentale, symphonique, concertante (dont un *Concerto pour piano* de 1936, peut-être son œuvre la mieux connue), des mélodies, de nombreux ballets toujours fort bien accueillis et dont certains sont représentés à l'Opéra de Paris. Il aborde le théâtre lyrique avec une œuvre comique pour ténor, basse et petit orchestre, *le Diable boiteux,* créée chez la princesse de Polignac en 1938. Dans ce domaine, son œuvre maîtresse reste *la Princesse de Clèves* (Rouen, 1965). Dans sa musique de chambre, les mouvements sont souvent très courts, pétillants de vitalité, d'une écriture brillante qui prise les tempos rapides (*Trio à cordes,* 1933). Il a signé plusieurs musiques de film, collaborant notamment avec Sacha Guitry (*Si Versailles m'était conté,* 1953).

FRANCK *(César-Auguste),* compositeur français *(Liège, Belgique, 1822 - Paris 1890).* Fils d'un modeste employé de banque désirant faire de lui un pianiste virtuose à l'égal de Liszt, César Franck a

Sirot

César Franck.

d'abord étudié à l'École royale de musique de Liège avant de venir, au début de 1835, à Paris, où, après avoir suivi les cours de Reicha et Zimmermann, il entre dans la classe de piano de ce dernier au Conservatoire en même temps que dans celle de Leborne pour la fugue et le contrepoint. Dès 1838, il obtient un « grand prix d'honneur » de piano, jamais décerné jusque-là. Il obtiendra encore un prix de fugue (1840) et d'orgue (1841, classe de Benoist). Pressé par son père de donner des concerts, il quitte cependant le Conservatoire en 1842 et se produit en de nombreuses villes de Belgique et d'Allemagne, puis à nouveau à Paris. Pour ces concerts, il compose de nombreuses pages de virtuosité imposées par son père, telles que *Ballade, Fantaisie, Duos à quatre mains* (sur le « God save the King » ou des airs tirés d'opéras en vogue) ; il écrit également des œuvres pour piano et violon *(Andante quietoso)* qu'il interprète avec son frère Joseph, élève de Habeneck et de Le Couppey. Au-delà de cette production virtuose, le « vrai » Franck doit être cherché dans quelques œuvres personnelles, écrites à l'insu de son père : les trois *Trios* de 1839-1842 notamment, dédiés au roi des Belges, et où déjà s'affirme — en particulier dans le premier en *fa* dièse — le principe cyclique cher au musicien ; ou encore l'églogue biblique *Ruth* (1844-45) créée Salle Érard en 1846 devant un parterre de personnalités (Liszt, Meyerbeer, Spontini, Moscheles, Pixis). Ce sera le dernier succès de jeunesse de Franck. À partir de cette époque, en effet, les tensions s'exacerbent dans ses relations avec son père, ce dernier refusant de donner son consentement au mariage de César avec une de ses élèves, Félicité Desmousseaux, mariage qui sera célébré en 1848. Toutefois, coupé désormais de son père, qui était jusque-là son imprésario, Franck va être obligé de mener une vie besogneuse, employant, pour vivre, tout son temps soit à courir le cachet (douze concerts comme accompagnateur, essentiellement à Orléans, jusqu'en 1863, payés 80 francs en 1845, 100 francs en 1856, 120 en 1859), soit à donner des leçons de piano à 1,50 ou 2 francs la demi-heure (chez lui, 69, rue Blanche, ou dans divers collèges parisiens), soit enfin à tenir l'orgue : d'abord à Notre-Dame-de-Lorette (1845), puis à Saint-Jean-Saint-François-du-Marais (1853). Ce dernier poste aura au moins l'avantage de lui faire toucher un instrument révolutionnaire, un orgue symphonique, œuvre de Cavaillé-Coll — un des premiers du célèbre facteur —, dont Franck va devenir bientôt à la fois l'ami et le faire-valoir. Cette époque est à peu près vide de créations proprement dites : quelques mélodies, un opéra-comique écrit, cette fois, sous la pression de sa femme, fille d'acteurs, *le Valet de ferme,* demeuré inédit et qui lui coûtera deux ans d'efforts vains (1851-1853). Mais c'est pour le musicien un temps de repliement sur soi, de réflexion, de mûrissement intérieur dont l'épanouissement viendra peu après, lorsque Franck sera nommé en 1858 organiste de Sainte-Clotilde à Paris. À partir de là, son génie va peu à peu se former, éclore, s'élever. Pour honorer ses fonctions et son public de fidèles, Franck va d'abord composer quelques œuvres religieuses : *Messe solennelle, Andantino pour orgue, 3 Motets* de 1858, *3 Antiennes pour grand orgue* de 1859, *Messe à 3 voix* de 1860 qui débouchent sur les magnifiques *6 Pièces pour le grand orgue* de 1860-1862. Ces dernières, par leur facture révolutionnaire (forme très structurée, le plus souvent en triptyque), leur écriture savante, leur langage pénétré de ferveur *(Prière, Pastorale),* même si l'influence du siècle reste parfois encore perceptible (dans la *Grande Pièce symphonique* ou dans *Final*), sonnent le réveil de l'orgue religieux en France et annoncent les symphonies pour orgue des successeurs de Franck (Vierne, Widor, notamment). À partir de cette date, le musicien est devenu lui-même et n'écrira que des chefs-d'œuvre arrachés au temps et plus encore à ses fonctions qui le harcèlent.

Sous le choc de la défaite de Sedan, en effet, quelques admirateurs et élèves de Franck ont fondé la S. N. M. (Société nationale de musique), dont la devise, « Ars gallica », est tout un programme : faire jouer la musique française ; susciter des œuvres de compositeurs français. Nommé en 1872 professeur d'orgue au Conservatoire, Franck va dès lors attirer près de lui nombre de jeunes compositeurs (d'Indy, Duparc, Chausson, etc.) qui, formant la célèbre « bande à Franck », feront sortir leur professeur de l'anonymat et l'obligeront ainsi à se manifester par des œuvres nouvelles. À partir de 1872, Franck va donc poursuivre parallèlement une triple carrière : de professeur (au Conservatoire), d'organiste (à Sainte-Clotilde), de compositeur. Chaque année, ou presque, verra désormais l'éclosion d'une œuvre majeure, composée le plus souvent pendant les vacances d'été : ainsi, en 1878-79, le *Quintette* qui marque pour la musique de chambre en France une renaissance préparée par Lalo et Saint-Saëns et pour Franck lui-même le début d'une période créatrice intense, chaque fois renouvelée dans son approche et approfondie dans son essence. Ainsi naîtront des œuvres majeures telles que les poèmes symphoniques *le Chasseur maudit* (1882), *les Djinns* (1884) et *Psyché* (1887-88), le *Prélude, choral et fugue* pour piano (1884), les *Variations symphoniques* pour piano et orchestre (1885), l'admirable *Sonate pour piano et violon* (1886), *Prélude, aria et final* (1886-87), la *Symphonie en « ré » mineur* (1886-1888), le *Quatuor à cordes* (1889), enfin les *Trois Chorals* (1890) qui seront sa dernière œuvre et son testament de compositeur pour orgue.

L'influence de Franck, artiste d'une absolue sincérité et d'une très grande probité, s'est développée sur trois plans : il s'est d'abord imposé comme rénovateur de la musique de chambre. À une époque où la France tourne ses regards essentiellement vers la scène, il montre qu'il peut y avoir plus de musique dans un *Quintette* ou dans un *Quatuor* que dans un opéra tout entier. De là son langage hérité de Beethoven et Schumann, parfois marqué par Wagner dans ses œuvres symphoniques. De là également la forme, extrêmement charpentée, avec une prédilection pour le cadre ternaire. De là surtout ce procédé de la forme cyclique, déjà totalement contenu dans le *Trio* en *« fa »* dièse de 1842 (écrit à vingt ans) et qui, par la résurgence des thèmes de l'un à l'autre mouvement et leur superposition dans le volet final, donne à ses compositions une solide architecture et une très grande unité. De là enfin l'écriture extrêmement mouvante et chromatique où dominent de riches modulations qui sont autant d'éclairages nouveaux apportés au discours.

L'influence de Franck a été prépondérante également dans le domaine de l'orgue. Tandis que maints titulaires de tribunes se contentaient d'« orages » ou de

H. Roger-Viollet

*César **Franck** à l'orgue de Sainte-Clotilde, par Jeanne Rongier.*

« fantaisies sur des airs d'opéra », il remet l'orgue sur le chemin de l'église et de la prière. À cet égard, ses trois recueils sont exemplaires : avec les *Six Pièces* de 1862, il a renouvelé l'esthétique de l'instrument (écriture, forme) et se montre précurseur de la symphonie pour orgue ; avec les *Trois Pièces* de 1878, écrites pour l'inauguration de l'orgue Cavaillé-Coll de l'ancien Trocadéro, il démontre les possibilités symphoniques pures qui font de son instrument un rival de l'orchestre (d'où les titres « profanes » de ce recueil : *Fantaisie* en *la* mineur, *Cantabile* en *si, Pièce héroïque* où le compositeur joue avec maîtrise du contraste de deux thèmes. Avec les ultimes *Trois Chorals* de 1890, enfin, Franck propose une fusion du choral de style allemand et du lyrisme grégorien, mais aussi du chromatisme hérité de Wagner et du contrepoint traditionnel. Il offre ainsi une immense synthèse de tout ce qui avait été écrit avant lui.

Son influence, enfin, se marque par le mouvement spirituel qu'il a su créer autour de lui, ses élèves étant devenus ses amis ; la « bande à Franck » groupera bon nombre des meilleurs musiciens français de l'époque. Même lorsqu'il suscita chez ses successeurs des réactions contraires à sa propre esthétique, la « manière » de Franck se perçoit encore chez eux : ainsi dans leurs *Quatuors,* Debussy et Ravel se souviendront-ils de la forme cyclique. En fait, et au-delà de la pure beauté des œuvres qu'il laisse, où ce grand sentimental se raidit afin d'épurer son message, Franck n'aura cessé, toute sa vie, directement ou indirectement, d'être un exemple. Sans doute a-t-il payé à son siècle cent fautes de goût en raison de sa culture assez rudimentaire et de cette naïveté parfois déconcertante qui le fit surnommer, mais abusivement, « Pater Seraphicus » : abusivement, car ce chaste est un violent sensuel que maintes partitions révèlent.

Mais derrière les plus grands chefs-d'œuvre — le *Quintette, Prélude, choral et fugue, Psyché,* les *Trois Chorals* —, un homme s'affirme, passionné, vrai, et tourné vers les plus hauts sommets. Toute son œuvre est la narration de cette conquête volontaire durement, mais pleinement, assumée.

FRANCK *(Melchior),* compositeur allemand *(Zittau, Saxe, v. 1580 - Cobourg 1639).* Il commença à étudier la musique dans sa ville natale et vécut successivement à Augsbourg, où il fut chantre, à Nuremberg, et à Cobourg où il fut maître de chapelle de 1603 à sa mort. Son œuvre, qui comprend principalement des lieder polyphoniques et des danses conçues pour toutes sortes d'instruments, se situe dans la lignée de la musique polyphonique du XVIe siècle, mais révèle également l'influence de la musique italienne et celle des mélodies populaires. Parmi ses publications, on peut citer ses *Newe Pavanen, Galliarden und Intraden* (Cobourg, 1603), 4 volumes de *Sacrae Melodiae* (1601, 1604, 1605, 1607), 4 volumes de *Laudes Dei vespertinae* (Cobourg, 1622), le *Paradisus musicus* (1636) ; 2 volumes de *Deutsche weltliche Gesäng und Täntze* (Cobourg, 1604, 1605), ainsi que les *Viertzig neue deutsche Täntze,* avec instruments (1623).

FRANCŒUR, famille de musiciens français. — 1. **François,** violoniste, compositeur et chef d'orchestre *(Paris 1698* - id. *1787).* Fils de Joseph. Élève de son père, il entra à quinze ans dans l'orchestre de l'Opéra. Après avoir publié un *1er Livre de sonates à violon seul et basse continue* (1720), il séjourna à Vienne et Prague et s'y produisit en soliste. Rentré en France en 1725, il donna avec François Rebel des duos de violons au Concert spirituel et signa avec lui son premier opéra, *Pyrame et Thisbé,* représenté avec grand succès à l'Académie royale de musique en 1726. Il fut nommé en 1727 compositeur de la Musique de la chambre du roi et publia un *2e Livre de sonates* après 1730. Nommé chef d'orchestre à l'Opéra en 1733, il dirigea la première œuvre lyrique de Rameau, *Hippolyte et Aricie.* Il fut, avec son inséparable ami Rebel, promu en 1743 inspecteur de l'Académie royale, puis directeur de 1749 à 1753 et de 1757 à 1766. Ils accueillirent à l'Opéra *Zoroastre* de Rameau, mais aussi la troupe italienne qui fut à l'origine de la Querelle des bouffons*. Durant la seconde période de leur direction, ils créèrent en particulier plusieurs œuvres de Dauvergne. Des intrigues consécutives à l'incendie de la salle du Palais-Royal en 1763 les incitèrent à démissionner. Entre-temps, toujours avec Rebel, Francœur avait composé une dizaine d'ouvrages lyriques et de ballets.
— 2. **Louis-Joseph,** compositeur et chef d'orchestre *(Paris 1738* - id. *1804).* Neveu et élève de François Francœur, il fut nommé en 1762 surintendant de la Musique du roi et fut de 1767 à 1780 chef d'orchestre à l'Opéra, où il dirigea de nombreuses premières dont celles d'*Iphigénie en Aulide, Orphée et Eurydice, Alceste* et *Armide* de Gluck. Choisi en 1791 comme régisseur général de l'Opéra, et en 1792 comme directeur, avec Cellerier, pour une durée de trente ans, il devint suspect l'année suivante et fut arrêté. Libéré après le 9-Thermidor, il abandonna toute activité. Il est l'auteur de plusieurs ouvrages lyriques (dont seul *Lindor et Ismène,* en 1 acte, 1766, fut représenté), d'œuvres pour violon et d'un traité d'instrumentation, *Diapason général de tous les instruments à vent.*

FRANZ *(Robert),* compositeur allemand *(Halle 1815-*id. *1892).* De son vrai nom Robert Knauth, issu d'une famille de riches commerçants, il ne put faire qu'à l'âge de vingt ans des études musicales sérieuses, qu'il mena à Dessau de 1835 à 1837. De retour à Halle, il végéta jusqu'en 1841 : nommé organiste de la Ulrichskirche, et en 1842 chef de la Singakademie, il publia en 1843 son premier recueil de douze lieder pour chant et piano, qui attira aussitôt l'attention de Schumann, puis de Mendelssohn, de Liszt et de Wagner. Il écrivit quelque 350 lieder jusqu'en 1858, date à laquelle sa surdité l'obligea à renoncer à la composition ainsi qu'à la charge de directeur de la musique à l'université qu'il occupait depuis 1851. Les vingt dernières années de sa vie auraient été difficiles sans l'aide généreuse de ses amis et admirateurs, au premier rang desquels Liszt joua un rôle déterminant. Franz publia encore des transcriptions d'œuvres de son compatriote Haendel et de J.-S. Bach. À part quelques œuvres religieuses pour chœur, sa production originale consiste uniquement en ses lieder, tous écrits pour mezzo-soprano. À l'image de la modestie et de la pudeur de Franz, ils n'ont guère d'ampleur, de développement. Mais l'invention mélodique, même tenue volontairement dans un étroit carcan, est variée, pleine de charme. L'écriture, claire et élégante, est exactement adaptée aux textes, choisis avec soin (Goethe, Heine, Eichendorff, Lenau, Osterwald, etc.). Certaines de ces pièces, malgré leur dimension réduite, atteignent à la grandeur : *Die Lotosblume* (la plus achevée aux yeux du compositeur), *Mutter, o sing mich zur Ruh, Bitte, Wonne der Wehmuth.*

FRÉDÉRIC II le Grand, roi de Prusse, compositeur et flûtiste amateur *(Berlin 1712-Sans-Souci, Potsdam, 1786).* Il étudia la musique avec G. Hayne, organiste de la cathédrale de Berlin, et travailla ensuite la flûte avec J. J. Quantz et la composition avec C. H. Graun. En 1732, il forma un orchestre privé dans son château de Rheinsberg. Devenu roi en 1740, il rassembla autour de lui de nombreux artistes et musiciens dont J. G. Graun, Chr. Nichelmann, Quantz, Fr. Benda et Carl Philipp Emanuel Bach. Il constitua un orchestre et créa un théâtre lyrique, inauguré en 1742. En 1747, lors de la visite de J.-S. Bach à Potsdam, il proposa au musicien un thème d'improvisation que celui-ci reprit ensuite dans son *Offrande musicale,* dédiée à Frédéric II. Le roi composa lui-même de la musique d'orchestre, dont quatre *Symphonies,* quatre *Concertos pour flûte et cordes,* 121 *Sonates pour flûte et clavecin,* trois cantates profanes, ainsi que des airs d'opéras insérés dans les ouvrages de Graun, Nichelmann, Hasse, etc. Il écrivit également des livrets d'opéras et des pièces de théâtre.

FRESCOBALDI *(Girolamo),* organiste, claveciniste, chanteur et compositeur italien *(Ferrare 1583-Rome 1643).* Il apprit la musique auprès de son père et surtout de l'organiste Luzzaschi. Voyageant de bonne heure, et se faisant connaître et apprécier comme exécutant et comme chanteur, il

Larousse

Girolamo ***Frescobaldi,***
gravure de Claude Mellan.

se rendit à Rome en 1604, ville qu'il n'allait plus quitter qu'occasionnellement, y occupant les charges d'organiste à l'académie Sainte-Cécile, puis à Santa Maria in Trastevere, et enfin, en 1608, à la basilique Saint-Pierre, poste qu'il tint jusqu'à sa mort. Il voyagea encore, allant à Bruxelles (1607), à Mantoue (1615), et passant quelque temps à Florence (1628-1634), après quoi il resta sédentaire à Rome.

Sa renommée était alors considérable : il passait pour le meilleur organiste de l'Europe, et pour l'un des plus grands compositeurs de son temps. On venait le consulter et il était donné en exemple par des écrivains comme le père Mersenne (*Harmonie universelle,* 1636). Témoin de cette renommée, son œuvre a été largement éditée, rééditée et diffusée de son vivant : une douzaine de volumes parurent ainsi, contenant *Toccate, Canzone, Capriccii, Fantasie, Partite* (c'est-à-dire des variations), *Arie, Ricercari, Balletti.* Le recueil le plus célèbre est celui des *Fiori musicali* op. XII, publié à Venise en 1635. Musique vocale ou musique instrumentale, pour l'orgue ou pour le clavecin, elle n'est pas fondamentalement novatrice dans la forme ou dans la technique, mais, en ce premier âge du baroque, elle assouplit considérablement les formes plus rigides de la Renaissance. Dans la musique instrumentale, qui fut son domaine d'élection, Frescobaldi introduisit le chromatisme, les dissonances, les effets de contrastes, la variation, et usa, en de nombreuses pièces, du style fugué. L'aspect purement instrumental et dégagé de la polyphonie vocale de ces pages eut un écho plus grand en Allemagne qu'en Italie, auprès de Froberger, élève de Frescobaldi, ou de maîtres comme Tunder, Buxtehude ou Muffat. J.-S. Bach lui-même recopia de sa main les *Fiori musicali* qui exercèrent sur son art une influence décisive.

FRICKER *(Peter Racine),* compositeur anglais *(Londres 1920).* Descendant de l'écrivain Jean Racine, il a fait ses études au Royal College of Music de Londres, puis auprès de Matyas Seiber, et, en 1953, succéda à Michael Tippett comme directeur de la musique du Morley College. Après des débuts prometteurs, son nom apparut moins souvent dans les programmes de concerts de son pays, ce qui explique en partie qu'en 1964 il alla enseigner à l'université de Santa Barbara en Californie, où il réside toujours. Dans un style chromatique très personnel et d'une belle densité contrapuntique, il a écrit notamment cinq symphonies (1949-50, 1951, 1960, 1964-1966 et 1975-76), deux concertos pour violon (1951-52 et 1954), un pour alto (1953), un pour piano (1954), *Concertante n° 2,* pour 3 pianos, cordes et timbales (1951), *Concertante n° 4,* pour flûte, hautbois, violon et cordes (1968), des œuvres vocales comme l'opéra *la Mort de Vivien* (1956), l'oratorio *The Vision of Judgment* (1957-58), un *Magnificat* (1968) et *Six Mélodies de Francis Jammes* (1980), de la musique de chambre (dont trois quatuors à cordes de 1947-48, 1953 et 1974-1976 et un célèbre quintette à vents de 1947), de piano et d'orgue.

FROBERGER *(Johann Jakob),* organiste, claveciniste et compositeur allemand *(Stuttgart 1616 - château d'Héricourt, près de Montbéliard, 1667).* Issu d'une famille de musiciens, il fut d'abord organiste à Rome, de 1637 à 1641, et reçut les conseils de Girolamo Frescobaldi. Sa vie fut itinérante : il parcourut l'Europe entière, au service de divers princes ou faisant jouer ses œuvres au concert. En 1652, il séjourna à Paris. S'imprégnant des styles et des manières qu'il rencontra, il en fit une synthèse séduisante qui préfigure la « réunion des goûts » chère aux musiciens français, à François Couperin notamment, au XVIIIe siècle. Il influença des compositeurs comme Bach et Haendel. À sa double formation, allemande et italienne, il ajouta des éléments empruntés aux musiques française et anglaise. Son influence se manifesta d'abord au travers de copies manuscrites, car, à l'exception de sa *Fantaisie sur l'hexachorde* et d'une fugue parues dans des recueils collectifs, toutes ses œuvres (essentiellement écrites pour l'orgue ou pour le clavecin) ne furent publiées qu'après sa mort, en 1693 *(Diverse ingeniosissime, rarissime e non maj più viste curiose Partite)* et en 1696 *(Diverse curiose e rarissime Partite).* Elles consistent en toccatas, caprices, ricercari, fantaisies, canzone, suites et fragments de suites.

FROIDEBISE *(Pierre),* organiste et compositeur belge *(Ohey 1914 - Liège 1962).* Après avoir étudié aux conservatoires de Namur et de Bruxelles, il alla se perfectionner à Paris auprès de l'organiste Charles Tournemire, puis se fixa à Liège où il s'illustra comme professeur d'harmonie au conservatoire, organiste de l'église Saint-Jacques et maître de chapelle du grand séminaire.

Son œuvre de compositeur, peu abondante mais d'une haute qualité, reflète une vaste culture tant intellectuelle que musicale, allant jusqu'au dodécaphonisme et aux arts de l'Extrême-Orient.

FRUMERIE *(Gunnar de),* compositeur et pianiste suédois *(Nacka 1908).* Ses études se déroulent à Stockholm, Vienne et Paris (avec A. Cortot et Sabanejev). Dans la capitale française, il fut fortement impressionné par la musique de Debussy. Une grande partie de son œuvre est écrite pour le piano (*Chaconne,* 1932 ; *Quatuor avec piano,* 1941 ; *Variations et Fugue,* 1932 ; 4 concertos ; *Ballade symphonique,* 1943-44 ; concerto pour 2 pianos, 1953 ; trio avec piano n° 2, 1952 ; 2e quatuor avec piano, 1963).

FUX *(Johann Joseph),* compositeur, théoricien et pédagogue autrichien *(Hirtenfeld, Styrie, 1660 - Vienne 1741).* Il fit ses études à Graz, d'abord au collège des jésuites (1680), puis au Ferdinandeum (1681), mais il n'est pas sûr qu'il soit allé les poursuivre en Italie. Remarqué par l'empereur Léopold Ier, il se rendit à Vienne, où, en 1696 au plus tard, il devint organiste à l'église des Écossais (Schottenkirche). Il fut ensuite vice-maître (1705) et maître (1712) de chapelle à Saint-Étienne, vice-maître (1713) et maître (1715) de chapelle à la cour. Il devait occuper ce dernier poste, auquel il succéda à une lignée d'Italiens, jusqu'à sa mort, en gros durant tout le règne de l'empereur Charles VI, et, durant ces vingt-six années, donner à la chapelle impériale un très grand éclat. Représentant le plus éminent du baroque autrichien en musique, il laissa plus de 500 œuvres qui font de lui à la fois un tenant de la tradition polyphonique héritée de Palestrina et un des fondateurs de la musique autrichienne du XVIIIe siècle. Sa musique de clavier découle de Froberger et annonce Gottlieb Muffat. Dans sa musique instrumentale, il retint notamment la leçon de Corelli : son principal recueil en ce domaine fut le *Concentus musico-instrumentalis,* imprimé à Nuremberg en 1701 (il s'agit du seul recueil de lui publié de son vivant dont des exemplaires aient survécu). On lui doit aussi une dizaine d'oratorios, une vingtaine d'opéras dont *Costanza e Fortezza,* exécuté à Prague en 1723 pour le couronnement de Charles VI comme roi de Bohême, et de très nombreuses œuvres religieuses *a cappella* (comme la fameuse *Missa Canonica* que Michael Haydn devait copier de sa main en 1757) ou dans le style concertant. Sa célébrité auprès de la postérité lui vint surtout de son *Gradus ad Parnassum,* sans doute le plus remarquable traité de contrepoint jamais écrit : paru en 1725 en latin sous forme d'un dialogue entre maître (Palestrina) et élève (Fux) suivi d'une discussion du style de composition libre, il fut traduit en allemand en 1742, en italien en 1761, en français en 1773 et en anglais en 1791. Joseph Haydn y apprit presque seul, en autodidacte, les lois du métier, avant de le mettre lui-même entre les mains de divers élèves, dont Beethoven. Des générations de compositeurs, surtout autrichiens, se formèrent directement ou indirectement grâce au *Gradus,* à commencer par les principaux élèves de Fux, parmi lesquels Gottlieb Muffat, Georg Christoph Wagenseil et Jan Dismas Zelenka. Particulièrement intéressants sont les exemplaires du *Gradus* possédés en leur temps, et annotés par eux à des fins personnelles ou didactiques, par Gregor Joseph Werner, le Padre Martini, Léopold Mozart et Joseph Haydn, cités ici dans l'ordre chronologique de leurs naissances : ces exemplaires annotés reflètent en effet les vues différentes qu'on pouvait avoir du *Gradus* au fur et à mesure qu'on s'avançait dans le XVIIIe siècle. Devaient en outre se fonder sur le *Gradus* d'autres traités comme ceux d'Albrechtsberger et de Cherubini. Cet ouvrage devait valoir à Fux, à partir du siècle romantique et dans certains milieux, une réputation de sécheresse et de pédantisme parfaitement injustifiée. Au contraire, tant par le *Gradus* que par ses œuvres musicales, il fut de ceux qui jetèrent pour le futur classicisme viennois, en particulier pour sa façon légère et dense à la fois de traiter le contrepoint, les bases les plus solides.

G

GABRIELI *(Andrea),* compositeur italien *(Venise v. 1510* - id. *1586).* Ses débuts sont assez obscurs, mais il fut très probablement l'élève à Venise d'Adrien Willaert. Il fut chantre à la basilique San Marco, puis organiste à Vérone, et, vers 1557, organiste à l'église San Jeremia à Venise. Dès cette époque, il briguait le poste d'organiste à San Marco, mais s'en trouva une première fois évincé par Claudio Merulo. Ce fut en 1585 seulement, après le départ de Merulo pour Parme, qu'il put partager ces fonctions avec son neveu Giovanni. En 1562, il rencontra Roland de Lassus à la cour de Bavière, et poursuivit ses voyages jusqu'en Bohême et en Autriche. Puis il quitta l'entourage d'Albert de Bavière et revint à Venise en compagnie de Lassus. Il commença dès lors à écrire un certain nombre de musiques de circonstance, se chargeant par exemple des fêtes pour célébrer la victoire de don Juan d'Autriche à Lépante (1571). Au Teatro Olimpico à Vicence eut lieu en 1585 la représentation de l'*Œdipe* de Sophocle dont les chœurs furent l'œuvre d'Andrea Gabrieli.

Surtout compositeur de musique religieuse, Gabrieli a néanmoins écrit environ 250 madrigaux, d'abord à 3 voix, mais aussi faisant appel à des effectifs plus importants. Le recueil de 1587 contient des madrigaux allant de 6 à 16 voix. Profitant des excellents instrumentistes dont Venise pouvait s'enorgueillir, ainsi que des lieux dont les possibilités acoustiques pouvaient être exploitées, surtout à San Marco, il se lança dans la composition d'œuvres concertantes, dans la conquête de l'espace sonore, employant souvent deux chœurs (ou plus), dialoguant entre eux et placés à une certaine distance l'un de l'autre dans les deux tribunes opposées de l'édifice. Avec son neveu, il devait porter cette technique des *cori spezzati* à son apogée. Dans les œuvres vocales, il faut remarquer un plus grand souci de clarté du texte chanté par rapport aux musiciens de l'école franco-flamande. Les œuvres instrumentales, où le style fugué domine *(Ricercari, Canzoni alla francese),* sont écrites pour toutes sortes d'instruments. Le second genre est illustré notamment par une *Battaglia,* basée sur la célèbre composition de Cl. Janequin *(Bataille de Marignan).*

GABRIELI *(Giovanni),* compositeur italien *(Venise 1557* - id. *1612).* Neveu d'Andrea Gabrieli, il fut son élève avant de faire, de 1575 à 1579, un voyage à Munich où il rencontra Roland de Lassus. Il revint à Venise en 1580 et y resta jusqu'à sa mort. En 1585, il partagea avec son oncle la charge de premier organiste à San Marco et, depuis cette date jusqu'en 1607, il eut également des fonctions à la Scuola San Rocco. Ses œuvres à double chœur sont un reflet de l'architecture de San Marco. Parmi ses nombreux élèves célèbres, il faut citer surtout Heinrich Schütz qui séjourna à Venise de 1609 à 1613.

Giovanni Gabrieli avait une immense admiration pour son oncle. Il en fut toute sa vie le défenseur et fit habituellement publier les œuvres de ce dernier avant les siennes. À de nombreux titres, on peut considérer Giovanni comme un précurseur. En ce qui concerne les formes musicales, son architecture est particulièrement solide, et contraste avec le goût italien de l'époque pour les musiques très ornées. Sur le plan de l'écriture, il a introduit à travers un contrepoint savant et rigoureux un style parfois concertant où les timbres prennent toute leur valeur. Les parties qu'il a écrites, pour les cornets à bouquin ou pour les violons (dont le répertoire était encore à ses débuts), sont des exemples remarquables de son talent dans ce domaine, ainsi qu'une indication de l'excellence des instrumentistes vénitiens dont il disposait. On doit le considérer à juste titre comme l'un des précurseurs de l'orchestration, cela bien qu'il ait laissé le choix des instruments aux interprètes en indiquant généralement *con ogni sorte di stromenti* sur la page de titre de ses publications. En adoptant souvent le genre de la *canzone alla francese,* ces compositions restent d'abord assez proches du modèle, avec leur rythme dactylique initial (longue-brève-brève), mais peu à peu s'en écartent pour devenir de plus en plus concertantes. Le titre n'est plus qu'un point de départ et cette évolution est nette dans les *Canzoni e Sonate* de 1615 par rapport aux *Sacrae symphoniae* de 1597. Dans le domaine de la musique vocale religieuse, Gabrieli a laissé des motets (faisant souvent appel à un nombre considérable de voix), des magnificat, des litanies, des mouvements de messe. Pour orgue, il a composé des *Intonationi* publiés avec ceux de son oncle en 1593.

GADE *(Niels Wilhelm),* compositeur danois *(Copenhague 1817* - id. *1890).* Il fut le premier compositeur important du Danemark après D. Buxtehude. Fils d'un modeste luthier, il étudia le violon avec F. T. Wexhall, un élève de L. Spohr, et la composition avec C. Weyse et A. P. Berggreen ; le succès de sa première œuvre, l'ouverture d'*Ossian* (1840), attira sur lui l'attention de F. Mendelssohn et de L. Spohr, ce qui lui permit d'obtenir une bourse pour étudier à Leipzig. Il se lia avec R. Schumann et F. Mendelssohn, devint professeur au conservatoire de cette ville, puis seconda Mendelssohn au Gewandhaus (il y créa le concerto de violon de son ami pendant la saison 1845-46) avant de lui succéder, à sa mort. En 1848, Gade retourna à Copenhague, où il prit la tête, en 1850, du *Musikforeningen* et fonda avec J. P. E. Hartmann et H. S. Paulli, en 1866, le Conservatoire royal. Jusqu'à sa mort, il occupa une place de plus en plus grande dans la vie musicale de son pays qu'il marqua de son conservatisme et de l'esthétique de Leipzig. Ces caractères s'expriment dans son œuvre par un délicat romantisme, légèrement teinté d'un discret lyrisme danois. Son style, élégant et aisé, et son expression pleine de mesure marquent ses meilleures œuvres, tels la 4e de ses huit symphonies (1850), le ballet *Et Folkesagn* (1853), l'opéra-ballet *Elverskud* (1853), et sous-tendent ses cinq ouvertures, cantates et lieder, tandis que sa musique de chambre, ses pièces pour piano l'apparentent aux meilleurs représentants de la musique de salon.

GAGNEBIN *(Henri),* compositeur suisse *(Liège 1886 - Genève 1977).* Après des études à Lausanne, Berlin et Paris (Schola cantorum avec Vincent d'Indy et Blanche Selva), il a été organiste à la Rédemption à Paris (1910-1916), puis à Saint-Jean de Lausanne (1916-1925). Directeur du conservatoire de Genève de 1925 à 1957, il y a enseigné jusqu'en 1961. Il fonda en 1938 le concours international de Genève, qu'il présida jusqu'en 1959. On lui doit notamment quatre symphonies (1911, 1921, 1955, 1970), des pièces symphoniques, de la musique de chambre. Spécialiste de la musique religieuse protestante, il a écrit dans cet esprit l'oratorio *Saint François d'Assise* (1933), le *Requiem des vanités du monde* (1938), deux *Suites d'orchestre sur des psaumes huguenots* (1950 et 1966), *les Mystères de la foi* d'après Francis Jammes (1958), des pièces d'orgue. Il a aussi écrit des livres, dont *Musique, mon beau souci* (Neuchâtel, 1969) et participé à l'édition complète des œuvres de Claude Goudimel.

GAGNEUX *(Renaud),* compositeur français *(Paris 1947).* Élève d'Alfred Cortot pour le piano et pour la composition de Henri Dutilleux, Tony Aubin et Karlheinz Stockhausen, grand prix de la musique de chambre de la S. A. C. E. M. en 1978, il est carillonneur au beffroi de la mairie annexe du 1er arrondissement de Paris. Il a écrit un certain nombre d'indicatifs pour France-Musique, ainsi que la musique originale de la série de quarante courts métrages *Encyclopédie du cinéma français.* Parmi ses œuvres : *Endeka* pour orchestre (1971) ; *Rolling Music* pour orchestre (1972) ; *D'après,* musique électroacoustique (1972) ; *Dédale et Icare,* qui relève du théâtre musical (1975) ; *Messe* pour instruments, chœurs et soprano (1976, création cette même année au festival d'Avignon), seconde version sous le titre de *Messe de requiem* pour grand orchestre, solistes, chœurs et maîtrise d'enfants ; *Malkruth I,*

II, III, IV, musique électroacoustique et instrumentale (1978) ; et *Dix Personnages en quête d'auteur,* montage-collage pour dix musiciens (1980).

GALILEI *(Vincenzo),* théoricien et compositeur italien *(? apr. 1520 - Santa Maria a Monte, près de Florence, 1591).* Venu à Florence comme luthiste vers 1540, il bénéficie très vite de la protection du comte Bardi, qui l'envoie vers 1563 à Venise étudier la théorie musicale avec Zarlino. Il s'établit ensuite à Pise, où il enseigne le luth pendant quelques années et se fixe à Florence en 1572. Très actif au sein de la Camerata florentine, il est une des grandes figures de la recherche théorique musicale de cette époque, au service de laquelle il met peu à peu exclusivement ses dons d'interprète et de compositeur. Après un premier traité, le *Fronimo* (1568-69), sur les transcriptions de chansons pour luth, il commence vers 1570 un manuel didactique (sans doute destiné à ses élèves), où il traite des idées exposées par Zarlino dans ses *Istitutioni harmoniche,* mais y trouve bientôt des contradictions avec certains principes de la musique grecque qu'il connaissait déjà. Il entre alors en contact en 1572 avec G. Mei, spécialiste romain de la musique grecque ancienne, et, pendant une dizaine d'années, s'établit une correspondance fructueuse entre les deux hommes (Galilei effectue même deux voyages à Rome pour s'entretenir avec Mei). Le résultat de cet échange est la publication à Florence, en 1581, du *Dialogo della musica antica et della moderna.* Il s'agit en fait d'une tentative de réforme de la musique de l'époque selon les principes des Anciens. Galilei y réfute tout d'abord les théories de Zarlino concernant l'accord et les modes, et dénonce les modes ecclésiastiques comme faux. Il établit ensuite que seule la musique monodique est apte à exprimer le sens profond d'une poésie et permet la déclamation du texte, et condamne certains effets des madrigalistes (peintures de mots). Pour illustrer ses théories, il met en musique dans le nouveau style monodique (avec accompagnement de luth) et exécute en 1582 devant les membres de la Camerata deux *Lamentations* de Jérémie et la lamentation d'Ugolino dans l'*Enfer* de Dante. Zarlino ne réplique qu'en 1588 avec les *Sopplimenti musicali,* et il est à nouveau attaqué par Galilei en 1589 dans le *Discorso intorno all'opere di messer Gioseffo Zarlino,* qui réfute ses déclarations sur les fondements mathématiques des lois musicales. L'auteur critique d'autre part les règles trop rigides de Zarlino et Artusi concernant les dissonances et en accepte certains types pour des raisons expressives, tels que les utilisait C. de Rore, par exemple. Les derniers essais théoriques de Galilei, non publiés, renferment des informations intéressantes sur certaines expériences acoustiques et sur l'étude de la génération du son.

Ces compositions reflètent les préoccupations théoriques de leur auteur. Outre les exemples donnés dans les traités et les *Lamentations* mentionnées ci-dessus, elles incluent deux livres de transcriptions pour luth (*Intavolature de liuto...,* 1563 ; *Libro d'intavolatura di liuto...,* 1584), qui s'attachent à reproduire l'aspect mélodique de la chanson dans un style assez homophone et à très forte tendance tonale. Avec ses deux livres de madrigaux (1584, 1587), en particulier le second, il est dans la lignée de C. de Rore et préfère la forme d'expression apportée par des mouvements chromatiques, des dissonances et suspensions harmoniques aux traditionnelles peintures de mot qu'il avait tant critiquées. Son fils fut le célèbre physicien Galileo Galilei.

GALLUS (*Jakob, Jacobus Handl, Gallus, vocatus* CARNIOLANUS), musicien slovène *(Ribnica 1550 - Prague 1591).* Moine cistercien des couvents autrichiens de Melk et Zwettl, il appartient à la cour de Vienne dès 1574, puis devient *regens chori* de la chapelle de l'évêque d'Olomoutz (1580-1585). En 1581, il passe à l'ordre des Jésuites. Il séjourne à Breslau avant de terminer sa vie à Prague, comme cantor de l'église Saint-Jean-in-Vado dans la vieille ville. Il ne fut rien moins que l'équivalent de Palestrina en Slovénie et Bohême. Dans ses œuvres profanes en particulier (*Harmoniae morales* [1589, 1590], *Moralia* [1596]), il donne la primauté à la ligne mélodique, jouant d'effets chromatiques et de recherche de timbres qui seront les secrets de la nouvelle musique italienne. Les modulations sont fréquentes, adaptées au sens des textes et à leur prosodie. L'emploi de certains intervalles, tel le triton, étonne les musicologues.

GALUPPI *(Baldassare,* dit IL BURANELLO du nom de l'île du littoral vénitien, Burano, où il naquit), compositeur italien *(Venise 1706 - id. 1785).* Fils d'un violoniste, il composa en 1722 l'opéra *La Fede nell'incostanza,* qui n'eut pas de succès, puis devint l'élève préféré de Lotti. Il remporta son premier triomphe de compositeur avec *Gl'odi delusi dal sangue* (1728), écrit en collaboration avec Pescetti. Compositeur attitré d'opéras italiens au théâtre de Haymarket à Londres de 1741 à 1743, il devint vice-maître de chapelle (1748), puis maître de chapelle (1762) à Saint-Marc de Venise, et fut ensuite maître de chapelle de la cour de Catherine II à Saint-Pétersbourg (1765-1768). De ses *opere serie,* seuls *Alessandro nell'Indie* (Mantoue, 1738) et *L'Olimpiade* (Milan, 1747) eurent quelque succès. Ce fut essentiellement un maître de l'opéra bouffe, ce dont témoignent en particulier les œuvres nées de sa collaboration avec Carlo Goldoni : *L'Arcadia* (1749), *Il Mondo della luna* (1750), *Il Mondo alla roversa* (1750), *Le Virtuose ridicole,* d'après *les Précieuses ridicules* de Molière (1752), *Il Filosofo di campagna* (1754), *La Diavolessa* (1755). *Il Filosofo di campagna,* en son temps un des opéras bouffes les plus prisés, est parfois ressuscité de nos jours. Galuppi semble avoir été l'un des premiers compositeurs à saisir l'importance théâtrale et musicale des finales d'acte. Il écrivit en tout 91 opéras. On lui doit également 27 oratorios, d'autres ouvrages pour l'église et de la musique instrumentale dont sept *Concerti a quattro* pour cordes et surtout 51 *Sonates* pour clavecin qui font de lui l'un des principaux pionniers du genre.

GANNE *(Louis),* compositeur et chef d'orchestre français *(Bruxières-les-Mines, Allier, 1862 - Paris 1923).* Au Conservatoire de Paris, il étudia la composition et l'harmonie avec Théodore Dubois et l'orgue avec César Franck, obtenant un premier prix d'harmonie en 1881 et un premier prix d'orgue en 1882. La même année, il devint chef d'orchestre aux Folies-Bergère et, en 1892, au Nouveau-Théâtre de la rue Blanche, avant de prendre la direction du casino de Royan (1900) et celle de l'Opéra de Monte-Carlo (1905). Il fonda les concerts symphoniques Louis-Ganne, qui connurent longtemps une fidèle audience. Mais depuis 1895, il dirigeait chaque année les bals de l'Opéra, ce qui l'amena à se fixer à Paris en 1910, ayant, d'autre part, été nommé chef d'orchestre au théâtre Apollo. Il y fit représenter ses opérettes *Cocorico* (1913) et *la Belle de Paris* (1921). Compositeur plein de verve, il a écrit des marches militaires, dont la célèbre *Marche de Lorraine,* des ballets, des opéras-comiques, parmi lesquels *les Saltimbanques* (1899) et *Hans le joueur de flûte* (1906).

GARANT *(Serge),* compositeur canadien *(Québec 1929).* Largement autodidacte, il s'est intéressé immédiatement à l'avant-garde de la première moitié du XXe siècle (Schönberg, Webern), sans commencer par les classiques, et a étudié avec Claude Champagne à Montréal, puis avec Olivier Messiaen à Paris (1951). Il découvrit dans cette ville la musique de Boulez. Adepte du sérialisme, il a fait appel dans ses œuvres à la logique mathématique tout en s'attachant de près aux questions de sonorité. L'année de sa fondation (1966), il devint directeur musical de la Société de musique contemporaine du Québec. On lui doit notamment : *Ouranos* (1963) et *Ennéade* (1964) pour orchestre ; *Phase I* pour mezzo-soprano et trois instruments (1967) ; *Phase II* pour mezzo-soprano et deux orchestres (1968) ; *Offrande I* pour petit orchestre (1969) ; *Offrande II* pour grand orchestre (1970) ; *Circuits I* (1971), *II* (1972) et *III* (1973) et... *Chant d'amours* pour soprano, mezzo, baryton et ensemble instrumental (1975).

GASPARINI *(Francesco),* compositeur italien *(Camajore, Lucques, 1668 - Rome 1727).* Élève de Corelli et de Pasquini, il fut d'abord maître de chœur à l'Ospedale de la Pietà de Venise, puis, en 1725, maître de chapelle à Saint-Jean-de-Latran. Sa santé ne lui permit pas d'occuper pleinement ses fonctions, mais il put malgré tout consacrer du temps à l'enseignement et l'on compte B. Marcello et Quantz parmi ses élèves. Il fut aussi l'acteur d'une dispute célèbre avec Alessandro Scarlatti, dispute qui se déroula par un échange de cantates. Sa correspondance donne de nombreux renseignements sur lui-même et sur ses élèves, notamment Marcello. Son œuvre se compose d'opéras (environ une soixantaine) et de musique d'église, formes, toutes deux, aussi brillantes sous sa plume. Sa réputation dépassa les frontières de l'Italie et atteignit en particulier l'Angleterre, ses opéras étant parmi les premiers à être représentés dans ce pays. Il faut aussi citer un traité d'accompagnement, très respecté en Italie : *L'Armonico pratico al Cimbalo* (Venise, 1708).

GASSMANN *(Florian),* compositeur autrichien *(Brüx, Bohême, 1729 - Vienne 1774).* Désirant devenir musicien contre la volonté de son père, il se rendit en Italie, où il étudia peut-être avec le Padre Martini et donna ses premiers opéras, *Merope* (Venise, 1757) et *Issipile* (Venise, 1758). Rentré à Vienne en 1763, il y succéda à Gluck comme compositeur de ballets de la cour. Lors d'un nouveau voyage en Italie, il rencontra le jeune Salieri, dont il fit son élève et qu'il amena à Vienne. En 1771, il fonda la Tonkünstler-Sozietät (v. Ritorno di Tobia [II]), et inaugura ses concerts en mars de l'année suivante avec son oratorio *La Betulia liberata*. En 1772 également, il succéda à Georg Reutter le Jeune au poste de maître de chapelle impérial. De ses opéras, il faut citer surtout, dans le genre bouffe, *L'Amore artigiano* (1767) et *La Contessina* (1770). En 1770, lors d'un troisième séjour en Italie, il présenta à Rome *Ezio*. On lui doit également des œuvres religieuses, dont plusieurs messes et un requiem, de remarquables symphonies, et de la musique de chambre (quatuors à cordes).

GASTOLDI *(Giovanni Giacomo),* compositeur italien *(Caravaggio v. 1555 - ? 1622).* D'abord probablement l'élève de Jachet de Wert, il est ordonné prêtre et entre au service des Gonzague à Mantoue où il est nommé maître de chapelle à Santa Barbara. C'est à la cour de cette famille illustre qu'il rencontre Pallavicino, A. Striggio et Monteverdi. Ensuite, on le trouve à Milan en 1609, maître de chapelle à la cathédrale.

Compositeur de musique instrumentale (*Il Primo Libro della musica a 2 voci,* 1598), de madrigaux (quatre livres de *Madrigali a 5 voci* chez Gardano à Venise, 1588-1602) et de nombreuses œuvres de musique religieuse (messes, magnificat, motets, psaumes et vêpres), dans lesquelles il montre toute sa science du contrepoint, Gastoldi doit sa célébrité à un recueil de *Balletti a cinque voci* (1591), qui a connu non moins de trente rééditions dont une à Paris. En dehors de leur popularité, les *Balletti « per cantare, sonare et ballare »* (écrits pour les spectacles de danse à la cour de Mantoue), avec leur vitalité rythmique, leurs *fa-la-la* caractéristiques, forme strophique et écriture surtout verticale, ont influencé, certes, Monteverdi *(Scherzi musicali),* mais également Th. Morley en Angleterre (*Ballets a 5,* 1595). Interprétées instrumentalement ou vocalement, ces œuvres ont atteint pleinement leur objectif premier : *O compagni, allegrezza, allegrezza (Introduttione a i Balletti).*

GAUSSIN *(Allain),* compositeur français *(Saint-Sever, Calvados, 1943).* Il a fait ses études au Conservatoire de Paris (prix de composition avec Olivier Messiaen en 1976), et été admis à l'Académie de France à Rome (villa Médicis) [1977-78]. Parmi ses œuvres : *Source 4* pour chœur de femmes (1974), *Vent solaire* (1ère vers. 1975) pour chœur, cuivres, percussion et bande magnétique (1976), *Ogive I* pour cordes et clavecin (1977), *Éclipse* pour ensemble instrumental et deux pianos (1979) et *Ionisation-Rituel* pour soprano, flûte, récitant et orchestre (1980). Il enseigne depuis 1981, comme chargé de cours, la composition à la Schola cantorum.

GAVEAUX *(Pierre),* chanteur et compositeur français *(Béziers 1761 - Charenton 1825).* D'abord destiné à la carrière ecclésiastique, il étudia la musique avec Franz Beck à Bordeaux, devint, en 1780, maître de chapelle au théâtre de cette ville, puis commença une carrière de ténor qui devait le mener au Théâtre de Monsieur à Paris en 1789 et à l'Opéra-Comique en 1801. En 1812 se manifestèrent chez lui les signes d'une aliénation mentale qui devint totale et définitive en 1819. Comme compositeur, il écrivit des musiques révolutionnaires, et, dans un style aimable et charmant, des ballets parmi lesquels *l'Amour à Cythère* (1805), des romances, et surtout des opéras-comiques dont le plus connu reste *Léonore ou l'Amour conjugal* (Paris, 1798), sur un livret de Bouilly que devaient réutiliser, plus ou moins modifié, Paer, Simon Mayr et surtout Beethoven.

GAVINIES *(Pierre),* violoniste et compositeur français *(Bordeaux 1728 - Paris 1800).* Fils d'un luthier installé à Paris en 1734, autodidacte, il se produisit au Concert spirituel, en 1741, puis surtout de 1748 à 1765, et fut, de 1773 à 1777, avec Gossec et Leduc l'un des directeurs de cette institution. De 1796 à sa mort, il enseigna le violon au Conservatoire de Paris. Son jeu lui valut d'être appelé par Viotti le

« Tartini français ». Très grand interprète, il a notamment composé pour son instrument *Six Sonates* op. 1 (1760), *Six Sonates* op. 3 (1764), *Six Concertos* op. 4 (1764), *Six Sonates en trio* op. 5 (v. 1774) et les *24 Matinées* (1800), études dans toutes les tonalités qui, aujourd'hui encore, comptent parmi les pièces de virtuosité les plus prisées des violonistes.

On lui doit encore l'opéra-comique *le Prétendu* op. 2 (1760), des concertos et des ouvrages de musique de chambre restés manuscrits, des symphonies perdues et trois sonates posthumes (Berlin, s. d.) pour violon avec accompagnement de violoncelle dont l'une, en *fa* mineur, dite *Son tombeau.*

GAZZANIGA *(Giuseppe),* compositeur italien *(Vérone 1743 - Crema 1818).* Élève de Porpora et de Piccinni, il écrivit dans les années 1770 plusieurs opéras pour diverses villes d'Italie. En 1786, son *Il Finto cieco,* sur un livret de Da Ponte, fut représenté à Vienne. Il obtint un grand succès en février 1787 à Venise avec *Don Giovanni Tenorio o sia Il Convitato di pietra,* sur un livret de Bertati qui fut une des sources d'inspiration de Da Ponte pour son *Don Giovanni* mis en musique la même année par Mozart. Il n'est pas exclu que ce dernier ait connu la partition de Gazzaniga. Il existe en effet entre les deux *Don Giovanni,* sur le plan musical, quelques analogies de surface. En outre, le premier Don Giovanni de Gazzaniga, le ténor Antonio Baglioni, fut ensuite le premier Don Ottavio de Mozart (qu'il ait parlé à celui-ci de l'ouvrage qu'il avait chanté à Venise est tout à fait plausible).

GEMINIANI *(Francesco),* violoniste et compositeur italien *(Lucques 1687-Dublin, Irlande, 1762).* Après des études à Lucques avec son père, il travaille à Milan avec C. A. Lonati, puis à Rome avec Corelli et à Naples avec A. Scarlatti. Après avoir occupé un poste de violoniste à Lucques de 1707 à 1710, il part pour l'Angleterre. De 1733 à 1740, il est à Dublin où il enseigne et donne des concerts privés. Au théâtre Drury-Lane de Londres, il dirige les concerts du Carême de 1740 à 1749. Dans la capitale anglaise, il rencontre Haendel et se fait applaudir comme violoniste. C'est en 1751 qu'il publie à Londres un traité important, *The Art of Playing on the Violin* (rééd. en fac-similé, 1952). Geminiani fait

Larousse

Francesco ***Geminiani.***

encore divers séjours à Paris et à Londres, puis se rend à nouveau en Irlande en 1759.

Compositeur de second plan, il a néanmoins ajouté l'alto au trio traditionnel de solistes (deux violons et basse) dans le *concerto grosso,* genre qu'il a illustré abondamment, ainsi que la sonate. Geminiani, tout en reprenant les principes formulés par Corelli, a fait progresser la technique du violon, notamment en ce qui concerne le démancher et les doubles-cordes.

GERHARD *(Roberto),* compositeur espagnol d'origine suisse *(Valls, Catalogne, 1896 - Cambridge 1970).* Élève de Pedrell et de Granados en Espagne, puis de Schönberg à Vienne et à Berlin (1923-1928), il se fixa à Barcelone avant d'émigrer en Angleterre en 1939. Les œuvres principales de sa première période sont deux ballets, *Don Quixote* (1940-41) et *Pandora* (1943-44), l'opéra *The Duenna* d'après Sheridan (1945-1947), non représenté et non publié, et surtout le *Concerto pour violon* (1950). Il développa ensuite une conception originale, fondée en particulier sur les rythmes, de l'esprit sériel, avec notamment le *Quatuor à cordes n° 1* (1950-51) et la *Symphonie n° 1* (1952-53). Suivirent notamment la *Symphonie n° 2* (1957-1959), qu'il devait réviser partiellement à la fin de sa vie sous le titre de *Métamorphoses,* la *Symphonie n° 3* dite *Collage,* avec bande magnétique (1960), et la cantate *The Plague* (« la Peste »), d'après Albert Camus (1963-64). Cette période sérielle, qui fait de lui un des plus éminents parmi les disciples de Schönberg, culmina avec le *Concerto pour orchestre* (1965) et la *Symphonie n° 4* (1967). Citons encore un *Quatuor à cordes n° 2* (1960-1962) et, comme œuvres pour petit ensemble, *Libra* pour 6 instrumentistes (1968) et *Leo* pour 10 instrumentistes (1969). Il laissa inachevée une *Symphonie n° 5.*

I.P.S

George **Gershwin.**

GERSHWIN *(George),* compositeur américain d'origine russe *(New York 1898-Hollywood 1937).* Pianiste éblouissant, il dut sa première gloire à un exceptionnel don de mélodiste qui l'amena (notamment en collaboration avec son frère Ira Gershwin) à composer quelque 500 « songs » qui tiennent de la mélodie européenne, de l'air d'opérette, de la rengaine anglo-saxonne et du jazz tout en manifestant une personnalité entre toutes reconnaissable malgré un confondant pouvoir de renouvellement. La qualité « classique » de cette production est attestée par le fait que les chansons des frères Gershwin sont toujours au répertoire des chanteurs actuels et que leurs thèmes ont été très largement adoptés par le jazz (*I got rhythm, Lady be good, Do it again, Fascinating Rhythm, The man I love, Embraceable you, Someone to watch over me,* etc.).

Conscient de cette noblesse conférée à la chanson, Gershwin, tout en continuant de produire des *shows* pour Broadway (manières d'opérettes liées à l'actualité et où ces *songs* peuvent être repris de succès antérieurs s'ils sont en situation), évolua vers une forme de musique plus ambitieuse, rejoignant la tradition « classique » : *Rhapsody in blue* (1924), *Concerto en fa* (1925), *Un Américain à Paris* (poème symphonique, 1928), *Seconde Rhapsodie* (1931), *Ouverture cubaine* (1932), *Variations sur « I got rhythm »* (1934). Cet effort de synthèse devait trouver son expression définitive dans son chef-d'œuvre, l'un des plus grands opéras du répertoire : *Porgy and Bess* (1935). Lors de l'avènement du cinéma parlant, Gershwin fut évidemment sollicité par Hollywood, mais ne participa de son vivant qu'à trois réalisations : *Delicious* (1931), *Shall we dance* (1936-37) et *Damsel in distress* (1937), avant d'inspirer, à son tour, un très grand nombre de films reprenant ses *shows* de Broadway, incluant une ou plusieurs de ses chansons, voire de ses partitions symphoniques (*Un Américain à Paris,* 1951), et contant sa vie (*The man I love,* 1946), ou restituant son opéra (*Porgy and Bess,* réalisation Otto Preminger, 1959). Gershwin est demeuré si actuel et reste si profondément symbolique de l'Amérique de l'entre-deux-guerres qu'un Woody Allen fait encore appel à sa musique pour évoquer un certain rêve américain (*Manhattan,* 1978).

GERVAIS *(Charles-Hubert),* compositeur français *(Paris 1671 - id. 1744).* Il semble qu'il ait accompli toute sa carrière à Paris et à Versailles. En 1697, il fait représenter, à l'Académie royale de musique, une tragédie lyrique, *Méduse,* sur un livret de l'abbé Boyer. En 1700, il devient le surintendant et maître de musique du duc d'Orléans. Sa carrière bénéficie alors de la protection de ce prince, grand amateur de musique et compositeur lui-même. Gervais publie un recueil de six *Cantates françoises* (Ballard, 1712) et, en 1716 (peut-être en collaboration avec le régent), écrit une nouvelle tragédie, *Hypermnestre,* qui va être reprise jusqu'en 1765. Il compose ensuite un ballet intitulé *Amours de Pro-*

tée (1720). En 1723, Delalande décide de céder trois des quatre quartiers de la Chapelle royale et nomme Ch.-H. Gervais (sans doute appuyé par le régent) au dernier (oct.-déc.). De cette activité nouvelle naissent un grand nombre de motets versaillais, pour la plupart à 6 voix avec 4 instruments concertants, et conservés en manuscrit. Ami de Campra et de Desmarets, Ch.-H. Gervais possède un style élégant, mélodieux et original, influencé, certes, par le maître aixois, mais capable d'émouvoir et non dépourvu de saveur harmonique. Son talent est très caractéristique de la détente dans les mœurs en France après la mort de Louis XIV.

GERVAISE *(Claude),* instrumentiste et compositeur français *(XVIe s.).* On ne sait rien de sa vie, sinon qu'il vécut à Paris vers 1550, et qu'il fut probablement joueur de viole, puisqu'il a laissé deux livres de pièces pour cet instrument, malheureusement perdus. De 1550 à 1557, Pierre Attaingnant puis sa veuve éditèrent sous son nom six livres de *Danceries* (branles, pavanes, gaillardes). Beaucoup de ces pièces ne sont que des adaptations pour les instruments de chansons polyphoniques de l'école parisienne (Janequin, Certon). En 1556, Claude Gervaise signa un autre livre contenant *« XXVI chansons musicalles a troys parties... »* (Attaingnant). 65 danses ont été rééditées par les soins de Henry Expert (*Expert Maître* XXIII, 1908).

GESUALDO (*Don Carlo,* prince de VENOSA), compositeur italien *(Naples v. 1560 - Avellino 1613 ?).* Issu d'une des familles les plus nobles et les plus anciennes du royaume des Deux-Siciles, il comptait parmi ses oncles le cardinal Carlo Borromeo dont la protection lui fut d'un grand secours tout au long d'une vie d'excès. Son père, compositeur amateur, fonda une académie musicale pour qu'il pût développer ses dons précoces. Il jouait du luth, chantait et composait. G. de Macque, Bartolomeo Roy et Pomponio Nenna firent partie de cette académie qui allait bientôt rivaliser avec celle, plus célèbre, du comte Bardi à Florence. Nenna fut sans doute d'ailleurs le principal maître de Gesualdo et lui enseigna l'art du madrigal. En 1578, Torquato Tasso fut admis à l'académie. Les deux premiers livres de madrigaux de Gesualdo mettent très souvent en musique des textes de ce grand poète.

En 1586, Gesualdo épousa sa cousine Donna Maria d'Avalos, femme très belle, dont c'était le troisième mariage. Cette union ne fut guère heureuse : Gesualdo délaissa très vite sa femme qui reporta son affection sur le duc d'Andria. En 1590, découvrant son déshonneur, il fit poignarder les deux amants en sa présence. Redoutant la vengeance des familles, il se réfugia dans son château de Gesualdo et s'y prépara à l'éventualité d'un siège. Doutant de tout, même de la légitimité de son fils, il le fit étouffer. Grâce à son oncle, il put signer un contrat de fiançailles avec Eleonora d'Este, fille d'Alfonso d'Este, duc de Ferrare (1593). Ce second mariage fut encore plus houleux. La famille d'Este s'acharna à faire divorcer Eleonora, qui s'y opposait et réussit à ramener son époux dans le sein de l'Église. Gesualdo composa alors de la musique religieuse, dont un livre de répons pour l'office de ténèbres. Dans ces œuvres, on note pour thème premier celui de la mort avec, en contre-chant, la parole du décalogue : « Tu ne tueras point. »

L'œuvre de Gesualdo comprend deux parties distinctes : la musique profane et la musique religieuse, chacune correspondant à une époque déterminée. En 1958 fut découvert le manuscrit d'un recueil de dix *Gagliarde a 4 per suonare le viole* et d'une *Sinfonia a quattro antiche* qui, avec une pièce de clavecin que possède le British Museum, constitue sa contribution à la musique instrumentale.

Cette œuvre est le reflet, avec l'audace d'expression d'un musicien attaché à la Renaissance mais qui annonce à plusieurs égards l'époque baroque, des excès d'une vie étonnante. À la lecture de ses six livres de madrigaux à 5 voix (un autre est à 6 voix), on découvre le cheminement d'un compositeur « révolutionnaire », en ce sens qu'il tente l'expérience d'un langage totalement nouveau et libre de toutes contraintes. Quant à l'expression, elle atteint souvent une intensité angoissée, voisine de la violence, soit dans la sensualité de ses madrigaux exploitant au maximum chaque occasion offerte par le texte (par exemple, *Moro lasso al mio duolo*), soit dans la contrition, le recueillement qui sont l'essence de la musique religieuse. Si on a pu qualifier Gesualdo de « génie hors pair », c'est qu'il a su allier une écriture d'une grande richesse contrapuntique à des recherches d'harmonie, où le chromatisme et les retards (parfois non résolus) conduisent à des dissonances fort en avance pour l'époque.

GHEDINI *(Giorgio Federico),* compositeur et pédagogue italien *(Cuneo, Piémont, 1892 - Nervi, près de Gênes, 1965).* Il a fait ses études à Turin et à Bologne, et enseigné au Liceo musicale de Turin (v. 1920), puis au conservatoire de Parme (1938) et à celui de Milan (1941), qu'il a dirigé de 1951 à 1962. Il s'est forgé un style polyphonique personnel largement influencé par la musique des anciens maîtres italiens, cela dès sa *Partita* (1926) et son *Concerto grosso* (1927). Outre de nombreuses œuvres orchestrales et de chambre, on lui doit les opéras *Gringoire* (1915, non représenté), *Maria d'Alessandria* (1937), *Re Hassan* (1939, rév. 1961), *La Pulce d'oro* (1940), *Le Baccanti* (1948), *Billy Budd* (1949) et *La Via della croce* (1961), l'oratorio *La Messa del Venerdì santo* (1929), et l'opéra radiophonique *Lord Inferno* (Prix Italia, 1952, version scénique *L'Ipocrita felice,* 1956).

GIARDINI *(Felice de),* violoniste et compositeur italien *(Turin 1716 - Moscou 1796).* Élève de Somis à Turin, il se produisit en Allemagne et à Paris, puis s'établit en 1750 à Londres, où il mena une longue et brillante carrière. Retourné en Italie en 1784, il revint à Londres en 1790 comme entrepreneur d'opéra (son mauvais caractère l'y fit se quereller avec Haydn en 1792). Il partit pour la Russie vers 1793. Ce grand interprète laissa, comme compositeur, des concertos et des sonates pour son instrument, de la musique de chambre diverse dont des quatuors à cordes ainsi que des pages vocales, parmi lesquelles l'oratorio *Ruth* (1763).

GIBBONS *(Orlando),* compositeur anglais *(Oxford 1583 - Canterbury 1625).* Il est le fils de William et Mary Gibbons. Son père est l'un des *city waits* (« musiciens municipaux ») de la ville de Cambridge depuis 1567. Ses frères, Edward, Ellis et Ferrando, sont également des musiciens de métier. En 1596, il entre dans les chœurs de la chapelle de King's College. En 1605, il est nommé au poste prestigieux d'organiste de la chapelle royale, qu'il conserve toute sa vie. L'année suivante, il est élu Bachelor of Music de l'université de Cambridge et épouse Elisabeth Patten, fille d'un officier de la chapelle royale. L'héritage de son beau-père va plus tard s'ajouter aux revenus qu'il reçoit pour son poste d'organiste et aussi comme membre des Musicians for the virginalls de la Chambre du roi à partir de 1619. En 1622, il est nommé Doctor of Music à l'université d'Oxford. Il succède ensuite à John Parsons comme organiste de l'abbaye de Westminster (1623). Il ne lui reste alors plus que deux années à vivre, mais il a l'occasion d'organiser les solennités musicales des funérailles de Jacques Ier en avril 1625 et d'en préparer d'autres pour l'arrivée de la nouvelle reine d'Angleterre, Henriette-Marie de France. Mais il est soudainement frappé d'apoplexie le 5 juin. Il est enterré dans la cathédrale de Canterbury au moment précis où toute la cour est assemblée pour célébrer le mariage de Charles Ier.

L'œuvre d'Orlando Gibbons, par sa qualité, peut se comparer à celle de William Byrd. Comme ce dernier, il se distingue surtout par sa musique religieuse et par ses pièces pour le clavier, quelques-unes paraissant dans le recueil *Parthenia* (v. 1613). Il a composé environ quarante *anthems,* mais, contrairement à la plupart de ses contemporains, il n'écrit pas sur des paroles latines, se consacrant uniquement au rite anglican. À l'exception de deux anthems (publiés dans *Teares or Lamentacions of a Sorrowful Soule* par W. Leighton, 1614), aucune de ces œuvres religieuses n'est publiée de son vivant. Certaines sont des *verse anthems,* écrites dans le style polyphonique pour chœurs, mais avec des interventions solistes et pourvues d'un accompagnement pour l'orgue ou pour les violes ; d'autres sont destinées à des chœurs seulement comme, par exemple, l'impressionnant édifice polyphonique à 8 voix : *O clap your hands.* Son recueil *Madrigals and Motets of 5. Parts : apt for Viols and Voyces* (1612) contient le célèbre madrigal d'une simplicité émouvante *The Silver Swan,* exploitant le thème du cygne dans la musique, populaire depuis le Moyen Âge. La dernière pièce, *Trust not too much,* renferme une étonnante série de pédales harmoniques *(sweet violets).*

La participation de Gibbons aux *Cries of London,* aux côtés de Weelkes et Dering, illustre encore un autre aspect de son talent et appelle la comparaison avec *les Cris de Paris* de Cl. Janequin. Dans le

Eileen Tweedy

Madrigaux et Motets *d'Orlando **Gibbons**,*
partition pour chant avec accompagnement de viole.
(British Museum.)

domaine de la musique instrumentale, en dehors d'un grand nombre de pièces pour le clavier *(Fantasies, Pavans, Galliards),* qui témoignent des capacités techniques de l'un des plus grands virtuoses de l'époque, il a signé des œuvres pour le *consort* (notamment les violes), dont vingt-huit *Fantasies* de 2 à 6 parties (surtout à 3) et cinq *In nomine.* Neuf de ces fantaisies sont publiées en 1620.

GIGAULT *(Nicolas),* organiste et compositeur français *(Paris v. 1627* - id. *1707).* Il fut organiste à Saint-Honoré (1640), puis à Saint-Nicolas-des-Champs (1652), poste qu'il conserva jusqu'à sa mort en le cumulant avec ceux d'organiste à Saint-Martin-des-Champs, puis de l'hôpital du Saint-Esprit. Possédant chez lui un orgue et des instruments précieux, ce fut un bourgeois aisé et respectable, expert en facture d'orgues et professeur — il fut probablement, avec Roberday, l'un des maîtres de Lully. Il a laissé deux recueils de compositions. Un *Livre de musique dédié à la très Sainte Vierge...* (1683) contient des pièces convenant aussi bien à l'orgue qu'au clavecin et à divers instruments ; il présente les premiers noëls à variations de l'école française. Quant au *Livre de musique pour l'orgue* (1685), c'est, avec 184 pièces, le plus important de toute l'école d'orgue de notre pays. Il comprend trois messes, de nombreux morceaux groupés en six séries suivant les tons de l'Église, un *Te Deum* en 21 versets, suivi enfin de quatre pièces du huitième ton. Si la valeur de toutes ces pièces est inégale, Gigault n'en présenta pas moins plusieurs traits originaux et intéressants. C'est ainsi qu'il fut le premier à écrire pour son instrument en polyphonie à cinq voix ; il aimait aussi la manière de Frescobaldi ou celle de Titelouze, qu'il emprunta parfois dans son contrepoint, et il pratiquait une harmonie personnelle, émaillée de dissonances inattendues. Toutes ces pièces sont destinées à l'usage strictement liturgique, comme en témoignent l'emprunt de thèmes grégoriens et la concision de ces commentaires musicaux appelés à s'insérer dans le déroulement des offices religieux.

GIGOUT *(Eugène),* organiste et compositeur français *(Nancy 1844 - Paris 1925).* Il fit ses études à la cathédrale de Nancy, puis à Paris, à l'école Niedermeyer, où il devint l'un des élèves préférés de Saint-Saëns et l'ami de Fauré. En 1863, il fut nommé organiste titulaire de Saint-Augustin, à Paris, où il demeura jusqu'à sa mort. À l'école Niedermeyer, il enseigna l'écriture, le piano et l'orgue, puis il succéda à Guilmant à la classe d'orgue du Conservatoire (1911), classe où son élève et disciple Marcel Dupré allait plus tard lui succéder à son tour. Son œuvre de compositeur est immense et tout entière vouée à l'orgue, qu'il soit de concert ou de culte *(Cent Pièces brèves dans la tonalité du plain-chant,* 1889; *Album grégorien,* 1895; *Cent Pièces nouvelles,* 1922; quelques motets avec orgue, des pièces isolées; 2 *Rhapsodies;* 2 *Suites* et des *Poèmes mystiques).* Plus de six cents pièces sont destinées au service religieux. Son écriture châtiée respecte les règles du contrepoint classique, mais sa mélodie se renouvelle au contact du plain-chant grégorien.

GILLES *(Jean),* compositeur français *(Tarascon 1668 - Avignon 1705).* Il fait ses études musicales à la maîtrise d'Aix-en-Provence sous la direction de Guillaume Poitevin auquel il succède, en 1693, comme maître de chapelle à la cathédrale Saint-Sauveur. On le trouve à Agde (1695), puis, en 1697, à Montpellier où il dirige la musique des états généraux du Languedoc. Il s'installe ensuite à Toulouse, ayant la charge de la maîtrise de Saint-Étienne. À sa mort, il laisse une œuvre de qualité qui a conquis, depuis longtemps, tout le midi de la France. Il semble qu'il n'ait écrit que de la musique religieuse.

Le style mélodieux de Jean Gilles est ensoleillé et italianisant. C'est ce qu'on peut remarquer particulièrement dans les motets à voix seule. D'autre part, il sait aussi bien que Delalande, le grand maître du motet à grand chœur, illustrer le genre pratiqué à la chapelle royale de Versailles *(Motets à grand chœur et symphonie).* Une œuvre importante de Gilles, restée longtemps célèbre, est le *Requiem,* écrit probablement à Toulouse et publié seulement en 1764.

GILSON *(Paul),* compositeur et pédagogue belge *(Bruxelles 1865 -* id. *1942).* Élève de l'Athénée de Bruxelles, Paul Gilson termina ses études avec Gevaert avant d'obtenir le grand prix de Rome (1889). Sa brillante carrière de pédagogue, à Anvers puis à Bruxelles, a peut-être fait davantage pour sa réputation que son œuvre pourtant solide, vivante et prestigieusement orchestrée, comprenant environ 400 numéros : *la Mer* et *Variations symphoniques* (orch.), des opéras *(Princesse rayon de soleil* et *Gens de mer),* la cantate dramatique *Francesca de Rimini,* des pièces pour piano *(Suite nocturne), la Captive* (drame chorégraphique), etc.

GINASTERA *(Alberto),* compositeur et pédagogue argentin *(Buenos Aires 1916-Genève 1983).* Les références au folklore argentin ont longtemps été sa principale préoccupation, d'abord dans une écriture inspirée du franckisme (les ballets *Estancias* et *Panambi*), puis dans un style de tonalité élargie *(Sonate pour piano, Variations concertantes).* Il s'en est ensuite évadé, au moins en ce qui concerne l'écriture, allant désormais de la technique sérielle (à partir du deuxième quatuor, 1958) au total chromatique et à l'écriture « spatiale » où des clusters se superposent aux structures de base, pour évoquer un monde fantastique et hallucinant où la réalité est recréée par l'imagination (la *Cantata para América mágica,* 1960; les opéras *Don Rodrigo* [1964], *Bomarzo* [1967], et *Beatrix Cenci* [1971]; les concertos pour piano et violoncelle, etc.). Professeur au conservatoire de Buenos Aires, il est, depuis des années, le principal animateur de la vie musicale en Argentine et a formé une génération de compositeurs largement informée des techniques compositionnelles d'aujourd'hui. Parmi ses dernières œuvres, un troisième quatuor à cordes (1973), la cantate dramatique *Milena* (1973), l'opéra *Barabbas* (1976-77) d'après Ghelderode, une sonate pour violoncelle et piano (1979), *Jubilum* pour orchestre (pour le quatrième centenaire de Buenos Aires, 1980), et un deuxième concerto pour violoncelle (créé à Vienne, 1981).

GIORDANI *(Giuseppe),* compositeur italien *(Naples 1743 - Fermo 1798).* Élève du conservatoire de Naples, il composa de nombreux opéras dont *Eppomina* (Florence, 1779). Après sa nomination en 1791 au poste de maître de chapelle de la cathédrale de Fermo, il se consacra tout à la musique religieuse. Il fut souvent confondu avec Tommaso Giordani, avec lequel il semble n'avoir eu aucun lien de parenté.

GIORDANI *(Tommaso),* compositeur italien *(Naples v. 1733 - Dublin 1806).* Son père, impresario, chanteur et librettiste, s'installa avec ses enfants en Grande-Bretagne en 1753. À Londres, Tommaso donna en 1756 l'opéra *La Commediante fatta cantatrice.* On le retrouve en 1764 à Dublin, où fut représenté en 1767 *Phyllis at Court.* De 1768 à 1783, il séjourna de nouveau à Londres, paraissant notamment au King's Theatre. En 1783, il ouvrit avec le chanteur Leoni un théâtre d'opéra à Chapel Street à Dublin, mais cette entreprise échoua, et après son mariage en 1784, il se consacra surtout à l'enseignement. Il écrivit en 1789 un *Te Deum* pour la guérison du roi George III, et son dernier opéra, *The Cottage Festival,* fut représenté en 1796. On lui doit une cinquantaine d'opéras et beaucoup de musique instrumentale (sonates, concertos).

GIORDANO *(Umberto),* compositeur italien *(Foggia 1867 - Milan 1948).* Il fut, avec Mascagni et Leoncavallo, l'auteur le plus significatif du mouvement vériste (V. VÉRISME). Après de solides études accomplies à Naples, il se fit remarquer avec *Marina* (1888) et *Mala vita* (1892), devenue en 1897 *Il Voto,* puis avec *Regina Diaz* (1894), mais ne connut véritablement la gloire qu'en 1896 avec *André Chénier,* créé à la Scala de Milan, et où, tout en démarquant parfois la récente *Manon Lescaut* de Puccini, il faisait preuve d'un sens inné du théâtre, offrant en outre au ténor un rôle de grand relief. C'est au contraire pour la grande actrice et chanteuse Gemma Bellincioni qu'il écrivit en 1898 *Fedora,* d'après Sardou, œuvre qui marquait un approfondissement dans son écriture et révéla Caruso, alors jeune débutant.

C'est probablement parce qu'il tenta d'échapper à l'image de marque que lui avaient imprimée les succès d'*André Chénier* et de *Fedora* que Giordano ne retrouva plus tout à fait la même faveur avec *Siberia* (1903), *Marcella* (1907), *Mese Mariano* (1910), *Madame Sans-Gêne,* d'après Sardou (New York, 1915), *Giove a Pompei* (en collaboration avec Franchetti, 1921), ni avec *La Cena delle beffe* (1924) et *Il Re* (1929), opéras où se révèle un soin tout à fait nouveau apporté à la partie orchestrale.

GIROUST *(François),* compositeur français *(Paris 1738 - Versailles 1799).* Formé à Notre-Dame de Paris, maître de chapelle à la cathédrale d'Orléans en 1756, lauréat du Concert Spirituel pour son motet *Super flumina Babylonis* (1768), maître de chapelle des Saints-Innocents (1769), il écrivit pour le sacre de Louis XVI, à la chapelle duquel il passa en 1775, la messe *Gaudete in domino semper.* Après avoir été surintendant de la musique du roi (1782-1792), il écrivit durant la Révolution plusieurs pièces patriotiques *(Chant pour la fondation de la République).*

GIULIANI *(Mauro),* guitariste et compositeur italien *(Bisceglie, près de Bari, 1781 - Naples 1829).* Il quitta l'Italie en 1807 pour Vienne, dont il fit rapidement la conquête comme concertiste, professeur et compositeur, et où il séjourna jusqu'en 1819. Il s'installa ensuite à Naples après une tournée à travers l'Europe. On lui doit pour son instrument, traité soit en soliste, soit combiné avec d'autres musiciens (deux guitares, musique de chambre, concertos), plus de deux cents œuvres écrites sous le signe d'une brillante virtuosité.

GLASS *(Philipp),* compositeur américain *(Chicago 1937).* Il fait ses études à l'université de Chicago et à la Juilliard School. De 1964 à 1966, il séjourne en France, rencontre Ravi Shankar avec lequel il travaille pour une musique de film, et s'initie au tabla avec Alla Rakha. Il fait plusieurs séjours en Inde en 1966, 1970 et 1973. En 1968, il fonde à New York un groupe d'instruments amplifiés (claviers électroniques, vents, cordes, et plus tard voix) et crée *One plus one* (« 1 + 1 »), sa première œuvre « additive ». La création d'*Einstein on the Beach* de Bob Wilson au festival d'Avignon (1976), puis sa reprise à Paris dans le cadre du Festival d'automne lui apportent la consécration. Désirant remplir totalement un espace de sons, Glass utilise un processus basé sur la progression additive (progression arithmétique, 1 + 1, 1 + 2, 1 + 2 + 3, etc.) d'une figure répétitive donnée, qu'il inaugure donc avec *One plus one,* joué par un soliste tapant des doigts sur la table. La répétition de la figure rythmique et l'adjonction de figures mélodiques créent des séries de mouvements inattendus qui exercent une sorte de fascination sur le public. Glass considère que c'est la structure qui permet au son d'exister. En 1970, il est amené à s'intéresser à l'effet physiologique de la musique et à créer par la suite des effets psycho-acoustiques. Dans *Music in 12 Parts* (1971-1974), dont l'exécution peut durer plusieurs heures, il introduit des élongations de sons sur plusieurs mesures et des successions d'accords, procédés qui seront développés dans *Another Look at Harmony* (1974), et dans *Einstein on the Beach.* Philipp Glass représente la réactualisation de la tonalité dans un nouvel environnement.

GLAZOUNOV *(Alexandre),* compositeur russe *(Saint-Pétersbourg 1865 - Neuilly-sur-Seine 1936).* Descendant d'une des plus anciennes familles d'éditeurs russes, Glazounov s'avère un enfant précocement doué pour la musique. Sans avoir jamais fréquenté aucun conservatoire, il apprend en deux ans l'harmonie et les techniques de la composition sous la direction de Rimski-Korsakov. Il a seize ans lorsque Balakirev dirige à Saint-Pétersbourg sa première symphonie, qui lui vaut par ailleurs les encouragements de Liszt. La

Alexandre **Glazounov.**

même année (1882) voit la création de son premier quatuor à cordes. Glazounov est accueilli chaleureusement dans le cénacle de Belaiev, riche mécène et mélomane qui va devenir rapidement son plus fervent admirateur. En 1884, Belaiev crée les Concerts symphoniques russes pour faire jouer en priorité les œuvres de Glazounov, puis il fonde en 1885 les éditions Belaiev à Leipzig pour les publier. En 1887-88, Glazounov aide Rimski-Korsakov à achever *le Prince Igor* de Borodine, dont il orchestre aussi la troisième symphonie. En 1889, il participe, avec Rimski-Korsakov, aux concerts de musique russe de l'Exposition universelle à Paris, où il revient en 1907 lors des concerts organisés par Diaghilev. En 1896, il dirige ses œuvres en Angleterre, ayant reçu entre-temps la commande d'une *Marche triomphale* pour l'Exposition universelle de Chicago. Institué à la mort de Belaiev (1903) administrateur de toutes ses fondations, il en devient président en 1908. À partir de 1899, il enseigne au conservatoire de Saint-Pétersbourg, dont il devient directeur après les événements de 1905. Il restera à ce poste jusqu'en 1928, faisant preuve d'une admirable générosité envers les étudiants matériellement défavorisés. Émigré en 1928, Glazounov s'installe à Paris et effectue des tournées en Europe et aux États-Unis. Il fait la connaissance de Marcel Dupré et lui dédie sa dernière œuvre, la *Fantaisie* pour orgue. Il meurt en 1936, le jour même où un concert de ses œuvres doit être donné par l'orchestre Lamoureux. En 1972, ses cendres seront exhumées du cimetière de Neuilly et transportées à Leningrad.

La puissance créatrice de Glazounov ne se ralentit qu'à la fin de sa vie et s'exerce dans presque tous les genres. Au début de sa carrière, sous l'influence nationaliste du groupe des Cinq, il écrit des œuvres d'inspiration russe : les poèmes symphoniques *Stenka Razine* (1885), *la Mer* (1889), *le Kremlin* (1890), *le Printemps* (1891). En 1889, les Français le trouvent plus russe que Tchaïkovski. Il contribue, d'autre part, à élargir le répertoire de la musique de ballet : en 1897, *Raymonda* est créé à l'Opéra impérial de Saint-Pétersbourg dans une chorégraphie de Marius Petipa. L'année suivante, il écrit *Ruses d'amour* et *les Saisons* (création en 1900). En 1907, il orchestre pour Diaghilev la suite *Chopiniana,* qui devient en 1909 *les Sylphides,* et, en 1910, fait un arrangement orchestral du *Carnaval* de Schumann.

Glazounov est l'un des rares Russes à n'avoir pas écrit d'opéras. C'est surtout dans le domaine de la musique pure qu'il s'exprime avec une aisance remarquable : 8 symphonies, 7 quatuors, 5 concertos (pour violon, pour piano, pour violoncelle, pour saxophone). Il reçoit dix-sept fois le prix Glinka destiné à couronner les œuvres symphoniques. Les problèmes de développement de thèmes, les rythmes, l'écriture polyphonique le passionnent, et la richesse de son orchestration surpasse parfois celle de Rimski-Korsakov. Mais Glazounov est un compositeur foncièrement académique, réfractaire à toute forme d'évolution du langage musical. Cependant, chacune de ses nouvelles œuvres est accueillie comme un événement, car sa maîtrise est ressentie comme un aboutissement de la musique russe et surtout comme une fusion des styles des écoles de Saint-Pétersbourg (nationalisme) et de Moscou (occidentalisme). Par les influences (Chostakovitch, Tcherepnine, Miaskovski) ou les réactions (Prokofiev, Stravinski) qu'il provoquera, il joue un rôle important à une époque où la musique russe cherche son second souffle.

GLIÈRE *(Reinhold),* compositeur soviétique *(Kiev 1875 - Moscou 1956).* Fils d'un facteur d'instruments d'origine belge, il travaille très tôt le violon et, dès l'âge de quatorze ans, manifeste ses dispositions en écrivant un quatuor à cordes. Après avoir entrepris ses études musicales à Kiev, il entre au conservatoire de Moscou (1894-1900), où il reçoit l'enseignement de Sokolovski et Hrimaly (violon), Taneiev (contrepoint), Arenski (harmonie) et Ippolitov-Ivanov (composition). Glière fréquente aussi, vers 1900, le groupe Belaiev. À Berlin, en 1905-1907, il se familiarise avec la direction d'orchestre grâce aux conseils d'Oskar Fried. Déjà il se fait connaître comme compositeur et apparaît dans ses premières œuvres comme l'un des plus sûrs représentants de la tradition musicale russe (*cf.* ses *3 Symphonies* monumentales), malgré l'influence de Liszt et de l'école française contemporaine sur le langage de son poème symphonique, *les Sirènes* (1908). Dès ce moment aussi, il entame une carrière de pédagogue (initiant Prokofiev à l'écriture à partir de 1902) ; il est nommé professeur au conservatoire de Kiev en 1913, puis directeur en 1914 ; en 1920, il devient professeur au conservatoire de Moscou et le reste jusqu'en 1941, accueillant dans ses cours Miaskovski, Davidenko, Ivanov-Radkevitch, Knipper, Litinski, Novikov, Rakov, etc. Son enseignement oriente assurément une partie de ses compositions.

Parallèlement, il se livre à un réel travail d'ethnomusicologie et participe à l'affirmation musicale des minorités nationales soviétiques : en 1923, il écrit, en effet, le premier opéra azerbaïdjanais, *Chah-Senem,* d'après une légende du XVIe siècle, œuvre de syncrétisme musical entre le folklore azerbaïdjanais et la tradition russe (première en russe, Bakou, 1926 ; première en azerbaïdjanais, Bakou, 1934). Il a également consacré beaucoup d'efforts à l'opéra ouzbek en composant, en collaboration avec T. Sadykov, une musique de scène sur des thèmes populaires ouzbeks pour *Gul-Sara* (Tachkent, 1936), transformée plus tard (1949) en opéra, et un autre ouvrage lyrique, *Leïli et Medjnoun* (Tachkent, 1940). Tout en continuant à écrire des œuvres de musique de chambre pure, il crée le premier ballet soviétique sur le thème révolutionnaire de l'union de tous les prolétaires du monde : *le Pavot rouge* (1927). C'est l'histoire d'un navire soviétique arrivé dans un port chinois dans les années 20, des relations toutes simples qui se nouent entre les marins soviétiques et la population, des amours de la jeune Tao-Hoa et du capitaine russe, dont elle sauve la vie. Glière y introduit des danses à la mode tels le charleston ou le boston et y adapte la fameuse danse des marins de la chanson révolutionnaire *Yablochko* (« la Petite Pomme »). Il est revenu à la fin de sa vie au ballet en écrivant pour le cent cinquantième anniversaire de la naissance de Pouchkine (1949) une musique très simple, très dansante, celle du *Cavalier de bronze.* Puis, en 1951-52, il compose *Tarass Boulba* (d'après Gogol) et, en 1953, reprend son ballet, *les Comédiens,* en cherchant à le rapprocher de sa source littéraire (*Fuente Ovejuna,* le drame de Lope de Vega) : ainsi naît *la Fille de Castille,* son dernier ballet.

GLINKA *(Mikhaïl Ivanovitch),* compositeur russe *(Novospasskoïé, province de Smolensk, 1804 - Berlin 1857).* Ses premières impressions musicales furent celles de la musique religieuse et d'un orchestre de serfs que possédait sa famille. À partir de 1817, faisant ses études classiques à l'Institut pédagogique de Saint-Pétersbourg, il prit quelques leçons de piano avec Field puis avec Carl Meyer, et de violon avec Bœhm. Sa première œuvre importante, *Variations sur un thème de Mozart* pour harpe (1822), fut écrite alors qu'il n'avait pas encore de réelle forma-

***Glinka,** par Répine.*

tion de compositeur. La même année, un voyage au Caucase lui fit découvrir la musique orientale. Pendant plusieurs années, il fit de la musique en autodidacte, produisant des mélodies russes et italiennes et une sonate en 2 mouvements pour alto et piano (1826). En 1830, il partit pour un voyage de trois ans en Italie afin d'y étudier l'art du chant. Il y découvrit les opéras de Bellini, Donizetti, Rossini. En revenant d'Italie, il s'arrêta à Berlin, où, pendant cinq mois, il allait étudier le contrepoint et mettre en ordre ses connaissances musicales avec S. Dehn, qui resta son seul véritable maître.

Rentré en Russie, en 1834, il se mit à travailler à un opéra russe, *Ivan Soussanine,* sur un sujet historique proposé par le poète Joukovski et mis en livret par le baron Rosen. Le même sujet avait été traité en 1815 par l'Italien Cavos : au début du XVIIe siècle un paysan sauva le futur tsar Michel Romanov d'un attentat, grâce à un subterfuge par lequel il sacrifia sa propre vie. Pour plaire à Nicolas Ier, *Ivan Soussanine* fut intitulé *la Vie pour le tsar* et représenté à Saint-Pétersbourg le 27 novembre 1836. Il connut un immense succès auprès du public, mais provoqua la mauvaise humeur de certains critiques qui y virent « de la musique de cochers ». De 1837 à 1839, Glinka fut chef de chœur à la chapelle impériale. En 1840, il composa la musique de scène pour une tragédie de Koukolnik, *le Prince Kholmsky.* Au cours de ces années, il travailla à son second opéra *Rouslan et Ludmilla* d'après un conte en vers de Pouchkine, qui fut représenté six ans jour pour jour après le précédent, le 27 novembre 1842. Il semblait devoir bien se maintenir au répertoire, mais l'année suivante, une troupe italienne arrivée à Saint-Pétersbourg détourna l'attention des mélomanes russes. Déçu, Glinka quitta la Russie (1844) et entreprit un long voyage en France et en Espagne. Il passa la saison 1844-45 à Paris, se lia avec Berlioz et put, grâce à lui, faire exécuter plusieurs de ses œuvres lors de trois concerts en mars et avril 1845. Il était le premier Russe joué en France. Il resta ensuite deux ans en Espagne (1845-1847), y étudiant le folklore espagnol. De ce séjour devaient naître deux fantaisies pour orchestre, *la Jota aragonaise* (1845) et *Souvenir de Castille* devenue après remaniement *Une nuit d'été à Madrid* (1848-49). Les années 1847-1852 se passèrent entre Novospasskoïé, Varsovie et Saint-Pétersbourg. 1848 vit la composition de *la Kamarinskaïa,* fantaisie pour orchestre sur deux thèmes populaires russes. En 1852-1854, Glinka vécut de nouveau à Paris, mais mena une vie retirée, en raison de sa santé défaillante. Il travailla à une symphonie ukrainienne, *Tarass Boulba* d'après Gogol,

***Glinka,** par A. Lemoine.*

qu'il ne put achever et détruisit. De retour à Saint-Pétersbourg, il entreprit de rédiger ses *Mémoires* (1854-55). En avril 1856, il partit pour Berlin afin d'y travailler avec son vieux maître Dehn à l'étude des anciens modes religieux et de chercher sur cette base un nouveau style d'harmonisation des chants de l'Église russe. Mais il mourut prématurément le 15 février 1857.

Il serait inexact d'affirmer que Glinka ait été le premier à citer des chants russes dans ses œuvres ou à s'inspirer de sujets nationaux, ce qu'avaient déjà fait, à titre de divertissement, Pachkévitch, Fomine et d'autres compositeurs de la fin du XVIIIe siècle. Mais Glinka a été le premier à imprégner véritablement son langage des tournures mélodiques populaires et à donner à l'opéra russe une dimension dramatique, le transformant en « une solennité religieuse et patriotique » (Henry Mérimée). Certes, dans ses deux opéras, l'influence italienne reste sensible dans la division par numéros, la tendance à la virtuosité vocale et le peu de souci de la prosodie. Mais les chœurs et les airs d'*Ivan Soussanine* donnent toute leur dimension épique au peuple et au héros qui le représente, et nombre de scènes annoncent les opéras de Moussorgski. De son côté, *Rouslan et Ludmilla,* avec ses tableaux de l'Antiquité russe et sa féerie orientalisante, se retrouve dans les opéras-contes de Rimski-Korsakov. Dans *Rouslan,* Glinka met pour la première fois en scène un barde russe chantant une cantilène allégorique, de même qu'il est le premier à utiliser des mélodies et des rythmes orientaux (chœur persan, lezghinka, marche de Tchernomor). L'orientalisme, qui s'est déjà fait sentir dans *le Prince Kholmsky,* se retrouve dans les fantaisies espagnoles. À la base de l'école symphonique russe, *la Kamarinskaïa* établit le principe de la paraphrase et de la variation instrumentale des thèmes, opposé au développement de la symphonie germanique.

L'orchestration de Glinka révèle un sens des coloris sonores et des nuances qui lui valut l'éloge de Berlioz lui-même. Ses hardiesses harmoniques sont souvent remarquables (gamme par tons dans *Rouslan*). Les nombreuses mélodies de Glinka, notamment le cycle *Adieu à Saint-Pétersbourg* (1840), laissent ressentir les influences de l'aria italienne, de la romance française, mais aussi de la chanson russe et de la ballade romantique. Ses pièces et

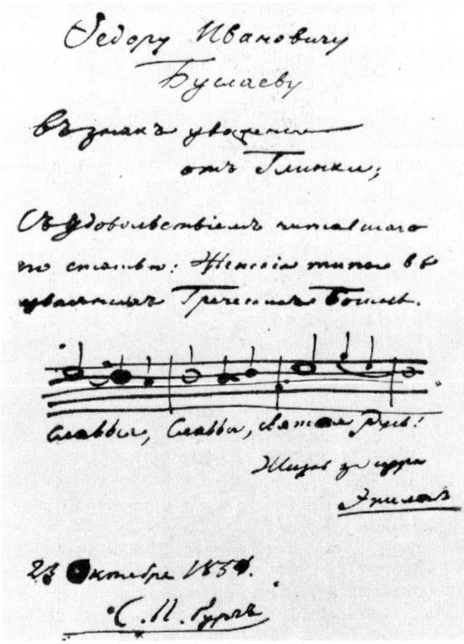
Федору Ивановичу
Буслаеву
в знак уважения
от Глинки;
Славься, славься, святая Русь!

Lettre de **Glinka** *à Bouslaer, datée de 1854. La phrase musicale « Gloire, gloire à la Sainte Russie » est tirée de son opéra* Ivan Soussanine.

cycles de variations pour piano relèvent de la musique de salon et présentent moins d'intérêt.

GLOBOKAR *(Vinko),* compositeur et instrumentiste yougoslave *(Anderny, Meurthe-et-Moselle, 1934).* Après plusieurs années passées en France, il se rend en Yougoslavie avec ses parents (1947) et poursuit ses études scolaires et musicales à Ljubljana. Dès 1955, il rentre en France. Inscrit au Conservatoire national supérieur de musique de Paris, en classe de trombone, il remporte le premier prix en 1959. Il complète sa formation d'instrumentiste en suivant des cours de composition et de direction d'orchestre avec René Leibowitz.

Depuis 1968, il assume une carrière d'enseignant (professeur de trombone à la Staatliche Hochschule für Musik de Cologne et de composition aux Kölner Kurse für Neue Musik), d'instrumentiste et de compositeur. En 1969, Globokar fonde le New Phonic Art Ensemble avec Carlos Roque-Alsina, Jean-Claude Drouet et Michel Portal. Cet ensemble, constitué de solistes virtuoses, a pour vocation la promotion de nouvelles formes musicales et de techniques de jeu telle l'improvisation.

Vinko Globokar fait partie de cette nouvelle génération de musiciens pour qui la pratique musicale correspond à une activité globale, le travail de composition étant indissociable de celui d'interprète. Sa formation de virtuose lui permet d'aborder la composition d'une manière spécifique, d'introduire dans son projet compositionnel une attention particulière à l'instrument, mais aussi à l'instrumentiste, aux rapports intimes qui naissent entre eux.

Mais, si Vinko Globokar n'a pas écrit de théâtre musical à la manière de Mauricio Kagel, de Dieter Schnebel ou de Michel Puig, il a pourtant été de ceux qui ont permis, par leur démarche, d'envisager les implications visuelles et gestuelles de l'instrument dans sa relation à l'espace. La virtuosité instrumentale, toujours présente dans ses œuvres, n'est pas simplement une habileté mécanique : il s'agit bien pour lui de laisser transparaître sous le jeu instrumental sa propre sensibilité tactile ainsi que de multiplier les voies d'approche du corps instrumental. Aussi son répertoire est-il particulièrement riche et varié. Plusieurs de ses œuvres posent les rapports entre interprètes comme des entrecroisements de données, non seulement musicales mais psychosociales; c'est, par exemple, le cas de *Traumdeutung* (1967), psychodrame pour 4 chœurs sur le texte d'Edoardo Sanguinetti, ou de *Drama* (1971), qui concrétise une sorte de psychodrame entre un pianiste et un percussionniste. La situation engendrée par les rapports qui peuvent s'instaurer entre le soliste et l'ensemble des instrumentistes est particulièrement exploitée dans *Ausstrahlungen* (1972), pour soliste et 20 musiciens ; pour Globokar, en effet, rien de cet ensemble de composantes que constitue le jeu musical ne doit être écarté. L'orchestre étant, au fond, une microsociété régie par des règles et des codes, les fonctions professionnelles qui s'établissent nécessairement entre ses citoyens doivent entrer dans le jeu au même titre que les éléments purement musicaux (par exemple, dans *Concerto grosso* [1969-70] pour 5 solistes instrumentaux, chœurs et orchestre). On lui doit encore, entre autres, *Monolith* pour flûte (1976), *Un jour comme un autre,* œuvre de théâtre musical créée à Avignon en 1979, *Miserere* pour voix et orchestre (1982), et *Réalités* pour film, diapositive, bande-son et 5 chanteurs (1983).

Pour Vinko Globokar comme pour toute une tendance actuelle de la jeune musique, l'instrument est considéré comme un potentiel acoustique à explorer par-delà les conventions et hiérarchies de valeurs. Les difficultés qui surgissent dans les partitions ne peuvent plus être considérées comme insurmontables. Au contraire, même, la virtuosité doit se donner comme un élément intégrant de la composition elle-même.

Aussi Globokar a-t-il été investi jusqu'en 1980, au sein de l'I. R. C. A. M., de la responsabilité du département chargé de l'exploration des nouvelles ressources instrumentales et vocales en collaboration avec des acousticiens et des physiologues. À ces problèmes se sont ajoutés ceux de l'étude de la notation et de la codification des nouvelles partitions, de la lutherie et de ses prolongements électroacoustiques, et aussi des diverses formes de la tradition orale.

GLUCK *(Christoph Willibald),* compositeur autrichien *(Erasbach 1714 - Vienne 1787).* Le père de Gluck était garde forestier, ce qui était alors une condition assez élevée : Kuno, le père d'Agathe dans le *Freischütz* de Weber, occupait la même fonction et avait droit aux égards de la communauté paysanne. C'est sans doute grâce au patron de son père, un prince Lobkowitz, que Gluck séjourna successivement à Prague, à Vienne et à Milan. Mis à part des sonates en trio, quatre ballets et quelques œuvres de musique vocale, Gluck se consacra essentiellement à la composition d'opéras. Ses vingt et un premiers opéras, tous en langue italienne, furent représentés dans les plus grands théâtres d'Europe, de Naples à Londres et Copenhague. À partir de 1754 environ, Gluck devint directeur musical du Burgtheater de Vienne, et se mit à composer des opéras-comiques en français, outre sa production régulière d'opéras italiens. Le tournant de sa carrière fut sa rencontre avec l'écrivain italien Calzabigi, dont la

Lauros-Giraudon

*Buste de **Gluck**, par François Martin.*

collaboration amena Gluck à dépasser les cadres de l'opéra traditionnel : avec *Orfeo* (Vienne, 1762) commençait ce que Gluck lui-même appela sa « réforme de l'opéra ».

La clef la plus précieuse de cette « réforme » nous est sans doute fournie par la nomenclature des genres d'opéra au XVIIIe siècle, dont Gluck réutilisa les différents éléments dans une synthèse profondément originale. Il est significatif, par exemple, que l'*Orfeo* se situe dans une tradition qui remonte aux débuts de l'histoire de l'opéra, celle de l'*azione teatrale* (encore appelée *festa teatrale*). Il s'agissait là d'une forme réservée à des occasions spécifiques (divertissements princiers), mais qui présentait pour Gluck des avantages considérables : les sujets mis en scène étaient de nature mythologique et exigeaient la mise en œuvre d'un éventail de moyens expressifs plus large que dans le *dramma per musica,* à savoir une orchestration variée, de nombreux morceaux choraux et de grands récitatifs accompagnés. Mais à ces composantes de base Gluck ajoute des procédés venus d'un horizon opposé, celui de l'opéra français. Ainsi, le premier tableau garde l'aura poétique de la pastorale italienne, tout en suivant des principes de construction analogues à ceux d'une scène de Rameau. De même, la structure de l'air à da capo est écartée, à une exception près *(Che fiero momento),* au profit de formes plus rares mais plus souples, dérivées de l'opéra-comique, tels l'air strophique *(Chiamo il mio ben così),* le rondeau *(Che farò),* ou le vaudeville final.

Ces recherches formelles prouvent bien que la réforme gluckiste ne s'est pas manifestée par une réduction de la part relative de la musique en regard du texte. À l'éparpillement d'arias stéréotypées a fait place une construction en longues scènes fortement structurées, permettant d'intensifier la tension dramatique sur une bien plus grande échelle. Mais il est tout aussi indéniable que cette volonté délibérée de rompre avec les conventions de l'opera seria passe par une nouvelle conception du livret. On verra Wagner suivre un cheminement semblable lorsqu'il arrivera, avec *le Vaisseau fantôme,* à sa propre définition

*Frontispice d'*Orfeo*, de **Gluck**.*
(Bibliothèque de l'Opéra, Paris.)

Larousse

du « drame musical ». Tournant le dos aux intrigues de palais qui formaient la trame des opéras métastasiens, Calzabigi reprend le mythe d'Orphée dans toute sa nudité primitive, sans la moindre péripétie secondaire qui vienne en entraver le déroulement. Il tranchait ainsi le nœud gordien de la complexité dramatique et permettait du même coup au musicien de concentrer ses moyens expressifs autour d'un but unique : exprimer dans toute sa force la douleur d'Orphée et sa détermination d'arracher Eurydice à la mort. Cette austérité draconienne sur le plan de l'intrigue laissera, certes, la place à une plus grande diversité de personnages dans les opéras que Gluck écrivit par la suite, mais constitue bien le point de départ de sa réforme.

L'apport d'*Alceste* (1767) aux expériences commencées dans *Orfeo* dépasse de loin l'idée que peut en donner sa préface, célèbre manifeste rédigé par Calzabigi. Le hiératisme néoclassique de son architecture, qui repose en grande partie sur des « piliers » choraux, s'accompagne d'une recherche plus poussée encore de la complexité psychologique : dans la ligne de *Che farò,* l'air d'Alceste *Io non chiedo,* où se succèdent cinq tempos différents, suit toutes les émotions du texte avec une diversité de moyens qui le situe encore plus loin du monolithisme inhérent au cadre du da capo. Sans précédent également dans l'opera seria est le souci de la continuité dramatique, qui se traduit tantôt par des transitions d'un mouvement à l'autre, tantôt par l'intervention de plusieurs personnages différents (pouvant exprimer des sentiments parfois contradictoires) au sein d'un même morceau. D'autres opéras composés à Vienne à la même époque, *Telemaco* (1765) et *Paride ed Elena* (1770), témoignent également d'une grande inventivité, sans atteindre au grandiose d'*Alceste.*

Les années qui suivirent *Paride* furent consacrées à la composition d'*Iphigénie en Aulide,* en vue d'une représentation à Paris (1774). Il est probable que Gluck ait voulu y trouver une consécration internationale, sans se douter que l'esprit partisan du milieu littéraire français et les traditions pesantes de l'Académie royale de musique lui compliqueraient beaucoup la tâche. Mais il faut surtout voir dans ce changement de terrain le désir d'explorer plus avant les possibilités musicales et dramatiques inhérentes à la tragédie lyrique. C'était certes là un genre en sommeil depuis le *Zoroastre* de Rameau (1749), mais Gluck devait lui insuffler une vie nouvelle, qui donna lieu à un net regain d'activité dans les années qui précédèrent la Révolution. *Iphigénie en Aulide* est, à certains égards, l'opéra le plus novateur que Gluck ait écrit. La richesse dialectique des tirades raciniennes trouve pour la première fois son équivalent musical dans quatre gigantesques monologues, confiés à Agamemnon et à Clytemnestre : les variations de tempo, la finesse de la déclamation, l'intensité de l'accompagnement orchestral en font les sommets de l'œuvre. Le chœur, dont le rôle dans *Alceste* était resté dans une large mesure d'ordre décoratif et structurel, prend ici toute sa dimension scénique : l'écriture antiphonique est maintenant utilisée à des fins réalistes pour rendre l'affrontement des partisans de Calchas et des défenseurs d'Iphigénie. À l'extrême opposé, les récitatifs les moins dramatiques, ou certains airs en demi-teinte, n'échappent pas à une relative banalité. Le génie propre de Gluck le portait davantage aux grandes constructions musicales, centrées sur les points forts de l'action. *Armide* (1777), composée sur un ancien livret de Quinault, souffre d'un texte disparate et encombré de divertissements chorégraphiques, et trahit l'impasse où risquait de mener une conformité trop grande aux schémas de la tragédie lyrique.

Le dernier « drame-opéra » de Gluck, *Iphigénie en Tauride* (1779), témoigne chez le compositeur et son librettiste d'une conscience aiguë de ces problèmes. Si les airs courts n'en ont pas disparu, leur style plus nettement mélodique leur confère davantage d'individualité et de force. Mais la grande originalité de cette œuvre réside surtout dans la longueur de certains de ses airs, qui réintroduisent des épanchements lyriques tels qu'on n'en trouvait encore que dans l'opéra italien. La volonté de synthèse est analogue à celle d'*Orfeo* et d'*Alceste,* mais en sens inverse cette fois-ci. Le point culminant de l'acte II, et de l'opéra tout entier, avec *Ô malheureuse Iphigénie,* intervient au milieu d'une succession de solos, de récitatifs et de chœurs typique de l'opéra français. La grande lamentation d'Iphigénie prend ainsi tout son relief, portée par la dynamique propre à la tragédie lyrique, mais s'en détachant nettement par ses dimensions et par l'am-

Ziolo

Gluck au clavecin. *Tableau de Duplessis, peint à Paris, en 1775. Kunsthistorisches Museum, Vienne. Coll. A. Meyer.*

pleur italienne de son envolée mélodique.

Le premier morceau d'*Iphigénie en Tauride* constitue lui aussi un ultime pas en avant, dans un domaine dont l'importance apparaissait déjà clairement dans la préface d'*Alceste* : « J'ai imaginé que l'ouverture devait prévenir les spectateurs sur le caractère de l'action qu'on allait mettre sous leurs yeux, et leur en indiquer le sujet. » L'ouverture d'*Iphigénie en Aulide,* dont Wagner a donné une pénétrante analyse, présentait déjà l'originalité de se poursuivre sans interruption dans le premier monologue d'Agamemnon, dont elle partage également le thème principal. La scène de tempête sur laquelle débute *Iphigénie en Tauride* produit un effet plus frappant encore, tant par sa signification psychologique que par la hardiesse de ses procédés musicaux. La tourmente qui amène Oreste et Pylade sur « les bords cruels et sinistres » de la Scythie symbolise l'état d'âme de l'héroïne, en qui un songe est venu encore aviver l'angoisse de l'exil. L'entrée d'Iphigénie, au plus fort du déchaînement de l'orchestre, se fait dans le ton du relatif mineur, et non dans la tonalité principale, qui ne sera plus jamais explicitement rétablie ; après un repos sur la dominante, un récitatif très modulant vient prendre le relais, et les solos, récitatifs et chœurs s'enchaînent ainsi dans tout le premier acte sans la moindre césure.

L'extension de la continuité musicale

Erich Lessing-Magnum

*Représentation d'*Il Parnasso confuso*, opéra de* **Gluck,** *à Schönbrunn en 1765. Peinture de Franz Grupel, Kunsthistorisches Museum, Vienne.*

sur plusieurs morceaux est sans doute l'apport majeur de Gluck à l'évolution de l'opéra. Il reste difficile d'évaluer la postérité de son œuvre, dans la mesure où les transformations que subit le genre au tournant du XIXe siècle ne peuvent s'expliquer que par des déterminations très complexes ; mais il suffit de lire les écrits de Berlioz et de Wagner pour se convaincre de l'importance que revêtait à leurs yeux ce novateur passionné, dont la musique portait en elle tous les traits contradictoires d'un style en pleine mutation. Si l'œuvre de Gluck nous apparaît aujourd'hui sous un jour différent — on en retient surtout la grandeur néoclassique — c'est souvent qu'elle ne trouve pas d'interprètes suffisamment engagés pour en exprimer toute la force. Mais Gluck souffre plus encore de la date de ses plus grandes œuvres, qui fait presque de lui un contemporain de Mozart, alors qu'il était de quarante-deux ans son aîné et que le relatif immobilisme de son écriture harmonique le rattache nettement à l'époque précédente. Les deux années qui séparent *Iphigénie en Tauride* (1779) d'*Idomeneo* (1781) rendent mal compte de la rupture radicale intervenue entre les deux œuvres, au-delà de leurs ressemblances apparentes : chez Gluck, une architecture monumentale, où l'intensité expressive reste toujours subordonnée à l'action ; chez Mozart, un foisonnement de formes nouvelles, sous-tendues par le dynamisme du langage musical classique.

GODARD *(Benjamin),* violoniste et compositeur français *(Paris 1849-Cannes 1895).* Il travailla le violon avec Richard Hammer, puis entra au Conservatoire de Paris dans les classes de Vieuxtemps (violon) et de Reber (composition). Il concourut vainement pour le prix de Rome. Il joua, comme violoniste ou altiste, dans différents ensembles de musique de chambre. Compositeur, il écrivit de nombreuses pages pour violon, pour piano *(24 Études),* des mélodies, des œuvres symphoniques (*Symphonie orientale,* 1884 ; *Symphonie gothique,* 1883 ; *Symphonie légendaire,* 1886), et huit opéras qui ne s'imposèrent guère sauf le dernier, *la Vivandière,* dont l'orchestration fut terminée par Paul Vidal. Musicien distingué, toujours satisfait de lui-même, mais ne s'attardant guère à parachever ses compositions, il fut cependant assez populaire de son temps. Son ouvrage le plus célèbre est *Jocelyn* (1888).

Reutlinger

Benjamin ***Godard.***

GOEHR 1. Walter, compositeur et chef d'orchestre allemand — *(Berlin 1903-Sheffield 1960).* À partir de 1933, il vécut en Grande-Bretagne. Élève de Schönberg, il composa en 1930 un opéra radiophonique, *Malpopita.* Il partagea ses activités entre la BBC et le disque. — 2. **Alexander,** compositeur anglais *(Berlin 1932).* Fils du précédent, il fut l'élève de Richard Hall, puis fit un séjour à Paris où il étudia auprès de Messiaen et d'Y. Loriod. Il regagna l'Angleterre en 1956. De 1960 à 1968, il travailla à la BBC, puis, en 1968, fit un voyage à Tokyo. En 1967, il constitua, pour le festival de Brighton, le Music Theatre Ensemble. L'université de Yale (États-Unis) lui confia une charge de professeur assistant. Depuis 1976, il enseigne à Cambridge. Ses œuvres font volontiers appel aux techniques sérielles. Il a composé de la musique instrumentale dont un *Quatuor à cordes* (1967), une *Sonate* pour piano (1951-52), des œuvres pour orchestre dont la *Little Symphony* (1963) et des concertos (violon, 1961-62 ; piano, 1971-72), de la musique vocale (*Four Songs from the Japanese,* 1959) et, pour le théâtre, un ballet *(la Belle Dame sans Mercy)* créé à Édimbourg en 1958, et l'opéra *Arden must die* (Hambourg, 1967). Citons encore l'oratorio *Babylon the Great is fallen* (Londres, 1979).

GOEYVAERTS *(Karel),* compositeur belge *(Anvers 1923).* Il a fait ses études dans sa ville natale (1942-1947), puis à Paris avec Milhaud, Messiaen et Leibowitz (1947-1950), et s'est affirmé comme le principal représentant flamand de l'avant-garde sérielle des alentours de 1950. *Opus 3 aux sons frappés et frottés* (1952) est un compromis original entre musique traditionnelle et musique concrète, la *Sonate pour 2 pianos* (1951) anticipe le « sérialisme intégral » des *Structures I* de Boulez, et *Composition n° 6 aux 180 objets sonores* (1954) témoigne de sa découverte de l'univers électroacoustique. Son influence a été grande sur Stockhausen en ses débuts. Plus tard, il est revenu à des moyens d'expression plus traditionnels et a abordé les grandes formes avec *Diaphonie* pour grand orchestre (1957), la *Passion selon saint Jean* (1959), la *Messe à la mémoire de Jean XXIII* (1968), pour chœur et 10 instruments à vent. Il a enseigné, de 1953 à

1959, au Studio de musique électronique de Cologne, et est professeur à l'Académie musicale d'Anvers, ainsi que producteur au studio de l'Institut de Psychoacoustique et de Musique Électronique de Gand.

GOLABEK *(Jakub),* compositeur polonais *(Silésie 1739 - Cracovie 1789).* Il travailla à Cracovie au plus tard à partir de 1766, d'abord au collège de musique des jésuites, puis (v. 1774) à la cathédrale ainsi qu'à l'école de musique de Waclav Sierakowski. On lui doit des œuvres religieuses et quelques symphonies bien écrites et faisant un usage intéressant des instruments à vent.

GOLDBERG *(Johann Gottlieb),* compositeur et claveciniste allemand *(Dantzig 1727 - Dresde 1756).* Emmené à Dresde vers l'âge de dix ans par le comte de Keyserlingk, ambassadeur de Russie en Saxe, il y bénéficia peut-être de l'enseignement de Wilhelm Friedemann Bach. Il n'est pas prouvé non plus qu'il ait été élève de Jean-Sébastien Bach à Leipzig. Les relations entre ce dernier et Keyserlingk, protecteur de Goldberg, ne font, en revanche, pas le moindre doute, mais on ne saura probablement jamais le dernier mot sur la genèse de l'œuvre connue actuellement sous le nom de *Variations Goldberg.* Très apprécié en son temps comme virtuose du clavecin, Goldberg devint en 1751 musicien de chambre du comte Brühl. Sa renommée de compositeur fut moins grande. On lui doit, notamment, deux cantates et un motet, des sonates en trio, des préludes et fugues, et, pour le clavecin, vingt-quatre polonaises dans toutes les tonalités ainsi que deux concertos (*mi* bémol majeur et *ré* mineur) dans l'esprit de ceux de Carl Philipp Emanuel Bach.

GOLDMARK *(Karoly),* compositeur hongrois *(Keszthely 1830 - Vienne 1915).* Fils du chantre de la communauté israélite de Keszthely, il eut une jeunesse difficile, changea fréquemment de résidence, apprit à lire seul, commença le violon à onze ans à Sopron, poursuivit ses études à Vienne, et fut ensuite violoniste du rang dans les orchestres des opéras de Sopron, Györ, Buda et Vienne. Installé à Vienne en 1859, il y apprit le piano en autodidacte, se lia avec la famille Bettelheim, qui devait le soutenir jusqu'à sa mort, et fit sensation en 1860 avec son *Quatuor à cordes* op. 8. La célébrité lui vint avec son ouverture *Sakuntala* op. 13 (1865) et surtout avec son premier opéra, *la Reine de Saba* (1875). Bien que vivant à Vienne, Karoly (Karl) Goldmark resta en contact étroit avec sa patrie, venant, par exemple, diriger la première de son poème symphonique *Zrinyi* (« Thèmes hongrois ») à Budapest, pour le cinquantenaire de la société philharmonique de cette ville en 1903. Mais les côtés « hongrois » de ses œuvres relèvent essentiellement de la couleur locale. Professeur, il eut notamment comme élève Jean Sibelius. Critique, il se montra toujours un ardent défenseur de Wagner. Parmi ses ouvrages demeurés au répertoire : un concerto pour violon en *la* mineur, op. 28 (1877), et surtout le poème symphonique op. 26 *Die lañdliche Hochzeit* (« Noces villageoises », 1876).

GOLESTAN *(Stan),* compositeur et critique roumain *(Vaslui 1875 - Paris 1956).* Élève de Dukas ainsi que de d'Indy et de Roussel à la Schola (1895-1903), il fut pendant vingt ans critique au *Figaro,* et enseigna la composition à l'École normale de musique. Dans un style fondé largement sur le folklore roumain, réel ou recréé, il a écrit notamment une *Rhapsodie roumaine* (1920), un *Concerto roumain* pour violon et orchestre (1933), *Concertul carpatic* pour piano et orchestre (1940), de la musique de chambre et le recueil vocal *Doines et chansons* (1922), dans la préface duquel il a exposé l'essentiel de ses idées.

GOMBERT *(Nicolas),* compositeur franco-flamand *(? v. 1500 - ? v. 1556).* Il fut chantre (1526) et surtout maître des enfants de chœur (1529) de la chapelle de Charles Quint, qu'il accompagna au cours de ses voyages (Espagne, Autriche, Italie, Allemagne). Nommé en 1534 chanoine de Tournai, Gombert semble y avoir passé la fin de sa vie. Même si la chanson tient une place non négligeable dans son œuvre (œuvres complètes en cours de publication par l'American Institute of Musicology, sous la dir. de J. Schmidt-Görg, 1951-1975), il est évident qu'il ne s'est pas laissé séduire par le style parisien, même lorsqu'il reprend les thèmes de Janequin *(Chant des oiseaux* ou *la Chasse).* Bien que contemporain de Sermisy ou de Janequin, il préfère utiliser dans ses pages profanes les principes de l'imitation parfois très poussée en usage dans les œuvres religieuses (*cf. En l'ombre d'un buissonnet* et *Qui ne l'aimerait,* basés qui sur un triple canon, qui sur un quadruple). Élève, à en croire Heinrich Finck (*Pratica Musica,* 1556), de Josquin à qui il devrait son solide métier (il composa un motet *Musae Jovis,* « muses de Jupiter », à 6 voix sur sa mort), Gombert fait partie du cercle des musiciens liés à Charles Quint, qui, par suite des circonstances politiques, privilégient les pages d'inspiration religieuse (6 messes, 8 magnificat, 160 motets), bien éloignées du style et de la pensée de Josquin. Mais, à cette manière significative d'un milieu et d'une époque (*cf. Salvator mundi* à 6 voix et *Regina coeli laetare* à 12 voix), il oppose le plus souvent la recherche d'une forme et d'une interprétation juste du texte, renonçant aux répétitions injustifiées pour une simple déclamation *(Surge, Petre* à 5 voix ou *Venite ad me omnes).* Par là même, il a joué un rôle dans l'établissement du style nouveau.

GORECKI *(Henrik Mikolaj),* compositeur polonais *(Czernica, Haute-Silésie, 1933).* Élève, pour la composition, de Boleslav Szabelski à Katowice, il témoigna dans ses premières œuvres, comme *Chants sur la joie et le rythme* pour deux pianos et orchestre (1956-1959) ou la *Sonate* pour deux violons (1957), de l'influence qu'avait exercée sur lui l'école de Vienne. Il évolua ensuite progressivement vers une épuration et une simplification du langage, s'attachant surtout à l'exploitation des timbres : ainsi dans *Scontri* pour grand orchestre (1960). Comme Penderecki, il se détacha du pointillisme, ceci en faveur de schémas clairs obtenus en particulier par des agrégats de blocs sonores aux effets contrastés, comme par exemple dans sa *2e Symphonie* pour soprano, baryton, chœur mixte et grand orchestre pour le cinquième centenaire de Copernic (1972), ou dans la *3e,* dite *Symphonie de complaintes,* pour soprano et orchestre, composée en 1976 et créée à Royan en 1977. Il a écrit depuis un *Beatus Vir* pour baryton, chœur et orchestre (1979), et un *Concerto pour clavecin et cordes* (1980).

GORLI *(Sandro),* compositeur italien *(Côme 1948).* Après des études musicales dans sa ville natale, il obtint en 1968 un diplôme de piano au conservatoire Giuseppe-Verdi de Milan, et étudia, à partir de 1968, la composition avec Bruno Bertinelli à Milan. La rencontre de Franco Donatoni aux cours d'été de Sienne en 1970 et le travail de composition effectué sous sa direction à Milan et à Sienne furent pour lui d'une importance capitale. Particulièrement intéressé par la direction d'orchestre, il a suivi les cours de Caracciolo et de Gusella ainsi que ceux de Swarowsky à Ossiach et à Vienne. Parallèlement à ses études musicales, Gorli a poursuivi des études d'architecture à l'École polytechnique de Milan. Depuis 1974, il enseigne la composition au conservatoire de Milan. Ses œuvres, exclusivement instrumentales, élaborent un style personnel directement issu des recherches postsérielles. Citons *Derivazioni* pour quatuor à cordes (1970), *Viveka* pour trois groupes d'instruments (1971-72), *Me-Ti* pour orchestre (1973), *Konzert « Gollum »* pour treize instruments (1973-74), *Serenata* pour neuf instruments à cordes et clavecin *ad libitum* (1974), *Chimera la luce* pour grand orchestre à cordes, neuf vents, piano solo, chœur mixte et sextuor vocal (1975-76), *Floraison blême* pour piano et orchestre (1977), *On a Delphic Reed* pour hautbois et 17 instruments (1978), *The silent stream* pour violoncelle et orchestre (1980) et *Il bambino perduto* pour orchestre (1982).

GOSSEC *(François Joseph Gossé,* dit), compositeur français *(Vergnies, Hainaut, 1734 - Passy 1829).* Fils de fermier, il commença à étudier la musique à la maîtrise de l'église de Walcourt, puis se perfectionna à celle de la cathédrale d'Anvers. En 1751, il se rendit à Paris où Rameau, auquel il avait été recommandé, le fit entrer comme chef d'orchestre chez le fermier général La Pouplinière. Son premier grand succès fut sa *Messe des morts* (1760), dont l'orchestration du Cuba mirum est étonnante pour l'époque et annonce Lesueur et même Berlioz. À la mort de La Pouplinière (1762), Gossec devint pour huit ans maître de chapelle chez le prince de Condé, pour qui il signa son premier opéra, *le Périgourdin,* représenté à Chantilly. En 1766, il fut également engagé par le prince de Conti, tandis que la Comédie-Italienne donnait régulièrement ses opéras-comiques : *le Faux Lord* (1765), *le Tonnelier* (1765), *Toinon et Toinette* (1767). Ce fut également un des créateurs de la sym-

Gossec.

phonie en France. Il en composa vingt-quatre de 1756 à 1762 environ. En 1769, pour concurrencer le Concert spirituel, où étaient surtout données des œuvres vocales, il fonda le Concert des amateurs, à la tête duquel il devait rester jusqu'en 1773. Il composa pour cet ensemble de nouvelles symphonies, dont celle intitulée *la Chasse,* et, en 1773, dans le cadre de cette institution, il fut le premier à diriger en France une symphonie de Haydn. La même année, il prit avec Gaviniès et Simon Leduc la direction du Concert spirituel, mais, en 1777, des intrigues de cour l'obligèrent à céder le poste à un chanteur de l'Opéra, Legros. En 1780, il fut nommé sous-directeur de l'Académie royale de musique, et, de 1782 à 1785, membre du Comité directorial de l'Opéra. En 1784, le baron de Breteuil lui confia la direction de l'École royale de chant et de déclamation, qu'il venait de fonder, et qui devait devenir, en 1795, le Conservatoire national. De cet établissement, Gossec fut un des fondateurs, et il en devint inspecteur avec Méhul, Cherubini et Lesueur. Républicain convaincu, il dirigea la musique de la garde nationale et composa pour diverses cérémonies officielles de la Révolution de nombreuses œuvres de circonstance *(Marche lugubre),* des hymnes *(À l'Être suprême, À la Liberté, À la Nature),* des cantates, des pièces patriotiques *(le Triomphe de la République).* Napoléon ne lui en tint pas rigueur, et le nomma, en 1799, membre de la Commission d'examen de l'Opéra. Il le chargea aussi d'écrire de nouvelles cantates à la gloire de l'Empire. Gossec fut un des premiers promus dans l'ordre de la Légion d'honneur.

Ses œuvres lyriques, chorégraphiques, religieuses ou patriotiques connurent souvent le succès lors de leur apparition, mais aucune ne devait s'imposer par la suite. Toutefois l'esprit révolutionnaire et religieux de Gossec a certainement exercé une influence sur Beethoven. Son nom reste attaché à la fondation du Conservatoire, pour les élèves duquel il écrivit quelques leçons de solfège, des *Principes de la musique* en 2 volumes (1799 et 1802) et une *Méthode de chant* (1803). Il composa encore, en 1809, une grande symphonie en *fa* « à dix-sept parties » — page étonnante où, à la forme mise au point par Haydn et Beethoven, se mêlent de nets échos des musiques de la Révolution —, puis cessa toute activité à partir de 1815 et se retira à Passy.

GOSSENS *(Eugène),* compositeur et chef d'orchestre anglais *(Londres 1893-Hillingdon 1962).* Né dans une famille de musiciens, il commença ses études au conservatoire de Bruges et les poursuivit au Royal College of Music, de 1907 à 1912, où il fut élève de Rivarde (violon) et de Stanford (composition). Violoniste, puis chef assistant du Queen's Hall Orchestra, il dirigea en 1922 l'orchestre de Covent Garden. De 1923 à 1931, il fut le chef du Rochester Philharmonic aux États-Unis, puis, de 1931 à 1946, du Cincinnati Symphony Orchestra. Il se rendit ensuite en Australie, où il fut à la tête du Sydney Symphony Orchestra (1947-1956). De 1947 à 1956, il fut directeur du New South Wales Conservatory. Il a laissé une œuvre abondante et variée (musique de chambre, musique instrumentale, œuvres pour orchestre), en particulier un oratorio, *Apocalypse* (1951-1953), et deux opéras, *Judith* (Londres, 1929) et *Don Juan de Mañara* (Londres, 1937).

GOTTSCHALK *(Louis Moreau),* pianiste et compositeur américain d'origine française *(La Nouvelle-Orléans 1829-Tijuca, Brésil, 1869).* Fixé en France pendant dix ans (1842-1852), il y fut l'élève de Stamaty et commença sa carrière de pianiste vers 1845. De retour aux États-Unis, il continua ses concerts en interprétant ses propres compositions, morceaux de genre, brillants et d'un sentimentalisme bien romantique, les premiers qui se soient inspirés de la musique indigène (rythmes noirs et créoles, mélodies folkloriques). Son succès fut très grand et même en France, au début de sa carrière. Il fut le maître de Teresa Carreño. Parmi ses nombreux titres : *la Savane* (ballade créole), *le Mancenillier* (id.), *Bamboula* (danse nègre), *le Bananier* (chanson nègre).

GOUDIMEL *(Claude),* compositeur français *(Besançon v. 1520 - Lyon 1572).* On ne sait rien sur sa jeunesse ni sur sa formation. En 1549, il est étudiant à Paris où l'éditeur de ses premières chansons, N. Du Chemin, l'engage bientôt comme correcteur (1551), puis le prend comme associé (1552-1555). Goudimel exerce sur les choix de cette maison d'éditions une influence considérable qui reflète ses rapports personnels avec le cercle humaniste de Jean de Brinon, dans lequel il fréquente Ronsard. Plus tard, il se met en relation avec le poète humaniste allemand Paul Schedius, dit Melissus. Goudimel semble d'ailleurs avoir été la cheville ouvrière du supplément musical des *Amours* de Ronsard (1552), auquel participent également Janequin, Certon et Muret ; il y met en musique l'*Ode à Michel de l'Hospital,* l'*Hymne sur la mort de Marguerite de Valois* et le sonnet *Quand j'aperçois ton beau chef jaunissant.* À partir de 1557, il vit à Metz, protégé par le maréchal de Vielleville, et se consacre presque exclusivement à la mise en musique du Psautier huguenot. Ayant quitté Metz pour Lyon, il y meurt victime de la Saint-Barthélemy.

Avant de devenir ce musicien protestant intransigeant qu'on connaît, Goudimel a publié des chansons profanes (une soixantaine) ou spirituelles (19, sur des textes de Muret, perdues) et un recueil d'*Odes d'Horace* (disparu). Certaines gaucheries que l'on peut constater dans son écriture semblent naître du souci excessif d'expressivité à toutes les voix, et ce, à une époque où l'influence italienne ne s'est

Page de titre du Sixième Livre des Psaumes de David, *de Claude* **Goudimel,** *Paris, Adrian Le Roy et Robert Ballard, 1565. Bibl. Sainte-Geneviève.*

pas encore fait sentir. Goudimel est plus à son aise dans le genre élégiaque. Ses autres œuvres sont d'inspiration religieuse (3 magnificat, 10 motets à 4 ou 5 voix, 5 messes). Toutefois, quatre de ces messes ont pour cantus firmus des thèmes de chansons *(De mes ennuys, Le bien que j'ai par foy d'amour conquis, Tant plus je mets)* et prolongent sur le plan stylistique Josquin Des Prés et sa messe *Pange lingua.* Mais l'essentiel de son œuvre et de son renom est constitué par les quatre versions polyphoniques des *Psaumes,* mis en vers par Marot (pour 49 d'entre eux) et par Théodore de Bèze (pour 101). En 1549, Goudimel voit chez Du Chemin les *Psaumes* de Janequin, et c'est peut-être ce qui l'incite à écrire deux ans plus tard ses *Huit Livres de psaumes en forme de motets* (1551-1566), qui sont des compositions de grande envergure (à 4, 5 ou 6 parties). Goudimel y fait œuvre originale en n'utilisant pas les mélodies traditionnelles, contrairement à ses *Quatre-vingt-trois Psaumes de David* à 4 parties (1562), qui sont des harmonisations des mélodies de Genève de 1551. Les 150 psaumes de 1564, un ouvrage significatif de l'hymnologie pratique, sont traités à 3 parties, note contre note. Le traitement syllabique, une trame polyphonique très serrée et une tendance au verticalisme avec une prédilection pour les harmonies d'accords parfaits et d'accords de sixtes, confèrent à l'ensemble de cette première version un style dépouillé, grave et religieux. L'écriture de Goudimel s'assouplit cependant dans la seconde version complète des Psaumes, écrite à 4 voix en 1568 et qui fait appel au contrepoint fleuri.

GOUNOD *(Charles),* compositeur français *(Paris 1818 - Saint-Cloud 1893).* Orphelin à cinq ans, il est élevé par sa mère, femme de caractère, intelligente et musicienne qui lui fait donner de solides humanités (entrée au lycée Saint-Louis en 1829; baccalauréat de philosophie en 1836), tout en développant ses dons artistiques (enfant, il écoute la Malibran dans *Don Giovanni, Otello* de Rossini; la *6e* et la *9e Symphonie* de Beethoven). Entré au Conservatoire, il est successivement élève de Reicha, de Paer, puis de Halévy (fugue, contrepoint), de Lesueur (composition). Second prix de Rome en 1837, premier en 1839, il vit à Rome jusqu'en 1841. Au cours de cette époque d'intense maturation, il lit beaucoup (Goethe, Lamartine), fréquente l'Opéra (Donizetti, Bellini) et la Sixtine (Palestrina). Étudiant Lully, Gluck, Mozart et Rossini, il rencontre souvent également Ingres, qui l'invite à cultiver ses dons pour le dessin, et Lacordaire — il en naît une première crise de mysticisme — qui lui dicte plusieurs œuvres religieuses *(Te Deum,* deux *Messes brèves, Hymne, Requiem).* Après son départ de la villa Médicis, il passe par Vienne où il dirige deux de ses œuvres à la Karlkirche et par Leipzig où Mendelssohn lui révèle Bach, avant de retrouver Paris (printemps 1843), où il devient organiste et maître de chapelle aux Missions étrangères. Sa crise mystique s'accuse (il porte soutane et signe « Abbé Gounod »), mais sa famille l'en détourne, ainsi que ses amis — dont Pauline Viardot rencontrée à Rome et pour qui il compose son premier opéra, *Sapho* (16 avril 1851). En 1852, il épouse Anna Zimmermann, fille du grand pianiste, et devient directeur du chant dans les écoles communales, puis inspecteur des Orphéons (d'où, en 1853, la *Messe* dite *aux orphéonistes*). De cette époque datent ses premières grandes œuvres : *l'Ange et Tobie* (Lyon, 1854); *la Nonne sanglante* (Opéra de Paris, 1854); deux *Symphonies* (1855-56), la première dirigée par Pasdeloup. Mais une troisième crise mentale (1857) l'oblige au repos (internement dans la clinique du docteur Blanche). En 1859, *Faust* est créé (2e version, 1869). Entre ces deux dates, Gounod donne notamment *Philémon et Baucis* (1860), *la Reine de Saba* (1862), *Mireille* (1864), dont les succès le conduisent à l'Académie des beaux-arts (1866). En 1867, dernier grand succès avec *Roméo et Juliette.* Retiré en Angleterre chez la baronne Luisa Brown durant la guerre de 1870, Gounod ramène sa famille à Paris après les hostilités, puis retourne à Londres « vivre la plus grande erreur de (sa) vie ». En fait, il s'immisce dans le ménage Weldon, où Georgina l'ensorcelle jalousement par son charme sensuel et sa belle voix de soprano (elle crée à ce titre l'élégie biblique *Gallia*). Prisonnier de lui-même et de ses hôtes, Gounod revient à Paris sur les instances de son fils et du docteur Blanche. Mrs. Weldon refuse alors de rendre le manuscrit de *Polyeucte* — ce qui va dégénérer en procès. Condamné à une amende de 10 000 livres, Gounod ne pourra pas, ainsi, assister à Birmingham en présence de la

Lauros-Giraudon

*Charles **Gounod** à 25 ans, peint par L. L. Boilly. (Bibl. de l'Opéra, Paris.)*

reine Victoria à la création de sa trilogie sacrée *Mors et vita* (26 août 1885). Cet ultime triomphe efface les succès d'estime de *Cinq-Mars* (1877), *Polyeucte* (1878) et l'échec total du *Tribut de Zamora* (1881).

Atteint d'hémiplégie, mais vite remis (1891), Charles Gounod est frappé, le 15 octobre 1893, d'une attaque d'apoplexie en rangeant la partition de son dernier *Requiem* écrit à la mémoire de son petit-fils (orchestré par H. Busser). Mort doucement trois jours plus tard, il a droit à des funérailles nationales (le 27 octobre) à la Madeleine.

D'un abord facile, de conversation enjouée, doué d'un esprit rapide, plus enclin à l'admiration qu'à la raillerie, ami sûr et dévoué, tel fut l'homme, à la fois sensuel et mystique. Le musicien apparaît plus complexe. On peut lui reprocher facilités et platitudes, une certaine pauvreté de la langue harmonique et du rythme (notamment dans ses œuvres religieuses) ; des efforts trop visibles pour créer de classiques symétries. En fait, son écriture a peu évolué ; mais son style demeure néanmoins personnel, qui recherche la pureté de l'écriture, la beauté de la ligne, la sobriété du discours. Qualités importantes et peu partagées à son époque, où l'art français est écartelé entre l'italianisme (Rossini et ses successeurs) et les recettes sans gloire de l'opéra historique (Meyerbeer). Finalement, l'importance de Gounod se mesure autant à son œuvre (*Faust, Mireille, Roméo et Juliette* renouvellent le genre) qu'à son action. Dans la mélodie de salon, son souci de la prosodie renforce un tendre et pénétrant lyrisme bien étranger à la romance contemporaine : *Bion-*

Lauros-Giraudon

*Charles **Gounod,** par Carolus-Duran.*
(Château de Versailles).

dina évoque Schumann, *Venise* annonce Fauré. Si sa musique d'église s'accommode d'un mysticisme à la fois mondain et théâtral, à l'opéra, en revanche, il a su donner le meilleur de lui-même et apporter une poésie certaine face aux débordements du bel* canto ou du romantisme germanique : à cet égard, Georges Bizet, Édouard Lalo, Massenet, Saint-Saëns lui seront redevables. Ainsi, Charles Gounod aura-t-il contribué à réorienter la musique française vers son propre génie : sa dilection pour la mesure et pour la clarté.

GRANADOS Y CAMPIÑA *(Don Enrique),* pianiste et compositeur espagnol *(Lérida, Catalogne, 1867-péri en mer 1916).* Il fit ses études à Barcelone avec Pujol (piano) et Pedrell (composition), puis à Paris. Un premier récital à Barcelone (1890) l'encouragea à entreprendre une carrière de pianiste qu'il poursuivit brillamment soit en soliste, soit avec des violonistes (Crickboum, Ysaye, Thibaud), des pianistes (Risler, Saint-Saëns) ou des ensembles de chambre (quatuor Crickboum). Après la présentation, à Madrid, de son opéra *Maria del Carmen* (1898), il mena de front la composition, la virtuosité pianistique et la pédagogie au conservatoire de Barcelone, dont il avait été le fondateur. Ses pièces pour piano, parmi lesquelles les *12 Danzas españolas* (1892-1900), les *Escenas romanticas* (1904 ?), et surtout les *Goyescas* (d'après des peintures de Goya exposées au Prado, création en mars 1911) lui assurèrent la célébrité. Plus tard, il adapta la musique des *Goyescas* pour en tirer un opéra du même nom, dont la création, d'abord prévue à Paris, mais empêchée par la guerre, eut lieu à New York en janvier 1916. C'est au retour de cet ultime voyage aux États-Unis que Granados périt avec sa femme dans le naufrage du *Sussex,* torpillé dans la Manche par un sous-marin allemand. Imprégné de culture romantique,

***Granados.** Dessin au fusain de C. Ramon.*
(Musée d'Art moderne, Barcelone.)

Mas

en particulier de Schumann, Chopin et Grieg, il fut un coloriste aussi délicat qu'Albéniz, mais l'Espagne qu'il évoque est plutôt celle, galante et ironique, du XVIIIe siècle que l'Espagne « mauresque » d'*Iberia*. Sans aucune prétention à la reconstitution folklorique, il apporta à ses premières pièces pour piano un raffinement poétique et une puissance d'émotion

Mas

Enrique **Granados.**

qui devaient s'épanouir encore plus par la suite. Dans les *Tonadillas* (1914) pour voix et piano et dans les *Goyescas,* il ne garda que l'esprit de la thématique et des rythmes populaires, et parvint à une expression aux résonances universelles.

GRAUN, famille de musiciens allemands. — 1. **August Friedrich,** compositeur *(Wahrenbrück, Saxe, 1698 ou 1699-Merseburg 1765).* Cantor à Merseburg à partir de 1729, candidat malheureux à la succession de J.-S. Bach à Leipzig en 1750, il se spécialisa dans la musique vocale religieuse. — 2. **Johann Gottlieb,** violoniste et compositeur, frère du précédent *(Wahrenbrück 1702 ou 1703 - Berlin 1771).* Élève pour le violon de Pisendel à Dresde et de Tartini à Padoue, il entra en 1732 au service du prince héritier Frédéric de Prusse, et en devint le *Konzertmeister.* Il a surtout écrit des œuvres instrumentales (symphonies, concertos, sonates) dans le style italianisant de l'époque. — 3. **Carl Heinrich,** chanteur et compositeur, frère des précédents *(Wahrenbrück 1703 ou 1704-Berlin 1759).* Il étudia et chanta à la Kreuzschule de Dresde. Engagé en 1725 comme ténor à la cour ducale de Brunswick, il s'y révéla compositeur d'opéras italiens, et en devint vice-maître de chapelle en 1727. Appelé par le prince héritier Frédéric de Prusse à Rheinsberg en 1735, il y composa des cantates sur des textes de son nouveau maître. À son avènement en 1740, Frédéric II le nomma maître de chapelle, le chargea de réorganiser l'opéra de Berlin, et, dans ce but, l'envoya recruter des chanteurs en Italie (1740-41). Son *Rodelinda* (1741) fut le premier opéra italien représenté à Berlin, et, le 7 décembre 1742, le nouvel opéra de cette ville fut inauguré avec son *Cesare e Cleopatra.* Jusqu'à sa mort, il fournit son répertoire à cet établissement, avec comme seul rival sérieux J. A. Hasse, et régna à peu près sans partage sur la vie musicale berlinoise. Il avait des dons mélodiques certains et une grande connaissance des possibilités de la voix humaine. Outre ses nombreux opéras italiens, parmi lesquels *Artaserse* (1743), *Il Rè pastore* (1747), *Ifigenia in Aulide* (1748), *Montezuma* (1755), il écrivit de la musique instrumentale et des ouvrages religieux. De cette dernière catégorie relèvent un *Te Deum* (1757) et surtout son œuvre, à la longue, la plus célèbre et la plus durable : la cantate pour la Passion *Der Tod Jesu* (« la Mort de Jésus »), sur un texte de C. W. Ramler (1755).

GRAUPNER *(Johann Christoph),* compositeur allemand *(Hartmannsdorf, Saxe, 1683-Darmstadt 1760).* Il fait ses études avec J. Kuhnau à la Thomasschule ainsi qu'à l'université de Leipzig. Il se fixe ensuite à Hambourg où il est nommé, en 1707, claveciniste à l'opéra. En 1709, il obtient le poste de vice-maître de chapelle, et, en 1712, celui de maître de chapelle à la cour de Hesse-Darmstadt. Nous n'avons conservé qu'une partie des opéras écrits pour Darmstadt et Hambourg de l'homme qui fut l'ami de Telemann et de Grünewald et qui jouissait de l'admiration de J.-S. Bach. Son style a subi l'influence de Reinhard Keiser. Entre 1719 et 1745, Graupner a composé, en outre, plus de 1 300 œuvres religieuses destinées à la cour de Darmstadt.

GRÉTRY *(André-Ernest-Modeste),* compositeur français d'origine belge *(Liège 1741 - Ermitage de Montmorency 1813).* Issu d'une famille de musiciens liégeois, il doit l'originalité de son développement musical aux études qu'il va poursuivre à Rome entre 1760 et 1766 ; il reconnaîtra ensuite cette dette dans ses *Mémoires :* « L'école italienne est la meilleure qui existe, tant pour la composition que pour le chant. » Il a été l'élève de G. B. Casali et du père Martini, et acquiert une maîtrise suffisante pour devenir membre de l'académie des Filarmonici de Bologne. Après être passé par Genève, il s'installe en 1768 à Paris, qui va rester son centre d'activité presque exclusif. Ses deux premières œuvres parisiennes, *le Huron* (1768) et *Lucile* (1769), frappent le public dans sa fibre sentimentale, et Grétry devient vite le musicien le plus à la mode de la France prérévolutionnaire. Grimm le décrit ainsi : « M. Grétry est de Liège ; il est jeune, il a l'air pâle, blême, souffrant, tourmenté, tous les symptômes d'un homme de génie. » Grétry continue à composer un ou deux opéras-comiques par an jusqu'à la Révolution, sans que son prestige soit atteint par des échecs passagers. Ceux de ses opéras qui ont le mieux gagné les faveurs du public reviennent fréquemment à l'affiche, et son œuvre connaît une large diffusion à l'étranger dès les années 1770. Grétry ne tarde pas à recevoir les honneurs les plus divers, même sous la Révolution, où il a été élu membre de l'Institut et inspecteur des études au Conservatoire (1795). En 1798, il achète l'Ermitage de Jean-Jacques Rousseau, dans la vallée de Montmorency, et y vit retiré jusqu'à sa mort.

Le langage musical de Grétry est à la fois moins complexe que celui de Rameau et que celui de Haydn et Mozart. Mais Grétry fait son entrée sur la scène parisienne lorsque le genre de l'opéra-comique a été déjà largement illustré par Duni, Monsigny et Philidor, et son mérite essentiel est sans doute d'en avoir considérablement approfondi les possibilités expressives. Il a été aidé en cela par ses trois principaux librettistes, Marmontel, Sedaine et d'Hèle, qui ont contribué, par le choix de sujets senti-

Giraudon

Grétry par Mme Vigée-Lebrun. (Château de Versailles.)

Grétry, dessin au fusain. (Musée Carnavalet, Paris.)

Lauros-Giraudon

mentaux et par un langage parfois « larmoyant », à diversifier les ressorts émotifs de l'opéra-comique. Les innovations de Grétry se manifestent avant tout par le décloisonnement des formes musicales : la continuité dramatique est assurée par une proportion d'ensembles vocaux plus élevée que chez Philidor ou Monsigny, et se traduit même, dans certains opéras, par l'abolition du dialogue parlé *(Colinette, l'Embarras des richesses, la Caravane du Caire).* Des finales juxtaposant des ensembles de complexité grandissante révèlent l'influence de l'opéra bouffe italien, comme dans *la Rosière de Salency;* mais Grétry dépasse ses modèles par l'emploi du chœur (*Colinette,* III.8) et par la richesse de morceaux orchestraux utilisés à des fins évocatrices *(Zémire et Azor).* Enfin, la romance de Blondel, qui revient neuf fois au cours de *Richard Cœur de Lion,* constitue l'un des premiers exemples du « motif de réminiscence », qui jouera un rôle important dans la musique du XIXe siècle. Grétry avoue dans ses *Mémoires* avoir recherché le « moyen de contenter tout le monde ». Il a sans doute atteint son but, combinant une veine mélodique facile avec un goût de l'expérimentation qui en fait un précurseur de l'opéra romantique.

GRIEG *(Edvard Hagerup),* compositeur norvégien *(Bergen 1843 - id. 1907).* Il commence à six ans l'étude du piano avec sa mère et est remarqué par le violoniste Ole Bull qui l'envoie se perfectionner au conservatoire de Leipzig en 1858. Il y restera quatre ans, travaillant notamment avec Moscheles, E. F. Richter et C. Reinecke, puis il retourne en Norvège doutant d'avoir beaucoup appris. En 1863, il part pour Copenhague où règne N. Gade, mais plus importante y est la rencontre avec son compatriote R. Nordraak (1842-1866) et avec le compositeur danois C. Horneman qui aboutit à la création de l'éphémère groupe Euterpe, en réaction contre l'influence allemande de Schumann et de Mendelssohn. Rentré en Norvège en 1866, il s'installe à Christiania (Oslo) et épouse sa cousine, la cantatrice Nina Hagerup. Sa lutte pour un art national, soutenue par son compatriote H. Kjerulf (1815-1868), est reconnue et révélée à l'étranger par Liszt en 1870. Dès lors, Grieg mène parallèlement la composition, une carrière difficile d'organisateur de la vie musicale en Norvège et ses tournées de concerts. Chef d'orchestre apprécié, il n'est pas un pianiste virtuose, mais un interprète sensible. Avec l'aide de J. Svendsen il arrive peu à peu à imposer son idéal d'une musique nationale, et désormais sa vie est une succession de triomphes et de pénibles dépressions physiques. Il s'éteint le 4 décembre 1907, épuisé par les ultimes tournées de concerts.

La célébrité de Grieg repose sur un certain nombre de malentendus. Ses œuvres les plus jouées aujourd'hui, *Peer Gynt* et le *Concerto en « la »,* pour être populaires, n'en sont pas moins des partitions où les principales qualités du compositeur n'apparaissent pas avec le plus d'évidence; la lourdeur de son orchestration et son manque de maîtrise de la forme sont des handicaps dont il était d'ailleurs conscient. C'est dans la petite forme que Grieg a toujours été le plus à l'aise, notamment dans ses mélodies et ses pièces pour piano. Une trop rapide assimilation à la musique de salon de la fin du XIXe siècle ne doit pas dissimuler les qualités de ces œuvres. Audacieux harmoniste, cet initiateur à un art « impressionniste » a influencé des compositeurs tels que Debussy, Ravel et Delius. Son inspiration populaire est également beaucoup plus authentique dans ses pièces vocales et pianistiques

Reutlinger

Edvard ***Grieg.***

Grieg. Début d'une mélodie avec un autographe de l'auteur.

que dans les œuvres plus ambitieuses dont Debussy dénonçait le caractère « ficelle et truqué ». Son langage utilise de fréquentes oscillations entre les modes majeur et mineur, tout comme dans les mélodies populaires norvégiennes où la tierce est instable ; sa phrase musicale est large et très lyrique, mais c'est la perfection de l'écriture pianistique qui attire plus encore l'attention et lui permet d'exprimer l'exceptionnelle sensibilité que l'on retrouve tout au long de son œuvre.

GRIGNY *(Nicolas de),* organiste et compositeur français *(Reims 1672 - id. 1703).* Il est, avec François Couperin, le plus grand maître de toute l'école de l'orgue classique français ; mais sa destinée tragiquement brève a certainement privé la musique du XVIIIe siècle de l'un de ses artistes majeurs. Né dans une famille d'organistes rémois, il est monté de bonne heure à Paris pour y parfaire sa formation musicale. Il y a été le disciple de Lebègue, et y a très probablement connu son contemporain François Couperin, dont le *Livre d'orgue* était publié en 1690. De 1693 à 1695, il est organiste de l'église abbatiale de Saint-Denis. Il regagne ensuite Reims, où, à partir de 1697, il est titulaire de l'orgue de la cathédrale. Deux ans plus tard, il fait paraître son *Livre d'orgue,* mais il meurt peu après, à peine âgé de trente et un ans. Le *Livre d'orgue* se compose de deux parties à peu près égales en volume : une *Messe d'orgue* en vingt-deux morceaux d'un côté, et cinq *Hymnes* de l'autre. Cette œuvre réalise une synthèse unique entre les tendances les plus nouvelles de l'orgue de concert et les exigences liturgiques traditionnelles de l'Église catholique. D'une sensibilité exacerbée, Grigny pratique un chromatisme séduisant dans un langage encore tout imprégné des vieux modes médiévaux. Harmoniste subtil, polyphoniste accompli (il écrit souvent à cinq voix), il est avant tout un merveilleux mélodiste, développant de souples volutes ou laissant s'échapper de sublimes envolées lyriques, gonflées d'une ornementation somptueuse. Ses hymnes sont à la musique sacrée française ce que les préludes de chorals de Bach sont à la musique religieuse allemande. Le rapprochement n'est d'ailleurs pas fortuit : Jean-Sébastien recopia intégralement le *Livre* de Grigny lors de son séjour à Lüneburg, en 1703. Une seconde édition, posthume, parut en 1711, et il faut attendre 1904 pour en voir publier la première réédition moderne. Ce chef-d'œuvre, à la charnière de deux siècles, situe l'aboutissement d'une évolution commencée avec Titelouze et Frescobaldi, et marquée par l'influence des prédécesseurs immédiats de Grigny, Lebègue et François Couperin. Couperin n'écrivant plus pour l'orgue, et Grigny disparu, la musique d'orgue française tombera alors en de plus faibles mains, et ne va cesser de se dégrader, lors même que l'école allemande connaîtra son apogée.

GRISEY *(Gérard),* compositeur français *(Belfort 1946).* Il a fait ses études en Allemagne au conservatoire de Trossingen (composition avec Helmut Degen), puis au Conservatoire de Paris, où il a obtenu un premier prix d'harmonie (1967), et a été élève d'Olivier Messiaen (1968-1972). G. Grisey a aussi étudié avec Henri Dutilleux (1968), Jean-Étienne Marie (l'électroacoustique), et, à Darmstadt, avec Stockhausen, Ligeti et Xenakis (1972). Il a été lauréat de la Fondation de la vocation (1970), premier prix de la Biennale internationale de Paris (1971), prix Hervé-Dugardin de la S. A. C. E. M. (1973), boursier de la villa Médicis à Rome (1972-1974) et invité à Berlin par le DAAD (1980). Travaillant sur des données acoustiques et sur une matière première non tempérée, il s'intéresse particulièrement aux « processus de transformation d'un son en un autre son, d'un ensemble de sons en un autre ensemble », et à la spatialisation de la musique. Il a écrit notamment *Échanges* pour piano préparé et contrebasse (1968 ; création à Paris, 1969), *Mégalithes* pour quinze cuivres (1969), *Charme* pour clarinette seule (1969), *Périchoresis* pour trois groupes instrumentaux (1969-70), *Vagues, Chemins, le Souffle* pour grand orchestre et clarinette solo, où l'orchestre entoure le public (1970-1972 ; création à Paris, 1975), *D'eau et de pierre* pour deux groupes instrumentaux (1972), *Dérives* pour deux groupes d'orchestre (1973-74), *Périodes* pour sept musiciens (1974), *Partiels* pour seize ou dix-huit musiciens (1975 ; création à Paris, 1976), *Prologue* pour alto seul avec ou sans dispositif de résonateurs électroniques (création à Paris, 1978), *Manifestations* pour orchestre de débutants (1976 ; création à Paris, 1978), *Modulations* pour 33 musiciens (1977), *Sortie vers la lumière du jour* pour orgue électrique et 14 musiciens (1978), *Jour, contre-jour* pour orgue électrique, 13 musiciens et bande magnétique (1978-79), *Tempus ex machina I* pour six percussionnistes (1979), et *Transitoires* pour grand orchestre (1980-81). À noter que *Prologue, Périodes, Partiels, Modulations* et *Transitoires* constituent un cycle de pièces intitulé *les Espaces acoustiques* et peuvent s'enchaîner sans interruption, chaque pièce élargissant le champ acoustique de la précédente. Ce cycle, auquel doit s'ajouter encore une sixième pièce, a été créé à la Biennale de Venise 1981.

GROFE (*Ferdé* ou FERDINAND RUDOLPH VON GROFE), compositeur américain *(New York 1892 - Santa Monica, Californie, 1972).* Après des études avec sa mère (violoncelliste) et au conservatoire de Leipzig, il fut violoniste dans l'orchestre de Los Angeles, puis pianiste dans celui de Paul Whiteman, pour qui il orchestra en 1924 la *Rhapsody in Blue* de Gershwin. Sa *Symphony in Steel* donna le ton de sa production ultérieure, brillamment orchestrée et d'une vitalité tout américaine, mais ne dépassant pas les limites de la musique de genre. Son œuvre la plus célèbre est la suite *Grand Canyon* (1931).

GUÉDRON *(Pierre),* compositeur français *(région de Châteaudun v. 1570 - probablement Paris v. 1620).* Il étudia la musique à la chapelle du cardinal de Guise, Louis II de Lorraine, où il était enfant de chœur et où, selon un contemporain, *« il chantoit la haute-contre fort bien ».* En 1590, il entra dans la chapelle royale de Henri IV. Il devait succéder à Claude Le Jeune en 1601 comme compositeur de la Chambre du roi et devenir, deux ans plus tard, maître des enfants de la musique. Vers 1613, Louis XIII le nomma intendant des musiques de la Chambre du roi et de la reine mère (Marie de Médicis). Guédron était un très bon maître de chant qui, influencé sans doute par la visite de Giulio Caccini à la cour de France en 1604-1605, tenta de suivre les Italiens sur la voie de la monodie accompagnée, mais il resta fidèle au luth et n'utilisa pas encore la basse continue sauf exceptionnellement dans quelques airs où l'on trouve les premières

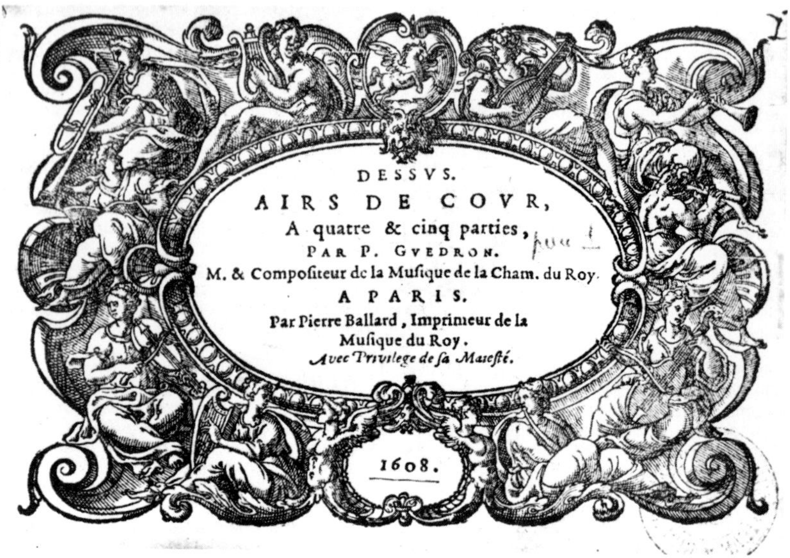
DESSVS.

AIRS DE COVR,

A quatre & cinq parties,

PAR P. GVEDRON.

M. & Compoſiteur de la Muſique de la Cham. du Roy.

A PARIS.

Par Pierre Ballard, Imprimeur de la Muſique du Roy.

Avec Privilege de ſa Maieſté.

1608.

Page de titre des Airs de cour *de* ***Guédron.*** *Paris, 1608.*

traces de cette technique nouvelle. Au cours de sa carrière, il publia 6 livres d'airs de cour à 4 ou 5 voix, composés sur les strophes des poètes de son temps, tels F. de Malherbe et Boisrobert.

Sa réputation dépassa les frontières et ses airs paraissent dans des recueils collectifs à l'étranger, en Angleterre par exemple, dans *A Musicall Banquet* de Robert Dowland.

À partir de 1602, Guédron s'intéressa aux ballets de cour. Ce fut l'année de la création du *Ballet sur la naissance de Monseigneur le duc de Vendosme.* Sa contribution à ce genre de spectacle fut remarquable, surtout dans le développement du « ballet mélodramatique » pourvu d'une action suivie. Il en composait essentiellement les parties vocales, y introduisant des récits chantés inspirés des Italiens, mais parfaitement adaptés à la langue française, traduisant avec une justesse jusqu'alors sans précédent le sens dramatique du texte. Incontestablement doué pour le théâtre, Guédron collabora à un ballet qui fut dansé au Louvre le 29 janvier 1617. Il s'agit du *Ballet de la délivrance de Renaud* pour lequel G. Bataille, A. Boesset et J. Mauduit composèrent également de la musique. Compositeur à la fois passionné et prudent, Guédron sut éviter les moyens parfois exagérés des Italiens, observant une déclamation naturelle sur des rythmes bien marqués. Cependant, ses récits employèrent la forme strophique de l'air de cour et la musique fut donc composée sur le texte de la première. La tâche du chanteur était de modifier ensuite la mélodie au moyen de la diminution* afin de mieux exprimer les sentiments contenus dans les autres strophes.

L'art de Pierre Guédron conduit, en fait, vers la tragédie lyrique que devait créer Lully en 1673. Cette évolution fut malheureusement interrompue par son gendre et successeur Bœsset, attiré par le ballet « à entrées » fort apprécié sous le règne de Louis XIII, et qui contribua ainsi à retarder d'un demi-siècle la naissance de l'opéra en France.

GUÉNIN *(Marie Alexandre),* violoniste et compositeur français *(Maubeuge 1744-Étampes 1835).* Élève de Capron et de

Gaviniès pour le violon et de Gossec pour la composition, il fit en 1773 ses débuts au Concert spirituel, dont il devint, en 1777, directeur adjoint. Il fut nommé, la même année, directeur de la musique du prince de Condé, et occupa les fonctions de violon principal à l'Opéra de 1783 à 1801, et de professeur à l'École royale de chant et de déclamation (devenue Conservatoire national en 1795) de 1784 à 1802. À partir de 1808, il fut attaché au service de Charles IV d'Espagne, qu'il suivit en exil à Marseille, et, de 1814 à 1816, il joua encore du violon dans la musique de Louis XVIII. On lui doit notamment des trios et des symphonies.

GUERRERO *(Francisco),* compositeur espagnol *(Séville 1528 - id. 1599).* Élève de son frère Pedro, également compositeur, puis de F. de Castilleja et de Morales, il entre dans la maîtrise de la cathédrale de Séville et travaille en même temps le luth, la harpe et les instruments à vent. Il est maître de chapelle à la cathédrale de Jaén (1546), puis cantor à Séville (1548), où il devient directeur de la manécanterie avec le droit de succéder à la chapelle. En 1554, après la mort de Morales, il est nommé maître de chapelle à Málaga. En 1570, avec ses chantres, il accueille la princesse Anne, fiancée de Philippe II, à Santander. Il succède à Castilleja comme maître de chapelle à Séville (1574). Il fait deux voyages en Italie, notamment celui de 1581 à 1584 pendant lequel il contribue à la rédaction du second livre des *Laude spirituali* de Soto de Lanza à Rome, puis publie à Venise ses *Motetta liber II* et ses *Canciones y villanescas espirituales* (1589). De l'Italie, il continue son voyage jusqu'en Terre sainte (1588-89). Il en rapporte un compte rendu publié en 1590 qui connaît un succès tel qu'il sera réédité jusqu'à la fin du XVIIIe siècle.

Francisco Guerrero, protégé de Charles Quint, mais surtout de Philippe II et du pape Jules III, cité par Rabelais, est l'un des compositeurs les plus célèbres de son temps. Avec Morales, il est, sans doute, le plus grand maître de la polyphonie sacrée de l'école andalouse. Ses œuvres ont été éditées en Espagne, en Italie et en Flandre. Remarquable pour la pureté de son contrepoint, sa musique religieuse utilise le fonds traditionnel de la liturgie espagnole et, dans ses messes, des textes mozarabes. À leur beauté mélodique se joignent une ferveur et un sens dramatique très andalous. Réciproquement, une grande fraîcheur d'inspiration marque ses compositions profanes, conçues dans l'esprit du madrigal italien.

GUERRERO *(Francisco),* compositeur espagnol *(Linares 1951).* Il a fait ses études à Palma de Mallorca, Grenade et Madrid, se consacrant surtout à l'orgue et à la composition, et obtenant, en cette dernière matière, le prix Manuel-de-Falla en 1970 avec *Facturas* pour 3 flûtes, vibraphone, célesta, deux pianos et trio à cordes. Il a également travaillé l'électroacoustique, représenté l'Espagne à la Tribune internationale des compositeurs de l'U. N. E. S. C. O. en 1973 avec *Noa* pour 2 trompettes et 2 trombones (1972), puis au prix Italia en 1974 avec *Jondo* pour 3 trompettes, 3 trombones, 4 percussions et 10 voix d'hommes (1973). Parmi ses autres œuvres, *Ecce Opus* pour orchestre (1973), *Xenias pacatas I* pour 6 violons, 6 altos et 6 violoncelles (1973) et *II* pour

Francisco **Guerrero.**

2 guitares (1974), *Anemos A* (1975) et *C* (1976) pour ensemble instrumental et *B* (1978) pour 12 voix mixtes, *Acte préalable* pour 4 percussions (1978), *Concierto de camera* pour flûte, clarinette basse et quatuor à cordes (1978), *Erotica* pour contralto et guitare (1979), et *Antar-Atman* pour orchestre (1980).

GUEZEC *(Jean-Pierre),* compositeur français *(Dijon 1934 - Paris 1971).* Après des études au Conservatoire de Paris avec Darius Milhaud, Jean Rivier, Olivier Messiaen, il s'est engagé franchement dans la voie de l'avant-garde postwebernienne et postboulezienne, trouvant vite un langage personnel souvent influencé par les techniques de la peinture moderne : « Mes œuvres sont avant tout des œuvres de contrastes et de couleurs, de contrastes de matériaux sonores... Je m'oppose radicalement à une certaine esthétique du flou... (J'ai) essayé de transposer dans le domaine des sons certains aspects de la technique... de structuration de l'espace de Mondrian. » Il a écrit presque uniquement pour ensembles instrumentaux, et on lui doit, entre autres, *Suite pour Mondrian* pour orchestre (1962), *Architectures colorées* pour 15 solistes (1964), *Ensemble multicolore 65* pour 18 instruments (1965), *Formes* pour orchestre (1966), *Textures enchaînées* pour 12 vents, harpe et 3 percussions (1967), *Assemblables* pour 18 instruments (1967), un *Trio à cordes* (1968), *Successif simultané* pour 12 cordes (1968), *Reliefs polychromés* pour 12 voix solistes (1968), et *Formecouleurs* pour 2 harpes et ensemble de chambre (1969). Il a reçu, en 1968, le grand prix de la promotion symphonique de la S. A. C. E. M. et été titulaire, de 1969 à sa mort, d'une classe d'analyse au Conservatoire de Paris.

J. Marengo

Jean-Pierre **Guezec.**

GUGLIELMI, famille de musiciens italiens — 1. **Pietro,** dit PIER ALESSANDRO, compositeur *(Massa Carrara 1728 - Rome 1804).* Il fut l'un des représentants les plus marquants de l'opéra italien dans cette période comprise entre Scarlatti et Pergolèse, d'une part, Cimarosa et Paisiello de l'autre. Moins attiré par l'étranger — à part un bref séjour à Londres et en Allemagne de 1767 à 1772 — que ses rivaux Anfossi, Sacchini, Piccinni, Jommelli ou Traetta, il fut, sans doute pour cette raison, parfois mieux apprécié par ses compatriotes qui goûtaient sa spontanéité mélodique, fruit d'une facilité peut-être excessive à laquelle il se fiait souvent en raison d'une vie assez dissolue. Auteur d'une centaine d'opéras sérieux ou comiques, de musique instrumentale et de plus de vingt œuvres sacrées, il se distingua pour son « brio napolitain » et l'élégance avec laquelle il savait allier le sentimental au comique, influençant en cela notablement Piccinni, Paisiello ou Rossini. De 1793 à sa mort, il fut maître de chapelle à Saint-Pierre de Rome. — 2. **Pietro Carlo,** fils du précédent *(Naples ou Rome v. 1765 - Naples 1817).* Auteur d'une cinquantaine d'opéras, comiques pour la plupart, il appartint au groupe des « précurseurs » de Rossini, et connut de grands succès en Espagne, au Portugal, à Londres et à Paris, où il donna *I Due Gemelli* en 1807. Il eut la sagesse de s'effacer devant Rossini, mais donna encore en 1817 *Paul* *et Virginie,* qui fut joué dans toute l'Europe.

GUIGNON (*Jean-Pierre* ou GIOVANNI PIETRO GHIGNONE), violoniste et compositeur français, d'origine italienne *(Turin 1702-Versailles 1774).* Élève de Giovanni Battista Somis, il débuta au Concert spirituel en 1725. Naturalisé en 1741, il devint la même année « Roy et maître des ménétriers et joueurs d'instruments », charge tombée en désuétude depuis 1685 et qui lui conférait un droit d'inspection dans toutes les corporations de musique et de danse du royaume. Il devait l'occuper jusqu'en 1750, non sans avoir été professeur de Madame Adélaïde (1746) et du dauphin. Diffuseur de la musique italienne en France, brillant représentant de l'école française de violon, il publia divers recueils de sonates. Des concertos sont restés manuscrits. Une *Grande Simphonie à cors de chasse* aurait été exécutée au Concert spirituel en 1748.

GUILLEMAIN *(Louis Gabriel),* violoniste et compositeur français *(Paris 1705 - Chaville 1770).* Élève des frères Somis à Turin, il rentra en France en 1729, devint « musicien ordinaire de la chapelle et de la Chambre du roi » en 1737, et entra au service de la reine en 1759. Il fut, comme violoniste, un des solistes les plus applaudis de la capitale, mais sa situation matérielle de plus en plus précaire le poussa au suicide sur la route de Paris à Versailles. Ses *Six Symphonies dans le goût italien en trio* op. 6 (1740) et ses *Six Concertinos à quatre* op. 7 (1740) font de lui un précurseur dans la diffusion, en France, du style instrumental italien, et, avec ses *Six Sonates en quatuors ou conversations galantes et amusantes entre une flûte traversière, un violon, une basse de viole et la basse continue* op. 12 (1743), le terme « quatuor » — avec comme implications un seul instrument soliste par voix et la renonciation au clavecin pour la basse — apparut pour la première fois chez un compositeur français. Une influence sur cet opus 12 des *Nouveaux Quatuors en six suites* de Telemann (Paris, 1738) n'est pas à exclure. Guillemain fut en son temps, avec Jean-Marie Leclair, le plus grand représentant de l'école française de violon.

GUILMANT *(Alexandre),* organiste et compositeur français *(Boulogne-sur-Mer 1837 - Meudon 1911).* D'une famille de facteurs d'orgues, il fut l'élève, d'abord, de son père, puis de Lemmens, à Bruxelles. Il s'établit dans sa ville natale, comme organiste et professeur. En 1871, il est nommé titulaire à l'église de la Trinité, à Paris. De cette époque date le début de sa renommée internationale et de sa carrière de concertiste virtuose. Il se produit en Europe et en Amérique, et dans des cycles d'auditions au Trocadéro qui connaissent un succès retentissant. En 1894, il fonde la Schola cantorum, en compagnie de Charles Bordes et de Vincent d'Indy, et il succède à Widor à la classe d'orgue du Conservatoire en 1896. Érudit, il a été le premier à publier, avec André Pirro, une vaste anthologie des organistes classiques français, sous le titre d'*Archives des maîtres de l'orgue* (10 vol., 1898-1914), puis des maîtres étrangers, *École classique de l'orgue* (25 vol., 1898-1903). Malgré toutes ces activités, Guilmant consacra beaucoup de temps à la composition, essentiellement pour son instrument, laissant une œuvre immense. Ses huit sonates (1874-1909), comme les *Symphonies* de Widor, introduisent à l'orgue un langage et un schéma formel nouveaux, empruntés à la musique instrumentale allemande. Auprès des sonates, 18 collections de *Pièces dans différents styles* (1860-1875) et divers morceaux forment le répertoire du concertiste, tandis que l'organiste liturgique écrit pour le culte des recueils de noëls, *Soixante Interludes dans la tonalité grégorienne, l'Organiste pratique* (12 cahiers, 1871-1880), *l'Organiste liturgique* (10 cahiers, apr. 1884).

En outre, Guilmant a composé de la musique de chambre, de la musique vocale religieuse, une symphonie cantate, *Ariane,* et une scène lyrique, *Bethsabée.*

GUIRAUD, famille de compositeurs français. — 1. **Jean-Baptiste** *(Bordeaux 1803-La Nouvelle-Orléans v. 1864).* Premier prix de Rome en 1827, il émigra dans les années 1830 à La Nouvelle-Orléans, où il mena avec succès une carrière d'enseignant. — 2. **Ernest,** fils du précédent *(La Nouvelle-Orléans 1837 - Paris 1892).* Élève de son père à La Nouvelle-Orléans (où son opéra *le Roi David* fut représenté dès 1852), puis du Conservatoire de Paris, il obtint le premier prix de Rome en 1859. L'un de ses envois, *Sylvie,* fut représenté à l'Opéra-Comique en 1864. Nommé professeur d'harmonie (1876), puis de composition (1880) au Conservatoire de Paris, il y eut comme élèves Paul Dukas, Gabriel Pierné, Erik Satie et Claude Debussy, et se montra pédagogue compréhensif et maître perspicace. Il succéda à Léo Delibes à l'Institut en 1891, et rédigea un important *Traité pratique d'instrumentation,* édité juste avant sa mort et révisé par Henri Busser en 1935. Parmi ses œuvres pour la scène retenons l'opéra-comique *Madame Turlupin* (Paris, 1872), et le drame lyrique *Frédégonde,* terminé par Saint-Saëns (Paris, 1895). C'est lui qui acheva l'orchestration des *Contes d'Hoffmann* d'Offenbach, et qui écrivit, pour permettre à ces ouvrages d'être représentés à l'étranger, les récitatifs de *Carmen* de Bizet et de *Lakmé* de Léo Delibes.

GUYONNET *(Jacques),* compositeur, chef d'orchestre et pédagogue suisse *(Genève 1933).* Il a étudié la composition et la direction d'orchestre au conservatoire de Genève, travaillé avec Pierre Boulez (1959-1964) et suivi les cours de Darmstadt (1958-1960). Il a fondé à Genève un studio de musique électronique ainsi que l'association de concerts *Studio de musique contemporaine* (1959), et il a donné dans le monde entier de très nombreux concerts. Il enseigne, depuis 1967, la composition au conservatoire de Genève. Il a créé un séminaire de composition au sein du *Studio de musique contemporaine* (1974) et s'est vu confier une chaire de composition à l'École supérieure de musique de Zurich (1975). Il a compté parmi ses élèves Hugues Dufourt. Il a été président de la Société internationale de musique contemporaine (S.I.M.C.) de 1976 à 1978, puis de 1979 à 1981.

Parti des courants postweberniens, il s'est ensuite particulièrement intéressé aux problèmes de forme. On lui doit notamment : *Polyphonies I, II* et *III* pour diverses combinaisons instrumentales (1959-1962) ; *Monades I* pour ensemble instrumental (1958), *II* (1960) et *III* (1961) pour orchestre ; *En trois éclats!!* pour piano et orchestre de chambre (1964) ; *The Approach to the Hidden Man I* pour ensemble instrumental et *II* pour mezzo-soprano, orchestre de chambre et sons électroniques *ad libitum,*

Jacques **Guyonnet** *dans son studio de musique contemporaine, en 1970.*

d'après H. Michaux (1967); *Chronicles,* pièce de chaos pour piano (1969-1970); *le Chant remémoré* pour quatuor vocal et orchestre (1972); *les Enfants du désert* pour orchestre à cordes (1974); *Lucifer Photophore I,* bande vidéo couleurs (1974); *Lucifer Photophore II,* 5 pièces pour orchestre de chambre, commande de Paul Sacher (1975); *Zornagore* pour orchestre et récitant, textes de Michel Butor (1976); *Immémoriales* pour piano et sons électroniques (1976); *les Profondeurs de la Terre* pour orchestre (1977); *les Dernières Demeures* pour orchestre (1979); *Schönberg et son double,* imaginaire musical pour un acteur et l'opus 9 de Schönberg (1980-81); *Electric Sorcerers,* esquisses pour un rock opéra (1980-81).

GYROWETZ (*Adalbert* ou VOJCECH JIROVEC), compositeur tchèque *(Budweis [Budejovice], 1763 - Vienne, 1850).* Il arriva vers 1785 à Vienne, où il fit la connaissance de Mozart et de Haydn, puis séjourna en Italie, à Paris (il y fut le témoin des événements d'octobre 1789 et y eut la surprise de voir une de ses symphonies imprimées sous le nom de Haydn) et à Londres (il y participa en 1791-92 aux mêmes concerts que Haydn). Il fut, de 1804 à 1831, compositeur et maître de chapelle du théâtre de la cour de Vienne, ville où, ayant survécu à son époque, il mourut dans la misère après avoir donné son dernier concert en 1844 et publié en 1848 une intéressante autobiographie (rééd. Leipzig, 1915). Ses premières œuvres sont surtout instrumentales (symphonies, quatuors), les dernières en grande majorité pour la scène : ballets, chœurs, opéras : *Agnès Sorel* (1806), *Der Augenarzt* (« l'Oculiste », 1811), *Robert oder die Prüfung* (« Robert ou la Mise à l'épreuve », 1815). L'*Abschiedslied* (« Chant d'adieu »), qu'on crut longtemps avoir été composé par Haydn lors de son premier départ pour Londres en 1790, est en réalité de lui.

Adalbert **Gyrowetz.**

H

Haba *(Alois),* compositeur et pédagogue tchèque *(Vizovice, Moravie, 1893-Prague 1973).* D'abord instituteur, il étudia avec V. Novak (1914-15), puis avec F. Schreker à Vienne et avec F. Busoni à Berlin (1920-1922), qui attira son attention sur l'école de Vienne. Se penchant sur les origines du fait musical, il étudia également les musiques extraeuropéennes, et, ayant mis en évidence la structure chromatique de la chanson primitive, il s'intéressa aux quarts de ton et aux micro-intervalles. Il écrivit *les Bases harmoniques du système par quarts de ton* (Prague, 1922; trad. all., 1925), ainsi qu'une théorie de composition ultrachromatique utilisant quarts, cinquièmes, sixièmes et douzièmes de ton (*Neue Harmonielehre...* Leipzig, 1927; manuscrit complém., 1942), et fit construire en quarts de ton trois types de pianos (1924-1931), un type d'harmonium (1928), de clarinette (1924), de trompette (1931) et de guitare (1943), ainsi qu'un harmonium en sixièmes de ton. Par ses préoccupations anthroposophiques, Haba a ouvert la voie aux musiciens d'aujourd'hui, qui essaient de percer les secrets des musiques non écrites et d'en retrouver l'athématisme naturel et la souplesse rythmique, basée sur une microharmonie.
Il a enseigné de 1923 à 1953 au conservatoire de Prague, s'est trouvé de 1945 à 1948 à la tête du théâtre du 5-Mai (plus tard, théâtre Smetana) à Prague, et a dirigé de 1945 à 1961 le département « composition avec quarts et sixièmes de tons » à l'Académie de musique de Prague.
Il a écrit un opéra, *Marka* (« la Mère », 1927-1929), mais sa production est surtout instrumentale, avec notamment seize quatuors à cordes — les cinq premiers de 1919-1923, les autres de 1950-1967 —, dont beaucoup en micro-intervalles.

Haendel *(Georg Friedrich),* compositeur allemand, naturalisé anglais en 1726 *(Halle 1685-Londres 1759).* Fils de Georg Händel (1622-1697), chirurgien-barbier, et de Dorothéa Taust (1651-1730), épousée en secondes noces en 1683, Georg Friedrich Haendel montra très tôt pour la musique des dons exceptionnels que seules sa mère et sa tante devinèrent. Ayant décidé de faire de lui un juriste, son père, homme tenace et sévère, refusa que le duc de Saxe, vers 1694, puis le roi Frédéric Ier de Prusse, rencontré à Berlin en 1696, prissent soin de son éducation musicale. Il accepta toutefois de confier l'enfant à Zachow, remarquable musicien de Halle, qui lui enseigna fugue, contrepoint, composition, ainsi que la pratique de plusieurs instruments (clavecin, orgue, violon, hautbois, peut-être violoncelle). Zachow lui fit surtout découvrir les maîtres contemporains, allemands et italiens (Froberger, Kerll, Ebner, Alberti, Strungk, Krieger).
Au contact des milieux musicaux de l'époque. Fidèle à la promesse faite à son père et pour complaire à sa mère (deux traits de caractère majeurs du musicien), Haendel poursuivit ses études au lycée, devint organiste de la cathédrale de Halle en mars 1702; mais, avide de plus larges horizons, il résilia dès 1703 son contrat et se rendit à Hambourg. Mattheson l'introduisit alors dans les milieux musicaux et cultivés de la ville, notamment chez le consul d'Angleterre, à Sainte-Marie-Magdeleine, où il tint l'orgue, et surtout à l'orchestre de l'Opéra, où, après avoir joué comme violoniste et claveciniste, il produisit une *Passion selon saint Jean* (carême 1704) parfois attribuée, mais à tort, à G. Böhm ou à Mattheson, puis son premier opéra, *Almira,* créé avec succès le 8 janvier 1705, et bientôt suivi de *Nero* (25 février

Raugel

Haendel, *par G. F. Platzer.*

1705). Devant l'échec de cette pièce et mécontent de la situation musicale à Hambourg (notamment faillite frauduleuse de Krieger, directeur de l'Opéra), il se rendit, sur l'invitation de Gian-Gastone de Medici, à Florence (octobre 1706), puis à Rome (début janvier 1707), où il se lia avec l'élite intellectuelle : à l'*Accademia d'Arcadia* où fréquentaient mécènes (cardinaux Pamfili, Ottoboni) et musiciens (Corelli, A. et D. Scarlatti, Pasquini, Marcello). De cette époque datent de nombreuses compositions religieuses (l'extraordinaire *Dixit Dominus,* 1707) ou profanes (une centaine d'admirables *cantates italiennes*), où Haendel déploie tout son talent de mélodiste et qui sont autant d'essais pour maîtriser mieux une forme qui le requiert. L'opéra *Rodrigo* fut précisément créé à Florence en 1708, avant que le compositeur ne se rendît à Naples, où il écrivit la cantate *Aci, Galatea e Polifemo* et surtout un nouvel opéra, *Agrippina,* créé à Venise (26 décembre 1709). Triomphe difficile à renouveler, qui rendit Haendel prudent et lui fit accepter de devenir Kapellmeister de l'Électeur de Hanovre (juin 1710 - automne 1712), mais qui le vit faire aussi un voyage à Londres (décembre 1710 - juillet 1711), où *Rinaldo* obtint un large triomphe. Déçu de ne pouvoir monter son œuvre à Hanovre, et ayant continué d'entretenir des relations en Angleterre (avec le poète Hughes, par exemple), Haendel retourna à Londres, en novembre 1712.

L'Angleterre, une nouvelle patrie. D'abord logé chez le comte Burlington, où il fréquenta Pope, Gay, Swift, Arbuthnot ou Pepusch, Haendel écrivit là quelques œuvres profanes (*Il Pastor fido, Teseo,* etc.), qui le feront devenir compositeur officiel de la couronne. Après l'*Ode pour l'anniversaire de la reine Anne* (février 1713), il allait écrire, en effet, l'*Utrecht Te Deum and Jubilate* (mars 1713), qui devint partition officielle, puis un autre *Te Deum* en *ré,* lorsque l'Électeur de Hanovre devint roi d'Angleterre en juin 1714, et enfin un nouvel opéra, *Amadigi,* d'après Houdar de la Motte. Suivant son souverain à Hanovre, Haendel retourna en Allemagne au cours de l'été 1716 et y composa une *Passion* sur un texte de Brockes (que devaient également utiliser Keiser, Telemann, Mattheson et J.-S. Bach), donnée à Hambourg lors des carêmes de 1717 et 1719. Il n'entendit pas son œuvre : depuis fin décembre 1716, il était de nouveau à Londres où l'accueillit, cette fois, le duc de Chandos en été 1717. Après avoir écrit pour le roi la célèbre *Water Music* (créée en juillet 1717), il composa pour la chapelle du duc les admirables *Chandos Anthems,* psaumes sur paroles anglaises qui allaient être aux oratorios futurs ce qu'avaient été les cantates italiennes par rapport à ses opéras, à savoir des « galops d'essai ». Mais, pour l'heure, Haendel ne chercha pas à créer des oratorios, même après le succès d'*Haman and Mordecai* (*Esther* I, 1720).

La création d'une académie : joies et vicissitudes. Tourné vers la scène, attiré uniquement par l'opéra, il se jeta à fond dans une entreprise éprouvante : la création d'une académie, sorte de société par actions, placée sous patronage du roi (d'où le nom de *Royal Academy*) et chargée de monter des opéras. Dès lors, la vie de Haendel devint l'histoire de ses succès, de ses revers, de ses luttes pour imposer, moderniser, harmoniser l'opéra, en faire, parfois contre l'avis même du public, une œuvre totale où la musique exprimait, dans un langage d'une exceptionnelle force évocatrice, le drame vécu par des personnages d'exception, placés dans des situations d'exception. La première académie (1720-1727) se déroula comme une tragicomédie en cinq actes. Acte premier (1720-1722) : après une entrée triomphale (*Rada-*

Scala

Georg Friedrich **Haendel.** *Portrait anonyme. (Museo civico, Bologne.)*

misto, avril 1720), Haendel se vit opposer Bononcini par ses protecteurs mêmes (Burlington et le conseil d'administration de la Royal Academy). Acte II (1722) : le parti de Bononcini l'emporta avec la *Griselda* de ce dernier. Acte III (1723) : Haendel donna un coup d'arrêt avec *Ottone* et la publication de ses *Sonates* pour flûte et violon op. 1 et 2, renouvelant ainsi le succès de ses huit *Pièces de clavecin* (*Recueil* I, 1720). Acte IV (1724-25) : reprise du terrain perdu avec un brelan de chefs-d'œuvre (*Giulio Cesare* et *Tamerlano,* 1724; *Rodelinda,* 1725), défaite de Bononcini. Acte V (1726-1728) : consécration de Haendel avec *Scipione, Alessandro, Admeto,* mais débâcle de la Royal Academy, due à la cabale, aux difficultés financières, aux nombreuses jalousies et, en particulier, aux querelles entre les sopranos vedettes, la Bordoni et la Cuzzoni, qui, en juin 1727 et en présence du prince de Galles, en vinrent aux mains sur scène. Scandale que ne pouvaient effacer les créations — et succès — de *Riccardo I*° (1727) ou de *Siroe* (1728).

Affranchie de l'ancien conseil d'administration où dominaient officiels et gens de cour, sous la seule conduite de Haendel et de son associé Heidegger, la Nouvelle Académie (1729-1733) connut les mêmes vicissitudes que la précédente, malgré le recrutement de nouveaux chanteurs, ce qui amena Haendel à se rendre en Italie (mars-mai 1728) et en Allemagne (juin-juillet), où il vit pour la dernière fois sa mère devenue aveugle, mais où il ne put se rendre à l'invitation de J.-S. Bach à Leipzig. De décembre 1729 à février 1732, il assura la création de *Lotario, Partenope* (un chef-d'œuvre), *Poro* (1731), *Ezio* et *Sosarme* (janvier et février 1732). Malgré l'appui et la subvention du roi (1 000 livres), malgré les reprises de pièces à succès (*Giulio Cesare,* notamment), Haendel lutta pour assurer la survie de son entreprise. En 1732, le succès d'*Esther,* l'invitation de Haron Hill à écrire sur des textes anglais eussent pu l'amener à délaisser l'opéra. C'eût été, à ses yeux, abdiquer. Le succès d'*Orlando* en janvier 1733 l'ancra d'ailleurs dans cette idée. Pourtant, le public accourut et fit fête à *Deborah,* oratorio sur texte vernaculaire, ainsi qu'à *Athalie* créé à Oxford. Par goût, orgueil ou volonté de vaincre, Haendel continua donc à écrire des opéras, ne fût-ce que pour faire face au Nobility Opera, entreprise concurrente suscitée par le prince de Galles et soutenue par la gentry qui patronnait Hasse et Porpora. Combat incessant, semé d'embûches (rupture du contrat de Heidegger, ce qui obligea Haendel à transporter sa troupe chez John Rich à Covent Garden), semé d'échecs ou de victoires (*Arianna,* janvier 1734) ; *Il Parnasso in festa,* mars

***Haendel** dirigeant un oratorio.*

British museum

Suites de pièces pour clavecin composées par **Haendel.**

1734 ; *Ariodante,* janvier 1735 ; *Alcina,* avril 1735).

Des opéras aux oratorios. Épuisé par ces luttes incessantes, par son travail de « compositeur-chef d'orchestre-impresario », il se rendit aux eaux de Turnbridge Walls (été 1735), prépara la saison suivante *(Alexander's Feast, Wedding Anthem),* écrivit au cours de l'été 1736 *Giustino, Arminio, Berenice* et *Didone abbandonata.* Il ne put, toutefois, en assurer la création, le 13 avril 1737, ayant quelques heures plus tôt eu une attaque (infarctus ? congestion cérébrale ?), qui le laissa à demi paralysé. Mais le 11 juin — quatre jours avant le sien — le Nobility Opera, fermait. Si Haendel entraînait dans sa chute l'entreprise concurrente, il demeurait également sans force. Finalement, il consentit à se rendre aux eaux d'Aix-la-Chapelle (septembre 1737). Remède miracle qui le rétablit incontinent. Le 28 octobre, le London Daily Post annonçait son retour. Immédiatement, Haendel composa deux nouveaux opéras : *Faramondo* (dont la création fut retardée par le décès de la reine Caroline, ce qui nous vaut l'admirable *Funeral Anthem*), puis *Serse* en avril 1738, tandis que paraissait chez Walsh ses opus 4 *(Six Concertos pour orgue)* et 5 (*Sept Sonates en trio* à 2 violons ou 2 flûtes), qui rencontraient un éclatant succès. Haendel eût-il été, dès lors, boudé pour ses seuls opéras ? S'avouant invaincu, il donna alors *Imeneo* (novembre 1740), suivi de *Deidamia* (janvier 1741). Devant la froide réaction du public, hostile à la forme, au livret italien, au style même de l'opéra, il abandonna alors définitivement la scène (10 février 1740), et, dans la fièvre, composa immédiatement deux oratorios : *le Messie* en août-septembre, *Samson* en octobre. Puis, à l'invitation de William Cavendish, il se rendit à Dublin, où allait triompher précisément son *Messie* (13 avril 1742). Revenu à Londres fin août, il se tourna alors résolument vers l'oratorio, souvent joué avec un succès qu'avivaient les *Concertos pour orgue* donnés aux entractes et où il improvisait d'éblouissantes cadences. Ainsi, virent le jour *Samson* (février 1743), *Semele* (février 1744), *Joseph et ses frères* (mars 1744), *Hercules* (janvier 1745), *Belshazzar* (mars 1745), qui connurent des fortunes diverses en dépit de leur extrême qualité. À partir de là, Haendel abandonna le système des souscriptions — favorisant trop la gentry sans pour autant l'assurer du succès — et joua désormais « à bureaux ouverts ».

Les derniers chefs-d'œuvre. Peu à peu, un retournement allait se faire en sa faveur, le public anglais ayant admiré son courage dans l'adversité (une nouvelle attaque l'avait frappé en 1743) et sa fidélité lors de la révolte jacobite. Haendel fit alors de plus en plus figure de héros national, même si son œuvre resta discutée — ce qui l'obligeait à reprendre ses pièces les plus « rentables » et ses derniers oratorios (*Judas Maccabée,* avril 1747 ; *Alexander Balus,* mars 1748 ; *Joshua* [*id.*] ; *Solomon,* mars 1749 ; *Susanna,* février 1749) connurent une faveur croissante que porta à son comble la *Fireworks Music* commandée par le roi pour célébrer la paix d'Aix-la-Chapelle. Malheureusement ni *Theodora* (mars 1750) ni *Jephta* (février 1752) ne rencontrèrent l'estime méritée. En fait, le public n'avait point compris ni partagé sa propre ascension spirituelle. Dès lors, ses dernières années, en dépit de nombreuses reprises et auditions de ses œuvres, tant en Angleterre et en Irlande que sur le continent, furent fortement attristées, d'autant que ce grand « musicien visuel » perdit la vue en 1753, malgré l'intervention de deux célèbres praticiens — dont Taylor, qui avait déjà opéré J.-S. Bach.

Le premier moment d'abattement passé, Haendel se remit pourtant au travail, suivant toujours de près la production musicale contemporaine, dictant son courrier, modifiant certaines œuvres antérieures. Mais sa santé déclinait. Le 6 avril 1759, il parut en public pour la dernière fois, lors d'une exécution de son *Messie* que dirigeait J. C. Smith. Il désirait mourir le vendredi saint — comme le Christ. Son vœu de chrétien allait être (presque) exaucé : il s'éteignit en effet le samedi saint 14 avril 1759. Le 20 avril, trois mille personnes lui rendirent un dernier hommage à l'abbaye de Westminster, où désormais il repose.

Un puissant organisateur. Grand, fort, plein de feu, impétueux, péremptoire, parfois brutal, sinon violent dans l'expression, mais d'une extrême bonté et d'une constante générosité, Haendel se montrait indomptable, prenant comme Beethoven « le destin à la gueule », et travailleur acharné. On le trouvait sans relâche à son clavecin, dont il usa les touches. À son écritoire : un jour — Noël 1737 — sépare *Faramondo* de *Serse ;* trois jours séparent *Saül* d'*Israël.* Travaillant vite, mais raturant beaucoup, il composa *Theodora* en cinq semaines, *le Messie* en vingt-quatre jours, *Tamerlano* en vingt. Il laissa une œuvre immense, capitale, tant sur le plan de la diversité (il a abordé tous les genres) que de la spiritualité. Dès lors, il est éminemment regrettable que, par la faute d'artistes ou de critiques médiocres et de chefs d'orchestre trop peu curieux, cette œuvre demeure en grande partie cachée au public.

Usant de la langue de son époque — comme Bach —, Haendel se montra moins révolutionnaire qu'évolutionnaire. Mais, à avoir fréquenté sous différents cieux l'élite intellectuelle et sociale de son temps, il apparut comme un puissant organisateur, comme un merveilleux instrument de synthèse de l'art européen. L'Allemagne lui inculqua la solidité des plans, la carrure des rythmes, une certaine piété intérieure, jamais démentie. L'Italie développa ses dons de mélodiste, sa verdeur, son ingéniosité, son goût aristocratique, son sensualisme pour les couleurs et les sonorités. De la France, il écouta les leçons de clarté, d'élégance, d'équilibre. L'Angleterre, enfin, lui enseigna la poésie des virginalistes, la spontanéité de Purcell, ses ambiguïtés modales et ses audaces rythmiques.

Fruit de cultures diverses, il ne cessa cependant de rester lui-même, demandant à son métier irréprochable, à sa fécondité, à son imagination d'exprimer sa pensée. Or celle-ci est, à la fois, inventive et d'extrême noblesse. Inventive, car Haendel, le tout premier, introduisit des contrebassons à l'opéra *(Tamerlano),* libéra les basses de leur statisme (op. 5), pressentit la forme cyclique, la forme de quatuor (op. 5 également), de la symphonie (op. 6). Premier compositeur à vivre de sa plume, il vécut dangereusement et se battit contre tout et tous pour imposer sa vision d'un opéra infléchi vers une dramaturgie psychologique — ici, on perçoit l'admirateur de

Corneille et de Racine —, dont la musique exprime alors les moindres inflexions. En cela, il préfigure Haydn et plus encore Mozart ; il eut même la prescience du leitmotiv. Enfin, il donna à l'oratorio une dimension et une signification jusque-là insoupçonnées. Pensée novatrice, donc, mais également d'une extrême noblesse. Son théâtre, ses oratorios mettent en scène les grands héros de l'Histoire *(Giulio Cesare, Tamerlano),* de la littérature *(Alcina, Orlando),* des livres saints — *Saül,* Solomon, Belshazzar. Attiré par ces immenses figures que sa fertilité d'invention, son aisance narrative surent élever à la hauteur du type et du mythe, il n'apparut, en fait, jamais aussi génial que lorsqu'il lui fallait se mesurer avec ces êtres d'exception qu'il scrutait dans leur vérité profonde quand, victimes de forces supérieures, ils se retrouvaient face à eux-mêmes, à leur destin. Leur grandeur fut la sienne.

Une confondante ascension spirituelle. On assiste d'ailleurs, chez Haendel, à une ascension spirituelle qui, dans les derniers oratorios, mène aux profondes méditations sur l'orgueil *(Sal),* sur la jalousie *(Heraklès),* sur l'amour plus fort que la mort *(Alexander Balus),* sur la fin des civilisations *(Belshazzar),* sur la tolérance, politique et religieuse *(Belshazzar, Theodora),* enfin sur la religion *(le Messie)* et sur la place de l'homme dans l'univers *(Jephta).* Dans cet ultime ouvrage, testament de sa pensée musicale et spirituelle, Haendel inscrivit son propre credo dans les premiers *(What ever is, is right)* et derniers mots *(Hallelujah ! Amen).* Il laisse ainsi, image de sa propre existence, une leçon d'indépendance, de liberté de l'esprit, d'acceptation de la volonté divine et de soumission à la grande loi de l'univers. Mais aussi une leçon de courage, de défi que l'homme se lance à lui-même, opposant à une attitude démissionnaire la force de sa ferveur et de son espérance, de son courage, de sa lucidité, de son optimisme. Ainsi Haendel apparaît-il comme le dernier des grands humanistes de la Renaissance, mais aussi comme un éminent représentant du siècle des lumières. On comprend mieux, dès lors, les jugements de Haydn déclarant : « Haendel est notre grand maître à tous » ; de Beethoven confiant au soir de son existence : « C'est le plus grand compositeur qui ait jamais existé ; je voudrais m'agenouiller sur sa tombe » ; de Liszt, enfin, proclamant sans ambages : « Haendel est grand comme le monde. »

Crea, Rome

Caricature des choristes chantant l'oratorio Judith *de* **Haendel.** *Eau-forte de William Hogarth.*

HAHN *(Reynaldo),* compositeur français *(Caracas, Venezuela, 1875 - Paris 1947).* D'origine allemande et israélite par son père, basque et catholique par sa mère, il est né Vénézuélien et l'est resté jusqu'à sa naturalisation en 1912. Mais il n'a que trois ans quand don Carlos Hahn, à la suite d'une révolution, liquide toutes ses affaires à Caracas et s'installe à Paris avec femme et enfants (il en a eu douze en tout). Rois en exil plutôt qu'immigrants, les Hahn se trouvent aussitôt lancés dans la plus haute société parisienne. À six ans, l'enfant prodige qu'est le petit Reynaldo fait ses débuts dans le célèbre salon de la princesse Mathilde, cousine du défunt empereur Napoléon III. Il chante des airs d'Offenbach en s'accompagnant au piano. Plus tard, et cela jusqu'aux approches de la vieillesse, il interprète de même ses propres mélodies d'une jolie voix de soprano, puis de baryton Martin. Au Conservatoire, où il entre à dix ans dans la classe de solfège de Lucie Grandjany, il aura également pour maîtres Decombes (piano),

Lavignac et Dubois (harmonie) et surtout Massenet (composition), dont l'amitié et la protection ne lui feront jamais défaut. C'est Massenet qui présente son jeune disciple à Alphonse Daudet, lui procurant ainsi, à quinze ans, sa première commande de musique de scène *(l'Obstacle).* Son influence est également pour beaucoup dans la création à l'Opéra-Comique d'un premier ouvrage lyrique — *l'Île du rêve* (1898) — d'après Pierre Loti. Reynaldo Hahn, à vingt-trois ans, n'en est déjà plus à se contenter de succès de salon, encore que ce dandy, polyglotte et brillant causeur, donne beaucoup de son temps à la vie mondaine et aux voyages. Il est très lié avec la ballerine Cléo de Mérode, Sarah Bernhardt, Marcel Proust, et fréquente la plupart des célébrités de la Belle Époque. Naturalisé français après la mort de sa mère, il fait son service militaire à trente-huit ans, et, la guerre venue, demande à partir pour le front où il passe plus de trois ans, pour en revenir avec la Légion d'honneur et la croix de guerre. Après la défaite de la France en 1940, sous l'occupation, il n'en est pas moins jugé indésirable à Paris en vertu des lois raciales, bien qu'il ait été baptisé à Caracas et ait fait sa première communion à Saint-Augustin. Réfugié en zone Sud, puis à Monte-Carlo, il regagne Paris en février 1945. Élu à l'Académie des beaux-arts, puis nommé directeur de l'Opéra, il succombe à une tumeur du cerveau le 28 janvier 1947.

Reynaldo **Hahn.**

Nadar

Reynaldo Hahn est avant tout un mélodiste, qui tient la voix humaine pour le plus parfait des instruments. Au plus haut point respectueux des textes qu'il habille discrètement de musique, pour les mettre en valeur sans en rien cacher, il place son idéal artistique dans l'union intime de la poésie et de l'art des sons. Aussi donne-t-il le meilleur de lui-même dans quelque 125 mélodies (*Chansons grises, Études latines, les Feuilles mortes, Chansons vénitiennes,* etc.), dans des comédies musicales comme *Mozart* (1925) et *Brummel* (1931), des opérettes comme *Ciboulette* (1923), la plus populaire de ses œuvres, et *Malvina* (1935), des opéras comme *Nausicaa* (1919) et le *Marchand de Venise* (1935). Mais on lui doit aussi de nombreuses musiques de scène (*le Bal de Béatrice d'Este,* 1909 ; *le Dieu bleu,* 1912), des concertos, des pièces instrumentales et de la musique de chambre. Très cultivé, raffiné jusqu'au purisme, admirateur déclaré de Gounod, de Saint-Saëns et de Massenet, il n'en appréciait pas moins Wagner. Fervent mozartien, il a consacré au maître de Salzbourg l'essentiel de son activité de chef d'orchestre. Et plusieurs journaux importants, dont *la Presse, Fœmina, le Journal, l'Excelsior* et *le Figaro,* ont bénéficié de son talent de critique.

HALÉVY (*Elias Levy,* dit JACQUES FROMENTAL), compositeur français *(Paris 1799-Nice 1862).* Élève de Berton et de Cherubini, grand prix de Rome, il compléta sa formation dans cette dernière ville, ainsi qu'à Vienne, tout en ayant débuté dès 1820 comme auteur d'opéras-comiques, de ballets, puis d'opéras. *La Juive,* qui fut créée à l'Opéra de Paris en 1835 par Cornélie Falcon, Levasseur et A. Nourrit — qui écrivit le texte de l'air fameux *Rachel, quand du Seigneur* —, consacra une célébrité que devait lui ravir l'année suivante Meyerbeer avec *les Huguenots.* Il ne devait jamais retrouver un succès comparable à celui de *la Juive,* opéra remarquablement équilibré, orchestré, d'une harmonie soignée, et finement écrit pour le chant; ses meilleures réussites furent, néanmoins, par la suite, *l'Éclair* (opéra-comique, 1835), puis *Guido et Ginevra* (1838), *la Reine de Chypre* (1841), *Charles VI* (1843), *les Mousquetaires de la reine* (1846) et *le Val d'Andorre* (1848). On doit également à Halévy, outre des hymnes religieux hébreux ou latins, de nombreux essais historiques ou musicologiques sur le *Miserere* d'Allegri, sur Lully, Gluck, Mozart, Berton, Cherubini, etc. Remarquable pédagogue, il enseigna l'harmonie dès 1827 au Conservatoire de Paris, puis le contrepoint et la composition, formant, entre autres, Gounod, Lecocq, Massé et Bizet; ce dernier épousa sa fille Geneviève (1850-1926), mariée en secondes noces à Émile Strauss. Il était l'oncle du librettiste Ludovic Halévy.

HALFFTER, famille de musiciens espagnols. — 1. **Rodolfo,** compositeur *(Madrid 1900).* Largement autodidacte, il reçut cependant des conseils de De Falla, et fut membre du groupe des Huit, constitué à Madrid en 1930. Après un séjour à Paris, il émigra en 1939 au Mexique, dont il devint citoyen, et où il joua un rôle actif comme compositeur, professeur et éditeur. Il usa de techniques sérielles à partir de 1953, mais son œuvre n'en reste pas moins dans la tradition de De Falla. Citons les ballets *Don Lindo de Almería* (1935) et *La Madrugada del panadero* (1940), un *Concerto pour violon* (1940), *Tripartita* (1959) et *Differencias* (1970) pour orchestre, *Homenaje a Antonio Machado* pour piano (1944). — 2. **Ernesto,** compositeur et chef d'orchestre, frère du précédent *(Madrid 1905).* Il devint l'élève de De Falla, dont les dernières œuvres influencèrent sa production de jeunesse, en particulier sa *Sinfonietta* (1925). Il fut influencé également par Stravinski, Ravel et le groupe des Six (*Rapsodía portuguesa* pour piano et orchestre, 1940). À la demande des héritiers de De Falla, il travailla de 1954 à 1960 à l'achèvement d'*Atlantida* (« l'Atlantide »), cantate scénique que ce dernier n'avait pu, et de loin, terminer, et dont la création eut lieu, après de nouvelles révisions, en 1976. Ce travail fut, en quelque sorte, le point de départ d'œuvres telles que le *Canticum in memoriam P. P. Johannem XXIII* (1964) ou *Gozos de nuestra Señora* (1970). — 3. **Cristobal,** compositeur et chef d'orchestre, neveu des deux précédents *(Madrid 1930).* Il a étudié avec

Algar

Ernesto ***Hallfter.***

Conrado del Campo au conservatoire de Madrid (1947-1951), puis en privé avec Alexandre Tansman. Il a ensuite travaillé à la radio espagnole et suivi des cours de direction d'orchestre. *Scherzo* pour orchestre lui valut, en 1951, un prix de composition; son *Concerto pour piano,* en 1953, le prix national de la musique. En 1959, la *Sonate pour violon solo,* œuvre clé pour son évolution, marqua ses débuts de compositeur sériel. Il obtint en 1962 la chaire de composition et de formes musicales au conservatoire de Madrid, établissement qu'il devait diriger de 1964 à 1966. À partir du milieu des années 60, grâce notamment à des œuvres comme *Lineas y puntos* pour 20 instruments à vent et dispositif électroacoustique (1966-67) ou *Anillos* pour orchestre (1967-68), il fut reconnu comme un des principaux représentants de l'avant-garde internationale, et, en 1968, il écrivit pour l'O.N.U. la cantate *Yes, speak out, yes* sur un texte de Norman Corwin. Lui-même se définit comme ayant un sens mystique très fort : *Noche pasiva del sentido* pour soprano, 2 percussionnistes et 4 magnétophones (1969-70) tire son inspiration de saint Jean de la Croix.

Ancré dans la tradition polyphonique espagnole, préoccupé par les problèmes fondamentaux de l'existence, en particulier par celui de la mort, il n'a pas craint de les évoquer dans *Planto por las víctimas de la violencia* pour ensemble de chambre et dispositif électroacoustique (1970-71), dans *Requiem por la Libertad imaginada* pour grand orchestre (1971), dans *Gaudium et spes* pour chœur et bande magnétique (1973-74), dans *Elegías a la Muerte de tres poetas españoles* (1974-75), dans son *Officium defunctorum* pour chœur et orchestre (1977, créé aux Invalides à Paris, 1979).

On lui doit encore trois quatuors à cordes, datés respectivement de 1955, 1970 *(Cuarteto II, Memoria 1970)* et 1977, *Pinturas negras* pour orchestre et orgue concertant (1972), *Noche activa del espíritu* pour 2 pianos et dispositif électroacoustique (1972-73), un concerto pour violoncelle (1974) et un pour violon (1980), *Mizar I* pour 2 flûtes et orchestre (1977) et *II* pour 2 flûtes et dispositif électroacoustique (1980), *Tiento* pour orchestre (1980), *Fantasia über einen Klang von Haendel* pour cordes (1981), *Ricercare para organo* pour orgue (1981), *Sinfonia Ricercata* pour orgue et orchestre (1982), *Concerto pour flûte et sextuor à cordes* (1982), *La Soledad sonora... La musica callada,* environnement acoustico-optique (1982-83), *Cadencia* pour piano (1983), *Versus* pour grand orchestre (1983).

HAMAL *(Jean-Noël),* compositeur belge *(Liège 1709 - 1778).* Formé à Liège, puis à Rome, il subit profondément l'influence italienne dans le domaine instrumental (15 symphonies et 11 ouvertures) et dans la musique religieuse (56 messes, 179 motets, 3 Te Deum, 32 cantates et 5 oratorios). Mais il sut en profiter pour créer l'opéra-comique wallon en s'éloignant des sujets conventionnels et mettre en scène des types locaux s'exprimant en langage dialectal (*le Liégeois engagé,* 1757 ; *le Voyage à Chaudfontaine,* 1757, etc.).

HAMBRAEUS *(Bengt),* compositeur suédois *(Stockholm 1928).* Après des études de musicologie et d'orgue, il rallie l'avant-garde musicale de Darmstadt et, dans les années 50, travaille dans les studios de musique électronique de Cologne, Milan et Munich. Depuis 1972, il est professeur à l'université McGill à Montréal, au Canada. Défenseur énergique des modes d'expression contemporains, il mêle fréquemment dans ses propres compositions les moyens instrumentaux traditionnels et les moyens électroniques. Son style est un éclectique hommage au passé musical moyenâgeux et à des personnalités contemporaines telles E. Varèse, J. Cage ou O. Messiaen. Parmi ses œuvres les plus représentatives, il faut citer *Constellations I* pour sons d'orgue (1958) et *Interférences* pour orgue (1962), les œuvres orchestrales et électroniques : *Transfiguration* (1963), où transparaît un hommage à la jeune école polonaise et à Y. Xenakis, *Rota I* (1956-1962) pour 3 orchestres, et *II* (1963) avec bande magnétique, *Tetragon* (1965), peut-être son œuvre la plus riche et fascinante, *Fresque sonore* (1967) pour orchestre en multiple réenregistrement, *Rencontres* (1968-1971), œuvre collage réunissant Reger, Wagner, Scriabine et ses propres œuvres, *Invocation* (1971), *Pianissimo* (1972), *Continuo* (1975), *Ricordanza* (1976). Notons également *Transit II* (1963) pour quatuor instrumental, exploration des timbres et des effets d'écho, des opéras expérimentaux, de la musique de ballet et des œuvres chorales et vocales.

HAMEL *(Peter Michael),* compositeur allemand *(Munich 1947).* Il fut à Munich l'élève de Günter Bialas (1968) et se forma aussi dans cette ville au contact du *Studio für Neue Musik* de Fritz Büchtger. À partir de 1969, il travailla avec Josef Anton Riedl tout en découvrant John Cage, Mauricio Kagel, Dieter Schnebel et Luc Ferrari et en se préoccupant de musique concrète et de *live electronic.* En 1970, Hamel suivit à Berlin des cours de Carl Dahlhaus. Il participa à Munich à la fondation du groupe Between, orienté à la fois vers le travail sur bande et vers l'improvisation, et s'intéressa de plus en plus au free jazz et aux traditions ethniques (Inde, Tibet), ce qui le fit entreprendre cinq voyages en Asie, et qui se traduisit notamment dans *Maitreya* (1974) et *Diaphainon* (1974) pour orchestre, œuvres poursuivant une certaine « ethnologisation » de la tradition occidentale. Il ne se réclama d'aucune tendance spéciale, ni de la « musique minimale » ni de la « nouvelle simplicité », et, avec des ouvrages comme *Dharana* pour solo, ou bande, ou orchestre (1972), *Samma Samadhi* pour orchestre (1972-73), *Integrale Musik* avec chœur (1975-76), le concerto pour hautbois *Ananda* (1973) ou *Albatros* pour orchestre (1977), il poursuivit une synthèse personnelle du déterminé et de l'improvisé. On lui doit aussi *Mandala* pour piano préparé (1972), *Continuous Creation* pour piano (1975-76), *Klangspirale* pour 13 instruments ou 3 groupes d'orchestre, partition entièrement déterminée (1977), *Kairos* pour 6 percussionnistes et instrument à clavier (1981), des œuvres électroniques comme *Aura* ou *Nada* ou improvisées avec le groupe Between, l'opéra *Ein Menschentraum* (Cassel, 1981), et le livre *Durch Musik zum Selbst* (1977).

HAMILTON *(Iain),* compositeur écossais *(Glasgow 1922).* Il abandonna en 1947 le métier d'ingénieur pour se consacrer à la musique, étudiant le piano et la composition à la Royal Academy of Music et à l'université de Londres. Il enseigna à Morley College (1952-1959) et à l'université de Londres, et, en 1961, alla occuper un poste aux États-Unis à la Duke University de Durham (Caroline du Nord). Il y fut nommé professeur en 1966. Parti d'un style néo-romantique, il a adopté des techniques sérielles pour revenir ensuite vers une tonalité élargie tout en s'inspirant volontiers de phénomènes extramusicaux. Il a écrit notamment trois symphonies (1948, 1958, 1982), des concertos, de la musique de chambre, dont deux quatuors à cordes (1948, 1965), et les opéras *Agamemnon* (1967-1969), *The Royal Hunt of the Sun* (1967-1969), *The Catiline Conspiracy* (1972-73, créé à Glasgow, 1974), *Tamburlaine* (1976), et *Anna Karenina* (créé en 1981).

HAMMERSCHMIDT *(Andreas),* compositeur allemand *(Brüx, Bohême, 1611 ou 1612-Zittau 1675).* Organiste également, il fut après Schütz, dont il était l'ami, le premier compositeur de musique religieuse luthérienne en Allemagne au milieu du XVIIe siècle, et contribua grandement à introduire en pays germaniques les nouveautés (style concertant, style dramatique), alors originaires d'Italie. On lui doit plus de 400 œuvres vocales sacrées, publiées de son vivant en quatorze collections et comprenant des motets, des concerts, des airs. Ses motets constituent la partie de sa production la plus ancrée dans la tradition, mais on trouve dans certains de nets madrigalismes. Ses concerts *(Konzerte)* relèvent au contraire du style moderne du temps, tandis que ses airs annoncent la future cantate. Remarquables sont notamment les cinq parties de ses *Musicalische Andachten : Concerts spirituels* avec basse continue (1639), *Madrigaux spirituels* avec basse continue (1641), *Symphonies spirituelles* avec basse continue (1642), *Motets et concerts spirituels* avec basse continue (1646), *Chormusik* (1652-53).

HARANT (*Krystof,* baron de POLZICE et BEZDRUZICE), compositeur tchèque *(Château de Klenov 1564-Prague 1621).* Après des études à la cour de l'archiduc Ferdinand à Innsbruck, il se battit contre les Turcs (1597) et fit un pèlerinage en Terre sainte. Conseiller de Rodolphe II (1600), il prit parti pour la Réforme, dont il commandait les armées à la bataille de la Montagne Blanche (1620), et fut exécuté avec vingt autres rebelles sur la place de la vieille ville de Prague. Humaniste de la Renaissance, à la fois voyageur, homme de lettres, ingénieur, chef d'armée, chanteur et chef de chœur, Krystof Harant fut, comme compositeur, influencé par l'école vénitienne et par le style madrigalesque de Luca Marenzio *(Missa super dolorosi martyr,* motet *Maria Kron,* motet *Qui confidunt).* Une grande partie de sa production s'est perdue.

HARRIS *(Roy),* compositeur américain *(Lincoln County, Oklahoma, 1898-Santa Monica, Californie, 1979).* Il étudie la philosophie grecque et la théologie hindoue avant la musique, à laquelle il vient assez tard. Il est l'élève d'Arthur Farwell et d'Altschuler à l'université de Los Angeles. Ses premiers essais précèdent son départ pour Paris, où il travaille avec Nadia Boulanger (1926-1928). À trente ans, un grave accident lui brise la colonne vertébrale et le contraint à une longue convalescence, pendant laquelle il poursuit ses études et, dit-il, apprend à écrire sans piano. C'est l'époque du *1er Quatuor,* où l'attention qu'il apporte à la structure de la musique lui suggère déjà un langage très personnel. Trois ans plus tard, la *1re Symphonie,* conduite par Koussevitski, est un triomphe en dépit de son programme ambitieux (« exprimer l'esprit d'aventure et l'exubérance physique, le pathétique qui semble à la base de toute existence humaine et la volonté de puissance et d'action »). Sa

U.S.I.S.

Roy ***Harris.***

force expressive, sa volonté de style et son goût des formes classiques se retrouvent à toutes les étapes d'une carrière conçue dans l'esprit néoromantique et qui évoluera vers le monumental, avec des références de plus en plus fréquentes aux thèmes populaires. La *3e Symphonie,* saluée comme un événement lors de sa création à Boston (1939), attestait déjà une puissance de tempérament assez exceptionnelle dans l'école américaine, et les suivantes (*5e Symphonie* dédiée au peuple soviétique alors en guerre, 6e et 10e inspirées par la personnalité d'Abraham Lincoln) en confirment l'audace et l'énergie. Harris devait en écrire 14 (la dernière en 1975).

HARSANYI *(Tibor),* pianiste et compositeur français d'origine hongroise *(Magyarkanisza 1898 - Paris 1954).* Élève de Bartók et de Kodály, il émigra à Paris en 1924, où il fit partie du groupe de musiciens originaires d'Europe centrale, connu sous le nom d'École de Paris (les autres membres étant Marcel Mihalovici, Bohuslav Martinů, Alexandre Tcherepnine, Alexandre Tansman). Dans un style poursuivant la synthèse d'éléments folkloriques hongrois et de tendances néoclassiques, Tibor Harsanyi a laissé des ballets, comme *le Dernier Songe* (1920), *Pantins* (1938) et *Chota Roustaveli* (1945), les opéras *les Invités* (1937) et *Illusion* (1948), des œuvres symphoniques et de chambre, ainsi que de nombreuses musiques de scène et de film.

HARTMANN, famille de musiciens danois. — 1. **Johann Ernst,** compositeur et violoniste *(Gross-Glogau, Allemagne, 1726-Copenhague 1793).* Très influencé par l'esthétique néoclassique de Winckelmann et de Gluck, il est l'initiateur du style nordique, qui atteint son apogée dans l'œuvre de son petit-fils J. P. E. Hartmann. Les principaux ouvrages de J. E. Hartmann restent ses musiques de scène pour les pièces de J. Ewals : *Balders tod,* « la Mort de Balder », 1779, et *Fiskerne,* « les Pêcheurs », 1780. — 2. **Johann Peter Emilius,** compositeur, petit-fils du précédent *(Copenhague 1805 - id. 1900).* Il est, avec N. Gade, le plus important compositeur romantique danois. Inspiré par la vision nordique des drames de A. Oehlenschläger, il est avant tout un lyrique, qui puise son inspiration dans les vieilles légendes : musique pour le mélodrame *Guldhornene,* « les Cornes d'or », 1832 ; musique de tragédie, *Olaf den Hellige,* « Saint Olaf », 1838 ; ouvertures, *Hakon jarl,* « le Chef Hakon », 1844, et *Axel og Valborg,* 1856 ; musiques de ballet, *Valkyrien,* 1861, et *Thrymskviden,* « la Légende de Thrym », 1868 ; cantate, *Volvens Spaadom,* « la Prophétie de la sibylle », 1872 ; tragédie, *Yrsa,* 1883. Mais, malgré quelques œuvres instrumentales et symphoniques fort bien venues, ses chefs-d'œuvre restent le ballet *Et folkesagn,* « Une légende populaire », 1854, écrit en collaboration avec N. Gade, et surtout l'opéra *Liden Kirsten,* « la Petite Christine », 1846, sur un livret de H. C. Andersen, une des œuvres les plus populaires du répertoire lyrique danois.

HARTMANN *(Karl Amadeus),* compositeur allemand *(Munich 1905 - id. 1963).* Il étudia avec Joseph Haas à Munich (1924-1927) et prit aussi des leçons auprès de Hermann Scherchen, qui l'influença profondément, et d'Anton Webern (1941-42), qui cependant marqua moins sa musique qu'Alban Berg. Diverses œuvres, pour la plupart retirées par la suite, furent enten-

Service d'information de Bonn

Karl Amadeus **Hartmann.**

dues avant la Seconde Guerre mondiale : le *Concertino* à Strasbourg en 1933, la symphonie *Miserae* à Prague en 1935, le premier quatuor à cordes à Genève en 1935, la cantate *Friede - Anno 48* à Vienne en 1937, la symphonie *l'Œuvre* à Liège en 1939. Certaines devaient être réutilisées ultérieurement, comme le *Concertino* dans la symphonie n° 5 ou *l'Œuvre* dans la symphonie n° 6 ; d'autres sont perdues. La raison de ces auditions hors d'Allemagne est que, durant le régime nazi, Hartmann se retira complètement de la vie musicale dans son pays. Mais, dès 1945, il fonda à Munich, dans le but de faire connaître les œuvres contemporaines, l'importante association Musica viva. Il obtint successivement le prix de la ville de Munich (1949) et celui de l'Académie bavaroise des beaux-arts (1950), dont il devint membre en 1952, et, en 1953, il fut nommé président de la section allemande de la Société internationale de musique contemporaine. Sa seule œuvre scénique, à tendances pacifistes, est *Simplicius Simplicissimus* d'après Grimmelshausen, composée en 1934-35 à l'instigation de Scherchen sous le titre de *Des Simplicius Simplicissimus Jugend,* créée sous sa forme première en concert à Munich en 1948, puis à la scène à Cologne en 1949, révisée en 1955 et créée sous sa forme et son titre définitifs à Mannheim en 1956. On lui doit également, entre autres, un 2e quatuor à cordes (1945-46), un *Concerto funèbre* pour violon et cordes (1939, rév. 1959), un concerto pour piano, vents et percussion (1953) et un autre pour alto, piano, vents et percussion (1955), l'ouverture symphonique *China kämpft* (*La Chine se bat,* 1942).

Mais ce sont ses huit symphonies qui constituent le noyau de sa production. Elles font de lui, en ce domaine, l'un des maîtres du milieu du XXe siècle et, sans épigonisme aucun, le principal héritier en pays germaniques de la tradition brucknérienne et mahlérienne (cela malgré de fortes influences de Reger). La *Première* (1936, créée en 1948) se tient à part : d'abord appelée *Symphonische Fragmente,* elle est en 5 mouvements, 2 mouvements vocaux sur des textes de Walt Whitman entourant 3 mouvements instrumentaux. La *Deuxième* (1946, créée en 1950) est en 1 seul mouvement, 1 adagio en forme d'arche montant vers un sommet, puis retombant vers ses sources. La *Troisième* (1948-49, créée en 1950), ancrée dans « le paysage intellectuel de l'école viennoise » (Hartmann), fait un premier usage de la fugue. La *Quatrième* (1947, créée en 1948) est pour cordes. La *Cinquième* (1950, créée en 1951) porte comme titre *Symphonie concertante.* La *Sixième* (1951-1953, créée en 1953) est en 2 mouvements, dont le second constitué de 3 fugues. La *Septième* (1957-58, créée en 1959), la plus grande sans doute, la plus représentative en tout cas des divers aspects du style du compositeur, fait se succéder un premier mouvement mêlant les principes de la fugue, du concerto et du tutti orchestral, un vaste adagio et un finale centré sur le rythme. La *Huitième* (1960-1962, créée en 1963) est à nouveau en 2 mouvements seulement. À noter que, parmi les symphonies en 3 mouvements, la *Cinquième* avait, avant la *Septième,* adopté la structure vif-lent-vif, la structure

Larousse

K. A. **Hartmann.**

inverse lent-vif-lent étant au contraire celle des *Troisième* et *Quatrième.* À sa mort, l'admirable figure qu'était Hartmann laissa presque achevée une ultime page grandiose, *Gesangsszene* pour baryton et orchestre d'après *Sodome et Gomorrhe* de Jean Giraudoux (création, Francfort, 1964).

HASSE *(Johann Adolf),* compositeur allemand *(Bergedorf, près de Hambourg, 1699 - Venise 1783).* Fils d'organiste, il débuta comme ténor à Hambourg et à Brunswick, où son premier opéra *(Antioco)* fut représenté en 1721, puis travailla à Naples avec Porpora et Alessandro Scarlatti. Nommé en 1727 maître de chapelle à l'hospice des Incurables à Venise, Hasse épousa en 1730 dans cette ville la célèbre chanteuse Faustina Bordoni : tous deux devaient dorénavant mener leurs carrières de front. Le couple arriva en 1731 à Dresde, où *Cleofide* fut joué en présence notamment de J.-S. Bach, et Hasse fut nommé maître de chapelle royal de la cour de Pologne et de Saxe. Il revint à Dresde en 1734, ce qui marqua le début de trente années d'activités inlassables dans cette capitale, entrecoupées, il est vrai, par des voyages à Londres, à Munich (1746), à Paris (1750), à Varsovie, à Berlin. Au cours du siège de Dresde (1760), la bibliothèque de Hasse et le matériel qui devait servir à une édition complète de ses œuvres furent détruits. Tombé en disgrâce à la mort de Frédéric Auguste II (1763), le compositeur partit pour Vienne (1764), puis Venise (1773). Son dernier opéra, *Ruggiero,* fut représenté en 1771 à Milan en concurrence avec *Ascanio in Alba* du jeune Mozart (les deux œuvres avaient été écrites pour le mariage de l'archiduc d'Autriche Ferdinand avec une princesse d'Este) : « Cet enfant nous fera tous oublier », aurait-il dit alors. Le nom de Hasse symbolise, à lui seul, la conquête des pays germaniques par l'opéra et le style italiens au milieu du XVIIIe siècle. Il connut une carrière des plus heureuses, mais ses succès n'eurent d'égal que l'obscurité dans laquelle il tomba après sa mort, et qui — à tort sans doute — dure encore aujourd'hui. Représentant typique (avec son librettiste principal Métastase) de l'*opera seria* tel qu'il se répandit alors à travers toute l'Europe, mais en particulier en Allemagne, Hasse n'écrivit pas moins de 56 opéras et de 13 intermezzos bouffes, de 11 oratorios, de 10 messes et de 7 fragments de messes, ainsi qu'un très grand nombre de partitions religieuses et instrumentales diverses. Sa musique vaut notamment par le dramatisme de son style déclamatoire, parfaitement adapté au sens et à la sonorité de chaque mot, et par la façon dont il sut, dans ses airs, caractériser musicalement une situation, un sentiment. Parmi ses opéras, on note *Didone abbandonata* (1742), *Arminio* (1745), *Demofoonte* (1748), *Adriano in Siria* (1752), *Il Re pastore* (1755), tous créés à Dresde, ou encore *Partenope* (Vienne, 1767). Dans *Piramo e Tisbe* (Vienne, 1768), il tenta de reprendre à son compte les réformes de Gluck. La musique de Hasse ne survécut pas à la vogue de l'*opera seria,* mais cela n'empêcha pas des compositeurs aussi différents les uns des autres que Jean-Sébastien Bach, Johann Adam Hiller, Johann Friedrich Reichardt, Joseph Haydn (qui soumit à son approbation son

Stabat Mater de 1767 et se déclara ravi des éloges reçus) et même, plus tard, Hector Berlioz de faire de lui les plus grands éloges.

HASSLER *(Hans Leo),* compositeur allemand *(Nuremberg 1564 - Francfort 1612).* Il fut le premier grand musicien de son pays à aller se former en Italie. Après avoir grandi dans la tradition de Lassus, il fut, en 1584 à Venise, élève d'Andrea Gabrieli et se lia d'amitié avec son neveu Giovanni, futur maître de Heinrich Schütz. Organiste d'Octavian II Fugger à Augsbourg en 1586, anobli par son protecteur l'empereur Rodolphe II en 1595, H. L. Hassler dirigea la musique à Augsbourg, puis à Nuremberg (1601), résida ensuite à Ulm (1604-1608), entra au service de la cour de Dresde (1608) et mourut alors qu'il assistait dans la suite de l'Électeur de Saxe au couronnement de l'empereur Mathias. Il fut, avant Praetorius, le promoteur en Allemagne de l'écriture polychorale vénitienne, laissant à ce dernier le soin d'introduire en pays germaniques l'autre grande innovation transalpine, les « concerts vocaux » avec voix solistes, chœurs et instruments obligés. Ses madrigaux et canzonettes évoquent Andrea Gabrieli, ses ouvrages à deux chœurs Giovanni Gabrieli. Outre une nombreuse production religieuse, dont une centaine de motets, huit messes (parmi lesquelles la grandiose *Missa octavi toni* à huit voix), deux recueils de chorals et des pièces d'orgue, on lui doit notamment le *Lustgarten Neuer Teutscher Gesäng* (« Jardin d'agrément des nouveaux chants allemands », 1601), vaste recueil regroupant lieder polyphoniques, monodies accompagnées et pages instrumentales, et où Bach puisa la mélodie du célèbre choral *O Haupt voll Blut* de la *Passion selon saint Matthieu.*

Bibl. nat. de Vienne

Hans Leo **Hassler.**

HAUBENSTOCK-RAMATI *(Roman),* compositeur autrichien d'origine polonaise *(Cracovie 1919).* Il fit ses études à Cracovie (1934-1938) et à Lvov (1939-1941), fut directeur musical de la radio de Cracovie (1947-1950), puis émigra en Israël (1950), où il fonda la Bibliothèque nationale de musique et où il enseigna la composition à Tel-Aviv. De retour en Europe en 1957, il se familiarisa à Paris avec la musique concrète, puis devint conseiller pour la musique contemporaine aux éditions Universal à Vienne — il le resta jusqu'en 1968. Depuis lors, il se consacre essentiellement à la composition, mais a poursuivi diverses activités d'enseignement à Stockholm, Buenos Aires, Tel-Aviv et surtout en Autriche : il a été nommé professeur de composition à l'École supérieure de musique de Vienne en 1973 et directeur de l'Institut de musique électroacoustique de cette même ville en 1976, et il a reçu le prix musical de la ville de Vienne en 1977. D'abord influencé par Stravinski et Szymanowski, Haubenstock-Ramati s'est familiarisé avec Webern dès 1938 et a rendu hommage aux principes sériels dans certaines de ses premières œuvres, comme *Blessings* pour voix et neuf instruments (1954) ou *Recitativo e aria* pour clavecin et orchestre (1955). Il s'est ensuite tourné vers les formes variables, ou « formes à dynamiques fermées », par exemple dans la série des *Mobiles,* parmi lesquels *Petite Musique de nuit* pour orchestre (1960) et *Mobile for Shakespeare* pour voix et six exécutants (1969). Il a exploré plus avant la relation mobilité-stabilité dans *Amerika,* opéra d'après Kafka (1962-1964), dans la série des *Multiples* inaugurée en 1969 pour les *Multiples I* à *VI* — chacun fait appel à une formation différente et peut exister en de nombreuses versions —, ainsi que dans des pages orchestrales comme *Vermutun-*

gen - über ein dunkles Haus (1963, tiré d'*Amerika*), *Tableau I* (1967), *II* (1969) et *III* (1971), ou encore *Symphonien* (1977, Baden-Baden, 1978). On lui doit encore, notamment, *Hôtel Occidental* pour chœur parlé, d'après Kafka (3 vers., 1967), deux quatuors à cordes (1973 et 1977), le ballet *Ulysse* (créé à Vienne, 1978) et *Nocturnes I* (1981) et *II* (1982) pour orchestre. Il s'est toujours intéressé de près au graphisme musical et a organisé la première exposition sur ce sujet à Donaueschingen en 1959.

HAUER *(Joseph Matthias),* compositeur autrichien *(Wiener-Neustadt 1883 - Vienne 1959).* Après des études générales dans sa ville natale, il occupe un poste d'instituteur à Krumbach et se met à l'étude de la musique en autodidacte, pendant ses loisirs. Au bout de quelques années, il devient professeur de musique dans les collèges et écoles secondaires et, après la Première Guerre mondiale, s'installe à Vienne comme professeur de musique. Dès 1908, il a commencé à élaborer un système de musique atonale utilisant des séries de douze sons et il peut être ainsi considéré comme un précurseur de Schönberg. Hauer commence à composer à partir de 1918, selon les mêmes principes théoriques. Mais, contrairement à la méthode de Schönberg, qui fixera définitivement l'ordre de succession des douze sons dans chaque série, la démarche de Hauer laisse une plus grande liberté au compositeur dans l'utilisation du total chromatique. La logique du système, de même que l'arrière-plan esthético-philosophique inspiré de la *Farbenlehre* de Goethe, incitera pendant longtemps Hauer à écarter toute idée de polyphonie. S'intéressant plus volontiers aux musiques orientales — chinoise, en particulier — qu'à l'héritage classique européen, dont il regrette l'évolution harmonique, la plupart de ses œuvres reflètent cet état d'esprit par leur caractère presque toujours homophone, privilégiant, par ailleurs, la voix humaine et les instruments réglés sur le « tempérament égal », tels que le piano ou l'harmonium, au détriment des instruments à cordes et à vent. Ce n'est que dans les dernières années de sa vie que Hauer introduit plus de souplesse dans ses conceptions, notamment dans la cantate *Der Menschen Weg* (« le Chemin des hommes » 1934; rév. 1952). Il met également au point un système d'écriture de la musique de douze sons *(Zwölftonschrift).* Tout en rendant hommage au chercheur, Schönberg lui-même, dans la préface à son traité d'harmonie, insiste sur l'aspect trop rigoureusement systématique de la démarche de Hauer, qui donne souvent à ses œuvres un caractère expérimental. Sa production, d'ailleurs considérable et couvrant presque toutes les formes, est restée en grande partie inédite. Il a composé deux opéras, dont *Salammbô* op. 60 (création par O. Klemperer, Berlin, 1930), d'après Gustave Flaubert, des œuvres pour piano seul, pour orchestre, de la musique de chambre, des œuvres pour voix et orchestre, pour chœurs, et des mélodies sur des poèmes de Hölderlin.

HAYDN *(Franz Joseph),* compositeur autrichien *(Rohrau-sur-la-Leitha, Basse-Autriche, 1732 - Vienne, faubourg de Gumpendorf, 1809).* Fils du charron Mathias Haydn et de Anna Maria Koller — qui était avant son mariage cuisinière chez le comte Harrach, seigneur de Rohrau —, deuxième de douze enfants, dont six devaient survivre, Franz Joseph Haydn naquit aux confins de l'Autriche et de la Hongrie — ce qui devait largement influencer sa musique —, et passa dans cette région et à Vienne, exception faite de ses deux voyages à Londres, la totalité de sa vie.

La jeunesse à Vienne. À six ans, il alla habiter chez un certain Mathias Franck, époux de la demi-sœur de son père, qui lui apprit les rudiments de son futur métier, et, de 1740 à 1749 environ, fut petit chanteur à la maîtrise de la cathédrale Saint-Étienne de Vienne, alors dirigée par Georg Reutter le Jeune et d'où il fut chassé après que sa voix eut mué. Des années qui suivirent, on sait fort peu de chose. Livré à lui-même sur le pavé de Vienne, Haydn subsista en donnant des leçons, en jouant du violon ou de l'orgue. Par l'intermédiaire du poète Métastase, il devint, vers 1753, élève-factotum du compositeur Porpora et étendit le cercle de ses relations. Pour l'essentiel, il se forma en autodidacte, grâce notamment au *Gradus ad Parnassum* de Fux et aux premières sonates de Carl Philipp Emanuel Bach. Haydn composa vers 1757 chez le baron Karl Joseph von Fürnberg, qui l'avait invité dans sa résidence de Weinzierl, ses premiers quatuors à cordes. En 1758 ou 1759, il entra au service du comte Morzin, qui passait l'été dans son château de Lukavec, près

*Joseph **Haydn**. Tableau de Thomas Hardy. (Musée Haydn. Eisenstadt.)*

de Pilsen en Bohême. Il composa pour lui, notamment, ses premières symphonies et une série de divertissements pour instruments à vent. Mais des revers de fortune obligèrent bientôt Morzin à licencier son orchestre.

Les Esterházy. Le 1er mai 1761, peu après son mariage (26 novembre 1760, Vienne), Haydn signa avec le prince Paul Anton Esterházy, le plus riche seigneur de Hongrie, un contrat (souvent cité comme typique des conditions imposées au musicien d'Ancien Régime) le nommant vice-maître de chapelle responsable de toute la musique du prince, à l'exception du domaine religieux, réservé en principe au maître de chapelle Gregor Joseph Werner (à la mort de Werner en mars 1766, Haydn lui succéda comme maître de chapelle). La résidence principale du prince hors de Vienne était Eisenstadt (en hongrois, Kismarton, à l'ouest de la Hongrie, aujourd'hui capitale de la province orientale autrichienne du Burgenland). Le prince Paul Anton ayant disparu le 18 mars 1762, son frère Nicolas, qui devait bientôt mériter le nom de Nicolas le Magnifique, lui succéda. Haydn devait servir ce prince pendant vingt-huit ans, jusqu'à la mort de celui-ci en 1790. Le château d'Eisenstadt ne suffit bientôt plus à Nicolas. Avant son avènement, il avait habité un pavillon de chasse à Süttor (aujourd'hui Fertöd), dans la plaine hongroise, à l'extrémité sud du lac de Neusiedl. L'endroit était marécageux, mais cela n'empêcha pas le prince d'y faire édifier un magnifique château que les contemporains n'hésitèrent pas à comparer à Versailles. Dès 1766, ce château était officiellement appelé Esterháza. Haydn et ses musiciens s'y installèrent définitivement en 1769. Pourtant, Esterháza ne fut considéré comme vraiment terminé qu'en 1784, avec l'inauguration de la cascade face au bâtiment central. Le château comprenait alors 126 pièces, et sa construction avait coûté 13 millions de florins (en 1761, le salaire annuel de Haydn avait été fixé à 400 florins par an). Pendant plus de vingt ans, concerts, représentations d'opéras, représentations théâtrales (Haydn put voir des pièces de Shakespeare), fêtes et illuminations s'y succédèrent sans relâche, l'été surtout, car en principe le prince et sa cour passaient l'hiver à Vienne. La saison de 1778, pour ne prendre qu'un exemple, dura cependant du 23 janvier au 22 décembre, avec un total de 242 manifestations. Parmi les grandes festivités organisées à Esterháza, il faut citer celles de juillet 1772 en l'honneur du cardinal de Rohan, ambassadeur de France à Vienne et héros de l'affaire du Collier, celles de septembre 1773 en l'honneur de l'impératrice Marie-Thérèse et celles d'août 1775 en l'honneur de l'archiduc Ferdinand, troisième fils de l'impératrice.

Haydn, maître de chapelle. Haydn, chez les Esterházy, se trouvait à la tête d'une troupe de chanteurs et d'instrumentistes de très grand talent certes, mais parfois turbulents. Il noua avec beaucoup d'entre eux, en particulier avec le violoniste Luigi Tomasini*, des relations d'amitié assez étroites et fut plus d'une fois témoin à leur mariage ou parrain de leurs enfants. Mais la vie n'était pas seulement idyllique. Pétitions, requêtes, querelles et cas litigieux étaient monnaie courante, et Haydn servait en général d'intermédiaire entre l'intéressé et le prince. Fin 1765, le flûtiste Franz Nigst fut renvoyé : son fusil de chasse avait explosé alors qu'il visait des oiseaux sur le toit d'une maison princière, et cette maison avait brûlé complètement. Il y eut aussi la rixe qui, en novembre 1771, opposa dans une taverne d'Eisenstadt le violoncelliste Franz Xaver Marteau au flûtiste Zacharias Pohl, et au cours de laquelle ce dernier perdit un œil ; ou encore la violente querelle qui, en 1769, opposa les deux violoncellistes Ignaz Küffel et Joseph Weigl. Dans cette perspective, le célèbre épisode de la symphonie des *Adieux* (novembre 1772) n'apparaît que comme un cas parmi d'autres.

Haydn se plaignit souvent de devoir rester isolé à Esterháza et de ne pouvoir se rendre comme il le voulait à Vienne. Il reconnut cependant que cette situation avait ses avantages : « À la tête d'un orchestre, je pouvais faire des expériences, j'étais libre de changer, d'améliorer, d'ajouter ou de supprimer, de me livrer à toutes les audaces. Coupé du monde, je n'avais personne pour m'importuner, et fus forcé de devenir original. » Il reste qu'au fil des ans cette situation lui pesa toujours plus et qu'il chercha toujours

Le prince Nicolas Ier Esterkázy. Peinture anonyme. (Musée Haydn. Eisenstadt.)

Erich Lessing-Magnum

Exécution de la Création *de Joseph* ***Haydn*** *en 1808, dans la salle des fêtes de l'université de Vienne.*

davantage des contacts avec l'extérieur, tant sur le plan professionnel que personnel. Jusque vers 1780, nous sommes assez mal renseignés. En 1766, Haydn acheta à Eisenstadt une maison qui brûla deux fois (1768 et 1776). En 1768, il envoya au monastère de Zwettl, en Basse-Autriche, sa cantate *Applausus* accompagnée d'une lettre de recommandations en dix points, précieuse aussi bien par les renseignements qu'elle contient sur les conditions d'exécution de la musique au XVIIIe siècle que sur la conception qu'avait Haydn de son rôle de chef d'orchestre. Le 22 mars 1770, il dirigea à Vienne son opéra *Lo Speziale,* « l'Apothicaire », créé deux ans auparavant à Esterháza. Les 2 et 4 avril 1775, son oratorio *Il Ritorno di Tobia* était créé dans la capitale.

En 1779 arriva à Esterháza la chanteuse Luigia Polzelli, ce qui consola tant soit peu Haydn d'un mariage malheureux. Le prince Esterházy développait alors pour l'opéra italien une passion qui remplaça vite celle qu'il avait eue pour le baryton, instrument de la famille des violes, dont il avait longtemps joué lui-même. Haydn dut donc déployer dans le domaine de l'opéra une activité fébrile, dirigeant non seulement ses propres ouvrages, mais ceux de ses contemporains (Anfossi, Gazzaniga, Traetta, Sarti, Piccinni, Grétry, Paisiello, Cimarosa). Il ne se borna pas à les choisir, à les faire répéter et à les diriger, mais il les révisa plus ou moins profondément sur le plan musical, allant même, selon une coutume de l'époque, jusqu'à remplacer tel ou tel air par un autre de sa composition. De 1780 à 1790, il s'occupa ainsi de 96 opéras différents, dont 17 pour la seule année

R. Stepanek

1786, ce qui, compte tenu des reprises, correspondait à un total de 1 026 représentations, dont 125 pour 1786 ! On s'étonne que, dans ces conditions, il ait encore trouvé le temps de composer.

Regards vers l'extérieur. Durant ses dernières années à Esterháza, Haydn n'écrivit presque plus directement pour son prince. La quasi-totalité de sa production fut alors destinée au monde extérieur : Vienne, mais, surtout, Paris et Londres. D'abord à son insu, Haydn avait acquis une renommée considérable sur le plan européen, et de nombreux éditeurs s'étaient enrichis à ses dépens, tout en n'hésitant pas à faire paraître sous son nom, réputé valeur commerciale sûre, des œuvres écrites en réalité par des compositeurs de moindre envergure. Dans les années 1780, Haydn entra enfin en contact direct avec des éditeurs comme Artaria (Vienne), Boyer ou Sieber (Paris), Forster ou Longman et Broderip (Londres), et, comme eux, appliqua sans scrupules le principe du « chacun pour soi », vendant par exemple la même œuvre à deux éditeurs différents, chacun s'imaginant en avoir l'exclusivité. Haydn, à cette même époque, non seulement envoya ses ouvrages à l'extérieur, mais en reçut des commandes : ainsi celle faite par un chanoine de Cadix d'une musique orchestrale sur le thème des *Sept Paroles du Christ* (écrite pendant l'hiver 1786-87), ou encore celle faite par le concert de la Loge olympique à Paris des six *Symphonies* dites *parisiennes* (n°s 82 à 87, composées en 1785-86). Juste retour des choses : sa gloire et sa célébrité, en valant à Haydn ces commandes et en le forçant à écrire, sans contact direct il est vrai, pour un public moins restreint que celui dont il avait l'habitude, le sauvèrent sans doute de l'étouffement et d'une crise créatrice grave. L'isolement d'Esterháza lui devenait d'autant plus insupportable qu'à Vienne résidaient des personnes qui lui étaient chères. L'une d'elle était Mozart, qu'il rencontra au plus tard fin 1784 — peut-être dès décembre 1781 — et avec qui il noua des liens d'amitié et d'estime réciproques, dont on trouve peu d'équivalents dans l'histoire de la musique. Une autre était Marianne von Genzinger, femme d'un médecin de la capitale. Les lettres écrites d'Esterháza par Haydn à Marianne von Genzinger en 1789-90 comptent parmi les documents les plus personnels émanant de lui : « Une fois de plus, je suis forcé de rester ici. Votre Grâce imagine facilement tout ce qui me manque. Il est triste de toujours devoir être esclave, mais sans doute la Providence l'a-t-elle voulu ainsi. Je suis un pauvre diable ! Toujours harassé de travail, peu de loisirs, et quant aux amis ? Cela n'existe plus — une amie ? Oui ! Peut-être en existe-t-il une. Mais elle est loin » (27 juin 1790).

Les séjours à Londres. La mort de Nicolas le Magnifique (28 septembre 1790), dont Haydn, tout compte fait, n'avait pas eu trop à se plaindre, débloqua enfin la situation. Son fils et successeur Paul Anton, n'aimant pas la musique, conserva à Haydn son titre et sa pension, mais sans rien lui demander de précis. Devenu libre, Haydn put accepter les propositions de l'imprésario et violoniste londonien Johann Peter Salomon, à savoir 300 livres pour un opéra, 300 pour six nouvelles symphonies, 200 pour sa participation à vingt concerts, 200 de garantie pour un concert à son bénéfice. Cela à condition de faire le voyage de Londres. Le 15 décembre 1790, accompagné de Salomon, Haydn âgé de 58 ans quitta son pays pour la première fois. Il resta à Londres de janvier 1791 à juin (ou début juillet) 1792 et y écrivit, entre autres, ses six premières *Symphonies londoniennes* (nos 93 à 98). En décembre 1791, au moment où une organisation rivale de celle de Salomon, le Professional Concert, tentait de lui opposer son ancien élève Ignaz Pleyel, il y reçut la nouvelle de la mort de Mozart, à laquelle tout d'abord il ne voulut pas croire. Ce séjour fut un triomphe artistique et personnel d'autant plus remarquable que la vie à Londres différait fort de celle qu'il avait connue à Esterháza, et même à Vienne. Après trente ans de demi-solitude, Haydn alla de réception en réception ; au lieu d'un public restreint et connu d'avance, ou presque, il enthousiasma des salles anonymes et bruyantes. En juillet 1791, il se vit décerner par l'université d'Oxford le titre de docteur *honoris causa.* Il fut reçu par la famille royale. La presse rendit compte en détail de ses concerts. Tous ces événements, ainsi que diverses anecdotes, Haydn les consigna de façon pittoresque dans plusieurs lettres à Marianne von Genzinger et aussi sur des carnets heureusement presque intégralement conservés. Très intéressante est, par exemple, sa description des courses d'Ascot. Il nota en particulier de nombreux chiffres (quantité de charbon consommée à Londres en un an, âge de l'empereur de Chine, circonférence de l'île de Wight), et, d'une façon générale, on le découvre dans ses carnets à la fois frappé, amusé et importuné par le bruit infernal qui régnait à Londres, ainsi que par le goût des Anglais pour la boisson : « Milord Chatham, ministre de la Guerre et frère du ministre Pitt, a été si ivre pendant trois jours qu'il ne pouvait signer son nom, avec comme résultat que la flotte n'a pu quitter Londres. » Ou encore : « Lord Claremont a donné un grand souper, et comme on buvait à la santé du roi, il a fait jouer le *God Save the King* dehors, sous une tempête de neige. C'est ainsi, de façon insensée, qu'on boit en Angleterre. »

Sur le chemin du retour, on lui présenta, à l'étape de Bad Godesberg, le jeune Beethoven, qui le suivit à Vienne et auquel il donna en 1793 des leçons bien plus fructueuses que ne le veut la légende. Certes, il négligea quelque peu ses exercices de contrepoint, mais il le mit au contact du génie créateur : il existe, de la main de Beethoven, une copie d'une partie des esquisses du finale de la symphonie no 99, celle que, en 1793, Haydn composait en vue d'un nouveau voyage à Londres. Ce second séjour, au cours duquel Haydn fit entendre notamment ses six dernières *Symphonies londoniennes* (nos 99 à 104), qui sont aussi les dernières qu'il devait composer, eut lieu de janvier 1794 à août 1795. Il lui valut les mêmes triomphes et les mêmes avantages financiers que le premier.

Les dernières années à Vienne. À son retour définitif en Autriche, Haydn était considéré dans toute l'Europe comme le plus grand compositeur vivant. Il trouva un quatrième prince Esterházy, Nicolas II, qui, pour des raisons en partie de prestige, avait décidé de reconstituer la chapelle de son grand-père Nicolas le Magnifique, mais en abandonnant Esterháza pour Eisenstadt. Haydn reprit la direction de cette chapelle, mais avec des obligations beaucoup plus légères que par le passé, séjournant à Eisenstadt deux ou trois mois pendant l'été — cela jusqu'en 1803, sa dernière année active — et le reste du temps à Vienne. Le prince ne lui demandant qu'une messe par an, pour la fête de son épouse, la princesse Marie Hermenegild (il y eut six grandes messes, datées de 1796 à 1802), Haydn put, pour le reste, composer ce qu'il voulait : ses derniers quatuors à cordes, la version vocale des *Sept Paroles du Christ* (1796), l'hymne autrichien *Gott erhalte Franz den Kaiser* (1797) et surtout deux magnifiques oratorios, *la Création* (1798), et *les Saisons* (1801). Jusqu'en 1803, année à la fin de laquelle ses ennuis de santé l'obligèrent à cesser toute activité, Haydn fut une figure importante de la société viennoise. Il dirigea très souvent ses œuvres en public ou en privé, Beethoven participant fréquemment aux mêmes concerts que lui. C'est pour cette ultime période que les témoignages le concernant sont les plus nombreux. Son biographe Griesinger nous apprend que « de stature, Haydn était petit, mais robuste et solide d'apparence ; son front était large et bien bombé, sa peau brune, ses yeux vifs et fiers, ses traits accusés et nettement définis ; sa physionomie et son comportement reflétaient la prudence et une calme gravité ». Quant au diplomate suédois Fredrick Samuel Silverstolpe, en poste à Vienne de 1796 à 1803, il découvrit « chez Haydn pour ainsi dire deux physionomies. L'une, quand il parlait de choses élevées, était pénétrante et sérieuse, le mot sublime suffisait alors à mettre en branle ses sentiments de façon fort visible. L'instant d'après, cet état d'esprit était vite chassé par son humeur quotidienne, et il retombait dans le jovial avec une satisfaction qui se peignait littéralement sur ses traits et débouchait dans la facétie. Cette physionomie était la plus courante, l'autre devait être stimulée. »

À partir de 1804, Haydn ne quitta pour ainsi dire plus la maison qu'il avait acquise en 1793 à Gumpendorf, un faubourg de Vienne. Devenu incapable de composer, malgré les idées qui se pressaient, mais qu'il n'arrivait plus à mettre en ordre, il ne fut plus, physiquement, que l'ombre de lui-même. Un troisième grand oratorio sur le *Jugement dernier* resta à l'état de projet. Mais sa maison se transforma en lieu de pèlerinage. Haydn y vit notamment ses biographes Dies et Griesinger, Constance Mozart et son fils cadet, Carl Maria von Weber, et, en mai 1808, toute la chapelle Esterházy, venue sous la direction de Johann Nepomuk Hummel lui rendre visite à l'occasion d'un concert à Vienne. Il parut pour la dernière fois en public le 27 mars 1808, lors d'une audition de *la Création,* au cours de laquelle plusieurs musiciens, dont Beethoven, lui rendirent hommage, et mourut dans sa maison de Gumpendorf le 31 mai 1809, quelques jours après la seconde occupation de Vienne par Napoléon (événement qui semble avoir hâté sa fin). En 1820, ses restes furent transférés à Eisenstadt, où, depuis 1954, ils reposent dans un mausolée érigé en 1932 par le prince (depuis docteur) Paul Esterházy.

Haydn en son temps. Haydn forme avec ses cadets Mozart et Beethoven (mais il survécut dix-huit ans à Mozart) ce qu'on appelle la « trinité classique viennoise ». Il n'a rien de ce vieillard timide, dont l'image nous fut léguée par le XIXe siècle. Contrairement à Mozart, il se soucia peu des conventions. De son vivant, on lui reprocha violemment d'avilir son art par son humour et par ses traits plébéiens. Il fut le type du créateur original. De 1760 à la fin du siècle, l'histoire de la musique devint de plus en plus la sienne, et il finit par

Lauros-Giraudon

Joseph ***Haydn.*** *(Bibl. nat., Paris.)*

l'orienter pour cent cinquante ans. Il ne créa pas le quatuor à cordes, encore moins la symphonie, mais il leur donna leurs lettres de noblesse, les porta au plus haut niveau. Le premier, il se servit génialement de la « forme sonate » et en exploita, avec des ressources inépuisables, toutes les virtualités dialectiques, tant sur le plan du travail thématique que des relations tonales. De ce point de vue, Beethoven fut non seulement son plus grand, mais son unique élève. Comme Mozart, mais à partir de prémisses autres, Haydn fit du discours musical l'expression d'une action (et non plus d'un simple sentiment) dramatique. À sa pensée rapide, concentrée, procédant par ellipses, synthèse extraordinaire de contraction et d'expansion, d'essence épique, il dut ses triomphes dans la symphonie, le quatuor et l'oratorio, alors que Mozart de son côté portait vers des sommets insoupçonnés l'opéra et le concerto pour piano. La longue carrière de Haydn alla de la fin de l'ère baroque aux débuts du romantisme. Même vers 1800, alors qu'elle tendait déjà la main à Schubert, la musique de Haydn conserva des traces concrètes de ses origines. Les cuivres perçants, la férocité rythmique, les bonds en avant et les irrégularités formelles de

Haydn sont autant de traits rappelant que, en sa jeunesse, la musique la plus jouée à Vienne, dans les églises, en tout cas, était celle de Fux et de Caldara. Le problème de Haydn fut d'intégrer ces traits, sans les faire disparaître, dans un équilibre et une cohérence à grande échelle. Pour Mozart, plus jeune d'une génération, ce fut en quelque sorte le phénomène inverse.

Expériences et recherches. Jusque vers 1760, Haydn resta ancré dans une tradition autrichienne et viennoise issue pour l'essentiel de Fux et de Caldara, et se distingua à peine de prédécesseurs comme Georg Christoph Wagenseil* ou de contemporains comme Florian Gassmann* ou Leopold Hoffmann*. Parmi ses premières œuvres, deux messes brèves, des sonates pour clavecin, des divertissements, les dix ouvrages connus actuellement comme quatuors à cordes n°s 0, op. 1 et op. 2 (l'opus 3 n'est pas de lui, mais sans doute d'un certain Hoffstetter*), et une quinzaine de symphonies, courtes et pour la plupart en trois mouvements sans menuet (la 37e de l'édition complète existait en 1758).

Durant ses premières années chez les Esterházy (1761-1765), Haydn expérimenta avec fruit, surtout dans le domaine de la symphonie, et, non sans hésitations, fixa pour elle le cadre extérieur en quatre mouvements qui allait prédominer : premier mouvement rapide (avec ou sans introduction lente), deuxième mouvement lent, troisième mouvement dansant (menuet), quatrième mouvement rapide. Dès 1761, il réalisa un coup de maître avec les symphonies n° 6 *(le Matin),* n° 7 *(le Midi)* et n° 8 *(le Soir),* brillantes synthèses de baroque et de classicisme, et alla avec les suivantes dans des directions fort diverses : finales fugués des 13e et 40e (1763), mélodie de choral de la 22e (*le Philosophe*, 1764), parfum balkanique des 28e et 29e (1765), instruments solistes des 13e, 24e (1764), 36e et surtout 31e (*Appel de cor,* 1765). Pour faire briller ses musiciens, Haydn écrivit aussi à cette époque la plupart de ses concertos (certains sont perdus). Il y eut aussi, outre les inévitables partitions de circonstance, l'opera seria *Acide* (1762) et le premier *Te Deum* (v. 1763-64).

Approfondissements. En 1766 environ, avec le *Sturm und Drang,* la production de Haydn s'approfondit et se diversifia. En huit ans, jusque vers 1773-74, il écrivit quelque vingt-cinq symphonies, dont beaucoup comptent parmi ses plus grandes : 49e en *fa* mineur (*la Passion,* 1768), 44e en *mi* mineur (*Funèbre*, v. 1771), 45e en *fa* dièse mineur (*les Adieux,* 1772), 46e en *si* (1772), 47e en *sol* (1772), 48e en *ut* (*Marie-Thérèse,* v. 1769), 51e en *si* bémol (v. 1773), 54e en *sol* (1774), 56e en *ut* (1774), 64e en *la* (v. 1773). Il se préoccupa moins de la nature externe que de la structure interne de leurs mouvements et cultiva volontiers un ton fort subjectif : jamais il n'écrivit autant d'œuvres en mineur. De la même période datent trois grandes séries de six quatuors à cordes chacune (op. 9, v. 1769 ; op. 17, 1771 ; et op. 20, 1772), de belles sonates pour piano, telles la 30e en *ré* (1767), la 31e en *la* bémol (v. 1767-1770) et la 33e en *ut* mineur (1771), le *Stabat Mater* (1767), le *Salve Regina* en *sol* mineur (1771), quatre messes, dont une perdue, quatre opéras et la plupart des compositions pour baryton. Beaucoup de ces ouvrages témoignent d'un goût marqué pour les sonorités feutrées, la méditation et la mélancolie (extraordinaires mouvements lents), les effets étranges et imprévus ; d'autres sont au contraire d'un éclat exceptionnel. Pour consolider ces nouvelles conquêtes expressives et formelles, Haydn eut souvent recours à des procédés contrapuntiques, dont, contrairement à ce qu'on crut longtemps, la tradition ne s'était en rien perdue en Autriche depuis la fin du baroque (trois des six quatuors à cordes de l'opus 20 se terminent par une fugue, le menuet de la symphonie n° 44 est un canon).

Le monde de l'opéra. En 1775 s'ouvrit une période de sept à huit ans, au cours de laquelle Haydn, sans abandonner la symphonie, se préoccupa beaucoup d'opéra. De *L'Incontro improvviso* (1775) à *Armida* (1783), il en écrivit alors sept, ses derniers pour Esterháza. Ce genre est un des rares où Haydn ne se réalisa pas complètement. Mais tous ses opéras pour Esterháza sont antérieurs au *Figaro* de Mozart (1786), le premier chef-d'œuvre absolu du classicisme viennois, issu de l'opéra bouffe italien. Et rien, dans la production des autres compositeurs de l'époque, n'annonce autant les grands opéras de Mozart que ceux de Haydn ayant nom *La Vera Costanza* (1778, rév. 1785), *La Fedeltà premiata* (1780) ou *Orlando Paladino* (1782), en particulier à cause de leurs vastes finales d'acte. Haydn, qui en 1787 devait refuser la commande d'un opéra pour Prague en s'étonnant qu'on n'ait pas fait appel à Mozart plutôt qu'à lui, n'avait pas tort en écrivant en mai 1781 à son éditeur Artaria, à propos de *La Fedeltà premiata :* « Je vous assure qu'aucune musique semblable n'a été entendue à Paris, ni même à Vienne sans doute. Mon malheur est de vivre à la campagne. » En cette même année 1781 furent écrits « d'une façon tout à fait nouvelle et spéciale » les six quatuors à cordes op. 33, les premiers depuis l'opus 20. À signaler encore des symphonies comme la 70e (1779), au finale en forme de triple fugue, ou encore la 77e (1782) et la monumentale *Messe de Mariazell* (1782), une des rares partitions religieuses de l'époque avec l'oratorio *Il Ritorno di Tobia* (1775) et la *Missa brevis sancti Joannis de Deo* (v. 1775).

Les grandes œuvres instrumentales. À partir de 1785 et jusqu'en 1790, la musique instrumentale domina de nouveau chez Haydn, avec notamment les onze symphonies nos 82 à 92 destinées à Paris, les dix-neuf quatuors à cordes op. 42 (1785), op. 50 (1787), op. 54-55 (1788) et op. 64 (1790), la version originale pour orchestre des *Sept Paroles du Christ* (1787), les deux sonates pour piano no 58 (1789) et no 59 (1789-90), cette dernière dédiée à Marianne von Genzinger, et une douzaine de trios pour piano, violon et violoncelle. Durant ces six années, qui marquèrent un premier apogée du style classique viennois, Haydn et Mozart se connurent personnellement et profitèrent l'un de l'autre, mais leurs différences s'accentuèrent. Haydn intégra de plus en plus à son langage des thèmes et des tournures d'aspect populaire, mais, paradoxalement, ce langage en devint plus maniable et savant. Il imprégna ses idées d'une énergie latente, chargée de conflits, dont la résolution ne fut autre, chaque fois, que l'œuvre elle-même, ainsi projetée de l'intérieur avec comme moteur principal son propre matériau. Par là, Haydn révolutionna la musique. Les quatuors de l'époque, des symphonies comme la 86e en *ré* (1786), la 88e en *sol* (1787), la 92e en *sol,* dite *Oxford* (1789), ou encore la 85e en *si* bémol *(la Reine)* sont, à cet égard, des modèles insurpassables.

Sous le signe des deux voyages à Londres (1791 et 1795), Haydn intégra soudain à la sérénité grave des dernières années d'Esterháza des excentricités et une veine expérimentale dignes de sa jeunesse. Sa production une fois de plus se diversifia. Outre les douze *Symphonies londoniennes* nos 93 à 104, ses dernières, furent alors composés les trois sonates pour piano nos 60 à 62, ses dernières également (1794), les six quatuors à cordes op. 71 et 74 (1793), d'admirables et prophétiques trios pour piano, violon et violoncelle, et beaucoup de musique vocale, dont l'opéra *Orfeo ed Euridice* (1791, non représenté), le grand air de concert *Berenice che fai ?* (1795) et une série de canzonettes sur textes anglais frayant la voie aux lieder de Schubert. Faste, virtuosité et profondeur caractérisent l'ensemble. Toutes les *londoniennes* sont des chefs-d'œuvre, mais les plus connues, comme la 94e *(la Surprise),* ou la 100e (*Militaire*), sont encore surpassées par la 98e, la 99e et surtout par les trois dernières, créées en 1795 : la 102e en *si* bémol, la 103e en *mi* bémol *(Roulement de timbales)* et la 104e en *ré (Londres),* qui montrent à quel point confondent structure interne et simples dimensions extérieures ceux qui répètent que, de Beethoven, la symphonie la plus haydnienne est la première (1800). La descendance des *londoniennes,* c'est dans l'*Héroïque* (1804) qu'il faut la chercher.

Les grandes œuvres chorales. Sans compter quelques partitions isolées, Haydn couronna sa carrière par neuf quatuors à cordes — op. 76 (1797), op. 77 (1799) et op. 103 (1803, inachevé) —, six messes (1796-1802), la version vocale des *Sept Paroles du Christ* (1796) et ses deux grands oratorios *la Création* (1798) et *les Saisons* (1801). Les neuf quatuors innovent encore par rapport aux dernières symphonies : finales en mineur dans des œuvres en majeur (op. 76 nos 1 et 3), remplacement du menuet par de véritables scherzos (op. 76 no 1, op. 77 nos 1 et 2), hardiesses tonales, harmoniques, polyphoniques et rythmiques inouïes de l'opus 76 no 6 ou de l'opus 77 no 2, pages dont on a pu dire qu'elles défiaient les critères habituels d'analyse en traitant un matériau du XVIIIe siècle à la façon du XXe. Les six messes et les deux oratorios constituent le pendant haydnien des grands opéras de Mozart. Le symphoniste s'y manifeste par l'importance de l'orchestre et l'absence de stéréotypes formels. Ce ne sont pas de lâches successions d'épisodes, mais de solides architectures, dont la vitalité ne nuit en rien à la portée spirituelle. Si *les Saisons,* suite de quatre cantates hautes en couleur, évoquent surtout le premier romantisme, celui de Weber ou du *Vaisseau fantôme* de Wagner, c'est bien *Tristan* qu'annonce le prélude de *la Création :* performance d'autant plus vertigineuse qu'elle émane d'un maître confondu en ses débuts avec d'obscurs compositeurs autrichiens du milieu du XVIIIe siècle, et que, par-delà son côté visionnaire, cette représentation du chaos originel s'inscrit avec cohérence dans la pensée musicale de Haydn.

L'auteur de *la Création* enseigna une nouvelle façon de penser en musique, et c'est dans la mesure où Beethoven fut son plus grand disciple et son plus grand continuateur que, sur le plan personnel, ils se heurtèrent parfois violemment. Peu de compositeurs illustrent autant que Haydn la remarque de Schönberg : « Le matériau est l'antichambre de l'esprit. » Pour l'approcher et le pénétrer, il n'y a que la seule musique ; on ne peut s'appuyer sur des sujets ou des personnages d'opéra comme avec Mozart, Wagner ou Verdi, ni sur une exégèse ou une symbolique bibliques comme avec Schütz ou Bach, cela sans parler des biographies romancées, dont ont souffert Beethoven et les romantiques. Non que sa vie n'ait eu aucune influence sur son œuvre. Mais bien plus significative que les légendes en cours apparaît, pour cerner la personnalité complexe, souvent retranchée sur elle-même, de Haydn, la description de la première audition de *la Création* (30 avril 1798), et notamment du célèbre passage *Et la lumière fut,* que donna, une quarantaine d'années après y avoir assisté, le diplomate suédois Silverstolpe : « Je crois voir encore son visage au moment où ce trait sortit de l'orchestre. Haydn avait la mine de quelqu'un prêt à se mordre les lèvres, soit pour réprimer sa confusion, soit pour dissimuler un secret. Et à l'instant précis où pour la première fois cette lumière éclata, tout se passa comme si ses rayons avaient été lancés des yeux brillants de l'artiste. »

HAYDN *(Johann Michael),* compositeur autrichien *(Rohrau-sur-la-Leitha, Basse-Autriche, 1737 - Salzbourg 1806).* Frère cadet de Joseph Haydn, il fut comme lui (sans doute de 1745 à 1754) petit chanteur à la cathédrale Saint-Étienne de Vienne. En 1757 au plus tard, il fut nommé maître de chapelle de l'évêque de Grosswardein en Hongrie (actuellement Oradea Mare en Roumanie). Le 3 septembre de cette année-là, il copia de sa main à Vienne la célèbre *Missa canonica* de Fux, témoignant ainsi de son goût pour le style sévère. Il resta à Grosswardein jusqu'en 1762, y composant de nombreux ouvrages profanes (concertos, symphonies) et religieux, puis entra (au plus tard déb. 1763) au service du prince-archevêque de Salzbourg, ville qu'il ne devait plus quitter. Nommé dès le 14 août 1763 premier violon dans l'orchestre de la cour, il épousa le 17 avril 1768 la cantatrice Maria Magdalena Lipp, créatrice l'année suivante du rôle de Rosina dans *La Finta semplice* de Mozart. Michael Haydn succéda en 1777 à Adlgasser aux orgues de l'église de la Trinité, en 1781 à Wolfgang Amadeus Mozart au poste d'organiste de la cour et de la cathédrale, et en 1787 à Leopold Mozart à diverses fonctions d'enseignement. Il se rendit deux fois à Vienne, en septembre-octobre 1798, puis en septembre-octobre 1801 : il y rencontra les deux fois son frère Joseph, et, en 1801, reçut de l'impératrice plusieurs commandes. Le prince Esterházy lui offrit chez lui le poste de vice-maître de chapelle pour seconder Joseph vieillissant, mais Michael refusa définitivement au début de 1803, préférant ne pas quitter Salzbourg, où il mourut en laissant inachevé son second requiem. Grand musicien, Michael Haydn ne le céda en son temps, parmi ceux qui évoluèrent dans l'orbite de Vienne, qu'à son frère et à Mozart. Par son style, il apparut d'ailleurs plus proche du second que du premier. Il fut et reste surtout célèbre comme compositeur de musique religieuse, mais ses œuvres instrumentales profanes, elles aussi, sont souvent de toute beauté et ne manquèrent pas d'influencer Mozart. Plusieurs furent faussement attribuées à Joseph, et sa symphonie en *sol* majeur de 1783 passa longtemps pour la 37e (K.444) de Mozart, qui n'en écrivit que l'introduction lente. On lui doit notamment : une cinquantaine de symphonies, dont la dernière (en *la* majeur) du 26 juillet 1789, des sérénades et divertissements ; des musiques de scène, comme celle pour *Zaïre* de Voltaire (1777) ; l'opéra *Andromeda e Perseo* (1787) ; l'oratorio *Der bussende Sünder,* deuxième partie d'une trilogie en collaboration avec Adlgasser et Krinner ; le singspiel *Rebekka als Braut* (1766) ; la pantomime *Der Traum* (1767 ; le singspiel *Die Hochzeit auf der Alm* (1768) ;

deux admirables quintettes à cordes en *ut* et en *sol* majeur (1773); des chœurs d'hommes reconnus comme les premiers du genre; une trentaine de messes, dont la *Missa in honorem sanctissimae trinitatis* (1754), la première de toutes, la *Missa sancti Hieronymi* (1777), la *Missa sancti Aloysii* (1777), la *Missa hispanica* (1786) et la *Missa sancti Leopoldi* (1805), sa dernière œuvre achevée; et de très nombreux ouvrages religieux allemands ou latins, écrits soit en style concertant, soit en style *a cappella*. Son requiem en *ut* mineur (1771), écrit pour les funérailles du prince-archevêque Sigismund von Schrattenbach, devait laisser dans celui de Mozart des traces très nettes. Cet ouvrage a acquis récemment une célébrité justifiée, comme la belle symphonie en *ré* mineur de 1784. Un catalogue thématique des œuvres de Michael Haydn, destiné à remplacer ceux de Perger (œuvres instrumentales) et de Klafsky (œuvres sacrées), est préparé par C. Sherman et T. D. Thomas.

Un troisième frère Haydn, **Johann Evangelist** *(Rohrau-sur-la-Leitha 1743 - Eisenstadt 1805)*, passa sa vie comme ténor chez les Esterházy, Joseph l'ayant fait venir auprès de lui après la mort de leur père (1763).

HAYNE VAN GHIZEGHEM, compositeur franco-flamand *(seconde moitié du XVe s.)*. Il fut à la cour de Bourgogne élève du chanteur Constans d'Utrecht (1457), puis chanteur et valet de chambre (au plus tard en 1467), et participa au siège de Beauvais dans la suite de Charles le Téméraire (1472). Ensuite on perd sa trace. On possède de lui vingt chansons manuscrites *(Alez regretz, De tous bien playne)*, dont certaines publiées plus tard par Petrucci.

HELLENDAAL *(Pieter)*, organiste et compositeur néerlandais *(Rotterdam 1721-Cambridge 1799)*. Dès l'âge de onze ans, il est organiste à Utrecht. Il voyage en Italie et étudie le violon à Padoue avec Tartini (1738-1743). Il reprend ses études à l'université de Leyde (1749-1751). En 1752, il se fixe en Angleterre, où il poursuit une double carrière d'organiste et de compositeur (à Londres, puis à King's Lynn [Norfolkshire] et à Cambridge). Il est le seul compositeur néerlandais de sa génération qui ait fait carrière hors de son pays et connu une célébrité par ses œuvres. Ses concertos grossos, conçus dans le sillage de ceux de Haendel, étaient considérés comme dignes d'eux. Éditeur de ses propres œuvres, Hellendaal a laissé une collection de psaumes, de la musique instrumentale (sonates pour violon et violoncelle) et une cantate, *Strephon et Myrtilla* (v. 1785).

HENRY *(Pierre)*, compositeur français *(Paris 1927)*. Il est considéré aujourd'hui par beaucoup comme le plus grand compositeur de musique électroacoustique, genre auquel il s'est entièrement voué et

Gras

Pierre **Henry** *en 1974.*

dont il fut un pionnier dès les origines, mais, par-delà tout cloisonnement, il est l'un des plus grands créateurs d'aujourd'hui. Son « curriculum » de jeune compositeur était des plus classiques (études au Conservatoire de Paris, chez Nadia Boulanger pour le piano, chez Félix Passeronne pour la percussion, chez Olivier Messiaen pour l'harmonie), mais Henry avait déjà expérimenté sur le « son concret » quand il vint rejoindre, en 1949, Pierre Schaeffer, qui venait de commencer ses expériences de « musique concrète » à la Radio française. Ce tandem original produisit quelques œuvres marquantes : *Symphonie pour un homme seul* (1949-50), l'« opéra concret » *Orphée 51* (1951), remanié en un *Orphée 53* (1953), pour lequel Pierre Henry réalisa seul l'extraordinaire séquence qui devait devenir *le Voile d'Orphée.* Cependant, le compositeur commençait à s'imposer par ses œuvres individuelles : *Microphone bien tempéré, Musique sans titre,* etc. Chef des travaux de 1950 à 1958 au « Groupe de musique concrète », fondé par Schaeffer (futur Groupe de recherches musicales), il doit le quitter en 1958 pour repartir à zéro, en fondant le studio Apsome, « premier studio privé consacré aux musiques électroacoustiques », qu'il fait vivre de travaux alimentaires (films, disques, publicité, etc.). Sa collaboration depuis 1955 avec Maurice Béjart pour de nombreux ballets, un disque best-seller de *Jerks électroniques* en 1967, pour la *Messe pour le temps présent* de Béjart, et des manifestations marquantes, où il donne une forme rituelle au concert électroacoustique, le font connaître du grand public. Sans se reposer sur des formules assurant le succès, Henry remet souvent sa réputation en jeu par des expériences risquées (improvisations en direct sur les ondes du cerveau, *Corticalart*) ou des œuvres difficiles *(Deuxième Symphonie),* avant de s'orienter, récemment, vers des spectacles dont il est le musicien et le maître d'œuvre, sans renoncer à composer des œuvres de concert.

L'excès, la démesure sont en effet une des marques distinctives de son génie, évidente depuis les débuts : les premières œuvres qu'il a composées dans les années 50 à la R. T. F. ne craignent ni l'expressionnisme, ni la démonstration de virtuosité (*Musique sans titre,* 1950 ; *Concerto des ambiguïtés,* 1950 ; *Microphone bien tempéré,* 1950-51). Henry expérimente toutes les techniques et tous les styles, son goût pour un contact direct avec le son, cultivé par sa formation de percussionniste, lui inspirant des toccatas effrénées. Mais son œuvre marquante de cette période est *le Voile d'Orphée* (1953), où l'on trouve déjà cet étirement douloureux de la durée, qui est une des marques de son style, et la présence du thème de la Mort, qui ne cessera de l'inspirer. Son départ de la Radio, en le limitant au début dans ses moyens de création, lui donne l'occasion de renoncer pour un temps à ce baroquisme luxuriant (auquel revient une grande partie de son œuvre récente) et de travailler dans le sens de la simplification, de l'épuration. Henry se forge un langage, après avoir affirmé une personnalité. Outre *Coexistence* (1959) et *Investigations* (1959), cette nouvelle direction lui inspire trois grands chefs-d'œuvre : *la Noire à 60* (1961), œuvre totalement monodique sur des matériaux très dépouillés, prodigieux travail de montage ; le *Voyage* (1962), musique pour le ballet d'après le *Livre des morts tibétain,* miracle de transparence et de pureté dans le style, où l'auteur semble avoir, selon la formule zen, « laissé le tissu se tisser lui-même » ; enfin les *Variations pour une porte et un soupir* (1963), qui, prenant au mot le cliché attaché à la musique concrète (musique de « porte qui grince »), tiennent la gageure de faire avec cette porte comme principal instrument une musique à la fois très organisée, très illustrative et très pure. *La Reine verte* (1963), pour un spectacle de Béjart, confirme sa maîtrise d'orchestrateur des sons électroacoustiques. Les trois œuvres « à texte » qui suivent — *Messe de Liverpool* (1967-68), *l'Apocalypse de Jean* (1968) et *Fragments pour Artaud* (1965-1968, titre exact : *Hommage à A. Artaud*) — illustrent bien sa façon d'aborder un thème, toujours directement, sans biaiser : soit qu'elles gardent le texte intelligible, ne craignant nullement l'« illustration » et le « premier degré », soit qu'elles le fassent éclater en phonèmes, à la manière « lettriste », s'il s'agit d'un texte aussi connu que la messe latine. Cette façon de prendre en charge un texte culmine dans l'œuvre *Dieu* (1977), spectacle où le comédien Jean-Paul Farré déclame nombre d'alexandrins hugoliens tout au long d'une suite de tableaux musicaux gigantissimes. La forme en « tableaux » successifs a d'ailleurs la faveur de Pierre Henry, qui l'utilise dans des œuvres récentes, de plus en plus éclatées, proliférantes dans le temps et l'espace : *Deuxième Symphonie* (1972) ; *Kyldex* (1973), musique pour un spectacle « cybernétique » de Nicolas Schöffer et Alwin Nicolaïs ; *Enivrez-vous* (1974) ; l'admirable utopie musicale *Futuristie* (1975) ; le *Parcours-Cosmogonie* (1976), vaste récapitulation sur plusieurs heures de toute sa production de 1950 à 1975 ; *la Dixième Symphonie, hommage à Beethoven* (1979), immense collage d'extraits manipulés et recomposés des neuf symphonies du maître de Bonn (autre utopie musicale) ; ou le spectacle des *Noces chymiques* (1980), pour l'Opéra-Comique, dont il fut à la fois le compositeur et le metteur en scène. À côté de ces grandes fresques, *Mouvement-Rythme-Étude* (1970), belle suite d'études de rythme et de mouvement, dépouillées, intimes, rigoureuses, que lui a inspirée la danse, témoigne de la variété de ses registres.

Pour Pierre Henry, le concert n'est pas une formalité, mais une cérémonie, qu'il prépare toujours avec exigence, et il a su porter la formule difficile du « concert de haut-parleurs » à un degré de qualité et d'efficacité sans égal, en payant de sa personne avec une conviction contagieuse. On pourrait le situer comme un Victor Hugo de la musique électroacoustique : fécondité, puissance de travail et diversité de palette, technique impeccable et somptueuse, goût pour l'excès, pour le mélange osé du grotesque et du sublime, maints traits le rapprochent du poète. Mais il faut aussi le juger par rapport à ses contemporains. Sans école, sans disciples ou presque (sinon peut-être Bernard Bonnier, son collaborateur temporaire), Henry n'en a pas moins joué un rôle vital, fondateur et libérateur dans l'évolution de la musique électroacoustique, un genre que la plupart des compositeurs de formation classique abordaient de manière trop formaliste et précautionneuse pour ne pas être stérilisante. Enfin, il a créé un monde et un style : puissant, élémentaire, éloquent, un style de bûcheron, de pionnier. Mais ce monde qu'il a bâti porte sa marque, et ses obsessions y résonnent en échos multipliés : le temps, qu'il s'agit d'étirer, de dilater, comme dans l'espérance d'y conjurer la mort ; la mort, qu'on cherche à capter et à contempler dans l'étirement de l'« instant fatal » ; la vie, qui prolifère, envahissante, irrésistible, comme une herbe folle dans les fissures du temps.

HENZE *(Hans Werner),* compositeur allemand *(Güsterloh, Westphalie, 1926).* Il s'intéressa jeune à la musique et reprit en 1946 à Heidelberg, avec Wolfgang Fortner, ses études interrompues par la guerre, ce qui se traduisit notamment par le *Concerto de chambre* pour piano, flûte et cordes (1946). Il travailla aussi avec René Leibowitz (1948), tandis que d'un séjour à Darmstadt témoignaient les *Variations pour*

Werner Neumeister. Munich

Hans Werner **Henze.**

piano (1949). Suivirent notamment le drame lyrique *Boulevard Solitude* (1951), d'après l'histoire de Manon Lescaut, et l'opéra radiophonique *Ein Landarzt,* d'après Kafka (1951), qui lui valut en 1953 le prix Italia. En 1953, Henze quitta l'Allemagne pour l'Italie, s'installant tout d'abord à Forio d'Ischia, dans la baie de Naples, puis à Naples et enfin dans les environs de Rome. Après avoir été considéré, à cause de son usage des techniques sérielles, comme faisant partie de l'avant-garde internationale, il fut alors un des premiers à abandonner ces techniques pour un style de composition plus libre. Sa célébrité, déjà grande, s'accrut encore grâce en particulier à une succession d'opéras au style dramatique efficace : *König Hirsch* (1952-1955, rév. 1962 *Il Re cervo*) ; *Der Prinz von Homburg,* sur un livret d'Ingeborg Bachmann d'après Kleist (1958) ; *Elegy for Young Lovers,* livret d'Auden et Kallman (1959-1961) ; *Der junge Lord,* livret d'Ingeborg Bachmann d'après Wilhelm Hauff (1964) ; *Die Bassariden,* d'après Euripide (1965). Parallèlement étaient nés ses cinq premières symphonies (1947 [rév. 1963], 1949, 1949-50, 1955 et 1962), son premier concerto pour piano (1950), des ballets comme *Ondine* (1956-57), les *Fünf neapolitanische Lieder* (1956), les *Drei Fragmente nach Hölderlin* (1958), l'oratorio sur Giordano Bruno *Novae de infinito laudes* (1962) et la cantate *Being Beauteous,* d'après Rimbaud (1963). À partir de 1967 environ, année de son second concerto pour piano, ses œuvres devinrent le net reflet de son engagement en faveur du mouvement étudiant ou de régimes comme celui de Cuba. En novembre 1969, Henze dirigea à La Havane la création de sa 6e symphonie, qui fait usage d'un chant de libération du Viêt-nam et d'un autre de Theodorakis. L'année précédente, son « oratorio volgare e militare » *Das Floss der Medusa,* « le Radeau de la Méduse », conçu comme un requiem à Che Guevara, avait créé le scandale à Hambourg. Cet incident fut à l'origine de *Versuch über Schweine,* « Essai sur les cochons », pour baryton et orchestre, créé à Londres en février 1969. Dans cette lignée d'œuvres engagées s'inscrivent encore *El Cimarrón* (1969-70), d'après un ouvrage relatant la transformation en chef révolutionnaire d'un esclave cubain fuyant les Espagnols, ou le « show » *Der langwierige Weg in die Wohnung der Natascha Ungeheuer* (1971), où sont analysés les dilemmes d'une jeune extrémiste de gauche. Henze a écrit depuis, entre autres, *Voices* (22 chants pour diverses formations, 1973), *We come to the River,* actions en musique (1974-1976 ; création à Covent Garden en 1976), *Orpheus,* histoire en six scènes (création à Stuttgart en 1979), *El Rey de Harlem* (création à Witten en 1980), l'opéra pour enfants *Pollicino* (création à Montepulciano en 1980), et l'opéra *la chatte anglaise,* d'après Balzac (Schwetzingen, 1983). On lui doit également la musique des films *Muriel* (1964) d'Alain Resnais, *Der junge Törless* (1966) et *Katharina Blum* (1975) de Volker Schlöndorff.

HÉROLD *(Ferdinand),* compositeur français *(Paris 1791 - id. 1833).* Il commença à travailler la musique avec son père, qui avait été l'élève de Carl Philipp Emanuel Bach, et fit de sérieuses études secondaires avant d'entrer au Conservatoire de Paris dans la classe de piano de Louis Adam. Après son premier prix de piano, il travailla l'harmonie avec Catel, la composition avec Méhul et triompha au concours de l'Institut (prix de Rome en 1812). Il séjourna trois ans à Rome, puis un an à Naples, où il eut comme élèves les fils du roi Murat. Il se lia avec Paisiello, Mayr, Zingarelli et fit représenter en 1815 à Naples un opéra italien, *la Jeunesse d'Henri V.* Il revint à Paris, où il trouva l'appui de Boieldieu. Celui-ci l'associa à la composition d'un ouvrage de circonstance, *Charles de France* (1816), qui le fit avantageusement connaître dans la capitale. En 1819, Hérold écrivit d'après J. de La Fontaine une partition sur le livret des *Troqueurs,* déjà mis en musique par Dauvergne en 1753. Il s'intéressa essentiellement à la musique de théâtre. Il a le sens de la scène, son harmonie est habile, et il eut dans ce domaine des effets assez hardis pour l'époque. Ses premiers opéras eurent cependant peu de succès. Constatant, par contre, le triomphe des opéras de Rossini, Hérold se mit à écrire des imitations d'opéras bouffes (*le Muletier,* 1823 ; *le Lapin blanc,* 1825). Cependant, il revint bientôt à son style propre, bien français, en composant *Marie* (1826) sur un livret de Planard, qui fut son premier grand succès. Respectant désormais l'esthétique de Boieldieu, il fut néanmoins touché par celle de Gluck et conquis par celle de Mozart. Dès lors, ses œuvres prirent un tour plus solide

Larousse

Louis Ferdinand **Hérold.**

et sérieux, avec *Zampa* (1831) et *le Pré aux clercs* (1832), ses deux titres de gloire, auxquels on pourrait ajouter un ballet qui a continué à jouir d'une certaine vogue au XXe siècle : *la Fille mal gardée* (1828).

HERSANT *(Philippe),* compositeur français *(Rome 1948).* Il a été l'élève d'André Jolivet au Conservatoire de Paris, tout en poursuivant des études littéraires, et a obtenu le prix Nadia-Boulanger en 1970. D'abord boursier à la Casa Velázquez à Madrid (1970-1972), il a été ensuite pensionnaire à la villa Médicis à Rome (1978-1980). Parmi ses œuvres, surtout instrumentales, citons *Meanderthale* pour soprano, récitants, chœur et orchestre d'après James Joyce (1969), *Kells,* musique symphonique (1970), *Étude* pour orchestre (1972), *Cris et Silences* pour flûte seule (1973), *Été indien* pour orchestre (1973), *Austral/Boréal* pour 40 guitaristes, 40 chanteurs amateurs, baryton, flûte et 2 percussionnistes (1975), *Dolce stile nuovo* pour ensemble instrumental et chœur d'hommes (1978), *Stances* pour orchestre (1978), *Sables* pour 12 cordes (1979), *Spirales* pour violoncelle solo (1980) et *Mouvement* pour piano solo (1980).

HERVÉ (*Florimond Ronger,* dit), compositeur français *(Houdain, Pas-de-Calais, 1825 - Paris 1892).* Contemporain et rival d'Offenbach, qu'il précède de quelques années en tant que créateur de l'opérette moderne, il est, comme lui, directeur de théâtre (les Folies-Nouvelles) mais, en outre, organiste, librettiste, décorateur et interprète de ses propres œuvres. À vingt-deux ans, il tient les orgues de Saint-Eustache le matin et fait le pitre sur les planches de divers bouis-bouis le soir. Cette double vie lui inspirera le personnage de Célestin Floridor dans sa célèbre *Mam'zelle Nitouche* (1883), personnage qu'il jouera d'ailleurs lui-même. Jusqu'en 1867, il produit d'innombrables petites pièces loufoques, fertiles en parodies et en allusions à l'actualité. Puis c'est sa « trilogie », composée de *l'Œil crevé* (1867), de *Chilpéric* (1868) et du *Petit Faust* (1869), plaisante charge du Faust de Gounod, qui vient justement d'entrer à l'Opéra. Hervé a également le mérite, en tant qu'entrepreneur de spectacles, d'avoir révélé Offenbach en 1855 *(Oyayaïe ou la Reine des îles)* et Léo Delibes en 1856 *(Deux Sous de charbon).*

HESPOS *(Hans Joachim),* compositeur allemand *(Emden 1938).* Autodidacte, il obtint en 1967 le prix de composition de la fondation Gaudeamus et en 1968 celui de la fondation Royaumont, et il résida en 1972-73 à la villa Massimo à Rome, l'équivalent allemand de la villa Médicis. Dans un style heurté et gestuel issu de l'expressionnisme de Schönberg, mais très personnel et rebelle à tout esprit de système, il a écrit une cinquantaine d'œuvres, dont *Blackout* pour orchestre de 21 musiciens (1972), *Mouvements-2* pour orchestre de 65 musiciens (1974), *Pleuk* pour 30 instruments à vent et 1 contrebasse (1975), *CHE* pour grand orchestre de 96 musiciens (1975), *Das triadische Ballet,* musique pour orchestre pour l'ouvrage du même nom d'Oskar Schlemmer (1976-77), *Itzo-hux,* opéra satirique (1980-81), et *Ohrenatmer,* happening scénique (1981).

HEYN *(Volker),* compositeur allemand *(Karlsruhe 1938).* Il partit pour l'Australie en 1960, y fit du théâtre, et étudia la guitare et la théorie musicale au conservatoire de Sidney. En 1971, il rentra en Allemagne. Sa véritable carrière de compositeur ne commença qu'en 1978. Il est une des personnalités les plus originales, les plus radicales aussi, de la musique allemande actuelle. On lui doit notamment *Measures* pour violoncelle et piano (1978), *Break* pour 4 percussions (1979), *Tem* pour orchestre (1980), *Sifflet* pour petit ensemble (1981), *Blues in B flat* pour violoncelle seul (1981), *Nachtschicht* pour 3 percussions, violoncelle et contrebasse (1982).

HILLER *(Ferdinand von),* pianiste, chef d'orchestre, compositeur et critique musical allemand *(Francfort-sur-le-Main 1811-Cologne 1885).* Après des études musicales dans sa ville natale et un concert public à l'âge de dix ans, où il joue un concerto de Mozart, il travaille à partir de 1825 à Weimar avec Hummel. En 1827, il accompagne ce dernier à Vienne, où il fait la connaissance de Beethoven, de Schubert et publie son opus 1, un quatuor avec piano. De 1828 à 1835, il vit à Paris, où il fréquente Chopin, Berlioz, Liszt, Cherubini, Rossini, Meyerbeer, le chanteur Adolphe Nourrit et le poète Heine. Il donne la première audition à Paris du 5e concerto de Beethoven. Il organise des soirées musicales avec le violoniste Baillot. Après un court séjour à Francfort, il se rend en Italie, où, grâce à Rossini, son opéra *Romilda* est représenté à Milan en 1839. Lors d'un second voyage dans ce pays (1840), il étudie à Rome la musique sacrée italienne avec l'abbé Baini. Il séjourne ensuite à Leipzig, où il remplace son ami intime Mendelssohn à la tête des concerts du Gewandhaus, et à Dresde (1844-1847), où il fréquente les Schumann et Wagner. De 1850 à sa mort, il contribue grandement à l'essor de la vie musicale de Cologne. Possédant une personnalité de virtuose typique de son époque, il laisse une œuvre importante (symphonies, ouvertures, musique de chambre, oratorios, 6 opéras), mais il montre le meilleur de lui-même dans ses nombreuses pièces pour piano (sonates, études).

HILLER *(Johann Adam),* compositeur, pédagogue et critique musical allemand *(Wendisch-Ossig 1728 - Leipzig 1804).* Il fit ses études à Görlitz, à la Kreuzschule de Dresde avec Homelius et à l'université de Leipzig. Après un séjour à Dresde au service du comte Brühl (1754-1758), il revint à Leipzig et, de 1762 à sa mort, joua dans la vie musicale de cette ville un rôle de premier plan. Il dirigea le Grosses Konzert (1763-1771), fonda une école de chant (1771) et surtout dirigea à partir de 1781 les concerts du Gewandhaus, leur donnant un éclat qu'ils devaient conserver près de deux siècles. Il fut un temps maître de chapelle du duc de Courlande à Mitau (1785-86) et directeur de la musique à Breslau (1787-1789), puis fut rappelé à Leipzig en 1789 comme cantor de la Thomasschule, poste qu'il devait occuper jusqu'à sa retraite en 1801. Il fonda et édita de 1766 à 1770 la première revue musicale au sens moderne, les *Wöchentliche Nachrichten,* qui devaient servir de modèle à l'*Allgemeine Musikalische Zeitung,* et il écrivit de très nombreux articles de critique et d'esthétique. Comme chef, il dirigea notamment à Berlin en 1786 *le Messie* de Haendel. Comme compositeur, il n'écrivit pratiquement que de la musique vocale, tant sacrée que profane : odes, lieder, cantates, chœurs. Il créa en outre presque de toutes pièces, avec le poète Christian Felix Weisse, le singspiel allemand, donnant, entre autres, *Lottchen am Hofe* (1767, d'après *Ninette à la cour* de Favart), *Die Liebe auf dem Lande* (1768), *Die Jagd* (1770, d'après *la Partie de chasse de Henri IV* de Collé) et *Der Dorfbarbier* (1771, d'après *Blaise le savetier* et en collaboration avec Christian Gottlob Neffe).

HINDEMITH *(Paul),* compositeur allemand *(Hanau 1895 - Francfort-sur-le-Main 1963).* Issu d'une famille modeste, il reçoit en 1904 ses premiers cours de musique et entre en 1909 à l'école supérieure de musique de Francfort, où il suit l'enseignement de A. Mendelssohn et B. Sekles en composition, et de A. Rebner en violon. Virtuose dès l'âge de treize ans, jouant avec un plaisir instinctif, il se produit dans les opérettes, les fêtes foraines, les groupes de jazz, les cinémas. Il fonde en 1915 le quatuor Amar, dans lequel il joue comme altiste, et devient la même année directeur musical de l'opéra de Francfort (jusqu'en 1923). Il compose entre autres pendant cette période des sonates pour divers instruments, de la musique de chambre, un

Paul **Hindemith.**

Singspiel sur texte de W. Busch et voit dès 1919 ses pièces imprimées et interprétées en public.

Ses premières œuvres d'importance, trois opéras en un acte, témoignent d'un fort attrait pour l'expressionnisme. Mais, si l'écriture de *Mörder, Hoffnung der Frauen* (« Assassin, espoir des femmes », 1919 ; création à Stuttgart, 1921), sur le texte sous-tendu d'un érotisme violent de Kokoschka, est encore relativement complexe et chromatique, celle de *Nusch-Nuschi* (1920), pièce enlevée et très rythmique, sur un jeu de marionnettes de Franz Blei, et celle de *Sancta Susanna* (1922) sont nettement simplifiées et dégagées du pathos expressionniste. Cette insistance sur le langage, qui renoue avec la tradition allemande contrapuntique transmise par Brahms et par Reger, et qui réagit contre le drame wagnérien, se fait plus nette dans la *Musique de chambre* op. 24 de 1922, œuvre purement dynamique dans son élan et dont le *Finale 1921,* sur un vieil air de fox-trot, a fait parler d'*Asphaltmusik* (« musique de rue »). Il en est de même pour la *Suite 1922* pour piano, suite de danses inspirées du jazz et dont l'exergue, pour le ragtime, recommandant par exemple de considérer le piano comme une espèce de percussion, intéressa et choqua beaucoup.

Hindemith tire les conséquences décisives de cette stylisation dans le cycle de lieder sur des poèmes de R. M. Rilke, *Das Marienleben,* écrit en 1922-23 (2e vers. 1936-1948). La mélodie s'y déroule de façon entièrement autonome, tant dans son phrasé que dans ses « champs d'influence » tonale, au-dessus d'un tissu linéaire soutenu par de fréquents ostinati. Cette œuvre assez recueillie ouvre la voie à un flot de musiques au goût du jour qui feront du Hindemith des années 20 un « épouvantail à bourgeois ». Hindemith écrit des *Zeitoper* (« opéras d'actualité »), pièces miniatures qui allient les techniques musicales d'avant-garde à la musique « vulgaire », comme *Neues vom Tage* (« Nouvelles du jour », 1929), morceau critique resté célèbre pour l'aria chantée dans une baignoire à la gloire des chauffe-eau à gaz (1929), ou des musiques de scène, comme *Hin und Zurück* (« Aller-retour », 1927). Ces deux œuvres sont écrites sur des textes de l'auteur de revues de cabaret M. Schiffer. Hindemith compose aussi pour instruments mécaniques (suite pour piano mécanique de 1926 ; musique pour orgue mécanique du *Ballet triadique* de O. Schlemmer) et marque un vif intérêt pour les nouveaux instruments électriques (*Concertino pour trautonium,* 1931).

Ces musiques d'avant-garde sont jouées dans les deux grands festivals de musique contemporaine : Donaueschingen, où le compositeur est d'abord interprète (1921), puis organisateur (à partir de 1923), et Baden-Baden, dont il assure de 1927 à 1929 la direction musicale. En 1927, F. Schreker l'appelle à un poste de professeur de composition à la Hochschule für Musik de Berlin. Hindemith écrit alors des cycles de musique pédagogique (*Sing- und Spielmusiken* de 1928-29, parmi lesquels la cantate *Frau Musica* sur des textes de Luther, et 8 canons pour voix et instruments), apprenant lui-même à jouer de nombreux autres instruments et cherchant à combler les lacunes d'une éducation par trop rudimentaire en approfondissant ses études théoriques. Convaincu de la responsabilité du compositeur, il franchit le pas qui sépare musique « sérieuse » et musique populaire, compositeur et

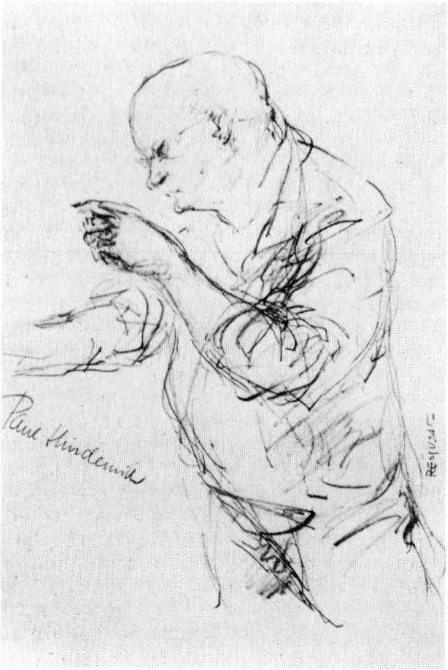

Mayer

Portrait au crayon
de Paul ***Hindemith,***
avec sa signature autographe.

auditeur, et écrit de la *Gebrauchsmusik* (« musique utilitaire »), musique d'ensemble accessible aussi bien au musicien amateur qu'à l'élève, complétant ainsi son portrait de musicien « néo-objectif » des années 20 (chœurs a capella op. 33, 1923 ; musique concertante pour orchestre d'instruments à vent op. 41, 1926 ; *Lehrstück,* cantate scénique didactique — Brecht, 1929 ; *Lindberghflug,* avec participation du public — Brecht/Weill/Hindemith, 1929).

Il compose en même temps des musiques de chambre (op. 36) très représentatives de ces années-là : il emprunte au XVIIIe siècle et à Bach un style concertant, la conduite polyphonique des voix, la qualité structurelle des éléments motiviques, qu'il met encore en évidence par l'emploi insistant des vents ; l'instrumentation, par ailleurs, n'est pas l'objet de recherches particulières. En général unique, le thème donne par son retour continuel un mouvement dynamique, « motorique », accentué par les ostinati fréquents et la technique de la variation ainsi que par le rythme de mélodies volontiers empruntées au *Volkslied* (4e mouvement de la musique de chambre pour violoncelle et 10 instruments solistes op. 36 n° 2). L'opéra *Cardillac* (1926) porte ces principes à la scène et refuse définitivement toute étude psychologique pour transposer dans le domaine musical pur, en des formes indépendantes et achevées, le contenu de chacun des numéros du livret de F. Lion.

Hindemith atteint un point d'équilibre dans les musiques concertantes des années 1930-1932 (*Konzertmusik* pour piano, cuivres et 2 harpes op. 49, *Concerto philharmonique*). Il se détourne au même moment de ses préoccupations modernistes et écrit l'oratorio critique *Das Unaufhörliche* (« le Perpétuel ») sur un texte de G. Benn. Il se forge peu à peu une éthique personnelle, qui apparaît déjà dans *Mathis der Maler* (« Mathis le peintre »), opéra auquel il se consacre en 1934-35 et qui est une manière de profession de foi en l'autonomie absolue de l'art, face au nouveau régime politique, qui a fait interdire ses œuvres. Il y renoue implicitement avec la tradition en mêlant chant grégorien, chant populaire allemand ancien et techniques baroques, pour arriver à la concision de langage de la symphonie de même nom qu'il compose en même temps à partir de ce matériau. En 1934-1936, il consigne son expérience de compositeur dans un traité de composition, *Unterweisung im Tonsatz,* véritable traité de la mélodie dans lequel il expose ses échelles hiérarchiques de sons, élaborées à partir des harmoniques d'un son fondamental, et le principe de la « tonalité élargie », qui s'appuie en partie sur un ordre également hiérarchique des intervalles. Le *Ludus tonalis,* suite de fugues reliées entre elles par des interludes, en est une application directe. Durant cette période des années 30, Hindemith compose aussi un certain nombre de concertos, parmi lesquels le *Schwanendreher,* qui accuse son goût pour le *Volkslied,* et une nouvelle série d'œuvres didactiques : un cycle de sonates qui réactualisent la forme par le mariage du baroque et du contemporain, une cantate pour enfants, *Wir bauen eine Stadt* (« Nous construisons une ville »), une cantate pour amateurs, *Plöner Musiktag* (« Journée musicale à Plön »), etc.

À partir de là, son style devient synthèse

(Nobilissima Visione), et sa maîtrise de l'écriture lui permet d'intégrer, sans que cela n'altère en rien le caractère « distancié » de son langage, quelques traits légers d'expressivité romantique (thèmes de Weber dans les *Métamorphoses symphoniques,* aspects brucknériens dans la *Symphonie en « mi » bémol* et dans la *Sinfonia serena*). En 1940, après un séjour de deux ans en Suisse et des tournées de concerts sur le continent américain, Hindemith s'installe aux États-Unis et obtient un poste à la Yale University de New Haven (Connecticut). Il prend position, par des œuvres comme le *Requiem* ou *Apparebit repentina dies,* contre la musique d'avant-garde : celle-ci va, en effet, à l'encontre de sa volonté de traduire par la musique une *Weltanschauung* (conception de l'univers). Hindemith s'intéresse aux philosophies antiques, lit les théories de Kepler sur les astres et termine en 1957 *Die Harmonie der Welt,* opéra construit sur une symbolique très étudiée. De retour en Suisse, en 1953, il retrouve d'une certaine manière la fraîcheur ironique des années 20 (octuor) et reprend des œuvres centrales, comme *Das Marienleben, Neues vom Tage, Cardillac.* Il compose aussi, entre autres, *Das lange Weihnachtsmahl* (« le Long Réveillon de Noël »), un concerto pour orgue, une messe pour chœurs a capella. Mais il cherche surtout à faire découvrir le répertoire musical par son métier de chef d'orchestre, toujours au service d'une interprétation « objective » et impersonnelle, parcourant l'histoire de la musique du Moyen Âge et de la Renaissance (adaptation d'œuvres de Machaut ou de Gabrieli) aux jeunes compositeurs qu'il protège (K. A. Hartmann, A. Heiller), sans négliger l'école dodécaphoniste, qu'il rejetait pourtant sur le plan de la théorie. Cette vaste activité dans tous les domaines musicaux, cet intérêt pour les genres et les styles les plus divers font de Hindemith un de ces « artisans » de l'art — selon sa propre expression — tels que les voyait naître le XVIIIe siècle et tels que les réclamaient les artistes-technologues de l'école du *Bauhaus.* Venu après la révolution du langage par Schönberg, Hindemith s'est plutôt attaché à renouveler les rapports sociologiques de musique à public et doit être considéré sous cet angle comme un révolutionnaire du monde musical du XXe siècle.

Paul **Hindemith,**
pendant une répétition en 1955.

Ingi

HOFFMANN *(Ernst Theodor Amadeus),* écrivain et compositeur allemand *(Königsberg 1776 - Berlin 1822).* Après des études de droit, il commença une carrière de magistrat. Mais, attiré par la musique, qu'il avait étudiée notamment avec l'organiste Podbielski, il obtint un poste de chef d'orchestre au théâtre de Bamberg (1808-1813), puis à celui de Dresde. En 1814, il fut contraint d'accepter un emploi à la cour d'appel de Berlin, ville dans laquelle il demeura jusqu'à sa mort.

Célèbre pour ses *Contes,* Hoffmann fut également un compositeur habile, dont le talent s'exerça dans des genres aussi différents que l'opéra, le singspiel, la musique sacrée et la musique de chambre (notamment cinq sonates pour piano). Son style, empreint d'un certain conservatisme, évo-

Jörg P. Anders

E. T. A. ***Hoffmann.*** *Portrait anonyme. (Nationalgalerie, Staatliche Museum Kulturbesitz, Berlin.)*

lua, et, dans son opéra *Ondine* (1813-14, livret de La Motte Fouqué), créé avec succès à Berlin en 1816, apparaissent le fantastique et la magie ; il faut y voir une préfiguration de l'opéra romantique, tel que l'illustrera, en particulier, le *Freischütz* de Weber.

La vie d'Hoffmann montre la diversité de talents exaltée par les doctrines nouvelles et la fascination qu'exerce sur lui l'imbrication du réel et de l'imaginaire. Obsédé par le mythe de Don Juan, fasciné par Mozart (il changera son prénom Wilhelm en Amadeus), défenseur ardent de Beethoven, qu'il désigne comme le compositeur romantique par excellence, Hoffmann réserva une large place à la musique dans son œuvre littéraire : d'une part dans ses articles sur Gluck, le *Don Juan* de Mozart, Beethoven, Sacchini, Spontini, etc., et dans ses notes critiques pour les œuvres de Beethoven, Boieldieu, Gluck, Méhul, Mozart, Paer, Spohr, Spontini, entre autres ; d'autre part dans ses *Contes,* comme les *Fantaisies à la manière de Callot* (Bamberg, 1814-15 : *le Chevalier Gluck, Don Juan...*) ou *les Opinions du Chat Murr* (Berlin, 1819-1821), dans lesquels il met en scène le musicien Johannes Kreisler, double de lui-même, extravagant et génial. Il traduisit en allemand la *Méthode de violon* de Rode, Kreutzer et Baillot (Leipzig, 1814), et le livret d'*Olimpia* de Spontini.

Il définit la musique comme un langage supérieur à celui des mots, comme le plus romantique de tous les arts et comme une émanation de la nature qui n'a pour limite que l'infini.

C'est son œuvre littéraire, plus que son œuvre musicale, qui influença la génération des compositeurs romantiques : Schumann transposa au piano le personnage de Kreisler dans son propre *Kreisleriana,*

Larousse

Illustration pour les Contes *d'****Hoffmann*** *« histoire du prince Casse-Noisette ».*

et Offenbach utilisa son réalisme fantastique dans *les Contes d'Hoffmann ;* Berlioz lui-même, en particulier dans le « Carnaval romain » de *Benvenuto Cellini,* où il reprit l'intrigue de *Signor Formica* (extrait des *Contes des frères Sérapion,* Berlin, 1819-1821), ne manqua pas de s'y référer pour exalter le pouvoir de l'imagination.

HOFFMEISTER *(Franz Anton),* compositeur et éditeur allemand *(Rothenburg 1754 - Vienne 1812).* Il commença ses activités d'éditeur à Vienne en 1784 et les poursuivit avec des hauts et des bas jusqu'en 1806, non sans avoir fondé en 1800 avec Ambrosius Kühnel le Bureau de musique à Leipzig, dont il se retira en 1805. Ce Bureau de musique devait devenir en 1813 la firme C. F. Peters. Chez Hoffmeister parurent notamment les premières éditions du quatuor K.499 de Mozart et de la sonate op. 13 *(Pathétique)* de Beethoven. Comme compositeur, Hoffmeister laissa une production très abondante — symphonies, symphonies concertantes, concertos, dont 25 pour flûte, musique de chambre, opéras, dont *Der Königssohn aus Ithaka* (Vienne, 1795) —, mais sans grande originalité.

HOFFSTETTER *(Roman),* compositeur allemand *(Laudenbach, près de Bad Mergentheim, 1742 - Miltenberg-sur-le-Main 1815).* Entré comme novice à l'abbaye bénédictine d'Armorbach (actuellement en Bavière) en 1763, il y devint prêtre en 1766, puis prieur et y resta jusqu'à la dissolution de la communauté en 1803. Il fut très lié avec son quasi-compatriote Joseph Martin Kraus et se montra grand admirateur de Haydn. Il a écrit de la musique religieuse, dont plusieurs messes, trois concertos pour alto (v. 1785) et quatorze quatuors à cordes, dont les six de l'opus 1 (v. 1770) et les six de l'opus 2 (v. 1780). En 1964, H. C. Robbins Landon et Alan Tyson l'ont proposé non sans vraisemblance comme le véritable auteur (d'où le regain d'intérêt à son égard) des six quatuors à cordes publiés vers 1777 à Paris par Bailleux sous le nom de Haydn comme « opus 26 » et passés à la postérité comme « opus 3 » de Haydn : la célèbre sérénade de l'opus 3 n° 5 compte parmi ces pages qu'il faut retirer à Haydn. Le frère jumeau de Roman, Johann Urban Alois, mort en 1808 ou après, fonctionnaire et compositeur, a laissé notamment sept symphonies.

HOFHAIMER *(Paul),* organiste et compositeur autrichien *(Radstadt 1459-Salzbourg 1537).* L'un des plus grands musiciens de son temps, il descendait d'une lignée de musiciens et apprit la musique avec son père et avec l'organiste Jakob von Graz. Il passa sa vie comme organiste auprès de divers seigneurs : Frédéric III à Graz, l'archiduc Sigismond à Innsbruck, puis l'empereur Maximilien Ier, de 1490 à la mort de ce dernier en 1519, tout en occupant d'autres postes au cours de ses voyages en Europe centrale. Personnage illustre (il figure sur les planches du *Triomphe de Maximilien* de Burgkmair), il était lié avec les princes et les érudits de son temps. Ses connaissances en matière de technique d'exécution et de facture d'orgues le firent appeler en de nombreux pays, comme professeur et comme expert. Mais son importance de compositeur ne fut pas moindre. On connaît de lui quelques pièces pour orgue, quatre motets et surtout de nombreux lieder polyphoniques.

HOFMANN *(Leopold),* compositeur et organiste autrichien *(Vienne 1738* - id. *1793).* Il fut l'élève de Wagenseil, à qui il succéda en 1769 comme professeur de clavecin à la cour. Auteur de nombreuses œuvres religieuses, il succéda en 1774 à Georg Reutter le Jeune comme maître de chapelle à la cathédrale Saint-Étienne. Célèbre également comme violoniste, il joua un rôle important dans la genèse de la musique instrumentale viennoise à l'époque classique. Le concerto pour flûte en *ré* majeur, longtemps attribué à Haydn et souvent enregistré sous son nom, est en réalité de lui.

Il fut le premier à Vienne, vers 1760, à utiliser régulièrement dans ses symphonies la structure qui devait largement s'imposer : vif (avec introduction lente) - lent - menuet - vif.

HOLBORNE *(Antony),* luthiste et compositeur anglais *(? v. 1550 - ? 1602).* On ne connaît pratiquement rien de sa vie, si ce n'est qu'il vécut à la cour d'Élisabeth Ire et que John Dowland lui dédia un de ses plus beaux *ayres : I saw my lady weep* (*Second Book of Songs,* 1600). Le seul air de Holborne que l'on possède *(My heavy sprite, oppress'd with sorrow's might)* figure dans le recueil collectif de Robert Dowland, *A Musicall Banquet* (1610). *The Cittharn Schoole* (1597) comprend trente-deux pièces pour cistre solo, des duos pour cistre et basse de viole, et deux quatuors. Un autre recueil, particulièrement intéressant, renferme soixante-cinq danses à 5 parties ; publié par W. Barley à Londres en 1599, il contient des *Pavans, Galliards, Almains and other short Aeirs... for Viols, Violins, or other Musicall Winde Instruments* et permet de juger du talent de Holborne dans des titres évocateurs aussi différents que *Last will and testament* ou *Coranto*

Heigh-ho Holiday, comparables à ceux du *Terpsichore* de M. Praetorius (1612).

HÖLLER *(York),* compositeur allemand *(Leverkusen 1944).* D'abord autodidacte, il s'oriente ensuite vers la composition : ses premiers essais sont marqués par Bartók, Stravinski et Hindemith. De 1963 à 1968, il poursuit ses études à l'École supérieure de musique de Cologne (Kölner Musikchochschule) : composition chez B. A. Zimmermann, musique électronique chez H. Eimert, piano chez Alfons Kontarsky et E. Schmitz-Göhr, direction d'orchestre chez W. v. d. Nahmer. Parallèlement, il étudie la philosophie et la musicologie à l'université de Cologne. Ses œuvres des années 60 et 70, exclusivement pour ensembles de chambre, sont directement inspirées par la deuxième école de Vienne ainsi que par les théories et les pratiques de Boulez, de Stockhausen et de Zimmermann. Particulièrement intéressé par les problèmes de communication, Höller a écrit une thèse : *Étude critique de la technique sérielle de composition* (1967). Après le succès de sa pièce orchestrale *Topic* (1967) à Darmstadt en 1970, il est invité par K. Stockhausen à travailler au studio électronique de la WDR (1971-72). En 1972, il réalise un projet audiovisuel à l'occasion du centenaire de Scriabine lors du festival de musique contemporaine à Donaueschingen. Dans ses œuvres, il poursuit l'interaction des domaines acoustique et électronique, ainsi que l'intégration des technologies les plus avancées à la création musicale, et il attribue une importance considérable à la live-electronic. Invité à l'I. R. C. A. M., il y continue sa recherche dans le domaine de la technologie digitale en réalisant *Arcus* (1978), commande de l'I. R. C. A. M., pour orchestre de chambre et instruments avec transformation électronique sur bande, où un programme d'ordinateur définit la transformation électronique des sons instrumentaux enregistrés. En 1983 a été créé à Metz *Traumspiel* pour soprano, orchestre et bande d'après Strinderg. Höller vit à Cologne et enseigne l'analyse et la théorie musicale à l'École supérieure de musique.

HOLLIGER *(Heinz),* compositeur et hautboïste suisse *(Langenthal, canton de Berne, 1939).* Connu d'abord comme instrumentiste virtuose, il compte actuellement parmi les compositeurs les plus importants de sa génération. Après des études musicales à Berne (composition, hautbois, piano), il s'est perfectionné à Paris avec Yvonne Lefébure (piano) et Pierre Pierlot (hautbois), et a suivi les cours de composition de Pierre Boulez à Bâle. Il a obtenu en 1959 le premier prix pour le hautbois du Concours international de Genève et en 1960 le prix de l'Union des compositeurs suisses. Depuis 1961, il exerce une intense activité de soliste et a enregistré de nombreux ouvrages classiques et contemporains. Installé à Bâle, il enseigne à l'École supérieure de musique de Fribourg-en-Brisgau. Ses œuvres sont explicitement marquées par son expérience d'instrumentiste, et il s'est spécialement attaché à l'élargissement des possibilités techniques et sonores des instruments. Dans *Pneuma* pour vents, percussion, orgue et radio (1970), les effectifs mis en jeu sont considérés comme « un poumon énorme qui respire », les instruments comme « la bouche qui articule les bruits de souffle » (Holliger). Les modalités inhabituelles du jeu instrumental, l'utilisation des multiphoniques et des bruits de souffle, la décomposition de la matière verbale et la composition des bruits-sons articulatoires dans les œuvres à textes (de G. Trakl, N. Sachs, A. X. Gwerder, P. Celan, S. Beckett), puis l'intégration du geste et du fonctionnement corporel à l'œuvre devenue pièce de théâtre instrumental (cf. *Cardiophonie* pour instrument à vent et 3 magnétophones, 1971) sont toujours élaborées selon des projets formels cohérents. L'extension de l'univers sonore acoustique (*Atembogen* pour orchestre, 1974-75) et électronique (*Pas moi,* 1980) inclut chez Holliger l'élaboration de textures sonores complexes et de structures formelles d'inspiration sérielle, sans ignorer pour autant l'expérience des musiques électroniques et des recherches formelles les plus récentes.

On lui doit notamment : *Drei Liebeslieder* pour voix d'alto et orchestre (1960) ; *Elis,* trois morceaux nocturnes pour piano (1961 ; rév., 1966) ; *Erde und Himmel,* petite cantate sur des textes d'Alexandre Xaver Gwerder (1963) ; *Mobile* pour hautbois et harpe (1962) ; *Quatre Miniatures* pour soprano, hautbois d'amour, célesta et harpe (1962-63) ; *Elis,* version pour orchestre (1963 ; 2e vers., 1973) ; *Der Magische Tänzer,* deux scènes pour 2 chanteurs, 2 acteurs, 2 danseurs, chœur, orchestre et bande (1963-1965); *Trio* pour hautbois, alto et harpe (1966); *Siebengesang* pour hautbois, orchestre, 7 ou 21 voix de femmes et haut-parleurs (1966-67); *Dona nobis pacem* pour 12 voix a cappella (1970); *Psalm* pour chœur mixte a cappella sur un texte de P. Celan (1971); *Lied* pour flûte seule (1971); *Streichquartett* (quatuor à cordes, 1973); *Die Jahreszeiten,* quatre lieder pour chœur mixte a cappella d'après Hölderlin (1975); un spectacle musical réalisé pour l'I. R. C. A. M. en 1980, composé de *Va et vient* pour 9 voix et 9 instruments sur des textes de S. Beckett et de *Pas moi* pour soprano et bande sur un texte de S. Beckett.

HOLMBOE *(Vagn),* compositeur danois *(Horsens 1909).* Sa forte stature domine la période de transition entre C. Nielsen et P. Nørgård, et son œuvre illustre clairement les contradictions que devaient surmonter les créateurs danois de cette génération. Formé à Copenhague par F. Høffding et K. Jeppesen (1926-1929), et à Berlin par E. Toch (1930), Holmboe s'intéresse alors au folklore roumain, dont maints caractères transparaissent dans son style. Sa *2e symphonie* lui vaut en 1939 son premier succès de compositeur. De 1947 à 1955, sa position de critique musical au quotidien *Politiken* de Copenhague et, de 1950 à 1965, ses activités de professeur de composition au conservatoire de Copenhague lui permettent de jouer un rôle très important dans la formation de la génération des compositeurs de l'après-guerre. Une certaine sévérité de goût et un grand sens de la mesure lui font admirer et souvent suivre ceux qu'il considère comme ses modèles : F. J. Haydn, J. Sibelius, C. Nielsen et B. Bartók. L'œuvre de Holmboe peut être divisée en trois périodes. De 1935 à 1949, la franchise d'expression et la clarté formelle sont les principales caractéristiques que l'on trouve dans les 12 *Concerts de chambre,* le *Nocturne* pour quintette à vent et les six premières symphonies. Alors que l'après-guerre lui apporte la difficile confrontation avec les œuvres sérielles-dodécaphonistes, Holmboe, avec *Suono da Bardo,* suite pour piano, les *1er* et *2e quatuors à cordes* de 1949 et la *7e symphonie* de 1950, aborde une deuxième période, qu'il appelle celle de la « métamorphose ». Cette période découle naturellement du processus sibélien de composition. Peut-être la plus riche,

Ambassade royale du Danemark

Vagn **Holmboe.**

elle nous offrira la 8e symphonie op. 56 *Boréale* (1951-52), *Liber Canticorum 1, 2, 3 et 4,* la *symphonie de chambre no 1* et les quatuors à cordes 3 à 5. En 1961, sans toutefois remettre en cause le principe de la métamorphose, l'expression devient plus statique ; les principaux ouvrages de Holmboe dans le domaine symphonique sont les symphonies 9 à 11 et dans celui de la musique de chambre les quatuors 6 à 14.

HOLST *(Gustav),* compositeur anglais d'origine suédoise *(Cheltenham 1874-Londres 1934).* C'est son arrière-grand-père qui vint s'établir à Cheltenham. Son père eût souhaité qu'il devînt pianiste, mais Gustav préféra la composition dès son plus jeune âge. Il dirigea des chœurs — qu'il affectionnait particulièrement — et un petit orchestre avant d'entrer au Royal College of Music en 1893, où il étudia la composition avec C. V. Stanford. Il travailla également le piano, l'orgue et le trombone. Après ses études, et malgré une santé de plus en plus précaire, il entra comme premier trombone et répétiteur dans différents orchestres. En 1903, il commença une carrière de professeur et, à partir de 1919, il enseigna la composition au Royal College of Music. Le surmenage, puis un accident l'obligèrent à limiter ses activités. Holst se consacra désormais à la composition jusqu'à sa mort.

Comme son cadet Arnold Bax, il appartient à la période des « nationalistes ». S'inspirant des maîtres anciens de l'âge d'or de la musique anglaise ainsi que de Purcell, il a su éviter l'influence essentiellement germanique qui marque souvent encore les œuvres de ses compatriotes à cette époque. Il a su également tirer profit de la chanson populaire (*Somerset Rhapsody* pour orchestre, 1906-1907). Sa partition la plus célèbre demeure sans doute la suite symphonique *les Planètes* (1919), œuvre puissante, qui témoigne d'une profonde science de l'orchestre et qui frappe par la modernité de son langage (évocation de *Mars*). Citons encore l'exemple d'un nouvel appel au folklore, la *Saint Paul's Suite* (1912-13). En 1917, apparaît *The Hymn of Jesus,* œuvre pour chœurs et grand orchestre fondée sur les mélodies du plain-chant. Holst a également composé plusieurs opéras : *Savitri,* opéra de chambre (1908 ; première représ., Londres, 1916), *The Perfect Fool* (1918-1922 ; première représ., 1923), dont la musique de ballet est souvent jouée, *The Boar's Head* (1925) et surtout *The Wandering Scholar* (1934), opéra de chambre tiré d'un conte médiéval que Chaucer n'aurait pas renié.

Depuis sa mort, sa fille Imogen Holst (1907-1984) a été un ardent défenseur de ses œuvres, partageant aussi sa passion pour la direction chorale.

HOLZBAUER *(Ignaz),* compositeur autrichien *(Vienne 1711 - Mannheim 1783).* Élève de Fux (dont il avait étudié tout seul le *Gradus ad Parnassum*) à Vienne, il voyagea à son instigation en Italie, fut maître de chapelle en Moravie, où, en 1737, il épousa une chanteuse, puis retourna à Vienne. Après un deuxième séjour en Italie (v. 1744-1751) et deux années à Stuttgart comme chef d'orchestre, il fut appelé en 1753 à Mannheim, où, exception faite de trois nouveaux voyages en Italie et non sans avoir refusé, en 1778, de suivre à Munich l'Électeur Karl-Theodor, il devait passer le reste de ses jours. Il composa beaucoup de partitions instrumentales, dont environ 70 symphonies (celle en *mi* bémol op. 4 n° 3 est connue sous le titre de *Il Tempesta del mare*), des symphonies concertantes et de la musique de chambre, mais son importance réside surtout dans sa musique religieuse, ce qu'on peut expliquer par sa formation à l'école de Fux. En 1777, à Mannheim, Mozart entendit et apprécia fort son opéra en langue allemande *Günther von Schwarzburg,* sur un livret mettant en scène des personnages de l'antiquité germanique, et, en 1778, à Paris, il ajouta à un *Miserere* de Holzbauer huit morceaux, malheureusement perdus. Les autres opéras de Holzbauer sont en italien, y compris le dernier, *Tancredi* (1783). Ces opéras italiens sont d'ailleurs tous perdus, sauf deux, *Nitetti* (Turin, 1758) et *Alessandro nell'India* (Milan, 1759), l'un et l'autre sur un livret de Métastase.

HONEGGER *(Arthur),* compositeur suisse *(Le Havre 1892 - Paris 1955).* Né de parents zurichois, il bâtira une œuvre où s'équilibrent les apports de son origine alémanique et de sa formation française. De son origine alémanique, il reçoit l'empreinte d'une tradition protestante. La Bible lui deviendra familière et l'inspirera *(le Roi David, Judith).* Il est, en quelque sorte, préparé à accueillir J.-S. Bach, dont la révélation, dès sa quinzième année, sous la forme de deux cantates dirigées par Caplet, est à l'origine du culte qu'il ne cessera de vouer à celui qu'il nomme « son grand modèle ». Il compose aussitôt un oratorio-cantate, *le Calvaire,* où se découvrent déjà les perspectives de son œuvre future. N'est-ce pas par une *Passion* — que seule la mort de l'auteur du texte fera avorter — qu'il souhaite couronner sa carrière ? Du moins en connaissons-nous la première partie, *Une cantate de Noël* (1953), sa dernière œuvre, qui s'achève sur un choral. La forme même du choral adhère à son tempérament. Honegger en dédie un à l'orgue, *Fugue, Choral* (1917) ; il en confie un à la trompette dans le finale de sa *2e symphonie* pour cordes (1941). Parmi les œuvres où se conjuguent les influences alémaniques, protestantes et de J.-S. Bach relevons *le Roi David,* psaume dramatique écrit en collaboration avec René Morax, représenté au théâtre populaire du Jorat (Mézières, Suisse) et qui, réinstrumenté et ramassé en oratorio, fut à l'origine, dès sa création à Paris en 1924, de la popularité de son auteur. C'est à propos de cette œuvre que Honegger répond à

Bulloz

*Portrait d'**Honegger** par G. P. Fauconnet.*

Cocteau, qui lui reproche son adhésion à une tradition agonisante : « Il me paraît indispensable, pour aller de l'avant, d'être solidement rattaché à ce qui nous précède. Il ne faut pas rompre le lien de la tradition musicale. Une branche séparée du tronc meurt vite. » D'autres oratorios succéderont à celui-là : *Judith* (1926), drame biblique où se renouvelle sa collaboration avec Morax, *les Cris du monde* (1931), sur un texte de R. Bizet; *Jeanne d'Arc au bûcher* (1935; 1re représ., 1938), oratorio dramatique écrit en accord étroit avec Claudel. Cette rencontre avec le poète va être pour le musicien « une des plus grandes joies de (son) existence ». Si, à la scène, le succès de Honegger est immédiat et toujours renouvelé, sans doute tient-il à ce que le compositeur, ainsi qu'il nous le dit, s'est « efforcé d'être accessible à l'homme de la rue, tout en intéressant le musicien ». Cette attitude n'a d'ailleurs rien de passager et, à quelques rares exceptions, Honegger y sera fidèle. La collaboration avec Claudel se poursuit avec un nouvel oratorio, *la Danse des morts* (1938). C'est encore à cette même tradition que se réfère l'oratorio dramatique *Nicolas de Flue* (1939-40) sur un poème de D. de Rougemont, créé en 1941.

L'apport alémanique est encore sensible dans l'éducation musicale que reçoit Honegger. À peine celui-ci a-t-il fait un peu d'harmonie avec Ch. Martin, organiste du Havre, qu'il part pour Zurich à dix-sept ans, muni de son baccalauréat, et pour deux ans. Au conservatoire de cette ville, les études sont essentiellement axées sur les grands maîtres classiques et romantiques. Quand il arrive à Paris, à dix-neuf ans, Honegger est surtout féru de la musique de Wagner, de Richard Strauss et de Max Reger. Beethoven, qu'il a découvert dès l'enfance et dont il a déchiffré les sonates à peine initié au solfège, aura une grande influence dans sa formation.

En regard de ces « alluvions » alémaniques, qui lui viennent tant de son hérédité que de sa culture, que reçoit-il de la France ? Il y a d'abord la mer. Tout jeune, il l'a contemplée. Elle évoque son art puissant, les larges mouvements qui le rythment, le profond brassage des influences variées qu'elle a assimilées, le goût profond de son auteur pour la liberté. « Homme libre toujours tu chériras la mer », aurait-il pu s'écrier avec Baudelaire. Ce qu'il doit à la France, c'est, selon son propre aveu, son « affinement musical et esthétique ». C'est à Paris, au Conservatoire, qu'à son retour de Suisse, il poursuit ses études. Il y reçoit l'enseignement de L. Capet (violon), de Gédalge (contrepoint et fugue), de Widor (composition) et d'Indy (direction d'orchestre). Il y approfondit les compositeurs français. « Debussy et Fauré, dira-t-il, ont fait très utilement contrepoids

*Arthur **Honegger.***

Doisneau-Rapho

Kicia Laffon

A. ***Honegger :*** *« On doit parler au grand public sans concession mais sans obscurité. »*

dans mon esthétique et ma sensibilité aux classiques et à Wagner. »

Mais Paris, c'est peut-être avant tout sa rencontre avec Darius Milhaud, son condisciple à la classe de Gédalge. Le jeune Aixois l'éblouit. Il devient son ami et l'introduit dans le milieu exaltant de ses relations, aussi bien musicales que picturales et littéraires. Honegger y rencontre quelques-uns de ceux qui deviendront ses amis et ses collaborateurs, tels F. Ochsé, qui aura sur lui la « plus heureuse action », Fauconnet, qui lui fournira le livret d'*Horace victorieux* (1920), vaste fresque atonale, l'une de ses œuvres préférées, et Cocteau, qui, dès 1916, patronne, sous la houlette de Satie, les « Nouveaux Jeunes » en attendant, quatre ans plus tard, le « groupe des Six ». S'il adhère à ces mouvements, ce n'est que superficiellement (*Marche funèbre* des *Mariés de la tour Eiffel* de Cocteau, 1921). De cette époque date néanmoins une œuvre qui marque un jalon important dans sa carrière de com-

Autographe d'Arthur ***Honegger.***

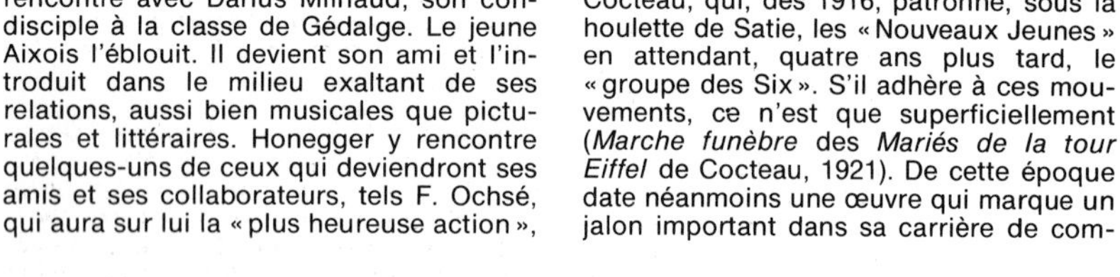

positeur, *le Dit des jeux du monde,* musique de scène pour la pièce de P. Méral montée au Vieux-Colombier en 1918 par Jane Bathori et qui fait scandale. La collaboration du compositeur avec Cocteau restera pourtant essentielle, moins à cause des *6 Poésies de J. Cocteau* (1920-1923) que pour *Antigone* (1924-1927). Au vrai, Honegger se détachera rapidement de l'esthétique prônée par Cocteau. Il n'a pas, comme il le dit, « le culte de la foire et du music-hall ». Il écrit à Poulenc un an avant sa mort : « Je considère Satie comme un esprit excessivement juste mais dépourvu de tout pouvoir créateur. "Faites ce que je dis, ne faites surtout pas ce que je fais." » Ce qu'il souhaite, c'est retrouver la communion avec le public. « On peut, dira-t-il, on doit parler au grand public sans concession mais aussi sans obscurité. » Aussi bien tourne-t-il le dos à tout mandarinisme. Il s'écartera de Schönberg et de son école, de « cet art d'abstraction », ainsi qu'il le nommera. « La musique, proclame-t-il, doit changer de caractère, devenir droite, simple, de grande allure : le peuple se fiche de la technique et du fignolage. » Voilà qui peut faire comprendre que ce musicien « populaire » soit avant tout un lyrique et que son « rêve eût été de ne composer que des opéras ». Sa passion pour le théâtre lyrique remonte à sa neuvième année, où il a la révélation du *Faust* de Gounod. Aussitôt il entreprend (texte et musique) deux opéras, *Philippe* et *Sigismond,* puis commence une *Esmeralda* d'après Hugo. S'il n'écrit qu'un opéra, *Antigone,* sans parler de *l'Aiglon* (1935 ; 1re représ., 1937), en collaboration avec son ami Ibert, de deux mélodrames avec Valéry, *Amphion* et *Sémiramis* (1931), de deux opérettes, *les Aventures du roi Pausole* et *les Petites Cardinal* (1938), où il retrouve Ibert comme partenaire, on peut affirmer que la plus grande partie de son œuvre prend essor sur un tremplin dramatique, aussi bien ses cinq symphonies, ses musiques de scène, de film ou ses ballets que sa musique de chambre.

HOTTETERRE, famille de musiciens et de facteurs d'instruments français originaire de La Couture-Boussey, près d'Évreux, et descendant de Loys Hotteterre (mort vers 1620), tourneur de bois à La Couture. — 1. **Jean,** joueur de hautbois et de musette, fils de Loys *(? v. 1605 - ? v. 1691).* Également facteur d'instruments, il entra vers 1650 dans la musique de la Chambre du roi. — 2. **Jean,** neveu du précédent *(? v. 1648 - Paris 1732).* Il fut un des plus grands facteurs d'instruments (à vent) de la famille. — 3. **Martin,** fils de Jean (1) et cousin de Jean (2) [*? v. 1640 - ? 1712*]. Il se distingua dans la facture de la musette du Poitou. — 4. **Nicolas,** cousin des deux précédents *(? v. 1637 - Versailles 1694).* Il joua du basson à la chapelle royale et, comme Martin, fut membre du Grand Hautbois. — 5. **Louis,** frère du précédent *(? v. 1645-1650 - Ivry 1716).* Flûtiste du roi, il contribua beaucoup à la diffusion en France de la flûte traversière. — 6. **Nicolas,** frère des deux précédents *(La Couture-Boussey 1653 - Paris 1727).* Il entra dans le Grand Hautbois en 1667. — 7. **Jacques,** dit HOTTETERRE-LE-ROMAIN, fils de Martin et arrière-petit-fils de Loys *(Paris 1674 - id. 1763).* Il voyagea en Italie et fut le plus célèbre membre de la famille. Il revint à Paris en 1705 et entra comme flûtiste à la Chambre du roi ainsi que comme basson (et viole de gambe) dans la musique de la Grande Écurie. Ce fut un virtuose distingué, qui a beaucoup contribué au progrès de son instrument principal. Ses œuvres sont en majorité pour flûte traversière, à laquelle il a consacré aussi des ouvrages théoriques et des méthodes (*Principes de la flûte traversière, ou flûte d'Allemagne. De la flûte à bec, ou flûte douce, et du haut-bois, divisez par traitez,* Paris, 1707 ; *l'Art de préluder sur la flûte traversière...,* Paris 1719 ; *Méthode pour la musette...,* Paris 1737 ; rééd., 1977). — 8. **Jean,** frère du précédent *(mort en 1720).* Il entra au Grand Hautbois en 1710 et a laissé une suite pour musette, publiée par son frère en 1722.

HUBER *(Klaus),* compositeur suisse *(Berne 1924).* Instituteur, il étudia avec Willy Burkhard (composition) et Stefi Geyer (violon) au conservatoire de Zurich (1947-1949), puis avec Boris Blacher à Berlin. Jusqu'en 1955, il prit des leçons privées avec Burkhard. Il enseigna le violon au conservatoire de Zurich (1950-1960), l'histoire de la musique à celui de Lucerne (1960-1963) et la théorie (1961), puis la composition et l'instrumentation (1964) à l'Académie de musique de Bâle. En 1973, il devint, grâce à une bourse du D. A. A. D., compositeur en résidence à Berlin et fut nommé professeur de composition à l'École supérieure de musique de Fribourg-

Amphion

Klaus **Huber.**

en-Brisgau : il devait y avoir comme assistant son ancien élève Brian Ferneyhough. Ses premières œuvres datent de 1952 (*Abendkantate* pour voix de basse, 2 flûtes, alto, violoncelle et clavecin sur un texte d'Andreas Gryphius), mais Huber attira surtout l'attention avec *Sechs kleine Vokalisen* pour contralto, violon et violoncelle (1955), symphonie de chambre *Oratio Mechtildis* pour contralto et orchestre de chambre sur un texte de Mechtild von Magdeburg (1956-57) ou encore *Auf die ruhige Nacht-Zeit* pour soprano, flûte, alto et violoncelle (1958). Ses œuvres s'inscrivent sous le signe d'un sentiment global de la nature et de constantes préoccupations religieuses et spirituelles. Dans *Tenebrae* pour grand orchestre, célesta, orgue électrique, timbales et percussion (1966-67), œuvre qui lui valut en 1970 le prix Beethoven de la ville de Bonn, les forces menaçant ces valeurs sont symbolisées par le phénomène de l'éclipse solaire, elle-même associée à la Crucifixion. Dans ... *inwendig voller figur...* pour chœur, haut-parleurs, bande magnétique et grand orchestre (1970-71), commande de la ville de Nuremberg pour le cinquième centenaire d'Albrecht Dürer, les textes sont tirés à la fois de Dürer et de l'Apocalypse, et on retrouve certaines proportions numériques des œuvres de Dürer. Citons encore *Soliloquia,* oratorio pour solos, 2 chœurs et grand orchestre sur un texte de saint Augustin (1959-1964), *Alveare Vernat* pour flûte et 12 cordes (1965), *Tempora,* concerto pour violon et orchestre (1969-70), *Hiob 19* pour chœur et 9 instruments (1971), *Jot, oder Wann kommt der Herr zurück,* opéra dialectique sur un texte de Philip Oxmam (1972-73 ; création fragmentaire, Berlin, 1973), *Im Paradies oder Der Alte vom Berge,* opéra sur un texte d'Alfred Jarry (1973-1975, création, Bâle, 1975), *Erinnere dich an G...* pour contrebasse et 17 musiciens (1976-77), *...ohne Grenze und Rand...* pour alto et petit orchestre (1976-77), *Erniedrigt-Geknechtet-Verlassen-Verachtet...* (« Humilié-Asservi-Abandonné-Méprisé... »), oratorio en sept parties sur un texte d'Ernesto Cardenal (1979-1981 ; création, festival de Hollande, 1981), et un 2e quatuor à cordes (1983).

HUMFREY *(Pelham),* compositeur anglais *(? 1647 - Windsor 1674).* Il commence sa vie musicale comme chantre et élève de Henry Cooke à la Royal Chapel de 1660 à 1664 environ, date à laquelle il a déjà écrit quelques anthems, dont *Haste thee O God.* Cette manifestation de son talent lui vaut une bourse pour la France, où, à en juger d'après certains traits stylistiques de son œuvre, il rencontre sans doute Lully. Humfrey séjourne également en Italie et s'informe des dernières techniques de l'écriture vocale. À son retour en Angleterre, il se trouve nommé luthiste à la cour (1666) et « Gentleman of the Royal Chapel » (1667). S. Pepys, dans son *Journal,* offre plusieurs appréciations de la valeur de son compatriote. À cette époque, Humfrey compose de la musique d'église, des airs ainsi que ses trois odes, dont celle de 1672, *When from his throne,* pour célébrer l'anniversaire du roi. La même année, il devient maître des enfants de la chapelle. Le jeune Henry Purcell est l'un de ses élèves. Pour *The Tempest,* dans une adaptation de Th. Shadwell représentée en 1674, Humfrey compose deux masques. Il tombe malade peu après et meurt à l'âge de vingt-sept ans.

Pelham Humfrey se montre particulièrement sensible aux textes poignants. Il sait « attiser les passions », que son harmonie chromatique et ses intervalles mélodiques disjoints mettent si bien en relief. Il réussit tout particulièrement dans ses *verse anthems,* dont les proportions (solos, chœurs, instruments) peuvent atteindre celles du grand motet, qu'il aurait entendu en France. Outre les odes, déjà citées, il laisse un total de vingt-sept airs, dont cinq sont des airs de dévotion.

HUMMEL *(Johann Nepomuk),* pianiste et compositeur autrichien *(Presbourg 1778-Weimar 1837).* Enfant prodige, il reçut ses premières leçons de musique de son père, Johannes, puis étudia à Vienne avec Mozart, qui l'hébergea dans sa propre maison (1786-1788) et grâce à qui il donna son premier concert en 1787. Il partit ensuite avec son père pour une tournée qui le mena en Allemagne du Nord, à Copenhague, en Écosse, à Londres (où, en 1792, il joua aux mêmes concerts que Haydn) et de nouveau en Allemagne. Revenu à Vienne en 1793, il prit de nouvelles leçons avec Albrechtsberger et Salieri, se lia d'amitié avec Beethoven et s'imposa comme un des premiers pianistes de son temps. Sa nomination en 1804 comme concertmeister (en l'occurrence, chef d'orchestre) du prince Esterházy fit de lui un des trois musiciens (les deux autres étant le vice-maître de chapelle Johann Nepomuk Fuchs et l'autre concertmeister Luigi Tomasini), qui eurent à assumer la succession de Haydn malade, celui-ci conservant son titre de maître de chapelle. Hummel occupa ce poste jusqu'en 1811. Il reprit sa carrière de pianiste vers 1814, puis fut maître de chapelle à Stuttgart (1816-1818) et enfin à Weimar (de 1819 à sa mort). Dans les années 20 et 30, il refit comme pianiste des tournées à travers l'Europe et, en 1827, il se rendit à Vienne pour revoir Beethoven mourant. Comme pédagogue du piano, il eut notamment comme élèves C. Czerny, F. Hiller, F. Mendelssohn et S. Thalberg. Comme compositeur, il ne se limita pas au piano, mais aborda à peu près tous les genres instrumentaux et vocaux, sauf la symphonie. Ses premières œuvres sont ancrées dans le classicisme viennois (Mozart, Haydn), ses dernières tendent la main aux romantiques de 1830 (Chopin) : il contourna Beethoven plutôt qu'il ne se mesura avec lui. Il a laissé de très nombreuses pièces pour piano (dont les cinq sonates op. 13 en *mi* bémol [v. 1804, dédiée à Haydn], op. 20 en *fa* mineur [v. 1807], op. 38 en *ut* [v. 1808], op. 81 en *fa* dièse mineur [1819, particulièrement admirée de Schumann] et op. 106 en *ré* [1824]), des concertos (dont sept pour piano et un pour trompette [1803]), de la musique de chambre (en général avec piano), des opéras (dont *Mathilde von Guise* [1810] et *Die Rückfahrt des Kaisers* [1814]) et de la musique religieuse (dont cinq messes), datant pour l'essentiel de ses années chez les Esterházy. Sa méthode de piano (1828) eut une importance considérable dans la première moitié du XIXe siècle.

Johann Nepomuk **Hummel.**

Larousse

HUMPERDINCK *(Engelbert),* compositeur allemand *(Siegburg, Rhénanie, 1854-Neustrelitz 1921).* Il étudia à Cologne et à Munich, et participa, à l'invitation de Wagner, à la préparation des premières représentations de *Parsifal* à Bayreuth en 1882. Il enseigna successivement à Barcelone, à Francfort et, de 1900 à 1920, à Berlin. D'une production abondante, seul a survécu l'opéra *Hänsel und Gretel,* sur

Engelbert ***Humperdinck.***

un livret d'Adelheid Wette (Weimar, 1893, sous la direction de Richard Strauss), sœur du compositeur : cette œuvre utilise adroitement, dans une atmosphère de conte de fées, des chansons populaires de Westphalie.

HUSA *(Karel),* compositeur américain d'origine tchèque *(Prague 1921).* Après des études au conservatoire de Prague, il vécut à Paris de 1946 à 1954, travailla la composition avec Nadia Boulanger et Arthur Honegger, et la direction d'orchestre avec Eugène Bigot et André Cluytens. En 1954, il partit pour Utica, dans l'État de New York, pour y enseigner la composition et la direction d'orchestre à la Cornell University. Il devint citoyen américain en 1959. Sa première période de compositeur fut influencée par Honegger et Bartók : en témoignent le *Concertino pour piano et orchestre* (1949), le trio pour clarinette, alto et violoncelle *Évocations de Slovaquie* (1951), et la symphonie nº 1 (1953). La tentation webernienne apparut avec *Mosaïques* pour orchestre (1961). On lui doit trois quatuors à cordes (1948, 1953 et 1968), dont le dernier lui valut le prix Pulitzer en 1969. Citons encore *Music for Prague 1968* (1968), dont il existe une version pour ensemble d'instruments à vent et une pour orchestre — admirable rencontre du vieux choral hussite « Vous qui êtes soldats de Dieu et de sa Loi », des cloches de la ville aux cent clochers (Prague), de l'angoisse et de la liberté —, le ballet *Monodrama* (1976) et *American Te Deum* pour baryton, chœurs et ensemble d'instruments à vent (1976). Il a édité des œuvres de Delalande et de Lully.

I

IBARRONDO *(Félix),* compositeur espagnol *(Onate, Guipúzcoa, 1943).* Il a fait ses premières études musicales avec son père (solfège et harmonie), puis travaillé la philosophie et la théologie ainsi que la composition avec Juan Cordero Castanos, obtenant ses diplômes de piano et de composition aux conservatoires de Bilbao et de San Sebastián. À Paris, où il réside depuis 1969, il a été l'élève de Max Deutsch, d'Henri Dutilleux et de Maurice Ohana. Il a obtenu le prix Lili-Boulanger en 1972. Il a écrit notamment *Aitaren Extea* pour ténor, 2 pianos, violon et percussion (1971), *Vague de fond* pour grand orchestre, commande du ministère des Affaires culturelles (1972), *Et la vie était là...* pour quatuor à cordes (1973), *Sous l'emprise d'une ombre* pour ensemble instrumental (1976), *Musique pour la messe* (Avignon, 1977), *Izengabekoa* pour ensemble instrumental (Saintes, 1978), *Amairuk* pour 12 cordes et guitare (1979), *Brisas* pour 9 instruments (1980), *Cibillak* pour soprano, ténor, baryton, 2 clarinettes et 3 violoncelles (Avignon, 1981), et *Phalène* pour trio à cordes (1983).

IBERT *(Jacques),* compositeur français *(Paris 1890 - id. 1962).* Bien qu'ayant été très tôt attiré par la musique et ayant bénéficié des conseils d'une mère excellente pianiste, Ibert, pour complaire à son père, fit un court séjour dans l'entreprise familiale avant d'entrer, à vingt ans, au Conservatoire, où il suivit les cours de Pessard (harmonie), de Gédalge (contrepoint) qui fut pour lui « un conseiller, un confident et un ami admirable », et de P. Vidal (composition). Au retour de la Grande Guerre, où il s'était engagé, il remporta le premier grand prix de Rome (1919). Dès lors, il ne cessa de composer, et dans tous les domaines, oscillant moins du côté du dramatisme — encore qu'une de ses premières œuvres, *la Ballade de la geôle de Reading,* d'après O. Wilde (1920), en soit empreinte — que du divertissement. Ses admirations témoignent de ses tendances ; elles vont, chez les anciens, à Mozart, à Scarlatti, à Couperin, à Rameau et, chez les modernes, à Chabrier, à Bizet, à Debussy, à Ravel, à Stravinski, à Roussel.

Le théâtre, qui, dès sa jeunesse, l'avait attiré — n'avait-il pas envisagé une carrière de comédien ? —, lui inspira un opéra, *Persée et Andromède* (1921, création 1929), une farce, *Angélique* (1926, création 1927), dont le spirituel livret de son ami Nino, qui avait déjà collaboré à celui de *Persée et Andromède,* favorisa le succès. Si l'on excepte *l'Aiglon* (1937) — écrit en collaboration avec Honegger, avec qui il était lié depuis le Conservatoire —, c'est vers le genre « léger » que, plus volontiers, s'est tourné Ibert avec l'opéra-comique *le Roi d'Yvetot* (1928, création 1930), l'opéra bouffe *Gonzague* (1930) et l'opérette *les Petites Cardinal* (1938, création 1939), pour laquelle il collaborait de nouveau avec Honegger. Ressortissent encore du genre théâtral ses nombreuses musiques de scène, dont plusieurs sont devenues des pièces d'orchestre, comme *le Jardinier de Samos* (1924), le *Divertissement* pour orchestre de chambre d'après *Un chapeau de paille d'Italie* (1929), la *Suite symphonique Paris 32* d'après *Donogoo* (1930) et la *Suite élisabéthaine* d'après *le Songe d'une nuit d'été* (1942).

Attiré par le cinéma depuis ses improvisations pianistiques au temps du « muet », Ibert a signé plus de 60 partitions cinématographiques. Le ballet l'a également beaucoup requis. Entre sa collaboration à *l'Éventail de Jeanne* (1927) et *le Cercle fantastique* (1958), resté inédit, Ibert a composé *Diane de Poitiers* (1933-34),

Erwin-Marton

Jacques **Ibert.**

le Chevalier errant (1935), *les Amours de Jupiter* (1945) et *le Triomphe de la Pureté* (1950). L'attrait qu'il a éprouvé pour le « spectacle » est évident, puisque, dans son œuvre symphonique, tout naturellement, certaines partitions ont inspiré des ballets, tels *la Ballade de la geôle de Reading, Escales* (1922) et *Louisville-Concert* (1953).

Dans sa musique de chambre, ses concertos, on remarque une tendance à privilégier les vents et la harpe, son quatuor à cordes (1937-1942) étant une éloquente exception. On lui doit également des pièces pour piano — dont les populaires *Histoires* — et des mélodies composées essentiellement entre 1919 et 1931.

INDIA *(Sigismondo d'),* compositeur italien *(Palerme 1582 - Modène ? 1629).* Il est né de famille noble sicilienne. On sait peu de chose sur les premières années de sa vie, sinon qu'en 1608, il se trouvait à Florence et y fréquentait le milieu de la Camerata, où il rencontra Giulio Caccini et la chanteuse Vittoria Achilei, qui interprétèrent ses œuvres. Chanteur lui-même, India publia en 1609, à Milan, le premier des cinq livres de *Musiche* à voix seule ou à deux voix avec basse continue. Nommé « maestro della musica di camera » à la cour de Charles-Emmanuel Ier à Turin (1611), il devait occuper ce poste jusqu'en 1623. La bibliothèque de cette ville conserve une musique incomplète pour la pastorale *Zalizura.* L'année suivante, India partit pour Rome, partageant son temps entre la Ville éternelle et Modène.

Bien qu'auteur de musique religieuse — parmi laquelle un livre de motets à 4 voix (Venise, 1627) —, Sigismondo d'India est surtout un compositeur d'arias mesurées et de monodies particulièrement expressives et accompagnées *(nel Chitarrone, Clavicembalo, Arpa doppia...).* Toutes œuvres qui, selon d'aucuns, égaleraient l'art de Monteverdi dans ce domaine ; *Cruda Amarilli* (texte de Guarini) compte parmi les plus connues. India a également composé des madrigaux à 5 voix — parus en huit livres entre 1606 et 1624 —, des ballets et des musiques de scène.

INDY *(comte Paul-Marie-Théodore* VINCENT *d'),* compositeur français *(Paris 1851* - id. *1931).* Issu d'une famille originaire du Vivarais et fort attachée aux traditions, le jeune Vincent est d'abord formé par sa grand-mère, musicienne exigeante et distinguée, avant d'être confié, à onze ans, à Diemer et à Marmontel. Le piano et le solfège ne l'empêchent pas de se tourner vers la littérature, dont il découvre peu à peu tous les classiques. En 1863, Lavignac lui enseigne l'harmonie. En 1864, c'est son premier contact avec les Cévennes, qui lui feront une telle impression qu'il ira, sa vie durant, chercher au moins une fois l'an le souvenir de cette émotion. En 1867, d'Indy aborde l'orchestration. Après le baccalauréat, il voyage en Italie, puis en Allemagne (1870). Dès 1871, il participe avec Franck, Duparc et Bussine à la fondation de la Société nationale de musique, la fameuse S. N. M., tout en s'adonnant activement à la composition (ainsi voient le jour des *Romances,* la *Symphonie italienne*) et tout en commençant à diriger en province, à suivre la classe d'orgue du Conservatoire et les cours de fugue professés par Franck.

À partir de 1873 — il a tout juste vingt-deux ans —, il produit beaucoup et dans tous les domaines, chantant tout à tour l'Allemagne (*Wallenstein,* 1873), la Hongrie (*Jean Hunyade,* 1874-75), l'Antiquité (*Antoine et Cléopâtre,* 1876). De cette époque féconde datent *la Chevauchée du Cid* (1876-1879), l'opéra-comique *Attendez-moi sous l'orme* (création, Paris, 1882) ainsi que *la Forêt enchantée* (1878), inspirée de Uhland.

Dès 1884, d'Indy accorde une grande attention à l'art populaire et se met à constituer un « herbier » de chansons vivaraises, qu'il utilisera notamment dans sa célèbre *Symphonie cévenole* (1886), dans *Jour d'été à la montagne* et dans de nombreuses mélodies, transcrites ultérieurement pour chant et piano ou chœurs a capella. En 1890, il devient président de la S. N. M., puis membre d'une commission pour la réforme du Conservatoire. Quatre ans plus tard, les bases de la Schola cantorum sont jetées, et, à partir de 1896, d'Indy y professe généreusement, sans que cela crée une entrave à ses activités parallèles d'inspecteur de l'Enseignement musical de la Ville de Paris ou de compositeur. Travailleur infatigable, il se dépense en effet sans compter, guidant de nombreux disciples, multipliant dans tous les genres des œuvres de haute valeur : l'opéra *Fervaal* (1889-1893, créé à Bruxelles en

Lauros-Giraudon

*V. d'***Indy** *dirigeant à la Schola cantorum. Dessin de Cl. L. Léandre.*

Autour du piano. *Peinture de Fantin-Latour représentant E. Chabrier (au piano) entouré d'amis dont Vincent d'***Indy** *(à droite, debout de profil).* [*Musée du Jeu de Paume.*]

Giraudon

Larousse

*Vincent d'**Indy** chez lui.*

1897), le *Second Quatuor à cordes* (1897) et la *Deuxième Symphonie* (1902), *l'Étranger* (1898-1901, créé à Bruxelles en 1903), la *Sonate pour violon et piano* (1903-1904), *Jour d'été à la montagne* (1905), etc.

Par ailleurs, ces activités multiples ne l'empêchent ni d'écrire des ouvrages didactiques (*Cours de composition musicale,* 1903-1909, 1933, 1950), ni de faire entendre certaines grandes œuvres du passé, qu'il ressuscite (l'*Orfeo* de Monteverdi, par exemple), ni de porter un regard pénétrant sur certains compositeurs qu'il aime : en témoignent ses livres sur Franck (1906), Beethoven (1911) ou Wagner (1930). Après 1914, sa carrière de musicien s'oriente surtout vers la musique de chambre, à laquelle il apporte la concision et la poésie de l'âge mûr (*Quintette,* 1924, et *Sonate pour violoncelle et piano,* 1924-25 ; *Suite* pour flûte, trio à cordes et harpe, 1927 ; *Sextuor,* 1927 ; *Quatuor n° 3* et *Trio,* 1928-29 ; *Fantaisie sur un vieil air de ronde française* pour piano, 1930).

On a souvent médit de l'art de d'Indy, s'en prenant à son admiration pour Franck et Wagner, à son catholicisme intransigeant, parfois même à ses idées politiques ou à sa particule. En fait, même si l'écriture est stricte et la langue parfois complexe (héritage du leitmotiv), l'orchestration est souvent rutilante *(Istar)* et la pensée toujours très noble *(l'Étranger, Fervaal, Wallenstein).* Certes, l'inspiration est essentiellement germanique, et les maîtres de d'Indy s'appellent Bach, Beethoven, Schumann et plus encore Wagner et Franck.

Mais d'Indy regarde aussi vers les vieux maîtres français (Rameau, Destouches, qu'il réédite) ou italiens (recréant l'*Orfeo*). Il occupe ainsi une place à part, et assez paradoxale, dans l'histoire de la musique française — à la fois par sa production, qui se situe en dehors du grand renouveau apporté par Fauré, Debussy, Ravel, à qui il voue amitié ou admiration, par son action de chef d'orchestre, qui lui fait ressusciter maints chefs-d'œuvre du passé, et par son enseignement, puisque, au Conservatoire ou à la Schola cantorum, il formera des élèves de tempéraments aussi divers que Séverac, Roussel, Satie, Le Flem, Honegger, Auric, etc.

INGEGNERI *(Marco Antonio),* compositeur italien *(Vérone v. 1547-Crémone 1592).* Il fut sans doute l'élève de Vincenzo Ruffo à Vérone avant de se rendre à Parme, où il reçut les conseils de Cipriano de Rore *il divino,* l'un des maîtres de l'écriture chromatique. Vers 1568, il s'installa à Crémone, où il devint maître de chapelle à la cathédrale (1581). Dans cette ville, Monteverdi fut l'un de ses élèves, ainsi que Nicolao Sfondrato, le futur pape Grégoire XIV. Ingegneri dirigea également la chapelle de Saint-Ambroise à Gênes (1584-85).

Musicien raffiné, il a laissé de la musique religieuse, notamment un recueil de 27 répons de la semaine sainte (4 voix a cappella), attribués à tort à Palestrina, quatre volumes de *Sacrae cantiones,* publiés chez Gardano à Venise (1576, 1586, 1589, 1591), ainsi que deux livres de *Messes* chez Amadino (1573, 1587). Deux livres de madrigaux à 4 voix, cinq à 5 voix (le premier est perdu) et un seul à 6 voix témoignent de la qualité de sa contribution à la musique vocale profane de son temps. Ingegneri sut parfaitement exploiter le chromatisme, très prisé à l'époque, mais il le fit avec discrétion et bon goût.

IPPOLITOV-IVANOV *(Mikhail),* compositeur russe *(Gatchina 1859-Moscou 1935).* Élève de Rimski-Korsakov (composition), il fut directeur de l'école de musique de Tiflis (1883-1893), puis professeur au conservatoire de Moscou (1893), dont il assuma la direction de 1905 à 1922. Il joua un rôle important dans la vie musicale moscovite à la tête de la Société chorale russe (1895-1901), de l'Opéra Zimine (1899-1906), puis du Bolchoï (1925). Tchaïkovski appréciait la richesse de couleur de ses œuvres. L'étude approfondie à laquelle il se livra sur les musiques traditionnelles caucasiennes et géorgiennes n'y est sans doute pas étrangère (cf. *Esquisses caucasiennes,* 1894, *Dans les Steppes du Turkménistan,* 1935, ou *Images d'Uzbékistan*). Ces musiques lui ont assuré une solide réputation de folkloriste talentueux.

Page de titre et page musicale de Il sesto libro de madrigali, *de Marco Antonio* ***Ingegneri.***

Larousse

Larousse

British Council

John **Ireland.**

IRADIER *(Sebastián),* compositeur espagnol *(Sauciego, Álava, 1809 - Vitoria 1895).* Il est l'auteur de nombreuses chansons et de zarzuelas en collaboration avec Oudrid. C'est le thème de sa habanera *El Arreglito* que Bizet reprit, légèrement modifié, au premier acte de *Carmen.* Il eut également l'honneur d'être interprété par les plus illustres cantatrices de son temps, telles la Malibran, la Patti, l'Alboni et Pauline Viardot.

IRELAND *(John),* compositeur anglais *(Bowdon, Cheshire, 1879 - Washington, Angleterre, 1962).* Fils d'un homme de lettres bien connu, il étudia, entre 1893 et 1901, au Royal College of Music, d'abord le piano, puis la composition, avec C. V. Stanford. Devenu plus tard pédagogue dans ce même établissement, il compta parmi ses élèves Benjamin Britten, E. J. Moeran, et Humphrey Searle. Il composa beaucoup de musique pour piano, dont un concerto en *mi* bémol (1930), souvent joué au concert, et des mélodies, dont *Sea Fever,* une ballade de la mer. *Down by the Sally Gardens* est une mélodie avec partie de piano particulièrement éloquente. Sa dernière grande œuvre, la musique du film *The Overlanders,* date de 1946-47.

ISAAC *(Henricus),* compositeur franco-flamand *(? v. 1450 - Florence 1517).* Il compte parmi ces musiciens des Flandres qui firent le voyage en Italie et il vécut à partir de 1484-85, jusqu'à leur chute en 1492, dans le cercle des Médicis à Florence, sans négliger pour autant des voyages à Ferrare et à Rome. Organiste à la cour (1475), il devint, vers 1478, maître des enfants de Laurent de Médicis et, en 1480, organiste à San Giovanni, puis à la cathédrale. Il entra ensuite au service de Maximilien Ier (1496) qui lui attribua, l'année suivante, le titre de compositeur de la cour, mais il entretint également des liens avec la cour du prince électeur Frédéric le Sage à Torgau (1497-1500). Maximilien semblait d'ailleurs lui avoir accordé une grande liberté de mouvements (voyages à Florence, Ferrare et Constance où il rencontra Machiavel) et, après le retour au pouvoir des Médicis en 1512, il lui confia des fonctions diplomatiques à Florence. Ses fonctions successives, ses voyages mêmes permirent à Isaac d'opérer une remarquable synthèse des styles franco-flamand, italien et allemand. Il maniait les trois langues avec une égale aisance, ainsi qu'en témoignent ses chansons, et se souciait fort de l'intelligibilité du texte. Il assimila la chanson bourguignonne à trois voix, équilibrée et souple jusque dans son contreténor. Ses chansons italiennes attestent l'intérêt du cercle des Médicis pour la langue vulgaire — Isaac mit en musique les *Canti carnascialeschi* de Laurent le Magnifique lui-même — et un art puisé aux sources populaires. En effet, le compositeur emploie dans ses chansons italiennes une écriture plus simple que celle de ses collègues ultramontains. Les pièces à ténor *(Tenorlied)* tiennent dans ses chansons allemandes une place importante, à mi-chemin entre un art populaire et un art de cour. Le genre devait devenir l'une des sources du choral polyphonique. Si les messes d'Isaac, imprimées par Petrucci en 1506, souvent sur une mélodie populaire, sont du meilleur style polyphonique franco-bourguignon, les cinq messes du troisième livre du *Choralis Constantinus* adoptent une forme spécifiquement allemande (alternance unisson/polyphonie à 4-6 v.). Or cette œuvre, achevée par Senfl, présente un ensemble de 72 propres des dimanches et fêtes et ne peut plus être considérée comme destinée au chapitre de la cathédrale de Constance que pour la seconde partie (office des grandes fêtes). Ainsi, par le Livre III, et donc ces cinq messes, et sans doute par le Livre II du *Choralis Constantinus,* a-t-on une idée précise du répertoire de la chapelle de Maximilien. Isaac, qui compta parmi ses élèves Ludwig Senfl, fut avec Josquin Des Prés le plus productif et le plus constamment inspiré des compositeurs de sa génération.

ISOUARD *(Nicolas).* V. *Niccolo.*

IVES *(Charles-Edward),* compositeur américain *(Danbury, Connecticut, 1874-New York 1954).* Toute sa musique fut marquée par son enfance dans la campagne américaine de la Nouvelle-Angleterre et par son père, ancien musicien de l'armée, homme original qui aimait à se livrer, avec les fanfares et les chorales de sa petite ville, à des expériences de « musiques simultanées », de superpositions de phalanges musicales en mouvement, créant des rythmes et des harmonies multiples et emmêlées. C'est dans ces tentatives que Ives dut puiser son goût pour les totalités mouvantes, les superpositions de rythmes, d'harmonies et de tonalités, dont la discordance se résout dans une harmonie globale, un profond sentiment d'unité. On attribue pêle-mêle à Charles Ives beaucoup d'innovations d'écriture qui préfigurent celles de la musique contemporaine : polytonalité, atonalité, écriture sérielle, micro-intervalles, polyrythmie, musique « spatiale » distribuée dans l'espace, formes variables à réalisations multiples, accords en « clusters » (agglomérats denses de notes simultanées), collages et emprunts de musiques existantes, etc. Cependant, tous ces procédés revêtent chez lui un sens personnel et ne découlent pas d'une volonté d'épuiser les possibilités formelles et stylistiques.

Charles Edward ***Ives.***

ISIS

Ives sut se donner les moyens de son indépendance, et sa « carrière » de compositeur fut singulière : organiste dans sa ville natale dès l'âge de quatorze ans, il poursuivit ses activités de musicien de paroisse une grande partie de sa vie, composant plusieurs pièces pour l'orgue. Entre 1894 et 1898, il étudia à l'université de Yale avec Horatio Parker. Cependant, il semble qu'il ait reçu peu de formation classique, et qu'il ait appris la composition en autodidacte. Au sortir de ses études, il décida de s'orienter vers les affaires. Et, en 1899, il fonda avec Julius Myrick une compagnie d'assurances qui réussit fort bien — lui-même rédigea un manuel pour la conduite des assurances qui fit autorité. Mais, parallèlement, il continua à composer. Du grand nombre d'œuvres qu'il écrivit, peu furent jouées de son vivant. Et il ne commença à être reconnu et apprécié que vers la fin de sa vie. Il épousa, en 1908, Harmony Twichell et vécut à New York, passant ses week-ends et vacances dans le Connecticut. Sa période la plus créative dura moins de vingt ans (1900-1918). Ce fut en 1918 qu'il subit les premières attaques cardiaques qui allaient entraîner, en 1930, son état de semi-invalidité, l'obligeant à se retirer des affaires. Sa production musicale s'en trouva également interrompue. Les vingt-cinq dernières années de sa vie, inactives, furent heureusement éclairées par un début de gloire. À partir de 1929, le poète Henry Bellamain favorisa la diffusion de sa musique par des articles élogieux ; le compositeur Henry Cowell, le pianiste John Kirkpatrick contribuèrent à la faire connaître. Élu au National Institute of Art and Letters (1946), Ives reçut en 1947 le prix Pulitzer pour sa *Troisième Symphonie,* composée entre 1901 et 1904. Dans les années 50, le compositeur fut joué assez fréquemment, et il put entendre nombre de ses musiques jusque-là injouées. Et, quand il mourut en 1954, il était désormais un musicien respecté.

L'œuvre de Charles Ives comprend 186 numéros d'opus, dont plus d'une centaine de mélodies. Ses compositions, ambitieuses, conçues dans les intervalles d'un travail intensif, demandèrent de longues années pour éclore. Parmi ses premiers essais, le *Psaume 67* (1894) pour chœur est déjà un exemple de « musiques simultanées », utilisant des procédés de superposition rythmique, harmonique. Le genre symphonique lui inspira quelques fresques évocatrices et descriptives : *Première Symphonie* (1895-1898) ; *Deuxième Symphonie* (1897-1902) ; *Troisième Symphonie* (1904), pour orchestre de chambre, qui intègre, comme beaucoup d'œuvres ultérieures, les cantiques entendus dans son enfance dans la Nouvelle-Angleterre ; *Quatrième Symphonie* (1910-1916), pour 3 orchestres ; et la *Hollidays-Symphony* (1904-1913), évoquant les fêtes religieuses et civiques de son pays. Une *Cinquième Symphonie,* dite *Universe Symphony* (1911-1916, 1927-28) resta inachevée, de même qu'une partition intitulée *Chromatimelôdtune,* que termina, en 1967, le compositeur Gunther Schuller.

À côté de ces grandes œuvres gorgées de couleurs — Ives affectionnait les sonorités de cuivres évoquant les fêtes de plein air —, certaines pièces pour orchestre, plus courtes et discrètes, sont devenues classiques : ainsi les 2 « contemplations » *Central Park in the Dark* (1906) et *The Unanswered Question* (1906). Autres pièces descriptives, les *Three Places in New England* ou *First Orchestral Set* (1903-1914) évoquent, comme beaucoup d'autres, l'enracinement historique et géographique de l'auteur. Le *Second Orchestral Set* (1909-1915), et la *Robert-Browning-Overture* (1908-1912), complètent l'œuvre symphonique de Ives. Les œuvres pour petites formations sont souvent plus « expérimentales » que les œuvres pour orchestre, ou du moins paraissent l'être, en l'absence de ce confort ample des

C.B.S.

Charles-Edward ***Ives.***

sonorités orchestrales, qui fait admettre à l'auditeur le moins habitué les superpositions les plus cruelles. On citera les *Tone-Roads* (1911-1915), qui annonceraient l'écriture raréfiée de Webern ; *Hallowe'en* (1906), œuvre variable pour quatuor à cordes et piano ; le scherzo *Over the Pavements* (1906-1913), *The Pond* (1906), *Rainbow* (1914), les 4 sonates pour piano et violon (1902-1916), les 2 quatuors à corde (1896 ; 1907-1913), le trio avec piano (1904-1911), les 3 *Quarter-Tones Piano-Pieces* (1923-24), pour 2 pianos en quarts de ton, etc. Dans ses nombreuses œuvres pour piano, se détache, à côté d'une *Première Sonate* (1901-1909), l'immense *Deuxième Sonate,* sous-titrée *Concord-Mass* et souvent appelée *Concord-Sonata* (1911-1915), hommage aux philosophes et écrivains « transcendentalistes » qui vécurent et se rencontrèrent dans la ville de Concord : Emerson, Hawthorne, les Alcotts, Thoreau. À cette dernière œuvre, l'auteur consacra un livre entier d'explications et de commentaires, *Essay before a Sonata,* qui est un témoignage capital sur sa pensée et son inspiration.

Ives n'avait pas peur d'évoquer ou d'imiter. Pour lui, la création musicale renvoie naturellement au monde, à la société, aux racines. Malgré ou à cause de son choix initial de dissocier le travail professionnel et la création, on n'y trouve pas de coupure, de dilemme entre le quotidien et l'inspiration artistique, et c'est cette acceptation apaisée de la dissonance, cet optimisme réconciliateur qui rendent fascinant le « cas Ives » dans une musique contemporaine déchirée et parcellisée. Chez Ives, toutes les « innovations » ne procèdent pas d'un désir de reconcentrer le discours musical en l'arrimant à de nouveaux principes ; elles sont l'acceptation du désordre naturel, comme fontaine de vitalité, et non comme anarchie destructrice. Cette musique est centrifuge et non centripète, elle ne se referme pas sur ses procédés. Il est d'ailleurs peut-être inexact de parler de polytonalité, ou de polyrythmie, car ce ne sont pas des valeurs musicales que Ives superpose, mais des êtres musicaux, des processus autonomes et formés. On devrait alors plutôt parler de « poly-musique ». La superposition laisse circuler l'air et le hasard au milieu d'elle, sans en « faire une histoire » (d'où, peut-être, l'attachement d'un John Cage à l'exemple de Charles Ives).

De même, l'esthétique du *collage,* qui lui est chère (il cite dans de très nombreuses œuvres des hymnes religieux, des fragments de chants populaires, des « blocs » de musique militaire), n'a aucun caractère de tension, ou d'ironie culturelle. Toute son œuvre étant fondée sur la continuité avec la terre natale et l'enfance, elle en intègre naturellement les réminiscences musicales. Il y a une certaine ironie à ce que ce musicien « innovateur » ait été en même temps l'un des hommes les plus attachés à ses racines et à la figure de son père, ainsi qu'à des « modèles » qui en étaient le prolongement : les figures respectables d'un Ralph Waldo Emerson (1803-1882) ou d'un Henry-David Thoreau (1817-1862), esprits pacifistes, épris de continuité et d'accord avec la terre et la nature.

L'œuvre musicale de Charles Ives, typiquement américaine, s'assume comme « mixage » d'impressions et d'influences hétérogènes, qu'elle refuse de digérer et d'assimiler par un travail d'intégration stylistique et d'homogénéisation. Si cette œuvre a été récemment découverte en Europe, dans les années 70, c'est peut-être moins pour avoir été prophétique par rapport à des audaces d'écriture qui n'impressionnent plus que pour son étonnante liberté d'être, sa sympathie avec le monde et la société, et surtout son aisance à vivre et à assumer la pluralité, à intégrer l'hétérogène et le disparate.

J

Jacopo da Bologna, compositeur et théoricien italien (XIVe s.). L'époque de sa pleine activité se situe entre 1340 et 1360 en Italie du Nord. Ses contemporains le tinrent pour un virtuose de la harpe et il fut le maître de Francesco Landini. À Milan, il fut musicien à la cour de Luchino Visconti jusqu'à la mort de ce dernier en 1349. Plusieurs de ses motets et madrigaux en font foi. On le trouve ensuite au service de Mastino II della Scala, à Vérone, de 1349 à 1351. Enfin, en 1360, il écrivit un motet pour le mariage de Gian Galeazzo avec Isabelle de Valois.

Avec Giovanni da Cascia, Jacopo da Bologna contribua au développement de l'Ars* nova en Italie, à l'éclosion de cette nouvelle école polyphonique qui trouva, avec Landini, ses plus beaux accents. Il est également l'auteur d'un traité, *L'Arte del biscanto misurato secondo el maestro Jacopo da Bologna,* conservé à la bibliothèque Medicea Laurenziana à Florence. Sa musique se caractérise par une vitalité rythmique débordante et parsemée d'audaces harmoniques. De ses compositions, trente-quatre nous sont parvenues : trente madrigaux à 2 et à 3 voix (ceux à trois voix sont les premiers du genre), un motet à 3 voix, deux *caccie* à 3 voix (autre type de composition très prisé de cette école) et une laude à 3 ou 2 voix. Une édition moderne des œuvres complètes a paru en 1954, *The Music of Jacopo da Bologna,* avec une traduction anglaise du traité.

Jacquet de La Guerre *(Élisabeth),* compositeur et claveciniste française *(Paris 1666 ou 1667 - id. 1729).* Fille de l'organiste Claude Jacquet, elle joua du clavecin devant Louis XIV à l'âge de quinze ans. En 1684, elle épousa Marin de La Guerre, organiste à Saint-Séverin. Installée à Paris, elle devint un célèbre professeur de clavecin et compta parmi ses élèves Louis-Claude Daquin. En 1707, elle publia un recueil de *Pièces de clavecin qui peuvent se jouer sur le violon,* écrites sur deux portées (le violon pouvant jouer la partie supérieure, le clavecin harmonisant la basse chiffrée). Elle fut également l'auteur de trois livres de *Cantates françoises* pour une voix et basse continue, avec ou sans instruments mélodiques, sur des sujets empruntés, pour la plupart, à l'Ancien Testament *(Esther, le Passage de la mer Rouge, Judith).* Sa tragédie lyrique *Céphale et Procris* (1694) est la première œuvre d'une femme compositeur représentée à l'Académie royale de musique.

Janáček *(Leoš),* compositeur tchèque *(Hukvaldy 1854 - Ostrava 1928).* Né dans le pays des Lachs au nord-est de la Moravie, au pied des montagnes de Beskydes, fils et petit-fils d'instituteurs, il perdit son père en 1866 et passa alors quatre ans au couvent des augustins de Brnó, dont le directeur musical, Pavel Křížkovský, lui révéla la grandeur de la musique chorale fondée sur le patrimoine de la chanson tchèque. Janáček entra en 1869 à l'école normale d'instituteurs de Brnó, à laquelle il devait rester attaché de 1872 à 1904. Il put néanmoins suivre trois cycles de formation musicale : le premier à l'école d'organistes de Prague (1874-75) avec F. Z. Skuhersky ; le deuxième au conservatoire de Leipzig avec O. Paul et L. Grill, qu'il critiqua violemment ; le troisième à Vienne auprès de Franz Krenn, dont il réprouva les tendances néoromantiques.

De retour à Brnó, le musicien écrivit ses premières compositions chorales sous l'influence de Křížkovský, à l'intention de la chorale Svatoplúk, puis de la chorale Beseda, dont il assura la direction. Il fonda

Leoš **Janáček.** *Dessin de B. F. Dolbin.*

un orchestre d'amateurs et écrivit pour lui la *Suite pour cordes* et *Idylle,* fortement inspirées par les sérénades de Dvořák. En 1881, il put enfin réaliser un vieux projet : fonder une école d'orgue à Brnó sur le modèle de Prague, école qui, en 1919, devait être transformée en conservatoire. Cette période d'intense activité pédagogique fut en même temps une période de lutte, de mésentente, puis de désespoir. Sur le plan professionnel, cet instituteur obstiné ne fut guère apprécié de la bourgeoisie de culture allemande. En 1881, il avait épousé Zdenka Schulz, alors âgée de seize ans. Mariage difficile, illuminé par la naissance d'une fille, Olga, puis d'un fils, Vladimir. Mais les deux enfants devaient disparaître prématurément. Il suffit d'écouter l'*Élégie sur la mort d'Olga,* pour chœur, ténor et piano (1903), pour connaître le retentissement qu'eut sur Janáček l'échec d'une vie de famille qu'il avait voulue exaltante et frénétique. Il écrivit en 1887 son premier opéra, *Šárka,* sur un texte de Julius Zeyer. Mais ce dernier lui refusa le droit de mettre son livret en musique, malgré l'appui de Dvořák.

Pour mieux pénétrer les origines de la chanson populaire morave, Janáček se rendit fréquemment au pays des Lachs et des Valaques, en compagnie du principal de son collège de Brnó, František Bartoš. Il étudia, nota, collectionna avec Martin Zeman, non seulement les figures mélodiques et rythmiques, mais également le jeu des interprètes de ces chansons moraves, et écrivit les *Danses du pays des Lachs* (1893), pour piano, puis orchestrées. Ces six pièces devaient attendre 1926 pour être créées. Mais, plus que dans ces pièces encore apparentées aux célèbres *Danses slaves* de Dvořák, l'originalité de l'écriture de Janáček éclate dans des chœurs d'hommes, comme *Zárlivec* (« le Jaloux »), *Kantor Halfar* (1906), *Maryčka Magdónova* (1906-1907), *Peřina* (v. 1914), *Potulný šílenec* (« le Fou errant », 1922). Le compositeur arrive, ici, à respecter non seulement la prosodie naturelle du langage parlé, mais aussi à en rendre la « vibration affective ». D'où cette spontanéité, cette communion immédiate pour qui parle le tchèque dialectal, où l'accent tonique est porté sur l'avant-dernière syllabe. « Il n'y a pas d'art plus grand que la musique du langage humain, car il n'existe pas d'instrument qui puisse permettre à un artiste d'exprimer ses sentiments avec une véracité égale à celle de la musique du langage parlé. » Peu à peu, Janáček étendit cette restitution du sentiment des personnages mis en scène, du chœur à la cantate, ainsi dans les *Carnets d'un disparu* (1917-1919), puis surtout au drame lyrique. Il importe finalement peu que le compositeur se soit également passionné pour la littérature russe et polonaise. On comprend qu'il se soit senti aussi proche de Moussorgski que de Pouchkine. Mais son mode d'expression est fondamentalement différent. Même lorsqu'il se passionne pour les événements sociaux *(Sonate I.X.1905)* ou patriotiques (chœurs *la Légion tchèque* ou *Naše vlajka,* « Notre drapeau »), qui l'entourent, Janáček ne fait qu'exalter les sentiments de ses concitoyens. Il écrivit en 1903 son troisième opéra *Jenufá,* monté sans succès à Brnó, en 1904. Ce drame, sur un livret de la poétesse Gabriela Preissová, exploite pourtant le sens inné de son auteur pour recréer la vie. « L'essentiel dans une œuvre dramatique est de créer une mélodie du parler derrière laquelle

Légation de Tchécoslovaquie

Leoš Janáček.

apparaisse, comme par miracle, un être humain dans un instant concret de sa vie. » *Jenufá* attendit le 26 mai 1916 pour être créée à Prague par le meilleur chef tchèque de l'époque, Karel Kovařovic. Ce succès, si longtemps espéré, fit d'un compositeur sexagénaire un homme nouveau, le chantre d'un pays qui allait atteindre sa pleine renaissance, au lendemain de la guerre de 1914-1918, avec la création de l'État tchéchoslovaque. Les dix dernière années de sa vie virent naître une série de chefs-d'œuvre dont l'originalité étonne encore les musicologues. Janáček transposa alors à la scène, à l'orchestre et en musique de chambre son sens de la rhapsodie épique, d'origine russe. Ainsi naquirent *le Conte* pour violoncelle et piano (1910), d'après la légende du tsar Berendej, écrite par V. A. Joukovsky, la *Sonate pour violon* (1914-1921), véritable ballade épique, ou encore le tryptique symphonique *Tarass Boulba* (1915-1918), d'après Gogol. Ici, contrairement à R. Strauss, Janáček ne cherche pas à raconter la « vie d'un héros », mais présente un véritable opéra sans paroles, une suite de scènes violentes réduites à l'essentiel. *Les Voyages de Monsieur Brouček* (1908-1917) forment un opéra faussement comique dont le héros visite d'abord la lune, puis, comme le petit bourgeois praguois germanisé, soucieux de retrouver un idéal révolutionnaire, le xve siècle hussite.

En 1918, le doute n'était plus permis, Janáček dédia à la patrie libérée la *Ballade de Blaník* (1920), qui s'inspire d'une vieille légende selon laquelle des chevaliers cachés au flanc du mont Blaník seraient toujours prêts à intervenir si la nation tchèque était en danger. Encore plus originale est la cantate *le Journal d'un disparu* (1917-1919), confession d'un jeune garçon disparaissant du monde pour mieux poursuivre une belle Tzigane, dont il s'est épris. La tendance est nette, car toute cette période de création fut dominée par l'amour que Janáček portait à la jeune Kamila Stösslova. L'œuvre est constituée de brèves cellules mélodiques et rythmiques permettant d'identifier à la fois le personnage, ses sentiments et son caractère profond. Le lien dramatique, la mise en scène sont réalisés par le piano, véritable révélateur du climat, personnage provocateur qui règle, avec autant de finesse que d'efficacité, le jeu inouï de tensions de ce journal intime. Puis vinrent quatre grands opéras : *Katia Kabanová* (1919-1921) ; *la Petite Renarde rusée* (créée à Brnó en 1924), suite de tableaux paysans, mettant en scène le garde-champêtre, le curé et l'instituteur, et d'où jaillissent aussi bien des chants d'oiseaux qu'un impressionnisme dynamique ; *l'Affaire Macropoulos* (1923-1925, créée en 1926), qui conte l'aventure utopique d'Emilia Marty, en vie depuis 300 ans « sans rien vouloir et n'attendant plus rien » ; et *De la maison des morts* d'après Dostoïevski (1927-28, créé en 1930). Parallèlement, Janáček, septuagénaire, écrivit son premier quatuor à cordes, d'après la *Sonate à Kreutzer* de Tolstoï (1923-1925), un sextuor pour instruments, dont le titre, *Jeunesse*, est significatif (1924-25), et qui servit d'épure aux deux pièces concertantes pour piano, le *Concertino* pour piano, deux violons, alto, clarinette, cor et basson (1925) et le *Capriccio* pour piano main gauche, flûte piccolo, 2 trompettes, 3 trombones et 1 tuba (1926), puis aux *Dictons* pour ensemble vocal et instrumental (1927-28), où les instruments à vent atteignent à une puissance motorique, à des jeux de timbres et de sonorités, qui font de Janáček un novateur, comparé aux œuvres stravinskienne ou bartokiennes contemporaines.

L'apothéose de l'écriture et de la vitalité de Janáček est atteinte dans les trois derniers chefs-d'œuvre. La *Sinfonietta* (1926) sonne de façon étrange avec sa section d'instruments à vent comprenant neuf trompettes, deux tubas ténors et deux trompette-basses. Ici, Janáček « chante l'homme tchèque dans sa beauté spirituelle, sa joie et sa force », et la *Sinfonietta* est un véritable autoportrait de cet homme que Vaclav Talich, son créateur, présentait ainsi : « C'était un esprit fort! Une tête dure, belle, fière, obstinée : un véritable "cabochard". Mais il savait attendre. C'est pourquoi, il avait un goût instinctif pour les points d'orgue et les silences. » La *Messe glagolithique* (1926) est une œuvre de la même veine, aussi concise qu'optimiste, aussi puissante qu'obstinée. Par son langage rude et spontané et son utilisation de la vieille langue slavone, cette messe est un véritable acte de foi en la bonté de Dieu et en la puissance créatrice des hommes de sa race. Puis vint l'œuvre ultime, le *Second Quatuor « Lettres intimes »,* lettre brûlante d'amour d'un vieillard de soixante-quatorze ans (1928). Bâti pour être centenaire, Janáček disparut le 12 août 1928, après avoir pris froid dans la forêt d'Hukvaldy, sa petite ville natale.

L'œuvre de Janáček n'est pas un cas isolé dans le contexte de la musique tchèque. Formé à la dure école des instituteurs-compositeurs, il eut le mérite d'atteindre à l'expression la plus vraie, celle où la musique devient un langage direct, une image de la vie, la vision spontanée de sentiments vécus. Un tel réalisme a ses exigences. Ses interprètes doivent connaître le tchèque parlé. Même son œuvre instrumentale et symphonique requiert un respect des rythmes, un sens des contrastes, une couleur de timbre, difficiles à recréer par des interprètes non tchèques. La vitalité même de cette musique peut être considérée comme une agression par l'auditeur non averti, d'autant qu'elle offre des particularités qui se retrouvent dans d'autres œuvres du XXe siècle : harmonies de quarte, enchaînements mélodiques d'accords non résolus, gammes par tons entiers, importance du contrepoint rythmique, orchestration jouant sur les temps de réponse différents entre cuivres et bois, restitution des chants et cris d'oiseaux, dynamique chorale pouvant donner l'impression du rire comme des larmes, de l'effet de foule, du déplacement dans l'espace. Mais Janáček ne cherchait pas la nouveauté en soi. Il eut l'intuition et l'ins-

Jenufa, *de Leoš* ***Janáček,*** *à l'opéra de Paris en 1980.*

Bernand

tinct d'une nouvelle plastique musicale et, dans le domaine de l'opéra en particulier, reste un des compositeurs les plus grands et les plus originaux. Que ce musicien, né avant Mahler et Debussy, ait réussi à écrire la plupart de ses chefs-d'œuvre dans les années 20 n'est pas un de ses moindres mérites.

JANEQUIN *(Clément),* compositeur français *(Châtellerault v. 1485 - Paris 1558).* On ignore tout de la jeunesse et de la formation de cet ecclésiastique rarement inspiré par le culte divin. Peut-être fut-il attaché à la maîtrise de Notre-Dame de Châtellerault. Il passa une longue période de sa vie dans le Bordelais, fréquentant les cercles humanistes de Lancelot du Fau, vicaire général de l'archevêché (1505-1523), de Jean de Foix, archevêque de Bordeaux, et de l'avocat Bernard de Lahet. De modestes prébendes — il fut chanoine de Saint-Émilion (1525), curé de Saint-Michel de Rieufret (1526), curé de Saint-Jean de Mezos (1530), doyen de Garosse (1530) — ne pouvant compenser la perte des avantages dont l'avait privé la mort de son protecteur Jean de Foix (1529), il gagna l'Anjou (1533), où son frère résidait. Curé de Brossary à partir de 1526, il devint chapelain de la cathédrale d'Angers (1527) et fut nommé maître de la psalette (1534). Alors s'ouvrit pour lui la période la plus fructueuse sur le plan de la composition. Il publia cent vingt-cinq chansons, dont certaines sont des arrangements, et un recueil de motets (perdu). À Angers, où le protégeait François de Gondi, seigneur des Raffoux, il décida d'entreprendre, en 1548, à plus de soixante ans, des études universitaires qu'il poursuivit à Paris où il s'installa en 1549. Il gagna la protection du cardinal Jean de Lorraine, celle du duc François de Guise, dont il célébra les succès militaires *(la Guerre de Renty, le Siège de Metz)* et qui lui accorda le titre de chapelain. En 1555, son talent sembla enfin reconnu : il fut nommé chantre de la Chapelle du roi, puis, en 1558, compositeur ordinaire du roi. Reconnaissance bien tardive, puisqu'il mourut pendant l'hiver 1558 sans jamais avoir joui de l'aisance

Proverbes de Salomon. *Page de titre de l'œuvre de Clément* ***Janequin,*** *éditée à Paris en 1558 par A. Le Roy et R. Ballard. (B. N., Paris.)*

PROVERBES DE SALOMON,
mis en Cantiques, & rime Françoiſe, ſelon la verité Hebraique: nouuellement
compoſés en Muſique à quatre parties, par M. Clement Ianequin,
imprimés en quatre volumes.

TE- NOR.
A PARIS.
De l'imprimerie d'Adrian le Roy, & Robert Balard, Imprimeurs du Roy,
rue S. Iean de Beauuais, à l'enſeigne S. Geneuieue. 1558.
Auec priuilege du Roy, pour dix ans.

matérielle. Pourtant, en 1541, Janequin était déjà une valeur si sûre que l'imprimeur Gardane à Venise se servait de son nom comme appel de vente. Et *la Guerre* (v. 1528), plus tard baptisée *Bataille* de Marignan,* connut une ample diffusion qui se prolongea jusqu'au début du XIXe siècle.

L'œuvre religieuse de Janequin, certes, de dimension restreinte, est aujourd'hui fort amputée : tous ses motets, à une exception près, sont perdus ; les deux messes sont d'attribution douteuse ; trois parties manquent aux *82 Psaumes de David* (1559), dédiés à la reine et bâtis sur des mélodies calvinistes. Ce fut d'ailleurs à la fin de sa vie qu'il privilégia une orientation spirituelle, négligeant, alors, quelque peu le genre dans lequel il était passé maître : la chanson profane, dont nous conservons environ 250 exemplaires publiés à partir de 1520. Dans ce cadre étroit, Janequin se sentit particulièrement à l'aise, collant étroitement au texte de forme libre pour le commenter. Spontanément, avec une joie débordante, il dit l'amour de la nature sous toutes ses formes : celle du *Bel Aubépin verdissant* (Ronsard), les plaisirs de la table *(Quand je bois du vin clairet)* ou les réalités charnelles *(Au joli jeu du pousse avant, Un jour Robin, Petite Nymphe folastre),* sans négliger la veine lyrique *(Ô doux regard, l'Amour, la Mort et la Vie)* et même courtoise, où se mêle parfois la pointe de préciosité chère à Mellin de Saint-Gelais. Si Janequin excelle dans les fresques descriptives, nullement les plus nombreuses *(la Guerre, les Cris de Paris, le Caquet des femmes, le Chant des oiseaux),* c'est qu'il sait admirablement faire de la chanson un théâtre en miniature. Il lui imprime une vie débordante en mettant l'accent, d'abord sur le rythme, et ensuite, seulement, sur l'invention mélodique. La déclamation y est syllabique, les phrases musicales y sont courtes, comme les imitations serrées qui passent d'une voix à l'autre, les mélismes généralement absents. Ce sont d'ailleurs les caractéristiques de la chanson parisienne dans son ensemble, au cours de la première moitié du XVIe siècle. L'emploi des onomatopées témoigne d'une écoute attentive du quotidien et d'un

Page manuscrite d'un recueil de chants de Clément **Janequin;**
en haut, la 1re partie, la Bataille ; *en bas,* Danse champêtre.

Larousse

sens ineffable du jeu rythmique (ainsi, dans *l'Alouette* à laquelle C. Le Jeune a ajouté une cinquième voix pour l'incorporer dans son *Printemps*). Pour *la Guerre,* Janequin a recherché les phonèmes propres à traduire le choc des armes. Quant à *Ô doux regard,* cette pièce montre la mobilité harmonique du discours de Janequin, son souci de la couleur dans un climat tout de raffinement et de sensibilité.

JARNACH *(Philipp),* compositeur allemand d'origine espagnole *(Noisy-le-Sec 1892).* Élève de Risler (piano) et de Lavignac (composition), il fit, à Zurich (1915), la connaissance de Busoni, dont, après la mort (1924), il termina le *Doktor Faust.* Il prit la nationalité allemande en 1931, enseigna la composition à Cologne jusqu'en 1949, puis dirigea l'École supérieure de musique de Hambourg jusqu'en 1959, continuant ensuite à y enseigner la composition jusqu'en 1970. Il compta parmi ses élèves Kurt Weill. Sa production, surtout instrumentale, révèle un esprit indépendant, tributaire néanmoins de l'école française et de la musique allemande de l'entre-deux-guerres (*Musik mit Mozart,* 1935 ; *Musik zum Gedächtnis der Einsamen* pour quatuor à cordes et orchestre à cordes, 1952).

Maurice ***Jaubert.***

Lipnitzki

JAUBERT *(Maurice),* compositeur français *(Nice 1900 - Azerailles 1940).* De brillantes études de droit lui ouvrirent une carrière d'avocat, mais la vocation musicale l'emporta. En 1923, il entreprit de solides études d'harmonie et de contrepoint sous la direction d'Albert Groz. Il composa des mélodies et de la musique de chambre, mais l'avènement du cinéma parlant, en 1930, marqua le tournant décisif de sa carrière. Nommé directeur de la musique chez Pathé-Cinéma, il écrivit, à partir de 1931, une quarantaine de musiques de film, collaborant avec René Clair *(Quatorze Juillet),* Jean Vigo *(l'Atalante),* Marcel Carné *(Drôle de drame, Quai des brumes),* Julien Duvivier *(Carnet de bal).* Jaubert a également composé un ballet, *le Jour* (1931) et une *Jeanne d'Arc* (1937) sur des textes de Péguy. Parmi ses mélodies, *la Chanson de Tessa* (1934) pour la pièce de Giraudoux est un chef-d'œuvre de simplicité et d'émotion, et le recueil *l'Eau vive* (1938), sur des textes de Giono, est pénétré de l'esprit de la Haute-Provence. Mobilisé en 1939, Jaubert a été tué à la tête de sa compagnie à Azerailles, près de Baccarat, le 19 juin 1940.

JAUFRÉ RUDEL, troubadour français, vraisemblablement né à Blaye au début du XIIe siècle, mort en Palestine en 1147 si l'on en croit la légende qui a inspiré à Edmond Rostand sa *Princesse lointaine.* Seigneur de Blaye, il aurait pris part à la deuxième croisade pour rejoindre la dame de ses rêves, une certaine comtesse de Tripoli, qui aurait recueilli son dernier soupir, dès son arrivée à destination. Ce qui est certain, c'est qu'il chanta cette croisade, également célébrée par son confrère Marcabru, et composa des chansons d'un caractère très lyrique, dont quatre seulement nous sont parvenues avec leur mélodie notée. Parmi celles-ci, *Lan quan li jorn son lonc en Mai* (« Lorsque les jours sont longs en mai ») connut au Moyen Âge une grande popularité.

JEHANNOT DE L'ESCUREL, compositeur français *(? - Paris 1304).* Pendu pour cause de débauche, il est l'auteur de chansons, dont seules 34 nous sont parvenues grâce à une copie réalisée à la fin du manuscrit du *Roman de Fauvel.* De ces chansons, classées par ordre alphabétique jusqu'à la lettre G, toutes sont monodiques sauf une, le rondeau à trois voix *A*

G.I.

Betsy **Jolas.**

vous, douce débonaire. Leur style rappelle celui de la voix supérieure des motets de Pierre de la Croix.

JENKINS *(John),* compositeur anglais *(Maidstone 1592-Kimberley, Norfolk, 1678).* Également joueur de luth et de viole, il fut protégé par diverses familles nobles, participa à Londres en 1634 à la représentation du masque *The Triumph of Peace,* et termina sa vie chez sir Philip Wodehouse à Kimberley, non sans avoir été nommé, à la restauration des Stuarts, joueur de théorbe à la cour de Charles II. Sa production, importante (plus de 800 œuvres instrumentales ont survécu) et de très haute qualité, comprend essentiellement de la musique d'ensemble, tant pour violes ou pour violons que pour ces deux instruments à la fois. Il excella autant dans la fantaisie polyphonique héritée de Byrd, souvent traitée par lui à un seul thème, que dans les danses entraînantes. On admire chez lui un lyrisme intense et un sens remarquable des sonorités. Parmi cette *Consort Music,* 12 fantaisies *(Fancies)* et 2 *In Nomine* à six voix. Sa musique vocale sacrée et profane, parmi laquelle une *Élégie sur la mort de William Lawes,* est moins importante en quantité. Aucune de ses œuvres ne fut publiée de son vivant.

JOLAS *(Betsy),* femme compositeur française *(Paris, 1926).* Fille de Marie Jolas, traductrice, et d'Eugène Jolas, poète et journaliste, éditeur de la revue littéraire *Transition,* elle s'établit aux États-Unis en 1940, où elle achève ses études classiques au lycée français de New York, puis au Bennington College, où elle obtient en 1946 le diplôme de Bachelor of Arts in Music. Elle commence ses études musicales en 1940 avec P. Boepple (harmonie et contrepoint), C. Weinrich (orgue) et Hélène Schnabel (piano). Simultanément, elle participe comme choriste, pianiste et organiste aux concerts des Dessoff Choirs de New York, dont l'expérience vocale lui fait découvrir Pérotin, Josquin, Lassus, Schutz et la musique de la Renaissance italienne; ses œuvres futures en porteront la marque. Revenue en France en 1946, elle entre au Conservatoire national, où elle est élève de D. Milhaud et O. Messiaen et où elle obtient le 2e prix de fugue (1953), la 1re mention d'analyse musicale (1954) et le 2e accessit de composition (1955). Elle reçoit aussi la 1re mention au concours international de direction d'orchestre de Besançon (1953), le prix de la fondation Copley de Chicago (1954) et, plus tard, le prix des auteurs et compositeurs de langue française attribué par l'O. R. T. F. (1961), le prix de l'American Academy of Arts and Letters (1973), le grand prix national de la musique (1974), le prix de la fondation Koussevitski (1974), etc.

Dès ses débuts, sa personnalité s'impose aux spécialistes, surtout à partir du *Quatuor II* pour soprano coloratura et trio à cordes (1964), qui compte parmi ses plus grands succès de compositeur. En 1971, elle devient l'assistante de Messiaen à sa classe d'analyse. L'année suivante elle est nommée professeur d'analyse supérieure au Conservatoire national, puis en 1978, professeur de composition. Parmi ses œuvres principales, on peut citer *D'un opéra de voyage* (1967) pour 22 instruments, *Sonate à 12* (créée en 1971) pour 12 voix solistes a cappella, *le Pavillon au bord de la rivière* (1975), opéra chinois, *Tales of a Summer Sea* (1977) pour orchestre, *Stances* (1978) pour piano et orchestre, *Liring Ballade* (1980) pour baryton et orchestre sur un texte allemand d'Eugène Jolas, *Tales of a Summer Sea* pour orchestre (1982-83).

Autoportrait au crayon d'André ***Jolivet*** *(1925).*

JOLIVET *(André),* compositeur français *(Paris 1905 - id. 1974).* Fils et petit-fils de Parisiens, André Jolivet naît sur les pentes de la butte Montmartre. Son père est fonctionnaire à la Compagnie des autobus ; il aime la peinture et la pratique en amateur. Sa mère, excellente musicienne, chante et joue du piano. Avant de s'orienter définitivement vers la musique, l'enfant est d'abord attiré par tous les arts. En 1918, sa vocation se dessine : il écrit le texte et la musique d'une *Romance barbare,* son premier essai de composition. Mais il ne choisit pas encore. Bientôt il s'essaie à la peinture sous la direction du peintre cubiste Georges Valmier. Il étudie le violoncelle, mais se passionne aussi pour le théâtre. Tout ceci, en marge des études universitaires qu'il poursuit afin d'entrer dans l'enseignement (où il exercera de 1928 à 1942). Loin de se disperser, le jeune homme acquiert ainsi les éléments d'une culture solide et originale, qui le prépare à son travail créateur. Il reste à apprendre le métier de compositeur. De 1921 à 1924, André Jolivet étudie l'harmonie sous la direction de l'abbé Théodas, maître de chapelle de Notre-Dame de Clignancourt. Entre 1927 et 1933, il complète sa formation auprès de Paul Le Flem et d'Edgar Varèse, qui lui enseignent, avec la plus grande rigueur, la pratique de l'écriture et de l'orchestration, le mettent en garde contre les facilités de l'improvisation, encouragent son audace, et favorisent son goût pour la découverte. André Jolivet ne suit pas la filière de l'enseignement traditionnel, mais il n'est pas, pour autant, un autodidacte ; il a des maîtres exigeants et travaille avec acharnement.

Sa première œuvre importante, achevée en 1934, est un *Quatuor à cordes.* Il y applique pour la première fois ses principes de composition atonale : page trop dense peut-être, d'une réelle audace pour l'époque. Suivent, en 1935 et 1936, une suite pour piano, *Mana,* et les *5 Incantations* pour flûte seule. André Jolivet réalise, dans une écriture fondée sur les résonances naturelles et les rythmes irrationnels, son dessein de restituer à la musique « son sens originel antique, lorsqu'elle était l'expression magique et incantatoire de la religiosité des groupements humains ». Participant à la fondation du mouvement Jeune-France, aux côtés d'Yves Baudrier, de Daniel Lesur et d'Olivier Messiaen, André Jolivet inscrit au programme du premier concert donné par ce groupe, le 3 juin 1936, sa *Danse incantatoire* pour orchestre, 2 ondes Martenot et 6 percussions. En 1939, il compose *Cinq Danses rituelles* pour piano et orchestre. Mobilisé en 1940, il se retrouve, au moment de l'Armistice, dans un petit hameau de la Haute-Vienne, où il écrit les *Trois Complaintes du soldat,* qui seront créées par Pierre Bernac et Charles Munch, le 28 février 1943 à la Société des concerts du Conservatoire, où elles obtiendront un succès foudroyant et imposeront d'une manière définitive le nom de leur auteur. Serge Lifar lui commande un ballet, *Guignol et Pandore,* créé à l'Opéra de Paris le 29 avril 1944. Nommé, en 1945, directeur

*André **Jolivet** au cours d'une répétition à Tōkyō, en 1959.*

de la musique à la Comédie-Française, poste qu'il occupe jusqu'en 1959, André Jolivet écrit, en 1947, le *Concerto pour ondes Martenot,* qui est le premier d'une série d'œuvres concertantes comprenant, entre autres, le *Concerto pour piano,* dont la création, à Strasbourg, par Lucette Descaves, le 19 juin 1951, a été particulièrement mouvementée, deux *Concertos pour trompette* (1948 et 1954), un *Concerto pour percussion* (1958), deux *Concertos pour violoncelle* (1962 et 1966), un *Concerto pour violon* (1972) et *Songe à nouveau rêvé,* concerto pour voix de soprano et orchestre, créé à Paris, le 30 avril 1971, par Colette Herzog. Dès 1948, la renommée du musicien dépasse nos frontières. Il effectue de nombreux voyages en Europe, en U. R. S. S., aux États-Unis, au Japon. Sa 2e *Symphonie* est créée, en 1959, à Berlin, sa 3e *Symphonie,* en 1964, à Mexico, son 2e *Concerto pour violoncelle,* en 1967, à Moscou, par Mstislav Rostropovitch. Nommé, en 1966, professeur de composition au Conservatoire de Paris, André Jolivet démissionne en 1970. Le théâtre national de l'Opéra lui commande un ouvrage lyrique. Le livret qu'il choisit est de Marcel Schneider, le titre : *le Lieutenant perdu.* André Jolivet n'aura pas le temps d'achever cet ouvrage. Il meurt d'une manière aussi inattendue que brutale, emporté par une violente attaque de grippe, le 20 décembre 1974.

Pour André Jolivet, le problème de la communication était primordial. La raison d'être de la musique était, selon lui, d'établir des rapports, d'une part, entre le corps et l'âme, c'est-à-dire entre la matière sonore et l'esprit qui la soulève et qui l'anime ; d'autre part, entre le créateur et son public. Respectant l'instinct, répudiant la froide intelligence, il ne s'est pas fié pour autant au sentiment pur, mais a pensé logiquement son œuvre et l'a méthodiquement conduite vers des champs de plus en plus larges. Il s'est d'abord affranchi du système tonal, non en adoptant les règles du dodécaphonisme, mais en utilisant les phénomènes naturels de la résonance, avec leurs harmoniques les plus éloignés. En même temps, il s'est attaché à retrouver le sens de la continuité mélodique, étayant la mélodie de points d'appui bien caractérisés. Son langage postule la liberté, mais revendique la clarté, et avant tout une matière sonore dynamique, un rôle essentiel étant confié à l'élément rythmique. Pour André Jolivet,

André **Jolivet.**

le rythme ne repose pas seulement sur la répétition de formules métriques, il règle le débit du lyrisme, il est déterminé par les phases et les intensités du flux sonore. Un regard d'ensemble sur l'œuvre d'André Jolivet permet d'y distinguer trois périodes. Entre 1935 et 1939, l'accent est mis sur les phénomènes incantatoires et sur un certain primitivisme, voulus comme une libération du langage et comme un retour aux sources. C'est la période de *Mana* (1935), des *Incantations pour flûte* (1936), des *Cinq Danses rituelles* (1939). La Seconde Guerre mondiale provoque chez le musicien une réflexion sur la nécessité d'être entendu de tous. Dans un langage assagi, plus clair, plus tendre, plus serein, des harmonies modales, des rythmes moins violents, une instrumentation plus traditionnelle créent un climat plus tempéré où l'auditeur peut aisément se retrouver. C'est la période de la *Messe pour le jour de la paix* et des *Trois Complaintes du soldat* (1940), de la *Suite liturgique* (1942), des *Poèmes intimes* (1944). Après la guerre, la synthèse de l'incantation et du lyrisme, de l'audace et de la clarté, de la liberté et de la tradition humaniste s'accomplit dans des œuvres de grande envergure, sonates, symphonies, concertos. Le concerto, domaine privilégié pour André Jolivet, attise le feu de son inspiration parce que cette forme musicale est en soi un défi, un appel au dépassement des pouvoirs du créateur et de ses interprètes. S'il fallait citer trois œuvres qui caractérisent le mieux l'art du musicien, on pourrait, sans se tromper, choisir le *Concerto pour ondes Martenot,* le *Concerto pour piano* et le concerto pour soprano intitulé *Songe à nouveau rêvé.* Au sens le plus noble du terme, la création d'André Jolivet est un combat, un corps à corps avec la matière sonore aspirant à faire de la musique « la vibration même du monde ».

JOMMELLI *(Niccolò),* compositeur italien *(Aversa 1714 - Naples 1774).* Élève de Francesco Feo à Naples, il y débuta comme auteur d'opéra bouffe en 1737, et, trois ans plus tard, à Rome, donna son premier opera seria (*Ricinero, re de'Gotti,* d'après Zeno), qui révéla sa véritable voie. En 1741, il prenait contact à Bologne avec le grand pédagogue G. Martini, y fut élu « académicien », puis, grâce à l'appui de Adolf Hasse, se fixa à Venise, où il dirigea le conservatoire des Incurables. Dès 1747, il était en poste à Rome et l'écho de ses triomphes le fit appeler à la cour de Vienne, où il connut Métastase. Nommé maître de chapelle du duc de Wurtemberg, il se fixa à Stuttgart (1753-1769) : c'est là qu'il composa ses œuvres maîtresses et eut de fréquents échanges avec l'opéra français ainsi qu'avec l'orchestre de Mannheim. De retour à Naples, il y retrouva, en 1770, le jeune Mozart qu'il avait déjà apprécié en 1763, mais il se heurta à l'incompréhension de ses compatriotes, peu disposés à accueillir son style nouveau. Il se tourna alors plus fréquemment vers la musique sacrée et fit exécuter son *Miserere* en 1774, peu avant sa disparition.

Jommelli fut le premier compositeur italien qui sentit la nécessité de donner à l'opera seria une meilleure authenticité dramatique ; dès 1741, avec *Semiramide,* il osa confier la partie mélodique à l'orchestre, aux dépens du chant, audace qu'il développa dans *Demofoonte* (1743) et dans *Achille a Siros* (Vienne, 1749), faisant dialoguer la voix avec l'instrument soliste, selon

Niccolò ***Jommelli.***

seria, avant Algarotti, et longtemps avant Calzabigi et Gluck. Sa musique religieuse apparaît d'un style très nouveau, comme en témoigne son *Requiem,* écrit durant son séjour vénitien, annonciateur du style galant, et que Mozart connut sans doute. Outre les opéras déjà cités, mentionnons encore *Ezio* (1741), *Didone abbandonata* (1747), l'*Ifigenia* (1751) et *Armide abbandonata* (1770).

JONGEN, famille de compositeurs belges. — 1. **Joseph** *(Liège 1873 - Sart-lez-Spa, près de Liège, 1953).* Il étudia au conservatoire de Liège, y fut professeur auxiliaire d'harmonie et de contrepoint dès l'âge de dix-neuf ans (1892-1898), remporta le second prix de Rome en 1895 et le premier en 1897. Professeur de fugue au conservatoire de Bruxelles en 1920, il dirigea cet établissement de 1925 à 1939. Proche des idéaux de la Schola cantorum, dans la lignée directe de l'esthétique franckiste, il fut le plus important compositeur wallon de sa génération. On lui doit notamment une symphonie (1898-99), une symphonie concertante avec orgue principal (1926), des pages symphoniques

la fonction psychologique des timbres instrumentaux. Ses contacts avec l'Allemagne et avec la France, l'influence de Hasse d'une part, celle de Rameau de l'autre développèrent encore chez lui, outre un intérêt grandissant pour le chœur et le ballet, son désir de donner à l'orchestre une part de plus en plus active, dans le récitatif, dans l'accompagnement ou la conclusion des airs, et même jusque dans l'inclusion d'intermèdes symphoniques; enfin, les structures vocales perdirent leur rigidité formelle, l'aria da capo faisant souvent place à la cavatine expressive, cependant que son écriture harmonique s'enrichissait, procédés dont Mozart sut faire son profit, et que l'on note dans *l'Olympiade* (1761), *Vologeso* (1766) et surtout dans *Fetonte* (version de 1768). Ayant cherché à approfondir et non à réformer l'opera seria, toujours selon l'éthique de Métastase (qui lui recommanda pourtant de ne pas négliger la voix au profit de l'accompagnement), Jommelli fut néanmoins le père de la réforme de l'opera

Léon ***Jongen.***

Ch. Leirens

comme *Impressions d'Ardennes* (1913), le poème symphonique *Lalla-Roukh* (1904), de la musique de chambre, la *Messe pour chœurs, cuivres et orgue* (1946). — 2. **Léon,** frère du précédent *(Liège 1884 - Bruxelles 1969).* Également pianiste, il succéda à son frère comme directeur du conservatoire de Bruxelles (1939-1949). Ses voyages à travers le monde lui inspirèrent des pages d'un exotisme très coloré (*Malaisie* pour orchestre, 1935). Citons aussi l'opéra *Thomas l'Agnelet* (1922-23) et le ballet *le Masque de la Mort rouge* (1956).

JOSQUIN DES PRÉS, compositeur français *(Picardie v. 1440 - Condé-sur-l'Escaut 1521).* Trois grandes périodes (que reprend H. Osthoff à la suite d'Ambros pour tenter un classement de ses œuvres) s'imposent : la jeunesse, soit la période milanaise (jusqu'en 1486) ; les séjours de Rome et Ferrare (1486-1505) ; le retour en France et dans les Pays-Bas (1505-1521). Ainsi se dégage l'importance des influences italiennes, qui, en se greffant sur une connaissance approfondie de l'art du contrepoint tel qu'il était pratiqué dans les pays du Nord, permit à Josquin Des Prés (ou plutôt Desprez) de dépasser les formes traditionnelles de son temps par un regard neuf sur les rapports du texte et de la musique. D'après le tableau de Claude Héméré (1633), il aurait été chantre à la collégiale de Saint-Quentin, mais les premières traces vérifiables de ses activités ne se situent qu'après son installation en Italie. Il fut « Giscantor » à la chapelle du Dôme de Milan (1459-1472), entra au service du duc Sforza (1474), puis du cardinal Ascanio Sforza, qui l'introduisit dans les milieux romains, appartint à la chapelle papale (1486-1494), avec toutefois quelques interruptions. On le signala alors à Milan, Paris, Plaisance, Modène (1487-88), Nancy (1493). En 1499, il quitta définitivement Rome pour Ferrare et entra dans la chapelle du duc Hercule Ier, qui le chargea de recruter des chanteurs à l'automne 1501 en Flandres. Glaréan nota son voyage à la cour de Louis XII avant son retour en 1503 à Ferrare, où il demeura jusqu'à la mort du duc (1505). Eut-il ensuite des démêlés avec la cour de France ? Toujours est-il qu'on le retrouva à Saint-Quentin (1509), puis en 1515 à Condé-sur-l'Escaut, où il termina son existence comme doyen-prévôt.

Josquin Des Prés.

Les contemporains le regardaient déjà comme le plus grand maître de son temps, et, jusque vers 1600, ses œuvres furent citées dans les écrits théoriques (*cf.* Glaréan, Spataro, Lampadius, Gaffurio, Castiglione, Luther, etc.) ; beaucoup servirent de modèles et furent transcrites, notamment pour luth. Elles se répandirent encore par la tradition manuscrite, mais l'imprimerie musicale leur assura bientôt une plus vaste diffusion ; Petrucci imprima 3 volumes de *Messes* (1502, 1505, 1514) ainsi que des fragments de messes *(Fragmenta missarum)* en 1505, tandis que ses chansons paraissaient à Anvers (Susato, 1545), Paris (Attaingnant, 1549 ; Le Roy et Ballard, 1555). Près de 20 messes, 5 credo, 2 sanctus, plus de 100 motets, plus de 70 chansons nous sont parvenus ; près de 150 œuvres sont d'attribution discutable.

Il n'y a pas à proprement parler un type de messe josquinienne, chacune ayant ses particularités. Dans la ligne de Dufay, Josquin construisit certaines messes sur un cantus firmus profane (les deux messes *l'Homme armé*), ou utilisa parfois le principe de la missa parodia *(Malheur me bat, Fortuna desperata, Mater Patris).* Les constructions en canon correspondaient à son goût pour les problèmes d'architecture et d'écriture (*cf.* notamment celle des ténors). Le principe d'imitation continue à toutes les voix s'affirmait comme une marque essentielle (messe *Hercules Dux Ferrarie* et messe *Pange lingua,* son chef-d'œuvre) ; il est lié à la division du groupe vocal (soprano-ténor/alto-basse) et à un souci constant de mettre en valeur le sens figuratif émotionnel du texte par des figures types à valeurs symboliques. Utilisant aussi parfois le cantus firmus ou même l'isorythmie, appliquant le principe de l'imitation continue ou libre (pour les textes des psaumes), les motets peuvent être jugés supérieurs aux messes. En tout cas, ils deviennent chez lui la forme religieuse libre par excellence : Josquin s'y affranchit des contraintes de la messe, donne libre cours à son imagination créatrice et à sa virtuosité. Il ne craignit pas d'en écrire une quarantaine à cinq ou six voix, le reste étant, comme les messes, à quatre voix. Il y apparaît comme un maître incontesté du contrepoint, l'héritier d'Ockeghem, d'Obrecht et Busnois, mais tendu vers la recherche d'un équilibre (parole/musique, harmonie/polyphonie, mélodie/rythme), d'une alliance subtile entre l'émotion et le métier artisanal *(cf. Ave Maria, Miserere, Stabat Mater).* Son œuvre profane comporte, outre des frottole, des chansons (sur des textes français, italiens, latins) à 3 voix (typiques du XVe siècle), mais aussi à 4 *(Mille Regretz),* et 25, dont 17 en forme de canon, à 5 et 6 voix (*Baisiez-moi* à 6 voix et triple canon ; *Nymphes des bois, Déploration sur la mort d'Ockeghem* à 5 voix). Toutefois, la puissance sonore n'étant pas recherchée pour elle-même, il est rare que le cadre de l'écriture dépasse quatre parties. Abandonnant pour ainsi dire le poème à forme libre et le respect du découpage par vers, la chanson, malgré son cadre étroit, profite comme le motet des procédés d'écriture de la messe, même si le genre ne semble pas avoir été le but privilégié des efforts du compositeur. Une page comme *Mille Regretz* peut être considérée comme l'exemple parfait de l'alliance du texte et de la musique, du dosage des voix, du sens du verticalisme. Dans ce domaine encore, Josquin fait figure de précurseur et de génie. Héritier de tout le XVe siècle, il pénétra de plain-pied dans celui de la Renaissance. De sa gloire et de sa grandeur témoignent ces fameuses paroles de Luther : « Josquin est le maître des notes, elles se plient à ses ordres, tandis que les autres restent sous leur dictée. »

K

KABALEVSKI *(Dimitri),* compositeur soviétique *(Saint-Pétersbourg 1904).* De famille très modeste, il fut attiré très tôt par la musique, mais n'entra qu'en 1925 au conservatoire de Moscou, où il reçut l'enseignement de Goldenweiser (piano), de Catoire et de Miaskovski (composition). Il fut lui-même professeur dans ce même conservatoire à partir de 1932. En 1931, déçu à la fois par l'Association russe des musiciens prolétariens, trop dogmatique, et par l'Association pour la musique contemporaine, trop moderne, il lança un appel pour un nouveau regroupement et proposa de cultiver, outre les chansons et la musique légère, les grandes formes de l'opéra et de la symphonie.

Ses cinq opéras (*Colas Breugnon,* d'après R. Rolland, 1938, remanié en 1967 ; *Au feu,* 1942 ; *la Famille de Tarass,* 1947, remanié en 1950 ; *Nikita Verchinine,* 1955 ; *les Sœurs,* 1967) révèlent parfois l'influence de Moussorgski. Dans *Nikita Verchinine,* qui contient de nombreuses chansons paysannes et révolutionnaires, Kabalevski fait du peuple le principal protagoniste, comme l'ont fait Glinka et Moussorgski. Mais il n'a pas leur souffle, et semble plus à l'aise dans des œuvres de moindre dimension. Son humour et sa verve éclatent, en revanche, dans la musique de scène pour *les Comédiens* d'Ostrovski (1933), devenue en 1940 suite pour orchestre. Dans ses quatre symphonies et sa *Symphonie - Requiem en mémoire de Lénine,* Kabalevski prend Tchaïkovski pour modèle.

Devenu plus conservateur avec l'âge, Kabalevski condamna le dodécaphonisme et dénonça, en accord avec Khrennikov, Khatchaturian et Chostakovitch, l'avant-garde du festival d'automne de Varsovie (1959). En 1963, il composa une œuvre monumentale, le *Requiem* à la mémoire des victimes de la guerre. La même année, il reçut le titre d'artiste du peuple de l'U. R. S. S.

KABELAC *(Miloslav),* compositeur tchèque *(Prague 1908* - id. *1979).* Il entra au conservatoire de Prague dans les classes de K. Jirak (composition) et de P. Dedecek (direction d'orchestre), puis se perfectionna au piano dans la classe de virtuosité de V. Kurz (1931-1934). Il travailla comme régisseur à la radio de Prague à partir de 1932, et y fut remarqué comme chef d'orchestre de 1945 à 1954. De 1958 à 1962, il enseigna la composition au conservatoire de Prague. Sa production connue (une soixantaine d'ouvrages) s'impose en premier lieu par ses huit symphonies (1942-1970), qui utilisent des effectifs différents et résolvent avec force et simplicité les problèmes de forme et d'équilibre posés.

Rythmicien digne de l'école de Boris Blacher, doté d'un souffle épique naturel et austère, Kabelač est certainement, sur le plan international, l'un des plus grands symphonistes de sa génération. Son nom n'a malheureusement éveillé l'intérêt de l'Occident que lors de la création par les Percussions de Strasbourg, à qui elles sont dédiées, de ses *Huit Inventions* (1965). Il a su assimiler les apports positifs des diverses écoles du XXe siècle, en particulier, de celle de Schönberg (dont les *Variations pour orchestre* op. 31 furent pour lui un exemple), et a utilisé tous les moyens à sa disposition dans un but profondément expressif, avec économie et efficacité. La tension dramatique de ses œuvres, en particulier de ses huit symphonies, font d'elles de véritables opéras sans parole, évoluant d'un seul bloc. On trouve souvent

Ph. Gras

Mauricio **Kagel,** *au théâtre de la Ville en 1972.*

dans les dernières des structures symétriques, directes et rétrogrades, d'essence dodécaphonique, mais s'articulant sur des choix aléatoires : ainsi, dans *Reflets* op. 49, suite de neuf miniatures pour orchestre de chambre, de dialogues entre Kabelač et son temps (1963-64). L'influence de Alois Hába est nette dans la 6e pièce, tandis que la tension modale de la 7e est un hommage à Bartók. À partir de 1963, il s'est intéressé à la musique électronique. Homme discret et strict, Kabelač disparut de la scène publique (et ses œuvres avec lui) de 1968 à sa mort. Il reste l'une des personnalités les plus fortes et l'un des meilleurs exemples de l'art tchèque issu de Janáček et de A. Hába.

KAGEL *(Mauricio),* compositeur argentin *(Buenos Aires 1931).* Il étudie en privé le piano, le violoncelle, l'orgue, le chant, la direction et la théorie (il sera l'élève d'Alberto Ginastera). Renonçant à entrer au conservatoire, il suit à l'université de Buenos Aires les cours de littérature et de philosophie.

Sa première œuvre, *Palimpsestos* (1950) pour chœur mixte a cappella, est suivie de *Dos piezas para orquesta* (1950-1952). Avec un *quarteto mixto,* il s'essaie à la technique dodécaphonique dont l'esprit, sinon la lettre, se manifeste dans toutes ses compositions ultérieures, tandis que sa *Musica para la torre* (1952) pour sons concrets et instrumentaux, avec « partition d'éclairage », manifeste l'intérêt qu'il commence à porter aux nouvelles sources sonores et à l'aspect visuel de l'exécution. Cependant, c'est le *Sexteto de cuerdas* (1950 ; rév., Cologne, 1957) que Kagel considère comme son véritable opus 1, et c'est avec lui qu'il fait ses débuts européens, le 7 septembre 1958, lors des cours d'été de Darmstadt.

Lorsqu'il vient s'installer en Europe — non pas en France, comme il l'aurait voulu, mais en Allemagne —, Kagel n'emporte avec lui que quelques partitions et la plupart de ses livres sur la conquête de l'Amérique. Non seulement dans *Mare nostrum* (1975), qui imagine la conquête du bassin méditerranéen par une tribu d'Amazonie, mais dans la plupart de ses œuvres « européennes », il se fait, directement comme dans *Exotica* (1972), ou indirectement, le porte-parole d'une culture, d'une conception de la musique et de la vie étrangères à celles qui sont en honneur dans l'Occident chrétien bien-pensant et particulièrement en Allemagne, à Cologne, où il réside depuis 1957. Comme, à l'examiner sans parti pris, et surtout sans se laisser désorienter par l'inaltérable fantaisie qu'il introduit dans presque toutes ses œuvres, l'art de Kagel procède en droite ligne de la première école de Vienne (Mozart, Haydn, Beethoven) et de la seconde (Schönberg, Berg et Webern), on peut dire qu'il se plaît à occuper dans la vie musicale contemporaine la place du Turc, étrange et exemplaire, dans le théâtre et les contes philosophiques du XVIIIe siècle. Préférant l'humour au pédantisme, la provocation kagélienne n'est jamais gratuite et, si l'on sait traverser l'épreuve du rire ou de la curiosité anecdotique, elle débouche sur un véritable enseignement. Aussi la seconde écoute se révèle-t-elle presque toujours nécessaire pour passer outre les distractions visuelles que le compositeur se plaît à mettre en contrepoint de ses recherches d'écriture les plus austères.

Mauricio Kagel a enseigné à Darmstadt (à partir de 1960), à Buffalo (1964-65), et, depuis 1969, il dirige l'Institut pour la nouvelle musique à Cologne et le Kölner Kurse für Neue Musik, qui a lieu chaque année sur un sujet précis : musique et image, instruments pour enfants, musique politique, etc.

Outre des œuvres radiophoniques, le catalogue de Kagel compte près de quatre-vingts titres, dont la plupart comporte une dimension visuelle. *Staatstheater* (1970), *Die Eschöpfung der Welt* (1980) et *Aus Deutschland* (1981) occupent une soirée entière. Exception faite de *Hétérophonie* (1959-1961) et de *Variationen ohne Fugue* (1971-72) pour orchestre, il s'agit presque toujours d'œuvres de musique de chambre utilisant soit les instruments traditionnels : *Sonnant* (1960), *Quatuor à cordes* (1965-1967), en mettant l'accent, comme *Atem* (1970), sur les rapports du musicien et de son instrument; soit une lutherie expérimentale : *Acustica* (1968-1970), *Zwei Mann Orchester* (1971-1973), ou mêlant l'un et l'autre. Lorsqu'il écrit pour un ensemble vocal : *Hallelujah* (1967-68), *Ensemble* (1970), *Debut* (1970), Kagel traite chaque chanteur comme un soliste, d'où il résulte, ici, comme ailleurs, une très grande difficulté d'exécution dont l'auditeur n'a cependant aucune idée s'il n'a pas vu la précision inouïe et parfois perverse avec laquelle le compositeur stipule ses exigences. Parmi ses œuvres importantes, il faut encore citer *Bestiarium* (1974-75), *Exposition* (1978), *Kantrimiusik* (1973-1975), *1898* (1972-73), *Ludwig Van* (1969), *Quatre Degrés* (1977), *Mitternachtstük* (« Pièce de minuit »), sur des textes du journal de R. Schumann (1981), *Prince Igor, Stravinsky* (Venise, 1982), *Rrrrrr...*, pièce radiophonique (Donaneschingen, 1982), *Après une lecture d'Orwell* (1983).

KALKBRENNER *(Frédéric* ou *Friedrich Wilhelm),* pianiste, pédagogue et compositeur français d'origine allemande *(entre Kassel et Berlin 1785 - Enghien-les-Bains 1849).* Élève de L. Adam et de S. Catel au Conservatoire de Paris (1799-1801), puis de Haydn à Vienne (1803-1804), où il rencontra Clementi, il retourna ensuite à Paris, puis vécut en Angleterre de 1814 à 1823. C'est là qu'en 1823 commença sa véritable carrière de pianiste. À son retour à Paris, il entra dans la fabrique de pianos de Pleyel et poursuivit une brillante carrière d'interprète jusqu'en 1835, donnant notamment des conseils à Chopin. Comme pédagogue, il eut une influence durable, insistant notamment sur l'indépendance des doigts par rapport au bras. On lui doit notamment 4 concertos et 13 sonates pour son instrument.

KASEMETS *(Udo),* compositeur canadien d'origine estonienne *(Tallinn 1919).* Il a fait ses études dans son pays natal, puis à Stuttgart, et a fréquenté les cours d'été de Darmstadt. Établi au Canada depuis 1951, il y a exercé, principalement à Toronto, de nombreuses activités de critique, d'enseignant, de chef d'orchestre et de chœur, et d'éditeur de musique, tout en restant en contact permanent avec l'avant-garde américaine. Sa première période créatrice qui comprend 21 numéros d'opus, recouvre « les œuvres écrites avant que le compositeur ait pris contact avec les tendances actuelles de la composition », ainsi que celles manifestant « un style tonal traditionnel » (1941-1950). Toutes ces œuvres ont été retirées par le compositeur. Suivirent de 1950 à 1960 une vingtaine d'œuvres adoptant « le mouvement général de cette période pour ce qui est du style et de la structure ». En fait, Kasemets ne retient vraiment que sa production postérieure à 1960. Il se tourna alors vers les formes ouvertes et indéterminées, vers la notation graphique, vers la combinaison de la musique avec les autres arts (littérature, arts plastiques et visuels), ceci sous l'influence d'artistes tels que E. Brown ou M. Feldman, puis de J. Cage. *Fifth Root of Five* (1962-63) confronte deux pianistes à une succession de fragments de cinq secondes chacun à interpréter de diverses façons. *Trigon* (1963), l'ouvrage de Kasemets le plus souvent exécuté, relève plutôt du happening : il est fait appel ici à un, trois, neuf ou vingt-sept participants, et à divers media (musicaux ou non musicaux) pouvant atteindre le nombre de quatre-vingts. *Contactics* (1966) et *Tt (Tribute to Buckminster Fuller, Marshall McLuhan, John Cage)* [1968] exigent une participation active de l'auditoire. *Quartet of Quartets* (1971-72) implique la retransmission sur bande de l'enregistrement de la lecture de divers articles choisis en fonction d'un thème précis, puis la superposition de cet enregistrement à des lectures d'autres textes dans des langues différentes, choisis en cours d'exécution (la durée de cette pièce est libre, le téléphone ou le télégraphe pouvant venir s'ajouter à l'accumulation des matériaux sonores). Principal représentant de l'extrême avant-garde au Canada, auteur de nombreux articles, Udo Kasemets a édité trois ouvrages : *The Modern Composer and his World* (Toronto, 1961), *Canavangard* (1968) et *Focus on Musicecology* (Toronto, 1970).

*Frontispice d'*Artémise *de Reinhard* **Keiser** *en 1715.*

KEISER *(Reinhard),* compositeur allemand *(Teuchern 1674 - Hambourg 1739).* Élève à l'école Saint-Thomas de Leipzig, puis à l'université de cette ville, il fut chef d'orchestre à Brunswick (1692), puis à Hambourg (1695). Il y composa quatre ou cinq opéras par an, parmi lesquels *Croesus* (1710, rév. 1730). De 1703 à 1707, il fut directeur de l'Opéra, et connut de nombreuses vicissitudes. Il fut même emprisonné après un krach financier spectaculaire. Il voyagea ensuite au Danemark, où il fut anobli par le roi. Puis il séjourna à Weissenfels, à Ludwigsburg et à Stuttgart, où il fut maître de chapelle à la cour (1719). En 1724, il se fixa de nouveau à Hambourg, et devint *cantor* à la cathédrale (1728). Peu de temps avant sa mort, il assista au déclin et à la fermeture de l'Opéra de Hambourg qu'il avait contribué à développer.

Beaucoup de ses livrets, au lieu de se référer à la mythologie ou à l'histoire ancienne, comme il était de mode dans l'*opera seria,* s'inspirent de thèmes populaires. Et on peut dire qu'il contribua grandement à faire évoluer l'opéra allemand vers le *singspiel** ou l'opéra-comique. Du point de vue de l'écriture vocale et de l'instrumentation, Keiser influença certainement Haendel qu'il eut, d'ailleurs, comme violoniste, puis comme claveciniste à Hambourg. Il fut le principal représentant de l'opéra baroque allemand au début du XVIIIe siècle, juste avant l'invasion des scènes allemandes par l'opéra italien.

KELEMEN *(Milko),* compositeur yougoslave *(Podravska Slatina, Croatie, 1924).* Il a fait ses études au conservatoire de Zagreb à partir de 1945, puis à Paris avec D. Milhaud et O. Messiaen, et enfin à Fribourg avec W. Fortner. C'est lui qui a créé et organisé, à partir de 1961, la Biennale de Zagreb, devenue l'un des plus importants festivals de musique contemporaine en Europe. Il a enseigné la composition au conservatoire de Düsseldorf, de 1970 à 1972, et pris un poste analogue à l'École supérieure de musique de Stuttgart en 1973. D'abord influencé par Bartók, il a adopté ensuite les techniques les plus modernes, de la série à la forme ouverte. On lui doit, pour orchestre, *Improvisations concertantes* (1955), suite de courtes pièces pour cordes inspirées d'airs populaires yougoslaves, *Skolion* (1959), *Transfiguration* pour piano et orchestre (1962), *Sub rosa* (1965), *Floreal* (1970), *Sonabile* pour piano, modulateur à anneaux et orchestre (1972), *Abecedarium* pour cordes (1973), *Mirabilia II* pour piano, modulateur à anneaux et 2 orchestres (1977) ; des œuvres de musique de chambre, dont *Étude* pour flûte seule (1962) ; de la musique vocale, dont *Monogatori* pour 12 chanteurs solistes (1978) ; les ballets *le Héros et son miroir* (1960) et *Ubu Roi,* d'après Jarry (1965) ; *les Mots* pour mezzo-soprano et 2 orchestres, d'après Sartre (1965) ; *l'État de siège,* opéra d'après Camus (1970) ; *Opéra-Bestial,* opéra pour plusieurs media d'après Arrabal (1973-74). Citons encore *Grand Jeu* pour violon et orchestre (Metz, 1982).

KELTERBORN *(Rudolf),* compositeur suisse *(Bâle 1931).* Il a fait ses études à Bâle, à Salzbourg, à Detmold et à Zurich, et a enseigné la théorie musicale à Bâle jusqu'en 1960. Il a été ensuite professeur de composition et d'analyse à l'Académie de musique de Detmold (1960-1968), puis à l'École supérieure de musique et au conservatoire de Zurich (1968-1975). De 1975 à 1980, il a dirigé le département de la musique de la radio suisse alémanique et rhéto-romane à Bâle. Depuis 1980, il enseigne de nouveau à Zurich ainsi qu'à l'École supérieure de musique de Karlsruhe (théorie et composition).

Dans un style ne dédaignant pas les techniques sérielles, il a écrit notamment 3 symphonies (1967, 1969, 1976), dont la dernière, dite *Espansioni,* avec baryton et bande magnétique, 4 quatuors à cordes (1954, 1956, 1962, 1970), le ballet *Relations* (1975), *Phantasmen* (1965-66), *Changements* (1973) et *Erinnerungen an Orpheus* (1979) pour orchestre, *Visions sonores* pour 6 groupes de percussions et 6 instruments obligés (1980), l'oratorio *Die Flut* (1965), d'après la traduction de la Bible de Martin Buber, et les opéras *Die Errettung Thebens* (Zurich, 1963), *Kaiser Jovian* (Karlsruhe, 1967) et *Ein Engel kommt nach Babylon* (Zurich, 1977), d'après Dürrenmatt.

KERLL *(Johann Kaspar),* organiste et compositeur allemand *(Adorf, Vogtland, 1627 - Munich 1693).* Son protecteur l'archiduc Leopold-Wilhelm, frère de l'empereur Ferdinand III, l'envoya étudier à Vienne avec G. Valentini, puis à Rome avec Carissimi et, peut-être aussi, Frescobaldi. En Italie, il renonça à la religion protestante pour se convertir au catholicisme. Il vécut ensuite à Bruxelles, où il fut organiste de la chapelle de Leopold-Wilhelm. À partir de 1656, il dirigea la chapelle de l'Électeur de Bavière à Munich. En 1673, il se fixa à Vienne où il fut, avec A. Poglietti, organiste de la cour. Il devait conserver ce poste jusqu'en 1692. Tous ses opéras furent représentés à la cour de l'Électeur de Bavière. Il composa également de la musique instrumentale et de la musique vocale religieuse.

KETTING, famille de musiciens néerlandais. — 1. **Piet,** compositeur, pianiste et chef d'orchestre *(Haarlem 1904).* Élève de W. Pijper, il fit beaucoup pour la diffusion de la musique contemporaine, en particulier comme professeur de direction chorale, de théorie et de composition au conservatoire de Rotterdam (1930-1956), comme directeur du Lycée musical d'Amsterdam (1946-1949) et comme chef de l'orchestre et du chœur de chambre de Rotterdam. Influencé d'abord par Debussy, puis par Schönberg, il s'est de plus en plus intéressé à la musique vocale. Il a écrit notamment deux symphonies, dont la seconde avec violoncelle principal (1929, 1963), *Tema con variazioni* pour flûte et orchestre (1976), *3 Sonnets de Shakespeare* pour voix et piano (1938), le chœur *Quando conveniunt* (1969). — 2. **Otto,** compositeur et trompettiste, fils du précédent *(Amsterdam 1935).* Élève de son père, il a également étudié avec Karl Amadeus Hartmann. Trompettiste dans l'Orchestre de La Haye de 1955 à 1960, il a ensuite enseigné aux conservatoires de Rotterdam (1967-1971) et de La Haye (1971-1974). Il a écrit beaucoup de musique de théâtre et de film. Prix Gaudeamus en

1958 pour *Due canzoni* pour orchestre, il a écrit dans un style personnel, parfois influencé par le jazz, des œuvres pour orchestre, parmi lesquelles *Symphonie nº 1* (1959), *Collage nº 6* pour groupe de free-jazz et orchestre (1966), *Time Machine* (1972) et *Symphonie pour saxophones et orchestre* (1978), de la musique de chambre, dont *Collage nº 8* pour clarinette basse et piano (1966), les ballets *Het laatste bericht* (1962), *Intérieur* (1963) et *Collage nº 7* (1967), et les opéras *Dummies* (1974) et *O, gij, rhinoceros* (1977).

KHATCHATURIAN *(Aram Illitch),* compositeur soviétique arménien *(Tbilissi 1904-Moscou 1978).* Il entra en 1922 à l'école de musique Gniessine à Moscou, puis se perfectionna, de 1929 à 1934, au conservatoire de Moscou dans les classes de Glière (instrumentation), Miaskovski (composition) et Mikhail Gniessine. Il bénéficia

Larousse

Portrait de **Khatchaturian,** *extrait de* la Musique soviétique *(1942, nº 12).*

Aram **Khatchaturian.**

également des conseils de Prokofiev, au retour de celui-ci en U. R. S. S. De cette époque datent la célèbre *Toccata* (1932), le *Trio* pour piano, violon et clarinette (1932) et une *Suite de danses* (1933). Dès ses premières œuvres, Khatchaturian puise son inspiration dans la tradition musicale arménienne (emprunts aux danses et aux « achougs », bardes arméniens). Sa *Première Symphonie,* écrite en 1934 pour le quinzième anniversaire de la République soviétique d'Arménie, est un nouvel essai de cette intégration d'une culture minoritaire dans la tradition russe. Mais le vrai Khatchaturian ne s'est réellement révélé au public qu'en 1936 avec son *Concerto pour piano* dédié à Lev Oborine, œuvre frappante par son originalité : audaces harmoniques, rythmes à la fois complexes et expressifs, brillante couleur orchestrale. Si la facture pianistique s'apparente parfois à celle de Rachmaninov, la technique du développement marque sensiblement l'héritage de Tchaïkovski. Les qualités de verve, de virtuosité et de lyrisme se retrou-

A.P.N.

Aram ***Khatchaturian,*** *lauréat du prix Lénine, 1959.*

vent dans le *Concerto pour violon* (1940) dédié à David Oïstrakh.

Khatchaturian a rapidement trouvé son langage, et sa démarche et son style ne se sont guère modifiés par la suite. Même dans le *Poème à Staline* (1938), il a réussi à concilier des traits du folklore arménien, géorgien et azerbaïdjanais avec un développement symphonique élaboré. C'est avec son ballet *Gayaneh* (1943) qu'il devait obtenir une réputation internationale, en mettant en scène le drame de la patriote Gayaneh, dont le mari est passé du côté de l'ennemi. L'œuvre reprend des fragments du premier ballet de Khatchaturian, *le Bonheur,* et contient un grand nombre de danses de caractères divers, dont la célèbre *Danse du sabre,* qui a donné lieu par la suite à de multiples arrangements. La *Troisième Symphonie,* ou *Symphonie-Poème* (1947), écrite pour le trentième anniversaire de la Révolution, fait appel à un orchestre renforcé par l'orgue et par quinze trompettes, et peut se comparer à la *Bataille de Vittoria* de Beethoven ou à l'*Ouverture 1812* de Tchaïkovski. Elle n'échappa pas aux critiques de Jdanov en 1948 : de même que Chostakovitch, Prokofiev, Chébaline, Popov, Kabalevski, etc., Khatchaturian fut accusé de distorsions formalistes et de tendances antidémocratiques. À la suite de ces événements, il se consacra intensivement à la musique de film (*Vladimir Ilitch Lénine,* 1948 ; *la Bataille de Stalingrad,* 1949).

À partir de 1950, le compositeur étendit ses activités à deux nouveaux domaines : l'enseignement (à l'institut Gniessine et au conservatoire de Moscou) et la direction d'orchestre. En 1968, lors d'une tournée aux États-Unis, il dirigea les plus grands orchestres symphoniques dans des programmes consacrés à ses œuvres. En 1950, il séjourna en Italie, comme membre d'une délégation soviétique, et, peu après, se mit à la partition du ballet *Spartacus* (1952-1954), sur le sujet à la fois historique et révolutionnaire de la révolte des esclaves à Rome en 73 (av. J.-C.). L'œuvre lui valut en 1959 le prix Lénine ; en 1968, elle fut représentée dans une nouvelle version chorégraphique de Grigorovitch. Après la mort de Staline, Khatchaturian fut l'un des musiciens éminents à réclamer publiquement une plus grande liberté de création. Néanmoins, après la création du festival d'automne à Varsovie (1956), il devait condamner toutes les tendances en direction du dodécaphonisme ou de toute autre avant-garde occidentale.

KHRENNIKOV *(Tikhon),* pianiste et compositeur soviétique *(Eletz 1913).* Il a étudié, à l'institut Gniessine, la composition avec M.-F. Gnessina et G.-I. Litinski et le piano avec E.-G. Guelman (1929-1932), avant de suivre les cours de composition de V. Chebaline au conservatoire de Moscou (1933-1936). Il est aujourd'hui le musicien officiel le plus important de son pays : artiste du peuple de l'U. R. S. S. (1963), député au Soviet suprême, premier secrétaire de l'Union des compositeurs d'U. R. S. S., chargé des liaisons avec l'étranger, ordre de Lénine, prix Lénine (1967 et 1974). Il enseigne au conservatoire de Moscou depuis 1966.

KILPINEN *(Yrjö),* compositeur finlandais *(Helsinki 1892* - id. *1959).* Grâce à ses quelque 700 lieder, il est probablement le compositeur finlandais le plus connu après J. Sibelius. Son style amalgame avec bonheur la tradition du lied classico-romantique d'Europe centrale avec celle de la romance nordique. Celle-ci brille alors dans les salons bourgeois et doit ses lettres de noblesse à E. Grieg, C. Sinding et J. Sibelius. Parti des poèmes de ses compatriotes E. Leino, H. Jalkanen et V. A. Koskenniemi, Kilpinen s'intéresse progressivement au *Kalevala* et, à partir des années 30, aux textes allemands de C. Morgenstern, von Zwehl, A. Sergel. Il est à noter le succès que Kilpinen rencontra pendant le IIIe Reich allemand auprès des autorités musicales de ce pays. Son évolution, commencée dans le radicalisme des années 20, se poursuit après la guerre. C'est en quelque sorte un retour aux sources ; Kilpinen utilise alors de plus en plus des formules modales proches du folklore, et son style postromantique s'adapte avec bonheur au texte du *Kalevala* et aux poèmes de K. Vala. Excellent dans la miniature, Kilpinen tend à une expression souvent dépouillée ; tout son effort se porte sur la mise en musique du texte, et l'accompagnement ne joue que rarement un rôle essentiel.

Aram ***Khatchaturian*** *au pupitre.*

Pic

KLEBE *(Giselher),* compositeur allemand *(Mannheim 1925).* Il a étudié à Berlin avec Kurt von Wolfurt (1941-1943), Josef Rufer (1946) et Boris Blacher (1946-1951), et, depuis 1957, il enseigne la composition à Nordwestdeutsche Musikakademie de Detmold. Il s'est fait connaître en 1950 à Donaueschingen avec *Die Zwitschermascine* pour orchestre, d'après Klee, mais a surtout acquis la célébrité grâce à ses opéras, en général d'expression sombre et abrupte : *Die Raüber,* d'après Schiller (Düsseldorf, 1957) ; *Die tödlichen Wünsche*, d'après Balzac (Düsseldorf, 1959) ; *Die Ermordung Cäsars,* d'après Shakespeare (Essen, 1959) ; *Alkmene,* d'après Kleist (Berlin, 1961) ; *Figaro lässt sich scheiden,* d'après Horvath (Hambourg, 1963) ; *Jacobowsky und der Oberst,* d'après Werfel (Hambourg, 1965) ; *Das Märchen von der schönen Lilie,* d'après Goethe (Schwetzingen, 1969) ; *Ein wahrer Held,* d'après Synge (Zurich, 1975) ; *Das Mädchen aus Domrémy,* d'après Schiller (Stuttgart, 1976) ; *Das Rendez-vous* (Hanovre, 1977).

Székely

Zoltán ***Kodály.***

KODÁLY *(Zoltán),* compositeur hongrois *(Kecskemét 1882-Budapest 1967).* Issu d'une famille musicienne (son père était violoniste amateur, sa mère, pianiste), ouverte aux influences tziganes, pratiquant la musique de chambre, il fit ses études secondaires à Galanta, puis à Nagyszombat (aujourd'hui Trnava, en Slovaquie), où il chantait dans les chœurs de la cathédrale et rendait fréquemment visite à la bibliothèque musicale. Il apprit le violoncelle en autodidacte, et s'installa à Budapest pour y poursuivre des études supérieures de lettres. Il s'inscrivit alors dans la classe d'H. Koessler (composition) à l'académie Franz-Liszt, où il rencontra Béla Bartók, qui, jusqu'à sa mort (1945), devait rester son plus fidèle ami. Kodály devint professeur diplômé en 1905, et décida d'enquêter dans les campagnes hongroises, comme suite à sa thèse de doctorat sur la structure « strophique » des chansons populaires. Docteur ès lettres en 1906, il se rendit à Paris, y suivit les cours de Ch. M. Widor au Conservatoire et découvrit l'univers debussyste. Il écrivit alors sa *Méditation sur un motif de Claude Debussy* pour piano (1907). Professeur de théorie musicale à l'académie Franz-Liszt en 1907, il y enseigna jusqu'en 1940 et y fut chargé d'une classe de composition dès 1908. Dès 1906, il réalisa avec Bartók, puis avec Emma Sandor, qu'il épousa le 3 août 1910 et qui allait être sa compagne et collaboratrice un demi-siècle durant, des études systématiques pour recueillir et noter les mélodies paysannes hongroises. Son activité simultanée de compositeur, de pédagogue, de folkloriste, de musicologue, et de journaliste fit de lui le maître à penser de la musique hongroise contemporaine. En 1921, les éditions Universal de Vienne achetèrent le droit exclusif d'édition de ses compositions. En 1925, un concert de ses œuvres pour chœur d'enfants le révéla comme un maître incontesté du contrepoint vocal.

Farouche figure du nationalisme culturel de la Hongrie, inventeur de méthodes d'enseignement de la musique permettant une initiation au chant choral dès le plus jeune âge, patriarche vénéré et entré dans l'histoire de son vivant, Kodály sut se faire

Mayer

Portrait de ***Kodály,*** *par B. F. Dolbin.*

respecter des contre-révolutionnaires du comte Horty, comme des autorités nazies pendant la dernière guerre. Trois fois prix Kossuth, membre correspondant de toutes les grandes universités mondiales, président de l'International Folk Music Council, il fut le plus éminent représentant de l'humanisme culturel de son pays pendant plus d'un demi-siècle.

Son œuvre, du point de vue de l'auditeur occidental, peut approximativement se diviser en deux ensembles. L'un regroupe les partitions de forme classique où Kodály fait la synthèse de la tradition allant de Bach à Debussy, en passant par Beethoven, Brahms et Wagner. L'autre, les quelque 1 500 pièces chorales consignées par lui-même dans un souci d'abord didactique : l'art d'un Palestrina s'y revivifie au contact des composantes mélodiques et rythmiques de la chanson populaire hongroise.

L'activité créatrice de Kodály intéresse d'abord la musique de chambre, avec deux *Quatuors à cordes* (1908-1909, 1916-1918), un *Duo pour violon et violoncelle* (1914), une *Sérénade* (1918-1920) pour deux violons et alto et surtout deux étonnantes *Sonates* pour violoncelle, l'une avec piano (1909-10), l'autre pour violoncelle seul (1915). Dans cette dernière partition, l'instrument devient harpe, cithare, orchestre tzigane, tout en conservant son lyrisme grandiose dans la tradition de Bach.

Kodály parvint à la notoriété internationale en faisant jouer ces œuvres par les membres du Quatuor Waldbauer-Kerpely à Salzbourg, Vienne, Amsterdam... En 1923, la création du *Psalmus hungaricus* l'imposa au public hongrois comme chantre de la tradition héroïque de son peuple. Dans cette même veine, suivirent un *Te Deum* (de Budavar, 1936), créé pour le 250e anniversaire de la libération de Buda de la domination turque, une *Missa brevis* (1944) et le *Psaume de Genève* n° 114 (1952).

Sa musique symphonique doit à Toscanini son succès international. *Soir d'été* (1906) fut remanié en 1929-30. Des *Danses de Marosszek* (1930), l'original pour piano demeure l'un des sommets de la musique pour clavier. En 1927, naquirent deux œuvres brillantes : la suite d'orchestre tirée de *Hary Janos* et l'*Ouverture de théâtre.* Toscanini fit ensuite connaître les *Danses de Galanta,* créées à Budapest en 1933. Wilhelm Mengelberg créa en 1939 les *Variations sur une mélodie populaire hongroise (Le paon s'est envolé),* dédiées au Concertgebouw d'Amsterdam, tandis que F. Stock donnait à Chicago la première du *Concerto pour orchestre* (1941). Enfin, F. Fricsay dirigea au festival de Lucerne (1961) la première de la *Symphonie en ut,* dédiée à la mémoire de Toscanini.

Jean-Loup Charmet

Zoltán **Kodály.**

Le style orchestral de Kodály, apparemment conservateur, est d'une grande unité : rythmique hongroise, harmonie modale naturelle, structure classique, procédés impressionnistes. Sa musique exprime souvent gaieté, santé, exubérance, des idées proches de celles d'un Janáček qui tranchent avec le romantisme allemand, dont il ne reprend que la grammaire et non l'humeur sombre et les volontés autobiographiques.

Il est encore bien difficile de cerner l'œuvre chorale immense de Kodály : cinq *Tantum ergo* (1928), dix *mélodies* (Lengyel Làszlo, Pünküsdölö, 1929), les quatre cahiers des *Bicinia hungarica,* bible du chant pour chorale d'enfants (1937-1942), la fresque grandiose des *Tableaux de Matra,* pour chœur mixte a cappella (1931) les *Chants de Karad, Le paon s'est posé, l'Appel de Zrinyi,* etc. Quelques exemples d'une œuvre extrêmement variée, utilisant chansons, ballades, contes, mélodies populaires, reprenant, avec l'accent magyar, des scènes de la vie paysanne, des thèmes bibliques ou héroïques.

Ses œuvres scéniques, parmi lesquelles *Hary Janos* (1925-26) et *Soirée des fileuses sicules* (*Fileuses de Transylvanie,* 1924; rév. 1932, 1948), montrent le souffle épique, picaresque ou dramatique, dont il était capable. Aujourd'hui, l'héritage culturel de Kodály est d'une telle richesse qu'il faudra attendre la pénétration de la *méthode Kodály* dans notre enseignement musical pour que les futures générations aient pleinement conscience de l'apport privilégié fait par ce compositeur à la musique savante en faisant la synthèse de la tradition de Bach et Palestrina et des tournures naturelles de la mélodie populaire. Kodály restera sans doute comme le créateur de l'art choral du xxe siècle.

Charles **Kœchlin.**

KŒCHLIN *(Charles),* compositeur français *(Paris 1867 - Le Canadel, Var, 1950).* Par sa naissance, il appartenait à la grande bourgeoisie industrielle d'Alsace. Dans son autobiographie, il a dit tout ce qu'il devait à ses aïeux : « C'est dans son hérédité alsacienne qu'il faut chercher ses caractéristiques : celles de son énergie, de sa naïveté — de son horreur par contre du bourrage de crâne —, de sa sincérité absolue et très simple. » Tout jeune, il découvrit J.-S. Bach par sa *Cantate de la Pentecôte.* De là, naquit une admiration pour le cantor de Leipzig à l'œuvre duquel il ne cessa de se référer et dont témoignent maintes de ses compositions, tout particulièrement, l'*Offrande musicale sur le nom de Bach* op. 187. En 1887, il entra à l'École polytechnique, qu'il quitta deux ans plus tard — à la suite d'une grave maladie —, ce qui, dès lors, lui laissa le champ libre pour se consacrer à la musique. Il avait vingt-deux ans quand il entra au Conservatoire de Paris. À ses maîtres, Taudou (harmonie), Gédalge (contrepoint et fugue), Massenet, puis Fauré (composition), il devait garder une grande reconnaissance.

Durant soixante ans, Kœchlin édifia une des œuvres les plus imposantes de son temps (225 numéros d'opus). « Le trait essentiel qui domine ma vie, c'est la passion de la liberté. » Cette passion domine également son œuvre. Il a dit « son culte pour la mer, la montagne, les animaux, la nature tout entière ». L'amour de la créature l'a moins inspiré que celui de la création. Des mélodies, des chœurs nombreux témoignent de cet amour de la nature, des pièces orchestrales aussi comme *la Forêt* (1907), *le Printemps, l'Hiver, l'Été* (1908-1916), la *Symphonie d'hymnes, le Livre de la jungle, Paysages et Marines* pour piano. Cet amour de la nature englobe le ciel et, plus particulièrement, le ciel nocturne. Il est caractéristique que sa première œuvre orchestrale, inspirée par H. Heine, soit *En mer, la nuit* (1904), et que l'une des plus anciennes parmi ses nombreuses mélodies soit un *Clair de lune* (1890). Suivront, participant de la même vision, le poème symphonique *Vers la voûte étoilée* (1933), les chœurs *la Lampe du ciel* (1896), *la Chute des étoiles* (1905-1909), le *Nocturne* pour harpe (1907), des mélodies comme *le Sommeil de Canope* (1906), *Nox* (1897-1900). Ainsi qu'il l'a noté, son évolution s'est poursuivie « dans le sens du grand mouvement vers la liberté d'écriture de Franck et de Chabrier, de Fauré, puis de Debussy, puis enfin des musiques polytonales et atonales ».

L'inspiration de Kœchlin est étayée par son inlassable et passionnée curiosité. Cette rare faculté d'accueil ennoblit l'homme, qui sut rester indépendant comme son œuvre toute gonflée d'un généreux lyrisme. La discipline et la liberté s'y équilibrent et si la polytonalité et l'atonalisme appartiennent à son langage, Kœchlin pratique également une écriture traditionnelle qui use librement des notes de passage et s'assimile les modes anciens. Témoignent de cette conception, notamment, de nombreux *Chorals, l'Abbaye* (1899-1903), *Vingt Chansons bretonnes* pour violoncelle et piano (1931-32; vers. orch., 1934), *Fugue symphonique pour orchestre* (1932), *Deux Fugues pour quatuor à cordes* (1932), *Hymne pour ondes Martenot et orchestre* (1929-1932), *Chœurs a cappella* (1935), *Sonatine modale* pour flûte et clarinette (1935), *Chœurs monodiques de style modal pour l'Alceste d'Euripide* (1938), *Motets de style archaïque* (1949), sans compter son *Traité de polyphonie modale* et son *Solfège modal.*

Parallèlement à ces œuvres tout imprégnées d'un modalisme lumineux, Kœchlin s'évade vers des domaines plus légers. C'est ainsi que le cinéma, qu'il voit naître, et spécialement les « stars », qui l'illustrent, lui inspirent toute une série d'œuvres : *The Seven Stars' Symphony* (1933), grande fresque en 7 parties évoquant Douglas Fairbanks, Lilian Harvey, Greta Garbo, Clara Bow, Marlène Dietrich, Emil Jannings, Charlie Chaplin. En hommage à « l'insultante beauté de certaines stars », qui, selon lui, « viennent apporter un talent, une beauté, parfois un "génie" qui nous consolent de bien des choses », il compose *l'Album de Lilian* (1934), *le Portrait de Daisy Hamilton* (1934-1938), *Sept Chansons pour Gladys* (1935), *l'Épitaphe de Jean Harlow* (1937). L'évolution de son langage se retrouve dans les formes musicales qu'il adopte. À ses débuts, chœurs et mélodies le sollicitent, puis, s'enhardissant, il aborde le poème symphonique avec *les Vendanges* (1896-1906), *la Nuit de Walpurgis classique* (1901-1907), *Chant funèbre à la mémoire des jeunes femmes défuntes* (1902-1907), *Jacob chez Laban,* pastorale biblique (1896-1908), *la Divine Vesprée,* ballet (1918). Délaissant pour un temps l'orchestre, il se tourne vers la musique de chambre. De ce vaste ensemble de son œuvre, détachons la *Sonate pour flûte et piano* (1913), qui inaugure toute une série de sonates pour tous les instruments, la dernière étant la *Sonate à sept* (1949). Entre-temps naissent *Cinq Sonatines pour piano* (1916), les charmantes *Quatre Sonatines françaises* pour piano à 4 mains (1919), 3 *Quatuors à cordes,* un *Quintette avec piano* (1921), que Kœchlin considérait comme « la plus marquante, peut-être, de ses œuvres », un second quintette pour flûte, violon, alto, violoncelle et harpe (1949), un *Trio* pour flûte, clarinette et basson (1924), un *Septuor d'instruments à vent* (1937), un *Trio d'anches* (1945), chacune de ces œuvres étant « une pièce unique, dont le plan se trouve déterminé par l'évolution vivante des thèmes et des sentiments, par leur vie même, et qui ne fut jamais décidé à l'avance » (Kœchlin).

Cependant, il poursuit l'élaboration d'une œuvre symphonique importante, où l'on relève la *Symphonie d'hymnes* (1936), et dont une partie est animée par l'esprit de la fugue, comme *le Buisson ardent* (1938-1945), *la Seconde Symphonie* (1943), *le Docteur Fabricius* (1944).

La personnalité de Kœchlin serait restituée de façon incomplète si l'on oubliait le professeur. Non seulement ses traités font autorité, de ses *Études sur les notes de passage* (1922) à son important *Traité de l'orchestration* (1954-1959), en passant par le *Traité d'harmonie,* les *Études sur le choral d'école, sur l'écriture de la fugue d'école,* mais il instruisit et conseilla nombre de musiciens, parmi lesquels F. Poulenc, G. Taillefer, R. Desormière, F. Barlow, M. Thiriet, H. Sauguet. Son goût impérieux de savoir et de comprendre, inséparable de sa générosité à faire partager ses découvertes et de son ardent besoin de justice, firent de lui un des plus qualifiés exégètes de la musique de son temps. Ses ouvrages sur Fauré, qui lui demanda d'orchestrer sa suite de *Pelléas et Mélisande,* sur Debussy, qui lui confia l'orchestration de *Khamma,* ainsi que des études comme celles sur *l'Harmonie moderne, les Tendances de la musique française contemporaine,* sans parler des nombreux articles qu'il dispensa dans les grandes revues de musique et divers journaux, sont autant de sources de connaissances auxquels on n'a pas fini de retourner. Par de nombreuses conférences, il propagea encore son savoir. On n'est pas étonné de voir cet indépendant participer, en 1909, aux côtés de Fauré, Ravel, Caplet et Schmitt, à la fondation de la Société musicale indépendante.

KOERING *(René),* compositeur français *(Andlau, Alsace, 1940).* Il étudia le piano et le hautbois à Strasbourg, puis, ayant rencontré Pierre Boulez en 1960, se rendit sur ses conseils à Darmstadt. De 1962 à 1964, il se consacra exclusivement à des essais de composition et à l'animation d'une série de concerts à Strasbourg, dirigeant notamment, en collaboration avec Pierre Stoll et Ernest Bour, des œuvres pour petites formations. De cette époque datent notamment *Suite intemporelle* pour récitant et 8 instruments (1961) et *Combat T 3 N* pour piano et orchestre (1962). En 1965 fut créé au festival de Strasbourg *Triple et Trajectoire* pour piano et 2 orchestres. Suivit en 1966 la création dans la même ville de *Trauma* pour 19 vents et 2 percussions. Les années 1967-1970 furent marquées par des expériences souvent sans lendemain dans le sens de la musique pop, sous l'influence notamment de peintres et de sculpteurs américains et français, et par l'installation du compositeur à Paris (1969). De cette période datent *Finn Catapulta* pour piano et percussion solistes, vents et percussions (1967), ou encore *Quatre Extrêmes* pour orchestre (1968, création, Strasbourg, 1969).

La rencontre de Michel Butor en 1972 fut pour René Koering un événement important. De cette même année datent *Dilaby* pour grand orchestre et *Centre d'écoute* pour bande magnétique, d'où devaient être tirés *Manhattan Invention* pour violoncelle et bande (1973) et *La nuit écoute* pour bande et sextuor à cordes (création, festival de Royan, 1973). Au festival de Royan 1974 furent créés le *Quatuor à cordes n° 1* (1974) et la *Symphonie n° 1* pour clarinette basse amplifiée et 7 instruments (1966-1974), et au festival de Royan 1975 fut créé *Mahler* sur des textes de Michel Butor, pour diverses formations, dont le grand orchestre (1971). À citer encore : *Vocero* pour grand orchestre (1972), *Jeux et Enchantements* pour piano, violoncelle et orchestre (1974, versions possibles avec un seul soliste ou orchestre seul), *Jusqu'au feu, exclusivement...* pour violoncelle et orchestre, clarinette et orchestre, ou violon, clarinette et 2 orchestres (1974-75), *34 Mesures pour un portrait de T...* pour 21 instruments (1976), *Concerto pour piano* (1976-77), *Sonate pour piano* (1976), *Métal hurlant* pour 22 instruments (1976), *Konzert I, II* et *IV* pour orchestre (1977), *Mit Innigster Empfindung* pour orchestre (1977), l'opéra *Elseneur* sur un livret de Michel Butor (création, Radio-France, 1980), un *Quatuor à cordes n° 2* (création, biennale de Venise, 1981), et l'opéra *la Lune vague* (1982-83).

KOKKONEN *(Joonas),* compositeur finlandais *(Iisalmi 1921).* Ses premières œuvres, après la guerre, partent du néoclassicisme « post-Hindemith » pour évoluer vers un style postromantique non sans qu'il ait subi, en cours de route, la tentation sérielle. Excellent orchestrateur, Joonas Kokkonen révèle sa maîtrise des techniques d'écriture en particulier dans ses nombreux scherzos et son lyrisme romantique se teinte souvent de religiosité. Si sa *3ᵉ Symphonie* (1967) représente un sommet de son œuvre, il faut également retenir : la *Sinfonia da camera* pour 12 cordes (1961-62), les *5 Bagatelles* pour piano (1968-69), la *Symphonie n° 4* (1971), les *Trois Quatuors à cordes* et son opéra *Viimeiset kiusaukset* (« les Dernières tentations », 1973-1975), qui connaît un grand retentissement en Finlande. En 1977, avec *Durch einen Spiegel* pour 12 cordes et clavecin, Kokkonen semble entrer dans une nouvelle période créatrice. La remarquable linéarité de sa pensée, jointe à l'importance des postes qu'il occupe (Académie de Finlande, professeur de composition à l'académie Sibelius de 1959 à 1963 et prix Sibelius en 1973), fait de Kokkonen le compositeur quasi officiel de la Finlande d'aujourd'hui et la personnalité musicale la plus influente du pays depuis J. Sibelius.

KOMIVES *(János),* compositeur et chef d'orchestre français d'origine hongroise *(Budapest 1932).* Il a fui son pays en 1956 lors de l'intrusion des chars russes et s'est, depuis, naturalisé français. Il doit une solide formation à l'académie Ferenc-Liszt de sa ville natale, où il a travaillé sous la tutelle de Zoltán Kodály, de Ferenc Farkas et de László Somogyi ; en France, il s'est perfectionné auprès de Darius Milhaud. Chef d'orchestre lauréat en 1957 du concours international de Besançon, il s'est ensuite produit à la tête des principaux orchestres français, notamment des orchestres de l'O. R. T. F. sans négliger l'étranger et se rendant dans maints pays d'Europe et d'Afrique. Durant plusieurs années, il a dirigé l'orchestre de l'opéra de Koblenz en Allemagne fédérale. Compositeur, il a décroché par deux fois le prix Italia : en 1968, pour son oratorio *La Vera Istoria della Cantoria di Luca della Robbia* et, dix ans plus tard, pour son essai radiophonique *À cœur ouvert.* À noter que son conte pour enfants *l'Histoire de Nikita, chien chanteur d'opéra* a été distingué en 1973 par l'Académie du disque français, que son *Recitativo* pour orchestre de 1967 a été sélectionné par la Tribune internationale de compositeurs de l'Unesco, et enfin, que *l'Antichambre,* opéra pour un homme seul avec mannequin, a été couronné en 1975 par le prix international Opéra-Ballet de Genève. Parmi ses autres compositions, retenons *Épilogues,* onze séquences pour cuivres avec percussion (1964), *Concerto pour quatuor à cordes et orchestre* (1970), *Catéchisme de nuit* pour soprano et orchestre (1971), *Zodiaques,* douze constellations pour ensemble et percussion (1972), *Pop-Symphonie* (1973), *Flammes* pour clarinette seule (1975), où la rigueur le dispute à l'imagination, enfin *Interview,* huit sketches pour coloratura, acteur et cinq musiciens (1978), sans compter de multiples musiques pour théâtre, cinéma, radio et télévision.

KORNGOLD *(Erich Wolfgang),* compositeur autrichien *(Brno 1897 - Hollywood 1957).* Fils du critique Julius Korngold, enfant prodige, il fut recommandé à Mahler et à Zemlinski. Le triomphe remporté en 1920 à Hambourg, où il était devenu chef d'orchestre, par son opéra *Die tote Stadt* (d'après *Bruges la morte* de Rodenbach), marqua le sommet de sa carrière. Contraint d'émigrer aux États-Unis en 1934, il s'y spécialisa dans la musique de film, mais il devait constater, à son retour en Europe, que ses ouvrages, fêtés 25 ans plus tôt, avaient quitté le répertoire. Sa musique de théâtre — citons aussi *Violanta* (1916) — s'inspire à la fois de Puccini et de Richard Strauss, mais en annexant leurs qualités les plus extérieures.

KOTONSKI *(Wlodzimierz),* compositeur polonais *(Varsovie 1925).* Il enseigne la musique électroacoustique à l'École supérieure de musique de Varsovie, après avoir été un des pionniers de cette technique dans son pays. Il a réalisé plusieurs œuvres électroniques dans le studio de musique expérimentale de la radio polonaise à Varsovie : *Étude sur un seul son de cymbale* (1959) et *Microstructures* (1963), toutes deux appliquant à un matériau « concret » des procédures de composition très abstraites ; *Aela* (1970), œuvre électronique conçue selon des techniques aléatoires. À la W. D. R. de Cologne, il a conçu *Klangspiele* (1967), pièce « mobile » pour 2 bandes magnétiques autonomes, au groupe de recherches musicales de Paris, *Eurydice* (1971) et, au groupe de musique expérimentale de Bourges, *les Ailes* (1973). Dans le domaine instrumental, il a été l'un des premiers compositeurs polonais à s'évader du « folklorisme » officiel pour entreprendre des œuvres sérielles comme *la Musique de chambre* (1958), pour ensemble instrumental, puis des pièces plus tachistes comme *Selection I* (1962), pour guitare électrique, piano et 2 saxophones.

KOZELUCH, famille de musiciens tchèques.

— 1. **Jan Antonin,** compositeur et pédagogue *(Velvary 1738 - Prague 1814).* Il étudia la musique dans sa ville natale et à Prague, vécut à Vienne d'environ 1763 à 1766 et termina sa vie à Prague (à partir de 1784, comme maître de chapelle à la cathédrale Saint-Guy). On lui doit de la musique religieuse, les opéras *Alessandro nell'Indie* (1769) et *Il Demofoonte* (1771), des symphonies et concertos.

— 2. **Jan Antonin,** dit *Leopold,* compositeur, pianiste et éditeur *(Velvary 1747 - Vienne 1818).* Cousin du précédent, il se fit appeler « Leopold » pour éviter toute confusion. Élève de F.-X. Dussek à Prague, il produisit, en 1771, dans cette ville un ballet avec un succès tel que 24 autres suivirent en sept ans. En 1778, il s'installa à Vienne, devint professeur de piano à la cour, et, en 1781, refusa la succession de Mozart comme organiste à Salzbourg. À partir de 1784, il publia ses propres œuvres. En 1792, il devint compositeur impérial et maître de chapelle de la chambre impériale (poste différent de celui de compositeur de chambre qu'avait occupé Mozart), et mena une carrière publique assez brillante jusque vers 1805. Comme homme, il jouit d'une assez mauvaise réputation à cause de ses remarques désobligeantes sur Haydn, Mozart et Beethoven. Il écrivit des opéras, de la musique sacrée, des symphonies, mais s'intéressa particulièrement au piano-forte. Reconnu de son vivant comme un pionnier en ce domaine, il écrivit pour cet instrument de nombreuses sonates, de nombreux trios et de nombreux concertos lui assurant une place de choix dans la musique viennoise de la fin du XVIIIe siècle. Un catalogue de ses œuvres a été dressé en 1964 par Milan Postolka.

KRAUS *(Joseph Martin),* compositeur allemand *(Miltenberg am Main, Allemagne, 1756-Stockholm 1792).* Il étudia à Mayence, Erfurt et Göttingen, notamment avec l'abbé Vogler, puis s'installa en Suède en 1778. Second chef de l'opéra (1781), il fut nommé maître de chapelle de la cour de Gustaf III en 1788, puis directeur de l'Opéra royal, postes qu'il devait conserver jusqu'à sa mort, ce qui ne l'empêcha pas de voyager en France, Italie, Angleterre et Allemagne. À Vienne, en 1783, il rencontra Haydn et Gluck.

La musique de Kraus est d'une très grande intensité expressive et, même si l'on y retrouve maints traits qui l'apparentent au style de Mozart, Haydn ou surtout Gluck, elle annonce souvent le XIXe siècle et plus précisément Schubert, voire Beethoven. Son œuvre est d'une haute tenue. De ses symphonies (au moins 12), il faut surtout retenir celle en *ut* mineur, écrite à Vienne en 1783 et dédiée à Haydn. Kraus a également composé de nombreuses œuvres instrumentales, trio, quatuors, quintettes, 2 sonates pour piano (*mi* bémol majeur et *mi* majeur), 4 sonates pour violon et piano ; pour le théâtre, des partitions de ballet (*Fiskarena,* 1789), des musiques de scène (intermèdes et divertissements pour l'*Amphytrion* de Molière, 1784), des opéras (*Proserpina,* 1781 ; *Soliman den andre,* 1789 ; *Aeneas i Carthago,* posthume, 1799) et des airs. Enfin, compositeur de musique religieuse, il a laissé 1 *Requiem* (1776), 2 *Te Deum* (1776, 1783), des motets et 3 cantates, dont l'étonnante *Cantate funèbre* pour la mort de Gustaf III, qui, en 1792, devait être son ultime ouvrage.

KRAUZE *(Zygmunt),* compositeur polonais *(Varsovie 1938).* Il fait ses études de composition avec Kazimierz Sikorski et de piano avec M. Wiłkomirska à l'École supérieure de musique de Varsovie. Il les complète chez Nadia Boulanger à Paris. Spécialisé, en tant que pianiste, dans les exécutions de musiques d'avant-garde, il reçoit le premier prix au Concours international des interprètes de musique contemporaine d'Utrecht. Z. Krauze est un des représentants les plus actifs de la musique contemporaine polonaise ; outre son propre travail de composition, qui se situe dans un axe expérimental, il mène une action particulièrement dynamique de diffusion de la nouvelle musique ; il dirige ainsi depuis 1967 l'Atelier de musique constitué de 4 musiciens. Sur le plan de sa propre conception compositionnelle, Z. Krauze se situerait dans la lignée des musiques non évolutives américaines, notamment celle de Morton Feldman. Musique qui n'a ni début ni fin, sans contrastes, la musique de Krauze se présente moins comme œuvres déjà accomplies que comme processus dans lesquels pourraient s'inscrire les auditeurs sans pour autant en perturber le schéma. C'est ainsi qu'il déclarait dans son commentaire à *Pièce pour orchestre n° 1* (1969) : « Deux tendances juxtaposées s'affrontent en musique : l'aspiration à la forme homogène et l'aspiration à une forme au déroulement contrasté ; elles sont pour moi un phénomène d'une importance de premier ordre. J'exige de ma musique qu'elle soit calme et organisée. Sa sonorité doit avoir une forme suffisamment individuelle pour pouvoir se distinguer du chaos d'une autre musique et du chaos d'autres sons. »

Z. Krauze est l'auteur de nombreuses compositions instrumentales (*Triptyque* pour piano, 1964 ; *Quatuor* à cordes, 1965 ; *Diptyque* pour 14 instruments à cordes, 1967 ; *Polychromies* pour ensemble instrumental libre de 4 à 15 exécutants, 1968 ; *Fallingwater* pour piano solo, 1971 ; *The Last Recital* pour piano, 1974-75 ; *Concerto* pour piano, 1974-1976), mais également de pièces faisant intervenir des moyens électroacoustiques (*Idyll,* 1974), ou encore des éléments mécaniques (*Song* pour 6 instruments et 6 boîtes à musique, 1974 ; *Automaphone* pour 14 instruments à cordes pincées et 7 instruments mécaniques, 1974). Citons encore l'opéra de chambre *Die Kleider* (1982).

KREBS, famille de musiciens allemands, dont trois membres furent élèves de

J.-S. Bach, deux d'entre eux ayant fait une carrière d'organiste et compositeur.
— 1. **Johann Tobias** senior *(Heichelheim 1690 - Buttstädt 1762).* Il étudia le clavecin, l'orgue et la composition, et se perfectionna à Weimar auprès de J.-S. Bach et de J. G. Walther. Il fut cantor à Buttelstedt (1710), puis organiste de la Michaeliskirche de Buttstädt (1721). On connaît de lui quelques pièces pour orgue.
— 2. **Johann Ludwig,** fils aîné du précédent *(Buttelstedt 1713-Altenburg 1780).* Il travailla sous la direction de Bach à l'école Saint-Thomas de Leipzig (1726-1735). Bach le considérait comme l'un de ses meilleurs élèves et lui écrivit une recommandation attestant son talent sur les instruments à clavier, le violon, le luth, et en composition. Il fut organiste de la Marienkirche de Zwickau (1937), puis à la cour de Zeitz (1744) et à la cour d'Altenburg (1756), après avoir postulé en vain la succession de Bach à Leipzig. Il a composé une importante œuvre d'orgue, des suites pour clavecin, de la musique de chambre et de la musique vocale (demeurée inédite).
— 3. **Johann Tobias** junior, frère du précédent *(Buttelstedt 1716 - Grimma 1782).* Il fut aussi élève de J.-S. Bach à Leipzig (1729-1739).

À la mort de Johann Ludwig, ses deux fils, Ehrenfried Christian Traugott, puis Johann Gottfried, lui succédèrent dans sa charge d'organiste de la cour et directeur de la musique à Altenburg.

KRĚNEK *(Ernst),* compositeur américain d'origine autrichienne *(Vienne 1900).* Il aborde la musique dès l'âge de six ans et devient l'élève de Schrecker en 1916. Il écrit dans un style contrapuntique assez strict, inspiré de Bach et de Reger, qui témoigne d'une indépendance déjà grande à l'égard de son maître. En 1920, il le suit à Berlin ; il compose à une cadence rapide des œuvres au rythme et à la structure énergiques, qui le font passer pour révolutionnaire, bien qu'elles soient toujours contrebalancées par un côté conventionnel certain (quatuor op. 6, 1921 ; *2e Symphonie,* 1922 ; cantate scénique *Der Zwingburg,* « la Forteresse », 1922, sur un texte de l'expressionniste Franz Werfel ;

*Ernst **Krĕnek,** dirigeant une répétition de son opéra* der Zauberspiegel.

Agence France-Presse

Larousse

Rodolphe **Kreutzer,** *auteur de 19 concertos pour violon et de 42 études ou caprices.*

Der Sprung über den Schatten, « le Saut par-dessus l'ombre », 1923 ; un *Zeitoper,* qui parodie Offenbach). C'est à cette époque qu'il se fait connaître à la Société internationale de musique contemporaine ; ses œuvres sont jouées dans les grands festivals. De 1925 à 1927, il exerce la fonction de conseiller artistique de Paul Bekker au théâtre de Kassel, puis, en 1927, de directeur de l'opéra de Wiesbaden. Durant cette période, il compose beaucoup de musique de scène, son style évolue dans le sens de la mode, opérant une sorte de synthèse des styles postromantique, néoclassique et de la musique de jazz. La meilleure réalisation en est certainement *Johnny spielt auf* (« Johnny mène le jeu »), *Zeitoper,* créé en 1927, qui fait scandale par la mise en scène des amours d'un Noir et d'une Blanche et assure sa renommée à travers l'Europe. En 1928, il retourne à Vienne, où il rencontre Berg, Webern et Karl Kraus. Après le *Reisebuch aus den Österreichischen Alpen* (« Journal de voyage des Alpes autrichiennes », 1929), qui fait parler d'un « retour à Schubert », il se tourne vers une écriture plus stricte, proche de celle des Viennois, quoique toujours très souple en regard de la pure technique dodécaphonique. Son opéra *Karl V,* composé entre 1930 et 1933 et dans lequel il utilise simultanément les ressources de l'opéra classique, du film et du théâtre, est, en fait, une des seules œuvres qui respecte réellement cette technique.

En 1933, ses positions de musicien d'avant-garde lui font perdre ses appuis : il se met à voyager en tant que conférencier et se produit comme pianiste et chef d'orchestre. En 1938, il s'exile aux États-Unis ; son style change à nouveau. Il s'intéresse au chant grégorien, à la musique du Moyen Âge et du xve siècle — à Ockeghem en particulier —, et écrit en 1941-42 sa remarquable *Lamentatio Jeremiae prophetae* pour chœur a cappella sur un *cantus firmus* confié à une série. Il consacre une part importante de son temps à des activités pédagogiques — Vassar College, près de New York, puis université de Saint-Paul dans le Minnesota (1942) —, avant de s'installer à Los Angeles.

Les années 50 lui ouvrent le chemin des musiques expérimentales : en 1955-56, il travaille au studio de la radio de Cologne et compose un *Pfingstoratorium* (« Oratorio de Pâques ») pour voix et sons électroniques. Dans *Sestina* (1957), il explore jusqu'à l'automatisme la technique sérielle. L'aléatoire et l'ordinateur ne lui restent pas étrangers, et il va jusqu'à employer un jeu de roulette dans l'opéra *Ausgerechnet und verspielt* (« Calculé et manqué », 1962). Mais il refusera toujours les élucubrations pseudo-scientifiques, fréquentes chez ses contemporains.

Il a aussi rédigé lui-même la plupart de ses livrets, ainsi qu'un nombre assez important d'œuvres théoriques, esthétiques ou simplement littéraires *(Documents de voyage).* Critique vis-à-vis de ses propres œuvres et de son époque, Krenek peut être considéré comme une image de cet homme « multidimensionnel », que réclamaient futuristes et tenants de l'école à orientation à la fois artistique et technologique du *Bauhaus.*

KREUTZER *(Conradin),* compositeur et chef d'orchestre allemand *(Messkirch, Bade, 1780 - Riga 1849).* Après des études de droit à Fribourg-en-Brisgau, il se consacra entièrement à la musique (1800), étudia à Vienne avec Johann Georg Albrechtsberger (1804), rencontra dans cette ville Franz Joseph Haydn, fut maître de chapelle à Stuttgart, puis à Donaueschingen (1818-1822), dirigea divers théâtres à Vienne (1822-1827, 1829-1832, 1833-1834 et 1834-1840) et, enfin, la musique à Cologne (1840-1842). De ses 30 opéras, le plus célèbre fut, en son temps, *Das Nachtlager in Granada* (Vienne, 1834). On lui doit aussi de la musique de chambre, dont un célèbre *Septuor* op. 62, et surtout des lieder, dont beaucoup sur des textes de Ludwig Uhland.

KREUTZER *(Rodolphe),* violoniste, pédagogue et compositeur français *(Versailles 1766 - Genève 1831).* Il reçut ses premières leçons de son père, originaire de Breslau, étudia le violon avec Anton Stamitz et joua son premier concerto pour violon au Concert spirituel en 1784. *Jeanne d'Arc* (1790), *Paul et Virginie* (1791), *le Franc Breton* (1791) et *Lodoiska* (1791) furent les premiers de ses quelque 40 opéras-comiques et ouvrages pour la scène. Il enseigna le violon au Conservatoire de Paris, de sa fondation en 1795 à 1826. En 1798, il séjourna à Vienne dans la suite de l'ambassadeur Bernadotte et fit la connaissance de Beethoven, qui, par la suite, devait lui dédier sa *Sonate pour piano et violon* op. 47, dite *Sonate à Kreutzer*. Il ne sut rien de cette dédicace et ne joua jamais l'ouvrage. Il occupa plusieurs postes sous l'Empire et la Restauration. Influencé par Viotti, il fonda avec Baillot et Rode l'école française moderne de violon. Il écrivit pour son instrument 19 concertos — parmi lesquels le 16ᵉ (1804-1805) sur des thèmes de Haydn, dont on avait à tort annoncé la mort —, de la musique de chambre et surtout ses *42 Études ou caprices* (à l'origine 40, 1796), qui, aujourd'hui encore, font partie du matériel de base pour l'enseignement du violon.

*Portrait de Rodolphe **Kreutzer**, gravé d'après A. P. Vincent.*

KRIEGER *(Adam),* compositeur allemand *(Driesen 1634 - Dresde 1666).* Il travailla la composition et l'orgue avec Samuel Scheidt à Halle et succéda à Rosenmüller comme maître de tribune à Saint-Nicolas de Leipzig, de 1655 à 1657. Nommé à la cour de Dresde (qu'il connaissait déjà, pour y avoir rencontré Heinrich Schütz, dont il peut être aussi considéré comme le disciple), il y exerça, jusqu'à sa mort, les fonctions d'organiste, contribuant au renom d'une chapelle qui avait compté dans ses rangs quelques chefs de file de l'école germanique.

C'est, d'ailleurs, au fait que la chapelle électorale de Saxe était alors la première d'Allemagne que Krieger doit d'avoir eu la possibilité d'écrire pour la voix, plutôt que pour l'orgue. La maîtrise était célèbre pour la qualité de ses chantres et nul doute que c'est à eux que le musicien songeait en composant ses *Arien (à 1, 2 et 3 voix)* en 1657. Le succès que rencontrèrent ces 50 pièces (avec accompagnement de 2 violons, 1 basse de viole et du *continuo*) incita Krieger à écrire d'autres *arien* (de 1 à 5 voix, et avec accompagnement de 5 instruments à cordes et *basse continue*). Mais ce n'est qu'après sa mort que parurent ces 50 *Neue Arien,* qui marquent, avec le livre de 1657, le sommet du lied monodique au XVIIᵉ siècle.

KRIEGER, famille de musiciens allemands.

— 1. **Johann Philipp,** compositeur *(Nuremberg 1649 - Weissenfels 1725).* Après un séjour au Danemark comme organiste à Saint-Pierre de Copenhague, il revient dans son pays natal et est nommé organiste à la cour du margrave de Bayreuth en 1670. Après un voyage en Italie, il retourne à la cour de Bayreuth comme maître de chapelle. Puis il passe au service de la cour ducale de Saxe comme organiste à Halle et second maître de chapelle dans cette même ville. En 1680, il travaille à Weissenfels (la ville où Schütz passa une partie de son enfance et les quinze dernières années de son existence) et, pratiquement, il y reste jusqu'à sa mort, avec la charge de premier chef d'orchestre à la cour. Compositeur d'opéras (dont il ne reste que quelques airs), il a également laissé des œuvres pour le clavier (orgue ou clavecin) et divers recueils de musique de chambre : *Sonates en trio, Sonates pour violon et viole de gambe, Lustige Feld-Musik* pour instruments à vent, mais surtout *80 Concerts spirituels, motets et cantates,* qui font le plus souvent songer à l'art de Buxtehude, la fantaisie visionnaire en moins.

— 2. **Johann,** compositeur *(Nuremberg 1652 - Zittau 1735).* Frère et élève du précédent, il travaille, comme lui, comme organiste à la cour de Bayreuth. Après de petites charges à Greiz et Eisenberg, il obtient le titre de *director musices* à Zittau, où il demeure jusqu'à sa mort. Auteur de musique vocale *(Lieder et airs accompagnés)* aussi bien qu'instrumentale (pages pour l'orgue et le clavecin), il est mieux qu'un petit maître, lui à qui le jeune Haendel portait un véritable culte.

Son fils, Johann Gotthilf, lui succéda comme maître de chapelle à la cour de Weissenfels, jusqu'à la dissolution de ladite chapelle, en 1736.

KROMMER (*Franz Vincenz* ou FRANTISEK VINCENC KRAMAR), compositeur tchèque *(Kamenice 1759 - Vienne 1831).* Connu aussi sous le nom de « Krommer-Kramar », il s'établit à Vienne en 1785, où il revint en 1795, après plusieurs années passées en Hongrie. Il fut nommé huissier à la cour en 1815 et, en 1818, succéda à Leopold Kozeluch au poste (qu'il devait être le dernier à occuper) de maître de chapelle de la Chambre impériale. Il composa plus de 300 ouvrages, dans tous les genres, sauf le piano seul, le lied et l'opéra. Ses quatuors à cordes, au nombre de plus de 100, furent favorablement comparés à ceux de Haydn. On lui doit aussi 9 symphonies, dont 2 sont perdues, des danses, des marches, des ouvrages pour vents seuls. D'une particulière importance sont ses concertos pour instruments à vent, notamment ceux pour clarinette, et ses 40 duos pour 2 violons parus chez Peters à Leipzig dans la *Collection des duos concertants* (1855-1857).

KRUMPHOLTZ *(Johann Baptist),* compositeur, harpiste et facteur d'instruments tchèque *(Budenice 1742 - Paris 1790).* Protégé par le comte Kinsky, il étudia le cor avant de se tourner vers la harpe. Après plusieurs tournées en Europe, il fut membre de la chapelle du prince Esterházy à Esterháza (1773-1776), et y reçut des leçons de composition de Haydn. De là, il se rendit à Metz, où il travailla six mois dans l'atelier du facteur d'instruments Christian Steckler (dont il devait plus tard épouser la fille), puis à Paris (févr. 1777), où il fit paraître ses cinq concertos pour harpe op. 4, 6 et 7, partiellement composés sous la tutelle de Haydn. Il fut le plus grand harpiste de son temps, songea, le premier, à employer les harmoniques et les homophones, et aida de ses conseils et de ses idées les facteurs d'instruments Nadermann et Érard. Les infidélités de sa femme, également virtuose de la harpe, le poussèrent au suicide : il se jeta dans la Seine du haut du Pont-Neuf.

KUHLAU *(Daniel Frederik),* compositeur et pianiste danois *(Ülzen, Allemagne, 1786 - Lyngbie, près de Copenhague, 1832).* Réfugié au Danemark en 1810 pour éviter la conscription dans les armées napoléoniennes, il s'imposa vite comme compositeur et pianiste. Attaché à la maison royale en 1813, il écrivit, outre de nombreuses *sonatines* pour piano et des pièces pour flûte et de musique de chambre, 1 concerto pour piano et 8 comédies lyriques, qui connurent un grand succès. Parmi celles-ci, notons *Røverborgen* (« le Repaire des brigands », 1814), *Trylleharpen* (1817), *Elisa* (1820), *Lulu* (1824), *William Shakespeare* (1826) et surtout *Elverhøj* (« le Mont des elfes », 1828), qui reste aujourd'hui encore une des œuvres les plus jouées au Théâtre royal (plus de 900 représentations). Beethoven, l'ayant rencontré en 1825, composa un canon intitulé *Kühl, nicht lau.*

KUHNAU *(Johann),* compositeur et organiste allemand *(Geising 1660 - Leipzig 1722).* Il fut élève de la Kreuzschule à Dresde, où, distingué pour sa belle voix, il servit comme *Ratsdiskantist.* Formé par Jakob Beutel, cantor de la Kreuzkirche, il obtint à titre provisoire le poste de maître de chapelle à Zittau (1680), avant d'aller

Crea

Frontispice de Frischen Clavierfrüchten *(1696), de Johann* ***Kuhnau.***

étudier le droit à Leipzig. Dans cette ville, il fut organiste à la Thomaskirche tout en exerçant la charge d'avocat. En 1701, il succéda à Johann Schelle comme cantor de Saint-Thomas et, en même temps, fut nommé directeur de la musique de l'université de Leipzig. À sa mort, Jean-Sébastien Bach lui succéda à Saint-Thomas.

Fondateur du fameux Collegium musicum de Leipzig (1688), Kühnau était un homme d'une grande culture. Comme claveciniste, il subit l'influence de Johann Krieger, et sa place est assez comparable à celle de Pachelbel pour l'orgue (dans l'Allemagne centrale et méridionale). Bien que d'un tempérament conservateur à bien des égards, il innova, au plan formel, en faisant précéder ses suites pour clavier d'une sorte de prélude-toccata. Il transcrivit également pour clavecin la sonate d'église à l'italienne et, dans ses sonates à programme — les fameuses *Histoires bibliques* —, il parvint non sans difficulté à concilier la structure du genre avec les exigences descriptives de la musique.

Au plan religieux, Kühnau écrivit des motets latins et de nombreuses cantates (dont une vingtaine ont été conservées), qui, bien que de qualité inégale, jettent un pont intéressant entre le passé et le nouveau style qui allait prévaloir à l'époque de Bach. Auteur d'une *Passion selon saint Marc,* Kühnau fut un compositeur souvent émouvant et personnel.

KURTAG *(György),* compositeur hongrois d'origine roumaine *(Lugoj, Roumanie, 1926).* Il doit à sa mère sa première formation musicale. En 1946, il s'installa à Budapest et suivit à l'Académie de musique les cours de P. Kadosa (piano), Leo Weiner (musique de chambre), S. Veres et F. Farkas (composition). Il travailla, en 1957, à Paris avec Marianne Stein, Darius Milhaud et Olivier Messiaen, et, en 1971, obtint une bourse d'études pour Berlin. Depuis 1967, il enseigne à l'Académie de musique de Budapest (piano, puis musique de chambre). Il considère que son œuvre commence avec le *Quatuor à cordes* op. 1 (1959), écrit sous le coup de sa découverte de l'école viennoise. Son langage sériel, libre et personnel, utilise des phrases courtes et incisives, d'une rigueur toute webernienne. En témoignent, notamment, le *Quintette à vent* op. 2 (1959), les *Huit*

Pièces pour piano op. 3 (1960), les *Huit Duos pour violon et cymbalum* op. 4 (1961).
Il s'est définitivement imposé sur le plan international avec *Bornemisza Peter mondasai (les Dires de Peter Bornemisza)* op. 7, « concerto pour soprano et piano » créé à Darmstadt en 1968 et fait de 24 brefs mouvements d'une durée totale d'un peu moins de 40 minutes. Il s'agissait de sa première œuvre vocale, au texte tiré d'un sermon du XVIe siècle. Suivirent *En souvenir d'un crépuscule d'hiver* op. 8 pour soprano, violon et cymbalum, au style mélodique plus ample (1969), *4 Caprices* op. 9 pour soprano et ensemble instrumental (1971), *Quatre Mélodies* op. 11 (1973-1975). *Hommage à Andras Mihaly; 12 microludes pour quatuor à cordes* op. 13 (1977-78), *Sept bagatelles* pour flûte, piano et contrebasse op. 14b (1981), *Omaggio a Luigi Nono* pour chœur a cappella op. 16 (1979), *Messages de feu Mademoiselle R. V. Troussova* pour soprano et ensemble de chambre sur un texte de Rimma Dalos op. 17 (1979-80), *Quinze Chants* pour soprano et 3 instruments op. 19 (1981-1982), *Fragments* pour soprano solo sur un texte de J. Attila op. 20 (1981), *Sept Chants* pour soprano et cymballum op. 22 (1981). György Kurtag est, sans doute, le représentant le plus éminent de l'école hongroise actuelle.

KUULA *(Toivo),* compositeur et chef d'orchestre finlandais *(Vaasa 1883 - Viipuri 1918).* Sa mort dans des conditions mystérieuses priva la Finlande d'un compositeur de grand talent. Élève, à Paris, de Marcel Labey et ayant fréquenté la Schola cantorum, Kuula possédait une maîtrise parfaite du contrepoint, jointe à un sens harmonique profond qui le situe dans la tendance de l'école franckiste (*Trio* pour piano, violon et violoncelle, 1908). Mais son originalité s'exprima surtout dans des œuvres inspirées des légendes nationales ou tirées du *Kalevala* (les cantates et ballades *Orjan poika,* « le Fils de l'esclave », 1910 ; *Merenkylpijäneidot,* « les Baigneuses », 1910 ; *Impi ja Pajarin poika,* « la Vierge et le Fils de Pajari », 1912), dans la *2e Suite ostrobothnienne* op. 20, et les poèmes symphoniques (no 2 *Metsässä sataa,* « Il pleut dans la forêt », 1913 ; no 5 *Hiidet virvoja viritti,* « Les démons allumaient des feux », 1912), qui laissent place à une nette influence impressionniste. Outre ces œuvres, Kuula nous a laissé des pièces instrumentales, des suites pour orchestre, un *Stabat mater,* une vingtaine de très belles mélodies et près de 50 pièces chorales.

L

La Barre *(Michel de),* flûtiste et compositeur français *(Paris v. 1675* - id. *1743 ou 1744).* Fils d'un marchand de bois du marché Saint-Paul, il entra à vingt ans dans l'orchestre de l'Opéra, puis fut flûtiste de la Chambre du roi. À ce titre, sa renommée ne fut égalée par personne. Il écrivit le ballet *le Triomphe des arts* (1700), la comédie-ballet *la Vénitienne* (1705), un *Recueil d'airs à boire à 2 parties* (1724), des airs français et italiens, et, pour son instrument, 12 livres de *Pièces pour flûte traversière avec la basse continue* (1709-1725) et 3 livres de *Pièces en trio pour violon, flûte et hautbois* (1694-1707).

Michel de **La Barre.** *Gravure anonyme.*

Larousse

Lachner *(Franz Paul),* compositeur et chef d'orchestre allemand *(Rain am Lech 1803 - Munich 1890).* Il se fixa à Vienne en 1823 comme organiste de l'église luthérienne, prit des leçons avec Simon Sechter et se lia d'amitié avec Beethoven et Schubert. Il retourna à Munich en 1836, y devint Generalmusikdirektor en 1852, et, après avoir joué un rôle de premier plan dans la vie musicale de la cité, prit sa retraite en 1868. Dès 1864, l'arrivée de Wagner avait, en fait, mis un terme à ses activités. On lui doit notamment 8 symphonies et des opéras, dont *Die Bürgschaft* (Budapest, 1828) et *Catarina Cornaro* (Munich, 1841).

La Grotte *(Nicolas de),* organiste et compositeur français *(Paris v. 1530* - id. *v. 1600).* D'abord joueur d'épinette et organiste du roi de Navarre, Antoine de Bourbon, il entra en 1562 au service du duc d'Anjou, qui, devenu le roi Henri III, le nomma valet de chambre et organiste ordinaire. Membre de l'académie de Baïf, il publia des *Chansons de P. de Ronsard, P. Desportes et autres* (1569) et collabora, en 1582, avec son ami C. Le Jeune à l'organisation des fêtes pour le mariage du duc de Joyeuse. Ce fut un des derniers polyphonistes, mais il s'orienta peu à peu vers la monodie et la basse continue. Il s'intéressa également à la chanson mesurée et fut un des premiers à écrire des chansons en forme d'air. Il fut un des initiateurs de l'air de cour et inaugura la lignée des organistes du Grand Siècle (de sa production pour orgue ne subsiste malheureusement qu'une seule pièce).

Lajhta *(László),* compositeur hongrois *(Budapest 1892* - id. *1963).* Moins connu à l'étranger que Bartók et Kodály, il fut pourtant, dans la première moitié du XXe siècle, le troisième grand nom de la musique de son pays.

Après des études à Budapest, il vint compléter sa formation à la Schola cantorum, auprès de Vincent d'Indy (1911-1913), et devait toujours rester influencé par la musique française. En 1910, il fut le compagnon de Bartók et de Kodály dans leurs recherches folkloriques. Il entra en 1913 au département d'ethnographie du Musée national hongrois de Budapest et joua dans le domaine de l'ethnomusicologie un rôle de premier plan au niveau international. Sous certains aspects, sa carrière de compositeur ressemble à celle de son contemporain tchèque Bohuslav Martinů. Il sut admirablement équilibrer, dans son œuvre, les apports hongrois et ceux de la culture latine.

Malgré ses nombreuses partitions de chambre (dont dix quatuors à cordes échelonnés de 1922 à 1953) et pour la voix, il fut avant tout un symphoniste. De ses neuf symphonies, composées de 1936 à 1961, sept sont postérieures à 1945. Il reçut en 1951 le prix Kossuth pour son action en faveur du folklore hongrois.

Sirot

Édouard **Lalo.**

LALO *(Édouard),* compositeur français *(Lille 1823 - Paris 1892).* Issu d'une famille d'origine espagnole, dont les ancêtres maternels et paternels étaient venus s'établir dans les Flandres au XVIe siècle, il commença ses études musicales au conservatoire de Lille, et y obtint un premier prix de violon en 1838. Le violoncelliste Baumann, qui, à Vienne, avait participé aux exécutions des symphonies de Beethoven sous la direction de leur auteur, lui donna des leçons de composition et lui communiqua le goût de la musique symphonique et de la musique de chambre. Aussi, à seize ans, Édouard Lalo décida-t-il de devenir un musicien professionnel. Il se heurta alors à la violente opposition de son père, ancien officier de la Grande Armée, qui ne voyait d'autre carrière pour son fils que celle des armes. Lalo ne céda pas ; il quitta la maison paternelle, partit pour Paris et entra au Conservatoire, où il étudia le violon avec Habeneck et la composition avec Schulhof.

Ses premières années parisiennes furent extrêmement difficiles : il lui fallut à la fois étudier et gagner sa vie. Il écrivit d'abord des mélodies et des romances dans le goût de l'époque, puis des œuvres de musique de chambre qu'il ne réussit pas à faire éditer. Vers 1855, découragé, il renonça à composer, donna des leçons et tint la partie d'alto dans le quatuor Armingaud. Toutefois, son mariage, en 1865, avec une de ses élèves, Julie Besnier de Maligny, d'origine bretonne et vendéenne, lui redonna le goût de la composition. Et c'est à son intention qu'il écrivit — car elle chantait avec talent — ses *Six Mélodies pour voix de contralto.* Il prit part à un concours de musique dramatique organisé par l'État et composa un opéra en 3 actes, d'après Schiller, *Fiesque,* qui obtint en 1869 le troisième prix, mais ne devait jamais être représenté. En 1871, Édouard Lalo participa à la fondation de la Société nationale de musique.

Le renouveau musical que connaissait alors la France l'incita à composer des ouvrages symphoniques. Il écrivit en 1872 un *Divertissement pour orchestre* que Pasdeloup dirigea l'année suivante ; en 1873, un *Concerto pour violon* que Sarasate créa en 1874. Enfin, en 1875, Sarasate fit acclamer la *Symphonie espagnole,* qui, à juste titre, est demeurée l'ouvrage le plus populaire d'Édouard Lalo. La *Symphonie espagnole* allie aux prestiges d'un brillant concerto pour violon le charme coloré d'une poétique incursion à travers une Espagne inventée par le compositeur. Des séjours qu'il fit en Bretagne après son mariage, il rapporta l'idée d'un opéra sur la légende de la ville d'Ys. Il se mit rapidement au travail, et, dès 1876, l'ouverture du *Roi d'Ys* fut donnée au concert. La partition du *Roi d'Ys* fut achevée vers 1880. Le directeur de l'Opéra ne voulut pas prendre le risque de monter l'ouvrage de Lalo, dont il fit pourtant un grand éloge, mais, en compensation, il commanda à l'auteur du *Roi d'Ys* un ballet, *Namouna,* ne lui laissant toutefois que quatre mois pour l'écrire. Dès qu'il eut le scénario en main, à la fin de juillet 1881, Lalo s'attela à la tâche, au rythme de quatorze heures par jour. Mais, avant d'avoir achevé sa partition, Lalo fut frappé d'une attaque d'hémiplégie. Gounod l'aida alors à terminer son orchestration. Et le 6 mars 1882, *Namouna* fut créé à l'Opéra. Le public fut dérouté par la richesse de cette musique ; la critique lui fut hostile. Cependant, la salle, heureusement, compta des enthousiastes, Gabriel Fauré, Emmanuel Chabrier, Ernest Chausson, Claude Debussy, tous compositeurs qui allaient devenir l'honneur de la musique française. Le *Roi d'Ys* fut enfin représenté à l'Opéra-Comique le 7 mai 1888. Le succès fut très grand : plus de cent représentations en un an. Sur un thème dramatique, Lalo avait écrit une partition colorée, concise, délicate et puissante.

Portrait de **Lalo** *par P. Mathey.*

Larousse

Auteur d'au moins deux chefs-d'œuvre, la *Symphonie espagnole* et *Namouna,* Lalo est un des pionniers du renouveau de la musique de chambre et de la musique symphonique en France dans la seconde moitié du XIXe siècle, et il a trouvé, avec les deux ouvrages cités plus haut, un style éminemment « français », caractérisé par sa clarté, sa netteté, son charme et sa couleur.

LAMBERT *(Michel),* chanteur et compositeur français *(probablement Champigny, Vienne, v. 1610 - Paris 1696).* Grâce à sa jolie voix d'enfant, il entra à Paris au service de Gaston d'Orléans. Devenu adolescent, il dut enseigner la musique à la fille du prince, la duchesse de Montpensier, dite la Grande Mademoiselle. Afin de perfectionner son chant selon la méthode italienne, il reçut les conseils de Pierre de Nyert avant de devenir, lui-même, le meilleur maître d'un art du chant spécifiquement français et le chanteur-compositeur préféré des salons de la société précieuse. En 1661, à la mort de Jean de Cambefort, Lambert fut nommé maître de musique de la Chambre du roi. Deux mois après, sa fille Madeleine épousait J.-B. Lully. Ainsi, et au moment de la création de l'Académie royale de musique, c'est Lambert qui forma les « actrices » et les instruisit dans l'art de la déclamation chantée.

Les airs et dialogues de Michel Lambert (plus de 200) appartiennent à un nouveau type, l'air* sérieux, qui, proche encore de l'air de cour mais accompagné de la basse continue, annonce Lully. Ces airs ne comportent en général que deux strophes poétiques, le « simple » et le « double », ce dernier étant destiné à recevoir une ornementation vocale virtuose en laquelle Lambert excella. Il mit en musique la plupart des poètes précieux (Bouchardeau, G. Gilbert, F. Sarasin, J. Pascal, Pelisson, Benserade, P. Perrin). Il semble qu'il prit l'habitude de chanter ses airs en compagnie de sa belle-sœur, Mlle Hylaire (lui, la basse, et elle, le dessus), et de les accompagner lui-même au théorbe. C'est sous cette forme que parut, en 1669, à Paris, la réédition de vingt *Airs de Monsieur Lambert...*, dédiés à son maître Pierre de Nyert (1re éd., 1660). En 1689, il fit graver un livre d'*Airs à une, deux, trois, quatre parties avec la basse continue* (Ch. Ballard). Les pièces de ce recueil, souvent précédées de ritournelles instrumentales, qui témoignent d'une belle inspiration et d'une grande maîtrise technique, proviennent en majeure partie des ballets de cour auxquels il participa en tant que compositeur et interprète de petits rôles. Lambert serait également l'auteur des premières leçons de ténèbres pour voix seule et basse continue parues en France.

LANDINI *(Francesco),* musicien et poète italien *(Fiesole ? v. 1330 - Florence 1397).* Il était le fils du peintre Jacopo del Casentino (mort en 1349). Sa vie est mal connue. Atteint de cécité dans son enfance, il abandonna la peinture pour la musique. Surnommé *Franciscus caeucus* ou *Francesco Cieco* (« François l'Aveugle »), il fut facteur d'orgues, chantre, poète et compositeur, et connut sa plus grande renommée comme organiste. Il eut peut-être comme maître Jacopo di Bologna, et sa carrière se déroula principalement à Florence, où il fut organiste à San Lorenzo de 1365 à sa mort : cela à une époque où cette ville devenait le centre de la vie musicale italienne. Il s'y mêla aux cercles intellectuels gravitant autour de l'Université. Il séjourna aussi à Venise. Il participa à la construction de l'orgue de l'Annunziata à Florence en 1379, et à la rénovation de celui de la cathédrale en 1387. Il fut la principale figure de l'Ars nova italienne, ou plutôt florentine, et joua un rôle comparable à celui de Machaut en France un peu plus tôt. Le quart environ du répertoire de l'Ars nova italienne ayant survécu peut lui être attribué, et de sa renommée témoigne aussi le fait que sa musique fut copiée non seulement à Florence, mais en d'autres endroits d'Italie.

On a de lui 154 compositions musicales, dont beaucoup sur ses propres textes, parmi lesquelles 141 *ballate,* dont 91 à deux voix, 42 à trois voix et 8 en deux versions (deux ou trois voix). De ce genre de la *ballata,* équivalent italien du virelai français, il fut le véritable créateur. On lui doit pour le reste 9 madrigaux à deux voix et 2 à trois voix, et 2 specimens de caccia. À la différence de celles de Machaut, ses œuvres sont orientées vers la voix : 82 des 91 *ballate* à deux voix sont des duos vocaux sans accompagnement. Contrairement aux œuvres françaises, travaillées à partir du ténor, les siennes le sont surtout à partir de la voix supérieure. Landini clôt avec éclat le XIVe siècle italien, mais, après lui, la péninsule allait mettre près de cent ans à retrouver une musique vraiment originale.

LANDOWSKI *(Marcel),* compositeur français *(Pont-l'Abbé, Finistère, 1915).* Fils du sculpteur d'origine polonaise Paul Landowski, il est aussi par sa mère un descendant du compositeur Vieuxtemps. Très jeune, il montre d'évidentes dispositions pour la musique et prend des leçons de piano avec Marguerite Long. Après avoir terminé ses études secondaires, il est l'élève, au Conservatoire de Paris, de Noël Gallon (écriture) et d'Henri Busser (composition). En 1937, alors qu'il est encore élève du Conservatoire, ses premières œuvres sont exécutées par Pierre Monteux : *les Sorcières* et *les Sept Loups,* pour chœur de femmes et orchestre. Son intérêt pour le groupe des Six, qui le fait mal voir au Conservatoire, se manifeste déjà, surtout pour Milhaud et Honegger. Il écrit, par la suite, un ouvrage sur ce dernier (1957). En 1939, alors que la guerre s'annonce, il compose l'oratorio *Rythmes du monde,* sur un texte de lui-même.

Mais ses œuvres les plus importantes datent de l'après-guerre : *le Rire de Nils Halerius,* légende lyrique et chorégraphique, avec laquelle il aborde la musique de scène (1944-1948), et sa première symphonie *Jean de la Peur* (1949). En 1950, il obtient le grand prix de composition de la Ville de Paris. Les années 1950-1960 voient naître le *Concerto pour ondes Martenot,* qui témoigne de son intérêt pour l'instrument auquel Messiaen et Jolivet ont déjà rendu hommage, l'opéra *le Fou* (1956, créé la même année à Nancy) et la comédie lyrique *le Ventriloque* (créée au Mans en 1956).

De 1962 à 1965, Landowski a été directeur de la musique à la Comédie-Française ; en 1965, il a été nommé inspecteur général de l'enseignement musical au ministère des Affaires culturelles, avant d'y

Larousse

Marcel **Landowski.**

devenir chef du service de la musique (1966-1970). De 1970 à 1975, il est directeur de la musique, de l'art lyrique et de la danse à ce même ministère et, en 1975, inspecteur général de la musique au ministère de l'Éducation. La même année, il est élu membre de l'Institut, où il succède à son maître Busser. Toutes ces charges officielles, si elles ralentissent sa productivité, ne diminuent pas la qualité de ses œuvres : *l'Opéra de poussière,* drame lyrique (1962) ; 2e et 3e symphonies (1963, 1964) ; *Concerto pour flûte et cordes* (1968) ; *Messe de l'aurore* pour solistes, chœur et orchestre (1977). En 1979, il écrit pour M. Rostropovitch et G. Vichnevskaïa les trois poèmes *Un enfant appelle* pour soprano, violoncelle solo et orchestre. L'œuvre est créée par les dédicataires à Paris l'année suivante. En août 1980, est créé à Vaison-la-Romaine *le Pont de l'espérance* pour orchestre, soliste et 3 chœurs, d'après *la Marseillaise de la paix* de Lamartine, et en février de la même année, au Palais Garnier, *le Fantôme de l'Opéra,* ballet en 12 tableaux.

Marcel **Landowski** pendant une répétition.

Lipnitzki

LANGLAIS *(Jean),* organiste et compositeur français *(La Fontenelle 1907).* Ancien élève d'André Marchal à l'Institution nationale des jeunes aveugles, de Marcel Dupré (orgue) et de Paul Dukas (composition) au Conservatoire de Paris, il est titulaire de l'orgue de Sainte-Clotilde à Paris depuis 1945, tribune où il a succédé à Franck et à Tournemire.

Ph. Langlais

Jean **Langlais.**

Jean Langlais a donné de très nombreux récitals dans le monde entier. Ses œuvres, qui s'inscrivent dans l'héritage de Dupré et de Tournemire, sont essentiellement des pages d'inspiration religieuse (messes, cantates, psaumes, motets) et des partitions dédiées à son instrument : *Neuf Pièces* (1943), *Suite française* (1948), *Hommage à Frescobaldi* (1951), deux concertos pour orgue et orchestre, etc. Il est professeur d'orgue et d'improvisation à la Schola cantorum.

LANNER *(Josef),* compositeur et violoniste autrichien *(Vienne 1801-Oberdöbling, Vienne, 1843).* À douze ans, il entra dans l'orchestre de danse de Michael Pamer, qu'il quitta en 1819 pour former son propre ensemble. Tout d'abord simple trio composé de deux violons et d'une guitare auxquels vint s'ajouter un alto joué par J. Strauss père, le groupe s'étoffa bientôt jusqu'à former un orchestre d'une vingtaine de musiciens. En 1829, Lanner fut nommé directeur de la musique de bal de la cour impériale. Comme compositeur, il donna une ampleur particulière à la valse viennoise, qui devint, avec lui, une suite de quatre ou cinq valses, d'une élégance raffinée, avec introduction et coda. Ce fut lui qui, avec Johann Strauss père, en jeta les véritables fondations. Mais, contrairement à celui-ci, il appela ses premières valses « ländler ».

LA RUE (*Pierre de* ou PIERCHON, PETRUS DE VICO, PIETER VAN DER STRAETEN), compositeur franco-flamand *(Tournai? v. 1460-Courtrai 1518).* Ténor à la confrérie Notre-Dame de Bois-le-Duc (1490-1492), il entra à la chapelle de Bourgogne (1492-1495). C'est dans ce milieu, et autour de cet héritage, qu'il travailla sans être tenté par le voyage en Italie. Cela lui valut, sans doute, sa réputation exceptionnelle au moment même où Josquin Des Prés brillait. Passé au service de Philippe le Beau (fils de Marie de Bourgogne et de Maximilien Ier), il devint membre de sa chapelle de Lille (1496-1500) et l'accompagna en Espagne (1501-1502), puis de nouveau en 1505-1506, voyage au cours duquel mourut Philippe le Beau. Il entra alors au service de Marguerite d'Autriche, régente des Pays-Bas, à Malines (1506-1514), qui se conduisit à son égard en véritable mécène et lui obtint des prébendes (Gand, Namur, Termonde). En 1516, il se retira comme chanoine à Courtrai, où il mourut. La Rue apparut avant tout comme un compositeur religieux et un des meilleurs représentants de la solide école franco-flamande de contrepoint. Dans cette tradition, la plupart de ses messes, au nombre de 31, sont du type de la messe à teneur, souvent liturgique, parfois profane, employée avec une grande variété. Il excella à tirer des développements des figures les plus simples *(Missa ut-fa),* à utiliser comme Obrecht l'ostinato, et l'usage du canon est chez lui d'une virtuosité étourdissante (par exemple, *Missa Ave sanctissima Maria,* entièrement un triple canon, et *Missa O Salutaris hostia,* « Ô hostie salvatrice », où toutes les voix procèdent constamment par imitations canoniques). Dans ces messes, au-delà du dessin des parties, La Rue montre un sens harmonique certain, bien que l'augmentation du nombre des voix ne soit, en fait, qu'une amplification sonore (dans *Ave sanctissima Maria,* 3 des 6 voix doivent être déduites à la quarte supérieure).

Le style de La Rue est généralement austère, parfois heurté avec de brusques arrêts, mais il peut faire preuve d'une écriture très claire, d'un sens mélodique très expressif. L'homophonie est un procédé qui ne l'attire guère. Ses chansons (une quarantaine, dont la célèbre *Autant en emporte le vent*), souvent mélancoliques conformément au climat de la cour de Marguerite, témoignent d'une grande habileté de composition : souplesse mélodique, richesses harmoniques (*Pourquoi non ne veuil-je morir,* à 4 voix). S'il semble s'être rapproché de Josquin Des Prés à la fin de sa vie, on peut cependant affirmer qu'à l'écart de toute influence italienne il reste, en ce début du XVIe siècle, un représentant significatif du style des années 1480.

Roland de **Lassus.** *Portrait anonyme.*
(Bibliothèque musicale. Museo civico, Bologne.)

G. Nimatallah-Ziolo

LASSUS (*Roland de,* ORLANDO DI LASSO), compositeur franco-flamand *(Mons 1532-Munich 1594).* Après une enfance dans le Hainaut, il fut, sans doute, membre du chœur de Saint-Nicolas de Mons. Attaché à Ferdinand Gonzague, vice-roi de Sicile (1545-1549), en raison de ses qualités vocales, il parcourut, à sa suite, la France, la Sicile, l'Italie. En 1546, il se trouvait à Milan. Puis, en 1549-50, il servit à Naples et à Rome un chevalier de l'ordre de Malte, Constantino Castrioto. Et bientôt il fut appelé à assumer les responsabilités de maître de chapelle de Saint-Jean de Latran à Rome (1553). Ces déplacements lui permirent de multiplier les échanges musicaux, d'accélérer et de diversifier sa formation. Formation redevable, par ailleurs, à l'art italien pour lequel il se passionnait. Mais la maladie, et la mort de ses parents (1554), l'obligèrent à regagner son pays. Après un passage en Angleterre, Lassus séjourna à Anvers (1555-56), où, chez Susato, parurent ses premières œuvres, publiées dans le même temps à Venise. Il fut engagé comme ténor à la cour du duc Albert V de Bavière et fut nommé, en 1563, à Munich, maître de chapelle de la cour, poste qu'il devait occuper jusqu'à sa mort.

Cette stabilité professionnelle ne restreignit en rien le nombre de ses voyages — diplomatiques et artistiques — en Italie, en France (1571) et même à Vienne. Anobli en 1570, Lassus entretint d'étroites relations avec maintes cours européennes, qui, souvent, se conduisirent à son égard en véritables mécènes. Ainsi, en France, le roi Henri III lui accorda-t-il, en 1575, un privilège pour la publication de ses œuvres. Et le musicien put se retirer quelque peu de la vie de cour à partir de 1580, pour se consacrer à la composition religieuse.

Très vaste, l'œuvre de Roland de Lassus exploite toutes les formes de l'époque. Par goût et pour satisfaire une « clientèle » aussi diverse qu'exigeante, le compositeur a écrit 700 motets, 53 messes, 101 magnificat, 180 madrigaux, 146 chansons françaises, 93 lieder, des hymnes, psaumes, offices, 4 passions, etc. Mais il n'a pas créé de genre : il a donné aux genres existants une dimension nouvelle, les élargissant et les approfondissant pour leur imprimer sa marque personnelle. Cette œuvre, reflet de son expérience et de ses voyages, se présente comme une synthèse des tendances françaises, allemandes et italiennes qu'il sut parfaitement assimiler ; et Lassus y apparaît tel un trait d'union entre Ockeghem, Josquin Des Prés et Monteverdi. Ses contemporains ne s'y sont d'ailleurs pas trompés, et lui ont décerné les qualificatifs de « Orpheus belgicus », « mirabile Orlando », « divin Orlande », « Prince des musiciens de notre temps », etc. La diffusion de sa musique à travers l'Europe fut immense, à en juger par les transcriptions instrumentales auxquelles elle donna lieu et par le nombre de maisons d'édition qui souhaitèrent publier ses œuvres.

Les madrigaux à 5 voix tiennent, en nombre et en importance, le premier rang des œuvres profanes, témoignage des dix années que Lassus passa en Italie à une époque déterminante de sa formation musicale. Le compositeur y adopte une attitude nouvelle, en laissant le texte, et non la prosodie, déterminer la forme musicale autant que le traitement fortement individualisé des motifs. De cette volonté de donner une traduction directe du texte découle un dessin très ferme, éloigné à la fois d'un maniérisme expressif et d'une fausse simplicité. Le madrigal sérieux prédomine, sous l'influence de Cyprien de Rore, par exemple dans *Crudel, acerba, inesorabili morte,* sur un texte de Pétrarque qu'il affectionne particulièrement et où il allie grandeur et profondeur. Mais, à la fin de sa vie, Lassus se tourna vers le madrigal spirituel, négligeant, en revanche, le madrigal pastoral à la mode vers 1580 et si prisé de Philippe de Monte. Le ton change peu à peu, de la gaieté des premières œuvres à la tension intérieure des derniers madrigaux, tel le cycle des *Larmes de saint Pierre* à 7 voix sur des textes de Luigi Tansillo.

Frontispice d'un recueil de motets à quatre et huit voix de Roland de ***Lassus.***

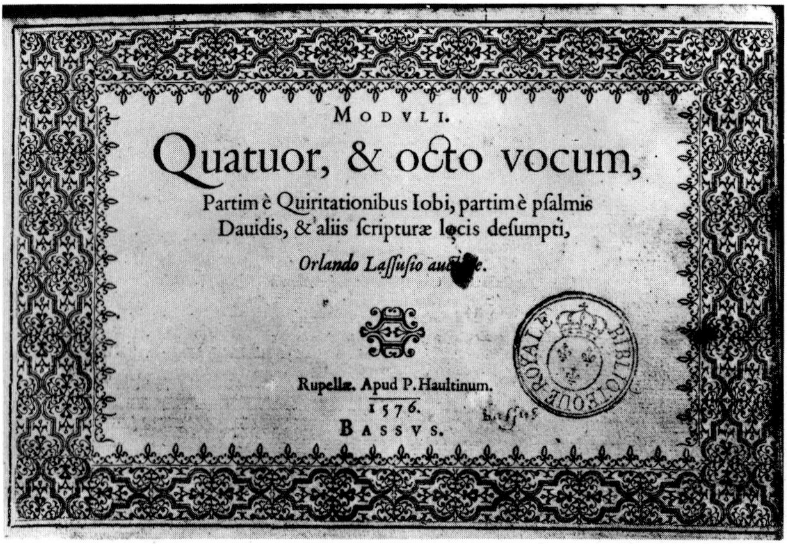
MODVLI.

Quatuor, & octo vocum,

Partim è Quiritationibus Iobi, partim è psalmis Dauidis, & aliis scripturæ locis desumpti,

Orlando Lassusio au[illegible]*e.*

Rupellæ. Apud P.Haultinum.

1576.

BASSVS.

ROYALE BIBLIOTEQUE

Larousse

Bayerische Staatsbibliothek, Munich

Roland de **Lassus** *et la chapelle musicale du Duc de Bavière. Miniature du* Livre des Psaumes, *manuscrit exécuté pour le duc de Bavière Albert V (v. 1565-1570).*

Selon un processus parallèle, Lassus se détourna de ses premières expériences chromatiques. Chez lui, la chanson française peut être pittoresque *(Dessus le marché d'Arras),* burlesque ou caustique avec un strict syllabisme *(Un jour vis un foulon),* grivoise *(Il estoit une religieuse),* courtoise *(Ardant amour, Bonjour mon cœur)* ou élégiaque *(Je l'aime bien),* mais les pages mélancoliques se firent plus nombreuses au fil des années. Avec Lassus, la chanson apparaît comme une synthèse des différents caractères du genre, tel qu'il était pratiqué à Paris au début de la seconde moitié du XVIe siècle (après Janequin) — sans toutefois atteindre la perfection, voire l'originalité d'un Claude Le Jeune —, et des éléments du madrigal. À côté des compositions à 4 voix, on trouve des édifices à 5, parfois 6 ou 8 voix. Le souci constant du rapport texte/musique (Lassus s'adresse volontiers à A. Chartier, F. Villon, et aux poètes de la Pléiade) se traduit par l'insertion d'éléments figuralistes, ainsi que par la recherche de l'expression à la fois sur le plan mélodique et harmonique *(la Nuict froide et sombre).* De plus, Lassus juxtapose volontiers cellules homorythmiques et courts passages en imitations *(Ô vin en vigne).* François Lesure a souligné combien sont capitales dans l'histoire de la chanson française la publication en 1557 à Paris de deux chansons tirées du recueil de Susato et l'influence de Lassus en France dans la seconde partie du siècle. Adrian Le Roy, luthiste et éditeur, en fut l'artisan : il l'introduisit auprès de Charles IX, qui échoua dans ses tentatives pour le retenir à la cour de France (il retourna à Munich).

Lassus était profondément croyant, et son œuvre ne put s'abstraire du courant de la Contre-Réforme qu'il avait embrassé avec passion. Certes, malgré ses 53 messes, il ne saurait, en ce domaine, égaler un Palestrina ni parvenir à une émotion comparable. Dans ses 37 magnificat, il sacrifie à l'usage de la messe-parodie. Dans les messes brèves ou celles à 4 voix (*Octavi toni,* 8e ton), il se sent moins à l'aise que dans des formes plus amples, à 5 et 6 voix, où il peut accorder une place plus importante au développement et au lyrisme (*Ecce nunc benedicite Dominum,* à 6 v.). Les motets, qu'il écrivit tout au long de sa vie, restent son titre de gloire et son œuvre la

Sacrae lectiones, *d'après* Job *de Roland de* **Lassus.** *(Bibliothèque Nationale, Vienne.)*

plus significative. Du genre, il a, en effet, considérablement élargi la forme et approfondi l'esprit : ses motets sont à la fois l'aboutissement de la polyphonie flamande et son éclatement sous l'influence italienne. Lassus préfère l'imitation libre et recherche notamment, dans les motets de 6 à 12 voix, les effets de sonorités, les modulations audacieuses, le chromatisme (une voie dans laquelle il n'a pas persévéré), les oppositions de style polyphonie-homophonie, les ruptures brusques et, en général, tout ce qui ne manque pas de surprendre, telle la déclamation quasi parlando *(Super flumina Babylonis).* Enfin, Lassus s'essaya, à la suite de Willaert à Venise, au double chœur, guidé dans cette voie par le souci de libérer toute l'émotion du texte. À cette méditation spirituelle se rattachent les cycles des *Prophéties des sybilles,* des *Lamentations du prophète Jérémie,* fondées sur le contrepoint et le symbolisme madrigalesque, ainsi que les *Psaumes de la pénitence* à 5 voix, destinés à l'usage privé du duc de Bavière, et dont l'absence de chromatisme et la grandeur un peu massive ne nuisent en rien à l'intensité de l'expression.

LAWES, famille de musiciens anglais. — 1. **Henry,** compositeur et chanteur *(Dinton, Wiltshire, 1596 - Londres 1662).* Élève de John Coprario, il fut nommé Gentleman of the Royal Chapel de Charles Ier en 1626. Peut-être fut-il l'auteur de la musique du « masque » de Thomas Carew, *Coelum britannicum* (1634). Toujours est-il qu'il collabora avec Milton pour la musique de l'un des premiers vrais masques dramatiques, *Comus* (1634). Cinq airs de ce spectacle, proche de l'opéra et où l'influence de la pastorale italienne demeure forte, sont conservés, conçus pour voix seule dans un style récitatif et accompagnés de la basse continue. Thomas Arne devait composer, en 1738, un opéra sur le même sujet. Des *Select Musical Ayres* de Henry Lawes furent publiés en 1652 dans le recueil de Playford. En 1653 parut un volume entièrement de lui, *Ayres and Dialogues for One, Two and Three Voyces,* qui connut un vif succès, ainsi que l'attestent les rééditions de 1655 et 1658. Pour le *Siege of Rhodes* de Henry Davenant, souvent considéré comme le premier opéra anglais, Lawes composa la musique des actes I et V.

Également auteur de psaumes et d'anthems, Lawes fut très apprécié de ses contemporains ; Milton, par exemple, parle de *« Harry, dont le Chant mélodieux et bien mesuré... »* dans un sonnet élogieux intitulé *To Mr. H. Lawes on the Publishing of his Ayres.* Mais, contrairement aux prédictions du poète, Lawes tomba vite en disgrâce et la génération suivante lui porta plus de critiques acerbes que de louanges. Néanmoins, il demeure l'un des premiers à avoir clarifié les rapports entre le rythme de la langue anglaise et la musique, ouvrant par-là la voie à Purcell.

— 2. **William,** frère du précédent, compositeur *(Salisbury 1602-Chester 1645).* Comme son frère, il fut l'élève de John Coprario et fut nommé Gentleman of the Royal Chapel. Lors de la guerre civile, il se battit pour la cause royaliste et trouva la mort pendant le siège de Chester. Sa carrière fut tournée vers la musique instrumentale. S'il resta fidèle au style traditionnel fondé sur l'emploi d'un *cantus firmus* (*In nomine* à 5 et 6 voix), il sut également innover et écrivit des œuvres très personnelles axées sur l'avenir.

William Lawes a laissé des fantaisies pour violes et un recueil de six suites de danses, *The Royal Consort,* qui fait appel à deux violons, deux basses de viole et deux théorbes. Plus « modernes » sont ses danses, conçues pour deux violons et basse continue dans le style de la sonate en trio, et publiées après sa mort dans les *Courtly Masquing Ayres* de J. Playford (1662).

Dans le domaine de la musique vocale, William Lawes a écrit des airs, de la musique d'église (par ex., son anthem, *The Lord is my light*), la musique pour le masque de Shirley *The Triumph of Peace* en collaboration avec Simon Ives (1634), et la musique pour un masque de William Davenant *The Triumph of the Prince d'Amour* (1636).

LEBÈGUE *(Nicolas),* organiste, claveciniste et compositeur français *(Laon 1631-*

Frontispice du troisième livre d'orgue de Nicolas **Lebègue.**

Paris 1702). Venu de bonne heure à Paris, il y fut marqué par Champion de Chambonnières. En 1664, il fut nommé titulaire de l'orgue de Saint-Merri, poste qu'il conserva jusqu'à sa mort. Hautement estimé par Louis XIV, il fut nommé organiste de la Chapelle royale en 1678. Son autorité en matière de facture d'orgues le fit appeler en expertise dans la France entière. Il a également été un professeur recherché, comptant parmi ses élèves d'Agincourt, Geoffroy et surtout Grigny.

Compositeur, Lebègue fut l'un des plus féconds de son temps. Ses deux livres de clavecin et ses trois livres d'orgue nous sont tous parvenus. Le *Premier Livre d'orgue* (1676), destiné aux virtuoses, est son chef-d'œuvre, les deux autres étant écrits pour « ceux qui n'ont qu'une science médiocre ». Ces livres réunissent des suites, des noëls, des offertoires, des élévations, des versets de magnificat et des pièces de concert. Créateur d'un talent modeste, Lebègue n'en est pas moins le premier à avoir écrit dans les formes qui allaient être cultivées par tous les organistes des générations suivantes : récits, duos, trios, basses et dessus de trompette, de cornet ou de cromorne. Il a également donné de très nombreuses et précises indications d'exécution et de registration, dans des mélanges souvent nouveaux, indications qui, grâce à la diffusion de ses œuvres imprimées, ont contribué à informer les organistes de province.

LECHNER *(Leonhard),* compositeur allemand *(Vallée de l'Etsch, Tyrol du Sud, v. 1553 - Stuttgart 1606).* Chantre à la chapelle du duc de Bavière jusqu'en 1570, où il fut l'élève de Roland de Lassus, il mena probablement, à partir de cette date, une vie errante, qui le conduisit peut-être en Italie. En 1575, il obtint un modeste emploi à l'école paroissiale Saint-Laurent à Nuremberg. Appointé comme musicien en 1577, il occupa, en 1582, la fonction de premier musicien de la ville. Au cours des années passées à Nuremberg, il fut également mêlé à la vie musicale de plusieurs cénacles patriciens auxquels il dédia certaines de ses œuvres profanes. En 1584, il entra au service du comte Eitel Friedrich de Hohenzollern à Hechingen. Mais il quitta ce dernier presque aussitôt pour des raisons confessionnelles et se réfugia à Tübingen. N'ayant pu obtenir l'emploi qu'il espérait auprès du prince électeur de Saxe à Dresde, il fut chantre (1585-1589), compositeur (1589-1594), puis maître de chapelle à la cour du duché de Wurtemberg.

Les sept recueils de chansons publiés entre 1576 et 1589 constituent la partie la plus importante de son œuvre et son aspect le plus personnel. Dans ses chansons, il mêle au type de la villanelle italienne des passages écrits dans un style contrapuntique plus traditionnel. Sa *Passion selon saint Jean* (1593) tient une place prépondérante dans son œuvre religieuse (motets et messes) par la rigueur avec laquelle il observe la mélodie liturgique et par la grande liberté qui régit la construction polyphonique de l'œuvre.

LECLAIR *(Jean-Marie),* compositeur et violoniste français *(Lyon 1697 - Paris 1764).* C'est comme danseur et maître de ballet qu'il apparut tout d'abord, fidèle, en cela, à une tradition française qui alliait la pratique du violon et la danse : il fut alors à la cour de Turin (1722), où il travailla peut-être avec le célèbre violoniste J. B. Somis. Son *1er Livre de sonates* fut publié à Paris (1723), mais Jean-Marie Leclair ne s'installa dans la capitale qu'en 1728, se taillant un succès triomphal au Concert spirituel. Il entra en 1733 à la musique du roi, en même temps que Guignon. Son caractère difficile et son insociabilité lui firent rapidement quitter l'orchestre royal : il voyagea à l'étranger, se fixa quelque temps à Amsterdam, où il travailla avec Locatelli. Après un séjour à la cour de l'infant d'Espagne à Chambéry, il se fixa définitivement à Paris (1743), où il fit exécuter son opéra *Sylla et Glaucus* (1746). Il y mena une vie assez solitaire, séparé de sa seconde femme, et mourut mystérieusement assassiné. Caractère difficile et ombrageux, d'humeur instable, insociable et misanthrope, il ne fut ni aimable ni, sans doute, heureux : mais son œuvre est de premier plan.

À l'exception de son opéra, dans lequel le chorégraphe laisse des pages remarquables et où le symphoniste fait preuve d'une très grande richesse d'écriture et d'orchestration, c'est la musique instrumentale qui constitue la totalité de son œuvre, considérable en nombre et en qualité.

Celle-ci consiste en une série de recueils de sonates, publiées de 1723 à 1753 : *Sonates pour violon et basse continue* (4 recueils, 1723, 1728, 1734, 1738,

Larousse

Jean-Marie **Leclair.** *Gravure de J.-Ch. François, d'après A. Loir.*

plus un recueil posthume publié en 1767) ; *Sonates pour deux violons sans basse* (1730 et 1747) ; *Sonates en trio pour deux violons et basse continue* (1730, 1737, 1753, et un recueil posthume en 1766) ; auxquelles s'ajoutent deux séries de 6 *Concertos* (1737, 1743 ou 1744), tous écrits pour violon avec accompagnement de cordes, à l'exception d'un seul, pour la flûte ou le hautbois.

Leclair était, en son temps, réputé pour la précision, la netteté, la justesse de son jeu, autant que pour sa virtuosité. Ses sonates manifestent à la fois la hardiesse et l'aisance technique de leur auteur. Mais, à la différence d'un Locatelli, Leclair ne tombe jamais dans l'excès de la virtuosité : la rigueur de la composition, la hauteur de la pensée, mais aussi le charme égalent l'éclat et le brillant de la technique. C'est cet équilibre qui le caractérise, et qui se retrouve dans l'alliance qu'il sait faire de l'écriture musicale et de la technique violonistique italiennes, avec la tradition française : la stylisation des rythmes de danse caractéristique de la suite à la française s'insère dans le cadre de la sonate à l'italienne, avec un développement des idées musicales visiblement issu d'outremont.

Ses concertos ont adopté le plan vivaldien en trois mouvements (vif-lent-vif), alors que ses sonates conservent celui de la sonate *da chiesa* en quatre mouvements (grave, allegro, andante, vivace). Ce sont tous des concertos de soliste (pas de concerto grosso). Quatre *tutti* encadrent trois solos dans les mouvements vifs (trois et deux dans les mouvements lents). Les passages confiés au soliste sont variés : brillants et mélodiques, ou récitatifs tendres et frémissants ; tandis que le lyrisme et parfois la gravité se manifestent dans les mouvements lents. La richesse de l'invention mélodique et celle de l'écriture harmonique, autant que la sûreté de la technique font de Jean-Marie Leclair le plus éminent violoniste français de son temps, le premier à avoir su, sur leur propre terrain, égaler les grands Italiens.

LECOCQ *(Charles),* compositeur français *(Paris 1832*-id. *1918).* Ses débuts furent d'autant plus difficiles que, souffrant de coxalgie congénitale, il ne pouvait mar-

Charles **Lecocq.**

Pierre Petit

Pic

Affiche de Fleur de thé, *opéra-bouffe. Musique de Charles* **Lecocq.**

cher sans béquilles. Vainqueur, ex æquo avec Bizet, du concours institué par Offenbach en 1857 (il s'agissait de mettre en musique un livret d'opéra bouffe intitulé *le Docteur Miracle*), il n'en tira pas grand profit et continua de végéter jusqu'au succès de *Fleur-de-Thé* en 1868, qui le lança définitivement. Quantité d'opérettes et d'opéras-comiques allaient suivre, unissant la grâce à la gaieté. *Giroflé-Girofla, les Cent Vierges, la Petite Mariée ou le Petit Duc* sont assurément démodés, mais *la Fille de Mme Angot* (1872) peut suffire à la gloire de Charles Lecocq.

LE DUC *(Simon),* violoniste et compositeur français *(Paris av. 1748* - id. *1777).* Élève de Pierre Gaviniès, il fut engagé en 1759 au Concert spirituel, d'abord comme second violon, puis, en 1763, comme premier violon et soliste. Il quitta ce poste en 1764, peu après avoir fait entendre sa première œuvre, une sonate pour violon publiée en 1767 dans son opus 1. Il se produisit, à nouveau, au Concert spirituel en 1773, et, la même année, devint avec Gossec et Gaviniès codirecteur de l'institution. Il ne fut pas lui-même éditeur, mais publia à compte d'auteur, à partir de 1767, ses quatre premiers numéros d'opus. Comme violoniste, il fut admiré par Leopold Mozart. Comme compositeur, il écrivit 45 ouvrages, dont 6 sonates et 3 concertos pour violon, 3 trios pour orchestre, 1 symphonie concertante et 3 remarquables symphonies (1774-1776) publiées chez son frère Pierre, la première en 1776 et les deux autres en 1777, après sa mort.

LEEUW *(Ton de),* compositeur néerlandais *(Rotterdam 1926).* Il fait ses études d'abord dans son pays avec Henk Badings, puis à Paris avec Olivier Messiaen, et travaille ensuite l'ethnomusicologie avec Jaap Kunst : cette matière va lui permettre de se dégager de l'académisme sériel. En 1961, il peut, grâce à une bourse du gouvernement des Pays-Bas, effectuer un voyage d'études en Inde. Ingénieur du son à la radio jusqu'en 1959, il enseigne la composition au conservatoire d'Utrecht et occupe actuellement un poste analogue à celui d'Amsterdam, qu'il a dirigé de 1971 à 1973. Il donne également des cours d'ethnomusicologie et des cours sur la musique moderne à l'institut de musicologie de l'université d'Amsterdam.

De son intérêt pour les musiques de l'Orient témoignent, notamment, son opéra *De droom* (*le Rêve,* 1963) et *Gending* pour orchestre de gamelan (1975). On lui doit aussi des œuvres orchestrales comme *Mouvements rétrogrades* (1957), *Ombres* (1961), *Symphonies pour vents* (1963), *Spatial Music I* pour 32 à 48 musiciens (1966), *III* pour 4 groupes d'orchestre (1967) et *IV (Hommage à Stravinski)* pour 12 instrumentistes (1968), 2 quatuors à cordes (1958 et 1963), *Spatial Music II* pour 4 à 9 percussionnistes (1971), *Haiku* pour soprano et piano (1963), *Haiku II* pour soprano et orchestre (1968), *Litanie de notre temps,* opéra pour la télévision (1970), *Lamento pacis I, II, III* d'après Érasme pour chœur mixte et instruments (1969), et, dans le domaine électronique, l'oratorio radiophonique *Job* (1956), qui a obtenu le prix Italia, *Syntaxis* (1965) et *la Naissance de la musique* (1978). Son livre *Musique du XXe siècle* est paru en 1964.

LEFEBVRE *(Claude),* compositeur français *(Ardres, Pas-de-Calais, 1931).* Il a étudié au Conservatoire de Paris avec

Darius Milhaud, puis avec Pierre Boulez à Bâle. Nommé professeur d'analyse et de composition au conservatoire régional de Metz (1966), il a fondé dans cette ville en 1972 les Rencontres internationales de musique contemporaine, qui, depuis la disparition du festival de Royan, sont devenues le principal festival de musique contemporaine en France. Il dirige depuis 1976 le studio de musique électroacoustique, alors créé en Lorraine, est responsable, depuis 1977, de l'animation musicale au centre Saint-Jacques de Metz, et dispense, depuis 1978, un cours sur les nouvelles musiques à l'université de Metz. Il fut aussi, dans cette ville, l'initiateur-fondateur du Centre européen pour la recherche musicale. Il a obtenu le prix de musique de chambre de la S. A. C. E. M. en 1980.

Claude Lefebvre a écrit notamment *Montages* pour 24 instruments (1967), *D'un arbre de nuit* pour flûte, violoncelle et piano (Royan, 1971), *Musique en liberté* pour trombone, 2 contrebasses et percussions (Metz, 1971), *Naissances pour quatre joueurs* pour hautbois et trio à cordes (Metz, 1971), *Etwas weiter* pour 24 exécutants (Domaine musical, 1972), *Sous le regard du silence* pour 2 groupes instrumentaux (Metz, 1973), *D'une nuit transpercée* pour orchestre (Metz, 1975), *Ivresse-absence* pour 19 cuivres (Paris, 1977), *Dérives nocturnes* pour chœur, 4 cors et orgue (Metz, 1978), *Ramifications* pour orgue (Orléans, 1978), *Tourbillonnements* pour un orchestre de jeunes de 21 instruments et 2 percussions (Metz, 1979), *Mémoires souterraines* pour flûte, clarinette et violoncelle amplifiés (Paris, 1980), *Océan de terre* pour soprano, solistes et bande magnétique, sur un poème de G. Apollinaire (Metz, 1981) et *Lorraine* pour cor et bande (1983).

LE FLEM *(Paul),* compositeur et critique musical français *(Lézardrieux, Côtes-du-Nord, 1881 - Tréguier 1984).* Ayant perdu ses parents de bonne heure, il songea à une carrière dans la Marine, mais s'orienta vers la composition, dès ses années d'études au lycée de Brest. Dans cette ville, Joseph Farigoul lui donna des leçons d'harmonie ; il se rendit à Paris à l'âge de dix-huit ans, eut Lavignac comme professeur au Conservatoire et écouta la parole de Bergson à la Sorbonne. Après un séjour en Russie (1902-1904) — où il fut précepteur dans une famille moscovite, apprit le russe et demeura attaché au monde slave —, il revint à Paris. À la Schola cantorum, Vincent d'Indy le mit dans la classe d'Albert Roussel. Le Flem devint ensuite professeur dans cette classe, après le départ de Roussel ; il y eut comme élèves Erik Satie, puis Roland-Manuel et

Paul Le Flem.

André Jolivet. Il fut directeur des chanteurs de Saint-Gervais, chef des chœurs à l'Opéra-Comique, et assista à tous les grands événements de la vie musicale parisienne depuis la première de *Pelléas ;* un poste de critique à la revue *Comœdia* lui permit, de 1922 à 1938, de prendre la défense de nombreux compositeurs.

La musique de Le Flem est tout imprégnée de sa Bretagne natale. L'influence du chant breton y est aussi nette que celles de d'Indy, de Debussy, de la polyphonie des XVe et XVIe siècles et de Monteverdi. Sa personnalité est orientée vers la poésie, la couleur harmonique, le lyrisme, mais aussi vers cette vigueur non dénuée de rudesse, qui appartient à ceux dont le cadre quotidien a été marqué par la mer. Son œuvre comprend des recueils pour piano, *Par grèves* (1908), *Par landes* (1908), *Vieux Calvaire* (1910), *Avril* (1911) ; une *Sonate pour violon et piano* (1904), un *Quintette pour piano et cordes* (1908-1909) ; une *Fantaisie pour piano et orchestre* (1911) ; des œuvres orchestrales comme les 4 *Symphonies* (1908-1975) ; de la musique vocale, *Chant de croisades* (1923), *Invocation* (1918), *In paradisium* (1942), *Hommage à Rameau* (1964), *Morven le Gaélique* (1963) et *la Maudite* (1967-1971) pour solos, chœurs et orchestre. En musique théâtrale, il a donné *Aucassin et Nicolette* (1908-1909) sur un sujet d'origine arabe, tandis que le monde breton devait l'inspirer dans *le Rossignol de Saint-Malo* (1938), tiré d'une ancienne ballade, *la Clairière des fées* (1948), marquée par les bois et les forêts, et *la Magicienne de la mer* (1947), qui reprend la légende de la ville d'Ys.

Il devint, selon ses propres termes, violent à l'âge de quatre-vingt-quatre ans, à partir de son *Conzertstück pour violon et orchestre* (1965). « L'inconscient agit sur nous insidieusement, la musique a le pouvoir de traduire ou même de trahir, si nous ne voulons pas le reconnaître, les réactions les plus intimes de notre être. Il s'agit d'une violence longtemps refoulée, provenant d'une jeunesse vécue sans parents, du retour d'éléments affectifs de la première adolescence. » C'est ainsi que les deux dernières symphonies, la *Troisième* (1971) et la *Quatrième* (1975), ont une facture plus moderne que les précédentes, très éloignée de la forme sonate. Une ultime composition, les *Trois Préludes pour orchestre,* comporte des sous-titres significatifs : *Calme, Obsession, Emporté.* Ce n'est que la cécité qui, depuis quelques années seulement, a empêché Paul Le Flem de continuer à travailler.

LEGRENZI *(Giovanni),* compositeur italien *(Clusone, près de Bergame, 1626-Venise 1690).* Issu d'une famille de musiciens (son père était compositeur), il semble avoir reçu ses premières leçons à Bergame avant de travailler avec Giovanni Rovetta à Venise. On le trouve en 1645 organiste de l'église Santa Maria Maggiore à Bergame, puis, en 1657, maestro di capella de l'Accademia dello Spirito Sancto à Ferrare. Directeur du Conservatorio dei Mendicanti de Venise à partir de 1672, il fut ensuite nommé sous-maître de la basilique San Marco (1681), puis devint le titulaire de ce poste (1685) et, dès lors, se consacra, jusqu'à sa mort, à la musique religieuse. Il fut, à Venise, un professeur renommé et compta parmi ses élèves Antonio Caldara et Antonio Lotti.

Auteur d'une vingtaine d'opéras, représentés pour la plupart à Venise, Giovanni Legrenzi contribua, avec une grande originalité, au développement du genre. Quatre partitions seulement nous sont parvenues : *Eteocle e Polinice* (1675), *Germanico sul Reno* (1676), *Totila* (1677), et *Il Giustino* (1683), qui semble sa plus grande réussite pour avoir été joué dans les principales villes d'Italie. Haendel devait mettre ce livret en musique pour Londres (1737). Entre 1676 et 1678, Legrenzi fit publier 3 recueils de musique vocale, des cantates et des canzonettes, qui emploient une grande variété de formes. Legrenzi composa 6 oratorios, dont l'*Oratorio del Giudizio* (Vienne, 1665), *La Vendita del cuor humano* pour 4 voix et basse continue (Ferrare, 1676) et *La Morte del cuor penitente* (Vienne, 1705). Il a également laissé des messes, des motets et des psaumes. Il a fait imprimer plusieurs livres de musique instrumentale, des sonates *da chiesa* et *da camera* (1655, 1656, 1663 et 1673), où, là encore, son rôle fut déterminant pour l'histoire des formes.

LEHAR *(Franz),* compositeur autrichien *(Komarom 1870-Bad Ischl 1948).* Après des débuts comme violoniste et comme chef de divers orchestres militaires, il se tourna vers l'opérette, dont il fut le rénovateur et le principal représentant au XXe siècle, et trouva là sa véritable voie. Ses

Piaz

Franz **Lehar.**

œuvres « sérieuses » de jeunesse, parmi lesquelles 2 concertos pour violon, sont, en revanche, totalement oubliées.

Il commença à s'imposer avec *Kukuschka* (Leipzig, 1896), et parvint à la gloire avec *la Veuve joyeuse* (Vienne, 1905), ouvrage qui, du jour au lendemain, fit de lui l'héritier de Johann Strauss. Suivirent, entre autres, *le Comte de Luxembourg* (Vienne, 1909) et *Zigeunerliebe* (1910). Après la Première Guerre mondiale, il retrouva le succès avec une série d'opérettes écrites pour le ténor Richard Tauber : *Paganini* (1925), *le Tsarévitch* (1927), *Friederike* (1928) et surtout *le Pays du sourire* (1929). Sa dernière œuvre, *Giuditta,* fut donnée à Vienne en 1934. Il eut recours aussi bien à la valse viennoise qu'à des danses plus modernes, et on décèle dans ses ouvrages non seulement de fortes influences slaves, mais aussi celles du folklore des divers pays où se situent leurs actions respectives.

LEJET *(Édith),* femme compositeur française *(Paris 1941).* Élève de Marcel Beaufils (esthétique générale), Jean Rivier et André Jolivet (composition) au Conservatoire de Paris, elle a obtenu le prix de la Vocation en 1967, un premier second grand prix de Rome en 1968, et le prix de musique de chambre de la S. A. C. E. M. en 1979. De 1968 à 1970, elle a été pensionnaire de la Casa Velasquez à Madrid. On lui doit, notamment, *Quatre Mélodies* pour chant et piano sur un poème de F. García Lorca (1966), *Monodrame* pour violon et orchestre (1969), *Journal d'Anne Franck* pour chœur de jeunes filles et 8 musiciens (1968-1970), *Musique pour René Char* pour ensemble de chambre (1974), *Hommage au maître des Hauteurs et des Lointains* pour 24 cordes (1974-75), *Harmonie du soir* pour orchestre de chambre (1977), *Deux Antiennes* pour quintette de cuivres (1978).

LE JEUNE *(Claude, Claudin),* compositeur français *(Valenciennes v. 1530 - Paris 1600).* On ignore tout de sa jeunesse et de sa formation (peut-être participa-t-il à une maîtrise du Nord et séjourna-t-il quelque temps en Italie) jusqu'à sa première mention dans un recueil de chansons publié à Louvain (1552) et à son installation à Paris (v. 1564), où il devint le protégé de deux seigneurs protestants, François de la Noue et Charles de Téligny : il leur dédia ses *Dix Pseaumes de David en forme de motets.*

Membre actif, dès sa fondation, de l'*Académie de poésie et de musique* (1570) fondée par J.-A. de Baïf et Courville, et qui avait pour but de restaurer l'union des deux arts ainsi que de faire revivre, dans la langue française, la musique mesurée à l'antique, Claude Le Jeune s'y imposa comme le musicien le plus novateur. Il sut en tirer toutes les possibilités rythmiques. Échappant aux massacres de la Saint-Barthélemy (1572), il entra comme maître de musique au service de François, duc d'Anjou et frère du roi Henri III (av. 1582) et l'accompagna vraisemblablement dans l'expédition d'Anvers contre les Espagnols. Dans cette ville fut publié, chez Plantin, son *Livre de meslanges* (1585). Le Jeune servit ensuite divers nobles protestants en un temps où sa réputation était aussi grande que celle du « divin » Orlande. Hostile à la Ligue, il s'enfuit à La Rochelle, tandis que Jacques Mauduit parvenait à mettre en lieu sûr ses manuscrits.

En 1596, Henri IV nomma Claude Le Jeune compositeur ordinaire de la Chambre du roi. Rapin l'appelait le « Phénix

L.L.

Claude ***Le Jeune.*** *Gravure extraite du recueil de ses* Psaumes de David. *Leyde, 1635.*

des musiciens » ; Mersenne aimait louer la « beauté et diversité des ses mouvements ». Mais peut-être faut-il d'abord souligner la variété des genres qu'il pratiqua avec une égale liberté : psaumes, motets, chansons, chansons spirituelles, airs, etc. Par exemple, dans *le Printemps* (édité par sa sœur, Cécile Le Jeune, en 1603), il varie les dispositifs vocaux, fait alterner sur le plan structural couplets (chants) et refrains (rechants), sachant placer à bon escient un trait expressif. Son admiration pour Janequin s'y révèle, par l'emprunt de l'*Alouette* et du *Rossignol,* deux pièces polyphoniques auxquelles Le Jeune ajoute une cinquième voix. Sans doute veut-il ainsi relier à la tradition le style nouveau, plus homorythmique et particulièrement personnel sur le plan harmonique, qu'il développe dans trente-trois des trente-neuf pièces du *Printemps.*

Si faire naître des passions en retrouvant l'ethos primitif de la musique est l'une de ses aspirations, Le Jeune semble avoir réussi auprès de ses contemporains, puisque l'exécution en 1605 de deux de ses *Pseaumes* par plus de cent chanteurs produisit un tel effet sur Eustache Du Caurroy qu'il « se convertit » à la musique mesurée. En la matière, mode et rythme ne sont que des moyens qui lui permettent, comme dans les *Octonaires de la Vanité et inconstance du monde,* sur un texte d'Antoine de La Roche Chandieu, de mieux cerner l'essence du poème, une œuvre engagée, où la polyphonie très ornée concourt à l'expressivité. L'œuvre se divise en douze sections, chacune écrite dans l'un des douze modes utilisables à la fin du XVIe siècle.

Mais Claude Le Jeune ne saurait être enfermé dans une seule esthétique sur le plan de la musique spirituelle et religieuse : il a mis en musique *Dix Pseaumes de David en forme de motets* (1564), en faisant œuvre originale du point de vue mélodique. La mélodie traditionnelle se rencontre, d'ailleurs, chez lui, dans une harmonisation note contre note, à 4 voix, à moins que, n'assurant le lien entre les diverses strophes, elle circule librement entre les parties. C'est le cas du *Dodécacorde* (1598), douze psaumes polyphoniques établis de nouveau sur les douze modes de Glaréan. Notons aussi qu'il a pu préférer aux vers de Marot, rebelles à l'esthétique nouvelle, ceux de Baïf et d'Agrippa d'Aubigné (126 *Pseaumes en vers mesurés, Te Deum,* 1606). Dans le recueil d'*Airs* paru chez Ballard en 1608, on retrouve des pièces remaniées écrites à l'origine pour le mariage du duc de Joyeuse (1581). Tel est le cas de *Comment pensés vous que je vive :* sur un bercement ternaire, les cinq voix entrent une à une avec chaque nouvelle strophe poétique, suggérant ainsi la mise en scène de cette pièce.

Le modernisme du langage harmonique de Le Jeune n'est peut-être nulle part plus frappant, plus étonnant que dans la chansonnette pour 3 voix aiguës *Qu'est devenu ce bel œil,* extraite du recueil de 1594. Enfin, il a signé un certain nombre de *villanelle* (par exemple, *O Villanella bella* à 4 voix) et de madrigaux italiens. Ces derniers, écrits dans le style de maturité du genre à 5 voix, exploitent les possibilités contenues dans le texte, que ce soit l'élan rythmique de *Io ti ringrati' amor* ou la chute chromatique de *Viv' in dolor.*

En somme, l'œuvre de Claude Le Jeune se présente, en cette fin du XVIe siècle, comme une œuvre de synthèse ouvrant la voie aux nouvelles formes du siècle suivant. Dans le domaine de la musique mesurée à l'antique en particulier, son influence a été grande chez les premiers maîtres de l'air de cour.

LEKEU *(Guillaume),* compositeur belge *(Heusy, près de Verviers, 1870 - Angers 1894).* Au cours de ses humanités classiques, à Poitiers, où ses parents s'étaient retirés, il se sent attiré par les sciences, la littérature, le violon. Subitement, en 1885, il prend conscience de sa vraie vocation : elle est musicale. Ayant lu attentivement les quatuors de Beethoven, il se met à écrire : *Trio en sol majeur* et *Tempo di Mazurka* pour piano que suivent, en 1886, *Commentaires sur les paroles du Christ* et *Méditation et Menuet* pour quatuor à cordes, *Lamento et Lento Doloroso* pour piano, *la Fenêtre de la maison paternelle* (mélodie, inédite). En 1888, il vient à Paris, entreprend des études de philosophie. Puis, sur les conseils de Wyzewa et Sailles, il se tourne vers la musique.

D'abord élève de Vallin au Conservatoire (harmonie), il travaille ensuite avec Franck et surtout Vincent d'Indy (composition), recevant en 1891 la seconde récompense au concours belge pour le prix de Rome avec la cantate *Andromène* (jouée à Verviers avec succès, 1892). Remarqué par Ysaye, qui lui commande alors une *Sonate pour piano et violon,* Lekeu compose d'arrache-pied. Il meurt à vingt-quatre ans, du typhus, sans avoir pu donner sa vraie dimension.

C'est un tempérament généreux, noble, soucieux de la dignité de son art. Tard venu à la musique, tôt disparu, Lekeu apparaît comme un artiste probe, sincère, plein de promesses auxquelles la maturité eût, sans aucun doute, apporté une richesse exemplaire. Davantage tourné vers la musique pure que vers la musique dramatique, il a laissé un œuvre brûlant d'un feu intérieur très vif, générateur de lyrisme, qu'organise et discipline une solide structure cérébrale : en témoigne sa grande *Sonate* (1892). Familier de la poésie romantique et symboliste (il fréquente Mallarmé), Lekeu laisse une dizaine de mélodies, la plupart écrites sur ses propres textes. La qualité de ses compositions abouties ou inachevées (*Sonate pour violoncelle et piano,* 1888, et *Quatuor à cordes,* 1892, terminés par d'Indy) démontre son attachement au franckisme (forme et expression esthétique), mais aussi une volonté parallèle de le dépasser afin de s'exprimer pleinement.

LENOT *(Jacques),* compositeur français *(Saint-Jean-d'Angély 1945).* Il a fait ses études à l'École normale d'instituteurs et au conservatoire de La Rochelle, et assisté aux cours d'été de Darmstadt en 1966. Devenu instituteur en 1965, il démissionna en 1970. Importantes pour lui furent ses rencontres avec Olivier Messiaen, Sylvano Bussotti et Franco Donatoni. Se considérant lui-même comme un autodidacte, il a écrit une œuvre abondante, séduisante d'aspect, mais d'une grande maîtrise d'écriture. Citons *Diaphaneis* pour 51 cordes et percussions métalliques (1967, créé cette même année au festival de Royan), *Barbelés intérieurs* pour 2 pianos, ensemble à vent et percussion (1968), *Cinq Sonnets de Louise Labé* pour haute-contre, soprano et ensemble instrumental (1971), *Immer,* trio pour 7 claviers (1972), *Beau Calme nu* pour flûte seule (1973, créé en 1974, Royan), *Symphonie* pour grand orchestre (1975-76, créée en 1977, Royan), *Océan captif* pour 4 groupes de solistes (1976), 2 sonates pour piano, créées respectivement en 1972 (vers. rév., 1974) et en 1978, *Allégorie d'Exil IV,* créé en 1980 par le EIC sous la direction de Pierre Boulez. *Un soleil obscur à la cime des vagues* (créé en 1982).

LEO *(Leonardo),* compositeur et pédagogue italien *(San Vito degli Schiavi,* auj. *San Vito dei Normanni, 1694 - Naples 1744).* Il entra en 1709 au conservatoire Santa Maria della Pietà dei Turchini de Naples, où il étudia avec Andrea Basso et Nicola Fago. En 1712, il composa un oratorio, *S. Chiara o L'Infedelta abbattuta,* exécuté la même année au conservatoire et à la cour. Dès sa sortie de l'école, l'année suivante, il commença une carrière prospère d'organiste et de maître de chapelle, qu'il mena presque simultanément à la chapelle de la cour (organiste adjoint en 1713, premier organiste en 1725, vice-maître assistant en 1730, vice-maître en 1737 et maître en janvier 1744, peu avant sa mort), à l'église Santa Maria della Solitaria en 1717, au conservatoire Santa Maria della Pietà dei Turchini (vice-maître de chapelle de 1734 à 1737 et maître en 1741, à la mort de Fago) et au conservatoire San Onofrio, où il remplaça Feo en 1739.

Malgré ces nombreuses charges, il composa beaucoup : sa production, qui comprend 6 concertos pour violoncelle et orchestre, 1 concerto pour 4 violons et orchestre, des toccatas pour clavier et des fugues pour orgue, relève surtout de la musique vocale. Il écrivit autant pour la scène (plus de 70 ouvrages), que pour les autres domaines vocaux, aussi bien sacrés (oratorios, messes, miserere, magnificat, motets, antiennes, psaumes, hymnes, etc.) que profanes (très nombreux airs). Il donna le meilleur de lui-même dans ses opéras comiques et dans sa musique sacrée. Héritier d'A. Scarlatti, il fut l'un des compositeurs les plus importants de l'école napolitaine, et un des premiers à Naples à avoir ajouté des chœurs à ses opéras (dans *Olimpiade,* par exemple). Dans ses œuvres sacrées, il fit preuve d'une maîtrise impressionnante du contrepoint. À la fin de sa vie, il se tourna plutôt vers un type d'écriture *a cappella* (son *Miserere* à 8 voix de 1739 en est un exemple remarquable). Il compta parmi ses élèves Jommelli et Piccinni.

LEONCAVALLO *(Ruggero),* compositeur et librettiste italien *(Naples 1857 - Montecatini, Toscane, 1919).* La vie de ce musicien, dont le nom reste attaché à son opéra *Paillasse,* véritable manifeste du vérisme*, demeure assez obscure, en raison des légendes qu'il a lui-même accréditées, notamment sur son âge véritable et ses diplômes universitaires. Fils d'un magistrat, formé au conservatoire de Naples, il suivit l'enseignement du poète Carducci à Bologne, voyagea (notamment en Égypte, où résidait un de ses oncles, diplomate) et vint gagner sa vie à Paris, jouant du piano dans les cafés-concerts, s'y liant avec Massenet et avec le baryton Victor Maurel, qui l'appuya alors de sa renommée. Sensible aux théories wagnériennes, excellent versificateur, il rédigea lui-même ses livrets, s'inspirant souvent de modèles littéraires élevés ; il avait déjà écrit *Chatterton* (créé seulement en 1896) lorsque le succès de *Paillasse* (1892), dont le prologue lui avait été suggéré par Maurel, devenu son interprète, lui apporta la gloire et des profits immédiats. Une trilogie sur la renaissance florentine *(Crepusculum),* qui eût dû comprendre encore *Savonarole* et *Cesare Borgia,* se limita aux *Medici* (1893), dont l'insuccès le découragea. Sa *Bohème* (1897) souffrit du triomphe de l'opéra de Puccini, mais il rencontra un meilleur accueil avec *Zaza* (1900) et avec *Der Roland von Berlin* (1904), commande de Guillaume II.

Ruggero **Leoncavallo.**

Sirot

Il s'adonna quelque temps à la composition d'opérettes et renoua avec ses ambitions initiales avec un *Œdipe-Roi* (1920), dont sa mort soudaine l'empêcha de voir la création.

Le succès universel de *Paillasse,* réplique de la *Cavalleria rusticana* de Mascagni, détourna Leoncavallo de son idéal, mais il n'en demeure pas moins que cette œuvre, libérée des interprétations médiocres, dont elle fut trop souvent victime, révèle non seulement ses qualités de poète et de dramaturge, mais un solide métier musical et une veine mélodique intense et sincère qui en font une étape de l'évolution de l'art lyrique. On doit encore à Leoncavallo quelques mélodies, dont la célèbre *Mattinata,* dédiée à Caruso (1904), ainsi que des livrets d'opéra écrits pour d'autres compositeurs.

LEONIN, diminutif du prénom Léon *(Leo),* porté par le plus ancien maître de l'école de Notre-Dame de Paris au XIIe siècle, auteur d'organa, dont le corpus a été transmis par les manuscrits polyphoniques de cette école, mais mélangés à d'autres et sans signature. Le nom de Léonin, comme celui de Pérotin, nous est connu par un théoricien anglais du XIIIe siècle, dit « Anonyme IV de Coussemaker » (du nom de son premier éditeur), qui précise que plusieurs de ses œuvres ont été « abrégées » par son successeur Pérotin ; on possède plusieurs œuvres en double version qui corroborent la description et que l'on peut donc lui attribuer avec vraisemblance, sinon avec certitude.

Aucune précision d'archives n'a malheureusement pu être apportée concernant ce *magister Leo vel Leoninus,* qualifié d'*optimus organista* (entendez « chanteur ou compositeur d'*organa* »), dont l'activité à Notre-Dame, ou dans l'église qui l'a précédée, semble se situer entre 1160 et 1180, et que l'on peut considérer, après un certain maître Albert *parisiensis* à l'activité plus modeste, comme le premier compositeur polyphonique connu de l'histoire musicale.

LE ROUX *(Maurice),* compositeur et chef d'orchestre français *(Paris 1923).* Élève du Conservatoire de Paris, il a fait ses études notamment avec Olivier Messiaen, puis avec René Leibowitz. Ayant obtenu un premier prix de direction avec Louis Fourestier en 1952, il dirigea l'Orchestre national de 1960 à 1968, se faisant une réputation de défenseur de la musique contemporaine. Il est ensuite devenu producteur d'une série d'émissions, *Arcana,* à la télévision, et aussi conseiller artistique à l'Opéra de Paris (1968-1973), puis inspecteur général de la musique (depuis 1973). Comme chef, il a notamment réalisé le premier enregistrement de la *Turangalila Symphonie* d'O. Messiaen.

Comme compositeur, on lui doit, entre autres, une sonate pour piano (1946), *Deux mimes* pour orchestre (1948), *Trois Psaumes de Patrice de la Tour du Pin* (1948), *Au pays de la magie,* mélodies sur des poèmes de Henri Michaux (1951), *le Cercle des métamorphoses* pour orchestre (1953), *Un Koan* (1974), les ballets *le Petit Prince,* d'après Saint-Exupéry (1949), et *Sable* (1956), des musiques de scène pour *le Château* de Kafka (1957) et *Jules César* de Shakespeare (1960), et de nombreuses musiques de film, dont celles de *Crin blanc* (1952), *les Mauvaises Rencontres* (1955), *Ballon rouge* (1955), *Amère Victoire* (1957), *les Mistons* (1958), *le Petit Soldat* (1960), *Vu du pont* (1961), *la Chamade* (1968), *Contes immoraux* (1975), *les Jardins secrets* (1978). Il a aussi écrit, en 1944, la marche officielle de la 2ᵉ division blindée.

*Maurice **Le Roux,** pendant une répétition.*

Pic

Comme musicologue, il a signé quatre ouvrages : *Introduction à la musique contemporaine* (1947), *Monteverdi* (1951), *la Musique* (ouvrage collectif, 1979) et *Boris Godounov* (1980).

LE ROY *(Adrian),* éditeur, luthiste, guitariste, chanteur et compositeur français *(Montreuil-sur-Mer v. 1520 - Paris 1598).* Il fonda, avec son cousin Robert Ballard, la célèbre maison d'édition Le Roy et Ballard (1551), qui devait garder ses privilèges jusqu'à la Révolution de 1789. Le premier livre publié est un recueil de motets, de danses et de chansons, mis en tablature de luth. D'autres livres renferment des transcriptions de chansons de Certon, d'Arcadelt, de Sandrin. La maison Le Roy et Ballard édita également les œuvres de Roland de Lassus et de Claude Le Jeune. Au XVIIe siècle, les tragédies lyriques de Lully furent publiées par cette maison, devenue aussi l'imprimerie de l'Académie royale de musique. Adrian Le Roy est également l'auteur de plusieurs ouvrages, notamment une méthode de guitare, et d'un grand nombre d'airs de cour et de chansons d'une excellente qualité.

L'ESTOCART *(Paschal de),* compositeur français *(Noyon av. 1540 - ? apr. 1584).* Il semble avoir séjourné très jeune en Italie, mais il se fixa bientôt à Bâle et à Genève, où il fréquenta une Académie des lettrés huguenote. Il obtint un privilège pour la publication de ses œuvres en 1581 à Genève. L'année suivante parurent les deux livres des *Octonaires de la vanité du monde* sur des poèmes d'Antoine de La Roche-Chandieu, quelques années avant le chef-d'œuvre de Cl. Le Jeune écrit sur ces mêmes poèmes de huit vers *(octonaires).* Nommé professeur à l'université de Bâle, il se mit ensuite au service du duc de Lorraine à Nancy. En 1583, il dédicaça au futur Henir IV ses *50 Psaumes de David* mis en langue française par Cl. Marot et Th. de Bèze. Puis il remporta le prix de la harpe d'argent au puy d'Évreux pour son motet *Ecce quam bonum et quam jucundum.* Ses œuvres reflètent une vive influence italienne, notamment par la présence fréquente de l'accord de sixte augmentée. D'autre part, son écriture reste dans la tradition d'un contrepoint sévère.

LE SUEUR ou **LESUEUR** *(Jean-François),* compositeur français *(Drucat-Plessiel, Somme, 1760 - Paris 1837).* Il étudia la musique comme enfant de chœur à la collégiale d'Abbeville, puis à la cathédrale d'Amiens. Nommé maître de chapelle à la cathédrale de Sées (1778), il partit bientôt pour Paris afin de travailler l'harmonie avec l'abbé Roze, maître de chapelle de l'église des Saints-Innocents. Il obtint successivement les maîtrises des cathédrales de Dijon (1779), du Mans (1782), et Saint-Martin de Tours (1783), mais, à la mort de l'abbé Roze, il fut appelé pour lui succéder aux Saints-Innocents. En 1786, il devint maître de chapelle à Notre-Dame de Paris. Il y obtint l'autorisation d'ajouter de la musique symphonique à la musique d'orgue, lors des grandes fêtes religieuses de l'année : Assomption, Noël, Pâques et Pentecôte. Cette innovation inquiéta le clergé, mais obtint un grand succès auprès des fidèles et de la reine Marie-Antoinette. Pendant la Révolution, Lesueur mit son art au service de la nation, de même que Méhul, Gossec ou Cherubini, et composa nombre d'hymnes et de pièces de circonstance pour les fêtes officielles. En 1793, il fit ses débuts au théâtre et obtint d'emblée un succès estimable avec *la Caverne,*

Jean-François ***Le Sueur.***
Portrait par J. Leim (1828).

Lauros Giraudon

Le Sueur. Ossian ou les Bardes. *Dessins et costumes de Barthélemy. Bibl. de l'Opéra.*

représentée au théâtre Feydeau. Cet ouvrage manifeste déjà son goût pour la musique descriptive et pour ses recherches harmoniques. À la fondation du Conservatoire (1795), il fut élu membre de la commission des études musicales, et fut chargé, avec Méhul, Gossec et Catel, de la rédaction des *Principes élémentaires de la musique* et des *Solfèges du Conservatoire.* Napoléon l'estimait beaucoup et lui avait confié le soin de composer une *Marche triomphale* pour le jour de son sacre.

Cependant, Lesueur ne parvenait pas à se faire représenter à l'Opéra, où l'importance de ses ouvrages et des effets scéniques qu'ils demandaient rebutait la direction. Il fallut que Paisiello abandonnât en 1804 son poste de maître de chapelle des Tuileries et que l'Empereur désignât Lesueur comme son successeur, pour que l'Opéra lui ouvrît enfin ses portes. Aussitôt, son ouvrage *Ossian ou les Bardes* fut représenté avec un immense succès. Il fut cependant retiré de l'affiche dès la chute de l'Empire. En revanche, *le Triomphe de Trajan,* créé en 1807, se maintint jusqu'en 1827. Plusieurs de ses autres opéras restèrent non représentés, dont *Alexandre à Babylone,* composé en 1815. Sous la Restauration, Lesueur devint compositeur de la chapelle de la cour, et, en 1818, fut nommé professeur de composition au Conservatoire. Il eut parmi ses élèves Ambroise Thomas, Berlioz, Marmontel, Reber et Gounod ; son influence fut grande sur eux, en particulier sur Berlioz auquel il inculqua le goût des figurations considérables et de l'instrumentation somptueuse. C'est surtout à travers sa musique religieuse (messes, oratorios) que cette influence s'est exercée. Lesueur avait fait des efforts pour revenir aux modes et aux rythmes grecs, et consacra ses dernières années à étudier l'histoire de la musique ancienne.

LÉVINAS *(Michaël),* compositeur français *(Paris 1949).* Élève de Lazare Levy (piano) dès l'âge de cinq ans, il entra au Conservatoire de Paris en 1959, y obtint notamment les premiers prix de piano (classe d'Y. Lefébure) et d'harmonie (classe de R. Challan), suivit le cycle de perfectionnement de piano avec Y. Loriod, et étudia aussi avec O. Messiaen. Il a également suivi un stage au G. R. M. et participé comme élève de Stockhausen aux cours internationaux de Darmstadt. En 1970, il a obtenu le premier prix du Concours international d'improvisation de la ville de Lyon. Il a été pensionnaire à la villa Médicis à Rome (1975-1977). Il a de nombreuses activités de pianiste, en particulier dans le cadre de l'Itinéraire, et a reçu le prix Enesco de la S. A. C. E. M., en 1980.

Intéressé par la lutherie électronique, par l'amplification des instruments en direct et par le synthétiseur comme révélateur des aspects vibratoires des instruments, il a écrit, dans un style souvent violent, plus d'une vingtaine d'œuvres parmi lesquelles *Mélodie sur un thème de René Char* pour piano, baryton et flûte (1969), *Arsis et Thésis ou la Chanson du souffle* pour flûte basse sonorisée (1971), *Orchestre* pour grand orchestre et 3 trombones sonorisés (1972-73), *Clov et Hamm* pour trombone et tuba sonorisés, 1 percussionniste et 2 bandes magnétiques (1973), *Musique d'une musique* pour grand orchestre, œuvre de recherche sur la vibration par sympathie (1973), *Appels* pour 10 musiciens (1974), *Musique et musique* pour grand orchestre, avec 19 caisses claires mises en vibration par sympathie (1974-75), *Sons en circulation* pour cuivres et percussion (1976), *Concerto pour un piano-espace* pour piano, synthétiseur, instruments et 2 bandes magnétiques (1976-77), *Étude sur un piano-espace* pour piano et synthétiseur (1977), *Dans un espace souterrain* pour ondes Martenot, piano et synthétiseur (1977), *Voix dans un vaisseau d'airain, « Chant en escalier »* pour voix, flûte, cor et piano (1977), *Strettes tournantes-Migrations* pour ensemble instrumental (1978), *Ouverture pour une fête étrange* pour 2 orchestres et bande magnétique (1979), *Concerto pour un piano-espace n° 2* pour piano, ensemble instrumental et bande magnétique (1980), *Contrepoints irréels - Rencontres 2* pour 6 flûtes, orgue électrique, ondes Martenot, bande magnétique et 1 percussionniste (1980-81), *les Rires du Gilles* pour petit ensemble instrumental et bande magnétique (1981), *Arcades* pour alto et piano (1982), *Flux et Reflux* (1984).

LIADOV *(Anatoly Konstantinovitch)*, compositeur et pédagogue russe *(Saint-Pétersbourg 1855 - domaine de Polynovka, prov. de Novgorod, 1914)*. Il reçut les bases de sa formation musicale auprès de son père, chef d'orchestre du théâtre Marie de Saint-Pétersbourg, et apprit le piano avec sa tante V. Antipova. En 1870, il entra au conservatoire de Saint-Pétersbourg dans les classes de Beggrov et de Cross (piano), puis dans celles de Johannsen (théorie et écriture) et de Rimski-Korsakov (composition). Ses étonnantes capacités techniques étaient malheureusement entachées par une paresse inguérissable. En 1876, il fut exclu du conservatoire pour absentéisme, mais, réintégré deux ans plus tard, il obtint aisément son diplôme de composition avec la cantate *la Fiancée de Messine* d'après Schiller. À cette date, il était déjà l'auteur de nombreuses pièces pour piano, dont le recueil des *Birulki*. En 1878, il fut nommé professeur de théorie et d'harmonie au conservatoire. Par Rimski-Korsakov, il fit la connaissance des membres de l'ancien groupe des Cinq, puis fit partie du groupe Belaiev, réuni à partir de 1883 autour du riche mécène, et constitué d'élèves de Rimski, dont Glazounov. En 1885, il fut nommé professeur d'harmonie à la Chapelle impériale de Saint-Pétersbourg, dirigée par Balakirev et Rimski. Dans les dernières années du siècle, il s'occupa activement à rassembler et à adapter les chants populaires, dans le cadre d'études effectuées par la Société de géographie. Il publia plusieurs recueils avec accompagnement de piano : *10 Chœurs pour voix de femmes* (1899), *35 Chants du peuple russe* (1902), *50 Chants du peuple russe* (1903). En 1906, il orchestra 8 chants, dont il fit une suite.

Dans son œuvre, dont la majeure partie est écrite pour piano ou pour orchestre, Liadov est un miniaturiste, qui a le sens de l'effet instantané, du coloris, du contraste, mais manque de souffle et d'envergure. Ses pièces pour piano (intermezzos, préludes, arabesques, barcarolle) révèlent une influence de Schumann et, surtout, de Chopin, qui va parfois jusqu'au pastiche. Sa *Tabatière à musique*, en revanche, est une pièce fort originale et toujours appréciée des pianistes. Ses poèmes symphoniques *Baba-Yaga* (1891-1904), *Kikimora* (1909) et *le Lac enchanté* (1909) se sont également bien maintenus au répertoire.

Liadov s'y montre l'héritier de Rimski par son art d'évoquer l'insolite et le fantastique. Vers la fin de sa vie, il fut attiré par le mouvement symboliste. Il s'inspira de Maeterlinck (*Nénie* pour orchestre d'après *Aglavaine et Sélysette,* chœurs pour *Sœur Béatrice*), et écrivit une œuvre d'une grande puissance, *Extrait de l'Apocalypse* (1910-1912). Il se rapproche ainsi de Scriabine, mais sans en avoir le radicalisme. Entre 1881 et 1903, il orchestra des fragments de *la Foire de Sorotchintsi* de Moussorgski. Nombre de ses projets d'œuvres n'aboutirent pas. Ainsi, en 1909, il fut pressenti par Diaghilev pour composer l'*Oiseau de feu,* mais, devant son indécision, la commande échut à Stravinski.

LIDHOLM *(Ingvar),* compositeur suédois *(Jönköping 1921).* Les événements les plus importants de sa formation ont été ses cours avec H. Rosenberg, sa participation au groupe du Lundi *(Måndagsgruppen),* ses séjours à Darmstadt — les premiers effectués par un compositeur suédois —, et son stage avec l'important moderniste Mátyas Seiber, en Angleterre. Altiste, chef d'orchestre, personnalité en vue en Suède, Lidholm est, avant tout, un symphoniste, qui, parti d'un style proche de celui de C. Nielsen, a abouti à une forme très personnelle d'écriture, souvent agressive, voire explosive. Dans ses œuvres les plus marquantes, *Ritornell* (1955), *Riter,* ballet (1960), *Poesis* et *Nausikaa ensam* (1963), on peut remarquer son intérêt pour les problèmes d'organisation des timbres, de la dynamique, de l'équilibre entre les matériaux polyphoniques et mélodiques et son sens de leur utilisation dans une expression dramatique.

LIEBERMANN *(Rolf),* compositeur et directeur de théâtre suisse *(Zurich 1910).* Il étudia le droit, la direction d'orchestre avec Hermann Scherchen, dont il fut l'assistant à Vienne jusqu'en 1938, et la composition avec Vladimir Vogel, qui l'initia au dodécaphonisme. Il se fit connaître en 1947 par le dynamisme spectaculaire de son *Furioso* pour orchestre. Suivirent notamment un célèbre *Concerto pour jazz-band et orchestre* (1954) et le *Concert des Échanges, machines* (1964).

On lui doit aussi des ouvrages lyriques parmi lesquels *Léonore 40/45,* sur un texte bilingue franco-allemand transposant le sujet de l'opéra de Beethoven dans le contexte de la Seconde Guerre mondiale (Bâle, 1952), *Pénélope* (Salzbourg, 1954), et *l'École des femmes,* d'après Molière (Louisville, 1955 ; puis Salzbourg, 1957). Il prit, en 1950, la direction musicale de Radio-Zurich, et, en 1957, celle de la radio de Hambourg.

Devenu directeur de l'opéra de Hambourg en 1959, il en fit, en particulier sur le plan de la création et du répertoire contemporains, la première scène lyrique du monde, et réalisa 15 productions d'opéras pour le cinéma et la télévision. Il fut également l'instigateur du tournage du *Don Giovanni* de Losey (1978-79). En 1971, il fut nommé à la tête de la Réunion des théâtres lyriques nationaux à Paris, et occupa ces fonctions du 1er janvier 1973 au 31 juillet 1980. Durant cette période faste furent montés au palais Garnier et à la salle Favart, des *Noces de Figaro* (mars 1973) à *Boris Godounov* (juin 1980), 54 spectacles différents, parmi lesquels, sous la direction de Pierre Boulez, la création mondiale de la version « intégrale » en 3 actes de *Lulu* d'Alban Berg (24 février 1979). En 1982, il a mis en scène *Parsifal* à Genève.

LIGETI *(György),* compositeur autrichien d'origine hongroise *(Dicsöszentmarton, auj. Tirnaveni, Transylvanie, 1923).* Bien que de peu l'aîné de Boulez et de Stockhausen, György Ligeti ne s'affirma au premier rang des compositeurs actuels qu'une décennie environ après eux, vers 1960, après avoir quitté la Hongrie.

Élève de l'académie Franz-Liszt de Budapest de 1945 à 1949 (ses maîtres y furent Ferenc Farkas, puis Sandor Veress), il y enseigna l'harmonie, le contrepoint et l'analyse musicale de 1950 à 1956, après avoir effectué en Roumanie (1949-50) une tournée de recherches folkloriques, qui devait le conduire à privilégier la couleur sonore, le timbre, dans ses premières compositions. Durant ces années, il composa beaucoup, en général dans un style néobartokien, mais, aussi, sous l'influence de Berg : *Six Bagatelles pour quintette à vent* (1951-1953), *Premier Quatuor à cordes,* dit *Métamorphoses nocturnes* (1953-54). Il traversa ensuite une crise stylistique, dont témoignent plusieurs partitions inachevées, dont 2 fragments de requiem. Grâce à la radio, il put aussi entendre, à cette époque, plusieurs ouvrages de l'avant-garde occidentale.

Ayant quitté son pays à la suite des

J. Schmidt.

György **Ligeti.**

événements de 1956, Ligeti travailla avec Karlheinz Stockhausen, Herbert Eimert et Gottfried Michael König au Studio de musique électronique de Cologne, et, en 1957-58, y élabora 3 morceaux : *Glissandi,* qu'on ne devait jamais connaître, *Articulation* (création le 25 mars 1958), et *Atmosphères,* inachevé et à ne pas confondre avec la partition orchestrale ultérieure du même nom. Il s'imposa ensuite avec 2 partitions orchestrales tournant le dos, à la fois, à l'électroacoustique et au sérialisme : *Apparitions* (1958-59, création à Cologne le 19 juin 1960), dont la première partie avait été esquissée dès 1956, et, surtout, *Atmosphères* (1961), dont l'idée lui était venue dès 1950. Cette dernière œuvre, qui renonce d'une part aux percussions, d'autre part à la notion d'intervalles et de profils rythmiques perceptibles, est conçue sous le signe d'une micropolyphonie déterminée par des « surfaces de timbres » statiques d'étendues, de poids, de couleurs et d'épaisseurs très divers, le tout étant noté avec la plus extrême précision. Le compositeur poursuivit cette direction avec *Volumina* pour orgue (1962, vers. rév. 1966).

Dans le même temps, les *Trois Bagatelles* pour piano (1961), *Fragment* pour orchestre de chambre (1961, rév. 1964) et le *Poème symphonique* pour 100 métronomes (1962) affirmèrent une position stylistique opposée, qui trouva sa première grande manifestation dans *Aventures* (1962-63), devenu plus tard *Aventures et Nouvelles Aventures* (1966), action scénique imaginaire, composition phonétique sur des textes imaginaires, non sémantiques, pour 3 solistes vocaux et 7 instrumentistes. Par opposition au statisme continu d'*Atmosphères,* Ligeti parla à propos d'*Aventures* de « style haché ». À noter que ce style avait déjà été annoncé dans *Articulation.*

Une première synthèse des deux tendances fut atteinte dans le *Requiem* pour soprano, mezzo-soprano, 2 chœurs mixtes à 5 voix et orchestre (1963-1965) : l'*Introitus* et le *Kyrie* reprennent la technique d'*Atmosphères* et de *Volumina,* mais en y réintroduisant les notions de contrepoint et d'intervalle, et le *Dies irae* celle d'*Aventures,* tandis que le *Lacrimosa* retrouve celle du début de l'ouvrage. Le chœur *Lux aeterna* (1966) se rattache à l'*Introitus* et au *Lacrimosa* du *Requiem* tout en donnant plus d'importance à l'élément harmonique. Du *Concerto pour violoncelle* (1966), le premier mouvement s'inscrit dans la descendance d'*Atmosphères,* de *Volumina* et de *Lux aeterna,* le second dans celle d'*Aventures,* car là, « le violoncelle parle » (Ligeti). Une synthèse plus profonde encore fut réalisée en 1967 avec *Lontano* pour orchestre de cordes et de vents (sans percussion), où l'impression de continu résulte surtout de jeux harmoniques, de la « métamorphose graduelle de constellations d'intervalles » (Ligeti).

En une dizaine d'années, jusqu'à l'opéra *le Grand Macabre* (créé en 1978), se succédèrent des œuvres qui comptent parmi les plus jouées de Ligeti. *Étude n° 1 « Harmonies »* pour orgue date de 1967, *Continuum* pour clavecin de 1968. Dans le *Deuxième Quatuor à cordes* (1968), en 5 mouvements, apparaît — comme, déjà, dans le *Poème symphonique* pour 100 métronomes et dans *Continuum,* et comme, plus tard, dans le *Concerto de chambre* — une technique de superposition de plusieurs couches de « grillages de temps ». Les *Dix Pièces pour quintette à vent* (1968) forment une alternance de mouvements d'ensemble et de concertos de solistes en miniature. *Ramifications* pour orchestre à cordes à 12 voix ou 12 cordes solistes répartit cet effectif en 2 groupes accordés de façon nettement différente (un peu plus d'un quart de ton), et mène plus loin les déviations d'intonation voulues de certaines parties du *Requiem* et du *Deuxième Quatuor à cordes.* De 1969, également, date *Étude n° 2 « Coulée »* pour orgue. Dans le *Concerto de chambre* pour 13 instrumentistes (hommage indirect à Alban Berg), composé en 1969-70, se confirme la tendance à faire surgir, d'une trame continue plus ou moins statique, des contours mélodiques, des profils rythmiques et des harmonies perceptibles. Dans *Melodien* pour orchestre de chambre (1971), la même tendance aboutit presque à la linéarité. Le *Double Concerto* pour flûte, hautbois et orchestre (1972) oppose à un premier mouvement lent et statique un second mouvement virtuose et emporté, et explore plus avant les micro-intervalles, conçus, ici, comme intonations incertaines mises en relation avec des hauteurs fixes tempérées. *Clocks and Clouds* pour 12 voix de femmes et orchestre (1972-73), ouvrage se référant au philosophe Karl Raimund Popper, oppose des processus exactement mesurables (horloges) à des processus indéterminés descriptibles uniquement par les statistiques (nuages). *San Francisco Polyphony* pour orchestre (1973-74) fut écrit pour l'Orchestre symphonique de San Francisco à l'occasion de son quatre-vingtième anniversaire.

Avec l'opéra *le Grand Macabre,* com-

Exemple d'écriture musicale contemporaine :
Artikulation *de G.* ***Ligeti.*** *© B. Schott's Söhne, Mayence.*

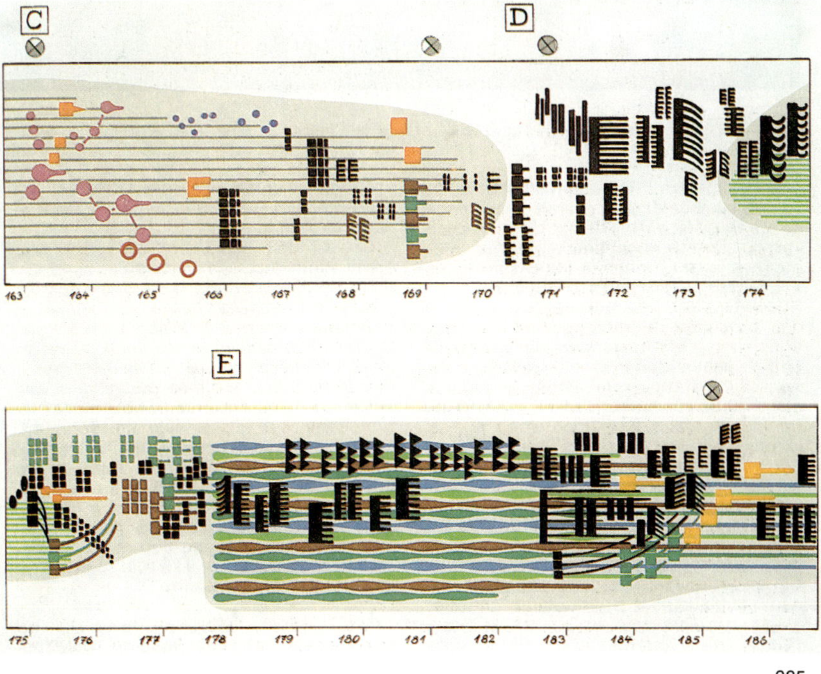

Bernand

Le Grand Macabre *de Gyorgy* **Ligeti,** *à l'Opéra de Paris en 1981.*

posé de 1974 à 1977 d'après la farce de Michel de Ghelderode intitulée *la Balade du Grand Macabre* (1934), Ligeti réussit l'articulation de vocabulaires parfois hétérogènes, ayant recours à l'occasion à des tournures néodadaïques (comme déjà dans *Aventures*) et d'une façon plus générale à des procédés de montages et de citations s'intégrant néanmoins dans un continuum acoustique finement travaillé dans sa mobilité. Cette œuvre ambitieuse a marqué dans sa carrière une étape importante. Depuis ou dans le même temps que *le Grand Macabre,* il a écrit *Six Miniatures* pour ensemble d'instruments à vent (1975), *Monument, Selbstportrait, Bewegung,* 3 pièces pour 2 pianos (1976), ainsi que *Passaglia ungherese* et *Hungarian Rock* pour clavecin (1978), qu'il considère comme des prises de position contre les courants néoromantiques et néotonaux actuellement en honneur en Allemagne, un *Trio* pour violon, cor et piano (1982), *Trois Fantaisies* pour chœur mixte à 16 voix d'après Hölderlin (1982-83), et *Études hongroises I, II* et *III* pour chœur a cappella (1983).

On lui doit également de nombreux écrits, parmi lesquels *Décision et automatisme dans la Structure la de Pierre Boulez* (1958), *la Dimension harmonique dans la première cantate d'A. Webern* (1960), *la Composition sérielle et ses conséquences chez A. Webern* (1961) et *Effets de la musique électronique sur mon œuvre de compositeur* (1970). Il a obtenu notamment le prix Beethoven de la ville de Bonn en 1967, la médaille d'honneur de l'université d'Helsinki en 1967 et le prix Bach de la ville de Hambourg en 1975. Il a enseigné à Darmstadt à partir de 1959 et à l'École supérieure de musique de Stockholm de 1961 à 1971, et occupe depuis 1972 une chaire de composition à l'École supérieure de musique de Hambourg.

LISZT *(Franz* [*Ferenc*]*),* pianiste et compositeur hongrois *(Raiding, près de*

Sopron, 1811-Bayreuth 1886). Il naquit d'un père hongrois, Adam Liszt, fonctionnaire du prince Esterházy et violoncelliste dans son orchestre, et d'une mère autrichienne, Anna Laager. L'origine hongroise des Liszt (à l'origine List) est d'autant plus douteuse que la famille venait probablement du canton de Neusiedl, et que sa langue usuelle était l'allemand.

Études et premiers succès. Tout jeune, Liszt fit, grâce à son père, la connaissance des œuvres de Haydn, Mozart et Beethoven. À dix ans, il partit pour Vienne (1821-1823), où il reçut l'enseignement de Salieri et de Carl Czerny, grand virtuose et dernier représentant de l'école viennoise de piano issue de Mozart, et où il se produisit en public en décembre 1822. De 1823 à 1835, Liszt vécut principalement à Paris, où il avait été emmené par son père, et où Cherubini lui refusa l'entrée de l'École royale de musique (conservatoire). Il fit ses débuts à Paris en mars 1824, et y devint l'élève de Paer et de Reicha pour la fugue et le contrepoint. Il composa alors à quatorze ans, en collaboration avec Paer, son opéra *Don Sanche ou le Château d'amour* (1824-25), et fit plusieurs tournées en Angleterre. Au retour de l'une d'elles, son père mourut brusquement à Boulogne (1827). C'est à cette époque que, pour la première fois, Liszt manifesta le désir d'entrer dans les ordres, vocation sincère qui devait surgir à nouveau plus tard.

Liszt rencontra vite le plus grand succès dans les salons parisiens. Il y fit la connaissance de Berlioz (1830), de Chopin et de Paganini (1831), qui, tous trois, devaient jouer un très grand rôle dans son évolution musicale. C'est ainsi qu'après avoir entendu Paganini il résolut de réaliser au piano les effets obtenus par celui-ci au violon. Il se lia également avec George Sand et Alfred de Musset. En 1834, sa rencontre avec la comtesse Marie d'Agoult (en littérature Daniel Stern) décida de sa carrière. De sa liaison avec elle naquirent trois enfants : Blandine *(1835-1862),* qui devait épouser Émile Ollivier ; Cosima *(1837-1930),* qui devait épouser Hans de Bülow, puis Richard Wagner, et Daniel, né en 1839 et mort de phtisie en 1859.

Une carrière itinérante. Mais la bonne société parisienne ne pardonna pas à Liszt cette union illégitime, et, après un court séjour à Genève, il entreprit une carrière itinérante de pianiste-virtuose — de loin le plus grand de son temps —, qui devait le mener dans toutes les capitales et dans toutes les grandes villes européen-

Portrait du jeune Franz ***Liszt*** *par François Pascal.*

Giraudon

Franz ***Liszt*** *par Lehmann. (Musée Carnavalet, Paris.)*

nes, jusqu'au cœur de la Russie. Durant cette période, il composa pour ses propres besoins une grande partie des *Rhapsodies hongroises* et des *Études d'après Paganini.* Il est d'ailleurs curieux de constater que ses programmes de récital ne comprenaient, outre ses œuvres et celles de Chopin (ainsi qu'une sonate de Scarlatti), que des pages de musique allemande.

En 1842, le grand-duc de Weimar le nomma Kapellmeister extraordinaire. Ainsi débuta une nouvelle période de sa vie et de sa production musicale. Après avoir failli devenir musicien français, il s'engagea résolument dans une synthèse culturelle franco-allemande très féconde sur le plan de la création. On peut dire que, à partir de ce moment, il fut « culturellement français, musicalement plutôt allemand, et, pourrait-on ajouter, sentimentalement plutôt hongrois » (Serge Gut). Ces années virent naître le chef-d'œuvre qu'est la *Sonate en « si » mineur* (1853), la *Faust symphonie* (1854-1857), la *Dante symphonie* (1855-56), la *Messe de Gran* (1855 ; rév. 1857-58) et bien d'autres grands ouvrages. Ce début de « germanisation » de Liszt fut essentiellement le fait de Marie d'Agoult, allemande par sa mère et élevée en partie à Francfort.

L'entrée en religion. Liszt finit par quitter la comtesse d'Agoult pour la princesse de Sayn-Wittgenstein, rencontrée lors d'un concert à Kiev en 1847, et qui devait devenir la grande égérie de la deuxième partie de sa vie, avant qu'il ne se décidât à entrer en religion. C'est elle qui le persuada de renoncer à sa carrière de pianiste-virtuose pour se consacrer uniquement à la composition. Durant ses années à Weimar, Liszt non seulement écrivit la majorité de ses œuvres les plus célèbres, mais monta et dirigea comme maître de chapelle d'innombrables ouvrages de ses contemporains, créant notamment *Lohengrin* de Wagner en 1850. À la tête d'un orchestre, il put écrire, réviser et expérimenter dans un domaine qu'auparavant il avait peu pratiqué (d'où notamment la série de ses poèmes symphoniques). En outre, il attira autour de lui un grand nombre d'élèves, parmi lesquels Hans de Bülow et Peter Cornelius. Weimar devint en quelque sorte le lieu de ralliement de l'avant-garde de l'époque.

À la suite d'une cabale menée contre lui et qui se transforma en incident, lors de la création du *Barbier de Bagdad* de Peter Cornelius, le 15 décembre 1858, Liszt démissionna de son poste à Weimar. Il ne quitta la ville qu'en août 1861, et, après un séjour à Paris, arriva à Rome en octobre. Ses espoirs d'épouser la princesse de Sayn-Wittgenstein s'étant évanouis, car le pape avait refusé de prononcer le divorce de cette dernière, il prit les ordres mineurs

Franz ***Liszt*** *par Miklós Barabás. (Musée national, Budapest.)*

Larousse

Franz **Liszt** *dirigeant, en première exécution, à Budapest, la* légende de sainte Élisabeth.

en 1865. Les convictions religieuses de l'abbé Liszt ont souvent été un sujet de plaisanterie, mais il reste que le compositeur, profondément croyant, devint homme d'église après que cette vocation l'eut accompagné toute sa vie. Il demeura installé à Rome jusqu'en 1869, et ce séjour marqua dans son évolution un jalon important, celui de sa découverte du répertoire vocal de la Renaissance, ce qui devait lui donner le goût des grandes œuvres religieuses. De ces années datent les splendides variations sur le thème de Bach, *Weinen, Klagen, Sorgen, Zagen* (1862), écrites sous le coup de la mort de sa fille Blandine, *Christus* (1862-1867), son plus bel oratorio, et la *Messe du couronnement* (1867).

Une « vie trifurquée ». À partir de 1869, et jusqu'à sa mort, le grand voyageur reprit la route, partageant son temps entre Rome, Weimar et Budapest : lui-même devait parler de sa « vie trifurquée ». À chacun de ces pôles correspondit alors une partie de ses activités. À Weimar, il redevint compositeur et chef d'orchestre au service des autres, il y fit créer en 1877 *Samson et Dalila* de Saint-Saëns. Rome fut pour lui un lieu de réflexion et de méditation mystique (il n'en perdit jamais le goût). Budapest, où il plaçait de vains espoirs et où sombrèrent définitivement ses prétentions de compositeur nationaliste, fut pour lui lieu d'ambiguïté. Lui, qui se définissait comme « moitié franciscain, moitié tsigane », et qui évoquait « cet étrange pays dont je me constitue le rhapsode », ne parlait pas le magyar ! À sa mort, le président du conseil hongrois devait même s'opposer au retour des cendres de ce grand compositeur hongrois.

Ces années, celles de sa vieillesse, Liszt sut les remplir de nouveaux chefs-d'œuvre : les très beaux *Jeux d'eau à la villa d'Este* (1877), que devait entendre par le compositeur lui-même, à Rome, le jeune Debussy médusé, *Via crucis* (1878-79), qui sont les 14 stations de la croix, la *3e Année de pèlerinage,* les pièces prophétiques pour piano que sont *Gondole lugubre* (1882), *Csardas macabre* (1881-82) ou la *Bagatelle sans tonalité.* Ces œuvres tardives ne devaient rencontrer pendant près d'un siècle qu'ironie et incompréhension, même de la part de Richard Wagner, gendre de Liszt, qui mettait leurs côtés visionnaires sur le compte de la sénilité et de l'abus d'alcool. Franz Liszt mourut de congestion pulmonaire, dans les bras de sa fille Cosima, à Bayreuth, le 31 juillet 1886, après avoir vu *Parsifal* le 23 et *Tristan* le 25, et en laissant une œuvre prophétique, dont le souffle n'est pas prêt de s'éteindre.

Une évolution remarquable dans l'histoire de la musique romantique. Une fois mises à part les œuvres de première jeunesse, influencées par Czerny, rien chez lui ne peut être comparé à la musique de son temps. Vers 1830 déjà (Liszt a dix-neuf ans), les premières mesures de *Malédiction* témoignent d'une audace qu'il devait conserver toute sa vie. De même, en 1834, il écrivit une des *Harmonies religieuses et poétiques* sans indication de tonalité et avec des changements de mesure de la plus moderne facture. Et cette évolution devait se poursuivre jusqu'aux dernières œuvres, qui rejoignent Schönberg ou Debussy. Liszt parcourt le XIXe siècle en ouvrant toutes grandes les portes aux bouleversements du XXe, et se révèle, de plus en plus, n'être pas uniquement le compositeur du *Rêve d'amour* ou de quelques galopantes et populaires *Rhapsodies hongroises*.

Des mille aspects de la légende de Franz Liszt, son amitié pour Richard Wagner est un épisode important. Pourtant, quelle différence de comportement entre les deux hommes, comme entre les deux compositeurs ! Il serait vain et inutile de revenir sur les problèmes de plagiat qui ont tant alimenté les discussions, mais, l'œuvre de Liszt sortant aujourd'hui du purgatoire,

Bulloz.

*Récital de Franz **Liszt,** à Budapest, devant la famille impériale. Tableau anonyme. Coll. Bösendorfer.*

*Franz **Liszt.** Gravure d'après Alexander, 1845. (Musée Carnavalet, Paris.)*

Erich Lessing-Magnum

il est amusant de découvrir que Richard Wagner, le révolutionnaire, n'était pas aussi audacieux qu'il se plaisait à le proclamer. À partir de *l'Or du Rhin* (1854), on remarque bien chez Wagner certaines libertés avec la tonalité, mais la conduite tonale reste toujours apparente. Ce n'est qu'avec *Tristan* (1859) qu'une certaine atonalité prend de l'importance, sans toutefois jamais rompre vraiment le fil tonal sécurisant. Dès 1854, Franz Liszt, en novateur acharné, prend au contraire le chemin de la polyharmonie — qui mènera à la suppression de la tonalité (1873) — tout en prévoyant un système impliquant les quarts de ton.

Il apparaît évident que, à sa mort, Liszt ouvrait la porte du XXᵉ siècle, alors que Wagner fermait celle du XIXᵉ. L'affirmation « Wagner, continuateur de Liszt » (Kœchlin) est une erreur fondamentale, due en partie à la négligence et à la méconnaissance de l'œuvre de Franz Liszt.

Liszt pianiste. Il fut considéré, de son temps, comme le plus grand virtuose sur son instrument, même si, un moment, on a voulu lui donner un rival en la personne de Thalberg. Sans doute avait-il au départ de très grandes facilités, une conformation des mains idéale ; mais, infatigable travailleur, il a su remettre en cause plusieurs fois sa technique et reprendre point par point les problèmes digitaux tels que les sauts d'octaves, les thèmes en accords, les trilles parallèles, qu'il maîtrisa alors comme nul autre, dépassant de loin ceux que l'on considérait alors comme modèles, Moschelès ou Cramer. Il ne faut pas oublier que le facteur Sebastien Érard, à Paris, en avait fait son protégé pour qu'il l'aidât à promouvoir le piano à double échappement. Ainsi, contrairement à Chopin qui travaille « à l'intérieur » du piano choisi comme lieu stable d'expression, Liszt aborde cet instrument dans une perspective expansionniste, comme pour conquérir de nouveaux espaces. Il parle d'ailleurs, quelque part, de la « puissance assimilatrice » du piano, qui, selon lui, est en même temps un « microthée », un « petit

Franz **Liszt** *photographié à la fin de sa vie.*

dieu » individu (ce qui pourrait définir la position de Chopin) et un « microcosme » (un petit monde), et cette idée cosmique du piano lui est plus propre. Tout le monde de la musique est appelé à s'y refléter : ainsi les fameuses « transcriptions » (symphonies de Beethoven, de Berlioz, lieder de Schubert, paraphrases d'opéras italiens, etc.) ne sont-elles pas seulement des morceaux brillants ; il n'a pas cherché à y traduire seulement la ligne musicale, mais la masse, la couleur, parfois aussi le texte et la voix absents, au besoin en rajoutant, sur la pure et simple « réduction pour piano », des détails de son cru. De telles réductions étaient alors d'un usage courant, pour prendre connaissance chez soi du répertoire symphonique. Liszt prend cette forme « domestique » et privée, et la transporte dans la salle de concert en la portant à un haut degré d'ambition — une ambition qu'on dirait presque d'appropriation passionnée —, car lui, qui vécut tant d'écouter et de soutenir la musique des autres et qui fut tant pillé lui-même, pouvait aimer brasser sous ses doigts le génie musical de ceux qu'il admirait, comme pour le faire sien.

Dévorateur et dévoré, Liszt compositeur ne connaît pas la stabilité, le recueillement pur où le projet musical et technique se referme sur lui-même dans une délicate perfection. Il y a toujours chez lui une dynamique d'amplification qui brise la symétrie. Son jeu de pianiste était, selon les témoignages, emporté, convulsif, passionné, « déchirant la mélodie » (Clara Wieck), « hardi, avec une petite part de clinquant » (Schumann). Certes, l'aigu du clavier, avec ces fameux trilles étincelants comme dans les *Jeux d'eaux à la villa d'Este* des *Années de pèlerinage,* brille chez lui d'un éclat particulier, insistant, qu'on peut trouver ornemental : il lui oppose souvent des basses profondes, et une mélodie large dans le médium jouée par un pouce ou les deux (technique d'écriture pianistique à trois étages relevée par Claude Rostand). Ce médium passionné, martelé, souvent oratoire, entre les abîmes d'une basse toujours inquiète et d'un aigu vertigineux et grisant, est souvent, chez lui, le lieu du « je », de l'expression individuelle — là où il se situe comme sujet, comme sensibilité tiraillée.

Par ailleurs, on sait quelle importance d'émulation eut pour lui Paganini (qui lui inspira des études d'après ses *Caprices*), bien plus que ses pseudo-rivaux pianistiques. Mais, là où Paganini brille en étoile inaccessible, Liszt se préoccupe de transmission, de communication, de pédagogie. On a pu dire que, si éblouissante qu'elle fût, sa technique pianistique était assez « naturelle » pour devenir peu à peu abordable par ses contemporains. Liszt peut également être considéré, dans le domaine du piano, comme le créateur du « récital de soliste », puisque Schumann lui-même note avec une sorte d'étonnement, en 1840, qu'il donne ses récitals « presque toujours seul ».

Mais c'est sans doute son expérience de l'improvisation pianistique au long cours qui lui a inspiré ses grandes audaces de forme, d'écriture, de sonorité, sa façon de renouveler le développement, jusque dans ses œuvres symphoniques. Ainsi beaucoup de ses œuvres semblent-elles chercher leur point d'appui dans le cours même de leur développement.

L'œuvre musicale. Pendant une grande période de sa vie, Liszt souffrit de n'être considéré que comme un virtuose égaré dans la composition — puisque telle était la réflexion que ses œuvres pouvaient inspirer, dès qu'elles avaient en elles quelque chose de bizarre ou de nouveau. S'il a vécu très tôt le succès, il a vécu aussi de bonne heure le malentendu qui l'accompagne — car ce malentendu, mot qu'il emploie lui-même, n'a lieu que s'il y a au moins apparence de succès, autrement, il n'y a qu'ignorance ou mépris. Très jeune — c'est lui qui le raconte —, il avait « testé » ce que vaut la sincérité du goût musical, en s'amusant à donner pour une composition de Beethoven quelques-unes de ses esquisses personnelles et en voyant alors une admiration automatique se manifester. Cruel apprentissage de la fragilité des critères qui valent à une musique d'être tenue pour chef-d'œuvre — et qui explique peut-être sa passion de rechercher chez ses pairs compositeurs le modèle d'une confiance en soi, qui, apparemment, lui faisait défaut.

Dans la mesure où, en tant que compositeur (un compositeur qui s'affirma plus fortement comme tel, indépendamment du

Manuscrit autographe, du prélude de la première ballade, *de Franz* ***Liszt.***

Larousse

virtuose, après 1850), Liszt avait à surmonter l'image du pianiste doué aspirant aux prestiges de la création, sans en avoir la vocation — il dut en faire plus que tous les autres, se montrer plus audacieux, imposer plus radicalement l'idée de sa volonté créatrice. Il fut un progressiste déclaré, lecteur passionné des Lamennais, Hugo, Byron, se nourrissant autant de littérature que de musique, et cherchant un « renouvellement de la musique par une alliance plus intime avec la poésie [...] un développement plus libre et pour ainsi dire plus adéquat à l'esprit de ce temps ». Quand il parle d'allier la musique avec la poésie, il a renoncé depuis longtemps à mettre un drame lyrique, voire des vers, en musique, sauf dans le domaine religieux. Son opéra de jeunesse, essai sans lendemain, semble avoir extirpé de lui toute ambition de s'exprimer sur la scène (son admiration pour Wagner en est d'autant plus forte). Il composera peu de lieder, et, dans le domaine religieux, préfère à la voix soliste le chant collectif. C'est à la musique sans texte, pour piano ou orchestre, que ce lecteur passionné demande de traduire la résonance en lui de ses lectures enivrées.

On a pu dire que son esthétique était ornementale, mais, en ce cas, elle fait de l'ornementation un principe dynamique de développement et d'amplification, et non un principe statique, comme avec Chopin, chez lequel l'ornementation est centripète, refermant la phrase musicale dans son mystère, alors que chez Liszt elle est centrifuge, poussant la mélodie, l'œuvre, l'inspiration en avant. L'aigu en particulier, zone traditionnellement ornementale, n'est pas chez Liszt une zone fragile et effleurée, c'est là qu'il met souvent son dynamisme, dans des frémissements et des ruissellements mystiques.

Chez lui, le poème symphonique, forme où il expérimenta beaucoup, est un projet moins descriptif que psychologique et impressionniste — il s'agit de faire résonner des impressions chez le destinataire, le confident à convaincre qu'est pour lui l'auditeur. Par ailleurs, Liszt recourut rarement aux formes toutes faites, à la symphonie, au quatuor, et, quand il fait une sonate pour piano, c'est une œuvre insolite, coulée dans le moule unique d'une forme cyclique d'un seul tenant. Cette sonate est d'ailleurs une des rares œuvres où il semble se cristalliser, alors qu'il ne cesse ailleurs de se dépenser.

« La basse continue est prise avec ruse au dépourvu et vaincue dans ses lignes ».
Caricature anonyme de Franz ***Liszt.*** *Coll. Haags.*

Gemeentemuseum, La Haye

Son identité, il croit la trouver un instant dans ses racines hongroises, mais il ne s'y arrête pas ; mais surtout dans le domaine de la musique religieuse, où il se considère comme sans rival à son époque : il y fait souvent vocation de simplicité, d'archaïsme, de rudesse antiornementale, en s'appuyant sur son étude de Palestrina, de Lassus, du Grégorien, etc. Pourtant, là, toujours une inquiétude perceptible, même dans ces monuments granitiques que se veulent des oratorios comme *Christus*.

Finalement, cette énergie mystique, c'est d'abord sur l'estrade du virtuose adulé, où l'ont placé le sort et la prophétie de Beethoven à son endroit, qu'il la dépense avec le plus de force de conviction. Dans maintes pages des *Années de pèlerinage,* ou, même, dans telle *Étude transcendante* ou telle page d'album, on trouve une conjonction unique de sens religieux et de délire de virtuosité, comme si l'élan de la difficulté physique portait les mouvements de l'âme. C'est à son piano qu'il se sait prophète d'idéal, qu'il prêche le mieux peut-être, alors que c'est là qu'on le considère en bateleur. Ses deux *Légendes* (1865) sont éloquentes, puisque consacrées aux deux saints qui portent son prénom. Saint François d'Assise parlant aux oiseaux, n'est-ce pas Franz Liszt prêchant en notes perlées et mettant dans la virtuosité — là où beaucoup d'autres n'ont voulu mettre que leur part mondaine, méprisée — tout son amour et son altruisme.

Pillée, dit-on, abondamment par Wagner, la musique de Liszt est, par excellence, celle de l'homme « mal assis », de celui qui ne sut jamais poser sa musique, l'installer, et la fit voyager, dans l'Europe parmi les hommes pour communiquer avec ses semblables par-delà le malentendu des succès mondains.

LITOLFF *(Henry),* pianiste et compositeur français *(Londres 1818 - Bois-Colombes 1891).* Fils d'un violoniste alsacien fait prisonnier par les Anglais pendant la guerre d'Espagne, il étudia avec son père et avec Moschelès, vécut en France, en Belgique et en Allemagne, et, en 1851, épousa la veuve de l'éditeur Gottfried Martin Meyer, deuxième de ses quatre femmes : la firme fondée par Meyer en 1828 prit alors le nom de Henry Litolff. En 1855, il devint maître de chapelle de la cour de Saxe-Cobourg-et-Gotha, et, en 1858, s'installa définitivement à Paris. Il continua à composer à partir de cette date, mais échangea sa carrière de pianiste pour celle de chef d'orchestre. On lui doit des œuvres scéniques comme *Die Braut von Kynast* (Brunswick, 1847) ou *Héloïse et Abélard* (Paris, 1872) et des œuvres instrumentales diverses, mais ses plus grandes réussites demeurent ses 5 *Concertos symphoniques* pour piano et orchestre. Le premier est perdu, les autres datent respectivement de 1844 et d'environ 1846, 1852 et 1867. Le *Scherzo* du quatrième bénéficie toujours d'une célébrité certaine. Henry Litolff reçut en dédicace le *1er Concerto pour piano* de Liszt.

Henry ***Litolff.***

P. Petit

Larousse

Pietro Antonio ***Locatelli.***

LOCATELLI *(Pietro Antonio),* violoniste et compositeur italien *(Bergame 1695 - Amsterdam 1764).* On suppose qu'il fut à Rome l'élève de Corelli. Son activité de virtuose le fit voyager en Europe occidentale (en Italie et en Allemagne notamment) jusqu'en 1729, date où il se fixa à Amsterdam. C'est là que devaient être éditées la plupart de ses œuvres. Naturellement influencé au début par le style de Corelli au niveau des formes pratiquées (*Concertos grossos* op. I, 1721), il les fit sensiblement évoluer, par la suite *(Sonates pour violon et basse, Sonates en trio),* tandis que son langage harmonique se personnalisait rapidement.

Sa technique du violon, dépassant les formules traditionnelles, en fait un prédécesseur de Paganini (recueil *L'Arte del violino,* avec les *24 Caprices,* 1733). Son utilisation des accords brisés, du démancher et des positions élevées apparaît particulièrement audacieuse pour son époque. Locatelli appartient à cette pléiade de compositeurs-violonistes italiens qui constituèrent une véritable ère du violon et de la musique pour cordes (Vivaldi, Tartini, Geminiani, Nardini). Toutefois, Locatelli ne se limita pas à son instrument ; on lui doit aussi 12 sonates pour flûte traversière et basse (1732). Il entretint une correspondance avec le padre Martini et fut un pédagogue recherché, auprès duquel se perfectionna, entre autres, Jean-Marie Leclair.

LOCKE *(Mathew),* compositeur et organiste anglais *(Devon ? v. 1621-22 - Londres 1677).* Il fit probablement ses études musicales à Exeter sous la direction de Edward Gibbons. Choriste à la cathédrale jusqu'en 1641, il servit par la suite dans l'armée royale, tout en poursuivant sa carrière de musicien. De retour à Londres peu après 1650, il y fut, sous le Commonwealth, un compositeur très en vue, s'adonnant à tous les genres pratiqués : *anthems,* hymnes, *ayres,* pièces instrumentales. À la Restauration, Charles II le nomma Composer in Ordinary.

Après la composition de sa *Collection of Songes made when I was in the Lowe Countries* (conservée en manuscrit) et la publication du *Little Consort of Three Parts* (1656) pour violes ou violons, Mathew Locke devint le compositeur le plus important pour l'histoire du théâtre musical en Angleterre avant H. Purcell. Son nom reste associé à un certain nombre d'œuvres théâtrales : Davenant lui confia le premier acte du *Siege of Rhodes* (1656), puis Locke composa la musique pour des versions de *Macbeth* (adaptation de Davenant, 1663), *The Tempest* de Thomas Shadwell (1667), *The Empress of Morrocco* de Elkanah Settle et pour une *Psyché* de Shadwell. Mais Locke est resté surtout célèbre pour le « masque » dramatique de James Shirley *Cupid and Death,* qu'il mit en musique, et qui fut représenté en 1653 et 1659. Le manuscrit conservé date de 1659 et contient également des compositions de Christopher Gibbons pour ce même spectacle. Après le *Comus* de H. Lawes, *Cupid and Death* constitue, avec *Venus and Adonis* de John Blow et *Didon et Énée* de H. Purcell, un pas important dans la création de l'opéra proprement dit en Angleterre.

LŒILLET, famille de musiciens belges originaire de Gand. — 1. **Jean Baptiste,** dit JEAN DE LONDRES *(Gand 1680 - Londres 1730).* Il fit ses études musicales à la maîtrise de la cathédrale de Gand, étudia l'orgue, le clavecin, la flûte, et enseigna ces diverses disciplines. En 1705, il fut engagé comme flûtiste à l'orchestre du Haymarket Theater de Londres. Il donna de nombreux concerts de flûte traversière, faisant connaître et apprécier cet instrument en Angleterre. Également compositeur, il écrivit plusieurs sonates en trio et des recueils d'exercices pour la flûte traversière et le clavecin (*Lessons,* v. 1712). Ces œuvres, dans lesquelles la maîtrise du contrepoint va de pair avec un sens mélodique très séduisant, se rattachent à l'esthétique française autant qu'au style concertant italien. Il avait constitué une importante collection d'instruments de musique, qu'il légua, en 1729, à ses cousins. L'anglicisation de son nom en « Lullie » créa des confusions avec celui de Lully.
— 2. **Jacques,** frère du précédent *(Gand 1685 - id. 1748).* Comme Jean-Baptiste, il fit ses études à la maîtrise de la cathédrale de Gand. Après avoir été musicien du prince électeur de Bavière, Max Emmanuel, il fit carrière en France. En 1715, il faisait partie de la Chambre du roi Louis XV à Versailles en qualité d'hautboïste. Pendant ses loisirs il pratiqua, dit-on, la magie et donna à la cour des séances d'illusionnisme.
— 3. **Jean-Baptiste,** dit L'ŒILLET DE GAND, cousin des précédents *(Gand 1688 - Lyon v. 1720).* Mort de bonne heure, il composa néanmoins 48 sonates pour flûte et basse, qui furent toutes éditées chez Roger à Amsterdam entre 1710 et 1717. Elles présentent un compromis entre la *sonata da chiesa* et la *sonata da camera.*

LOEWE *(Carl),* compositeur allemand *(Löbejün, près de Halle, 1796 - Kiel 1869).* Il étudia avec son père puis avec D. G. Türk à Halle. Nommé en 1820 organiste et cantor de la Jacobikirche de Stettin, il devait rester dans cette ville quarante-six ans, y remplissant également les fonctions de directeur général de la musique et de professeur au Gymnasium. Il donna des concerts de ses œuvres vocales à Vienne (1844), à Londres (1847), en Scandinavie (1851), en France (1857). Il fut, avant tout, un auteur de ballades pour voix avec accompagnement de piano ; *Erlkönig* (1818), sur le poème de Goethe (composé trois ans après le chef-d'œuvre du même nom de Schubert), fit sensation. Citons encore *Herr Oluf* (1821), *Trois Ballades* d'après Goethe, dont *l'Apprenti sorcier* (1832), *Heinrich der Vogler* (1836).

Loewe fut un peu à la musique ce que Ludwig Uhland fut à la littérature allemande. On lui doit aussi 5 opéras, dont *Die drei Wünsche* (1834), des oratorios, dont *Die Siebenschläfer* (1833), des cantates et motets, 3 sonates pour piano, 2 symphonies. Dans les ballades, de couleur souvent populaire, à l'accompagnement descriptif, la musique varie en général d'une strophe à l'autre pour répondre aux exigences du texte.

LOGOTHETIS *(Anestis),* compositeur autrichien d'origine grecque *(Burgas, Bulgarie, 1921).* Élève d'Erwin Ratz (théorie) et d'Alfred Uhl (composition) à Vienne, il a travaillé en 1957 au Studio de musique électronique de Cologne avec Gottfried Michael König, et développé, à partir de 1958, un système original de notation graphique (*cf.* ses écrits *Notation mit graphischen Elementen,* Salzbourg, 1967 ; *Zeichen als Agregatzustand der Musik,* Vienne, 1974). De 1950 à 1960, il a écrit, surtout, des œuvres de chambre et d'orchestre en notation traditionnelle et d'obédience sérielle. Parmi ses ouvrages en notation graphique, les ballets *Himmelsmechanik* (1960), *5 Porträte der Liebe* (1960) et *Odyssee* (1963), les œuvres de théâtre musical *Party* (1961) et *Karmadharmadrama* (1961-1968), et *Entomology-party,* écrit pour la radio (1972). Citons encore *Klangfelder und Arabeske* pour piano et bande magnétique ou orchestre de chambre (1976), et *Daidalia oder Das Leben einer Theorie* (*Daidalia ou la Vie d'une théorie,* 1977), qui relève du théâtre musical.

LORTZING *(Albert),* compositeur allemand *(Berlin 1801* - id. *1851).* Il apprit les rudiments de la théorie musicale à la Singakademie de Berlin, mais se forma essentiellement en autodidacte. Ses parents, acteurs de théâtre, l'initièrent à la scène dès l'âge de onze ans. Ayant développé une voix agréable, il fut vite employé comme chanteur et comme acteur. Ayant épousé en 1823 l'actrice Rosina Ahles, il fut engagé avec elle au Théâtre de Cologne, où l'année suivante on représenta son premier singspiel *Ali pascha von Janina.* De 1826 à 1833, le couple appartint à la troupe du théâtre de cour de Detmold.

Lortzing continua à composer des œuvres qu'il interprétait lui-même, chantant et même jouant du violoncelle dans l'orchestre. En 1823, il fut engagé, avec sa femme, au Théâtre municipal de Leipzig. Il devait y rester douze ans, ses ouvrages lui gagnant peu à peu une grande réputation, sans lui ouvrir pour autant les portes du milieu musical dans lequel évoluent Mendelssohn et Schumann. De cette époque datent ses succès les plus populaires : *Zar und Zimmermann* (1839) et *Der Wildschütz* (1842). En 1844, il fut nommé maître de chapelle, mais perdit son poste l'année suivante. Il tenta alors une œuvre plus ambitieuse : l'opéra romantique *Undine* (1845), représenté à Hambourg et à Magdebourg avec un succès limité. À défaut d'invention musicale originale, on y trouve un lyrisme assez convaincant avec une utilisation précoce des leitmotive. En 1846, les Lortzing s'installèrent à Vienne, où la chance sembla revenir avec *Der Waffenschmied.* Devenu maître de chapelle au Teater an der Wien, le musicien perdit encore cette situation au bout de deux ans. La même mésaventure lui arriva à Leipzig, où il retourna en 1846. Après de nouvelles difficultés, il obtint une position médiocre de directeur musical dans un petit théâtre de Berlin. C'est là qu'il mourut dans une misère relative. Sans avoir jamais conquis une gloire au-delà des frontières de son pays, Lortzing a, cependant, conservé jusqu'à nos jours la faveur du public populaire allemand. Ses œuvres mêlent en effet heureusement la tradition du singspiel à celle de l'opéra-comique français.

LOTTI *(Antonio),* compositeur italien *(Venise ou Hanovre 1666-67 - Venise 1740).* Son lieu de naissance est incertain, par suite de la position de son père, maître de chapelle à Hanovre. En 1683, il est élève de Legrenzi à Venise et fait partie du chœur de la basilique Saint-Marc, dès sa formation en 1687. À part un voyage à Dresde, de 1717 à 1719, consacré à l'opéra, il restera toute sa vie à la basilique, d'abord comme chanteur et organiste (assistant du second organiste en 1690, second organiste en 1692 et premier organiste en 1704), puis comme maître de chapelle de 1736 jusqu'à sa mort. Il enseigne également à l'*Ospedale degli Incurabili.*

Néanmoins, Lotti consacre la première partie de sa carrière créatrice à l'opéra. Dès 1692, il fait représenter à Venise *Il Trionfo dell' innocenza* et sa production dans ce domaine est particulièrement riche dans les dix années précédant son voyage à Dresde. Il obtient un grand succès en Allemagne, avec, tout d'abord, *Giove in Argo* (1717), puis *Li Quatro Elomonti* (1719). Son style, fondamentalement vénitien, trahit cependant une forte influence de l'opéra napolitain en plein essor, en particulier dans la forme.

Malgré sa réussite à Dresde, Lotti abandonne définitivement le domaine de l'opéra à son retour à Venise, pour se consacrer à la musique sacrée. Sa production comprend des oratorios et de très nombreux motets, messes, psaumes, magnificat, miserere, etc. Son style, sévère et dépouillé, montre une grande maîtrise de la polyphonie. Très attentif au texte, il préfère une écriture *a cappella* et n'hésite pas à recourir au chromatisme dans un but expressif. Ses œuvres, célèbres, resteront longtemps au répertoire de la basilique, en particulier l'extraordinaire *Miserere* en *ré* de 1733. Il est également l'auteur d'un certain nombre de pièces vocales profanes (cantates et madrigaux), dont un recueil de *Duetti, terzetti e madrigali,* publié en 1705. Enfin, son rôle pédagogique est loin d'être négligeable, et on compte parmi ses élèves Benedetto Marcello, Domenico Alberti et Baldassare Galuppi.

LOUCHEUR *(Raymond),* compositeur français *(Tourcoing 1899 - Nogent-sur-Marne 1979).* Élève de Vincent d'Indy et de Nadia Boulanger, il fut nommé en 1925 professeur de musique dans des écoles parisiennes, et obtint en 1928 le premier grand prix de Rome pour sa cantate *Herakles à Delphes.* Il fut inspecteur de l'enseignement musical dans les écoles de Paris et du département de la Seine (1940), puis inspecteur général de l'éducation musicale dans les lycées et collèges de France (1946). De 1956 à 1962, il dirigea le Conservatoire national de Paris, où il a laissé le souvenir d'une administration particulièrement rigide. Toutes ces activités ne l'ont pas détourné de sa carrière de compositeur. Musicien au style audacieux et incisif, il a signé de nombreuses œuvres vocales (*Cinq Poèmes de Rainer-Maria Rilke,* 1957) ; des partitions de musique de chambre ; des œuvres concertantes (*Concerto pour violon,* 1963 ; *Concerto pour violoncelle,* 1967 ; *Concertino pour percussion,* 1963), et des œuvres orchestrales, dont 3 symphonies (1932, 1944, 1970) aux élans rythmiques vigoureux, et la célèbre *Rhapsodie malgache* (1945). Il n'aborda le théâtre qu'une fois, avec un ballet inspiré d'un récit d'Edgar Poe, *Hop-Frog,* créé avec succès à l'Opéra en 1953.

Raymond **Loucheur.**

Lipnitzki

LOUIS-FERDINAND DE PRUSSE, pianiste et compositeur allemand *(Friedrichsfelde, près de Berlin, 1772 - Saalfeld 1806).* Neveu du roi Frédéric II, ce prince développa très tôt des talents de pianiste, qui ne furent pas découragés par sa famille, et qui firent l'admiration de Beethoven à Berlin en 1796. Sa carrière militaire fut également brillante, surtout pendant les campagnes de 1792 à 1795, mais, après cette date, il souffrit à la fois de son inactivité sur ce plan, due à la neutralité prussienne, et de voir l'Allemagne succomber à l'influence napoléonienne. Il fut mortellement blessé à la bataille de Saalfeld. En 1804 s'était joint à son entourage, comme professeur de composition et comme ami-confident, Jan Ladislav Dussek* (V. ÉLÉGIE* HARMONIQUE). Comme compositeur, Louis-Ferdinand fut un représentant typique du romantisme allemand en ses débuts. Ses œuvres, presque toutes du genre piano seul ou musique de chambre avec piano, furent accueillies en leur temps au même titre, et avec la même faveur, que celles de Weber ou Hummel, et régulièrement jouées jusque vers le milieu du XIXe siècle. Citons le quintette avec piano en *ut* mineur op. 1 (1803), ou encore les trios avec piano en *la* bémol op. 2 (1806) et en *mi* bémol op. 3 (1806). Treize numéros d'opus, dont la plupart posthumes, furent publiés jusqu'en 1823. Il reçut en dédicace le *Concerto pour piano n° 3* op. 37 de Beethoven.

LOURIÉ *(Arthur),* compositeur américain d'origine russe *(Saint-Pétersbourg 1892-Princeton 1966).* Il fit ses études au conservatoire de Saint-Pétersbourg, puis en autodidacte. Il fut directeur de la section musicale du Commissariat du peuple lors de la Révolution. Il se fixa à Paris de 1924 à 1940, puis aux États-Unis en 1941. Il se libéra de l'influence de Debussy, Stravinski et Schönberg au bénéfice d'une expression personnelle qui se réfère à la musique liturgique orthodoxe, avec le souci de la primauté mélodique. D'inspiration généralement religieuse ou philosophique, son œuvre doit sa séduction à la sincère adaptation des modes et du plain-chant grégorien à la sensibilité contemporaine. « Musique grave jusqu'à une sorte d'austérité, mais belle comme la nuit et la solitude », en a dit Julien Green. Son journal musical *Profanation et sanctification du temps* (Paris, 1966) contient d'intéressants documents sur la vie artistique entre 1910 et 1960.

LOUVIER *(Alain),* compositeur français *(Paris 1945).* Élève au Conservatoire de Paris, il y a obtenu neuf premiers prix, dont un de composition, un d'analyse musicale (chez Olivier Messiaen) et un de clavecin. Il fut premier second grand prix de Rome en 1967, et premier grand prix de Rome en 1968.

Devenu directeur du conservatoire de Boulogne-Billancourt, il a commandé à divers compositeurs des œuvres destinées à de jeunes instrumentistes. Il a obtenu le prix Honegger en 1975. Comme compositeur, il s'est beaucoup préoccupé de renouveler la technique pianistique (ainsi que celle du clavecin), notamment en attribuant aux instrumentistes un rôle de mime-acteur, et s'est intéressé aux micro-intervalles. Dans ses diverses *Études pour agresseurs,* pour formations variées, il a exploré, en particulier, de nouveaux modes d'attaque. Il en va de même dans *le Clavecin non tempéré* (1979). Il a écrit *Duel* pour 2 à 5 percussionnistes (1971), *Houles* pour ondes Martenot, percussion et piano (1971), *7 Caractères d'après La Bruyère* pour piano et ensemble (1972), *Canto di Natale* pour voix et instruments (1976), *Messe des Apôtres* (1978), *Casta Diva* pour le spectacle Béjart à l'I. R. C. A. M. (1980).

LÜBECK *(Vincent),* organiste et compositeur allemand *(Paddingbüttel, près de Brême, 1654-Hambourg 1740).* Fils d'organiste, il reçut son éducation musicale à Flensburg, avant d'être nommé maître de tribune à Stade en 1675. En 1702, il devint organiste de l'église Saint-Nicolas de Hambourg (où il disposait d'un orgue nouvellement construit par le célèbre facteur Arp Schnitger) et il devait garder cette charge importante jusqu'à sa mort. Durant sa longue existence, il a beaucoup écrit pour son instrument, cultivant, outre la fantaisie sur le choral, la toccata fuguée dans le style de Buxtehude. Dans l'unique œuvre imprimée de son vivant, la *Clavier-Übung* de 1728, comme dans ses 7 grandes *Toccatas,* il apparaît, avant tout, comme un compositeur du XVIIe siècle, même si les toccatas en *ut* mineur et *fa* majeur sont traitées en diptyque, dans un esprit plus moderne.

Tempérament soucieux d'équilibre et de rigueur formelle, Lübeck a également écrit pour la voix, et 3 cantates sont parvenues jusqu'à nous, ainsi que 1 cantique pour la fête de Noël *(Willkommen süsser Braütigam)* et 1 *Motet* concertant *(Gott, wie herrlich ist dein Name).*

Remarquable pédagogue, Lübeck a formé de nombreux élèves, dont deux de ses fils.

LULLY ou **LULLI** *(Jean-Baptiste),* compositeur français *(Florence 1632-Paris 1687).* Fils d'un meunier, il vient à Paris conduit par Roger de Lorraine, cousin de mademoiselle de Montpensier, qui désirait apprendre l'italien, et entre au service de celle-ci (1645). À la fin de la Fronde, il passe au service du jeune roi (1652), comme violoniste et danseur, et prend part à la composition des ballets de cour. Dès 1653, il a le titre de compositeur de la musique instrumentale. La première partie de sa carrière est entièrement consacrée à la musique de ballets, et il ne compose de musique vocale que, uniquement, italienne (ballet de *l'Amour malade,* en collaboration avec Benserade pour l'opéra de Marazzoli, 1657, d'*Alcidiane,* 1658, de *la Raillerie,* 1659). Lors des représentations d'opéras italiens commandés par Mazarin (*Xerxès,* 1660 et *Ercole amante,* 1662, de F. Cavalli), il insère dans l'œuvre italienne des ballets qui remportent un grand succès. Naturalisé, marié à la fille du compositeur Lambert, il prend le titre de surintendant et compositeur de la Chambre le 16 mai 1661. À partir de 1664, parallèlement aux

Jean-Baptiste **Lully.** *Portrait anonyme. (Musée Condé, Chantilly.)*

grands ballets de cour auxquels il donne une ampleur et une homogénéité de conception plus grandes (ballets des *Amours déguisés,* 1664, de *la Naissance de Vénus,* 1665, des *Muses,* 1666, de *Flore,* 1669), il collabore avec Molière et crée avec lui le genre de la comédie-ballet (*le Mariage forcé,* 1664 ; *la Princesse d'Élide,* 1664 ; *l'Amour médecin,* 1665 ; *le Sicilien,* 1667 ; *George Dandin,* 1668 ; *Monsieur de Pourceaugnac,* 1669 ; *le Bourgeois gentilhomme,* 1670). Le style de Lully, bien que toujours marqué par l'Italie et avec une dominante comique, se francise peu à peu et atteint, dans certaines pages, au lyrisme. En 1671, il crée, avec Molière, Corneille et Quinault, la tragédie lyrique de *Psyché,* qui constitue un pas important vers l'opéra. Lully rachète alors le privilège, récemment accordé à Perrin et Lambert, par la création d'une Académie d'opéra (1672), rompt avec Molière et s'attache Quinault comme librettiste.

Armide *de* **Lully** *et Quinault, 1677. Décor de Bérain. (Victoria and Albert Museum, Londres.)*

Décor de Bérain pour Thésée *de* ***Lully*** *(acte V, scène IV).*

Détenteur d'un privilège qui lui donne un pouvoir illimité sur toute musique de théâtre, il va créer chaque année un opéra nouveau, sous le titre de tragédie lyrique : *Cadmus et Hermione,* 1673 ; *Alceste,* 1674 ; *Thésée,* 1675 ; *Atys,* 1676 ; *Isis,* 1677. *Psyché* et *Bellérophon* (1678 et 1679) auront exceptionnellement Thomas Corneille pour librettiste. De nouveau avec Quinault, il compose *Proserpine* (1680), *Persée* (1682), *Phaéton* (1683). Avec *Amadis* (1684), il quitte les sujets mythologiques pour ceux de l'épopée, qu'il poursuit avec *Roland* (1685) et son chef-d'œuvre, *Armide* (1686). Il meurt d'une blessure accidentelle (1687), faite en dirigeant le *Te Deum* pour la guérison de Louis XIV. Homme d'une grande vivacité d'esprit, danseur et chorégraphe, compositeur, imprésario, homme d'affaires, homme de cour, doué d'une ambition sans limites, Lully a régné d'un pouvoir absolu sur la musique de son temps, et l'a marquée de son génie impulsif, et de son sens de l'organisation.

L'art de Lully est essentiellement fait de synthèses successives : son génie est celui d'un ordonnateur, d'un coordinateur. D'abord compositeur italien, il assimile l'art instrumental et vocal français, et conçoit son propre style à partir de la fusion des deux traditions. Au goût français pour les formes chorégraphiques, il apporte une précision et une clarté de structure et d'écriture plus grandes. Il simplifie l'art vocal, l'opposant ainsi à la tradition de l'air de cour et à l'ornementation instrumentale. De la tradition italienne, il retient le *recitativo* et tente, dès ses ballets de cour, son adaptation dans le cadre de l'air à la française. Avec la comédie-ballet, il essaie une fusion d'un autre ordre : celle du ballet traditionnel, avec une action dramatique suivie. Enfin, la création de l'opéra permettra une synthèse plus vaste encore des genres appréciés du public français (le ballet, la comédie, la grande tragédie surtout). La grande innovation due à Lully est la création du récitatif français, calqué sur les impulsions de la déclamation oratoire et singulièrement adapté à la langue. Il est remarquable que les scènes dramatiques les plus importantes de ses tragédies lyriques soient traitées en forme de récitatif, et non en forme d'air. Chaque opéra est ainsi organisé autour d'une action dramatique traitée en récitatif, enserrant de vastes divertissements chantés et dansés issus de l'ancien ballet de cour, dont ils gardent l'esprit et la structure. C'est là surtout que se rencontrent les airs, généralement de forme binaire, issus de l'air de cour. L'évolution de l'opéra lullyste, de *Cadmus* à

Pluton, personnage de Proserpine, *tragédie lyrique. Livret de Quinault et musique de* ***Lully.*** *Maquette de Jean Bérain. (Musée du Louvre, Paris.)*

Bulloz

LE TRIOMPHE
DE
L'AMOUR,
BALLET ROYAL,
MIS EN MUSIQVE
Par Monſieur DE LVLLY, Sur-Intendant de la Muſique du Roy.

A PARIS,
Par CHRISTOPHE BALLARD, ſeul Imprimeur du Roy pour la Muſique, ruë Saint Iean de Beauvais, au Mont Parnaſſe.
Et ſe vend à l'Entrée de la Porte de l'Academie Royale de Muſique ruë Saint Honoré.

M. DC. LXXXI.
AVEC PRIVILEGE DE SA MAIESTE.

Page de titre de la partition du ballet royal le Triomphe de l'Amour *de* ***Lully*** *(1681).*

Armide, se fait néanmoins dans le sens d'une accentuation du caractère mélodique de ce récitatif. Du ballet, l'opéra conserve aussi une prédilection pour l'emploi des chœurs, beaucoup plus nombreux que dans l'opéra italien.

Le style et l'écriture de Lully sont aussi d'un architecte : grandes lignes simples, harmonie peu recherchée, procédant par vastes plans contrastés, dramatiquement efficaces. Même clarté et même puissance dans son écriture instrumentale, qui s'épanouit dans les symphonies descriptives, dans les ouvertures et interludes, dans les nombreuses pièces chorégraphiques qui prennent parfois des dimensions architecturales. Les amples chaconnes et passacailles de *Phaéton,* d'*Amadis,* d'*Armide* sont parmi les premières grandes pages symphoniques de l'histoire de la musique.

La musique sacrée de Lully (grands motets pour la chapelle royale : *Miserere, Dies irae, Te Deum*) témoigne des mêmes qualités dramatiques, et représente de vastes fresques décoratives et oratoires.

L'influence de Lully en France, et hors de France, a été considérable. L'opéra à la française ne modifiera rien à l'essentiel de ce que le surintendant avait conçu et conservera la même structure d'ensemble, la même conception du récitatif, jusqu'à Rameau inclus. Si cette musique vocale est trop liée à la langue pour avoir eu un impact important à l'étranger, en revanche, les formes instrumentales, la danse et le type d'ouverture qu'il a créé se retrouveront dans toute l'Europe, jusque chez Haendel, Telemann et J.-S. Bach.

LUTOSLAWSKI *(Witold),* compositeur polonais *(Varsovie 1913).* Il apprit le piano à Varsovie dès l'âge de six ans, le violon à treize ans, et fit ses études musicales au conservatoire de cette ville (1932-1936), auprès de Witold Maliszewski pour la composition et Jerzy Lefeld pour le piano. L'audition de la *3e Symphonie* de Karol Szymanowski lui causa une impression des plus profondes. La révélation du Stravinski de la première période et du Roussel de la *3e Symphonie* détermina son orientation vers la musique contemporaine. Les plus représentatives de ses partitions d'avant la Seconde Guerre mondiale restent la *Sonate pour piano* (1934), la *Double Fugue pour orchestre* (1936) et surtout les *Variations symphoniques* (1936-1938), où se révèle un sens inné de la forme concise et équilibrée, du raffinement harmonique et instrumental. Fait prisonnier au cours de la campagne de Pologne de 1939, il s'évada et regagna Varsovie, ville où il passa les années d'occupation à jouer du piano dans des cafés pour gagner sa vie. C'est l'époque des *Variations sur un thème de Paganini* pour deux pianos et de l'ébauche de la *1re Symphonie,* où ressort l'influence d'Albert Roussel. Les années 1945-1955, au cours desquelles l'activité créatrice en Pologne fut étouffée, virent le compositeur se consacrer à des œuvres pour les écoles, les théâtres, à des pièces radiophoniques, et à des études sur le folklore polonais. De cette période datent les *Mélodies populaires pour piano* (1945), la *Petite Suite pour orchestre* (1950), le *Triptyque silésien* pour soprano et orchestre (1951), les *Bucoliques* pour piano (1952), les *Danses préludes* pour clarinette et petit ensemble (1955). La *1re Symphonie,* terminée en 1947, fut créée en 1948. Le *Concerto pour orchestre* (1950-1954) montra ensuite pour la première fois de quelle ampleur de conception le compositeur était capable.

Indépendant par rapport aux modes éphémères, Lutoslawski se forgea peu à peu un langage personnel, à l'opposé de tout système. Une étape importante de cette évolution fut franchie avec la *Musique funèbre pour orchestre à cordes* (1958), au retentissement mondial. De la même époque date le cycle, d'une exceptionnelle délicatesse de touche, des *Cinq Mélodies* pour voix de femmes et piano, sur des poèmes de Kazimiera Illakowicz (1956-57) : il en existe une version pour mezzo-soprano et 30 instruments.

Cofondateur du festival d'automne de Varsovie, Lutoslawski est devenu vice-président de la Société internationale de musique contemporaine, il a donné des cours de composition et a entrepris une carrière

Witold **Lutoslawski.**

Ambassade de Pologne

de chef d'orchestre, dirigeant principalement ses propres œuvres. La meilleure manière de les découvrir est d'en suivre l'évolution chonologique à la suite de la *Musique funèbre,* qui avait marqué l'abandon de la tonalité et l'adoption du total chromatique. Après les *Trois Postludes* pour orchestre (1958-1960), le musicien a abordé, avec les *Jeux vénitiens* (1961), l'écriture « aléatoire contrôlée », où la liberté de chaque instrumentiste est réduite au tempo, ce qui n'affecte en rien la forme ou la couleur de la composition. Le compositeur a déclaré avoir opté pour la technique aléatoire dans le but de restaurer le plaisir de faire de la musique, d'obtenir une musique fluide, constamment changeante, un enrichissement rythmique, l'introduction de nuances capricieuses et la richesse d'un jeu soliste dans le cadre d'un ensemble orchestral ou vocal. De 1962-63 date le premier grand chef-d'œuvre du maître, les *Trois Poèmes d'Henri Michaux* pour chœur à 20 parties réelles et ensemble instrumental.

Très sensible au problème de la réceptivité de la musique par le public, ce compositeur d'une grande concision de pensée a défini comment il avait intégré son langage en des formes différentes de celles des classiques, évitant de saturer l'auditeur dès le début d'une œuvre : « J'ai trouvé une formule, où le début d'une œuvre est une préparation à une expérience fondamentale placée à la fin de l'œuvre. C'est une forme consistant en une série d'épisodes, placés au commencement, enchaînés ou non, et en un seul mouvement fondamental placé à la fin de l'œuvre. » C'est la forme des *Jeux vénitiens,* du *Quatuor à cordes* (1964) ou de la *2e Symphonie* (1966-67). Celle-ci comporte une courte introduction, *Hésitant,* suivie d'un second mouvement très développé, *Direct.* La pleine maturité de son art a été atteinte avec le *Livre pour orchestre* (1968) et le *Concerto pour violoncelle* (1970), dédié à Mstislav Rostropovitch, et qui emprunte ses situations au théâtre. Des éléments sont énoncés par un instrument et un groupe d'instruments intervient, dérangeant cet instrumentiste. On peut parler d'action en musique, mais cette œuvre dramatique ne comporte pas de programme défini. À la suite des *Poèmes d'Henri Michaux,* le musicien a conçu de nouvelles œuvres vocales sur des textes français, les *Paroles tissées* pour ténor et

Page autographe de **Luzzaschi** *pour un* Madrigal *(Rome, 1601).*

Crea

orchestre d'après Jean-François Chabrun (1965) et les *Espaces du sommeil* (1975) pour baryton et orchestre, sur des poèmes de Robert Desnos, dédiés à Dietrich Fischer-Dieskau. Le choix du français lui a été dicté par son amour du chant dans cette langue et le besoin qu'il ressentait de faire appel à une langue très internationale. Lutoslawski a, en outre, composé *Préludes et fugue* — 7 préludes et 1 seule et vaste fugue pour 13 instruments à cordes — (1972) ; *Mi-Parti* (1976) et *Novelette* (1978-79) pour orchestre ; une *Épitaphe pour hautbois et piano* (1979), un *Double Concerto pour hautbois, harpe et orchestre de chambre* (1980), et une *3e symphonie* (1983). Il est membre honoraire de plusieurs académies mondiales et titulaire de nombreux prix.

LUZZASCHI *(Luzzasco),* organiste et compositeur italien *(Ferrare v. 1545-id. 1607).* Élève de Cyprien de Rore, il fit toute sa carrière dans sa ville natale, au service du duc Alphonse II d'Este dès 1571. Il y apparaît comme organiste, maître de chapelle et organiste de l'Académie de la Mort. Frescobaldi fut le plus illustre de ses élèves.

Luzzaschi publia de nombreux recueils : 7 livres de *Madrigali a 5 voci* (1571-1604), *Madrigali per cantar e sonare a uno, e doi, e tre soprani* (1601), des *Sacrae cantiones a cinque voci* (1598), des *Ricercari* instrumentaux dont certains perdus. Ses madrigaux pour 1 à 3 voix s'affranchissent de la polyphonie rigoureuse pour tendre vers l'air accompagné. Quant aux madrigaux à 5 voix, ils montrent un usage croissant du chromatisme pour souligner l'expression des poèmes chantés.

C'est autour de Luzzaschi que se développa l'école des « chromatistes », qui devait profondément impressionner Gesualdo lorsqu'il se rendit à Ferrare pour y épouser Éléonore d'Este.

M

MacDowell *(Edward),* compositeur et pianiste américain d'origine écossaise *(New York 1861 -* id. *1908).* Il fit ses études à Paris (Savard et Marmontel) et à Francfort (Joachim Raff). Il débuta comme professeur à Darmstadt en 1881. Sur le conseil de Liszt, il se consacra à la composition dès son retour aux États-Unis. Les deux concertos pour piano et orchestre écrits pendant ses années d'études l'avaient déjà rendu célèbre et c'est également au piano qu'il confia alors ses quatre sonates (sous-titrées *The Tragica* [1893], *The Eroica* [1895], *the Norse* [1900] et *The Keltic* [1901]), ses douze études de virtuosité, son étude de concert et les *Woodland Sketches* (1896), pièces très romantiques d'inspiration et d'écriture où sa sympathie pour Grieg se révèle fréquemment, à côté d'autres influences telles que celles de Wagner, Liszt ou Mendelssohn.

Nommé professeur à l'université de Columbia, il concilia pendant huit ans les obligations de sa charge avec la composition de son œuvre, manifestant un grand intérêt pour la musique populaire et spécialement les thèmes indiens que lui avait révélés Théodore Baker. Sa deuxième suite d'orchestre, dite *Suite indienne* (1895), en utilise plusieurs.

La notoriété de MacDowell a été très grande et son nom est encore fréquemment cité comme celui du premier compositeur américain digne de participer au concert universel.

Machaut ou **Machault** *(Guillaume de),* compositeur, poète et chroniqueur français *(Reims ? v. 1300 - Reims ? v. 1377).* Il est considéré comme le plus grand représentant en France du courant de l'Ars* nova (théorisé par Philippe de Vitry). On le rapproche souvent à ce titre de son contemporain, l'Italien Francesco Landini (1325-1397), vivant à Florence. On pense qu'il étudia la théologie, à Paris probablement, après quoi il reçut le titre de « magister ». Il entra vers 1323 au service de Jean Ier de Luxembourg, dit l'Aveugle, roi de Bohême (1310-1346), qu'il accompagna comme « secretarius » durant ses nombreuses campagnes militaires en Europe (Silésie, Flandre, Lituanie — siège de Znaïm —, Russie, Italie, etc.). À partir de 1330, il reçut, comme son frère Jean, diverses charges de chanoine : à Verdun (1330), à Arras (1332), à Reims (1333), et de nouveau définitivement à Reims (1337), ville où on suppose qu'il se fixa dans ses dernières années, menant une vie plus paisible. Il resta cependant secrétaire de Jean de Luxembourg, devenu aveugle, jusqu'à la mort de ce dernier à la bataille de Crécy (1346), après quoi il entra au service de sa fille Bonne de Luxembourg, épouse de Jean II le Bon et mère de Charles V le Sage. Il fut également employé auprès de Charles, roi de Navarre, dit le Mauvais, du roi Charles V et du duc de Berry. Il acquit une grande réputation comme poète et musicien, publiant diverses chroniques et des recueils poétiques (le *Dit du Vergier,* œuvre de jeunesse, *Confort d'ami,* 1357, dédié à Charles de Navarre, *Fontaine amoureuse,* 1360-1362, dédiée à Jean, duc de Berry, et le *Remède de Fortune,* long poème narratif et allégorique contenant diverses petites pièces lyriques avec leur musique, lais, ballades, rondeau, complainte). Vers la fin de sa vie, à l'âge de soixante ans, il vécut une passion amoureuse avec une jeune fille d'une vingtaine d'années, Péronne d'Armentières, attirée (dit-il) par sa réputation et sa valeur d'artiste. Il allait faire de cette histoire un livre, le *Veoir dict* (« dit de vérité ») écrit entre

B.N.

Guillaume de ***Machaut*** *: scène du festin du* Remède de Fortune, *XIV*[e] *s.*
Concert donné en l'honneur de sa dame. (Bibl. nationale, Paris.)

1362 et 1365, et contenant des lettres de leur correspondance intime et un long poème. « Toutes mes choses ont été faites de votre sentement, et pour vous especialement », écrivit-il à Péronne.

L'œuvre, considérée comme complète, de Machaut musicien nous est parvenue à travers une trentaine de manuscrits : elle est surtout composée de chansons profanes sur des thèmes amoureux (virelais, rondeaux) et, cependant, c'est son unique messe, la *Messe de Notre-Dame* (1349 ?-1364 ?), qui assure aujourd'hui sa célébrité au-delà du cercle des mélomanes connaisseurs et des professionnels. On a longtemps cru que cette messe à quatre voix (avec accompagnement instrumental par doublure des parties, pour certains

B.N.

Guillaume de **Machaut** *: scène du festin du* Remède de Fortune, *XIVᵉ s.*
Concert donné en l'honneur de sa dame.

mouvements) avait été écrite pour le sacre de Charles V, en 1364. Il est à peu près établi, aujourd'hui, que ce ne fut pas le cas, et certains pensent qu'il a pu l'écrire pour qu'elle soit jouée plus tard à sa propre mémoire et à celle de son frère. Cette messe comprend les 6 mouvements de l'ordinaire : *Ite missa est, Kyrie, Gloria, Credo, Sanctus, Agnus.* Le *Gloria* et le *Credo* adoptent la forme du *conduit* avec une « teneur » librement inventée, tandis que les autres mouvements sont conçus comme des motets isorythmiques. À tort ou à raison, elle est considérée comme la première messe polyphonique de l'histoire de la musique occidentale, conçue comme un tout par son auteur, avec une unité organique créée par le retour de certains motifs rythmiques — mais pour en décider, il faudrait avoir conservé tout le répertoire de l'époque, ce qui n'est pas le cas. On la rapproche parfois, à ce titre, de la *Messe de Tournai,* 1323, œuvre anonyme qui est une compilation d'éléments divers par un copiste. En tout cas, la vie rythmique et la générosité ornementale de cette œuvre lui valent encore un certain succès. Parmi ses 23 *Motets,* en majorité profanes, 17 ont un texte français et 6 un texte latin, qui chante souvent les bienfaits de la paix. Mais pour la plupart ils abordent des thèmes d'amour courtois et ils comprennent généralement, selon le modèle du motet isorythmique fixé par Philippe de Vitry, une voix principale chantée et ornementée, soutenue par deux ou trois voix d'accompagnement instrumental. Certains sont bilingues et comportent, aux deux voix supérieures, deux textes différents. Les 42 *Ballades,* la plupart avec une partie chantée et une ou deux parties instrumentales (jouables par l'orgue, la cornemuse, ou d'autres instruments *ad libitum*), traitent également de thèmes courtois. Parmi ses 22 *Rondeaux,* à deux, trois ou quatre voix (également du type « mélodie accompagnée », sur un sujet amoureux, mais plus léger), le rondeau *Ma fin est mon commencement* est devenu spécialement célèbre comme exercice d'écriture rhétorique : il s'agit d'un « canon à l'écrevisse » qui, comme son titre l'indique, fait se répondre deux voix dont l'une reproduit l'autre, lue de la dernière à la première note, comme dans un miroir, et qui de surcroît est chanté sur un texte livrant la clef du rébus — comme si la musique « parlait », pour se définir elle-même dans son autosuffisance : « Ma fin est mon commencement, et mon commencement ma fin / Et teneure vraiment se rétrograde ainsi. » Cette pièce a fasciné notamment les compositeurs de l'école française postwebernienne, qui y trouvaient une sorte de modèle dans le passé, légitimant leurs propres recherches abstraites. Du reste, si Machaut fut souvent joué et cité dans des associations de musique contemporaine comme le Domaine musical de Pierre Boulez, à titre de grand ancêtre, c'est en vertu de cette assimilation qui faisait des compositeurs modernes se « reconnaître » dans la démarche de l'Ars nova.

Les 33 *Virelais* et les 19 *Lais,* pièces monodiques syllabiques dont le texte, comme pour les autres pièces, est de Machaut, dérivent de chansons à danser, toujours sur des thèmes amoureux. Les lais sont des pièces assez développées, en douze strophes ou paires de strophes. On a également de Machaut une complainte monodique, « Tel rit au matin qui soir », et une *Chanson royale,* « Joie plaisance et douce norriture », toutes deux insérées, avec leur musique, dans le recueil poétique du *Remède de Fortune ;* ainsi qu'une pièce isolée, vraisemblablement instrumentale, à trois voix, le *Hoquet David,* ainsi nommée parce qu'elle utilise le mélisme « David », et qui témoigne de la survivance de la forme déjà en désuétude du « hoquet ».

Selon certains musicologues, Guillaume de Machaut aurait cherché dans certaines de ses pièces lyriques et poétiques, de sujet profane, à introduire la polyphonie et l'écriture savante, et ce compositeur demeure, aux origines de l'histoire de la musique occidentale, comme une figure de chercheur, une sorte de Christophe Colomb de la polyphonie classique. Son œuvre est considérée comme un pivot dans la naissance (mystérieuse) d'une conscience verticale de la musique, non seulement comme superposition de lignes, mais aussi comme succession de blocs harmoniques. L'Ars nova, certes, apportait l'usage des intervalles de tierce et de sixte pour enrichir les combinaisons harmoniques, mais les intervalles de quinte et d'octave dominent encore dans son œuvre. Selon Jacques Chailley, « c'est peut-être la première fois dans l'histoire de la musique que l'on se trouve devant de véritables suites d'accords se présentant aussi nettement comme un bloc harmonique, et non plus comme résultante occasionnelle de lignes de contrepoint ». Peut-être la recherche d'ornementation favorise-t-elle ici la variété des rencontres harmoniques. Le souci de réaffirmer de temps en temps (pour éviter la dispersion du sentiment tonal) un accord à la stabilité prononcée est peut-être à l'origine de cette phrase musicale ponctuée, phrasée, découpée par ce que Pierre Boulez appelle des « clausules harmoniques ». L'usage abondant des syncopes et d'une certaine variété rythmique, dans une œuvre polyphonique comme la *Messe de Notre-Dame,* produit une espèce de fourmillement de petites durées, vivant et sans martèlement, sans pesanteur, qui là encore a séduit les musiciens français sériels, dans l'après-guerre, redonnant à cette ancienne musique une jeunesse nouvelle — quoique fondée sur l'inévitable malentendu qui fait entendre le passé avec les références du présent.

MÂCHE *(François-Bernard),* compositeur français *(Clermont-Ferrand 1935).* Après avoir obtenu des prix de piano (1951) et d'harmonie (1952) au conservatoire de sa ville natale, il entra à l'École normale supérieure (1955) et obtint son agrégation

Ph. Gras

François-Bernard ***Mâche.***

ès lettres (1958). La même année, il entra au Groupe de recherches musicales de Pierre Schaeffer, où il devait rester jusqu'en 1963, et au Conservatoire de Paris, où il travailla avec Olivier Messiaen. À partir de 1959, il participa à la réalisation des premiers films expérimentaux du Service de la recherche, et, en 1960, obtint le prix de philosophie de la musique dans la classe d'O. Messiaen. Il fut successivement professeur de lettres à Chartres (1962), à Neuilly-sur-Seine (1963) et en classes terminales et préparatoires au lycée Louis-le-Grand à Paris (depuis 1968). Chroniqueur musical à la *Nouvelle Revue française* (à partir de 1969), il effectua un voyage dans le sud-est asiatique, en particulier à Java et à Bali, en 1972, et a obtenu un doctorat d'État (en esthétique) en 1980. Opposé par tempérament aux courants postsériels, présentés comme des « combinaisons très complexes, sans rapports au réel », il s'attache à des données purement sensorielles, utilisant d'une part des langues inconnues de lui, considérées comme des matériaux purement sonores, et d'autre part des sons/bruits enregistrés à l'état brut, sans aucune manipulation. Il n'en reconnaît pas moins l'apport considérable de la musique concrète, « intrusion de sons mal élevés... qui n'avaient pas droit de cité ». On lui doit notamment *Duo* pour violon et piano, première œuvre de lui jouée au concert (1957) ; *Prélude* pour 3 pistes magnétiques (1959) et *Lanterne magique* pour 2 pistes magnétiques (1959) ; *Safous Mélé,* cantate pour 9 instruments, chœur de voix de femmes et voix d'alto (1959) ; *la Peau du silence* pour orchestre, commande du Service de la recherche (première version 1961-62 pour 30 exécutants, deuxième version 1964-1966 pour 110 exécutants, troisième version 1970 pour 83 exécutants) ; *le Son d'une voix* pour 16 instruments (1964) ; *Nuit blanche* pour 2 pistes magnétiques et récitant sur un texte d'Antonin Artaud (1966) ; *Répliques,* expérience orchestrale avec participation du public muni d'appeaux (1969, création la même année au festival de Royan) ; *Rituel d'oubli* pour 20 instruments et 2 pistes magnétiques (1969) ; *Danaé* pour 12 voix mixtes et 1 percussionniste (1970) ; *Kemit* pour darbouka ou zarb solo (1970, création au festival de Royan de 1973) ; *Agiba* pour 2 pistes magnétiques (1971) ; *Rambaramb* pour orchestre, piano solo et bande magnétique (1972) ; *Temes Nevinbür* pour 2 pianos, 2 percussions et 2 pistes magnétiques (1973, création la même année au festival de Royan) ; *Naluan* pour 8 instruments et 2 pistes magnétiques (1974) ; *le Jonc à trois glumes* pour orchestre (1974) ; *Marae* pour 6 percussions et 2 pistes magnétiques (1974) ; *Solstice* pour clavecin et orgue positif (1975) ; *Da Capo,* œuvre de théâtre musical créée au festival d'Avignon de 1976 ; *Kassandra* pour orchestre et bande magnétique (1977) ; *les Mangeurs d'ombre,* œuvre de théâtre musical (1979) ; *Aera* pour 6 percussions (1979) ; *Amorgos* pour 12 instruments et bande magnétique (1979) ; *Andromède* pour double chœur, 3 pianos et orchestre (1979, créé en 1980) ; et *Temboctou,* œuvre-spectacle créée en 1982.

MADERNA *(Bruno),* compositeur et chef d'orchestre italien *(Venise 1920 - Darmstadt 1973).* Enfant prodige, il fut protégé par la princesse de Polignac, et, sous le nom de « Brunetto », fit sa première apparition publique à sept ans dans le concerto de Bruch. À huit ans, il dirigea à la Scala et aux arènes de Vérone. Il poursuivit ses études aux conservatoires de Milan (1935) et de Venise (1939), obtenant finalement ses diplômes de composition et de musicologie à celui de Rome (1940). Ses maîtres principaux furent Alessandro Bustini (composition) et Antonio Guarnieri (direction d'orchestre). Il étudia aussi à Venise avec Gian Francesco Malipiero, et après la guerre avec Hermann Scherchen, qui l'orienta vers la technique dodécaphonique. De 1947 à 1950, il enseigna la composition au conservatoire de Venise, comptant parmi ses élèves Luigi Nono, et, en 1950, il fut appelé par Karl Amadeus Hartmann à diriger un concert de la série Musica viva à Munich. En 1951, il se rendit pour la première fois à Darmstadt, où il enseigna régulièrement à partir de 1954. En 1955, il fonda avec Luciano Berio le Studio de phonologie de la R. A. I. à Milan, et, de 1956 à 1960, dirigea avec lui dans cette ville les *Incontri musicali,* concerts consacrés à la musique contemporaine. En 1957-58, il enseigna aux cours d'été de Darlington, en Angleterre, et organisa au conservatoire de Milan un cours public sur la technique dodécaphonique. Il enseigna aussi la direction d'orchestre au Mozarteum de Salzbourg de 1967 à 1970, et dirigea en 1971-72 le Berkshire Music Center de Tanglewood. Comme chef d'orchestre, il dirigea de 1958 à 1967 l'Ensemble international de musique de chambre de Darmstadt, ville dont il fut fait citoyen d'honneur en 1970, enseigna au conservatoire de Rotterdam à partir de 1967, et, en 1971, fut nommé à la tête de l'orchestre de la R. A. I. à Milan. Outre le répertoire contemporain, il dirigea de nombreux ouvrages classiques et romantiques, dont *Didon et Énée* de Purcell à la Piccola Scala (1963). En 1967, sa réalisation de l'*Orfeo* de Monteverdi fut donnée au festival de Hollande. En avril 1973 se déclara un mal foudroyant qui devait l'emporter en quelques mois. En 1974, le prix Beethoven de la ville de Bonn lui fut attribué à titre posthume pour *Aura**, et, la même année, Pierre Boulez composa à sa mémoire *Rituel*. Depuis 1969-1970, sa production de compositeur s'était encore intensifiée, avec notamment une remarquable série d'ouvrages symphoniques.

Bruno ***Maderna,*** *au théâtre de la Ville, à Paris.*

Ph. Gras

De quelques années l'aîné de Nono, de Berio, et aussi de Boulez, Maderna joua un rôle essentiel dans la naissance de l'avant-garde italienne d'après la Seconde Guerre mondiale, cela aussi bien par le rayonnement de sa personnalité que par son enseignement proprement dit. Esprit généreux et ouvert, ne reniant pas l'héritage du passé, il se mit largement, comme chef d'orchestre, au service d'autrui, et, comme compositeur, il sut, dans les années 1950, particulièrement bien montrer l'étendue et la diversité des possibilités expressives de la technique sérielle. Il fut en outre le premier à analyser John Cage à Darmstadt (1957). Contrairement à ce qu'on a affirmé parfois, il ne prit jamais (même après avoir fait de Darmstadt sa résidence principale) la nationalité allemande, mais c'est à juste titre qu'on a pu voir en lui un véritable musicien européen.

Sa première phase créatrice fut celle des expériences instrumentales et électroacoustiques. Il fit ses débuts officiels de compositeur en 1946 avec une *Serenata* pour 11 instruments restée inédite, peut-être révisée en 1954. Suivirent notamment un *Concerto pour deux pianos et instruments* (1948), *Composizione nº 1* (1949) et *nº 2* (1950) pour orchestre, *Studi per il « Processo » di Kafka* pour récitant, soprano et orchestre (1950), *Improvisazione nº 1* (1951) et *nº 2* (1953) pour orchestre. S'imposèrent encore davantage, toujours dans le domaine instrumental, un *Concerto pour flûte* destiné à Severino Gazzelloni (1954), le *Quartetto in due tempi* (quatuor à cordes, 1955), et la *Serenata nº 2* pour 13 instruments (1957). Ces deux dernières œuvres surtout donnèrent à Maderna sa place spécifique dans l'avant-garde européenne de l'époque (la *Serenata nº 2* allie admirablement séduction et rigueur). Dans le même temps naquirent divers ouvrages électroniques comme *Notturno* (1955), *Syntaxis* (1957) et *Continuo* (1958), que devait suivre en 1962 la *Serenata nº 3,* tandis que *Musica su 2 dimensioni* pour flûte et bande magnétique (1957) non seulement unissait aux nouvelles sources sonores un instrument traditionnel, mais faisait appel aux techniques aléatoires. Au *Concerto pour piano* (1959) correspond peut-être la poussée la plus extrême de Maderna vers le « modernisme ». De la même veine relève cependant *Honeyrêves* pour flûte et piano (1961). Les années 60 virent naître, sous le signe à la fois d'une extraordinaire veine lyrique et de la violence expressionniste, de grands ouvrages relevant soit du théâtre soit de la musique instrumentale, les deux catégories pouvant d'ailleurs se trouver en rapports étroits. Il y eut par exemple les deux premiers *Concertos pour hautbois* (1962 et 1967), et sur le plan théâtral l'opéra radiophonique *Don Perlimplin,* d'après Federico García Lorca (1961, créé à la R.A.I. le 12 août 1962), puis l'œuvre lyrique en forme de spectacle *Hyperion* d'après Hölderlin (1964, créé le 6 septembre de cette même année à la biennale de Venise). Dans la mouvance d'*Hyperion* se situent *Dimensioni III* pour flûte et orchestre (1963), *Aria da Hyperion* pour soprano, flûte et orchestre (1964), et *Stele per Diotima* pour orchestre avec cadence pour solistes (1965), ces trois pièces pouvant se combiner de diverses façons entre elles et avec la cadence de flûte de *Dimensioni III* pour donner *Hyperion II, Hyperion III,* ou *Dimensioni IV.* Suivirent entre autres *Amanda* pour orchestre de chambre (1966) et le drame radiophonique *Ritratto di Erasmo* (*Portrait d'Érasme,* 1969-70), qui valut au compositeur le prix Italia en 1970.

Avec *Quadrivium* pour orchestre (1969) s'ouvrit la série des ultimes pages symphoniques. Outre celles-ci, Maderna composa dans ses dernières années un *Concerto pour violon* (1969), *Serenata per un satellite,* musique aléatoire (1969), *Juilliard Serenade* (1971), *Tempo libero I,* musique électronique (1971, la combinaison de cette pièce avec la précédente donnant *Tempo libero II*), *Pièce pour Ivry* pour violon seul, musique aléatoire (1971), *Venetian Journal* (de Boswell, 1972), *Giardino religioso* pour petit orchestre (1972), l'invention radiophonique *Ages,* d'après Shakespeare (1972), *Satyricon,* opéra en un acte d'après Pétrone (créé au festival de Hollande en 1973), et un *Troisième Concerto pour hautbois,* sa dernière œuvre (1973). Les pages symphoniques ont nom *Grande Aulodia* pour flûte, hautbois et orchestre (1970), *Ausstrahlung* (avec voix de femme, 1971), *Aura* (1972), *Biogramma* (1972). À sa mort, Maderna avait en projet un concerto pour orchestre, violoncelle et deux pianos.

MADETOJA *(Leevi),* compositeur et chef d'orchestre finlandais *(Oulu 1887 - Helsinki 1947).* Élève de J. Sibelius à Helsinki, de V. d'Indy à Paris et de R. Fuchs à Berlin, puis directeur de l'académie Sibelius, il est l'un des plus importants symphonistes finlandais de la première partie du XXe siècle, et parmi ceux-ci il représente la tendance lyrique. Son œuvre se situe à la charnière de deux influences : l'appartenance au peuple ostrobothnien et son amour de la musique française. En 1913, il se fait connaître par son poème symphonique *Kullervo* op. 15 et, en 1915-16 et 1917-18, il acquiert le succès avec ses première et deuxième symphonies. Ses œuvres de maturité sont ses opéras *Pohjalaisia* (1923) et *Juha* (1934), ce dernier peut-être moins réussi que l'ouvrage composé sur le même sujet en 1922 par A. Merikanto, la troisième symphonie (1926) et le ballet pantomime *Okon Fuoko* (1930). À côté de son œuvre symphonique, Madetoja a écrit de nombreuses pages de musique religieuse et parmi celles-ci *Marian murhe* (stabat mater, 1915) et un *De Profundis* (1925); 50 mélodies, dont le cycle *Syksy,* 1930-1940 («Automne»), et autant de pièces chorales contribuent toujours aujourd'hui au rayonnement de son œuvre.

MAGNARD *(Albéric),* compositeur français *(Paris 1865-Baron-sur-Oise 1914).* Licencié en droit, il fut simple amateur de musique jusqu'à vingt ans. En 1886, il entra au Conservatoire de Paris dans les classes de Dubois (harmonie) et de Massenet (composition). Entre 1888 et 1892, il travailla avec Vincent d'Indy. En 1890, il écrivit sa première symphonie, en 1892 son drame lyrique *Yolande,* qui n'eut pas de succès. À partir de 1896, une surdité partielle accentua en lui une tendance à la misanthropie. Nommé professeur de contrepoint à la Schola cantorum, il y eut pour élève Déodat de Séverac. En 1899, il organisa lui-même un festival de ses œuvres, qui attira l'attention sur lui. En 1901, il termina son opéra *Guercœur* (créé à l'Opéra de Paris dans une nouvelle version réalisée par Ropartz en 1931), puis composa sa troisième symphonie (1902) et son quatuor (1904) dont la création à la Société nationale fit sensation. Il quitta bientôt Paris pour s'installer dans l'Oise, où il écrivit ses dernières œuvres : *Bérénice* d'après la tragédie de Racine (1909, créée à l'Opéra-Comique en 1911) et sa quatrième symphonie. Il fut tué dans sa maison par des soldats allemands au début de la guerre.

Indépendant et solitaire, se réclamant de Beethoven et de Rameau, Magnard s'est manifesté dans une recherche de l'expressivité. Sa musique noble et forte atteste une vitalité puissante. Ses symphonies s'inscrivent dans le renouveau symphonique français de la fin du XIXe siècle et du début du XXe aux côtés de celles de Franck, Saint-Saëns, Lalo, d'Indy, Dukas.

MAHLER *(Gustav),* compositeur et chef d'orchestre autrichien *(Kaliste, près de Jihlava, Bohême, 1860-Vienne 1911).* Second des quatorze enfants d'un cabaretier-distillateur juif de langue allemande, Bernhard Mahler, et de Marie Hermann, il apprend dès l'enfance à jouer du piano et à composer. De quinze à dix-huit ans, il reçoit une formation complète au conservatoire de Vienne avec Julius Epstein (piano), Robert Fuchs (harmonie) et Franz Krenn (composition). Plus tard, il fait ses études universitaires (1877-1879, philosophie, histoire de l'art, etc.), notamment

Gustav ***Mahler.***

Roger-Viollet

avec Anton Bruckner dont il devient le familier et, dans une certaine mesure, le disciple. De dix-huit à vingt ans, il vit du maigre revenu que lui procure l'enseignement privé. Il compose en 1880 sa première grande œuvre, la cantate *Das klagende Lied.* L'échec de cette partition au prix Beethoven et l'attitude négative des musiciens de la vieille garde comme Brahms l'incitent à aborder une carrière de chef d'orchestre. Il débute à Bad Hall, près de Linz, où il dirige des opérettes dans un petit théâtre saisonnier (été 1880). Engagé ensuite à Ljubljana (Slovénie, 1881-82), Olomouc (Moravie, 1883), Kassel (Prusse, 1883-1885), il est nommé à l'âge de vingt-cinq ans kapellmeister à l'opéra de Prague par l'illustre impresario wagnérien Angelo Neumann. Ses interprétations de Wagner, de Mozart et de la *Neuvième Symphonie* de Beethoven établissent solidement sa réputation. Pourtant Mahler quitte Prague en juillet 1886 à la suite d'un violent conflit avec Neumann. À Leipzig, où il est engagé ensuite, il doit rivaliser pendant deux ans avec un collègue très brillant et de peu son aîné, Artur Nikisch.

Ces années-là, sa vie sentimentale est particulièrement orageuse : les premières œuvres importantes de Mahler, *Das klagende Lied* (1880), les *Lieder eines fahrenden Gesellen* (1884) et la *Première Symphonie* (1884-1888), ont été inspirées par trois amours malheureuses. À Kassel et à Prague, son goût pour les belles cantatrices a déjà fait du bruit et il en sera de même plus tard à Hambourg et même à Vienne. Le succès triomphal de l'opéra inachevé de Weber, *Die drei Pintos* (Leipzig, janvier 1888), terminé et orchestré par Mahler, fait de lui un homme célèbre. Il quitte Leipzig trois mois plus tard à la suite d'un nouveau conflit. Aussitôt après, il est nommé directeur de l'opéra de Budapest, où il assure la création hongroise des deux premiers drames du *Ring,* ainsi que celle d'un des premiers opéras véristes, *Cavalleria rusticana.* Par la qualité exceptionnelle de ses mises en scène et de ses exécutions musicales (de Mozart notamment), Mahler rallie de nombreux admirateurs, dont Brahms lui-même. La création de la *Première Symphonie* (Philharmonique de Budapest, 20 novembre 1889) est un échec et Mahler renonce à renouveler pour l'instant l'expérience. En 1891, la nomination d'un nouvel intendant connu pour son chauvinisme et son autoritarisme, le comte Béla Zichy, le force à quitter Budapest. Il accepte le poste de premier chef à l'opéra de Hambourg (1891). Il trouve là un public vaste et averti et une troupe de chanteurs de rang international, mais un orchestre médiocre, des mises en scène ridicules, et surtout un directeur (Bernhard Pollini) qui ne s'intéresse qu'aux voix. Son travail lui vaut de nouveaux adeptes : les compositeurs qu'il interprète au théâtre (Massenet, Tchaïkovski, Mascagni, Alfred Bruneau, etc.) et l'illustre Hans von Bülow qui lui lègue plus ou moins la direction des Nouveaux Concerts d'abonnement.

Pendant les six années hambourgeoises, Mahler compose durant l'été au bord de l'Attersee, près de Salzbourg, les

Erich Lessing-Magnum

Gustav ***Mahler.*** *Dessin d'Emil Orlik. (Kunsthistorisches Museum, Vienne.)*

Deuxième et *Troisième Symphonies* (1888-1894 et 1893-1896) ainsi que la plupart des *Wunderhorn Lieder*. En 1897, après sa conversion au catholicisme, il parvient, avec l'aide de Brahms et de son ami le critique Hanslick, à se faire nommer directeur de l'opéra de Vienne. L'œuvre de musicien-dramaturge qu'il va y accomplir (il règle lui-même l'essentiel des mises en scène) appartient à l'histoire. Pendant les cinq dernières années de son activité et grâce à sa rencontre avec un peintre-décorateur de génie, Alfred Roller, il travaille sans relâche à l'accomplissement de son idéal : une fusion unitaire des divers éléments — visuel, dramatique et musical — de la représentation lyrique. Les étapes principales de cette collaboration glorieuse, qui fut un véritable âge d'or pour l'opéra de Vienne, sont *Tristan* (1903), *Fidelio* (1904), *Don Giovanni* (1905), *Figaro* (1906) et *Iphigénie en Aulide* (1907). Pendant trois ans, Mahler dirige aussi la Philharmonique. Les « retouches » qu'il apporte aux partitions des grands classiques déchaînent contre lui les fureurs de la critique. On le vénère ou on le déteste, mais on ne l'aime pas, car son fanatisme artistique fait peur.

En 1901, il épouse la jeune et ravissante Alma Schindler, fille d'un paysagiste célèbre, musicienne et même compositeur. La nature possessive et passionnée de la jeune femme, le goût qu'elle a d'ensorceler tous les hommes qu'elle rencontre mettront plusieurs fois en péril l'harmonie du couple. Le charme et la vivacité d'esprit d'Alma vont néanmoins métamorphoser l'existence de Mahler. Elle lui donne deux filles et il fait, grâce à elle, la connaissance de quelques artistes éminents, les peintres Gustav Klimt, Kolo Moser et Karl Moll (le beau-père d'Alma), le poète dramatique Gerhard Hauptmann et les deux chefs de l'avant-garde musicale viennoise, Arnold Schönberg et Alexander von Zemlinsky. Pendant ses vacances, qu'il passe au bord du Wörthersee, à Maiernigg, Mahler compose les symphonies n°s IV à VIII et ses derniers lieder. À partir de 1902, il commence enfin à s'imposer comme compositeur et dirige ses œuvres un peu partout en Allemagne, en Autriche et même en Hollande, où Willem Mengelberg prend fait et cause pour elles. En 1907, lorsque sa fille aînée, Putzi, meurt de la scarlatine, Mahler a déjà décidé de quitter l'opéra de Vienne pour celui de New York. Il ne rentrera plus en Europe que pour passer l'été dans le Tyrol du Sud, à Toblach (ou Dobiacco), où il composera *le Chant de la terre*, la *Neuvième* et les fragments de la *Dixième*. Malgré les intrigues et les attaques dont il a été la victime pendant dix ans, malgré l'antisémitisme — latent ou déclaré — des Viennois, il quitte à regret son pays natal. À New York, les soirées wagnériennes et mozartiennes qu'il dirige au Met (outre *Fidelio, la Fiancée vendue* et *la Dame de pique*) suscitent un réel enthousiasme. Il quittera pourtant le Met au bout de deux ans, le directeur allemand, Conried, ayant été remplacé par un Italien, Gatti-Casazza, qui amène avec lui un jeune chef plein de tempérament et d'ambition, Arturo Toscanini. L'Orchestre philharmonique ayant été entièrement réorganisé en son honneur, Mahler va diriger, pendant sa première saison, 45 concerts. La seconde doit en comprendre 65, mais il tombe malade le 21 février, après le 48e. Sa vie professionnelle vient d'être assombrie par l'hostilité systématique d'un critique et par un conflit aigu avec le comité des directeurs. Tout d'abord alité

Mahler au pupitre. Document extrait de Moderne Musik *de Hans Mersmann. Dessin de Hans Bœhler.*

Larousse

Larousse

Portrait de Gustav ***Mahler*** *par Fritz Erler en 1905.*

pour un simple mal de gorge, il lutte deux mois durant contre une infection généralisée. On a perdu tout espoir de le sauver lorsqu'il quitte New York pour être traité pendant une semaine à Paris. Il meurt quelques jours après son retour à Vienne, le 18 mai 1911, peu avant d'avoir atteint sa cinquante et unième année. Quelques mois auparavant, le 12 septembre 1910, il a vécu à Munich, avec la création de sa *Huitième Symphonie,* le plus grand triomphe de sa carrière de compositeur.

Mahler a laissé quelque 40 lieder — dont la moitié avec accompagnement orchestral —, une cantate et 11 symphonies (y compris *le Chant de la terre* et la *Dixième* inachevée). Comme compositeur, il a été longtemps sous-estimé, méprisé et attaqué, en partie à cause de sa double activité d'interprète et de créateur. On a longtemps reproché à sa musique de n'être qu'un tissu de réminiscences et de « citations » déguisées, de « banalités » scandaleuses et de complaisances sentimentales. À vrai dire, tout, dans son art, semblait fait pour choquer et pour provoquer, non seulement la simplicité plébéienne des rythmes (marche ou ländler) et la « facilité » apparente de l'invention mélodique, mais aussi les sautes d'humeur, les ruptures de ton, les contrastes abrupts, la rudesse des sonorités, la violence des couleurs et surtout la fameuse « hétérogénéité » du style. Aujourd'hui encore, quelques antinomies fondamentales sautent aux yeux dans son art : tragique/grotesque ; pathos/ironie ; noblesse/vulgarité ; sérieux/humour ; simplicité folklorique/écriture sophistiquée ; mysticisme visionnaire et romantique/nihilisme lucide et critique.

Mais ce sont justement ces paradoxes et ces antinomies qui donnent à l'art de

Mahler son originalité et sa richesse. Sa musique est foncièrement nourrie de ses conflits intimes, de ses aspirations et de ses visions métaphysiques. Car Mahler n'avait rien d'un hédoniste, comme ses contemporains Richard Strauss et Debussy. Il a toujours cherché à « spiritualiser » la musique : Theodor Adorno n'hésite pas à voir en lui « le compositeur le plus métaphysique depuis Beethoven » et le seul autre musicien qui ait eu un « dernier style ». Certes, Mahler n'a jamais cherché à révolutionner la musique, ni à créer un nouveau langage. Pourtant la simplicité des rythmes et le diatonisme de l'harmonie ne doivent pas faire illusion : l'indéfectible vénération que lui ont vouée Schönberg et ses disciples ne s'adressait pas seulement à l'homme, mais aussi au musicien et au précurseur. On trouve déjà chez Mahler toutes les semences de l'avenir : nouvelle liberté polyphonique, orchestration qui fait du timbre un paramètre de la composition, manipulation accumulative de matériaux hérités du passé, élimination des réexpositions littérales, abolition presque complète de la forme sonate, qui caractérise particulièrement ses dernières œuvres, au profit d'un processus évolutif de « variante perpétuelle » (Adorno). Le même Adorno a comparé la symphonie mahlérienne à un roman en ce qu'elle enchaîne des épisodes différents et des péripéties souvent inattendues au lieu de développer des matériaux connus et de respecter un schéma préétabli. Même le gigantisme des effectifs et la longueur démesurée ont été imités par nombre de compositeurs d'aujourd'hui comme son désir d'exprimer la totalité de l'homme dans chacune de ses symphonies.

Les crises, les déchirements, les conflits que le compositeur a mis en musique sont déjà ceux de notre temps, comme la suppression des barrières entre les genres et les styles, l'éclatement des formes, l'écroulement des valeurs traditionnelles et la grande question qui en résulte. À cet égard, Mahler est bien le contemporain et le frère de Freud ou de Kafka, tous deux juifs et bohémiens comme lui, et l'un des principaux acteurs d'une révolution des esprits dont la Vienne du début du siècle a été le théâtre permanent.

MALEC *(Ivo),* compositeur yougoslave *(Zagreb 1925).* Il fait des études traditionnelles au conservatoire et à l'université de sa ville natale. Après quelques voyages en France, il s'y fixe en 1959 et, s'associant aux travaux du Groupe de musique concrète (qui deviendra le G. R. M.) de Pierre Schaeffer, il s'oriente délibérément vers la musique électroacoustique. Cette option, dit-il, « a fait basculer sa façon d'écrire, et changé totalement son approche du phénomène sonore ». Il a aussi appliqué à la musique instrumentale certaines méthodes acquises en « manipulant » du son en studio. Ayant d'autre part constaté les blocages des instrumentistes face à la complexité grandissante de l'écriture, il inaugure avec eux un nouveau mode de travail, les faisant participer à l'élaboration de l'œuvre sans qu'il s'agisse pour autant d'improvisation : il divise par exemple un grand ensemble en petites cellules agissant de manière autonome (avec toutefois un responsable), le compositeur coordonnant le tout. Cette démarche peut, selon lui, apporter des changements fondamentaux dans le comportement des musiciens, et surtout dans la manière d'aborder la composition. En dehors de son activité principale, Malec pratique la direction d'orchestre et enseigne la composition au Conservatoire national de Paris.

On lui doit : des musiques électroacoustiques dont *Luminétudes* (1968), *Bizarra* (1972), *Triola* (1978), *Recitativo* (1980, œuvre composée à l'aide de l'ordinateur) ; des œuvres instrumentales comme *Miniatures pour Lewis Caroll* pour flûte, harpe et percussions (1964), *Arco 11* pour onze cordes (1975), *Arco 22* pour 22 cordes (1976), et *Ottava alta* pour violon et grand orchestre (1981) ; des musiques mixtes comme *Lumina* pour douze cordes et bande magnétique (1968), *Cantate pour elle* pour voix de soprano, harpe et bande (1966). Citons aussi : *Dodécaméron* pour douze voix solistes (1970) ; *Vox, vocis f.* pour 3 voix de femme et 9 instruments (1979) ; une tentative de théâtre musical d'après Victor Hugo, *Un contre tous* (Avignon, 1971) ; et enfin *Actuor* (1973) donné à Lyon en ballet avec les Percussions de Strasbourg. Malec a su réaliser avec un bonheur toujours renouvelé une synthèse entre les nouvelles techniques et l'emploi de la lutherie traditionnelle.

MALIPIERO *(Gian Francesco),* compositeur et musicologue italien *(Venise 1882-Trévise 1973).* Contemporain de Stravinski, il forma avec Pizzetti et Casella la triade

Gian Francesco ***Malipiero.***

du néoclassicisme italien ; il apporta à cette tendance une personnalité ascétique et attachante, aussi éloignée de la force irrésistible manifestée par le premier que de la large ouverture européenne du second. Sa vie fut une suite de remises en question de son art et de son message : issu d'une famille de musiciens et de poètes, formé par les premiers pionniers de la renaissance instrumentale italienne de la fin du XIXe siècle, il voulut se démarquer tant du postvérisme que de la richesse foisonnante du monde sonore de Wolf-Ferrari et de Respighi. Il détruisit en 1913 ses œuvres de jeunesse, qu'il jugeait trop liées au passé et que la découverte soudaine de Stravinski, de D'Annunzio et de Ravel lui faisait renier. Après avoir donné une première preuve de son talent avec *Pause del silenzio* (1917) et *Pantea* (1919), drame chanté et dansé à la manière de la récente *Légende de saint Joseph* de Richard Strauss, il se consacra quelque temps à l'enseignement, puis s'isola dans une retraite dorée, à Asolo, de 1924 à 1936, période durant laquelle il écrivit quelques-uns de ses chefs-d'œuvre lyriques *(Torneo notturno, I Cantari alla madrigalesca, La Favola del figlio cambiato)* et où il entreprit la résurrection des œuvres de Monteverdi et de Vivaldi. Il retourna à l'enseignement (Padoue, 1936), assura la direction du conservatoire de Venise (1939-1952), y formant certains des compositeurs les plus en vue de la jeune école italienne, parmi lesquels Luigi Nono, puis reprit une activité créatrice plus intense qu'auparavant.

Fortement marqué par le passé glorieux de l'Italie médiévale et renaissante, Malipiero, « de la même manière que les Russes avaient assimilé leur folklore », intégra les modes grégoriens à son langage, d'une grande richesse instrumentale, et qui, récusant avec ostentation les effusions romantiques et le chromatisme germanique, ferait parfois penser à un Pfitzner ou à un Honegger, mais avec un lyrisme que son sang italien ne pouvait renier. En effet, malgré une importante production instrumentale qui ne comporte pas moins de onze symphonies, neuf concertos, huit quatuors à cordes, des sonates à la manière préclassique, des chœurs et diverses pages de musique de chambre dont le dépouillement touche parfois à la nudité, Malipiero fut essentiellement un compositeur lyrique, jusque dans ses œuvres chorales ou sacrées telles que *Saint François d'Assise, la Cène, la Passion* (1935), etc. Ses opéras — plus de trente — peuvent se répartir en trois périodes : celle des œuvres « à panneaux » où se juxtaposent des épisodes indépendants, période comprenant notamment les *Sette Canzoni* (Paris, 1920), qui, avec *La Morte delle Maschere* et *Orfeo,* devaient constituer sa trilogie *L'Orfeide* (Düsseldorf, 1925) ; ce style connut son point culminant avec *Torneo notturno* (1929), une suite de sept nocturnes, cependant que Malipiero avait déjà amorcé une deuxième manière qui, l'orientant vers de grands auteurs (Goldoni, Pirandello, Calderón, Euripide, Shakespeare), l'obligeait à adopter une progression dramatique, très nette dans *La Favola del figlio cambiato* (1934) d'après Pirandello, moins évidente dans *Jules César* ou *Antoine et Cléopâtre,* le compositeur demeurant inexorablement fidèle à son principe de la mélodie en perpétuel renouvellement exempt de tout développement. Il revint ensuite à sa conception originale des « panneaux » avec une importante succession d'opéras, depuis *les Caprices de Callot* (1942) jusqu'à *Uno dei dieci,* écrit à la veille de sa mort, œuvres où l'auteur donna enfin libre cours à une création musicale de pure improvisation, déchargée de toute implication dramatique.

MALIPIERO *(Riccardo),* compositeur et critique italien *(Milan 1914).* Neveu de Gian Francesco Malipiero, il a étudié le piano et la composition à Milan et à Turin (1930-1937), puis la composition à Venise avec son oncle. Depuis 1969, il dirige le Liceo Musicale de Varèse. Il a utilisé la technique sérielle dès 1946, avant de s'orienter davantage vers les recherches de timbre. On lui doit notamment l'opéra bouffe *La donna è mobile* (1954, créé à Milan en 1957), trois symphonies dont la deuxième *(Sinfonia cantata)* avec voix (1949, 1956, 1959), *Serenata per Alice Tully* pour orchestre de chambre (1969), *Requiem 1975* pour orchestre (1975-76).

MANCHICOURT *(Pierre de),* compositeur franco-flamand *(Béthune v. 1510 - Madrid 1564).* Bien que les documents manquent sur son enfance, on sait qu'il fut choriste à la cathédrale d'Amiens vers 1525. Après un passage à Tours (1539), on le trouve ensuite à la cathédrale de Tournai (1545-1556). En 1556, il est nommé chanoine d'Arras. Mais il reçoit bientôt la nomination de « maître de la chapelle flamande » du roi Philippe II d'Espagne et part pour Madrid en 1559. Il y restera jusqu'à sa mort. La musique religieuse occupe une part prépondérante dans son œuvre : une vingtaine de messes, dont beaucoup sont écrites sur des thèmes empruntés à d'autres compositeurs (Sermisy, Mouton), plus de soixante-dix motets. Mais il est également l'auteur d'une cinquantaine de chansons. Nombre de ses œuvres ont été publiées de son vivant chez les plus grands éditeurs de l'époque : Attaingnant, Susato, Du Chemin. Ses œuvres religieuses, après les premiers motets influencés par Ockeghem, se rapprochent du style des successeurs de Josquin Des Prés, comme Nicolas Gombert. La technique en est savamment élaborée (écriture en imitation, surtout). Ses chansons, sauf rares exceptions, sont plus proches du style recherché et élégiaque des Franco-Flamands que de celui, populaire, de Janequin.

MANFREDINI, famille de musiciens italiens. — 1. **Francesco,** compositeur et violoniste *(Pistoia 1684 - id. 1762).* Élève de Torelli et de Perti à Bologne, il entra à l'Accademia dello Spiritu Santo à Ferrare. En 1704, il fut à la chapelle San Petronio de Bologne, puis, en 1711, il prit la fonction de maître de chapelle à la cour de Monaco. À partir de 1727, on le retrouve à la cathédrale de sa ville natale de Pistoia. Il a laissé de la musique instrumentale (concertini, sonates en trio qui s'inscrivent à la suite de celles de Torelli), et des oratorios : *San Filippo Neri trionfante* (1719), *Tomaso Moro* (1720), *L'Assedio di Sammaria* (1725).
— 2. **Vincenzo,** compositeur, fils du précédent *(Pistoia 1737 - Saint-Pétersbourg 1799).* Il fut formé par son père, puis par Perti à Bologne, et par Fioroni à Milan. En 1758, il se rendit à Saint-Pétersbourg où il devint maître de chapelle du grand-duc et de Catherine II. En 1762, pour les fêtes du couronnement de Catherine, il fit représenter à Moscou le ballet *Amour et Psyché* (perdu), et l'opéra *L'Olimpiade.* Mais l'impératrice semble avoir peu goûté sa musique, et à l'arrivée de Galuppi (1765), Manfredini fut relégué au rôle de professeur de clavecin du grand-duc Paul. Il revint à Bologne en 1769. En 1770, il fit la connaissance de Mozart. Il collabora au Giornale Enciclopedico d'Italie, publié à Naples. En 1798, rappelé par le tsar Paul Ier, il retourna à Saint-Pétersbourg, où il mourut peu après. Son traité d'harmonie, *Regole armoniche* (Venise, 1775), qui fit autorité, fut par la suite traduit en russe par le compositeur Degtiariov.

MANOURY *(Philippe),* compositeur français *(Tulle 1952).* Philippe Manoury a travaillé la composition avec Gérard Condé, Max Deutsch, Ivo Malec et Michel P. Philippot. Il est, avec Pascal Dusapin, un des représentants les plus sérieux et les plus exigeants de la très jeune école française. Son écriture, d'une extrême richesse d'imagination et souvent d'un constructivisme assez sévère (*Numéro cinq* pour piano et 12 instruments, 1975), démontre un tempérament d'une évidente personnalité, tout en faisant preuve d'une grande certitude stylistique, librement issue du postsérialisme, et d'une réelle ascèse intellectuelle. Le sens de la polyphonie y est flagrant, ainsi qu'un goût pour la complexité, l'exploration des sonorités, la tension dialectique, l'expression discursive et parfois une éloquence lucide et délibérément romantique (*Quatuor à cordes,* 1977).

Actuellement (1981), après un long séjour au Brésil, Philippe Manoury travaille à l'I. R. C.A. M. du centre Beaubourg à Paris. Il est l'auteur d'un texte de recherche sur les corrélations entre le timbre et l'espace sonore et prépare une pièce pour chœurs, cuivres, percussions, synthétiseur et bandes magnétiques.

Ses principales œuvres sont : une *Sonate* pour deux pianos (1972), *Focus* pour petit orchestre (1973, Royan 1974), *Cryptophonos* pour piano (1974, Metz 1974) — une de ses pages les plus réussies —, *Puzzle* pour voix, violoncelle et orchestre (1974, Royan 1975), *Numéro cinq* pour piano et 12 instruments (1975) — peut-être son œuvre la plus épurée et la plus rigoureuse —, un grand et expressif *Quatuor à cordes* (1977), *le Tempérament variable* pour clarinette, petit ensemble et bandes magnétiques (1978), *Numéro huit* pour deux orchestres (1980), *Zeitlauf* pour 12 voix, 9 cuivres, 3 percussions, orgue, dispositif électronique et bande synthétisée par ordinateur (1982), *Instantanés* pour 18 instruments (1983).

MARAIS *(Marin),* violiste et compositeur français *(Paris, 1656* - id. *1728).* Après avoir débuté comme enfant de chœur à la maîtrise de Saint-Germain-l'Auxerrois, Marais devient, à seize ans, l'élève du célèbre violiste Sainte Colombe. Titon du Tillet *(le Parnasse françois)* raconte que l'élève « prenoit le tems en été que Sainte Colombe étoit dans son jardin enfermé dans un petit cabinet de planches... afin d'y jouer plus tranquillement et plus délicieusement de la Viole. Marais se glissoit sous ce cabinet ; il y entendoit son Maître ». En 1676, il est nommé « musicqueur du Roy » puis, en 1679, « ordinaire de la Chambre du Roy » ; il conserve ce poste jusqu'en 1725. C'est à Lully, duquel Marais a également reçu l'instruction, qu'il dédie son premier livre de pièces de viole (1686). Après la mort de l'intendant — qui lui demandait souvent d'assumer la direction de l'orchestre de l'Opéra — Marais compose quatre opéras pour l'Académie royale de musique. Le plus célèbre d'entre eux demeure *Alcyone* (1706) sur un livret de Houdar de la Motte. La fameuse *Tempête* de cet ouvrage est considérée à l'époque comme « une chose admirable ». C'est d'ailleurs à cette occasion que Marais aurait introduit la contrebasse pour la première fois dans l'orchestre de l'Opéra.

Sans doute le meilleur violiste de France, Marin Marais doit-il sa réputation à sa musique de chambre ? Comme ses opéras, fidèles au style lullyste, ses suites de pièces de viole (danses, pièces à titres descriptifs : *les Fêtes champêtres, l'Arabesque, la Voix humaine*) le montrent ardent défenseur de la musique française, c'est-à-dire sévère contre les Italiens. À en juger par leur difficulté technique (elles font un grand usage des accords arpégés), la virtuosité du maître, qui ne néglige pas pour autant la sensibilité ni les trouvailles harmoniques, a été exceptionnelle. Citons, à titre d'exemple, les trente-deux variations du *Second Livre* sur le thème des *Folies d'Espagne.* Enfin, dans le domaine de la musique religieuse, Marais a composé un *Te Deum,* chanté pour la convalescence du Dauphin (1701, perdu).

Portrait de Marin ***Marais*** *en joueur de viole, gravé à la manière noire par A. Bouys.*

Larousse

*Page de titre d'*Alcione*, opéra de* Marin **Marais,**
nommé «ordinaire de la Musique de la Chambre du Roy» en 1676.

MARCABRU, troubadour gascon *(? v. 1100 - ? v. 1147).* Comme Guillaume IX et Jaufré Rudel, il appartient à la première génération de troubadours. Il était réputé pour son tempérament violent et pour sa misogynie. Ses origines modestes demeurent obscures. Un autre troubadour, le seigneur Aldric d'Auvillars, aurait trouvé l'enfant abandonné pour le prendre sous sa protection. Marcabru devient jongleur avant de voyager, dans le Midi, dans l'Île-de-France et probablement jusqu'en Angleterre. Il se rend également à la cour du roi Alphonse VII de Castille, et à celle du comte de Barcelone. Des cinquante chansons environ qui nous sont parvenues, quatre sont notées. L'une d'entre elles, une pastourelle particulièrement belle et pleine de mélancolie, *Pax in nomine Domini,* traite de la deuxième croisade (1147-1149).

MARCELLO, famille de musiciens italiens. — 1. **Allessandro,** compositeur *(Venise 1684* - id. *1750).* Esprit éclairé, il s'adonnait également aux mathématiques et à la philosophie. Membre de l'académie des Arcadiens à Rome, il avait choisi le surnom de Eterico Stinfalico. Il donnait ses propres compositions lors de réunions hebdomadaires dans sa demeure. Son œuvre comporte des cantates pour soprano et basse continue (1708), des sonates pour violon et basse continue (1708) ainsi que des recueils de concertos dont les *Concerti à 5,* publiés à Amsterdam (1716). Son œuvre la plus connue demeure le *Concerto pour hautbois et cordes* en *ré* mineur, transcrit par Bach pour clavecin.
— 2. **Benedetto,** compositeur, frère du précédent *(Venise 1686 - Brescia 1739).* Il fut l'élève d'Antonio Lotti pour la composition, mais se consacra d'abord au violon et au chant. Il fut d'ailleurs le professeur de Faustina Bordoni, une des plus illustres cantatrices de l'époque. De famille noble, et très cultivé, ce *«nobile Veneto»* mena de front la musique et une carrière d'avocat qui le conduisit à être juge au tribu-

Larousse.

Benedetto ***Marcello.***

nal de la Seingurie de Venise, puis membre du Conseil des Quarante (1716) avant de devenir Proveditéur de la République de Pola (1730-1738).

Marcello fut aussi homme de lettres et publia des ouvrages parmi lesquels il convient de citer surtout une satire des milieux théâtraux de l'époque, *Il Teatro all moda* (1720), qui eut un grand succès. Ses œuvres musicales, savantes et de haute qualité, tant instrumentales que vocales, sont caractéristiques du baroque italien à son apogée. Les douze *Concerti a cinque* (1708) témoignent d'une grande sensibilité et comptent parmi les meilleurs exemples du genre. Mais son œuvre maîtresse reste les cinquante paraphrases des Psaumes de David sur des textes italiens de G. A. Giustiniani, conçus pour une à quatre voix avec l'accompagnement de la basse continue, et intitulés *Estro poetico armonico* (Venise, 1724-1726). Les préfaces de ces six volumes sont également intéressantes. Marcello fut actif aussi dans le domaine de l'oratorio (*Giuditta,* 1709, sans doute perdu; *Gioàz,* 1726 ; *Il Trionfo della poesia e della musica,* 1733). En outre, il laissa des messes et des œuvres spirituelles. Pour le théâtre, il composa l'opéra *La Fede riconosciuta* (1707), perdu et d'authenticité douteuse, et la pastorale *Calisto in Orsa* (*id.,* 1725). Sa musique de chambre comporte des sonates pour clavecin, pour flûte et basse continue, des cantates, ainsi que des *Canzoni madrigalesche e arie per camera* (1717).

MARCHAND *(Louis),* organiste, claveciniste et compositeur français *(Lyon 1669-Paris 1732).* Élève de son père et très précocement doué, il fut organiste de la cathédrale de Nevers dès l'âge de quinze ans, puis à la cathédrale d'Auxerre. Venu à Paris en 1689, il y occupa les fonctions d'organiste chez les jésuites de la rue Saint-Jacques, aux églises Saint-Benoît, Saint-Honoré et à celle des Cordeliers, assurant à partir de 1706 l'une des charges d'organiste à la chapelle royale. Homme dissipé, de tempérament irascible, il fut contraint de se démettre de ses fonctions et de quitter la France. En Allemagne, on voulut l'opposer à J.-S. Bach, mais il ne se présenta pas au tournoi que Bach, à son corps défendant, remporta par forfait (on raconte que Marchand avait espionné Bach répétant, et avait préféré ne pas se mesurer à lui). De retour en France, il fut organiste à la cathédrale de Strasbourg et revint aux Cordeliers de Paris. Virtuose éblouissant et pédagogue écouté, il fut le professeur de D'Aquin et de du Mage.

Louis ***Marchand,*** *organiste du Roi.*

Floury.

Chaconne, du premier livre de Pièces de clavecin *de Louis* **Marchand.** *(Bibl. Nat., Paris.)*

Dans le domaine de l'orgue, il marque l'apogée du style classique avec ses contemporains Couperin et Grigny. Dans ses compositions pour cet instrument, il reste fidèle au grand style de ses prédécesseurs, mais son humeur fantasque se manifeste par une imagination harmonique sans cesse en éveil et une rythmique souvent irrégulière. Il a laissé deux livres de pièces de clavecin, cinq *Livres de pièces choisies pour orgue,* trois *Cantiques spirituels* (sur les poèmes de Racine), une cantate, *Alcyone,* des airs français et italiens et un traité théorique, *Règles de la composition.*

MARCLAND *(Patrick),* compositeur français *(Neuilly-sur-Seine 1944).* Il a travaillé à l'École normale de musique de Paris la guitare classique avec Alberto Ponce ainsi que l'écriture et la composition avec Max Deutsch, puis l'analyse avec Yves Marie Pasquet au conservatoire de Bobigny et avec Claude Ballif au Conservatoire de Paris. On lui doit notamment un *Trio* pour clarinette, violon et violoncelle (1971), un *Septuor* pour flûte, hautbois, clarinette, basson, cor, harpe et percussion (1972), *Tresses* pour 12 cordes solistes (1974), *Mètres* pour flûte, alto et harpe (1974), *Variants* pour 16 instruments (1975), *Passages* pour flûte, alto, harpe et orchestre (1975-76), *Fragments* pour 2 ondes Martenot, guitare électrique et percussion (1977), *Stretto* pour harpe seule (1978), *Failles* pour flûte, alto, harpe et orchestre (1978), et *Versets* pour 19 instruments. Il a aussi écrit des musiques de film. Son opéra *P.A.,* sur un livret de Jean Baillon d'après les contes de Perrault, a été donné à l'I. R. C. A. M. en novembre 1981. M. V.

MARCO *(Tomas),* compositeur espagnol *(Madrid 1942).* Il bénéficie d'une double formation : il a suivi des cours à l'université (droit, psychologie, sociologie), et a appris le violon et la composition, sans compter les cours de Darmstadt où il a participé, en 1967, à l'œuvre collective de Stockhausen *Ensemble;* il a également reçu l'enseignement de musiciens tels que Boulez et Ligeti. En 1969, il a obtenu pour *Vitral* (pour orgue et ensemble à cordes)

*Tomas **Marco** en 1972. Il obtint en 1969 le prix National de la musique en Espagne.*

le prix national de la musique en Espagne.

Ce compositeur mène de front de multiples activités : il travaille à la radio espagnole, donne des cours au conservatoire de Madrid sur les nouvelles tendances ; et dirige le groupe Koan, consacré à la musique contemporaine, ainsi que des concerts poursuivant le même but, Estuvio Nueva Generación. Il a publié plusieurs ouvrages : des monographies sur Ives, Satie, Debussy et Ravel ; un livre d'intérêt général, *Música Española de Vanguardia* (1970). Il a même fondé une revue destinée à la musique de notre temps, *Sonda,* et a effectué des travaux sur la perception musicale, car « il se préoccupe non de la production du son, mais aussi de sa réception ». Marco ne refuse aucune des possibilités offertes par les techniques actuelles, mais l'électroacoustique l'intéresse comme moyen, non comme but, comme un élément intégré à la musique contemporaine. Les genres qu'il aborde sont très diversifiés.

MARENZIO *(Luca),* compositeur italien *(Coccaglio 1553 - Rome 1599).* Après avoir appartenu à la maîtrise de la cathédrale de Brescia (où il aurait eu pour professeur Giovanni Continuo), il servit le cardinal Madruzzo à Rome, avant de travailler pour le compte du cardinal Luigi d'Este. En 1588, il est à Florence, déjà connu (il a publié ses premiers livres de madrigaux), et il œuvre pour les Médicis (il collabore à la comédie-intermède *La Pellegrina,* qui marque une étape importante, dans l'histoire de la réforme mélodramatique, sur la voie qui aboutira au jeune drame lyrique). Puis on le retrouve à Rome au service de plusieurs princes et prélats, dont le cardinal Cinzio Aldobrandini. Après un séjour à Venise en 1598, il meurt à Rome où il est enterré.

Le succès que Marenzio a rencontré de son vivant comme madrigaliste fait qu'il a été pris comme modèle par plusieurs générations de musiciens, parmi lesquels on compte pratiquement tous les chefs de file du temps, à commencer par Monteverdi. Moins audacieux et moins singulier, dans ses *stravaganze,* que le cruel harmoniste Gesualdo, prince de Venosa, il peut être considéré comme le grand classique du mouvement madrigalesque car, chez lui, le souci du fond se marie toujours harmonieusement aux préoccupations de la forme. Charmeuse, ordonnée, amoureuse de lumière et de clarté, son écriture témoigne d'une admirable virtuosité, mais contrôlée par une sobriété expressive qui commande à l'émotion. Ce qui ne l'empêche pas de choisir avec un remarquable discernement ses textes (Pétrarque, Torquato Tasso, Guarini dont le célèbre *Pastor Fido* est, dans cette seconde moitié du XVIe siècle, la « bible » des compositeurs profanes) et de faire écho, par les effets descriptifs de la musique (le genre madrigalesque est ainsi parfois qualifié de « peinture par l'oreille »), à la vocation poétique des paroles *(O Voi che sospirate).* Sans doute son lyrisme raffiné est-il plus sensible au bonheur pastoral ou bucolique qu'au trait dramatique. Reste que ce maître parmi les maîtres sait aussi user de l'effet chromatique pour privilégier l'émotion avec le sentiment intense et que, chez lui, le polyphoniste s'ouvre souvent au nouveau style du temps, attentif à la souplesse et à la symétrie des rythmes, à la prosodie naturelle des mots et à une déclamation volontiers homorythmique (rejoignant en cela le programme esthétique des mélodramatistes florentins).

MARIE *(Jean-Étienne),* compositeur français *Pont-l-Évêque, Calvados, 1917).* Après des études de musique, de théologie et de mise en ondes, il commence à travailler comme musicien metteur en ondes à l'O. R. T. F., à partir de 1949. Quelques années plus tard, il réalise au club d'essai des musiques électroacoustiques, produisant une expérience de confrontation entre l'image composée et le son avec *Polygraphie polyphonique nº 1* (1957), pour violon et « film sonore », et il participe à l'expérience du *Concert collectif* du G. R. M., avec l'*Expérience ambiguë* (1962). Il affirme également son intérêt pour l'utilisation des micro-intervalles, dans un esprit proche du compositeur mexicain Julian Carillo, son inspirateur. C'est un hommage à ce dernier qu'il compose le *Tombeau de Julian Carillo* (1966), pour piano en tiers de ton, piano en demi-ton, et bande magnétique. Il écrit aussi, pendant les années 60, *Images thanaïques* (1960) pour orchestre et bande, *Oboediens usque ad Mortem* (1966) pour orchestre, *Appel au tiers monde* (1967) pour bande magnétique, sur un texte d'Aimé Césaire, *Tlaloc* (1967) pour orchestre et trois bandes magnétiques stéréo, et *Concerto milieu Divin* (1969), pour grand orchestre et dispositif électroacoustique de « tape delay » (enregistrement et relecture avec retard de l'exécution en direct, à laquelle elle est superposée).

En 1966, il crée au sein de la Schola cantorum, où il est professeur, un studio et un centre d'enseignement de musique électroacoustique, le Centre international de recherches musicales (C. I. R. M.), installé à Nice depuis 1975 et où viennent travailler divers compositeurs (dont son collaborateur Fernand Vandenbogaerde), qui y produisent de nombreuses œuvres pour bande magnétique et « dispositif électroacoustique ». Il est aussi, pendant quelques années à partir de 1968, l'animateur des Semaines de musique contemporaine d'Orléans. Dans le cadre du C. I. R. M., il a réalisé des pièces comme *S 68* (1969), « symphonie électroacoustique » pour bande magnétique en trois mouvements *(Vent d'Est, Action, Demain), BSN 240* (1969) pour trois bandes stéréo à déroulement infini (ne retrouvant leur synchronisme de départ qu'au bout de deux cent quarante heures), *Savonarole* (1970) pour chœur, orchestre à cordes, deux récitants, six pistes magnétiques, *Vos leurres de messe* (1972), pour trompette, cor, et dispositif électroacoustique, *Symphonies* (1972), pour orgue et bande magnétique, etc.

Mais il abandonne au bout d'un certain temps ses lourdes tâches de direction pour se consacrer à ses recherches personnelles. Son intérêt pour une « formalisation mathématique » de toute la problématique musicale se développe, et il en élabore la théorie « globalisante », à la manière de Xenakis (mais peut-être sans les frappantes et immédiates intuitions de Xenakis), dans un gros ouvrage, *l'Homme musical,* qui brosse un programme pédagogique passant par la sociologie, la technique, les mathématiques, l'esthétique, etc. Les micro-intervalles, envisagés comme le moyen de « faire se rejoindre l'harmonie et le timbre », l'emploi de modèles mathématiques, une inspiration souvent religieuse, humaniste et tiers-mondiste, demeurent les axes de son œuvre musicale, quand il entreprend de repartir à l'aventure en mettant au point une sorte de synthétiseur portable accordé en micro-intervalles non tempérés, qu'il baptise le C. E. R. M. (Complexe expérimental de recherche musicale). C'est sur cet appareil qu'il exécute en concert ses musiques nouvelles, telles que *Irrationnelle homothétie* (1979), et une série d'œuvres pour C. E. R. M., avec piano, ou bande magnétique : *Fractal-Figural* I à IV (1978-1981). Il attache également une certaine importance à ses recherches sur les rapports du son et de l'image, ayant tenté notamment de donner une version sonorisée nouvelle du *Cuirassé Potemkine* d'Eisenstein.

MARIÉTAN *(Pierre),* compositeur suisse *(Monthey 1935).* Après des études au conservatoire de Genève sur les techniques d'écriture et le cor, puis après une maîtrise sur le chant grégorien, il aborde la composition avec Zimmermann à Cologne (1960), puis avec Stockhausen et Boulez à Bâle (1961-1963). Au lieu de se fixer sur une technique, il recherche une sorte de dialectique entre plusieurs systèmes. Installé à Paris, il fonde en 1966 le G. E. R. M. (Groupe d'études et de réalisations musicales). Son effort des années précédentes porte essentiellement sur l'acoustique musicale urbaine, ce qui l'a conduit à une « musicalisation de l'espace habitable » et à des expériences sur l'écoute dans la ville de Monthey, ainsi qu'à Cologne, Bonn (1977), et enfin Paris. Il enseigne à l'université de Paris I, où il traite de « l'urbanisme, architecture, paysage, morphologie de l'environnement et de l'habitat ». Parmi sa quarantaine d'œuvres, citons *D'instant en instant* pour 24 solistes (1980).

Pierre **Mariétan.**

Ph. Gras.

MARINI *(Biagio),* compositeur et violoniste italien *(Brescia v. 1587 - Venise 1663).* Né dans une famille aisée, il fut violoniste à Saint-Marc de Venise en 1615, puis travailla successivement à Brescia (1620) et à Parme (1621). De 1623 à 1649, il vécut principalement en Allemagne comme maître de chapelle à la cour de Neuburg, sur le Danube, tout en effectuant de fréquents voyages. Il fut ensuite maître de chapelle à Milan (1649) et directeur de l'Accademia della Morte à Ferrare (1652-53). On le vit à Vicenza en 1655-56. Son œuvre fut imprimée de son vivant en 22 numéros d'opus, dont certains perdus et d'autres incomplets. Il écrivit de la musique vocale, essentiellement des pièces à une ou plusieurs voix avec instruments (*Madrigali e symfonie* op. 2, Venise 1618), mais son importance réside surtout dans sa production instrumentale (*Affetti musicali* op. 1, Venise 1617 ; *Sonate, symphonie... e retornelli* op. 8, Venise 1629).

MARSCHNER *(Heinrich),* compositeur allemand *(Zittau 1795 - Hanovre 1861).* Se destinant d'abord au droit, c'est à l'âge de vingt ans qu'il décida de se consacrer à la musique, après avoir rencontré Beethoven à Vienne.

Il fut maître de chapelle chez le prince Krasatkowitz à Presbourg, puis fut appelé à Dresde par Weber, grâce à qui fut créé son opéra *Heinrich IV und d'Aubigné* (1820). Il fut directeur de la musique de cette ville de 1824 à 1826, mais démissionna à la mort de Weber, pour occuper le même poste à Leipzig l'année suivante. C'est là que fut créé *Der Vampyr* (1828), un de ses ouvrages les plus intéressants. Dans le même temps, il voyagea à Berlin, où il se lia avec Mendelssohn, et se rendit aussi à Dantzig, Aix-la-Chapelle et Breslau. À partir de 1837, il s'établit à Hanovre où il donna *Hans Heiling,* qui passe pour son chef-d'œuvre (1833). Pendant les vingt-cinq dernières années de sa vie, assez curieusement, son activité de compositeur se ralentit, en dépit de succès qui avaient fait de lui le successeur de Weber à la tête de l'opéra romantique allemand. Il faut néanmoins signaler la création, en 1845 à Dresde, de *Kaiser Adolph von Nassau,* sous la direction d'un chef d'orchestre qui avait nom Richard Wagner.

Avec moins d'imagination musicale que Weber, Marschner occupe une place importante dans le premier romantisme allemand.

MARTIN *(Frank),* compositeur suisse *(Genève 1890 - Naarden, Pays-Bas, 1974).* Fils de pasteur, il eut comme professeur Joseph Lauber (piano, harmonie, composition), et ne fréquenta aucun conservatoire. Il entreprit aussi des études de physique et de mathématiques. Après la Première Guerre mondiale, il vécut à Zurich, Rome et Paris, et enseigna la théorie rythmique à l'institut Jaques-Dalcroze. Porté par goût vers la musique et l'esthétique françaises, il avait grandi dans un milieu imprégné de culture et de musique allemandes, et ses premières œuvres révèlent les traces de ce conflit. C'est le cas, par exemple, des *Trois Poèmes païens* pour baryton et orchestre (1910), d'après Leconte de l'Isle, et de l'oratorio *les Dithyrambes* (1918), dont la création fut assurée par Ernest Ansermet. Dans les *Sonnets à Cassandre,* d'après Ronsard (1921) se manifeste l'influence de Ravel, et, avec le triptyque orchestral *Rythmes* (1926), le compositeur affirma une nette personnalité. Suivit une période sérielle illustrée notamment par un premier concerto pour piano (1933-34) et 1 trio à cordes (1936). De la même époque datent le ballet *Die blaue Blume* (1936) et une symphonie (1937).

Frank Martin ne parvint à la maturité et à la certitude stylistique que vers l'âge de cinquante ans, avec l'oratorio profane *le Vin* herbé,* d'après le *Tristan* de Joseph Bédier. L'œuvre est écrite pour 12 voix solistes accompagnées par 7 cordes et 1 piano, et date de 1938-1941. Dès lors, la production vocale du musicien devait se partager entre textes allemands et français, et son art se définit comme une parfaite synthèse d'éléments latins et germaniques. Des quelque 80 ouvrages constituant son catalogue, plus des deux tiers sont postérieurs au *Vin herbé.* Dans le sillage de ce premier chef-d'œuvre se situe *Der Cornet*,* cycle de mélodies pour voix d'alto (ou de mezzo) et orchestre d'après Rilke (1942-43). Suivirent notamment les *Six Monologues de Jedermann* pour alto ou baryton et piano (1943, orch. 1949), les oratorios *In terra pax* (1944-45) et *Golgotha* (1946-1948), une célèbre *Petite Symphonie concertante* pour harpe, clavecin, piano et 2 orchestres à cordes (1945), les opéras *Der Sturm* d'après Shakespeare (1952-1955, créé à Vienne en 1956) et *Monsieur de Pourceaugnac* d'après Molière (1961-62, créé à Genève en 1963), *le Mystère de la Nativité,* oratorio/spectacle d'après Arnoul Gréban (1959), *les Quatre Éléments* (1964), une des rares partitions symphoniques du compositeur, 1 quatuor à cordes (1967), 1 *Requiem* (1971), 1 concerto pour violoncelle (1965-66) et un deuxième concerto pour piano (1968-69).

Cl. Ringier

*Frank **Martin.***

Tempérament grave et méditatif, Frank Martin vécut aux Pays-Bas (d'abord à Amsterdam, puis à Naarden), patrie de sa troisième épouse, à partir de 1946, et, de 1950 à 1957, enseigna la composition à l'École supérieure de musique de Cologne, où il eut comme élève Karlheinz Stockhausen.

MARTINI *(Jean Paul Égide)* ou [JOHANN PAUL AEGIDIUS MARTIN, dit SCHWARZENDORF, dit MARTINI IL TEDESCO], compositeur français d'origine allemande *(Freystadt, Bavière, 1741 - Paris 1816).* Il voyagea dans sa jeunesse sous le pseudonyme de « Schwarzendorf », et, après un séjour à Nancy au service de Stanislas Leczinski, arriva à Paris en 1764. Il y fut directeur de la musique du comte d'Artois et du théâtre de Monsieur (devenu théâtre Feydeau), et, en 1794, connut un triomphe avec son opéra *Sappho.* Il fut aussi inspecteur (1798) et professeur de composition (1800-1802) au Conservatoire, et, en 1814, Louis XVIII le nomma directeur de l'orchestre de sa Cour. Il écrivit dans sa jeunesse beaucoup de musique militaire, mais sa renommée lui vint surtout de ses opéras-comiques, parmi lesquels *l'Amoureux de quinze ans* (1771), *Henri IV, ou la Bataille d'Ivry* (1774), et *Annette et Lubin* (1789). La célèbre romance *Plaisir d'amour* lui a valu l'immortalité.

MARTINI *(padre Giovanni Battista),* théoricien, musicologue et compositeur italien *(Bologne 1706* - id. *1784).* Après avoir commencé à étudier avec son père, Antonio Maria, violoniste et violoncelliste, il poursuivit sa formation musicale avec A. Predieri et G. A. Ricieri, puis parfit ses connaissances avec F. A. Pistocchi (chant) et avec G. A. Perti (composition). Il entra chez les Franciscains en 1721, prononça ses vœux l'année suivante et devint officieusement en 1725, et officiellement deux ans plus tard, maître de chapelle de Saint-François de Bologne. Il fut enfin ordonné prêtre en 1729. Il devait rester en ce couvent de Bologne jusqu'à la fin de sa vie (refusant même le poste de maître de chapelle à Saint-Pierre de Rome) et s'y consacra à la musique et à la recherche musicologique.

Homme remarquablement cultivé et ouvert, il jouit très tôt d'une renommée internationale et attira, par ses qualités intellectuelles et humaines, les plus grandes figures artistiques de son époque, comme en témoigne son abondante correspondance (Frédéric le Grand, Burney, Gluck, Marpurg, Métastase, Quantz, Rameau, Tartini). Pédagogue recherché, il compta parmi ses élèves F. Bertoni, S. Mattei, G. Sarti, J. Chr. Bach, N. Jommelli, W. A. Mozart.

Son enseignement et ses compositions reposaient sur une connaissance profonde de la polyphonie et du contrepoint, qu'il développa dans de nombreux canons (canons-énigmes surtout). Il écrivit beaucoup de musique sacrée (messes, litanies, oratorios), mais également de la musique profane vocale (intermezzos, arias) et instrumentale (sonates et pièces pour clavecin ou orgue, concertos divers, sinfonias). Malgré quelques concessions faites à l'art de son temps (en particulier au style concertant et au style galant), il reste plutôt attaché au passé, faisant parfois usage du *stile antico* et de l'écriture *a cappella.*

Son œuvre musicologique est particulièrement remarquable par la richesse et la diversité des imprimés et manuscrits qu'il collecta. Burney estima l'importance de sa bibliothèque à 17 000 volumes, dont une partie (ainsi que sa correspondance) a été conservée au Museo bibliografico musicale de Bologne. Il envisageait d'écrire une *Storia della musica,* mais n'en publia que 3 volumes (1761, 1770, 1781), qui ne dépassent pas la musique antique. Il faut également citer son *Esemplare ossia saggio fondamentale pratico di contrappunto sopra il canto fermo* (1774), où il réunit, dans un but pédagogique, de nombreuses pièces des plus grands maîtres de la Renaissance et de l'époque baroque. Il est incontestablement l'un des grands musiciens du XVIIIe siècle, comme l'atteste la vénération dont l'entouraient ses contemporains, et a été à l'origine par sa conception plus systématique de la recherche musicale, d'un tournant décisif dans l'histoire de la musicologie.

MARTIN Y SOLER *(Vicente),* compositeur espagnol *(Valence 1754 - Saint-Pétersbourg 1806).* Il fit sans doute ses débuts de compositeur d'opéras à Madrid en 1776, étudia peut-être avec le padre Martini à Bologne, et, de 1779 à 1785, écrivit de nombreux opéras pour divers théâtres italiens. De 1785 à 1788, il vécut à Vienne, où il obtint la faveur de Joseph II et écrivit sur des livrets de Da Ponte 3 opéras : *Il Burbero di buon cuore,* adaptation de Goldoni (1786), *Una cosa rara* (1786) et *L'Arbore di Diana* (1787). Ces 3 œuvres, en particulier la deuxième (dont Mozart devait citer un thème dans le second finale de *Don Giovanni*), obtinrent un énorme succès, dont souffrit plus ou moins *les Noces de Figaro* de Mozart, créé entre *Il Burbero di buon cuore* et *Una cosa rara.*

Auteur auparavant de zarzuelas et d'*opere serie,* Martin y Soler avait ainsi trouvé sa voie avec l'opéra bouffe. De 1788 à 1794, il fut au service de Catherine II à Saint-Pétersbourg, où il donna notamment *Gore bogatyr Kosometovitch* « (le Pauvre Héros Kosometovitch »), sur un livret de l'impératrice elle-même (1789). En 1794, il retrouva Da Ponte à Londres, et y donna avec lui, en 1795, *La Scuola dei maritati* et *L'Isola del piacere,* d'ailleurs non sans recourir à ses fonds de tiroir : les *Carnets* de Haydn, qui assista à une représentation de *L'Isola del piacere,* nous apprennent que l'ouverture était celle de *L'Arbore di Diana,* et qu'on retrouvait dans l'ouvrage « un tas de vieilles choses de *Cosa rara* ». En 1796, Martin y Soler retourna à Saint-Pétersbourg, où il fut nommé conseiller d'État (1798) et inspecteur du Théâtre-Italien (1800). La fin de sa carrière y fut assombrie par la rivalité, en Russie, de l'opéra français et italien.

Lipnitzki

Bohuslav **Martinů.**

MARTINŮ *(Bohuslav),* compositeur tchèque *(Polichka 1890 - Liestal, Suisse, 1959).* Après des études sans grand succès au conservatoire de Prague, où il eut comme professeur Josef Suk, il entra, en 1913, comme second violon à l'Orchestre philharmonique tchèque. Admirateur de Debussy, se sentant gêné par l'atmosphère de postromantisme qui régnait à Prague, il ne trouvait pas encore sa voie comme compositeur. Le tournant décisif devait cependant se préciser en 1923, lorsque l'orchestre dans lequel il jouait interpréta *le Poème de la forêt* d'Albert Roussel. Muni d'une modeste bourse, Martinů s'embarqua pour Paris, désireux de suivre l'enseignement de Roussel qui, au vu de ses premiers essais, l'accepta d'emblée comme élève. Des nombreux disciples de Roussel, c'est Martinů qui devait faire le plus honneur à son maître, à travers ses compositions. « Ce que je suis venu chercher chez lui, devait-il déclarer, c'était l'ordre, la clarté, la mesure, le goût et l'expression directe, exacte et sensible, les qualités de l'art français que j'ai toujours admirées. »

Les quelques semaines qu'il voulait passer à Paris devinrent dix-sept ans ; il s'y maria, et y fréquenta le groupe de musiciens d'Europe centrale de l'école de Paris. Après le démembrement de la Tchécoslovaquie et le début de la guerre, il fut mis sur la liste noire des nazis pour ses activités patriotiques. En 1940, il connut avec son épouse l'exode à travers la France, avant de s'embarquer pour les États-Unis. Il eut la chance d'y voir s'ouvrir de nouvelles perspectives, grâce à l'appui généreux de Serge Koussevitski, qui lui obtint une chaire à l'université de Princeton et lui commanda une œuvre, la *Première Symphonie* (1942). Quatre autres symphonies devaient bientôt lui succéder. En 1945, à la libération de la Tchécoslovaquie, Prague offrit une chaire de composition au musicien, retenu aux États-Unis à la suite d'un grave accident. Il ne devait jamais revoir sa patrie : après avoir quitté les États-Unis en 1953, il partagea ses dernières années entre Rome, Nice et Bâle, où il fut souvent l'hôte de Paul Sacher.

Après Villa-Lobos et Milhaud, Martinů reste l'un des musiciens les plus féconds du XXe siècle. Dressant le catalogue de son œuvre, Harry Halbreich a dénombré 384 numéros. Trois périodes peuvent être approximativement définies, pour suivre

Bohuslav ***Martinů,*** *se dessinant, peut-être...*

son cheminement, au cours de trente-cinq années de création incessante.

De 1924 à 1938, le compositeur prend possession de son langage, le rythme domine — influence de la danse tchèque, de la polka, voire du jazz. De nombreuses œuvres instrumentales néoclassiques naissent, surtout en musique de chambre ou pour petit orchestre, ainsi que plusieurs opéras, dont *Julietta* (1936-37, créé à Prague en 1938), d'après *Juliette ou la Clé des songes* de Georges Neveux, point culminant de son œuvre jusque-là.

Une deuxième période, recouvrant les années 1938-1950, voit l'apogée de son génie. Elle débute par le *Concerto pour deux orchestres à cordes, piano et timbales* (1938). L'ère symphonique s'ouvre, les cinq premières symphonies sont écrites coup sur coup (1942-1946). Autour d'elles, apparaît une floraison de concertos, pièces concertantes pour orchestre de chambre, sonates, quatuors, quintettes. L'harmonie gagne en plénitude et en originalité, tout en perdant une partie de sa rudesse agressive.

Dans sa troisième période enfin, l'art de Martinů s'oriente vers une sorte de néo-impressionnisme romantique, illustré par des œuvres à programme, souvent rhapsodiques, et par un retour à l'opéra, où la diversité des sujets est à la mesure de la curiosité du musicien en matière littéraire et poétique : *De quoi vivent les hommes,* d'après Léon Tolstoï (1952, opéra télévisé) ; *le Mariage,* d'après Nicolas Gogol (1952, opéra télévisé ; New York, 1953) ; *Mirandolina,* d'après *La Locandiera* de Carlo Goldoni (créé à Prague, 1959) ; *Ariane,* d'après Georges Neveux (1958, créé en 1961) ; *la Passion grecque,* d'après *le Christ recrucifié* de Nikos Kazantzaki (1956-1959 ; créé à Zurich, 1961). Au milieu d'un flot de musique de chambre, de nouvelles partitions orchestrales s'ajoutent, à la suite des cinq symphonies, la sixième symphonie, dite *Fantaisies symphoniques* (1951-1953), les *Fresques de Piero della Francesca* (1953), *les Paraboles* (1957-58).

Le langage de Bohuslav Martinů tire une partie de sa substance du folklore tchèque, sans jamais le citer réellement.

Comment B. ***Martinů*** *se voyait lui-même.*

Gramofoné Zavody

Né aux confins de la Bohême et de la Moravie, il est ethniquement morave, ce qui explique certaines affinités avec Leos Janáček dans ses inflexions mélodiques et rythmiques. Deux autres sources à prendre en considération sont Debussy et la musique française, d'une part, le madrigal anglais d'époque élisabéthaine, d'autre part. Contrairement à plusieurs grands musiciens ayant vu leurs sources d'inspiration contrariées, sinon taries, à la suite de l'exil, Martinů a toujours chanté son terroir natal, quel que soit le sujet d'inspiration du moment. *Julietta* et *la Passion grecque* sont aussi tchèques dans leur musique qu'*Othello* de Verdi avait été italien. Sa musique communique un sentiment de joie pure, claire, franche et tourbillonnante. « Ce qui frappe chez Martinů, c'est la force motrice », devait écrire Ernest Ansermet. Sa conception orchestrale est basée sur le principe du concerto grosso, comprenant une utilisation originale du piano, à mi-chemin entre le rôle du soliste et celui de la percussion. Martinů peut être considéré comme un des symphonistes les plus importants depuis Sibelius. Comme chez ce dernier, le thème ne détermine plus le mouvement : les thèmes, naissant au contraire du courant symphonique lui-même, sont portés par lui. Des cellules mélodiques souvent très petites peuvent s'épanouir en mélodies infinies (*cf.* le *Tristan* de Wagner). La notion de développement classique — opposition de deux thèmes — est secondaire, l'unité est assurée par la poussée d'ensemble. En outre, à la suite de Carl Nielsen et de Gustav Mahler, Martinů a adopté le concept de tonalité évolutive : ses symphonies ne se terminent pas dans la tonalité dans laquelle elles ont commencé. À l'encontre des postromantiques souvent attachés aux idées philosophiques, aux développements grandioses, ce musicien recherchait la poésie profonde des choses simples ; il en tirait un plaisir de créer, une spontanéité, dans la musique de chambre comme dans la symphonie ou l'opéra.

MASCAGNI *(Pietro),* compositeur italien *(Livourne 1863 - Rome 1945).* Élève de Ponchielli à Milan, il dut interrompre ses études pour subvenir à ses besoins, dirigea des troupes d'opérette, et s'établit comme directeur de théâtre à Cerignola, près de Foggia, où il rédigea à la hâte son drame en 1 acte *Cavalleria rusticana* (d'après une pièce de Verga), qui, créé à Rome en 1890 par Gemma Bellincioni et Roberto Stagno, interprètes d'exception, lui valut brusquement une renommée universelle et le détourna un instant de la composition de son romantique *Guglielmo Ratcliff,* d'après Heine. Avec *l'Ami Fritz* (1891), il tournait le dos à la violence élémentaire de sa réussite précédente, raison pour laquelle l'œuvre eut moins d'effet sur le public. En 1895, Mascagni devint directeur du lycée musical de Pesaro, se tourna vers l'impressionnisme musical et littéraire avec *Iris* (1898), vers les légendes médiévales (*Isabeau,* 1911, œuvre inspirée de l'histoire de lady Godiva), vers d'Annunzio (*Parisina,* 1913), puis retrouva sa veine initiale avec *Lodoletta* et surtout avec *Il Piccolo Marat* (1921), souvent tenu pour son chef-d'œuvre. Excellent chef d'orchestre, il écrivit encore en 1935 un *Néron* à la gloire de Mussolini, s'aliénant ainsi de nombreuses sympathies. Après avoir, pour leur cinquantenaire, dirigé l'enregistre-

Pietro **Mascagni.**

Ch. Abéniacer

Keystone

*Pietro **Mascagni** dirigeant une répétition.*

ment de ses deux premières œuvres importantes, il connut une éclipse, étant quelque peu mis à l'écart au lendemain de la Seconde Guerre mondiale. Mascagni, qui écrivit aussi des mélodies, de la musique religieuse, des chœurs, 3 *Symphonies,* des pièces instrumentales, de la musique de film, etc., demeure aux yeux de la postérité l'auteur d'une seule œuvre, partition de jeunesse plus représentative d'un moment de l'histoire de l'opéra italien que de l'ensemble de sa production.

MASSÉ *(Victor),* compositeur français *(Lorient 1822-Paris 1884).* Prix de Rome en 1844, il présenta à son retour de la villa Médicis son premier opéra-comique, *la Chambre gothique* (1849). Il connut son premier grand succès avec *Galatée* (1852), et, en 1853, produisit son chef-d'œuvre, *les Noces de Jeannette,* un acte rustique et charmant qui devait se maintenir au répertoire jusqu'à nos jours. Il entra à l'Opéra avec *la Mule de Pedro* (1863), et connut son dernier triomphe à la Gaîté-Lyrique en 1876 avec *Paul et Virginie.* *Une nuit de Cléopâtre* ne fut représenté qu'après sa mort, en 1885. Il enseigna la composition au Conservatoire de 1866 à 1876. Son style gracieux et son écriture solide lui permirent de prolonger dignement la tradition de l'opéra-comique français, tout en annonçant discrètement une évolution rassurante du genre. On lui doit aussi de nombreuses mélodies, dont 3 recueils pleins de saveur : *Chants bretons, Chants du soir,* et *Chants d'autrefois.*

*Victor **Massé.***

Sirot

MASSENET *(Jules),* compositeur français *(Montaud 1842-Paris 1912).* Dernier-né d'une famille de douze enfants, Massenet, qui haïssait son prénom au point de n'en tolérer que l'initiale, reçut d'abord une éducation de pianiste couronnée par un premier prix en 1859. Admis au Conservatoire dès 1851, il dut interrompre ses études pendant l'année scolaire 1856-57 lorsque ses parents quittèrent Paris pour s'installer à Chambéry. Il se produisit plusieurs fois en concert comme pianiste, en 1858, notamment à Angers et à Tournai. Cependant, pour subvenir à ses besoins, il dut accompagner des chanteurs et tenir le triangle à l'orchestre du Gymnase, puis les timbales au Café Charles et au Théâtre-Lyrique. Élève de Reber (harmonie), de

Savard (contrepoint), puis d'Ambroise Thomas (composition), il obtint en 1863 un premier prix de fugue en même temps que le premier grand prix de Rome pour sa cantate *David Rizzio;* l'opinion de Berlioz aurait, semble-t-il, favorablement pesé dans le résultat du concours.

Massenet séjourna à la villa Médicis pendant deux années et rédigea alors sans entrain les envois qu'il était tenu de faire : une *Grande Ouverture de concert,* un *Requiem* et des fragments lyriques, qui devinrent l'oratorio *Marie-Magdeleine.* Il entreprit également un opéra d'après Victor Hugo, *Esmeralda.* C'est à Rome qu'il fit la connaissance d'une élève de Liszt, Mlle de Sainte-Marie, qu'il épousa à son retour en France. Il profita de sa pension de lauréat pour visiter l'Italie, l'Allemagne et la Hongrie; il en rapporta l'inspiration des *Scènes napolitaines* (1864) et des *Scènes hongroises* (1871). Dès 1866, plusieurs de ses œuvres furent exécutées à Paris.

Bénéficiant d'une nouvelle disposition qui attribuait aux lauréats de l'Institut le droit de se voir représenter un ouvrage en 1 acte sur la scène de l'Opéra-Comique, Massenet composa en quelques semaines *la Grand-Tante,* qui connut un petit succès en avril 1867. La partition d'orchestre en a été détruite, comme celle de *Don César de Bazan,* dans l'incendie de l'Opéra-Comique en 1887, mais n'a pas été reconstituée. La partition piano-chant permet néanmoins de se faire une idée de la maîtrise étonnante dont témoigne cette première tentative. Écrit pour un concours où il obtint la troisième place, l'opéra *la Coupe du roi de Thulé* ne nous est pas parvenu, mais la musique en a été réutilisée dans les 5 ouvrages lyriques qui suivirent.

Plusieurs projets d'opéra allaient voir le jour à cette époque : *Manfred* en 1869, resté à l'état d'ébauche, et *Méduse,* achevé, semble-t-il, en 1870. Malgré sa rencontre avec l'éditeur Hartmann qui allait l'encourager désormais, la situation matérielle de Massenet restait précaire : la fin de sa pension, en 1868, l'obligea à donner des leçons et à reprendre une place de timbalier au Théâtre de la porte Saint-Martin. Ralentie par le siège de Paris (il s'enrôla dans l'infanterie), puis par l'époque troublée de la Commune, son activité toujours intense reprit dès le printemps de 1871, et, s'il n'était pas satisfait de sa symphonie écrite pendant le siège, il poursuivit avec

Jules Massenet.

les *Scènes pittoresques* (1871) et les *Scènes dramatiques* (1873) la série de ses suites pour orchestre. Quelques semaines lui suffirent pour composer un opéra-comique en 4 actes, *Don César de Bazan,* représenté sans succès en novembre 1872. Cette œuvre d'un intérêt médiocre fut révisée et réorchestrée par Massenet en 1888. De cette période datent également l'*Ouverture pour Phèdre* et la musique de scène pour les *Erinnyes,* dont la valeur fut reconnue immédiatement; mais ce fut l'exécution à l'Odéon en avril 1873 de l'oratorio *Marie-Magdeleine* qui assit la véritable notoriété du compositeur. Achevé depuis plusieurs années déjà, quoique remanié, cet ouvrage de jeunesse n'est pas seulement remarquable par l'inspiration personnelle dont il témoigne, mais parce qu'il fallut peut-être attendre *Manon* pour que Massenet retrouvât ce langage qui lui appartint en propre. Composé en 1874, *Ève,* mystère en 3 parties, connut un succès aussi vif, mais, à part quelques pages, cette partition ne présentait pas de progrès notables. Parallèlement, le musicien avait concentré ses efforts sur un grand opéra en 5 actes, *le Roi de Lahore,* qui l'occupa de 1872 à 1877, et dont la représentation au palais Garnier en avril 1877 allait établir sa consécration en même temps qu'elle lui valait d'être nommé l'année suivante, à trente-six ans, professeur de composition au Conservatoire puis d'entrer à l'Institut devant Camille Saint-Saëns.

Œuvrettes de circonstance destinées à des cercles, *l'Adorable Bel-Boul* (1874), puis *Bérangère et Anatole* (1876) ont été

M. Rigal

*Jules **Massenet** en 1864, par S. Chaplain.*

détruites par le compositeur qui tenait à conserver sa réputation de « musicien sérieux ». Si *la Vierge* (1878), légende sacrée en 4 scènes, méritait mieux que le froid accueil qui lui fut réservé en 1880, *Hérodiade,* représenté en 1881 au théâtre de la Monnaie de Bruxelles, renouvela le triomphe du *Roi de Lahore. Hérodiade* fut repris à Paris en 1884, mais en italien, au Théâtre-Italien.

C'est en 1881 que Massenet composa, sous le titre de *Scènes alsaciennes,* sa septième et dernière suite d'orchestre, la plus connue. Désormais, il allait s'occuper presque exclusivement d'opéra, mais il continua à produire régulièrement des mélodies, soit pour répondre à des sollicitations qu'il n'avait jamais su repousser, soit parce qu'elles constituaient une source commode de revenus.

Après avoir délaissé au moins trois projets d'opéras : *Robert de France* (1880), *les Girondins* (1881), *Montalte* (1883), et refusé une *Phœbé* que lui avait confiée Carvalho, le directeur de l'Opéra-Comique, Massenet, lui-même, eut l'idée de demander une *Manon* à Meilhac, et, pour éviter toute modification, il apporta la partition gravée à la première répétition. Les coupures que l'on fait subir ordinairement à cet ouvrage, et qui en brisent l'équilibre en en déformant l'esprit, prouvent rétrospectivement que l'auteur était conscient d'avoir construit une œuvre exemplaire, d'une rare cohérence dans la diversité des procédés utilisés. Vers cette époque, il avait demandé à Zola l'exclusivité de *la Faute de l'Abbé Mouret,* mais ce projet n'eut pas de suite. Avec *le Cid* (1884-85), Massenet démontra une nouvelle fois que les impératifs du grand opéra lui inspiraient surtout des formules, sinon des lieux communs. Si le sujet de *Werther* (1885-1887) sembla l'avoir moins enthousiasmé de prime abord que celui du *Cid,* il lui fournit un cadre intime dans lequel il retrouva la meilleure part de son invention. Créé à Vienne en 1892, en allemand, *Werther* fut donné à Paris en 1893 avec un succès très relatif. Le chromatisme de ce nouvel ouvrage pouvait faire penser que Massenet, qui s'était rendu à Bayreuth en 1886, avait subi l'influence du maître des lieux ; il faut cependant préciser qu'il y avait alors près de trente ans que Massenet était un admirateur averti de Wagner. Le modèle wagnérien était beaucoup plus net — trop peut-être — dans *Esclarmonde* (1887-88), dont les représentations dans le cadre de l'Exposition universelle connurent un succès considérable.

Dans *le Mage* (1889 ; créé, 1891), Massenet retomba dans les pièges du grand opéra que la complication du sujet aggravait encore ; l'accueil fut bon, mais l'œuvre ne fit pas carrière. La même année vit la composition d'*Amadis,* opéra légendaire, qui, pour diverses raisons, ne devait être représenté qu'après sa mort.

En écrivant *le Portrait de Manon* (1892-93), Massenet revenait aux demi-teintes de l'opéra-comique, mêlant habilement le sourire à la nostalgie. Mais, simultanément, il était occupé par un projet plus ambitieux : *Thaïs* d'après Anatole France. Destinée à l'Opéra-Comique, *Thaïs* fut créée à l'Opéra en 1894 ; cette circonstance faussa la perspective d'une œuvre d'un caractère plutôt intime qui allie le sacré et la sensualité, la gravité et le comique, d'une manière surprenante, sans doute, mais parfaitement originale. *La Navarraise,* écrite en quelques semaines de l'été 1893, orchestrée en dix jours, est si résolument tragique de ton qu'on a voulu y voir une concession, ou une conversion au vérisme qui tromphait alors en Italie ; en réalité, l'influence a joué de part et d'autre. De 1893 à 1901, Massenet revint à plusieurs reprises sur *Grisélidis,* dont il rédigea plusieurs versions. Comme dans *Thaïs,* il tenta une fusion des styles, mais le livret a trahi la confiance du musicien. Comme s'il voulait faire l'inventaire des ressources de son inspiration, il aborda avec *Cendrillon* (1894-95, 1re repr., 1899) le domaine du conte de fée et y montra un véritable génie du métier qui fait d'autant plus regretter l'insuffisance de son librettiste.

À la mort d'Ambroise Thomas, Massenet, à qui l'on offrait la direction du Conservatoire, refusa cette fonction, et, de plus en plus accaparé par sa carrière et les déplacements qu'elle imposait, donna sa démission de professeur de composition. Parmi ses élèves, Alfred Bruneau, Gabriel Pierné, Xavier Leroux, Gustave Charpentier, Henri Rabaud, Charles Koechlin, Florent Schmitt, tous lauréats du prix de Rome, et, également, Ernest Chausson, Guy Ropartz ou Reynaldo Hahn qui n'ont pas tenté ce concours.

Le premier fruit de la disponibilité complète dont allait jouir désormais Massenet était *Sapho,* œuvre à laquelle il consacra l'été 1896. Créée à l'Opéra-Comique dès novembre 1897 en prévision de la fin prochaine d'Alphonse Daudet, *Sapho,* augmentée du tableau des *Lettres,* fit l'objet d'une nouvelle création en 1909. L'année 1897 vit également la composition d'un recueil de 12 pièces pour piano à 4 mains : *Année passée,* et d'une *Fantaisie*

Jules **Massenet.**

Coll. Sirot

Coll. Sirot

Jules **Massenet.**

pour violoncelle et orchestre. On ne sait ce qui incita Massenet, dont l'esprit n'était pas précisément religieux, à adapter lui-même des textes de la *Vulgate* pour un oratorio, *Terre promise,* auquel il travailla entre 1897 et 1899. La fable du *Jongleur de Notre-Dame,* en revanche, correspondait mieux à ses convictions intimes ; à travers cet ouvrage et au-delà de la poétique propre de l'auteur, on perçoit le regain d'intérêt qui se manifestait alors pour le chant grégorien et la musique médiévale. Contemporain du *Jongleur,* le *Concerto pour piano,* créé en 1902, réutilise vraisemblablement des esquisses anciennes dans son finale, mais l'adagio est très représentatif de cette couleur harmonique automnale si caractéristique des œuvres de la dernière manière de Massenet. À la même époque, il entreprit lui-même *Roma,* inaugurant une période « antique » qui vit se succéder *Ariane* (1905 ; créé, 1906), *Bacchus* (1908 ; créé, 1909), *Roma* (1902-1910, créé, 1912) et *Cléopâtre* (1911-1912 ; créé, 1914).

Si *Chérubin* témoigne surtout de la virtuosité du compositeur, *Thérèse* (1905-1906 ; créé, 1907), épisode de la Révolution, aussi intense que *Chérubin* était léger, offre une preuve supplémentaire de sa capacité à se renouveler. *Panurge* (1911 ; créé, 1913), « haulte farce en musique » n'a, en revanche, laissé aucune trace, tandis que *Don Quichotte* (1909) créé en 1910 par Chaliapine, compte parmi les quatre ou cinq réussites indiscutables de Massenet, peut-être parce que le livret en est mieux structuré, tant il est vrai que ce sont les faiblesses de certains arguments dramatiques qui sont responsables de l'indigence qu'on a souvent reproché au musicien. Fort de sa capacité à découvrir une solution musico-dramatique à n'importe quelle situation, Massenet ne s'est pas assez soucié de leur qualité intrinsèque. Ainsi ce compositeur, qui a su trouver dès l'abord un langage lyrique original et que son inquiétude presque maladive a poussé vers la recherche d'une simplicité qui seule garantissait une large compréhension et une exécution aussi fidèle que possible, a-t-il été souvent victime de ce métier qu'il possédait à fond et dans lequel, plus encore peut-être que dans sa sensibilité, il a puisé ce qu'il faut bien appeler son génie.

Page autographe de Jules **Massenet.**

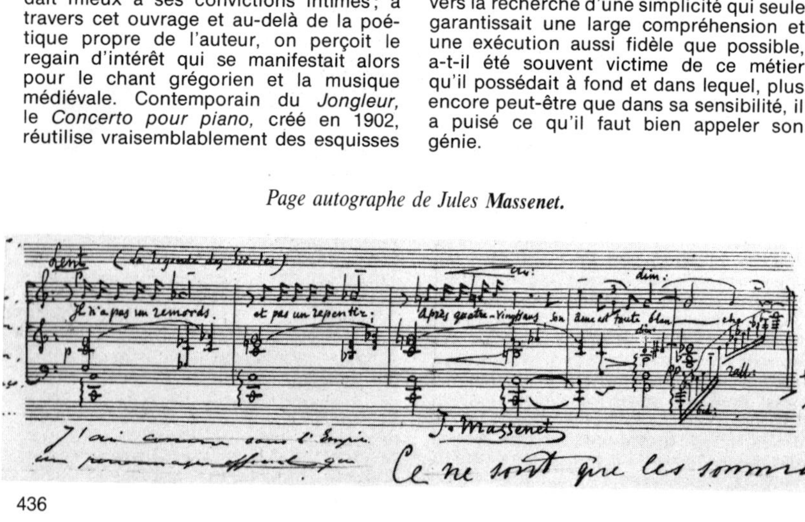

Ingi-Paris

Caricature de J. ***Massenet*** *par A. Barrère, « Monsieur Jules, ou le Delmet du riche ».*

MASSON *(Gérard)*, compositeur français *(Paris 1836)*, Il aborda la musique en autodidacte. En 1965 seulement, il suivit à Cologne les cours de composition de Karlheinz Stockhausen. En 1965-66, il travailla également avec Henri Pousseur et Earle Brown. Mais il resta compositeur indépendant, n'intégrant de cet enseignement « que des secousses, des retombées » (Gilbert Amy), recevant de Stockhausen une influence mentale plus que proprement musicale. Masson n'en relève pas moins de la lignée des compositeurs français allant de Debussy à Boulez. En 1965 naquit à Cologne et y fut exécutée sa première œuvre, *Pièce pour 14 instruments.* Suivirent *Dans le deuil des vagues* pour orchestre (1966, création au festival de Royan, 1967), *Ouest I* pour 10 instruments (1967, créé au Domaine musical, 1968), *Dans le deuil des vagues II (Aux confins de plusieurs climats)* pour orchestre (1968) et *Ouest II* pour mezzo-soprano et 13 instruments (1969), sur 4 poèmes de *Une vie d'homme* de Dominique Fourcade. *Bleu loin* pour 12 cordes (1 quintette, 1 quatuor et 1 trio), composé en 1970, fut créé au festival de Royan en 1973. En 1974, on entendit à Paris *Hymnopsie** pour orchestre et chœur (1972), et à Royan *Quatuor* pour quatuor à cordes (1973). De 1975 date un *Sextuor* pour flûte, hautbois, clarinette, clarinette basse, basson et cor (créé en 1976), de 1977 un *Concerto* pour piano et orchestre (créé au festival de Besançon, 1978), et de 1978 un *Quintette* pour piano, clarinette, violon, alto et soprano (créé à Radio-France, 1979). Au cours du mois d'octobre 1981, a été entendue à Radio-France son œuvre *Pas seulement des moments des moyens d'amour* pour orchestre.

MATTHESON *(Johann),* compositeur et théoricien allemand *(Hambourg 1681* - id. *1764).* Organiste à neuf ans, il bénéficia d'une solide éducation, et se produisit comme chanteur (1696), puis comme chef d'orchestre et compositeur (1699) à l'Opéra de sa ville natale, où en 1703 il fit la connaissance de Haendel, qu'il faillit tuer en duel. Secrétaire de l'ambassadeur britannique à Hambourg (1706), directeur de la musique à la cathédrale (1718-1725), maître de chapelle du duc de Holstein (1719), il composa alors des œuvres pour la plupart restées manuscrites : 6 opéras dont *Boris Godounov* (1709), des oratorios, des cantates, 12 sonates à 2 et 3 flûtes sans basse (Amsterdam, 1708), suites pour clavecin (Londres, 1714). Dans son *Manuel du parfait organiste* (1719), il employa les 24 tonalités majeures et mineures, annonçant par là le *Clavier bien tempéré* de Bach. En 1728, une complète surdité, dont les premiers signes s'étaient manifestés dès 1705, l'obligea à se retirer de la vie publique. Il se consacra alors à des écrits théoriques qui le font apparaître comme une sorte de pape dans les affaires musicales de son temps tout en constituant en quelque sorte le point de départ de la musicologie allemande. Son esprit vif et belliqueux et sa plume acérée, mais aussi ses attaches avec les goûts plutôt conservateurs de l'Allemagne du Nord se manifestent notamment dans ses deux principaux écrits : *le Parfait Maître de chapelle* (*Der Vollmommene Kapellmeister, Das ist Gründliche Anzeige aller derjenigen Sachen, die einer wissen... muss, der einer Capelle... vorstehen will,* 1739 ; rééd., 1954), et *Fondement d'un arc de triomphe* (*Grundlage einer Ehren-Pforte,* 1740 ; rééd., 1769), source inépuisable de renseignements biographiques sur les musiciens. Il signa près de 120 ouvrages littéraires, parmi lesquels, en 1761, une traduction commentée de la biographie (parue sans nom d'auteur) de Haendel par Mainwaring (rééd., 1976).

Johann ***Mattheson.***

Larousse

MAUDUIT *(Jacques),* compositeur français *(Paris 1557* - id. *1627).* Mersenne, qu'il aida dans la préparation de la partie musicale de ses ouvrages, nous a laissé sa biographie. Mauduit ne se consacra à la musique qu'après des études de lettres et de philosophie. Il fit de nombreux voyages, notamment en Italie. Sa formation initiale, son amitié pour Ronsard — il écrivit le *Requiem* chanté à ses obsèques en 1585 — le conduisirent à s'intéresser à la tentative d'union de la poésie et de la musique et à l'expérience d'une musique mesurée à l'antique proposée par l'Académie de poésie et de musique de Jean-Antoine de

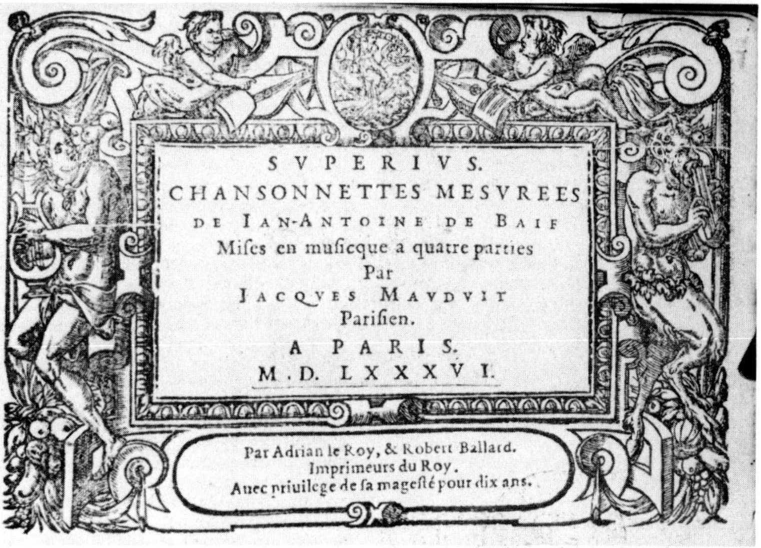

SVPERIVS.
CHANSONNETTES MESVREES
DE IAN-ANTOINE DE BAIF
Mifes en muficque a quatre parties
Par
IACQVES MAVDVIT
Parifien.
A PARIS.
M.D. LXXXVI.

Par Adrian le Roy, & Robert Ballard.
Imprimeurs du Roy.
Auec priuilege de fa mageſté pour dix ans.

Page de titre des Chansonnettes mesurées *de Jacques* **Mauduit,** *1586, Paris. (Bibliothèque sainte Geneviève, Paris.)*

Jacques **Mauduit.** *Gravure de Matheus.*

Baïf, dont, avec Claude Le Jeune, il devint le principal collaborateur à la mort de Thibaut de Courville en 1581.

Lors de cette continuation de l'Académie, il mit l'accent sur la recherche des différents moyens d'exécution et écrivit ses *Chansonnettes mesurées* sur les poésies de De Baïf, une des réussites du genre. Mais ce compositeur se double d'un animateur, dont les qualités d'organisation furent très vite appréciées dans les cérémonies de la semaine sainte du Petit-Saint-Antoine ou dans les fêtes musicales de Notre-Dame pour la Sainte-Cécile. Il joua, d'autre part, un rôle actif dans les ballets de cour sous Henri IV et Louis XIII, y dirigeant notamment des ensembles vocaux et instrumentaux importants. Il composa également des pièces instrumentales pour ces spectacles, par exemple, pour le *Ballet de la délivrance de Renaud,* auquel collabora aussi Pierre Guédron. On prête à Mauduit d'avoir introduit en France les premières compositions pour un ensemble de violes, et, peut-être, aussi le théorbe, sorte d'archiluth.

Si l'on croit Mersenne, Jacques Mauduit fut un compositeur fertile. Mais on ne conserve aujourd'hui que 1 fragment de messe de *Requiem* à 5 voix, 5 psaumes de De Baïf, 4 motets latins, 2 pièces religieuses sur des paroles françaises, les *Chansonnettes mesurées* (Le Roy et Ballard, 1586), 2 airs publiés dans le *5e Livre* de G. Bataille (1614).

MAW *(Nicholas),* compositeur anglais *(Grantham 1935).* Il a étudié avec Lennox Berkeley à la Royal Academy of Music (1955-1958) et en France avec Nadia Boulanger et Max Deutsch (1958-59), ayant obtenu le prix Lili-Boulanger pour *Nocturne,* pour mezzo-soprano et orchestre de chambre (1958 ; rév., 1973). Soumis à la fois aux influences sérielles et à celles de Britten et Bartók, il en tenta une synthèse dans *Essay* pour orgue (1961, rév., 1963), puis, surtout, dans *Scenes and Arias,* pour 3 voix de femmes et grand orchestre (1961-62, rév., 1966). Suivirent, notamment, 1 *Sinfonia,* pour petit orchestre (1966), 1 *Sonate,* pour cordes et 2 cors (1967), l'opéra bouffe en 2 actes *One Man Show* (1964 ; rév., 1966) et l'opéra en 3 actes *The Rising of the Moon* (1967-1970). Puis s'ouvrit une période plus expérimentale, avec, notamment, *Life Studies I-VIII,* pour 15 cordes solistes (1973-1976), *Personae I-III,* pour piano (1973), et *Odyssey,* pour grand orchestre (1973-1979). Citons encore : une *Sérénade,* pour petit orchestre (1973 ; rév., 1977), *La Vita Nuova,* pour soprano et ensemble de chambre (1979) et *The Ruin,* pour double chœur et cor soliste (1980).

MAYR *(Johann Simon),* compositeur allemand naturalisé italien *(Mendorf, Bavière, 1763 - Bergame 1845).* Fils d'un organiste d'Ingolstadt, il bénéficia de son enseignement, pratiqua divers instruments et étudia la théologie. Il fut ensuite l'élève de Lenzi à Bergame en 1789, puis se perfectionna à Venise avec Giuseppe Bertoni, élève du père Martini et successeur de Galuppi à Saint-Marc.

C'est là que Mayr fit exécuter ses premières œuvres de musique sacrée, puis son opéra *Saffo* (1794) et une *farsa, Che originali* (1798), dont le succès détermina sa vocation théâtrale. Il succéda en 1802 à Lenzi comme maître de chapelle à Bergame, où il se fixa, refusant diverses offres flatteuses, dont celle de remplacer Lesueur à la tête du Conservatoire de Paris. Il fonda en 1805 un institut musical, où il eut notamment pour élève Donizetti, de 1806 à 1815. Il créa encore en 1822 une société philarmonique dédiée à la divulgation du répertoire classique allemand, et, frappé de cécité en 1826, dut cesser ses activités de façon prématurée.

Grâce à ses *opere serie,* Mayr occupe une place de premier plan dans l'évolution du genre, entre la disparition ou le retrait de Mozart, Cimarosa et Paisiello et l'apparition de Rossini. Au contraire de Cherubini, Spontini et Paër, qui avaient quitté leur pays, il assimila le style vocal et les structures lyriques de l'Italie et leur joignit une science de l'orchestration acquise à l'ombre de l'école de Mannheim, et grâce à sa connaissance de Haydn, de Mozart et de Gluck, puis de Cherubini. Continuateur de Hasse, il parvint néanmoins à ébranler l'édifice de l'opéra métastasien par l'emploi plus fréquent du récitatif accompagné, par le choix de structures ouvertes, qui incorporaient parfois le chœur à l'action elle-même, par une harmonie dérivée de celle de Mozart et par l'élargissement de l'effectif orchestral, où, avant Spontini et Rossini, et bien avant Berlioz, il incorpora le cor anglais, la harpe, certaines percussions, etc., accordant une attention particulière aux bois, et leur confiant de nombreux traits de virtuosité. Si nous y ajoutons l'usage du crescendo orchestral, nous constatons que Mayr fut le plus important des prédécesseurs de Rossini, et un auteur ouvert aux courants les plus variés ; il s'inspira de Goldoni, de Voltaire, des auteurs français de style larmoyant. Sa science fit oublier ce que son inspiration mélodique avait de trop traditionnel. Outre de nombreuses œuvres de musique sacrée et une production instrumentale originale et variée dans le choix des instruments, on doit à Mayr environ 70 opéras, parmi lesquels *Lodoïska* (1796), *Ginevra di Scozia* (1801), qui fut tenu pour son chef-d'œuvre, *I Misteri Eleusini* (1802), *L'Amor conjugale* (1805), d'après le livret de Bouilly à l'origine du *Fidelio* de Beethoven, *Adelasia e Aleramo* (1806), *Raoul de Créquis* (1809), *La Rosa rossa e la Rosa bianca* (1813), *Medea in Corinto* (1813), qui éclipsa longtemps l'œuvre homonyme de Cherubini, *Fedra* (1820) et *Demetrio* (1824).

Mayr écrivit aussi une monographie sur Joseph Haydn (Bergame, 1809).